U0561385

耶鲁英王传记丛书·刘景华 主编

# 亨利八世

[英] J. J. 斯卡里斯布里克 著　左志军 王美玲 译

# HENRY VIII

## J. J. SCARISBRICK

GUANGXI NORMAL UNIVERSITY PRESS
广西师范大学出版社
·桂林·

著作权合同登记号桂图登字：20-2022-202 号

**图书在版编目（CIP）数据**

亨利八世 /（英）J.J.斯卡里斯布里克著；左志军，王美玲译. --
桂林：广西师范大学出版社，2022.11
（耶鲁英王传记丛书 / 刘景华主编）
书名原文: Henry VIII
ISBN 978-7-5598-5335-6

Ⅰ．①亨… Ⅱ．①J… ②左… ③王… Ⅲ．①亨利八世(Henry Ⅷ
1491-1547)—传记 Ⅳ．①K561.33

中国版本图书馆 CIP 数据核字（2022）第 157001 号

广西师范大学出版社出版发行

（广西桂林市五里店路 9 号　邮政编码：541004）
网址: http://www.bbtpress.com
出版人：黄轩庄
全国新华书店经销
湖南省众鑫印务有限公司印刷
（长沙县榔梨街道保家村　邮政编码：410000）
开本：635 mm × 965 mm　1/16
印张：39.25　　字数：600 千字
2022 年 11 月第 1 版　　2022 年 11 月第 1 次印刷
审图号：GS（2022）2433 号
定价：148.00 元

如发现印装质量问题，影响阅读，请与出版社发行部门联系调换。

# 目　录

# 耶鲁版前言

　　在本书完成后的三十年里，涌现出了大量的作品——包括原始资料、一般调查、专著、学术期刊上的文章和未发表的学位论文，在此仅能列出最杰出的一部分——这些作品都丰富了我们对都铎王朝第二位君主长期统治的理解。自然，我自己的观点在这几十年里发生了变化，他人的观点对我的影响尤其深刻，但也有部分原因是我自己不断的研究，此外，偶然的评论也经常会引发一系列新的想法。我还从教授研究生和本科生的过程中获益，尤其是为三年级本科生开设的专题课程"16世纪30年代的英格兰"。该课程伴我度过了在华威大学历史系整整二十五年的快乐时光，催生了大量优秀的学生论文。

　　这一时期的宗教史著述颇丰，其中大部分作品，尤其是埃蒙·达菲[1]的不朽研究，对英格兰中世纪晚期生活提出的看法，比起传统的辉格党或者新教对宗教改革的描述更为积极。在我看来，我们可能过于关注"天主教"的影响了，但我从不相信英格兰改革前的教会已经腐朽至极，因而即将受到疯狂的反教权主义的打击。最近，我找到了更多理由来驳斥宗教改革正

---

1　Eamon Duffy, *The Stripping of the Altars: Traditional Religion in England 1400–1580* (New Haven and London, 1992).

"等着发生"，或者宗教改革确实是一场受过欢迎的运动等观点。[1]

迄今为止，对这一统治时期政治史最重要的贡献是彼得·格温对托马斯·沃尔西伟大一生的描写。[2] 他的描述非常全面理智（也许太长了），这是对这位堪称英格兰最伟大的大法官全面而迟来的重现。我十分肯定沃尔西的功绩，较之当时流行的看法更为积极，此后，其他人对他的形象描绘提出各种质疑，例如无情的波拉德。[3] 因此，阅读彼得·格温全面的重新评价令人深感欣慰。然而，奇怪的是，尽管格温和我对这个人的总体评价大致相同，但我们的观点还是各有侧重：我认为沃尔西的外交政策首先是和平政策，即"伊拉斯谟式"的均衡，按照现代标准判断的话，是开明的；格温则有力地指出，沃尔西，就像后来的枢机主教黎塞留一样，受到政治利益的支配。他自认为做了国王喜欢的事情，并为国家谋求了最大利益。出于这种"爱国"的实用主义，他有时是战争贩子，有时又是和平的奉献者，就像 1518 年拥护"普遍和平"那样。读者必须判断我们谁是正确的。此外，格温认为沃尔西是一位严肃而富有改革精神的牧师，并巧妙地为他辩护。我不太相信枢机主教完全效忠于天使一方。沃尔西当然不像他政敌

---

1　我在 *The Reformation and the English People* (Oxford, 1984)一书中就此观点做了论述。Richard Rex, *Henry VIII and the Reformation* (Cambridge, 1993)中就此提供了最好而且最新的综述［此外，可参见他的另一本书 *The Theology of John Fisher* (Cambridge, 1991)，历史神学领域一部不错的著作］。其他一些重要且值得关注的作品包括：M. Bowker, *The Henrician Reformation: The Diocese of Lincoln under John Longland, 1521–1647* (Cambridge, 1981); S. E. Brigden, *London and the Reformation* (Oxford, 1989); C. Haigh, *The English Reformation Revised* (Cambridge, 1987)。Sir Geoffrey Elton, *Reform and Reformation: England 1505–1558* (London, 1977) 就这一时期给出结论性观点。A. G. Dickens, *The English Reformation* (2nd. edn., London, 1989)新版本中对修正主义者做出了有力回应。

2　Peter Gwyn, *The King's Cardinal: The Rise and Fall of Thomas Wolsey* (London, 1990).

3　J. J. Scarisbrick, "Cardinal Wolsey and the Common Weal", E. W. Ives, R. J. Knecht and J. J. Scarisbrick, *Wealth and Power in Tudor England: Essays presented to S. T. Bindoff* (1978). J. A. Guy, *The Cardinal's Court: The Impact of Thomas Wolsey on Star Chamber* (Hassocks, 1977) 重新评价了沃尔西的法律生涯。

口诛笔伐的那样世故圆滑，但我仍然严重怀疑他的灵魂的深度，而非真诚与否。然而令人高兴的是，我们都认同他是一个"共和国"的人，真诚地关心穷人、维护正义。

我现在意识到，我当初是误以为阿拉贡的凯瑟琳与亨利的婚姻可能违反了宗教规定，因为在凯瑟琳许配给亨利的哥哥亚瑟后，亨利再与她结婚时得到了教皇豁免，而这一宽免本身存在技术漏洞。漏洞在于，如果正如凯瑟琳坚持的那样，自己与亚瑟并未圆房，她和亨利没有做到"公共诚信"，那么豁免只需解决这一字面上看起来很奇怪的问题，而豁免涉及的却是二人的姻亲关系；而姻亲关系是由性的结合才产生的。我现在明白了自己的观点就错在此处。在没有发生欺骗的情况下，如果正确的事实为人所知，那么仍然会授予豁免，如此，则"教会补足"（supplet Ecclesia）的原则适用。常识、公平先于律法。所以，是的，让亨利在 1509 年与凯瑟琳结婚的豁免诏书针对的是姻亲关系，但是根据凯瑟琳的说法，这种姻亲关系并不存在，此外，公共诚信问题也尚未解决。但总体意图是让亨利娶他已故兄弟的遗孀，并没有试图误导罗马教廷。即使罗马知道之前的婚姻没有完成，仍然会给予豁免。因此，如果实际的豁免没有真正地达到目标，则"教会补足"提供了所需的一切。

然而，人们可能仍然想知道，"公共诚信"的论点是否能让亨利更容易成功。当尤利乌斯二世授予豁免的时候，亨利和罗马教廷可以说这只是一场误会，一个不幸的事实错误。这样一来，违背公共诚信的障碍已被移除，亨利也可以悄悄地从怀疑中受益，尽管可能性不大。然而事实正好相反，他选择了一条注定失败的道路。在坚持凯瑟琳与亚瑟已经完婚后，亨利向教皇权威发起了正面挑战，声称尤利乌斯二世试图特许不可宽免的东西，并要求克雷芒七世承认他的前任越权行事（ultra vires）。没有任何机构愿意公开承认这一点。

如果我现在着手写《亨利八世》，我会减少对 16 世纪早期错综复杂的外交的描述，因为其中很多都是转瞬即逝的，读起来很乏味。但我仍然认为，将亨利描绘成生活在过去（基本上生活在百年战争期间）、对新世界没什么兴趣的人是正确的。论及他于 1543 年发起的最后一次战役时，我看到过一篇精妙的硕士论文，文中提到，在亨利的最后几年中，这位曾经在 16 世纪 10 年代和 20 年代多次被盟友欺骗的国王开始报复，并展开了一场以布洛涅（Boulogne）为目标的扩张战争，他要按照他的条件进行战斗，以求改变。[1]

我仍然相信，亨利控制着一切国家事务，自 1529 年起尤其如此。这并不是否认他的反复无常，并且他如果需要持续学习的话，很可能会失去兴趣。他不是工作狂。也不是否认托马斯·克伦威尔承担着的日常管理王国的重任。和之前的沃尔西一样，克伦威尔是一个精力充沛、深谙官场的人；就政策实施而言，他当仁不让地制定了许多政策，乃至给予政策新的方向。杰弗里·埃尔顿爵士为他心目中的英雄做出最终评价，呈现出托马斯·克伦威尔极其有趣的形象：他是一位知识分子、社会工程师和干涉主义者，他的"共和国"伟业得到了都铎王朝中政策制定部门的支持。[2]有些人可能认为这一说法是夸大其词。一方面，包括托马斯·莫尔甚至沃尔西在内，先例众多。第一个真正的济贫法是在 1531 年通过的，而非 1536 年。克伦威尔的许多改革建议都很粗略，并不成功，很难证明所有的想法都来自上级而非下层。例如，在"市区改造"计划这一案例中，倡议似乎来自城镇及其议会中的自治市议员，而不是中央政府。埃尔顿提到的一些关键

---

1　在未发表的硕士论文 Luke MacMahon, "The English Campaign in France, 1543–1545" (University of Warwick, 1993) 中提出了这一观点。有关亨利统治时期政治历史的其他重要著作包括：G. Bernard, *War, Taxation and Rebellion in Tudor England: Henry VIII, Wolsey and the Amicable Grant of 1525* (London, 1986); H. Miller, *Henry VIII and the English Nobility* (Oxford, 1986); A. Fox and J. A. Guy, *Reassessing the Henrician Age: Humanism, Politics and Reform 1500–1550* (Oxford, 1986)。

2　G. R. Elton, *Reform and Renewal: Thomas Cromwell and the Common Weal* (Cambridge, 1973).

证据日期是错误的，几乎可以肯定与克伦威尔无关。尽管如此，埃尔顿坚持认为托马斯·克伦威尔不仅仅是一个官僚主义者的观点无疑正确。尽管这位国务大臣发起"共同体事务"，并有能力制定整体策略，但负责制定重大政策，即大政方针的，依然是国王。

我本应更多地强调大使们如何不断发现亨利多么的通晓全局、自信满满。我希望我能更清楚地了解他对于议会事务的参与程度，尤其是在16世纪30年代；在这一时期，他亲自到下议院，召集顽固的议员到他面前，试图将约翰·费希尔这样难相处的贵族成员驱逐出上议院。如今，我更清楚地意识到他策划并解散修道院的经过，从第一次抨击方济各会和卡尔特修会教士，到1539年的巧妙部署，他混淆视听，掩盖真实意图，向公众保证这样做的目的是将修道院改建为世俗学院和大教堂。[1]

毫无疑问，亨利的宫廷，就像此前和之后的大多数王家宫廷一样，因勾心斗角和派系斗争而四分五裂。但是我们必须克制，不做过多解读。我仍然相信安妮·博林的失势和死刑判决的主要原因是显而易见的。到1536年，亨利恨她。曾经极度的迷恋变成了致命的厌恶，我们永远不会完全知道其中的原因。没有臣民敢指责王后道德败坏，犯下乱伦和通奸的行径。这些指控一定来自亨利，或至少得到他的批准。[2] 这样的指控甚至没有必要存在。怯懦的托马斯·克兰麦原准备以亨利与安妮姐姐私通的亲密关系为由，宣布三年前他隆重主持的婚礼无效，尽管他当时已经知道这种亲密关系存在，并曾经凭借凯瑟琳与亨利相似的亲密关系宣告国王的第一次婚姻

---

1　C. Cross, D. Loades, J. J. Scarisbrick, *Law and Government Under the Tudors: Essays Presented to Sir Geoffrey Elton on His Retirement* (Cambridge, 1988) 收录了我的一篇文章 "Henry VIII and the Dissolution of the Secular Colleges"，在其中我就最后这一论点进行了探讨。

2　我的解释与E. W. Ives, *Anne Boleyn* (Oxford, 1986) 中的观点并不一致。参见Retha M. Warnicke, *The Rise and Fall of Anne Boleyn: Family Politics at the Court of Henry VIII* (Cambridge, 1989)。

无效。因此，亨利本可以悄悄地摆脱安妮。然而，他想毁了她，不让其他人占有她。凯瑟琳·霍华德也遭遇了类似的折磨，这也是在克兰麦默许下发生的。[1] 她曾经也是亨利疯狂渴望拥有的对象，但同样在亨利冲动之下，受到残忍的羞辱和摧毁。或许，克莱沃的安妮之所以幸免于难，正是因为她从来没有激起过亨利强烈的性欲，因此也不可能成为反感的报复对象。

同样，不能简单地用不同派系之间的权力斗争来解释 1521 年白金汉公爵的垮台和统治末期霍华德家族的垮台。白金汉公爵和萨里伯爵已经做了足够多的事，来平息一个日益偏执的君主的雷霆之怒。正如白玫瑰党的残余分子，包括所谓的"埃克塞特阴谋"中的那些被告所发现的那样，若感到王朝受到威胁，亨利便会毫不留情。或许对于托马斯·克伦威尔陨落的解释也就显而易见了。问题在于，很难解释为什么这位大臣是在 1540 年 6 月而非此前一年被摧毁的；当时，反对者们相信克莱沃的安妮失败的婚姻将让他毁于一旦，但他不仅在"受骗日"中幸存下来，还在 1540 年 4 月被封为埃塞克斯伯爵，地位似乎比以往任何时候都高。

我怀疑，几周后他之所以被一个反复无常的国王处死，正是为了表明亨利乃是主人，可以任意提拔或摧毁自己的大臣。也许亨利认为克伦威尔爬得太高了，封他为贵族是个错误。无论如何，我认为没有必要用派系斗争或外交政策上的分歧，或其他高尚的事由来解释他野蛮的处决方式。

彼得·格温巧妙地重现了沃尔西最后数月遭遇的动荡。受此启发，现在我认为国王的"伟大事业"对于事件进程的决定性比以前想象的要大得多，至少到 1532 年前半年都是如此。要理解其中的原因，我们必须关注 1529 年的夏天。当时，阿拉贡的凯瑟琳成功对伦敦黑衣修士（Blackfriars）枢机主教沃尔西和坎佩焦主持的教宗使节法庭提出上诉，并且该案被"召回"到罗马。这对国王来说是一场灾难。亨利期望他的婚姻能被法令认定

---

1　D. MacCulloch, *Thomas Cranmer: A Life* (New Haven and London, 1996) 中探讨了克兰麦职业生涯中这些令人遗憾的故事。

无效，从而可以与安妮·博林结婚，就在胜利在望之时，几个月的恳求和谋划突然化为泡影。如今他面临着无法忍受的拖延和不得不（通过代理人）在罗马出庭的耻辱；更糟糕的是，他将面对不利的判决。盛怒之下，他想方设法威逼教皇克雷芒七世将案件交还给英格兰；在英格兰审判，他有把握可以剥夺给予凯瑟琳的正义，而在罗马，他自己的正义便会被剥夺。但要如何迫使教皇这样做呢？亨利没有什么筹码，也没有权力去恐吓一位既不了解英格兰，也不操心英格兰事务，主要负责意大利的政治尤其美第奇（Medici）家族财富的教皇。

让我们思考以下五个事件：沃尔西的垮台，1529 年 10 月他突然被剥夺了大法官的职位并被指控蔑视王权；1530 年年中，指控十五人犯有王权罪，其中包括八位主教和三位修道院院长；同年 11 月，沃尔西以叛国罪被捕；1531 年初，起初因蔑视王权罪而遭受指控的全体神职人员，在亨利的要求下承认他是人民的最高领袖和教会领袖，最终获得赦免；1532 年 5 月，颁布《神职界服从书》（Submission of Clergy）。这些事件有两个共同点。首先，这些事件骇人听闻。骇人听闻的是，沃尔西因作为教皇全权特使（legate a latere）竟在 1529 年被指控叛国轻罪，当时他在国王完全知情和批准的情况下已经担任该职务长达十一年，而正如黑衣修士法庭表明的那样，有时沃尔西的行事是为了国王的利益。指控那十五人是沃尔西的共犯同样不怀好意，因为沃尔西本人在此期间已被赦免。后来对枢机主教的叛国重罪指控，正如彼得·格温所说，显然是捏造的。接下来，几周之后对全体神职人员提起侵害王权罪的指控同样令人无法容忍，理由是行使教会法庭的管辖权是对王家权威的贬损，因为这些法院几个世纪以来一直没有受到挑战；随之而来的王室命令同样无法理解。最后，令人震惊的是，正如亨利在 1532 年 5 月所做的那样，要求英格兰教会的所有教规都应由三十二人组成的委员会审查，并且未来的所有教规都应获得王室批准。《大宪章》（Magna Carta）已经颁布，"英格兰教会当享有自由"。

其次，所有这些事件，虽然开始声势浩大，但都以失败告终。历史学家们对此感到困惑。沃尔西蔑视王权的罪名很快就被赦免，但他又陷入了政治困境。1530 年秋天，十五人被赦免。这一事件中，计划在威斯敏斯特大厅对沃尔西进行的壮观的公审大会未能发生，因为囚犯在前往伦敦塔的途中已经死亡。当然，这不是亨利的错。但我们或许可以猜测，结局会是国王再行赦免。接下来，亨利顺从地接受了主教会议在他提出的方案中增加的著名"保留条款"，以及对他"治愈"臣民灵魂主张的削弱。既然国王理应得到一份教会补贴，那么教会为获得赦免而支付的十万镑实际上也并非额外开支。[1] 此外，教会法庭此后继续照常开展业务。最后，1532 年 5 月《神职界服从书》被证明是一场虚空的胜利。亨利在位期间，三十二人委员会并没有传阅细读教会的教规，也没有为教会立法设立专门机构，以获得王室批准。诚然，在其《服从书》中，主教会议也同意像议会一样，在王室的要求下召集。但因为传统上，主教会议自动与议会同时召开，并且延续了这样的惯例，这种让步在实践中并没有产生太大的影响。

我现在认为，对这一切的解释是，王室的这些攻击并不是真的打算伤害那些被针对的教俗人士，而是一位饱受挫败的君主试图让教皇服从的尝试。我现在倾向于认为，著名的 1532 年《神职界服从书》也是出于相同的目的，尽管历史上的共识是认为它与离婚事件无关。其他两份文件的目的也是如此：1530 年 7 月给教皇的联名声明书，由大主教、贵族和其他杰出的臣民签署并盖章，结尾的口吻气势汹汹；1532 年初的《限制神职人员圣俸法》，这显然是企图通过切断新任命的主教需上交的款项，来向罗马施加财政压力。许多常常牵强附会的论调也是如此，这些论调与亚瑟和君士坦丁、英格兰的特权和自由以及国王的帝国权威有关，并在 1533 年的著

---

1    因此，我并不赞同 J. A. Guy, "Henry VIII and the *praemunire* manoeuvres of 1530–31", *English Historical Review*, 97 (1982), 481 中给出的解释。

名声明中达到了高潮，声称"英格兰王国是一个帝国"。[1] 就亨利而言，我认为所有这一切都不能从表面上看。当然，他不能在公开场合这么说，因为那样会让克雷芒低估亨利的威胁和夸夸其谈。在这一事件，克雷芒忽略了它们，他没有注意到这些。

如果克雷芒一听说他的特使枢机主教受到监禁、蒙辱，并在一年后面临死亡威胁，便能做出让步，沃尔西无疑会官复原职。指控英格兰教会犯下亵视王权罪，以及几周以后的 1531 年初亨利厚颜无耻的要求——如果克雷芒被这一消息击垮了的话，有关帝国地位和英格兰特权的讨论无疑会悄悄停止。

也许这些年发生的其他事件也是整个拼图的一部分：1529 年第一届宗教改革议会的反教权立法，该立法具有反教皇的性质，同时也是世俗庄园对教士保护区的侵占；甚至也包括 1532 年对坎特伯雷大主教威廉·渥兰亵视王权罪的指控。与其他打击一样，指控渥兰十四年前在未获得完全的王家许可时便向圣亚萨主教祝圣的言辞，显然是捏造的。就受指控的影响力而言，大主教和教皇当地使节（legatus natus）是仅次于枢机主教和教皇全权特使的最佳目标。[2]

所有这些假设都永远无法证明。我必须补充一点，亨利眼中的装腔作势和政治冒险政策，对于拥有自己计划的托马斯·克伦威尔或托马斯·克兰麦来说，很可能会有所不同。国王的强硬要求是他们的机会。此外，亨利可能最终会相信自己的言辞，并发现自己已经走得太远了，以至于无路可退。因此，就那种程度而言，他的所作所言最终促成了与罗马教廷决裂、

---

1　我在本书第九章中所写的关于这一切的讨论，已在该研究中得以阐明：*Collectanea satis copiosa*（一部关于亨利主张的"证据文本"文集）。该研究出现在剑桥大学的博士论文 G. Nicholson, "The nature and function of historical argument in the Henrician reformation"(1977) 中，但是并未发表。

2　渥兰没有完整的传记。可能的情况是，正如我之前主张的，到 1532 年初，他已成为国王政策的反对者，这一事实足以解释为什么指控他犯有亵视王权罪。

王室至高无上的结局。我们可以回顾一下。但我怀疑这是否是亨利当时的目的。

如果上面的论证是正确的，我们或许可以进一步解释，为什么亨利宗教改革的早期阶段遇到的反对阻力比预期的要小，就我们现在的判断而言，当时英格兰在宗教方面态度如此保守，宗教改革也许会遭遇较大的阻力。如果政治意识敏锐的人有理由相信这种装腔作势和大喊大叫不应受到重视，他们为什么要惊慌失措？费希尔或莫尔那样的人物或许眼光更为深远，他们或许知道还有其他方案。也许其他人没有意识到。也许，1532 年 5 月 15 日，旧秩序顽强的捍卫者威廉·渥兰在通过《神职界服从书》时，就已认识到自己不过是在为罗马观众表演一出戏码。

因此，我现在认为，凯瑟琳在 1529 年夏天的胜利是亨利统治的关键时刻。在接下来的十年中还有另外两个关键时期。第一个是在 1533 年 9 月至 10 月。亨利未能击垮克雷芒，因此公开反抗罗马，并与安妮结婚。毫无疑问，人们对正在发生的事情深感不安，像达西勋爵和赫西勋爵这样的人本可以动员起来造反。当安妮于 1533 年 9 月 7 日生下一个女儿，而不是渴望已久的儿子做继承人时，亨利遭到回绝（正如一些人所认为的那样，这是上天注定）。如果不久之后，查理五世响应了约翰·费希尔入侵英格兰的号召，那场叛乱确实会很严重。本可以终结赫西勋爵困境的要素丢失了：他终究没有被逐出教会。在最后一刻，克雷芒失去了勇气，向后退军。如果神圣罗马帝国皇帝能够将他的攻击变成一场神圣的"十字军东征"，如果国内不满的人得到教皇的批准罢免他们的国王，结果又会如何？[1]

亨利是幸运的，很幸运，在 1536 年底也是。我仍然相信"求恩巡礼"（Pilgrimage of Grace）本质上是一种捍卫旧的宗教秩序的抗议，对修道院

---

1 "John Fisher and Henry VIII", B. Bradshaw and E. Duffy (eds.), *Humanism, Reform and Reformation: the career of Bishop John Fisher* (Cambridge, 1989). 在该文中我进一步阐述了这一观点。

而言尤其如此。这并不是说所有参与其中的人都是虔诚的理想主义者。不想让本地男女修道院消失的原因有很多，或出于实际考虑，或世俗，或宗教。我仍然认为，这场抗议基本是自发的行动，受到民众欢迎；如果这场抗议更具侵略性，并且不轻信国王，本可能推翻政权。[1]

16 世纪三四十年代，与德国新教徒的官方交涉多是投机取巧，至少对亨利而言是这样。一些参与者更认真地对待这场谈判。1536 年，英格兰路德宗教条约似乎已经接近尾声，而对于保守派来说，亨利的第一份新英格兰教会信仰声明非天主教色彩明显，带有警醒意味。所有这些都至少激起了"求恩巡礼"的领导人的愤慨。但是我们永远不会知道国王最深刻的宗教承诺是什么——如果有的话——也不知道这些承诺在国王的一生中又有怎样的转变。我们所能知道的是，他对大批美丽、珍贵和不可替代的建筑及物品发动了大规模的破坏，并破灭了"伊拉斯谟式"（和新教）知识分子的希望，却没有将从旧教会夺取的财富重新用于学校和大学建设，或是用于济贫、医疗、修路等类似的公益事业。亨利将修道院财产变卖给大多数已很富庶的臣民，供他们用于私人或世俗事务，他又将财产投向自己的军事行动。这样的做法从政治上看很是精明，因为他在新的宗教秩序中创造了重大的既得利益，让原本根深蒂固的英格兰天主教再也无法复兴，重现往日的盛况。如今，我们认可他统治期间（而非他儿子的统治时期）对修道院和大学财产得当的处理，但他对民族灵魂的所作所为则另当别论。

J. J. 斯卡里斯布里克

1997 年 2 月

---

1　G. R. Elton, "Politics and the Pilgrimage of Grace", B. Malament (eds.), *After the Reformation: Essays in Honour of J. H. Hexter* (Manchester, 1980) 一文的观点有所不同，但我还是这样主张。最近关于1536年起义的其他著作还包括Scott M. Harrison, *The Pilgrimage of Grace in the Lake Counties, 1536–37* (London, 1981)。在该书中作者指出，与以往的说法相反，坎布里亚郡起义是受宗教保守主义的启发，而不仅仅是不满于经济现状。

# 前　言

　　本书既不是亨利八世"私人生活"的研究，也不是对他的生平和时代的全面研究，而是介于两者之间的传记。我试图呈现更完整的亨利，讨论他一生中更个人化的国内事件，以及他广泛参与的外交、政治和教会事务。但是因为他处于叙述的中心，所以这里很少涉及亨利统治时代英格兰的经济和社会生活，很少涉及他统治时期政府机构的历史等问题。此外，我对宗教改革前夕英格兰教会的状况进行了足够详细的分析（如我所希望的那样），对亨利的行为提供了背景支持；书中也讨论了一些极为重要的事件，诸如解散修道院和"求恩巡礼"等，但仅限于涉及亨利的方面，而不是事件本身。若非如此，本书篇幅会比现在长得多，也不会是传记的形式。

　　学院派历史学家自然会关心利用社会经济分析法等类似技法，我并不会因为展示国王的生活——以传统形式塑造生活而感到歉意。君主的传记既有其局限性，也有其存在的必要。我也不会因为创作像亨利八世这样的知名人物传记而感到歉意。A. F. 波拉德著名的国王生平著作问世至今已有六十五年了，而接下来寥寥无几的几部传记也基本没有超出这部先驱之作的范围。与此同时，关于统治时期的大量著作，尤其是波拉德本人的作品，都对亨利进行了新的理解与阐释；大英博物馆到手一些新资料；外国档案中与英格兰有关的国家文件大事年表也已推进。波拉德的主要关注点是消化理解《亨利八世书信和文件集》，其中包含的大量材料在他写作时还没有整理完成。当然，这个具有重要意义的汇集一直是我工作的核心，但我已经试图查阅在其中使用过的更为重要的文件原件；我也找到了公共档案馆收藏的大量手稿中的部分文件，这些是《书信和文件集》的编辑们未曾揭示的资料，波拉德也未曾使用过。

一本书的首版前言提供了一个很好机会，能让作者感谢在其个人学术生涯中所获得的帮助。我要向普拉姆（J. H. Plumb）教授致以最衷心的感谢，他指导我度过了我的本科时代；感谢诺尔斯（M. D. Knowles）教授，是他让我开启了研究生涯，也感谢他从那时起给予我的慷慨支持；感谢埃尔顿（G. R. Elton）博士对我论文的指导，以及此后不断给我的亲切关怀；感谢伦敦大学中央研究基金帮助我两次出国留学，其中一些成果包含在本书中。最后，我要特别感谢伦敦大学玛丽女王学院的宾多夫（S. T. Bindoff）教授。13 年来，我很荣幸能成为他院系的一员；我欠他的人情也是无法估量的。

我还要感谢那些帮助我完成这本书的人：戴维·C. 道格拉斯（David C. Douglas）教授，他是这系列丛书的最为耐心、最愿意给人以鼓励的编辑；迪肯斯（A. G. Dickens）教授，他给了我极其宝贵的、无微不至的帮助；克内克特（R. J. Knecht）先生和钱伯斯（D. S. Chambers）博士，他们与我不断交流枢机主教沃尔西等其他内容；梅里曼（M. H. Merriman）先生，他努力引导我了解 1540 年代苏格兰错综复杂的事务；在历史研究所举办的宾多夫教授的研究生研讨会成员，他们不时聆听本书的各个部分，并加以评论，效果非常好；再次感谢宾多夫教授本人，感谢他给予的各种帮助和不厌其烦的鼓励。

最后，我应该解释一下，我已按现今的标准，将引用的所有原始文件的拼写和标点符号做了修改。

J. J. 斯卡里斯布里克
伦敦大学玛丽学院
1967 年 6 月

# 缩略语

| | |
|---|---|
| *B.I.H.R.* | *Bulletin of the Institute of Historical Research.* |
| B.M. | British Museum, London. |
| *Burnet* | *The History of the Reformation of the Church of England*, ed. Pocock (Oxford, 1865). |
| *Cavendish* | *The Life and Death of Cardinal Wolsey*, ed. Sylvester. E.E.T.S. (1959). |
| *C.H.J.* | *Cambridge Historical Journal.* |
| E.E.T.S. | Early English Text Society. |
| *E.H.R.* | *English Historical Review* |
| *Ehses* | *Römische Dokumente zur Geschichte des Ehescheidung Heinrichs VIII von England, 1527–1534* (Paderborn, 1893). |
| *Fiddes* | *The Life of Cardinal Wolsey* (1724). |
| *Foxe* | *The Acts and Monuments*, ed. Pratt (1874). |
| *Hall* | *The union of the two noble and illustre famelies York and Lancaster*, ed. Ellis (1809). |
| *Hughes and Larkin* | *Tudor Royal Proclamations. 1. The Early Tudors (1485–1553)*, (New Haven and London, 1964). |

| | |
|---|---|
| *L.P.* | *Letters and Papers, Foreign and Domestic, of the Reign of Henry VIII, 1509–47*, ed. Brewer, Gairdner and Brodie (1862–1910, 1920). |
| *Martene-Durand* | *Veterum Scriptorum et Monumentorum . . . Amplissima Collectio* (Paris, 1724–33). |
| *Migne, P.L.* | *Patrologiae Cursus Completus etc.* |
| *Mil. Cal.* | *Calendar of State Papers, Milan (1385–1618)*, ed. Hinds (1912). |
| *Pastor* | *History of the Popes*, trans. Antrobus and Kerr (1891–1933). |
| *Pocock* | *Records of the Reformation. The Divorce 1527–1533* (Oxford, 1870). |
| P.R.O. | Public Record Office, London. |
| *Rymer* | *Foedera, Conventions, Litterae etc.* (edn 1704–35). |
| S.P. | State Papers (P.R.O.). |
| *Sp. Cal.* | *Calendar of State Papers, Spanish*, ed. Bergenroth, Gayangos and Hume (1862– ). |
| *Sp. Cal. F.S.* | *Further Supplement to the Calendar of State Papers, Spanish*, ed. Mattingly. |
| *Sp. Cal. S.* | *Supplement to the Calendar of State Papers, Spanish*, ed. Bergenroth. |
| *St.P.* | *State Papers of the reign of King Henry the Eighth (1830–52).* |
| *T.R.H.S.* | *Transactions of the Royal Historical Society.* |
| *Ven. Cal.* | *Calendar of State Papers, Venetian*, ed. Rawdon Brown (1864– ). |
| *Wilkins* | *Concilia Magnae Britanniae etc.* (1737). |

　　除非另外说明，所有*Hughes and Larkin*、*L.P.*、*Mil. Cal.*、*Sp. Cal.*、*Sp. Cal. F.S.*、*Sp. Cal. S.*、*Ven. Cal.*相关文件的引文都不出页码。

# 第一章

# 新任国王

　　1491 年 6 月 28 日，亨利出生于格林尼治（Greenwich）的王宫。他是亨利七世和王后约克的伊丽莎白的第三个孩子，在他们所生的四个儿子中，亨利排第二，也是唯一活到成年的一个。亨利在附近的方济各会教堂先后接受理查德·福克斯和埃克塞特大主教的洗礼，[1] 而在他的生命结束之前，他将会以极为暴力的手段来对付这些教会人士。

　　我们对亨利早年的生活了解不多，主要因为他是次子，不可避免地笼罩在哥哥亚瑟的阴影之下。我们听说他成为国王后，每年会给他的保姆安妮·卢克二十镑，[2] 除此之外，我们只知道其幼年和少年时期被授予的头衔和荣誉，或在国家档案中偶尔瞥见他和他家人的记录。1493 年 4 月 5 日，他获得了第一份任命——多佛尔堡（Dover Castle）治安官和五港同盟总督。[3] 不久，他便成为司礼大臣（Earl Marshal），并于 1494 年 9 月 12 日成为爱尔兰总督。[4] 同年 10 月 30 日，这个年仅三岁的孩子离开埃尔瑟姆（Eltham），被带到威斯敏斯特，参加授予巴斯勋章的盛大典礼。第二天仪

---

1　正如福克斯后来回忆的。*L.P.*, iv, 5791.

2　*L.P.*, i, 132 (39).

3　*Calendar of Patent Rolls, 1485–1494*, 423.

4　*Letters and Papers... of Henry VII*, ed. Gairdner (1861–3), ii, 374.

式结束时，小亨利由什鲁斯伯里伯爵抱着去见国王，国王吩咐白金汉公爵把一个马刺戴在小亨利的右脚踝上，然后授予他和他的同伴们称号。[1]第二天，亨利七世身着盛装走进议会大厅，在贵族、高级教士伦敦市长和参议员的陪同下，见证自己的儿子被封为约克公爵。[2]同年 12 月，这位新公爵被任命为苏格兰边防总督。1495 年 5 月 17 日，他被授予嘉德勋章。[3]

当然，公爵的高级权力是由他的副手代表来执行。但是在温莎（Windsor），1496 年 9 月 21 日，这个年仅五岁的男孩似乎已经完成人生中的第一次公开活动——他见证了一场王室特许状授予仪式，格拉斯顿伯里（Glastonbury）的男女修道院住持将借此举办两次年度集市。[4]如果说这是他的首次亮相，那这是一个具有讽刺意味的开始；因为，四十三年后，他把那座修道院变成废墟，最后一位院长以谋反罪在附近的托尔丘（Tor Hill）上被处以绞刑。1501 年 11 月 14 日，亨利公爵参加了他的哥哥亚瑟和西班牙公主的婚礼庆典。他要带领着游行的队伍，把阿拉贡的凯瑟琳从贝纳德城堡（Baynard's Castle）带到圣保罗大教堂，并在婚礼结束后领她离开大教堂。在接下来十天的庆典中，年轻的亨利成为了焦点，他和姐姐玛格丽特跳舞，优雅从容，深得父母喜爱。[5]

据著名的切尔伯里的赫伯特勋爵的故事记载，亨利七世本打算让他的次子成为牧师，担任坎特伯雷大主教一职。[6]这一说法并无证据，很难判断赫伯特这一说法的价值，我们也很难去设想，假如这一安排实现的话，亨利和英格兰教会的未来将会如何。然而，当死神突然降临于王位继承人、威尔士亲王亚瑟，也就是亨利的哥哥之时，亨利（和坎特伯雷）都得以幸免。

---

1　*Ibid.*, i, 388 ff.

2　*Ibid.*, 403.

3　*Ibid.*, ii, 57.

4　*Calendar of Patent Rolls, 1494–1509*, 72.

5　*Letters and Papers... of Henry VII*, i, 413.

6　Herbert, Lord Edward (of Cherbury), *The life and raigne of King Henry the eighth* (1672), 2.

婚后不久，亚瑟就带着妻子来到拉德洛（Ludlow），主持威尔士公国事务，管理威尔士边境地方议会。1502 年 4 月，也就是亚瑟到达威尔士四个月之后，十五岁的王子死于长期折磨他的肺痨。亚瑟的不幸离世改变了亨利的处境——他从处于王朝、政治的边缘地位的次子变成了令人瞩目的王位继承者，这使他获得了更多头衔，担任教会职务的安排也被搁置一旁。康沃尔公爵头衔是否只能属于长子，还是可以传给尚存的最年长的儿子（filius primogenitus existens）？这一疑虑消除以后，1502 年 10 月，亨利继承了哥哥的公爵爵位。[1] 四个月后，1503 年 2 月 18 日，他被立为威尔士亲王和切斯特伯爵。

亨利受教育的情况缺乏详细记载。桂冠诗人约翰·斯凯尔顿似乎是他的第一位私人教师，任职时期大约是从 15 世纪 90 年代中期到 1502 年。因此，他声称自己教给亨利"启蒙知识"，[2] 也就是入门知识。此后他写道：[3]

> 我学会了表达英格兰的光辉，
>
> 我为他汲饮了甘冽的源水
>
> 如赫利孔山泉一样清澈晶莹，
>
> 教他认识了缪斯女神九名。

至于说话尖刻的斯凯尔顿是否对这位学生产生了全然有益的影响，这一点有待商榷；不过，1501 年他确实为亨利写了《王者镜鉴》（Speculum Principis），这是一本厚厚的（如果非常有用）关于如何做个完美王子的指南，是一种常见的文学作品，书中满是诚恳的建议，包括劝诫他掌控所有的权

---

1　G. E. C[okayne], *Complete Peerage*, iii (1913), 442.

2　Skelton, *Works*, ed. Dyce (1843), i, 129.

3　*Ibid.*

力，不要授予仆人太多权力，"自己选择妻子，永远珍惜她，对她忠贞不渝"。[1]
而亨利的做法表明他并没有将这些建议铭记在心。斯凯尔顿的意图无疑令
人钦佩，然而他的教学方法似乎并不完美。

亨利的兄长接受过严格的古典作品学习。在他十五岁时，他的老师、
桂冠诗人伯纳德·安德烈很自豪地写道，亚瑟"不是在背诵，就是在读书，
翻阅"语法书以及荷马、维吉尔、奥维德、泰伦提乌斯等其他人的作品选
集；大量阅读西塞罗及历史类作品，包括修昔底德、恺撒、李维和塔西佗
的著作。[2]亨利大约也经历了类似的训练，尽管尚不清楚他是受到斯凯尔顿
的引导，还是继任者威廉·霍恩的指点，后者也是亨利妹妹玛丽的教师[3]。
赫伯特勋爵认为亨利接受了神职教育的开始部分，这样的教育适合于一个
注定要从事教会职业的人。但没有证据证明这一点，也很难猜测，一个未
满十一岁的男孩，未来将要登上的显然是英格兰王位而非坎特伯雷大主教
之位，他的教育会包含哪些与教会相关的具体内容。我们也不知道亨利是
如何掌握语言技能、学习音乐知识的。

也许是亨利七世的母亲玛格丽特·博福特夫人负责监督孙子的培养工
作，或就像四十年后凯瑟琳·帕尔监管王室后代的培养那样。[4]可能正是她
把斯凯尔顿和霍恩从她最喜欢的剑桥大学请来教导亨利、玛丽和他们在王
家学校的伙伴。她选择这些人做家庭教师可能听从了朋友约翰·费希尔的
建议。毫无疑问，亨利七世时期王宫里有很多有趣、有才的人，很轻易就
可从他们之间挑出几个来教王子学习语言和音乐。玛格丽特夫人对她的被
监护人施加了何种影响，又对他做出何种评价，我们无从知晓。但是在她

---

1　Nelson, *John Skelton Laureate* (New York, 1939), 75.

2　Nelson, *op. cit.*, 15.

3　*L.P.,* i, 2656 (5).

4　在布利特索（Bletsoe）教区教堂，玛格丽特夫人的外甥约翰·圣约翰（John St John）爵士的纪念碑上有一则有趣的题词，据说，他和亨利一起在那里接受玛格丽特夫人的教育，参见*V.C.H. Beds.*, iii, 41。

临终时，她要求孙子凡事必须听从时任罗切斯特大主教约翰·费希尔的建议，[1] 这个劝告的讽刺意味一点也不亚于斯凯尔顿在《王者镜鉴》中所提出的忠告。

尽管亨利童年和青少年时期的资料不全，但有两件事非常明确。首先，不管资料多么匮乏，亨利显然未曾在父亲在位时被委以任何国家事务方面的责任，也从未尝试独立。十五岁时，亚瑟被派遣到威尔士，原因可能是父亲希望他能履行王子的职责，在作为边境领主的艰辛生活里汲取政治经验。但是，无论是因为这一安排让他失去了长子而不敢让次子冒险，还是因为他怀疑次子的能力，亨利七世没有让威尔士亲王亨利接受这种训练。因此，亨利八世登基时，他看起来没有行使王权的经验，也没有受过这方面的训练。更糟糕的是，在他成为国王之前，他的生活都受到严格限制。据 1508 年初来到英格兰的西班牙使者富恩萨利达说，威尔士亲王就像幼女一样受到严格监控。他只能通过一扇私人专用通往园苑的门进出，而且必须由特别指定的人陪同。没人敢靠近他，跟他说话。他总是待在自己的房间里，进出这所房间必须经过国王的寝殿。他很胆怯，从不在公共场合讲话，除非是要回答父亲的问题。[2] 富恩萨利达来到英格兰是为了确定亨利和他哥哥的遗孀凯瑟琳之间的婚姻，但是亨利七世有充分的理由，让这位使者很难接近亨利。另外，这位使者不久后汇报道，亨利在里士满（Richmond）日复一日地做着他最喜欢的剧烈运动——马上刺枪竞技。是的，即使运动时，他的父亲也会在场，至少间或旁观。但是亨利王子可能并没有像富恩萨利达起初认为的那样，被完全关起来。但他极有可能受到父亲的严密监视，原因与他没有像哥哥前往威尔士或者奔赴他地履行重任相同。亨利很

---

1 波尔在他的著作《向查理五世申辩》（*Apologia ad Carolum Quintum*）也回忆了这一点，参见 *L.P.*, xiv, i, 200。波尔是在故事发生的二十年后动笔写下，但是他的母亲很可能亲自见证了此事。

2 *Correspondencia de Gutierre Gomez de Fuensalida*, etc., ed. Duque de Berwick y de Alba (Madrid, 1907), 449.

快就会发现，他既是儿子又是继承人，这是宝贵的财富。憔悴不堪的亨利七世生有八个孩子却夭折了五个，再加上王后早逝，他唯一活着的儿子亨利就像马驹一样，急需他和玛格丽特夫人的亲自管教。无论事实的真相如何，现如今任何有头脑的人都会为亨利的境遇摇头，他的热情明显受到压制，由此可以推断，这些遭遇在很大程度上造成他在成年后淫泰夸丽，性情反复无常。

　　亨利八世的父亲没有帮他找个妻子。正如亨利的姐妹以及他自己的孩子之后发现的那样，王室的后代不过是国家间联姻这盘严肃棋局上的兵卒，除此之外不能有其他的奢望。王室的婚约属于外交事件——历史上一直如此，此后也长期如此——不希望也不允许婚姻的双方在交易中有任何的发言权。人们认为婚姻在先，爱情在后，但不管依据什么标准，亨利王子在这种交易中的经历是不幸的。1501 年，亨利七世试探着请求将埃莉诺许配给亨利王子，埃莉诺是勃艮第公爵腓力的女儿，也是阿拉贡的凯瑟琳的外甥女，而凯瑟琳将与亨利的哥哥成婚。[1] 然而，亚瑟死后，王室决定让亨利王子娶哥哥的遗孀。这样一来，亨利与埃莉诺的婚约被搁置在一旁，埃莉诺的姨母凯瑟琳代替了她。而在 1503 年丧偶的亨利七世就曾短暂提议，他可以娶儿子的遗孀。[2]1503 年 6 月 23 日，亨利王子与凯瑟琳签下一纸婚约。当时亨利还不到十二岁，凯瑟琳十七岁。婚约规定等到王子年满十五岁，即 1505 年 6 月 28 日，就举行隆重的婚礼。届时凯瑟琳的父母将另外陪送价值十万克朗作嫁妆，除了金币，还包括餐具、珠宝。[3] 此外，凯瑟琳之前嫁给了亚瑟王子，因此她要想再和亨利王子成婚，必须先征得罗马教皇的豁免。凯瑟琳和她那脾气暴躁的保姆埃尔薇拉夫人坚持认为她的第一次婚事并未完成，在这种情况下要征得豁免，就需要消除所谓的公共诚信障碍；

---

1　*Letters and papers… of Henry VII*, i, 167.

2　Mattingly, *Catherine of Aragon* (edn. 1950), 52 f.

3　*Sp. Cal.*, i, 364.

但同样重要的是确保公主得到亡夫遗产权。为此，当时在伦敦的西班牙大使普埃夫拉博士不顾凯瑟琳的抗议，同意英格兰的要求，也就是要在直接姻亲关系障碍中寻求豁免，这种障碍只能来自双方身体的结合。因此，不久之后罗马教皇就收到了这份影响重大的豁免申请，凭此亨利就能不顾之前存在的姻亲关系，与凯瑟琳成婚。[1] 婚约签订后两天，就举行了隆重的订婚仪式。待罗马教皇的特许令一到（这样的特许令原本要耽搁数月），凯瑟琳就成了亨利王子"最亲爱、挚爱的妻子，我的公主王后"，他在 1506 年 4 月这样称呼她。[2]

再婚结束了凯瑟琳凄凉、贫困的寡居生活，但没有使她摆脱不幸。她依然受困于斯特兰德区（Strand）的达勒姆宫，家中争执不休，恶毒的普埃夫拉博士令这种情况雪上加霜，亨利国王甚至一度克扣了她本来享有的每月一百镑的生活费。她可能很少见到亨利王子，而且她英语不佳，即使见面也不能很好地与他沟通。她生病数次，她父亲原先许诺的另一半嫁妆更不见踪影。定于 1505 年 6 月 28 日的婚期已过，钱还没有到，因此没有在教堂举行婚礼。

等待中的凯瑟琳一筹莫展，四面受敌，亨利王子却卷入两件怪事之中。1505 年 6 月 27 日，他向福克斯主教提出了严正抗议，取消他大约两年前定下的婚约，并表示他永远不会让该婚约生效或者批准婚约。[3] 多年以后人们会拿这次抗议当作证据，证明亨利从来就没想和凯瑟琳结婚，此次婚姻是无效的。[4] 但亨利王子这么说肯定是遵从了父亲的旨意，至于亨利七世目的为何并不清楚。或许他真的想把儿子另派他处，或许他想催促西班牙尽快送来第二批嫁妆，或许他是要让西班牙人难堪，因为他们竟然把那不勒

---

1　有关公共诚信障碍、姻亲关系障碍以及与儒略诏书相关的一些问题，参见下文第七章。

2　*Letters and Papers... of Henry VII*, i, 285.

3　载于 *Burnet*, iv, 17 f. 和其他地方。

4　参见下文第 195 页。

斯守寡的王后嫁给已经鳏居的他，经过调查，发现这位夫人既没有存蓄也没有前途。[1]但是如果王子与公主的婚姻此时出现危机，那在这次抗议事件之后不久发生的另一桩事情就更难解决了。1505 年 10 月 20 日，针对三四个月前的请求，教皇尤利乌斯二世给威尔士亲王写信，授权他管束自己的妻子，不要过分热衷于宗教仪式，这不利她的健康。教皇写道，听说凯瑟琳约束自己，立誓要严格按照宗教生活，坚持祷告、斋戒、节欲、朝圣。他还听说她这么做没有经过丈夫的同意，她对宗教的狂热可能会影响她的健康，危及"婚俗"（maritalis consuetudo），降低生育能力。因此，考虑到事实上她应该服从自己的丈夫，生育是结婚最重要的目的之一，尤利乌斯授权请愿者，禁止自己的妻子以后立下任何像这样违背他意愿的誓言，并且强迫她把这些宗教活动改为由祭司引导的、虔诚却又不那么艰辛的事情。[2]

这就是教皇对一个宣称自己焦虑不安的丈夫作出的答复。或许凯瑟琳确实开始严格的苦行生活，这会毁掉她年轻的身体，尽管她把自己糟糕的健康状况归因于间日热，实际上却可能是精神不振引起的。或许就像他不久前的抗议一样，王子的请求有着不可告人的目的，但究竟是什么目的却无从得知。尤利乌斯的指示有些反常，不仅因为这是应人请求后下的指示，还因为其指示的内容。说它反常还有第三个原因。现存的唯一一份副本，保存在罗马教廷档案的通谕登记簿中。日期确实是 1505 年 10 月 20 日，但这封信是写给威尔士的亚瑟亲王的，那时他已去世三年半。或许因为办事员的疏忽，看错了请愿书，把答复错寄给了另一位王子。寄到英格兰的通谕是否也有同样的问题，我们不得而知；倘若有的话，凯瑟琳很可能可以不受阻碍地继续她的忏悔仪式了。

---

1　最后这一点是马丁利的主张（*op. cit.*, 58）。或许，这有些过于生动了。

2　Vatican Achives, Arm. xxxix, 23, fol. 689. 这些内容做了部分修正后载于*Ehses*, xliii f. 上。

正当教皇通过凯瑟琳的丈夫命令她要保持年轻、适婚的状态，亨利七世也在认真考虑要把她逐出家门，让儿子和卡斯蒂利亚的腓力的女儿埃莉诺成婚，大约四年前她就被指配给亨利。她比姨母凯瑟琳更接近王子的年龄，并且是神圣罗马皇帝的孙女；她的另一位姨母玛格丽特或许非常适合亨利七世自己。她的弟弟查理，未来的皇帝，则是都铎王朝小公主玛丽的良配。[1]1505 年 10 月，与哈布斯堡家族的三桩婚事正在筹备中。此外，这一计划非常符合哈布斯堡家族领袖马克西米利安一世的复杂利益。所以，1507 年，帝国的一位使者来到英格兰，谈判取得重大进展。针对这一威胁性的对抗手段，阿拉贡的斐迪南紧急派遣富恩萨利达至英格兰，希望阻止哈布斯堡家族，挽救亨利王子和凯瑟琳的婚姻。但富恩萨利达发现希望渺茫，英格兰国王对他的主人充满敌意。在英格兰议会中，一些人强烈要求年轻的王子与哈布斯堡家族联姻，新娘可以是埃莉诺，也可以马克西米利安一世推荐、代替埃莉诺的巴伐利亚公爵的女儿，另一些人则要求他娶法国阿朗松的玛格丽特。显而易见，没人考虑阿拉贡的凯瑟琳。事已至此，富恩萨利达认为唯一能做的就是救出不受欢迎的公主，尽可能多地收回嫁妆，让英格兰人自己去承受未知的命运。[2]被密切监视的亨利王子可能对长辈们的密谋知之甚少，即使知道，他也无疑会顺从地接受他们的安排。他的妻子二十三岁，气质却截然不同，她在英格兰生活了七年，多数时光是孤苦地在达勒姆宫中度过，这种经历使她历练成为坚定而又成熟的女人。很久以前她说过自己宁愿死在这方陌生的土地上，也不愿脱离与英格兰的关系，回到西班牙。她现在严厉谴责她同胞富恩萨利达的失败主义，认为这是一种背叛行为。"立刻将他召回，"她在给父亲的信中如此评论，"让他受到应有的惩罚。"[3]但这位大使或许是对的。如果亨利七世并未逝世，对

---

1　*Sp. Cal.,* i, 354 ff.; *Letters and Papers… of Henry VII*, i, 134 ff., 189 ff.; ii, 106 ff.

2　Mattingly, *op. cit.,* 90 f.

3　*Ibid.,* 91.

西班牙的厌恶之情未减，他的继承人可能就会娶埃莉诺或者玛格丽特，而非凯瑟琳。然而，1509 年 4 月 22 日，老国王在里士满宫驾崩，他的儿子守护在侧。次日，亨利八世被宣布就任国王，即离开里士满，前往伦敦塔。5 月 9 日星期三，做过防腐处理的父王遗体由双轮马车运往圣保罗大教堂，约翰·费希尔在葬礼上布道。第二天，遗体安葬在威斯敏斯特教堂一间以他名字命名的举世无双的礼拜堂，与王后伊丽莎白相邻。

无疑，很多王朝都是在欢欣期许的氛围中开始的，但是这个开始具有特殊的光彩。对新国王而言，登基王位意味着他终于摆脱了长期以来的压迫，不必再顺服严厉的父亲和祖母，他从此获得快乐、自由和权力，生活不再阴云密布，可以享受阳光与温暖。突然穿上国王的华服，他马上要成为一名真正的男人了。他的父亲为确保他登上王位做出了巨大的努力，他继承了英格兰其他国王不曾拥有的一大笔财富，他的王国是基督教世界中治理最好、臣民最顺从的国家。他的父亲晏驾前不久，大赦人民，而新国王对此予以更宽大的处理。[1] 他的父亲为他留下了一群颇有建树的大臣，多数人还将继续为他效劳。其中，理查德·恩普森和埃德蒙·达德利曾经非常勤勉地为亨利七世募集资金、执行法律，但是他们"不合理且带有勒索性的做法招致贵族的怨恨、小人的攻击、贫民的失望，以及牧师公然在圣保罗十字讲坛（Paul's Cross）和其他地方的呼喊、斥责和厌恶"——而这些都将被抛诸脑后。[2] 在他即位后的几个小时内，亨利就被他们的恶行激怒。4 月 23 日，他统治生涯的第二天，在欢迎亨利即位的小号齐鸣和欢欣热闹中，这二人就被抓住，带至伦敦塔沦为阶下囚。他们遭受十六个月牢狱之苦后被处决。

---

1　*Hughes and Larkin*, nos 59, 60.

2　*Hall*, 503.

"天地欢喜，万物皆有奶、蜜、琼浆。贪婪逃离了国家。我们的国王不追求黄金、宝石或贵金属，而是追求美德、荣耀和不朽。"在这封蒙茹瓦勋爵写给伊拉斯谟的著名的信中，文字热情洋溢，虽然事实证明，在某种程度上并不准确。[1]基督教王权的完美君主已经登上了宝座，他仁慈、有天赋且开明。随着他的到来，黯淡的日子似乎必将让位于繁荣昌盛。

新国王很快就结婚了，他最终娶的是凯瑟琳。他声称这样做是为了顺从父亲的遗愿，[2]但很有可能，他所说的亨利七世临终改变心意的故事是在不久之后编造出来的，目的在于安抚哈布斯堡家族，因为他们的女儿埃莉诺才刚遭到抛弃。富恩萨利达认为是年轻的国王自己改变了计划，而这可能就是事实。亨利七世驾崩五天后，这位大使仍然相信凯瑟琳之事业已落空，并引用了两名议会成员的话，大意是垂死的国王已经向自己的儿子保证，他可以自由迎娶他选择的任何人。随后情况发生了彻底的改变。富恩萨利达突然被召至议会，也颇为惊讶地发现，不仅国王对公主热情友好，刚与亨利在一个房间会面的达勒姆主教托马斯·拉索尔也告诉自己，诸如凯瑟琳的嫁妆之类都是小事，国王希望他尽快确定所有关于婚姻的细节。于是，富恩萨利达略带困惑离开，着手收回他已经开始转移到布鲁日的公主的财产。[3]六个星期后的 6 月 11 日，亨利和凯瑟琳在格林尼治的方济各会教堂举行了庄严的婚礼。此前不久，曾有风言对亨利与死去兄弟的遗孀成婚存有顾虑；[4]多年后福克斯主教回忆道，坎特伯雷大主教威廉·渥兰不赞成二人的结合，明显因为他怀疑已经颁布六年的豁免诏书不再具有效

---

1　*Opus Epistolarum Des. Erasmi Roterodami*, ed. P. S. and H. M. Allen (Oxford, 1906), i, No. 214.

2　Henry to Margaret of Savoy, 27 June 1509. *L.P.*, i, 84.

3　*Correspondencia de ... Fuensalida*, 518 ff.; Mattingly, *op. cit.*, 93 f.

4　马丁利引用了富恩萨利达的话（*op. cit.*, 93）。

力——尽管我们无从得知他这样做的理由。[1] 渥兰的疑虑在将近二十年之后产生了影响，那时这段婚姻的合法性成为激烈辩论的问题。但就目前而言，一位骄傲的国王解除了三年前他在父亲的命令下提出的抗议，并最终自由地批准了自己与一位公主的结合，此时，任何疑虑可能都被搁置一旁。这位公主虽比他年长五岁，却可能依然明艳动人，肯定具有其他王后难以与之媲美的精神和生活的品质。

至少在外表上，她的丈夫从孩提时代起就非常引人注目。十年前，伊拉斯谟在托马斯·莫尔的陪伴下，漫步到埃尔瑟姆与王室孩子们见面，八岁的亨利公爵优雅沉着，给他留下了深刻的印象。[2] 当他登上王位时，他已经成长为一个充满活力的十七岁的年轻人，造物主似乎赋予了他一切才干。新君即位后不久，一位折服于新君风采的威尼斯人写道："国王陛下是我见过的最英俊的君主。"他高大魁梧，赤褐色的头发"按照法式风格梳得又短又直"，粉红色的圆脸是如此的精致，"简直就像个美人"。[3] 几年后的1519年，有人说，他"非常英俊，这是大自然能够赋予的极致了"。"他比基督教世界的任何君主都要英俊得多；比法兰西国王更有魅力，非常白皙，整个人的身材比例极佳。"[4] 他的身体非常棒。他是一个极其优秀的骑手，可以一小时接一小时地骑马，累倒八匹十匹马；他兴高采烈地猎鹰、摔跤和跳舞；他擅长网球，"在比赛中看他打球是世上最赏心悦目的事情，他那白皙的皮肤透过质地优良的衬衫闪闪发光"。[5] 他可以将十二英尺的长矛扔出数码开外，在演练战斗中，他手握沉重的双手剑迎战所有进攻者，他能以比英格

---

1　因此，多年后，伊利主教尼古拉斯·韦斯特在离婚案发酵时被免职。参见B.M. Vit., B xii, fol. 123 v (*L.P.*, iv, 5774)。韦斯特说，渥兰和福克斯对于亨利和凯瑟琳的结合是否合法一事存在分歧，渥兰显然持反对意见，但他很有可能在1503年教皇豁免令颁布之前就表达了他的怀疑，并到1509年前就已经抛弃了他的疑虑。

2　*Opus Epistolarum, etc.*, i, no. 1.

3　*L.P.*, ii, 395.

4　*Ven. Cal.*, ii, 1287.

5　*Ven. Cal.*, ii, 1287.

兰任何人都强大的膂力弯弓。1513 年 7 月，在加来（Calais）第一次征战时，他与护卫队的弓箭手练习射箭，"一箭穿透靶心，他胜过了他们所有人，正如他在身量和个人风度方面胜过了他们那样"。[1] 最重要的是，不论是在围栅还是在比武场的王室运动中，他都以追求超凡的技术为乐。整个 1508 年夏天，年仅十七岁的威尔士亲王以敏锐、不知疲倦的身体投入到激烈的马上比武，战胜了所有对手；[2] 而他的即位拉开了庆祝活动的帷幕，举办了一场又一场马背上舞矛刺枪的比武，国王总是胜利者，带走了许多奖品。

1499 年的一天，伊拉斯谟第一次见到他，当时他正与姐姐玛格丽特和妹妹玛丽站在一起，身边还有他不久后去世的尚在襁褓中的弟弟埃德蒙。亨利"在我们吃饭时给了我一张便条，质疑我写的一些东西"；因伊拉斯谟无法当场回复，于是焦虑地花了三天时间创作了一首颂歌，题为《不列颠王国、亨利七世国王和他的孩子们的写照》（A Description of Britain, King Henry VII and King's Children），并为斯凯尔顿写了一篇颂词，斯凯尔顿无疑是这张便条真正的作者。其中，他直抒胸臆，添加了一些碎片化的描述，写成配得上这位年轻公爵的文学之花。[3] 七年后，伊拉斯谟写信给亨利并收到了一份娴熟的回复，这使他确信有其他人参与到信件的写作之中。但是他的耐心的赞助人蒙茹瓦勋爵向他展示了王子写给不同人的许多信件，其中都有许多更正和补充的迹象，这使伊拉斯谟放弃了对亨利的怀疑。[4] 大概是斯凯尔顿和霍恩说服亨利去写信的，因为在后来的生活中，亨利从来不是一个勤奋的写信人——除了在大约二十年后的几个月里，浪漫的激情战胜了迟钝，他为失去的挚爱安妮·博林发出了沉重的叹息。但亨利无疑是一个成熟、头脑灵活的学生。他懂拉丁语、法语和一些意大利语。据说他

1　*L.P.*, i, 2391.

2　Gairdner, *Memorials of King Henry the Seventh* (1858), 116, 124.

3　*Opus Epistolarum etc.*, i, no. 1.

4　*Ibid.*, v, 241 (*L.P.*, iv, 5412).

也学习了一些西班牙语。大概在 1519 年，他对希腊语有十足的（尽管是暂时的）兴趣，从理查德·克罗克那里接受了这门时兴语言的指导。理查德·克罗克是一位不太有名的英格兰人文主义者，此前他曾在巴黎、勒芬（Louvain）、科隆和莱比锡工作，而后将在剑桥教书。亨利对神学的掌握可能不如他自己料想的那样，但对于国王来说，这已经很了不起；他表现出自己的数学天才；他经常把托马斯·莫尔"带进他的私人房间，有时讨论天文学、几何学、神学和其他学科，有时坐下来与他商量世俗事务，有时会在夜里走上屋顶，与他一起思考恒星和行星的多样性、轨迹、运动和运行规律"。[1]

最重要的是，他是一位天赋异禀、充满热情的音乐家。无论他走到哪里，不管是在巡游中，还是参加战役，他都带着音乐。他在英格兰各地为王室小教堂搜寻会唱歌的男孩和成年男子，甚至从沃尔西的合唱团抢人才，显然他很嫉妒。[2] 文艺复兴风格的圣乐是本尼迪克特·德奥皮蒂斯和后来就任奇切斯特主教的理查德·桑普森的作品，于 1516 年引入王室小教堂，由被意大利游客称为"神圣超凡"的合唱团演唱；1519 至 1528 年间，国王收藏了不少法国和尼德兰音乐。亨利宫廷中有许多外国音乐家，如中提琴手安布罗斯·卢波，尼德兰的诗琴手菲利普·范维尔德，还有小号手、短笛手，以及两位意大利风琴演奏家——德奥皮蒂斯和来自威尼斯圣马可大教堂的著名的迪奥尼西奥·梅莫，后者于 1516 年被引诱到英格兰，有时会在宫廷和国王面前连续表演四个小时。[3] 亨利的乐器收藏中有二十六把琉特琴，还有小号、中提琴、三弦琴、萨克布号、小横笛和鼓、竖琴以及管风琴。国王本人的琉特琴弹得很好，也会弹管风琴，并且擅长演奏维金纳

---

1　Roper, *The Life of Sir Thomas More*, E.E.T.S. (1935), 11.

2　*L.P.*, ii, 410, 4024.

3　*Ibid.*, 2401, 3455; *Ven. Cal.*, ii, 780; Hughes and Abraham, *Ars Nova and the Renaissance*; *Oxford History of Music*, iii (Oxford, 1960), 304 f.; Reese, *Music in the Renaissance* (1954), 769 ff., 842, 850.

琴（这也许是他的维金纳琴演奏家约翰·海伍德教给他的）。他的声音有力而稳重，不经排练便能读谱表演，乐于与彼得·卡鲁爵士等朝臣一起唱"他们称之为'自由人之歌'的某些歌曲，如《我躺在岸边》（'By the banks as I lay'）、《当我走在荒凉的林中》（'As I walked the wood so wild'）"。他的宫廷慷慨赞助了以伟大的费尔法克斯博士为首（如果不是亨利本人的话，因为国王至少写了两首五部曲弥撒、一首经文颂歌、大量的器乐作品，以及分声部合唱曲和轮唱曲）的作曲家团队。《与好友一起消遣》（"Pastime with good company"）、《海拉斯，夫人》（"Helas, madam"），也许还有《温柔的王子》（"Gentle prince"）都是亨利的作品，此外还有经文颂歌《上帝啊，万物之主》（"O Lord, the maker of all thing"）——对于君主而言，这可是了不起的成就。[1] 一直以来，亨利与苏格兰的詹姆斯四世或引人注目而多才多艺的皇帝马克西米利安一世一起，被看作辉煌的文艺复兴时期君主制的典型；这位身心天赋出众的国王对学习和艺术充满热情，伊拉斯谟和其他人文主义者对此赞誉有加，这些赞誉似乎也并非夸大其词。但是，虽然伊拉斯谟可以对君主制和财富发表严厉的批评，但他是国王和富人无耻的谄媚者，我们应该谨慎看待他的溢美之词。不过，亨利确确实实是最后一位行吟诗人，也当得起勃艮第骑士精神的继承人：一个完全沉浸在舞蹈和歌曲、宫廷爱情和骑士侠义中的青年。

他将要成长为一个喧闹不休、无拘无束、挥霍无度的浪子——传说中的"直率王哈尔"（bluff king Hal）——为他壮硕的体格、激烈的狩猎运动、毫不节制的赌博和饮食、奢华的衣着而洋洋得意。"他的手指上戴满了镶有宝石的戒指，脖子上戴着一个金项圈，上面挂着一颗胡桃那么大的钻石"，

---

1　关于亨利的作曲（以及他的乐器收藏），参见Lady Mary Trefusis, *Ballads and Instrumental Pieces composed by King Henry the Eighth etc.*, Roxburghe Club (1912)。关于亨利与卡鲁爵士一起唱歌，参见Reese, *op. cit.*, 769。

威尼斯大使朱斯蒂尼亚尼这样描述他。[1] 他喜欢打扮，他的华服绚丽夺目，装饰有各色珠宝和黄金布料、华贵的丝绸缎和色彩鲜艳的羽毛，让旁观者惊叹不已。他是一个外向而热情奔放的人，至少在早年间是这样的。他陶醉于轰轰烈烈的生活，与朝臣打牌、打网球和掷骰赌博，挥霍金钱，令整个王国瞩目。许多读者都会有一个先入为主的形象——亨利就像霍尔拜因的油画中那样，起身跨立，自视甚高而脾气凶悍；亨利衣着华丽，耀眼夺目，金链上串着一个硕大的镶有珠宝的金口哨，在"亨利上帝恩典号"（Henry Grace à Dieu）舰船下水时，与他的王后一起在舰上用餐；[2] 亨利搂着莫尔的脖子，在莫尔建于切尔西（Chelsea）的花园四处转悠；[3] 亨利向这位威尼斯大使展示了自己健硕的小腿，并要求对方告诉自己是否比法兰西国王的更为漂亮；[4] 二十多年后，身处亨斯顿（Hunsdon）的亨利怀抱着宝贝儿子爱德华，自豪地把他带到窗口，"让所有人都能看到并带去莫大的快慰"。[5]

他是一个令人生畏的、富有魅力的男人，有着一种令人信服的王者风范。但他的脾气又难以捉摸，巨大魅力总是变成愤怒和大喊大叫。据称，在他打托马斯·克伦威尔的头并咒骂，[6] 或称一位大法官赖奥思利为"我的猪猡"时，[7] 他的情绪已算得上是亲切友好。但莫尔知道，这位亲热地搂着自己脖子的主人也会要了自己的脑袋，只要觉得这颗头"可以为他赢得法

---

1　*Four Tears at the Court of Henry VIII etc.*, ed. Rawdon Brown, i, 85 f.

2　*L.P.*, ii, 1113. 这发生在1515年10月。

3　Roper, *op. cit.*, 20 f.

4　*Four Years at the Court of Henry VIII etc.*, i, 90 f.

5　理查德·克伦威尔在1538年5月16日给他父亲的信中这样写道。*L.P.*, xiii, i, 1011.

6　"国王每周打他两次，有时正好打在他的头顶上；然而，当他的头部受到重击，像一只狗一样被震醒时，他就会走出大厅，抖动发丝，脸上带着愉快的表情，好像他可以充当首领"；国王"称呼我的掌玺大臣为恶棍、无赖，轻轻拍打他的脑袋，然后就把他推出枢密院"。——据说这是1538年，爱尔兰长官、著名的威廉的弟弟乔治·保利特笔下的克伦威尔。读者需要自行判断这一发现于*St.P.*, ii, 551 f. n的证据的可靠性。

7　所以福克斯说亨利喜欢这样称呼他。*Foxe*, v, 564.

国的一座城堡"[1]。他心烦易怒、情绪阴晴不定；多疑，并具有一丝强烈的残忍倾向。或许他有俄狄浦斯情结，因此，他既渴望乱伦，又害怕乱伦，这可能也对他的性生活有一定影响。[2]

结婚十八天后，按照惯例，亨利从格林尼治来到伦敦塔，为加冕做准备。编年史家爱德华·霍尔被认为对都铎王朝庆典盛况的细节怀有无穷无尽的兴趣，他写道："如果我要申明的话，那就是裁缝、绣工和金匠承受了巨大的痛苦，付出了艰辛的劳动，为领主、夫人、骑士和候补骑士设计和制作服装，为骏马、小马和驯马制作各类装饰品，这一过程之久很难再现；毫无疑问，与这场加冕礼所做的准备相比，再也找不出更丰富、更奇特、更稀奇的作品了。"[3] 6 月 23 日星期六，国王带着他的王后穿过伦敦城，来到威斯敏斯特。他走在挂满织锦和金缕的街道上，身上镶嵌着丰富多彩的钻石、红宝石和其他宝石。第二天，他和凯瑟琳头顶华盖，沿着一块地毯从宫殿行进到修道院；这块地毯"在他们到达修道院后立即被粗鲁的平民切割、破坏"。在修道院里，在王国的伟人面前，坎特伯雷大主教为他涂油、加冕。仪式结束后，所有人都退到威斯敏斯特大厅参加一场"恺撒都未曾见证的盛大"宴会。宴会开始时，由白金汉公爵和内廷大臣骑马带领的游行队伍将菜肴带入会场。盛宴一结束，宾客们就转移阵地，参加一场一直持续到夜幕降临的比赛。[4]

接下来的几天全是骑马比武和宴会。加冕典礼结束时，宫廷开展了一轮几乎不间断的庆祝活动，如狂欢和化妆晚会、马术、露天表演、马上刺枪比武；白天，人们或骑马或追逐猎鹰，夜晚则参加宴会、跳舞奏乐。聚

1　Roper, *op. cit.*, 21.

2　Flügel, "On the Character and Married Life of Henry VIII", in *Psychoanalysis and History* (Englewood Cliffs, N.J., 1963), 124 ff.

3　*Hall*, 507.

4　*Hall*, 509.

集在年轻国王身边的，有亨利·斯塔福德勋爵、埃塞克斯伯爵、爱德华·内维尔、[1] 托马斯·帕尔和威廉·帕尔、托马斯·博林、爱德华·吉尔福德和亨利·吉尔福德，以及卡鲁夫妇和威廉·康普顿，他们都是国王的朝臣和伙伴。1510 年 1 月的一个上午，亨利带着十个人穿着"肯特肯德尔绿色"短外套，扮成罗宾汉的样子，冲进了王后在威斯敏斯特的房间，与害羞的女士们跳舞和消遣；在接下来的忏悔星期二，他消失于议会厅为外国大使举行的宴会中，又和埃塞克斯伯爵一起回来，他穿着"土耳其风格"的服装，身上满是金饰，腰间挂着两把弯刀。其余六人打扮成普鲁士人，火炬手打扮成摩尔人。这出戏码结束后，亨利和另外五人再次出现，他们身着蓝与殷红的短礼服，内衬金布，与女士们一起跳舞，包括他的妹妹玛丽。新年、主显节和忏悔节以及王室夏季巡游返回途中，都伴随着狂欢和露天表演。每年 5 月 1 日，国王都会举行一场狂欢，似乎没有一个月不在庆祝活动中度过。例如 1511 年 2 月为国王第一个（也是早夭的）儿子的诞生而举办的盛大庆祝活动，或是两年之后的主显节庆祝，当时国王与其他十一人一起参加化装舞会，"按照意大利的方式被称为面具，这是英格兰以前从未见过的东西"。[2] 除此之外，还有无休止的骑马刺矛弄枪。显然，直到 1510 年 1 月 12 日，亨利才第一次以国王的身份参加骑马比武，当时他隐瞒身份，与枢密院的威廉·康普顿爵士在里士满进行了一场私下切磋。[3] 虽然康普顿险些被杀，但这两位新手凭借完美的技能赢得了赞誉。从此，国王对这项运动的热爱不曾衰减，他或骑上骏马，或下马对抗，应战所有来者，醉心于

---

1　内维尔不仅在品位上很像亨利，长相上也很像，以至于有不可信的传言说他是国王的私生子。伊丽莎白女王曾经以玩笑的方式再次提起了这一谣言，当时她在伯克郡（Berkshire）进行第一次出巡，遇到了内维尔的儿子亨利，在问候他的时候女王说："很高兴在这里见到你，亨利兄弟。"参见 *Notes and Queries*, 1st ser. ii (1850), 307。1538 年，爱德华·内维尔作为埃克塞特阴谋的共犯被处决。

2　*Hall*, 526. 有关这些宫廷狂欢之类的故事，参见 *ibid.*, 513 ff.。

3　*Ibid.*, 513. 参考 *L.P.*, i, 98, 112, 156, 400, 467, 477, 671, 698 etc.。其中记载亨利统治的最初几个月里，有无休止的马上比武和刺枪竞技。

设计周密的骑士运动仪式，连续不断地与查尔斯·布兰登、埃塞克斯伯爵或多塞特侯爵等人一起比试，博取夫人们的欢心。

王室的生活安排令人震惊。在 1511 年的巡游过程中，亨利练习"射击、唱歌、跳舞、摔跤、投掷、竖笛和长笛以及维金纳琴；在谱曲方面，编写歌谣，谱了两首弥撒曲，均为五部曲。这些曲子经常在他的小教堂里表演，而后传播到其他地方。当他来到沃金（Woking）时，这里同时举行了马上枪术比武和马术比赛。其余时间他都花在打猎、玩鹰和射击上"。[1] 其余的时间——尽管很难说有很多——也可能花在打牌、网球和掷骰赌博上，后两项让他花费了很多钱：有一次，"狡猾的人……带来法国人和伦巴第人与他打赌"，并从他慷慨的赏金中获利，直到"他察觉到他们的诡计"，然后把他们打发走了。[2] 钱很容易就流失了：三百三十五镑给了巴黎的珠宝商雅克·马林；十先令用于仲夏篝火；三十马克在里士满购置一对新风琴；十马克雇用 1511 年的新年庆祝活动司仪"暴政之王"（lord of misrule）；五镑给了国王乐器的保管人威廉·刘易斯；五百六十六镑用于购买一千颗珍珠和其他珠宝；花费超过八百镑置办新年礼物；四镑打赏给进献国王一件乐器的修士；二十镑付给费尔法克斯博士，以获得一本谱曲书[3]——更不必说向皮尤（Pew）、沃尔辛厄姆（Walsingham）、米森登（Missenden）和唐卡斯特（Doncaster）的圣母殿，以及为坎特伯雷的圣托马斯、忏悔者爱德华、锡安的圣布里奇特的神殿提供传统祭品的数十镑，或花在宫廷传教士、濯足仪式、安魂曲弥撒和灯烛的费用。数百镑将用于君主的穿着、养活他的宫廷和支付他的仆人；数千镑则用于王家宫殿的维修和增建。[4]

他是一个天才，一个太阳王，一个世界奇迹（stupor mundi）。他生活

---

1　*Hall*, 515.

2　*Ibid.*, 520.

3　也就是一本刺有（印有，而非记忆相传的）主调合唱曲或声乐伴奏的书。

4　这些事实和数字是我从国王统治初期的《国王支出书》（*King's Book of Payments*）中随机选取的，参见 *L.P.*, ii, 1446 ff.。

在充满寓言、神话和浪漫故事的世界中，并为这个世界加冕。很快，盛大的国事将以富有政治意义的盛会和胜利为标志，但在统治初期，这种气氛相对较淡。宫廷表演描绘的，或是从金桩上长出的英格兰和西班牙的玫瑰与石榴，挺立在一座小山丘上，莫里斯舞者从那里走来；或是在山楂、枫树、榛树和桦树的虚构森林，悲伤的少女、护林人和武士漫步其间；或是"欢乐拱门中的金色乔木"。[1] 最重要的是，这是一个骑士的世界——充满名望、声誉、胆气，是加伦特爵士和忠贞的心（Cœur Loyal）的骑士世界。亨利宣称自己"非常完美"，是勇敢的骑士；而骑马刺枪和比武与王权大事直接相关，新国王在其中找到了完美释放自己充沛精力的途径——战争。

---

1　参见 P.R.O., E.36/217（理查德·吉布森关于狂欢的描述），fols 15, 38, 41。

# 第二章

# 重启百年战争

登上英格兰王位之时，不论这位年轻的国王是否做出决定，他也必须定下王权实施的方向。实际上，他必须做出决定，是否满足于模仿自己杰出的父亲。亨利七世选择从外国纠葛中抽身而出，从而投身于增加收入、实施法律等不甚起眼的民用事务。比起争夺法兰西的几片土地，亨利七世对赢得商业优势更感兴趣，更喜欢议会国库的账本，而非过时的战利品和引人注目的外交活动。他曾考虑过将女儿玛格丽特嫁给苏格兰国王，促成英格兰与苏格兰和平相处的事宜。他也间或观察到西班牙舰队在大西洋彼岸开辟的新世界。因此，他儿子面临的，不仅是选择成为一位稳重勤勉的君主，还是一名军功赫赫的英雄，也不仅仅是拥抱和平或是挑起战争，而是真正地在谋新与从旧之间做出抉择。

这位年轻的国王选择了后者。亨利八世将带领英格兰回到她的过去，重返欧洲及其无休止的争吵，陷入了另一轮被误导性地定义为"百年战争"的冲突。他将拒绝接受父亲关于国王职责的观念，迅速挥霍他继承的财富；使苏格兰与英格兰再次发生激烈冲突；对美洲和亚洲漠不关心，以至于四十多年后重起海外探险时，他的国家发现伊比利亚航船拥有的巨大优势，需要付出几代人的努力才能与之匹敌。此外，就像 15 世纪末法国人侵意大利一样，英格兰重新采取的"冒进"的大陆政策，并不是为了任何重要的目的，例如生存空间（lebensraum）、自然边界、政治利益或商业优势。相反，这一政策只是偶尔会明确反对之前提到的至少一点。它也并非没有受到过批评。或许文艺复兴时期，基督教人文主义者所做的最大胆的事情之一，就是抗议欧洲国家之间百害而无一利的可耻战争。仅举几位最为著名的学者，伊拉斯谟、比韦斯、莫尔，他们已经或即将投身于谴责民族傲慢和偏见带来杀戮的事业中。他们对和平主义的热情呼吁是对亨利即将开始实施的政策的谴责，也是对他父亲奉行的"只要和平，没有刀剑和流血的执政艺术"的认可。[1]

但亨利无视了这一切。他之所以能够这样做，首先是因为他所统治的社会中的大多数上层人士已经做好了战争准备。无论英格兰上层阶级的众多职能如何平民化，他们仍然认为战斗是一个主要的存在理由，武器实力仍然是贵族的标志，准封建军队扈从仍然是土地财富的产物。贵族及其下属不仅生来是平民社会的领袖，他们也向陆军和海军输送军事领袖。

如果对某些恰好是重要人物的人来说，参与战斗仍然是他们领地的一大功能，那么，在法国作战则可能依然是践行这一功能最显著的方式。就在几十年前，加斯科涅（Gascony）、吉耶讷（Guienne）和诺曼底（Normandy）的战争有时便是参与冒险、争得荣誉和迅速谋利的经典方式。一位法兰西王子的赎金可以让一户英格兰家庭踏上致富之路；有战利品和掠夺物可以赢得，也许还有女继承人、战场上的骑士称号、征服之地（Pays de Conquête）的职位和土地，以及名望。对黑太子（Black Prince）和亨利五世在法兰西的光荣战役的记忆可能依然清晰；百年战争仍为民众常常提起。文艺复兴时期的作家呼吁建立一个由受过人文和公民艺术训练的精英

---

1　这一说法出现在宫廷诗人和不知名的人文主义者伯纳德·安德烈的《亨利七世本纪》（*Annales Henrici VII*）中。参见*Memorials of the King Henry the Seventh*, ed. Gairdner, Rolls Series (1858), 91。

统治的柏拉图式社会，<sup>1</sup> 在此之前，英格兰贵族基本上保留了以战争和骑士崇拜为基础的世袭军事等级制度的特征。这是马洛礼的《亚瑟王之死》（*Morte d'Arthur*）、卡克斯顿的《亚瑟王》（*Kyng Arthur*）、斯蒂芬·霍斯的《快乐的消遣》（*The Passetyme of Pleasure*，1509 年出版）和伯纳斯勋爵翻译的傅华萨作品（译于 1523 年）所描述的世界，是一个充满沙文主义、骑士作风和强军主义的世界——或者，正如阿谢姆更喜欢说的，"公开的过失杀人和大胆的淫秽"——赞美的是骑士比武场和炮口的英雄主义，而不是哲人统治者的禁欲主义；毫无疑问，这让英格兰更容易重返欧洲。<sup>2</sup>

国王也是如此。不论英格兰国王还能做些什么，毕竟他的身份远非如此——他仍然是战争中的领导者。他仍然必须"敢于"亲自作战，按照老规矩，血战疆场。<sup>3</sup> 对他而言，战争也伴随着赎金、战利品、名望，也许还有头衔，更不用说可以带来税收的征服了。如果亨利曾经感受到理想化基督教国王的吸引力，和平与正义之君的吸引力，那他也感受到了骑士精神和壮观场面的召唤。正如我们所见，在他登基前后，他大部分时间都在比武场和竞技场上度过，按照骑士精神的行为规范参加战斗。他充沛的精力在英勇骑士的理想世界中得到了充分的发泄（他不是委托伯纳斯勋爵翻译傅华萨的作品了么？）；此外，他与其他同辈君主一起成长，例如法国的查理八世或才华横溢、性格冲动的马克西米利安皇帝，他们的大部分生活都沉浸在战争中。最重要的是，他将成为其中之一。虽然也许他不会觉得真实战争的危险和不适令人愉快，正如英格兰人不喜欢为此付出代价一样，但他可能认为自己作为一名军事领袖，他将带领自己的人民重返战争，并效仿不久之前的几任伟大国王，就算这样的自我认知未必正确。这场破坏性的历史

---

1　参见 Caspari, *Humanism and the Social Order in Tudor England* (Chicago, 1954)。

2　参见 Ferguson, *The Indian Summer of English Chivalry* (Durham, N. Carolina, 1960)。

3　因此，波利多尔·弗吉尔注意到，亨利并非没有意识到他有责任通过军事能力来赢得名声。*Anglica Historia*, ed. Hay, Camden Soc., 3rd ser. lxxiv (1950), 161.

手术，将他与祖先爱德华一世、爱德华三世、亨利五世的关系切割开来，而他们显然是亨利的楷模。他身边有些人的祖父曾在阿赞库尔（Agincourt）打过仗；距亨利六世在巴黎加冕为法兰西国王不过八十来年；他也曾亲自委托翻译亨利五世早年生活的书籍。[1] 他身边的爱国者，以及他自己的本能，敦促他占领那位英雄或贝德福德公爵退军的地方，带领他的骑士重新穿越英吉利海峡，至少要发出宣告，去寻找失落的王国和王权。如果他不在法国寻求名望，那他甚至可能有发起东征的念头。打击伊斯兰教可能已成为愤世嫉俗的基督教外交的玩物，但这对西班牙和葡萄牙国王来说仍然很重要，事实上，在 16 世纪，随着时间的推移，这将变得越来越有必要。亨利不止一次感受到，理想是可能复兴的骑士精神的亲密伙伴。他以一名战士的身份开始了他的统治，因此一心追求辉煌和英勇。未来，他将担任其他角色，如调解人、神学家、教会最高领袖。16 世纪 30 年代的教会事务在一些人看来是亨利一生中的小插曲，而我们则认为这是他的核心要务；当他处理完这些事时，他有能力重拾曾对他的统治而言至关重要的事业，并且就像他以战争宣告统治生涯开始那样，在战争中结束自己的执政生涯。

　　即位后不久，亨利立即表明了自己的意图，公开宣誓他将很快袭击法兰西国王。[2] 几周后，他在威斯敏斯特接见了一位法国公使，对公使的国王发表了轻蔑的言论，当众侮辱他，然后离开会面参加一场马上刺枪比武。[3] 与此同时，他写信询问西班牙国王斐迪南——他的岳父和最有可能的盟友——是否准备加入对法国的进攻。[4] 总之，迅速宣布了强有力的新政策。

---

1　由提图斯·利维乌斯翻译。1513 年，该书译成英文，译者未知。译者说，这项工作是由亨利委托的，以激励自己效仿亨利五世。参见 C. L. Kingsford (Oxford, 1911), 4。有关其他人发出的类似呼吁，参见 *Ven. Cal.*, ii, 24 及其后的 *L.P.*, ii, 982, 1265——英格兰派驻到皇帝那里的大使罗伯特·温菲尔德爵士表现出了异常强烈的沙文主义。

2　*L.P.*, i, 5 (ii).

3　*Ven. Cal.*, ii, 11.

4　*L.P.*, i, 162. 这是对他那封信的回应，现存的只有这封回信。

但是，在执行该政策之前，必须克服两个障碍。第一个也是最关键的：他没有盟友。在位期间，他默认英格兰不能单枪匹马进入欧洲大陆。1509年，除了被法国及其盟友吞灭的受害者外，所有大国都与法国结盟。西班牙、马克西米利安皇帝和教皇缔约于1508年，是康布雷（Cambrai）同盟的成员。亨利能找到的唯一有价值的朋友就是威尼斯，这个康布雷同盟意欲掐死的国家。亨利可能曾向威尼斯大使就其政府困境致以真诚的同情，因为威尼斯与英格兰有着千丝万缕的联系，尤其是商业往来；但也不可否认他询问斐迪南后得到建议，即亨利应该克制自己，就像他父亲一样，假装对法国友好，直到出现挑起争端的有利时机。[1] 亨利代表威尼斯写信给法国，收到了不礼貌的回复；他自命为调停者，去信马克西米利安皇帝，并致函教皇要求解除对敌人的禁令。[2] 但其余时间，他必须等待。不过，1509年末，他将约克大主教克里斯托弗·班布里奇派往罗马教廷，作为他的常驻特使。班布里奇是一位对法国人充满敌意的好战沙文主义者，既受亨利器重，也深得尚武的教皇尤利乌斯二世的心意，现在被派去宣布自己国王的规划并为此做准备。[3] 不久之后英格兰发布了一项公告，提醒所有能够携带武器的人在新的一年待命；[4] 而在这项准备工作完成时，亨利正在探索与斐迪南、威尼斯和马克西米利安秘密缔结条约的可能。[5]

　　除了不利的外交形势，"冒进"政策的道路还有另一个障碍。在他统治早期，直到1512年，或从某种意义上说，直到沃尔西于1514年年中成为大主教，亨利还不是自己宫廷的主人，仍不得不与父亲为他选择的议会合作。有证据表明，这位年轻浮躁、缺乏经验的国王与部分议员步调并不完全一致。这些议员是非常不同的群体，例如，渥兰、福克斯和费希尔都

1　*Sp. Cal.*, ii, 27.

2　*Ven. Cal.*, ii, 17, 22, 39. *Sp. Cal.*, ii, 23, 25, 26.

3　Chambers, *Cardinal Bainbridge in the Court of Rome, 1509 to 1514* (Oxford, 1965) 22 ff.

4　*Hughes and Larkin*, no. 61.

5　*L.P.*, i, 325; *Sp. Cal.*, ii, 27; *Ven. Cal.*, ii, 33.

是旧政权的产物，见证了旧政权在英法两国的友好关系中结束，而对西班牙，关系虽远不至于敌对，却也难言友好。新国王想扭转局势以便发动战争，但他们似乎没有这种想法。议会中有一群人，也许是一个小群体，他们对新政策感到不安，福克斯（如果我们考虑到他后来对插手战争的悔意）可能是带头的那个人。几件有趣的事情印证了这个联想。1509 年夏，一位来自法国的特使说自己为回应亨利本人的一封亲切友好的信而来。亨利听后说："这封信是谁写的？我向法兰西王求和？他连看都不敢看我，更别说发动战争了。"说着，他站起身来，不再继续听下去[1]——这称得上是壮景，只是没有轻蔑地拒绝那从海峡对岸送来的装着网球的小盒子，显示自己的风范。也许他只是在炫耀，但也有可能这封信是在他不知情或勉强同意的情况下由议会发出的。随后，在 1510 年 3 月，正如那封信所建议的那样，英法签订了条约。或许其动机是诱骗法国陷于措手不及的境地；但西班牙驻英大使路易斯·卡罗斯在获得一些议员的许可后报告说，亨利起初反对该条约，只是在受到恳求之后才同意的。他说，议会里的一些成员是法国的死敌，但也有其他派系。[2] 他第一次见到亨利时，发现国王渴望与西班牙缔结条约，然而，这一事项交给福克斯和拉索尔等人负责后，协商讨论的进度变得很慢。不过，该条约最终于 1510 年 5 月缔结，这实际上宣告刚刚与法国签订的条约失效。因此，议会的两个派别（如果这是一个正确的判断）都赢得了一分。不久之后，亨利主持了一次议会会议，讨论与法国开战。经过长时间的辩论，他请在场的所有人轮流发表意见，发现许多人反对这个提议，他们认为英格兰应该远离与本国无关的大陆纷争，节省开支。[3] 这样的推断会得到亨利七世的认同，但他的儿子不会听从。

---

1　Sanuto, *Diarii etc.* (Venice, 1879– ), ix, 149 (*L.P.*, i, 156).

2　*Sp. Cal.*, ii, 44.

3　Polydore Vergil, *op. cit.*, 161.

与此同时，不顾异议，亨利还是继续公开表示反法姿态。[1] 到 1510 年上半年，这个态度开始变得有意义。康布雷联盟正在瓦解，尤利乌斯准备构建"神圣"联盟来团结欧洲，对抗他的前盟友法国，并将法国赶出意大利。法兰西国王路易十二将这一外交转向描述为把匕首刺入他的心脏，对此，他召集法国教会的一个本地议会，表达了传统的高卢反教皇主义。然后，在一群持不同政见的枢机主教的支持下，路易采取了进一步措施，于 1511 年 5 月在比萨（Pisa）召开了一个分裂教会支持者的大公会议。其议程除废黜教皇尤利乌斯外，别无其他内容。即使按照当代标准，这也是激烈的行动，并将原本纯粹的军事和外交冲突扩大为一场重大的宗教权力争夺。召开分裂教会大公会议施以威胁并非没有先例，而今这个会议召开在即，可能将开启教会会议历史的一个新篇章。但路易的暴力反击正中尤利乌斯的下怀，现在他的联盟确实算是一个神圣联盟。反击当然也对亨利有利，因为没有什么比这能更好地激发一个激进的正统国家的作战热情，也没有比这更能扫清反对开战的声音（其中主要是神职人员的），而这些正是亨利即位以来在议会中所遇到的。亨利现在获得了完全正当的宣战理由，也有大好机会缔结众多盟友。

的确，他的一些议会成员强加于他的英法条约令人尴尬。当尤利乌斯获悉条约之时，他刚刚开始组织反抗法国的联盟；受到班布里奇（尤利乌斯很快会用枢机主教的职务奖励他的厌法情绪）的鼓励，他原本指望得到英格兰的支持。"你们都是群无赖！"他冲着几个英格兰人愤怒地吼道。[2] 而明智的班布里奇不在教皇跟前，而是前去打猎了。但尤利乌斯没有绝望，在接下来的几个月里，他建立起联盟，并试图争取包括英格兰在内的目标盟友。亨利将收到来自教皇的一朵金玫瑰、一百块帕尔马干酪和几桶葡萄

---

1　参见例如 *Ven. Cal.*, ii, 66; *L.P.*, i, 355。

2　*Ven. Cal.*, ii, 56.

酒，[1] 他还是很容易被争取到的，也乐于帮助教皇的事业，尤其是在马克西米利安皇帝一心要摧毁威尼斯之时，他认为没有理由被一个靠不住的教皇替代者分散注意力。

预示着顺利的是，1511 年新年第一天，凯瑟琳王后平安诞下一个孩子——一个男孩，并且活了下来。消息传来，各地不断枪声、钟声和篝火同庆。亨利骑马来到沃尔辛厄姆致谢，而后回到威斯敏斯特参加了一场精彩的比赛和盛会。亨利身着带有金色"H"和"K"字样的服装，被一群兴奋的底层群众包围，他们扯下这些饰物，然后开始谈论他的一众朝臣和夫人。不过，一切都很顺利。亨利很高兴，凯瑟琳也高兴，"让所有这些人都投入到欢笑和游戏中去"。[2] 但是，七个星期后，国王的儿子、威尔士亲王亨利去世了，近日的欢乐变成了悲伤。倍感沮丧的亨利更加急切地希望发动战争。

他已准备好开战，但并不打算孤军奋战。因此，在盟国集结时，他满足了自己向国际展示军力的渴望，进行了两次小规模军事冒险。首先，一小队弓箭手被派往低地国家，帮助皇帝对抗常年作乱的海尔德公爵。这是一个非常大方的姿态，既能赢得声望，也能让因此受益、怀有感激之心的马克西米利安断开与法国的联盟，转向刚刚建立的教皇联盟。而后，1511年 5 月，达西勋爵率领一千人（主要开支由他承担）前往加的斯（Cadiz），随同斐迪南远征北非对抗摩尔人。这是另一种姿态，但也能从中察觉出些许亨利本能地发动东征的征兆。对于英格兰的军事声誉而言幸运的是，前往讨伐海尔德的部队取得了一些成功。达西勋爵的远征却是一场惨败。据说亨利曾考虑过一同前往，但幸好他没有这么做。到达加的斯后，达西勋爵发现斐迪南已经放弃了穿越直布罗陀海峡发动远征的想法，因此他被草率地告知，英格兰人最好回家。抵达加的斯后过了十六天，他们开始返程。但在他们短暂的逗留期间，部分英格兰人上岸后就立刻喝得烂醉，失去理

---

1　*L.P.*, i, 842.

2　*Hall*, 519.

智，至少对那些不领情的战友产生了长远的影响。几个小时之内，打算征服非洲、杀死异教徒的军队摧毁了西班牙的树篱、藤蔓和橘子树。其中一个士兵搭讪当地的女孩，并在随后的争吵中杀死了几名基督徒，引发了一场摩擦。[1]

但这一切都是次要的，法国才是军事活动的焦点。最后，在1511年10月，神圣同盟在罗马订立。由于疏忽，班布里奇没有立即获得足够的权力承诺他的君主会加入，所以直到大约五周后，英格兰才加入同盟。而英格兰一这样做，便从此站在了准备开战的盟友方阵中。亨利正在行动。他刚派出特使去法国，要求路易放弃召开分裂教会大公会，并与教皇和解——当然，这个提议遭到拒绝。亨利闻言，召集了他的枢密院。现在，枢密院一改先前气氛，一致同意开战。[2]路易采取的行动，以及教皇对惩罚他的紧急呼吁，使得亨利有可能动员全国之力一致反抗法兰西国王。二十多年后，亨利将要重走路易老路之时，时任达勒姆主教卡思伯特·滕斯托尔大胆地提醒他，在过去的日子里，他是如何为了保护教皇，拿起剑对抗一位分裂教会的国王的。对此，亨利回答说，当时他尚年轻，没有经验，还被不怀好意的议员牵着鼻子走。[3]事实却大相径庭。他亲自率领英格兰发动战争，抨击"法兰西国王的重罪"，以及那些"撕裂基督的无缝外衣"、"肆意破坏教会合一"、犯下"最邪恶的分裂教会罪行"的人，他们不择手段，"残暴不虐，罪大恶极"。[4]

1511年11月，英格兰和西班牙达成协议，作为他们在神圣同盟的承诺，

---

1　*Hall*, 520 ff. 斐迪南支付了远征的部分费用，亨利把原本借给达西勋爵的1000镑变为赏赐（*L.P.*, i, 880）。但是，达西勋爵仍然损失惨重，参见*L.P.*, i, 2576。

2　Polydore Vergil, *op. cit.*, p. 163. 我稍微改变了他的叙事顺序。他把两次会议（第一次会议反对战争，第二次会议接受战争）的时间安排得很近。把第一次会议放回到1510年末，让两次会议相距更远，似乎更合理一些。

3　参见下文第349页。

4　Sanuto, *op. cit.*, xiv, 425 f.

英西联合军队应该进攻阿基坦（Aquitaine）并为亨利征服该地。1511年冬至1512年春，人们忙于筹备工作，征集军队、船只、粮食、弓箭和木板，以及其他作战用品。1512年4月末，兰开斯特使者抵达法国宫廷，递交英格兰的开战宣言。到当月月底，在爱德华·霍华德的指挥下，一支载有六千名海上作战士兵[1]的英格兰舰队已经出动，并于6月初派出陆上军队，兵力是海军的两倍，由多塞特侯爵指挥，从南安普敦（Southampton）启航前往加斯科涅（Gascony）。据亨利说，在教皇的纵容下，军队受到了极大的鼓励。[2]经过三年多的耐心等待和部署，这位年轻国王的野心终于实现了，但有趣的是，他并没有陪同部下出征。二十年后，一支英格兰军队将再次前往法国。

　　这场战役遭遇惨败。盟军的计划是英格兰和西班牙的联合军队应该从南部进攻阿基坦，但是当英格兰人在圣塞瓦斯蒂安（San Sebastian）登陆并按照约定前往丰特拉维亚（Fuenterrabía）镇，他们发现西班牙人没有按承诺准备任何军械或马匹。而后，多塞特侯爵提议先占领巴约讷（Bayonne），作为进军阿基坦公国的据点，然而提议遭拒。很明显，斐迪南从来没有兴趣为他的女婿赢取任何东西，并且一直打算利用英军来掩盖本国军队占领独立的纳瓦拉王国（kingdom of Navarre）的计划。对于这个王国，他早已有掠夺谋利之心。因此，当多塞特提议对巴约讷采取行动时，斐迪南坚持认为纳瓦拉才是首个目标，英格兰人应该向他的营地前进。令人愤怒的信息来回传递，但双方都不会接受彼此的计划。最终斐迪南决定独自进攻，派其部队进入纳瓦拉并迅速占领该地；在获得了他想要的一切之后，就再没有兴趣战争。与此同时，多塞特侯爵和他的部下在丰特拉维

---

1　也就是海上作战部队，与陆军不同，海军由舰队运载至英吉利海峡对岸，然后在陆地上作战。在海军结构和战术发生重大变化之前（参见下文第537页的讨论），海战是陆军的战争，包括混战（定锚、登船和夺取），船上的基本上是陆军而不是水兵。

2　*L.P.*, i, 1182; *Sp. Cal.*, ii, 131.

亚孤立无援地等待着他们的西班牙盟友的到来。他们的士气迅速瓦解。他们缺少帐篷，被大雨淋湿；大部分弓也用不了了；在当地以高价购买的两百头骡子"未曾经过训练，既不能载重也拉不了东西"；[1]食物短缺，啤酒稀少；当地的苹果酒让士兵反胃，葡萄酒又太"辣"；军队人数因疾病和脱逃而迅速减少；其余的人为了获得更好的报酬，几近暴动，很快就开始劫掠当地人的财物；在将近两个月的时间里，亨利发出的信函只有一封送达，最糟糕的是，军官委员会因争吵而分裂。[2]显然，形势失控了。根据编年史家爱德华·霍尔所说，其说法亦非孤论，在 8 月末，当众军官决定拔营并撤退到附近的村庄时，普通士兵拒绝服从，并雇船带自己和军官们归国。但很可能是军官们自己决定减少损失而离开的，他们还派了一名叫奈特的医生前去向亨利通报这则消息。在他们启航后不久，国王来信命令他的军队加入斐迪南的军队，[3]但是多塞特侯爵现在病得很重，他的手下非常沮丧，即使亨利的命令及时到达，也可能无法从命。起初，亨利派的是一支看起来很精锐的战斗力量到丰特拉维亚；四个月后，从丰特拉维亚传来的是近乎哗变的乱局。[4]更糟糕的是，尽管这一切主要是斐迪南的错，他却迅速从英军撤离中获利，反而公开指责他的盟友行动迟缓，不谙战争，不愿合作，太过"法国"等等。然后，他辩称英格兰的撤退害他处于极大的危险之中，遂与法国达成协议，使亨利陷入困境。[5]

　　战局最后的逆转尚未到来。目前，亨利必须从这场军事惨败中恢复过来：这是西班牙国王带他陷入的第二场失败。军队返回后不久，11 月中旬，

---

1　*Hall*, 528.

2　相关全部内容见*ibid*., 528 ff.; *L.P.*, i, 1326–27, 1422. Polydore Vergil, *op. cit.*,177 ff.。

3　*L.P.*, i, 1458.

4　海军事务也没有好到哪里去。亨利派遣舰队前往布列塔尼（Brittany）拦截一支庞大的法国军队，结果他的一艘主力舰"摄政王号"（Regent）损失于大火中。有关这一冒险行为，参见沃尔西写给福克斯的一封非常生动的信，*Letters of Richard Fox*, pp. 57 f.。

5　*Sp. Cal.*, ii, 68, 70; *L.P.*, i, 1511.

军官们被带到国王、议会和西班牙大使面前，被判以严重渎职罪；因此，相应惩罚由西班牙人来决定——面对斐迪南刺耳的斥责，这确实是卑微的顺从。[1] 此外，在英格兰军事声誉受到公开侮辱的几天之内，一项计划正在酝酿：在新的一年里，将对法国发动第二次更加雄心勃勃的进攻。亨利还没有向他的岳父证明自己的魄力。多塞特侯爵可能不会赢得法国的一寸领土，但法国大军最近在阿尔卑斯山上遭遇数次失利，到 1512 年底，他们大部分都被赶出意大利领土；并且也可以合理辩称，这或许得益于英军陈兵法国西南部边境，也证明次年有必要重返战斗。尤利乌斯仍然一心要惩罚法国，最令人鼓舞的是，马克西米利安皇帝终于不再犹豫，决定加入战斗。一旦出现这种情况，亨利就能够坚定地筹划在第二年春天进行一次重大冒险，一雪最近这次初步行动的耻辱。

大约在 1512 年 12 月底，亨利和议会向西班牙大使提议，分两路入侵法国，其中，西班牙军队将获得亨利的大力资助，负责攻击阿基坦，并像以前一样为英格兰征服该地，而亨利本人则第一次领兵出战，率军进入皮卡第（Picardy）或诺曼底。由于马克西米利安及低地国家现在与他结为盟友，亨利可以从北部进攻法国，让斐迪南去对付南部的遥远公国，避免重蹈覆辙，再次经历去年夏天联合行动的失利。与此同时，议会召开并授予亨利战争所需的物资。

事实上，英格兰人的野心并未就此止步。1513 年初的几个月里，驻低地国家的英格兰使节与皇帝角力，试图引诱他积极支持英西联盟。要赢得他的支持绝非易事，但最终，在亨利承诺慷慨资助他之后，马克西米利安加入了新的联盟，以捍卫他最近曾公开违抗的教会，反抗原本准备在最后一刻达成协议的法国。新的、规模更大的联盟于 4 月 5 日在梅赫伦（Malines）缔结，并于 4 月 25 日在圣保罗大教堂正式宣誓，这将教皇、皇帝、

---

1　*Sp. Cal.*, ii, 72. 西班牙人的回复是斐迪南没有寻求惩罚。

斐迪南和亨利牢牢绑在同一架战车上。现在他们将对法国发动四重进攻：亨利由北方进攻；斐迪南从南方进军；马克西米利安可以任意选择进攻方向；教皇则通过普罗旺斯（Provence）和多菲内（Dauphiné）起兵。[1] 经过多年的努力，亨利显然已经万事俱备，为发动出色又迅速的征服提供了条件。

在国内，战争准备工作进展顺利。英格兰从意大利和西班牙购买了数千套盔甲，从德国和佛兰德斯（Flanders）购买军械，其中包括十几门名为"十二使徒"、适合圣战的大炮。弓、箭、长矛和资金也都准备妥当。据说亨利每天都去码头鼓舞他的舰队并观看正在建造的船只，尤其是"大哈里号"（Great Harry）。其他船只已被征用，运输船和单桅船则自海外或购或租，以便运送四万名英格兰军队到法国。这一回，粮食，包括充足到不会闹兵变的啤酒，还有马匹、大量营帐以及华丽的大帐篷都即将准备完毕。[2]

远征前，国内还有两件事要处理。首先，在亨利离开王国之前，他必须处死叛徒和觊觎王位者埃德蒙·德拉波尔。他是爱德华四世妹妹的儿子，也是自萨福克公爵威廉·德拉波尔于 1450 年被处死以来，这个家族活在暴力阴影下的最后一个成员。埃德蒙自 1506 年以来一直被关在伦敦塔；最近，他的弟弟理查德与法国联手对抗英格兰，决定了他的命运。1513 年春天，埃德蒙被带出塔楼斩首。后来，当路易承认亨利为英格兰国王时，理查德会给亨利带来一些焦虑，那时弗朗西斯一世想让理查德率领军队入侵他的祖国。然而，这是未来的事情。此刻，白玫瑰已经被碾烂，亨利则将安全地前往法国，尽管手上沾满了鲜血。他也将前往平息最后一场姗姗来迟的反战抗议。1513 年的耶稣受难日，正是约翰·科利特为亨利和格林尼治的宫廷布道，他劝告听众跟随基督而不是像恺撒或亚历山大那样的伪英雄，宣称不公正的和平比公正的战争更可取。可就在他恳求放弃自负的好战情绪之时，亨利的舰队正在附近的泰晤士河上集结，军队也整装待发，准备

---

1 *Sp. Cal.*, ii, 73, 97; *Rymer,* xiii, 354; *L.P.,* i, 1750, 1884.

2 *Ven. Cal.,* ii, 225; *L.P.,* i, 1568, 1572, 1629, 1726 etc.

前往法国。仪式结束后，亨利担心科利特的话会让他的船长们产生疑虑，于是想将这位布道者召至面前。听说科利特就住在附近的方济各会修道院后，国王大步走到修道院，在花园里遇到了科利特。他遣散随从，告诉科利特说，"我来是为了打消我内心的愧疚，不是为了叫你不能专心于学习"，然后，他与对方进行了讨论。或是因为科利特从未打算谴责这场亨利即将参与的捍卫教会利益的战争，或是因为他在国王面前失去了勇气，亨利在与他会面后不再深感愧疚，精神又振奋了起来。他点了酒，高兴地举杯打发了科利特："让每个人都有自己的医生。这是我的。"[1] 圣保罗大教堂杰出的牧正宣布，国王的事业是公正而神圣的。

亨利也拥有一项非同寻常的终极优势，能让自己更有信心。在 1512 年 3 月 20 日的指示中，尤利乌斯二世以黄金时代教皇的庄严方式书写，剥夺了支持教会分裂的路易国王"法兰西最信奉基督教的国王"头衔和他的王国头衔，并将二者都授予英格兰的亨利。在亨利的请求下（费迪南予以支持），尤利乌斯授予他和他的继承人法兰西国王的"名誉、荣耀和权威"，"只要他们对神圣罗马教会和宗座保持信仰、忠诚和服从"。[2] 此外，这份指示不仅将这个被没收的王国赋予亨利，还承诺加冕他为法国国王。据称尤利乌斯曾建议，也许他本人将亲自前往巴黎举行加冕仪式。然而，这份令人惊讶的教皇恩典附加了一个重要的条件：必须在恩典生效之前击败路易。在亨利征服之前，尤利乌斯统治得小心翼翼，这份指令将由两位枢机主教保管，不为外界所知。[3] 显然，这是为了贿赂英格兰，确保英格兰依附于神圣同盟；但对亨利来说，等到联军将法国夷为平地，他将从基督教世

---

1  这个故事来自Erasmus, *Opus Epistolarum*, etc., iv, 525 f.。

2  文本内容各参见Ferrajoli, "Un breve inedito di Giulio II per la Investitura del Regno di Francia ad Enrico VIII d'Inghilterra", *Arch, della R. Società Romana di Storia Patria*, xix (Rome, 1896), 425 ff.。1512年4月1日，尤利乌斯在枢机主教会议上剥夺了路易的继承权，Sanuto, *op. cit.*, xiv, 292。

3  Ferrajoli, *loc. cit.* Chambers, *op. cit.*, 39.

界的主宰者手中获得这一至高无上的奖赏——现在他们似乎已经做好了准备。接着，回想一切降临在英格兰国王身上的辉煌响亮的成功，在如此前景的驱动下，这是令人激动的喧嚣忙碌、纵横捭阖的几个月。

当然，并非事事顺利。大概是在西班牙大使在圣保罗大教堂宣誓签署新的战争条约前三周，西班牙国王与法国达成了为期一年的休战协议。斐迪南再一次让亨利颜面尽失，他不仅在神圣同盟即刻签署协议发动战争之际，单方面与敌人结交为友，还在亨利不知情的情况下把亨利也囊括进休战协议中。此外，面对英格兰人谴责他言行不一的指控，他忿忿地抱怨说亨利把大使当作傻瓜一样欺凌，让他在自己不知情的情况下采取行动，以致现在没有人会相信西班牙的话了。[1]

亨利虽然受到很大伤害，但未被西班牙的叛逃吓倒。到 3 月中旬，爱德华·霍华德率领一支"在基督教世界中从未见过"的英格兰舰队，准备袭击布雷斯特（Brest）附近的布列塔尼海岸。到 4 月 25 日，它已经进行了两次不成功的交战。在第二次交战中，霍华德被逼到一艘法国战舰上，他和手下在桅杆处，无处可逃，最后被扔进海中丧命。到 4 月底，失去了首领的舰队返回普利茅斯（Plymouth）。不久之后，爱德华的兄长托马斯·霍华德就准备好另一支海军部队返回布列塔尼，尽管这支海军部队与其在泰晤士河的伙伴部队一样，逆风时会在港口停留数周。[2] 然而，陆上军队已经准备就绪。到 6 月底，先头和后卫部队穿越海峡，由什鲁斯伯里伯爵和赫伯特勋爵分别指挥。6 月 30 日早上 7 点，亨利身着盔甲，率军在加来登陆。数以百计的船只填满了大海，随着庞大的舰队驶入加来，受到了那些提前到达的人的热烈欢迎——一位目击者说，这是一幅连海神尼普顿都不曾见

---

1　*L.P.*, i, 1736, 2006; *Sp. Cal.*, ii, 91, 105, 106. 斐迪南继续试图为自己辩护，最终他声称，与法国签署停战协议时，自己已处于弥留之际，希望在面临审判之前与敌人讲和。*Sp. Cal.*, ii, 118.

2　*L.P.*, i, 1844, 1851, 1875, 1885, 1905, 1898; *letters of Richard Fox*, 61.

过的景象。一着陆，亨利就骑着他华丽的战马前往圣尼古拉斯教堂，向上帝和战争行供奉礼。跟随他前来的是一支庞大的随行队伍，包括施赈官（托马斯·沃尔西）、小教堂的一百一十五名成员、吟游诗人、演奏家、传令官、小号手、掌玺处书记员、超过三百名王室的其他成员、两名主教、一位公爵和二十几位其他贵族，还带有大量的王家衣物珠宝，以及一张巨大的床。[1]

　　三周时间里，加来一直盛况空前，熙熙攘攘。亨利接待了皇帝的使节，并计划了作战细节；军队身穿白绿相间的军服，得到外国雇佣军的补充，也已做好了准备。7 月 21 日，主力部队出征。第一天，主力部队遭遇大雨，寸步难行，只前进了三英里。那天晚上，国王没有脱掉衣服，而是骑马环绕营地（大约一百年前，另一位亨利也是这样做的），鼓励他那些被雨浇透的士兵。第二天军队再次出动搜寻法国人，赶赴泰鲁阿讷（Thérouanne）。泰鲁阿讷是英格兰人在占领克雷西（Crécy）之后又获得的一个阿图瓦（Artois）小镇；1479 年，时任大公的马克西米利安占领了这座小镇，后又随即丢失。这座小镇是神圣同盟商定的要为英格兰人攻下的第一个目标。先锋队已经动身前往，并摧毁了一些房屋。在炎热的 8 月 1 日，从加来出发的十一天后，王家军队行进了大约四十英里，到达了泰鲁阿讷。途中发生了几次事故，一两次小规模冲突；在一个雾蒙蒙的早晨，英军经历了一场虚惊：法国军队即将发起进攻，亨利立时让军队进入作战队形。但是法国人曾受令不开战，所以亨利重新开始了他的行军。现在，他已经将自己的全部军力都带到了这个小镇。他用金缕布搭建了宽敞的帐篷，内有餐具柜、金酒杯和雕刻有纹饰的大床。几天后，全面围攻开始后，马克西米利安骑马进入英军营地。迄今为止，他一直刻意避免进行条约所要求的全面战役。相反，他谄媚地表示，愿意将自己和他带来的一支小部队置于亨利的麾下，并由亨利资助，以助其攻占一座要塞；占领这座要塞将带给哈布

---

1　*L.P.*, i, 1939, 1950, 2065, 2053 (2); *Hall*, 539; *Ven. Cal.*, ii, 250, 252.

斯堡王朝巨大的利益，而英格兰的收获微乎其微。亨利同意了，按照马克西米利安的建议转移了他的部下并加强了围攻。[1]

　　这是一件不起眼的事情。但在此期间，发生了此次远征中唯一一次公开的交战。具有讽刺意味的是，亨利错过了这次战役。8 月 16 日上午，前来救援受困城镇的法国骑兵部队误判盟军方位，突然发现自己与盟军对峙。被盟军大炮击退后，法军转身撤离，英格兰和勃艮第的战马紧追不舍。双方没有激战，只是在泰鲁阿讷以东的吉内加特（Guingates）的田野上疾驰飞奔。法国主力逃脱了，但留下了六面军旗和一群囚犯，包括一位公爵、一位侯爵和法国海军副上将。这足以使这场被称为"金马刺战役"的小规模战斗具有英雄般胜利的光环，足以让亨利用浮夸的词藻来描述它。[2]一周后，泰鲁阿讷的守卫部队投降，8 月 24 日，亨利和马克西米利安凯旋入城，他们在教堂前停下，听国王的合唱团演唱《赞美颂》（*Te Deum*）。三天后，泰鲁阿讷城这第一件战利品由国王移交给马克西米利安，只有马克西米利安对此抱有真正的战略兴趣，立即命令他的部队将其夷为平地，只剩下教堂。

　　大胜而得意洋洋的亨利和皇帝前往大约四十英里外的里尔（Lille），会见低地国家的摄政王。里尔的市民盛情接待国王，三天里，亨利在城堡里跳舞唱歌，吹奏笛子、琵琶和短号，取悦现场的夫人。愉快的间歇结束后，他回到了自己的军队，开始第二次围攻，攻陷要塞图尔奈（Tournai）。此城像泰鲁阿讷一样，对阿图瓦构成威胁，很久以前曾经被爱德华三世围困过。当时英格兰人失败了，但这一次他们成功了。得知泰鲁阿讷因顽固抵抗而遭受了可怕惩罚，再加上遭到英军炮兵的重击，图尔奈失去抵抗的勇气，在围困八天之后投降。正式投降后的第二天，也就是 9 月 24 日，亨利风光无限地进入这座城市。图尔奈是一件丰厚的战利品——城中有一处主

---

1　*L.P.*, i, 2173. Polydore Vergil, *op. cit.*, 213.

2　*L.P.*, i, 2170, 亨利致大公夫人玛格丽特信。

教座，环绕着双层围墙、一圈巨大的塔楼和七道大门；拥有数座横跨斯海尔德河（Scheldt）的精美桥梁，以其葡萄酒和地毯而闻名。"无所畏惧"（La pucelle sans reproche）是这座城市镌刻的箴言，亨利招摇地命人将它抹去。与泰鲁阿讷不同，图尔奈将完整地落入英格兰人手中，由他们驻军和统治；英格兰人视此为第二个加来和第二块跳板，从该地出发，夺回在法国失去的财产。经过大约三周的盛宴、马术比武、狂欢和舞会之后，亨利离开图尔奈返回里尔。然后他前往加来及英格兰。他现在急于回家，作战季快要结束了。[1]

第一次王室战役就这样结束了。事实上，比起前一年多塞特侯爵远征西班牙远征的惨败，这场战役更令人印象深刻，但在军事上并没有太大的成就，与国王出国期间国内取得的重大胜利相比，也显得微不足道。当年年初离开多佛尔时，亨利任命凯瑟琳为王国的总督和军队的统帅，并分配给她一些议员，以便在他出国期间管理王国。毫无疑问，苏格兰人会遵守古老的习俗，利用亨利不在本国的时机，因此，凯瑟琳和议会将焦点放在北部边界。正当她忙于向在法国英军提供补给，安排侍仆缝制军旗和徽章，担心丈夫可能会过热或缺乏干净衣裤，此时北部各郡也正召集军队以抵抗苏格兰入侵。打击迅速到来。8月2日，一名苏格兰传令官抵达泰鲁阿讷外的英军营地，将他君主的挑战书交给亨利，亨利语言粗暴地将他赶走。尽管尤利乌斯一再警告詹姆斯四世，如果他胆敢在英格兰参加圣战时进攻，他和他的整个王国都会被诅咒，但詹姆斯四世还是率领一支大军渡过特威德河（Tweed），与萨里伯爵领导下的英格兰人作战。9月9日，两支军队在弗洛登（Flodden）相遇，发生了可怕的血腥交锋，在大约三个小时后，英方控制了战局，结束了战斗。大多数苏格兰贵族阵亡，包括十二位伯爵、圣安德鲁斯大主教、两位主教、两位修道院院长，以及国王本人。这是一

---

1　关于此前发生的事，参见约翰·泰勒在B.M. Cleo. C v, fols 64 ff. (*L.P.*, i, 2391) 中对战役的描述。此外还有*L.P.*, i, 2208, 2227, 2302。

场毁灭性的失败。与如此重大的胜利相比，亨利在欧洲大陆和金马刺战役的功绩似乎确实微不足道。此外，带领一支庞大的英格兰军队穿越海峡，而使自己的国家暴露于来自北方的攻击之下，令人怀疑这样的计划是否明智；同样令人怀疑是否明智的是，大陆战役无法让国内这场伟大胜利充分发挥效用。亨利在里尔沾花惹草并赢得图尔奈的同时，兴许已失去苏格兰。凯瑟琳写信给亨利，大加赞扬金马刺战役的胜利，但别处更值得这样的赞扬。亨利将其主要的法国俘虏献给她，当中包括一位公爵；但是凯瑟琳可以送他的，是苏格兰国王一件血迹斑斑的外衣，他那尚未埋葬的尸体现躺在希恩（Sheen）的加尔都西会教堂里。[1]

在皮卡第或诺曼底并未出现伟大的征服，既因为英军当年登陆法国的时间较晚，也因为亨利受马克西米利安操控，参与了对方的军事行动。但是，即使他的实际成果微不足道，那至少是七十五年来英格兰军队从法国人手中赢得的第一场胜利，有助于改善英格兰的军事声誉，也能让态度随便的斐迪南认为，也许在欧洲出现了一支全新且还在壮大的军事力量。亨利体验了战争，亲身冒险过，亦已崭露军姿。他在风雨泥泞中推动他的军车前进，发起围攻，发射大炮，目睹他的骑兵冲锋。他册封骑士，在战场上召开战事委员会，也曾骑马高唱《赞美颂》，并受到里尔贵族的称赞。他俘虏了一批贵族囚犯，又以诚恳的姿态，降低赎金，释放了一部分人，并将其余的送回国充实他的王宫。他受到了一位皇帝的极大恭维（亨利不仅要资助此次战役，也要亲身加入战斗，这一恭维正当合理）。皇帝时而称他为儿子，时而称他为兄弟。皇帝允许亨利进入泰鲁阿讷，并在当地教堂中位居其次。攻陷图尔奈后，亨利再次首先入城，而马克西米利安则是在数日之后以谦虚姿态紧随其后。年轻的国王被一个皇帝这样对待，岂不快哉？[2]尤利乌斯

---

1　Polydore Vergil, *op. cit.*, 221. 亨利后来获得了教皇的许可，将这位被逐出教会的国王安葬在威斯敏斯特大教堂，*L.P.*, i, 2355, 2469。

2　约翰·泰勒在他的日记中如此记载。参见第38页注释。

的指示也没有被遗忘。当亨利声称获胜的消息传到罗马时，那个难以安睡的爱国者班布里奇便要求将指示交给预定的收件人，并呼吁教皇准备前往兰斯（Rheims）为法兰西的新王加冕。尽管其中一位持有这份指示的枢机主教可能会心不在焉地写信给亨利，称其为"最忠实的基督徒国王"，但是这份指令没有落实。亨利和班布里奇继续纠缠于此；但国王显然尚未获得他的奖励。[1]

他明年可能就会得到。第一次远征只是一个开始。亨利已经回国过冬，以处理苏格兰人的问题，并和议会开会，而不是因为战争告终。在里尔时，他会见代表皇帝前来的摄政者，并达成了一致，将于明年6月之前重新发起战役。在图尔奈，亨利还与马克西米利安达成一致，后者的孙子勃艮第的查理公爵（后来的西班牙国王和神圣罗马帝国皇帝）应在次年5月15日之前，在加来与他的妹妹玛丽·都铎结婚。因此，军事联盟将用婚约的形式确定，皇帝和国王在加来会面庆祝孙子和妹妹的结合，然后骑马前去瓜分法国。[2] 其实这不是计划的全部。尽管斐迪南两次公开耍弄亨利，但他也将成为新计划的一方。再一次，在英军进入皮卡第之际，西班牙军队宜从南部的吉耶讷进攻；再一次，英格兰将为任何愿意为自己作战的军队提供军需，例如西班牙人和皇帝的六千名日耳曼雇佣兵。斐迪南最终同意了所有这些条件，尽管他可能无意分心，放下他真正关心的事情，即在意大利建立一个王国。[3]

因此，上次远征的策略显然没有被误判。它让马克西米利安成为热情的伙伴，并让斐迪南更加重视亨利。明年春天，亨利将回到欧洲大陆，充

---

1　参见Ferrajoli, *art. cit.*, 437 ff.以及Chambers, *op. cit.*, 50 ff.。在给当时在罗马的佩斯的一封信中，布赖恩·图克称亨利为"最信奉基督教的国王"（*Christianissimus rex noster*）。当时（即1513年9月）图克正在法国，与国王在一起。*Ven. Cal.*, ii, 316.

2　*L.P.*, i, 2355, 2366, 2768 (ii), 2815.

3　斐迪南就条约中授予亨利法兰西国王的头衔一条持反对意见——当然，这已经是他作风的一部分。*Sp. Cal.*, ii, 146, 148.

分准备，对尤利乌斯的诏书任命提出不可抗拒的要求。[1] 可能是在 1513 年圣诞节过后不久，亨利染上了天花，但很快就恢复了，继续不挠不挠地准备迎接新作战季的到来。[2] 2 月 1 日，托马斯·霍华德重新获得诺福克公爵领地。查尔斯·布兰登受封萨福克公爵；这两位军中要员晋升到贵族的最高级别，既是对过去功绩的奖励，也是未来的预兆。人员和设备再次被征集并运往加来。原定在那里举行的皇室婚礼的计划仍在进行中，尽管有人无意中听到查理王子粗鲁地点评比他年长几岁但无疑相貌出众的准新娘，称他想要的是一个妻子，不是母亲。[3] 玛丽本人已经被尊称为卡斯蒂利亚公主，随身带着未婚夫的画像，恭敬地向他表示思慕之情。与此同时，围绕皇帝和随行的尼德兰摄政王访问的详细礼节必须得到解决，为尊贵的客人及其随员提供食物和设备，为他们的马提供燕麦和干草，同时提供这些供应给将通过港口的英格兰军队。[4] 1514 年初，这一切都进展顺利。然而，一切都将白费力气。此后不到一年，玛丽·都铎要嫁给法兰西国王，而不是查理·哈布斯堡，但亨利现在正渴望从教皇手中接过法兰西王国。未来八年内，英格兰也不会再开战事。

---

1　难道他没有告知担忧他个人安危的议会说，"他的雄心不仅仅是等同于他的祖先，而是要超过他们"？参见 Polydore Vergil, *op. cit.*, p. 197。

2　*L.P.*, i, 2610, 2634.

3　*Ven. Cal.*, ii, 295.

4　例如 *L.P.*, i, 2544, 2572, 2656, 2737, 2759, 2809, 2812 etc.。

# 第三章

# 沃尔西的到来

要确定传给沃尔西牧师大主教之位的确切时间是不可能的，这是一个在渥兰、福克斯之上的职位，甚至在凯瑟琳之上；托马斯·沃尔西在亨利统治的前二十年期间几乎和他的主人一样高大，甚至可能比他的主人更高大。尽管从1505年起他就在宫廷中，但一直处于权力的边缘，直到1509年新王登基才标志着他飞黄腾达的开始。尽管当时他还只是王室施赈人员，一个非正式的王室秘书，为国王与福克斯等因政府事务而经常无法出现在宫廷的大臣提供定期的沟通渠道。这个职位炙手可热，因为他作为国王的侍从，随时可以接触到每个人和所有的事情。多年以后，那时沃尔西早已身居最高权力之位多时，托马斯·莫尔将在国王身边担任与此几乎相同的职位；像沃尔西一样，莫尔将会发现这个位子会带来丰厚的回报。

如果到1512年，沃尔西还是像以前那样重要的话，那么在1513年底，他的地位将变得举足轻重。正是他的强硬手腕在很大程度影响了那年发生在法国的战役，他为亨利提供了一支粮食补给充足、强壮健康、纪律严明又装备精良的部队。按上一年的标准来看，无论如何，这是一次有效的远征。其中一些功劳要归于这位施赈官，他同亨利并肩作战，并一直同在，他为营帐问题而担忧，让部队建造带有烟囱的木制小屋抵御冬天，凡此种种，不一而足。[1]战争既证明了他的能力，又为他和国王之间提供了新的纽带——军中的战友情谊。到 1513 年底，他的影响力至少与福克斯一样了，等到 1514 年年中的时候，他可能已经大于福克斯，而不久前，他的影响力已经超越了坎特伯雷大主教威廉·渥兰。此外，教会地位的提高反映了政治地位的上升。在 1513 年，他先后获得了图尔奈和林肯（Lincoln）的主教职位，几个月之内就升为了约克大主教。因此，在一年之内，应王室请求，他一路升迁——从一位小小的座堂主任牧师升为大主教、教皇当地使节，最终成为英格兰首主教。但是到目前为止，他还没有担任世俗职务。他还需要等到 1515 年底，才能获得大法官的职位，登上自己职业生涯的顶峰。

他是如何迅速掌权并长期拥有权力的，可以从三个方面来解释。首先，他无疑具有极大的工作欲、迅捷的判断力、对细节最敏锐的眼光和十足的信心。这些品质给亨利七世留下了好印象，并使他在下一任国王的统治中获得权力。其次，他获得了所需要的庇护。最开始是福克斯主教培养了他，助他获得名望。[2]福克斯与渥兰甘愿退休，为他让路。有些时候有人暗示，是沃尔西的野心使得福克斯和渥兰两人被抛在一边，并被沃尔西略带强迫性地遭送回家，留在无人问津的教区。但事实是：两人都渴望摆脱世俗事务，转向其他事情。渥兰年事已高，他的辉煌之日是在上一位国王的统治时期，在新的国王统治时期可能永远会感到不安。他并不赞同亨利与已故兄弟的妻子结婚；[3]关于遗嘱管辖权的问题，他陷入了与坎特伯雷教省的一些副主教另一轮由来已久的争吵中。令他恼怒的是，1513 年还在法国作战时，亨利就已经卷入这次争论中。[4]我们有来自莫尔的证词明确证实，沃勒

---

1　关于此有一个过时且过于热情的（但是有用的）研究，参见Law, *England's First Great War Minister* (1916)。

2　因此，波利多尔·弗吉尔说福克斯提携沃尔西以对抗萨里的影响力，并称他为福克斯的"校友"。参见*The Anglica Historia*, etc., 195 ff.。

3　参见上文第11—12页。

4　*L.P.* i, 2019, 2312.

姆渴望放弃政务。[1] 而从福克斯自己的笔下可以看出，他也是如此。这两位英格兰主教，就像法国的马赛主教克洛德·德塞塞尔，以及不久之后的维罗纳主教吉安 – 马泰奥·吉贝蒂那样，都想要回到自己的教区。正如福克斯所说，"这既不是为了打猎放鹰，想要享受世俗的乐趣，也不是为了放松自己的身体，保持思想的宁静"，而是"为十八年来的过失寻找一些补偿"。[2] 这两位主教绝非被沃尔西排挤走，可能的情况是：福克斯提携沃尔西成为自己的门生，并在他立足后非常愉快地退出政坛。此外，虽然后来沃尔西和渥兰之间的关系并不总是十分和谐，也许沃尔西和福克斯的关系同样如此，但是渥兰和福克斯显然带着骄傲与赞许注视着这个年轻人的后续进步。福克斯称赞沃尔西的所作所为，曾经就过度工作的危险与他真挚交谈，建议他采用合理的日程安排，并且不要在下午 6 点以后工作。沃尔西也曾向福克斯寻求指导。例如，有一次，他请求沃尔西搁置放弃世俗事务的决心，哪怕只是帮助重建加来的防御工事。[3]

但是国王的大臣始终都是听命于国王的，而不是其他任何人。如果国王不想让沃尔西成为他的首要大臣，那么即便是所罗门的智慧和天使的庇护都不会对沃尔西有用。卡文迪什[4]告诉我们，沃尔西对这位年轻国王的判断是多么精准，看出他厌倦了议会会议，鼓励国王放下国事，而让他沃尔西，一位小小的王室施赈官，来处理国事。亨利无疑是默认了这个建议。其他议员敦促亨利国王关注王国事务，"施赈官却如此卖力地劝他反其道行之，这使亨利感到非常高兴，并对这位施赈官更为宠信……除了这位施赈官，谁现在备受国王宠爱？除了这位施赈官，谁现在处于一人之下万人之上？"卡文迪什写道。[5] 但是沃尔西和国王关系紧密，不仅仅因为他减轻了

---

1  Rogers, *The Correspondence of Sir Thomas More* (Princeton, 1947), 86.

2  *Letters of Richard Fox,* 83, 82.

3  *Letters of Richard Fox*, 82 ff., 92 ff., 96 ff.

4  他是沃尔西的引见官和传记作者。

5  *Cavendish*, 13.

国王的工作负担。他和亨利有很多共同点：他们都是朝气蓬勃、性格外向的人；既有才智，又贪求浮夸虚荣。确实，他们是如此相似，以至于对此感到嫉妒又充满想象力的人可以将沃尔西与国王的亲密关系归因为巫术。二人之中，沃尔西的头脑可能更敏锐，意志自然也更为坚定。结果就是大约十二年里，亨利对他的态度虽有些难以捉摸，却常常像孩子般依赖于他。作为回报，亨利将获得沃尔西多年毫不吝啬的服务，尽管有时沃尔西有些固执己见。如果说一直以来扶助这位年轻的国王的是从先王那里继承下来的大臣，这些人也许并不喜欢他的冒进的外交政策，并且期望他不随自己的心意，而是成为像他的前任国王那样勤勉工作的君主，那么，现在的亨利终于找到了一个显然为自己所需的人。因此，新的统治有了一个新的起点，随之而来的是他们君臣之间两次伟大合作中的第一次。

在大部分时间里，亨利一周接一周地驯鹰狩猎、骑马比武、掷骰滚球，不是在打网球，就是在奏乐跳舞、举办宴会，似乎是一个懒惰而自我放纵的国王，完全把国务交由枢机主教掌握。而沃尔西则在威斯敏斯特宫或汉普顿宫忙碌地度过每一天，处理接连不断的外交以及星室法庭和大法官法庭的事务。亨利可能在距离大法官几英里开外的地方，日复一日地从早到晚骑马纵乐，距离他几英里远的还有随侍左右的枢密院。于是，大使将不得不骑马下乡，或在伦敦等待几天，才能谒见国王。信件将不会得到答复，最不重要的决定留给沃尔西处理。即便是容易见到亨利的时候，如他在悠闲地巡游，或在格林尼治期间，他通常也只会用最少的时间处理国事。沃尔西签收写给国王的信，呈送摘要，或是批注内容，省却了亨利垂听冗长书信的麻烦——因为他不喜欢亲自阅读这些信。沃尔西会向他呈送新闻"摘要"，也许是来自意大利或德国的新闻，以及一些条约的概述，因为"浏览和通读整个条约会给陛下带来痛苦"。[1] 如果是亨利需要亲自过目的信件，

---

1　*St.P.*, i, 118. 若对本段中所有内容均作说明，参考书目将会过于冗长。其中一些说明将在后面几页加以证实。有疑问的读者只要细读*St.P.*, i，即可核查我的观点。

沃尔西便会呈送"备忘录"或一份完整的草案供他签署。即使如此,王室往来信件也经常被耽搁。国王进膳或照看马匹时,再紧急的信件也不予签署,搁在一旁,甚至荒唐地搁置到第二天;而到了第二天,国王又会因猎鹿而离开。

有一次,为了说服亨利去签字,或是按草稿誊抄一份等待签字许久的、寄给尼德兰摄政王玛格丽特的信件,沃尔西会写道:"我恳求陛下,尽管这会给您带来痛苦,(要自我激励,)"并鼓励性地补充说,"您很清楚,一定要取悦女人。"[1] 这种笨重的幽默,时常出现在他的信中。有时,亨利会把他从弗朗索瓦一世那里收到的信交给沃尔西,他想用法语答复对方,但那封信必须是"一封短信";有时,在将工作推迟了一夜之后,沃尔西还是无法为写给同一个弗朗索瓦的两封(简短)的信件添加开头问候语,这两封信是早就起草好的,他必须模仿法国国王向他讲话时使用的形式;有时,沃尔西需要与萨里伯爵通信联系;有时,则要领导国王在法国的部队,这场军事行动由亨利启动,但无法继续推进[2]。尽管沃尔西每天都会呈送大量信件、消息和文件供亨利细读和批准,但他很少亲自答复。他会与沃尔西就答复进行讨论,然后由沃尔西着手写下来。或许他会要求在寄出前将定稿读给他听,但现在已经不再这样做了。他回复枢机主教的信件是现存为数不多的国王亲笔文件。信中写道:"来信收悉。由于他们要求写很长的文书,我已交由大臣代为答复。"[3] 至少,他坦率地承认了自己的弱点。但是,如果亨利不善用笔,那么不应将此作为批评他的证据。没有什么重要人物会自己写信或者被要求亲自写信,更不用说国王了。然而,人们却期望国王能比以前更加关注日常事务。

在沃尔西担任大法官的大部分职业生涯中,是他一个人独自指导着英

---

1　*St.P.*, i, 11 f.

2　*Ibid.*, 14, 25; *L.P.*, iii, 2526.

3　*St.P.*, i, 1.

格兰事务。他快速而有力的双手掌控了一切，因为亨利似乎无法或不愿亲自就一些最小的事情做决定。由谁来照顾侍候玛丽公主？对尼德兰摄政王访问英格兰的请求他将做出什么回应？是否因汗热病的暴发而关闭法院？[1]诸如此类都必须由沃尔西为他决定，因为这些问题是这个表面上无助的人无法解决的，尽管他气势汹汹、趾高气昂。沃尔西必须既是臣仆又是主人，既是傀儡又是经理；他必须卑躬屈膝，但又要掌控全局，发挥出只有最有活力、自信十足和绝对忠诚的人才能拥有的作用。

然而，国王常常似乎只想去跳舞和狩猎，对王室职责漫不经心，但是他又一次次地表现出对外交事务足够详细的了解，即使了解程度无法超过大使们，但至少他同样有自己的理解；他会突然推迟他的晚餐，直到他处理好一堆事务；[2]他会抓住机会抨击沃尔西的过失，寥寥数笔就把提议否决，准确地评估形势，自信地否决沃尔西，正确地预测到某项计划难以开展，命令召回这位大使而起用另一位。毫无疑问，亨利有时会热衷于参与公共事务，与沃尔西共同指挥，并且他有可能下定论来干预沃尔西对事务的处理。毫无疑问，他对某些事物很感兴趣，如舰船、战争、弗朗索瓦一世所做的事情。亨利统治时期真正的重要事件的发起人，包括战争、离婚、与罗马的决裂，都由沃尔西发起，这一点几乎无可争议。到16世纪20年代中期，沃尔西似乎已经获得了更大的信心和控制权，此后他再也没有完全放弃。但是在最初的几年中，至少直到1521至1522年，他活得轻率任性、无拘无束，提出了各种计划，这些计划开始时热情高涨，但有时很快就被放弃了，很少实现。

在亨利统治的最初二十年间，外交事务占主导地位，因为那时国王在寻找自己的成就感，尽管这样并不正确。沃尔西将大部分时间和精力倾注

---

1　*Ibid.*, 70 f., 141.

2　*Ibid.*, 96 (*L.P.*, iii, 2130).

在外交事务上，不仅仅因为这是亨利的偏爱，也是他自己的雄心引导他如此。总体而言，尤其是后期，因挥霍贪敛的权力，对他所负责的大多数事情，或处理不当，或有所妨碍，或腐败，或懈怠，沃尔西遇到了对他不利的审判。但沃尔西也许可以为自己辩护称，批评他的人并不知道，他的大部分精力都放在了外交政策上，尽管他对国内生活雄心勃勃的设计给予了一定的关注，但也只能将其搁置一旁，直到他解决手头最紧要的事务。依靠外交政策很难建立个人声誉，如果该政策是失败的，就像沃尔西那样，就格外困难；如果该政策被歪曲误传，那就更加不易了。

对于著名的都铎王朝历史学家 A. F. 波拉德[1] 而言，沃尔西外交政策的含义很明确：它将英格兰与罗马教廷彻底联系在一起。如果罗马寻求和平，英格兰也寻求和平；如果罗马对法国发动战争，英格兰也将发动战争；如果罗马对皇帝发动战争，英格兰也将发动战争。归功于约克枢机主教，无论利奥十世或克雷芒七世去任何地方，英格兰一定会紧跟其后。[2] 此外，英格兰之所以倚仗罗马教皇，并非出于对神圣制度的忠诚，而是因为沃尔西一直希望从罗马获得某些东西：时而是一顶枢机主教的四角红帽，时而是一份遗产，时而是一份更贪婪的遗产——他甚至希望自己成为教皇。而首要原因是，他自己作为教皇全权特使的宝贵权威是得到罗马认可的。因此，英格兰被置于罗马教廷的漩涡中心，常常卷入意大利、政治事务，而不考虑英格兰的真正利益，只为满足沃尔西自己贪婪的野心。

但是波拉德的见解存在争议：它假定英格兰人的外交政策完全出自沃尔西之手，亨利从未过问，这是不正确的。其次，有个惊人的事实，至少沃尔西职业生涯初年，他一直未能表现出对罗马的些微关怀，哪怕是一

---

1　这一观点出自他的著作《沃尔西》（*Wolsey*），该书是他对亨利八世的盖棺定论，也是他最好的作品。

2　"彼得所在，即英格兰所在"（Ubi Petrus, ibi Anglia）是菲利普·休斯对波拉德的论点非常简洁的总结。*The Reformation in England*, i, 113.

点点的礼貌。利奥十世和英格兰在罗马的代理人西尔韦斯特罗·吉利一次
又一次地抱怨亨利和沃尔西没能尽其忠诚。据说他们没有像其他国王那样
定期写信，除非是为了个人的晋升或英格兰主教的任命。罗马对英格兰的
政策一无所知；寄给他们的紧急信件也得不到答复；他们承诺提供金钱资
助，但从未兑现；他们甚至不屑于回应第五次拉特兰大公会议（Lateran
Council）提出的历法改革……[1] 利奥十世和阿德里安六世显然对这种漫不
经心感到困惑和愤怒。英格兰人不仅不写信，而且满足于仅仅安排一位代
表在罗马（这与其他国家相比，数量太少了），而且主要依靠临时代表团和
意大利代理人。[2]

　　如果沃尔西真对罗马如此痴迷，奇怪的是，他本应该因为沉默而经常
受到被激怒的教皇的责备，或者，举例来说，即使他无话可说，吉利也会
恳求他每月发一封信。如果说罗马是他事业的关键，他是否会如此明显地
不愿讨好教廷，不愿在教廷建立英格兰的存在感？而且，正如我们将看到
的，沃尔西是否真正渴望罗马教皇之位令人怀疑；[3] 如果他没有这样的意图，
那么就必须丢弃波拉德论点的重要部分。最后也是对该观点最大的反驳：
尽管粗略来看英格兰和罗马教皇政策之间确实存在巧合之处，但仔细审视，
这种巧合就会消失。英格兰和罗马经常步调不一致，有时甚至严重失调；
若两方目的一致，这种一致常常是偶然的。

　　那么沃尔西追求的是什么？答案似乎是：和平。这里将要讨论的是，
作为国际人物，沃尔西的职业生涯是认真寻求如何将英格兰和西欧各国从
数十年来令他们饱受折磨的不和中解救出来。这场探索失败了，但却经历
了认真、努力的尝试。

---

1　例如 *L.P.*, ii, 1928, 2580, 2649, 3352, 3781, 4068, 4084，尤其是4068；iii, 533,791, 945,
2714。参见 D. S. Chambers, "Cardinal Wolsey and the Papal Tiara", *B.I.H.R.*, xxxviii (1965),
20 ff.。

2　参考Chambers, *art. cit.*。

3　下文第113页及以后各页。

除了亨利七世统治期间残缺不全的信件之外，沃尔西现存最早的一封信是于1511年9月下旬写给福克斯的那封，当时沃尔西是他与国王的非正式中间人。信中沃尔西抱怨"国王的钱流向了每一个角落"的开支方式，这是达西勋爵远征北非以及苏格兰边境之忧所造成的后果，主要由于萨里伯爵喜好侵略，"因为他的肆意放任，国王陛下所费不赀，寻求战争而放弃和平……您的存在（即留在国王身边）"，他继续说，"对于抑制这种欲望而言非常必要"[1]。奇怪的是，在这封信的另一部分中，波拉德发现了他所宣称的沃尔西职业生涯主旋律的第一个迹象，即对教皇职位的关注。[2]但是，也许不是那段随便提及教皇的话，而是刚刚引述的那段话，使人们第一次对沃尔西的意图有了新的认识。

他出于纯粹实用的原因而寻求和平，这一原因他经常不断重申——战争是损失金钱最快的方式。必须记住的是，沃尔西在亨利七世的统治时期学习成长，终其一生一直是那位节俭国王的门徒。但也许他会从更高的角度思考。一如他经常做的那样，他称赞和平美好而圣洁，谴责基督徒之间的战争是丑陋而可耻的，而人们很容易就把他的话当成愤世嫉俗的外交官的辞令，只是在口头上说些恭维传统的漂亮话。但是，沃尔西支持当时的人文主义，正如他的教育方针所表明的那样。他可能比国王拥有更多的"新学问"，至少他有可能被人文主义者的绝望呐喊所感动。这些人文主义者呼吁当代国王和政治家抛弃不道德的外交，终止基督徒之间可耻的战争。在所有的人文主义者中，没有人比伊拉斯谟和莫尔更严厉地指责民族主义的骄傲、强军主义、外交欺诈和背信弃义，尤其是莫尔，在他的《乌托邦》（*Utopia*）一书中更是如此。但是伊拉斯谟不止一次称赞沃尔西是站在自己这边的人，这也许不只是奉承。令人困惑的是，莫尔也接受了公职，而在此前不久，他谴责当时政治的种种不道德行径及其腐化涉足政治之人的力

---

1　*Fiddes*, 9.

2　Pollard, *Wolsey* (1929), 16.

量，也就是在《乌托邦》写成之后的几个月，在此书中莫尔应国王的呼吁，试图解决一种个人的良心危机（crise de conscience）。也许让他不再怀疑并接受任职的原因是他相信在沃尔西的领导下，情况可能会有所不同，公共事务不太可能玷污他的手。也许莫尔已经看到沃尔西的性格中难以否认的缺点，但他希望沃尔西的优点能掩盖其不足；也许希望破灭是后来才出现的。无论是哪种情况，目前他相信，沃尔西行善、寻求和平与伸张正义的天性，可以让他参加政府管理。

沃尔西的政策是和平政策，大约十五年来，他一直在努力使其发挥作用。的确，他在1513年担任国防大臣时，已朝着权力迈出了最后一步。这种不协调是难以避免的。他出色地在战争中处理好军需补给，以此证明了自己的组织天赋，但平心而论，战争不是他自己制造的，作为国王的臣仆，他理所应当提供支持。不可否认，在1514至1529年之间，当沃尔西管理王国时，英格兰经常处于开战的边缘，一共打了两次战争。这也必须加以解释。我的解释是，沃尔西的政策失败了，因为政策不符合现实，甚至有可能自相矛盾。亨利意图带领英格兰重返欧洲，沃尔西渴望把英格兰留在欧洲。但是，只要英格兰受制于大陆复杂的条约体系（旨在执行和平）的束缚，那么只有在盟国也想要和平的情况下英格兰才能拥有和平，而它们，尤其法国是不会这样做的。在一位好战的国王的带领下，法国对冒险主义充满了兴趣，对哈布斯堡王朝的包围感到恐惧，因此法国一直是欧洲各国友谊的绊脚石。查理五世还必须为欧洲的混乱承担一些责任。后来他声称自己从未犯过侵略罪，也许没错，但是他对家人和哈布斯堡王朝的专注，使他特别容易受到法国的挑衅。只要弗朗索瓦一世和查理五世在位，欧洲和平的机会就会变得渺茫。只要英格兰陷入欧洲这样的外交乱局，也就不会拥有和平。英格兰既可以退出欧洲，拥抱和平，也可以重拾大陆政策，而这将不可避免地卷入欧洲各地的战争中。沃尔西选择了后者，因为他相信自己可以灵活运用自己以及英格兰的力量，从而掌握欧洲（但是他轻易地高估了这一力量）；也因为他想要扮演欧洲仲裁员这一引人注目的角色。他想要和平，也想要荣耀，但这两者他都没得到多少。

他未能成为调停人，因为欧洲不愿接受他的方案。但是，也有可能这些方案并不总是符合他主人的天性。没有证据表明，1514 至 1529 年间英格兰采用了两种外交政策，而非一项。但是，正如我们将要看到的，沃尔西对和平的追求有时可以平息国王发动战争的冲动，而似乎有些时候，国王的好战最终破坏了枢机主教沃尔西的计划。从严格意义上讲，沃尔西当然不是和平主义者。他允许发生正义战争的可能性（这也可能有助于解释他对 1513 年战争的热情，这是一次旨在反对法国国王支持分裂的战争），并经常武力威胁，震慑好战的国家。他也没有准备为和平而死。他甚至可能都没有准备为除了自然因素之外的原因而死。当一切维护和平的努力都注定失败时，他准备好利用自己的才智和精力，发起战争。

在他的计划里，如果欧洲的和平无法维持，那么可以使用武力，前提是其他国家先打仗；如果失败了，英格兰可能会发出威胁，而非直接采取军事行动；如果这也失败了，英格兰可能宣战，但尽可能避免打仗；如果这样也不能赢得和平，英格兰会发动热战，迅速果断地打击，而不是发起漫长而庞大的战役。这就是沃尔西的纲领，而非总是出自亨利之手。

在 1514 年初的几个月里，亨利比以往任何时候都更加迫切地实施一项冒进政策，他正准备带领他的军队回到加来参加对法国的新战争，发动一次三方进攻，并确保英格兰和哈布斯堡王朝通过三大王室联姻联合起来。[1] 但是到这些计划准备好实现时，国际形势彻底改变了。首先，法国与罗马实现了和平，前者放弃了位于比萨的分裂教会理事会，并正式服从于教皇及其拉特兰大公会议，使得亨利没有了干预的正当理由。其次，1513 年 3

---

1　*L.P.*, i, 2705, 2822–3 etc. *Ven. Cal.*, ii, 371.

月，新任教皇利奥十世登基，就他本人长期以来的优柔寡断而言，他会将法国化敌为友，并利用法兰西作为消除西班牙在意大利的影响力的制衡者。[1]在亨利结束第一次战役、像英雄一样凯旋的同时，利奥则决定设法解散前任教皇召集的反法同盟，将各参战国带回和平中。不止詹彼得罗·卡拉法，还有后来的教皇、德亚底安会创始人保罗四世，被派往英格兰提出教皇的计划。[2]而利奥则继续恢复一个相当晦涩难懂的计划。根据该计划，英格兰枢机主教班布里奇去觐见皇帝，陪同他与亨利在加来会面，并主持一次全面的议和会议。[3]

单单利奥的呼吁并不会动摇亨利的决心。仅仅是在几个月前，另一位教皇庄严地命令亨利参加战争，利奥现在正试图阻止他参战；亨利曾经试图阻止卡拉法的到来，当卡拉法到达时亨利直接无视他的存在[4]。但罗马并不是唯一的影响因素。斐迪南再次成为麻烦的根源。当年 1 月初，法国对他施以贿赂，争取到了他的支持，斐迪南彻底放弃了神圣同盟以及一项仅几周前批准的计划，当时，他与亨利，还有皇帝打算征服并瓜分法国。在他自己暗中背叛同盟后，又开始贿赂容易上钩的马克西米利安。

1514 年 2 月底，亨利首先怀疑西班牙背叛自己。英格兰驻西班牙大使约翰·斯蒂莱发出了有关斐迪南的可疑消息，然后低地国家的托马斯·斯皮内利从同盟的另一方获取了令人不安的消息[5]。但是在英格兰，战争的准备工作继续进行，直到突然得知斐迪南已经与法国签署了新的停战协议，不仅是以他自己的名义，亨利和皇帝也纳入其中。[6]斐迪南已经三次背叛同盟。之前一次，他借口自己重病在床，以证明休战是正当的；现在，他设

---

1　有关教皇外交政策的精彩分析，参见Nitti, *Leone X e la Sua Politica* (Florence, 1892)。

2　*L.P.*, i, 2448, 2658, 2820 etc.

3　B.M. Vit. B, ii, fol. 63; iv, fols 104 ff. (*L.P.*, i, 2512, 2611). 又见 *L.P.*, i, 2559–60。

4　*L.P.*, i, 2610.

5　*L.P.*, i, 2678, 2694, 2743.

6　*Sp. Cal.*, ii, 164.

计了一个精妙的故事：教皇和其他人串谋，将他和马克西米利安赶出意大利，迫使他与法国达成和解。他补充说，事实上是马克西米利安坚持休战，并授权他的大使以亨利的名义行事。斐迪南指示驻英大使卡罗斯告诉亨利，他确信当在停战协议上签字时，马克西米利安获得了亨利的批准；并告诉亨利，可以日后再进攻法国，而英格兰和西班牙永远不会分离。告诉他所有的一切。但是亨利必须签署停战协议，而大使则烧毁了《里尔条约》的副本，根据该条约，西班牙要参加当年对法国的入侵。[1]

如此一来，斐迪南退出了同盟，令英格兰恼火的是，马克西米利安紧随其后退出同盟。不过，亨利断然表示，他将在没有盟友的情况下继续对法战争。[2] 英格兰国王召集部队，租船下海，并将面粉、肉、培根和其他物资运往加来。[3] 他说，现在终止行动是"奇耻大辱"。瑞士作为唯一的支持仍与亨利同在，他将勇敢地继续前进。有五名特使被派往苏黎世（Zürich），一个瑞士代表团在英格兰受到盛大的接待。到 8 月初，两国在伯尔尼（Berne）缔结了为期十年的同盟。按照协议规定，一旦亨利有需求，瑞士就要投入大军，与法国作战，军费开支由英格兰承担。[4] 与此同时，6 月中旬，一支英格兰军队渡海，在瑟堡（Cherbourg）以西三英里处登陆，摧毁了约十四平方英里的区域，以报复法国最近对布赖顿（Brighton）的袭击。

然而，几周之内，英格兰和法国便达成了和平条约。这个一百八十度的大转弯令人难以解释。也许亨利突然意识到，仅靠瑞士人的支持进行战斗是不切实际的，他失去了勇气。也许早前的战争准备只不过是障眼法而已。但确实有可能是福克斯和沃尔西特别希望英格兰和法兰西站在同一阵

---

1  *Sp. Cal.*, ii, 159, 170. *L.P.*, i, 2743.

2  *Lettres de Roy Louis XII* etc. (Brussels, 1712), iv, 312 ff. (*L.P.*, i, 2817).

3  *L.P.*, i, 2759, 2812, 2883, 2842 etc.

4  *Mil. Cal.*, 686, 708–9 (*L.P.*, i, 2997).

营，他们热烈响应利奥的和平倡议，[1] 即使他们反对派班布里奇大费周章地前往加来参加议和会谈。的确如此，沃尔西此刻正试图说服利奥，减少对他新获得的林肯主教教区的税收。但这很难解释为何不仅沃尔西，连福克斯也甘愿冒着承受他人指控自己相当虚伪的风险，而与利奥合作；也许亦不能完全解释，为何利奥会称赞二人与亨利巧妙周旋，并说服亨利选择议和（利奥本应首先通过卡拉法获悉进展，而在英格兰的二人是次选）。[2] 尽管有很多暗示表明沃尔西和福克斯的部分同僚并不属于他们的派别，但这二人并没有背着亨利做任何事情。[3] 不过他们似乎的确忙于结束英法之间敌对的状态，沃尔西也是法国人开始发出和平尝试后格外倚仗的对象。没准他后来夸口说的"我是和平的缔造者"确是实话，尽管"那些协商议会成员对此表示反对"，并且认为他"对与法国保持和平的渴望胜过对国王荣誉的渴望"。正如亨利后来告诉教皇的，"没有人"像林肯的主教那样为和平而"付出汗水和努力"。[4]

　　为达成协议，教皇对亨利施加了很大的压力。5 月中旬，一位使节来到英格兰，他为亨利带来了一把剑和一顶帽子，这是罗马教皇对世俗统治者的尊敬。5 月 21 日星期日在圣保罗大教堂，两件物品被送交国王。亨利跪在高高的祭坛前，身戴佩剑，头戴华丽的大帽子，不过，由于佩剑和王冠不是用于真正穿戴的，帽子完全套住了他的脸，显得有些滑稽，也让随

---

1　参见B.M. Vit. B, iv, fols 107 ff. (*L.P.*, i, 2611)。在信中，福克斯和沃尔西宣布他们在所有的事情上都"同心同德，和睦相处"（unius animi, unius mentis et concordiae），包括"这一最神圣的使命"（hac sanctissima causa），即和平。*Ibid.*, fol. 107v.

2　B.M. Vit. B, ii, fols 105 ff. (*L.P.*, i, 2928). 这是一封罗马的英语演说家吉利写给福克斯和沃尔西的信。

3　参见*L.P.*, i, 2811，在这封残缺不全的福克斯和沃尔西的信中，隐晦提及"一些人"可能会对他们的所作所为吹毛求疵。

4　*Ven. Cal.*, ii, 635, 695. B.M. Add. 15,387, fol. 25 (*L.P.*, i, 3140) 记载有亨利对沃尔西的评价"工作努力，汗流如雨"（laboravit et sudavit）。

后的游行比较危险。[1] 几周后，第三位教皇特使经由法国抵达英格兰，与卡拉法会合，一起劝说亨利同意利奥的计划。受制于紧张的教皇外交、法国的条件，再加上他两位重臣的努力，亨利屈服了。8 月初，激烈的谈判宣告结束，法国和英格兰宣誓签署了一项和平条约，该条约要持续到两位君主中最先驾崩的一位的死后一年。根据 1492 年《埃塔普勒条约》的规定，路易要支付给亨利财政拖欠款项，并且根据一份第三方契约，亨利的妹妹玛丽当时本应嫁给勃艮第的查理，转为要嫁给法国国王，一位比她年长许多的男人。[2]

因此，仇雠终于聚首，达成宣称将会持久的和平局面，到此结束了亨利其人生的第一章。这一章的最后一页却有讽刺性的转折：年轻的国王曾经呼吁他的国家回到过去，对宿敌发动一场精彩的征服战争，而现在他放弃了自己废弛的计划，反而接受敌人成为兄弟。这位号称亨利五世"再现"的国王创造了一段在军事史上不太令人信服的记载，尽管这不完全是他本人的过错。法兰西参与瓜分了独立的勃艮第，与这样崭新的法兰西作战所面临的挑战，与之前几世亨利国王所面对的截然不同。进一步来说，人们发现几乎不可能建立任何长期且可靠的进攻性同盟。教皇、皇帝和威尼斯人都准备拿走英格兰的钱，但是对于他们，英格兰的利益却无关紧要。对英格兰而言，利用他人很困难，被他人利用却很轻易。国家被操纵，成为别人的摇钱树，除了空虚的金库，所做的努力没有任何成果。亨利开战和发动战争的传闻开销令人结舌。在他登基至 1513 年 6 月 12 日之间，主要的财务部门，即王室司库支付了略高于一百万镑的款项，其中约三分之二用于战争，而将近一半是在仅仅 1513 年 6 月 5 日至 12 日这一周之内支付的。[3] 穿越整个海峡作战的成本以及盟友的要求使英格兰的财务状况急剧恶

---

1　*Ven. Cal.*, ii, 445.

2　*Rymer, xiii*, 413 ff. *L.P.*, i, 3101, 3171.

3　P.R.O., *King's Book of Payments*, 1–9 Henry VIII (E.36/215), fol. 257, etc.

化，以至于寻求和平迫在眉睫。那场大陆战争开支高得惊人，这是从国王军事冒险的初次尝试中学到的最重要教训。英格兰驻罗马代理人西尔韦斯特罗·吉利对此态度充满了冷嘲热讽，据说他十分诚实地说道："让野蛮的法兰西人和英格兰的每个人都互相残杀。因此，我们应该关心什么，我们能得到他们的金钱在这里纵情欢乐？"[1]

亨利与法国签订的条约至少冒犯了一位他以前的盟友，即奥地利大公夫人玛格丽特，据说她因失去英格兰的友谊以及查理和玛丽·都铎的联姻而无法"让自己心平气和"。她是如此委屈，以至威胁要公开沃尔西草拟、亨利签字的一份文件。这份文件于前一年秋天亨利与她在里尔会面时签署，亨利在该文件中金口玉言承诺，他永远不会单方面与法国打交道。对于玛格丽特的诉求和威胁，亨利轻描淡写地反驳。如果这是一个违背诺言的问题，请让他的指控者仔细省思自己的行为。反过来说，每个人都有不光彩的承诺。[2]亨利生气理所当然，因为第一个背弃信誉的不是他。

大公会议说，玛格丽特和马克西米利安把亨利当作孩子一样对待，而国王对二人感到不满。之于斐迪南，他的不满情绪更为强烈，这不难理解。斐迪南在二十个月内三次背信弃义，其中最后一次破坏了亨利苦心经营的整个外交架构。三次作战，亨利相信本已胜券在握，但都被自己的岳父毁掉了。自从五年前尚且年轻的他加入艰难的欧洲强权政治游戏以来，他就受到功成名就的斐迪南一次又一次的打击。但现在的他是一个二十三岁，更加坚强、暴躁的年轻人，所忍受的各种侮辱不会让他一无所获。

正如我们所看到的，出于各种动机，亨利放弃了对法国的战争；但也许最重要的是，他希望以某种方式回击斐迪南。现在，在1514年，亨利首次表现出复仇的本能，随着年龄增长，这将成为他性格中越发难以满足

1　B.M. Vit.B, ii, fol. 87, 其中，班布里奇将此次谈话内容报告给了亨利。

2　*L.P.*, i, 3208, 3210. 参考*ibid.*, 2707。吉利以近乎亵渎神明的语气指出，马克西米利安和斐迪南的背信弃义较之犹大更为恶劣，*ibid.*, 2928。

的部分。他必须反击斐迪南。但是如何反击？唯一可行的方法是做出一种颠覆性的设计，利用西班牙国王本人非常擅长的方法，说服最近的敌人路易加入他的复仇行列。眼下，对法国的恐惧被报复的欲望所淹没，在与法国签署条约后的几周内，他正在讨论将理论上的防御联盟变成反对西班牙的进攻性联盟。

　　1514 年 10 月，亨利同样好战的至交密友萨福克公爵被派往法国，名义上是去见证玛丽·都铎在圣但尼（St Denis）的加冕，但实际上是提议第二年春季亨利和路易进行会面，探讨针对斐迪南采取行动的可能性。他提议英格兰将协助收复纳瓦拉（斐迪南于 1512 年占领），或提出一个迷惑性的替代方案：既然卡斯蒂利亚王国属于斐迪南的妻子伊莎贝拉，而不属于斐迪南本人，那么，该王国按理应该传给伊莎贝拉的女儿们，其中一个自然是阿拉贡的凯瑟琳；因此，萨福克要问路易，如果亨利决定收复妻子应得的遗产，他将给亨利提供什么帮助。十年前，伊莎贝拉去世后不久，亨利七世就谈到了对卡斯蒂利亚王国的所有权，当时，他开始考虑凯瑟琳的姐姐胡安娜是否可能成为自己的妻子。现在，这个念头突然再次出现，并以一种在旁人看来完全不切实际的形式出现，至于荒谬与否另当别论。无疑，亨利渴望报仇，于是他要求萨福克公爵，制订任何能给西班牙国王带去最大伤害的、与法兰西协同作战的计划；与路易计划的这次会面很可能在议程上有类似的条款。对于萨福克的提议，法国人做出了礼貌的回应，佯装有意；但实际上，他们只对次年 3 月的米兰远征感兴趣。[1] 因此，亨利对复仇的欲念没有得到满足。但是，斐迪南在英格兰的大使写信说，他受到的待遇不像大使，而像"公牛，每个人都向他投掷飞镖"。亨利说他会以某种方式对斐迪南造成某种伤害，但现在，是时候悬崖勒马，以免局面变

---

1　有关所有的一切，参见*Sp. Cal.*, ii, 192; *L.P.*, i, 3472, 3476。

得无法收拾。[1] 此外，国外有传闻说他可能会抛弃他的西班牙妻子。[2]

1515 年 1 月 1 日，路易十二去世。玛丽·都铎只做了他十一周的妻子。她被当作牺牲品推上外交祭坛，嫁给了一个身患痛风、年长她三倍、牙齿脱落的老男人。此后不久，她突然获得了自由，嫁给了自己的真爱，不是别人，正是萨福克公爵本人。路易死后，一位二十岁的王子被推上了法国王位，他像亨利一样好勇尚武，据说就像魔鬼撒旦一样，将不可避免地大大助长法国主张侵略的风气。在此君面前，欧洲和平将很快瓦解，刚建立起的脆弱而虚伪的英法条约也将失去效力。因为这不仅结束了王室婚姻所确立的结盟，而且对亨利来说，法国现在的国王将让他感到竞争的激烈，这很快超过了他最近对斐迪南的强烈情绪。如果路易在阿尔卑斯山进行一次新的远征，英格兰与法国的同盟关系就将告破裂，伴随着弗朗索瓦号召的扩张主义浪潮再度袭来，这样的局面注定发生。尽管两大国王之间的会谈在路易死后得以继续，并且在 1515 年 4 月，英法和平协议也得以更新（协议原定于 1516 年 1 月到期，也就是路易逝世一年后），但亨利仍评价这位法国国王“野心勃勃、贪得无厌”，需要“约束”他；[3] 而对这位邻居，弗朗索瓦并不抱有幻想，只要他一转身，邻居就会扑向自己。他将紧密地与尼德兰捆绑在一起，设法阻止亨利，并利用苏格兰的复杂事务，来加上双重保险。在苏格兰，玛格丽特·都铎寡居于弗洛登，努力控制着一个被英法各派分裂的国家。詹姆斯四世被杀之后，法国国王曾经要求在苏格兰新任国王未成年期间，获得苏格兰护国公的称号，以对抗亨利。在最近的谈判过程中，英格兰人要求法国放弃这一主张，但路易要求以亨利第一次率

---

1　*Sp. Cal.*, ii, 201.

2　参见下文第161页。

3　B.M. Galba B, v, fols 7v, 8 (*L.P.*, ii, 539). 亨利告诉威尼斯大使，任何法国人都不值得信任，而会面中有强烈的恐法情绪。参见*Ven. Cal.*, ii, 594, 635。

军出征取得的初次成果作为交换，这也是他统治期间获得的唯一成果——图尔奈城堡。这样的代价太过残酷，法国因此保住护国公的地位，也获得了插手英格兰最近邻国事务的有力借口。[1] 英法和平条约更新后不久，弗朗索瓦派人前往苏格兰，这人将频频给英格兰带去麻烦，那就是约翰·斯图亚特，奥尔巴尼公爵，拥有王室血统，对苏格兰王位有推定继承权。奥尔巴尼公爵一直在法国居住，他于 1515 年夏初抵达苏格兰，随即着手加强法国在苏格兰的影响力。

英法关系迅速恶化，每天都有产生嫌隙的新事端。首先，双方相互私掠的投诉不断；其次，就在亨利计划自己的妹妹与巴伐利亚公爵的婚姻时，仍在法国宫廷的玛丽·都铎与宠溺自己的萨福克公爵查尔斯·布兰登成婚了。弗朗索瓦之所以鼓励二人结合，是因为他渴望将她排除在影响国际关系的婚姻市场之外；让局面变得更糟的是，在将她送入英格兰贵族的怀抱后，弗朗索瓦拒绝交出路易赐给她的许多珠宝和金银盘子，声称这些将用来偿还前任国王的部分债务。总而言之，亨利对这件事感到烦恼，而且，如果没有沃尔西的介入，可能会在萨福克公爵回国后对他造成伤害。最终，关于玛丽的珠宝，尤其是那面被称为"那不勒斯镜子"的纠纷愈演愈烈。好斗的奥尔巴尼公爵抓住了玛格丽特和她的孩子们，将他们关入斯特灵城堡（Stirling Castle），后来她从斯特灵城堡逃回英格兰，到达后不久便生下一个女儿。由于所有这些，亨利抛开了近来对斐迪南的强烈恶意，只记住弗朗索瓦对他的挑衅。然而，就法国国王而言，他已经算计到，如果英格兰想利用他不在本国、前往意大利的时机，他现在已经给英格兰前进之路铺设下足够多的绊索加以遏制。如果奥尔巴尼公爵和苏格兰人还不够的话，法国手上仍然有德拉波尔家族的一个成员，他十分觊觎英格兰王位，可以释放他来对付潜在的敌人。弗朗索瓦认为，如果英格兰因此陷入困境，其

---

1  *Ven. Cal.*, ii, 596.

影响力可以忽略不计。[1] 亨利对局势的看法则有所不同，他并没有受到束缚，反而将自己视为欧洲的木偶大师。他告诉威尼斯大使，他可以让教皇按照他的意愿去做选择，英格兰与瑞士的结盟可以牵制弗朗索瓦等等。"如果我愿意，他将可以穿越阿尔卑斯山，"亨利豪情澎湃地说起弗朗索瓦，"如果我不愿意，他将无法穿越阿尔卑斯山。"[2] 两个君主都对自己的掌控能力充满信心。两个人都错了，但亨利比弗朗索瓦更甚。几周之内，法国军队就出现在伦巴第（Lombardy）平原上，又过了几周，利奥十世在博洛尼亚（Bologna）与弗朗索瓦缔结了一项条约；而这一切发生在亨利离开之后。9月14日，法国军队在距离米兰九英里的马里尼亚诺（Marignano）将瑞士人击溃，粉碎了他们的军事声誉，反法同盟在开始行动前就溃散了，也让米兰公国再次被法国控制；而在此之前的几天，玛格丽特逃出斯特灵城堡，这显然将苏格兰置于法国的控制之下。显然，弗朗索瓦头顶的天空已经升起太阳，比起亨利头顶的要灿烂得多。

　　一段时间以来，斐迪南并不为自己过去的不好感到羞耻，他一直在向自己的女婿恳求，期望恢复英西联合进攻法国的旧想法（这一战略曾三次遭他破坏），并派出了新的驻英格兰大使，试图修补英西关系。法国的成功和奥尔巴尼公爵在苏格兰的行动刺痛了亨利，事实证明他很容易被激怒。[3] 几个月前，亨利曾把萨福克公爵派到法国，策划对斐迪南实施野蛮打击，几个月后的10月底，他与斐迪南签署了新条约，并公开示好，不为别的只为了成功。在经历了十八个月并不安稳的和平之后，这份和平不过是局势变化迫使亨利接受的一个小插曲，亨利准备重拾他的第一爱好——重启与法国的古老冲突。

---

1　关于以上内容，参见B.M. Add. 19, 649, no. 3; Calig. D, vi, fols 240 ff. (*L.P.*, i, 826, 827)。

2　*Ven. Cal.*, ii, 633.

3　关于亨利的好战性情，参见*Ven. Cal.*, ii, 659, 664; *L.P.*, ii, 1113。

在亨利写信给斐迪南确认完全和解的几天后，一位名叫理查德·佩斯的人被派往瑞士，他的任务若成功执行，将最终使英格兰发起一项跨越英吉利海峡的行动。佩斯是位颇有声望的人文主义者，他于1514年访问瑞士，雇用瑞士人对法国发动了一次进攻，配合英军从另一个方向入侵法国，但这项计划在英格兰与法国达成和解后宣告失败。现在，1515年秋天，雇用瑞士人的想法又重新纳入考虑，这起初可能由两个人提出：瑞士人马修·席纳以及一位被剥夺了财产的米兰公爵。马修·席纳是锡永（Sion）枢机主教，班布里奇的朋友，是一位像班布里奇一样具有强烈反法国色彩的勇士和文人。很明显，席纳和这位公爵不必强行推动这一计划；10月底，佩斯秘密前往瑞士，按照亨利的指示为两万兵力的部队提供十二万克朗作战[1]。英格兰与斐迪南签订的只是一个防御性条约，斐迪南本人对这一条约可能也并不情愿，考虑到他过去的表现，这听起来足够合理；并且，斐迪南可能只需拟定或考虑为将于1516年春季打响的进攻苏格兰的战争提供一些帮助。[2]但是，佩斯已被派往苏黎世召集一支部队，再加上一支神圣罗马帝国或一支罗马教皇的军队，将能把法国人赶出米兰，并且越过阿尔卑斯山入侵法国本土。沃尔西说："此外，我敢断定，英格兰王本人或与他的军官一起，将立即随王家军团入侵法兰西。"[3]因此，另一项推翻弗朗索瓦的宏伟计划展开在即，且非常精明地忽略了西班牙人。英格兰人和瑞士人，也许还有其他人即将再次入侵法国，随之而来的是英格兰对苏格兰的袭击。我们将重返1513年那些英勇的日子。[4]

到1516年1月底，佩斯写信回国，对成功完成任务非常乐观。他认为，马克西米利安准备加入对米兰的进攻。尽管有法国人耍阴谋作梗，但佩斯

---

1　*L.P.*, ii, 1053; B.M. Nero B, vi, fol. 36v (*L.P.*, ii, 1065).

2　*L.P.*, ii, 1113.

3　*Ibid.*, 1095. 沃尔西对佩斯的这些命令表明，一旦米兰城被解救，瑞士人将入侵法国。

4　但不同之处在于，就协议而言，法国现在是教皇的好友。参见*L.P.*, ii, 1729。

还是在苏黎世见了瑞士国会，并相信一旦他们看到英格兰的现金（已经紧随其后到达奥格斯堡 [Augsburg]），他们就会支持行动。[1] 至此他便能够提供"唯一的希望"（sola spes）；现在，他可以开始认真地着手召集步兵的工作，而马克西米利安将为其提供骑兵和大炮。到 2 月 18 日，席纳向沃尔西数次报告，称招兵进展十分顺利，他甚至担心盟军将人满为患；军队即将出发；一个月之内，沃尔西就会听到法国人如何被赶出意大利的消息；马克西米利安本人甚至会加入对法国的入侵；等等。佩斯、席纳和其他人合作勤勉努力，此外，必须要加上英格兰驻神圣罗马帝国大使罗伯特·温菲尔德爵士，这是一位不折不扣的沙文主义者，佩斯将很快与之反目。

确实，瑞士人迅速进入了意大利；也确实，马克西米利安紧随其后，向米兰进军。到 3 月底，他们已经到达米兰城外，似乎很快就要实现将法兰西逐出意大利北部的目标。但是，就在英格兰人的努力马上就要成功之际，马克西米利安突然退缩了。他这样做的原因并不清楚。他胡扯了一连串的借口，然后返回特伦特（Trent），连枪支都不要了。瑞士人继续对米兰施加压力，但是他们已失去中坚力量，并且，他们要求英格兰提供更多的资金。佩斯最初的命令暗示，只有他们进入法国，亨利才会支付兵饷，但是，也许是为了与后来的命令统一，他在军队集结于库尔（Chur）时就分发了一个月的兵饷。当他们到达米兰时，第二个月的尚未兑现。他说，如果没有钱，他的生命将陷入危险。最后资金终于到达了，只是很大一部分被帝国军队偷走了。第三批物资正在路上，佩斯极其担心在穿越皇帝的领土时会被皇帝截取。瑞士人越来越焦虑，直至感到沮丧和恼怒，他们也放弃了战斗，并在收到最后一笔兵饷后立即回国。[2]

原本乐观的事情因此陷入了争吵的混乱中。不用说皇帝了，连佩斯都

---

1　*L.P.*, ii, 1466. 参见 Wegg, *Richard Pace* (1932), 65 ff. 中对这一任务的完整描述。

2　关于佩斯对此的描述，参见 *L.P.* ii, 1817, 1877, 1896。

说一个足够打动蠢驴的机会被抛弃了。[1] 尽管佩斯现在是四面楚歌，任人欺负，甚至被瑞士人关进监狱一小段时间，因此卧病在床，但他还是继续奋斗，决心重建已经垮塌的事业，并再次鼓动所谓的盟国对法国采取联合行动。因为这仍然是英格兰的计划；亨利甚至会与瑞士人一起再次入侵法国。但是英格兰的政策陡然改变，佩斯突然被告知根本不会有英格兰人入侵了，而瑞士人绝对不会追赶法国人，越过山脉进入他们的家园，而这是直到现在，他一直试图说服他们要去做的事情。这一行动被匆忙宣告终止。

尽管国王和沃尔西都支持佩斯的任务，但看来英格兰和瑞士军队两次入侵法国的计划是国王制订的，且只有国王发号施令。沃尔西在 1516 年 5 月 22 日给吉利的信中没有特别的动机去误导他，他说，尽管国王本人准备入侵法国，但他的所有议员都表示反对，理由是最好推迟进攻，直到英格兰可以凭一己之力压制法国，而不是现在与盟国一起领导战争，这些盟友无疑会像以前那样陷英格兰于困境。[2] 这封信写于瑞士人放弃进攻米兰逃回家乡之前，信里判断准确，并且是表明国王和主教沃尔西没有达成一致的第一个证据。然后，在 5 月底，给佩斯的信中通知他刚才提到的计划变更，以及他的君主究竟是如何重新考虑的。正如沃尔西所说的，国王根本"不打算派遣任何军队，也不打算派舰队驶入法国"，而是希望由帝国和瑞士军队把法国驱逐出米兰而已。分别从西北和东南方向同时进攻法国是不切实际的，因为首先是英格兰不得不同时为两支军队付钱，而这是"不可行的"；其次，善变的瑞士人可能一进入法国就抛弃他们的朋友。此外，英格兰无法负担自己入侵部队的集结、运输和补给。沃尔西说，基于这些原因，这项一开始就很冒失的计划取消了[3]。

---

1　*Ibid.*, 1754.

2　*Martene-Durand*, iii, 1274 (*L.P.*, ii, 1928). 关于亨利意图入侵的更多证据，参见*L.P.*, ii, 1244, 1863。

3　B.M. Vit. B, xix, fols 98 ff. (*L.P.*, ii, 1943).

但是除了告诉他这些，沃尔西还对佩斯提出了一个要求，这为了解英格兰的政策制定以及沃尔西与亨利的关系提供了宝贵的启示。他说，"运用良好的（政策和）明智的选择"，佩斯要说服皇帝和瑞士人"为你求情，说明他们只会进军至米兰公国，不会继续前进"，并且可以"摆脱进入法国、迫害法国人的行动"。[1] 因此，佩斯自己写到，他要迫使盟国提出要求，请求亨利同意免除他们的大部分承诺。如果亨利已经完全同意放弃对法国的联合入侵决定，为什么沃尔西现在认为应该有必要编造这一迂回计划并说服他接受？只能是因为国王他没有完全同意这个决定，因为这是他被迫接受的，因为希望这一方案能够更有效地对他施加压力。

因此，似乎是由亨利提议重新发动对法国的大规模战争，并重新组成一支英军穿越英吉利海峡的，而该计划似乎遭到了包括沃尔西在内的议会的反对，原因如上所述。发动一场复杂大战的计划就此搁置，至少要等到下一年才能重新提起。尽管沃尔西可以写信给佩斯，说国王"很满意"瑞士人没有在到达米兰后继续前进，但这样的做法是夸大其词。[2] 他如此不遗余力地阻止王室计划，甚至吩咐佩斯编造一个盟国搁置计划的请求。[3]

自从与瑞士人开始联合，沃尔西就反对国王，这是可能的；而现在到了 1516 年 5 月，他反对国王的可能性就更高了。但是，我们决不能夸大国王和枢机主教之间的分歧。沃尔西反对入侵法国，或者至少说不应该现在举兵；他还含糊地说，如果一切顺利的话，可能会在明年发起攻击。他反对入侵，因为这肯定是轻率且代价高昂的事，但他并不反对雇用瑞士人

---

1 *Ibid.*, fol. 100v.

2 B.M. Vit. B, xix, fol. 231v (*L.P.*, ii, 1965).

3 有趣的是，前文引用的信件中，沃尔西修正了方案：上半部分记录了第二年支持瑞士并于次年进攻法国的计划，这一部分是以国王的名义写下；"我们"已经划掉，改为"国王陛下"等词。在信的下半部分，"我们"改成了"我"。第二部分直接涉及战役中有关瑞士的安排（仅仅涉及瑞士）。所有这一切似乎进一步表明了亨利和沃尔西的分裂。

在意大利与法国人作战。相反，这是非常必要的。他的计划是将"高卢人送回他的法兰西王国"，并且不让他们得到瑞士人的支持，并借助瑞士人的力量解放米兰公国，以达到"削弱法兰西人的权威、力量和影响"。仅此而已。他希望恢复现状并遏制法国，但不是通过直接派遣英格兰的军队，而是以低价雇用瑞士人实现目的。正如之前提到的，沃尔西的行事原则是，如果只有通过战争才能确保和平，那么最好由其他人进行战斗。

因此，佩斯表现出近似于英雄气概的热忱和乐观，着手鼓动盟友"恢复他们的勇气，勇敢出发，彻底把法国从意大利驱逐出去"[1]。一旦瑞士人行动起来，佩斯就获得了大量的资金供他支配，而且他一如既往地相信新的战役将会成功发起。[2] 与此同时，英格兰的外交策略是试图拉拢教皇、皇帝和成为西班牙国王的查理，组成新的联盟，以扩大其基础，这将保证瑞士每年获得四万安琪尔的补贴，以回报他们对抗法国所做的努力。[3] 教皇名义上是法国的朋友，但可能会被英格兰说服，支持该计划；佩斯注意到，马克西米利安像风向标一样易变，很容易受贿；查理不会同意这一方案，但也没有拒绝。英格兰对查理施加的压力越来越大，提出要以现金支付他第一次进军西班牙的费用，但他仍然没有屈从。[4]

相反，查理突然在法国北部的努瓦永（Noyon）——七年前的 1509 年，约翰·加尔文诞生于此地——与弗朗索瓦秘密缔结了一项严格的条约，破坏了沃尔西的反法同盟计划。法国外交政策给出的条件因此超过了英格兰，从沃尔西的眼皮子底下抢走了他计划中的一个关键人物。更重要的是，在查理背叛的情况下，教皇很可能会决定支持他与法国的协议，而瑞士人和马克西米利安则更倾向于谨慎行事，而非鲁莽动武。因此，查理的举动很

---

1　正如沃尔西所说的，B.M. Vit. B, xix, fol. 181 (*L.P.*, ii, 2082)。

2　*L.P.*, ii, 2100.

3　B.M. Vit. B, xix, fols 181 ff. (*L.P.*, ii, 2082); *L.P.*, ii, 2087, 2151.

4　*L.P.*, ii, 2082, 2099, 2269, 2322.

有可能彻底破坏英格兰的计划。但是沃尔西面对可能的失败时表现得很勇敢，他翻阅《努瓦永条约》，很快敏锐地发现了其中的瑕疵。他认为法国不自量力、弄巧成拙，自己期待的反法国同盟很可能会实现；英格兰的外交政策则怀有一种意愿去实践、实现它。[1] 令人怀疑的是，神圣罗马帝国迫切地采纳帝国计划，马克西米利安突然愿意合作，到加来会见亨利，密谋对法国采取行动，而英格兰则负担他"屈尊驾临"低地国家的开支；[2] 9 月中旬，伟大的瑞士爱国者马修·席纳再次来到英格兰，就新联盟进行谈判。据说，他提出了在意大利、勃艮第和皮卡第三条战线上针对法国的各种计划，受到了亨利的热烈欢迎。我们无从得知，席纳是否当着亨利的面提出了新一轮协同进攻法国的不切实的计划；即使他提出了这样的计划，我们也无法得知亨利对此是否满意。我们也无法知道沃尔西的想法，不过我们知道，出于某种原因，在与席纳面谈以后回到家，他表现得比以往任何时候都更加愤怒和沮丧。[3]

　　到底发生了什么还不清楚。但是，在 10 月下旬，一项旨在牵制法国并为瑞士人提供给养的盟约在伦敦签署，沃尔西为此忙碌了几个月。[4] 为获得马克西米利安的支持，需要付出高昂的代价；他欠英格兰的债务已被一笔勾销，英格兰还要为他的"屈尊驾临"以及他在维罗纳（Verona）附近开展的私人战争，支付一大笔钱。[5] 在嗅到金钱的味道后，皇帝发挥了他的作用。他佩戴嘉德勋章，于 12 月 9 日的盛大仪式上，批准了条约，然后启程前往他与亨利的指定会面地，于 1517 年 1 月 6 日到达特里尔（Trèves）。[6] 没有比这些更能鼓舞人心了。到此时为止，教皇和查理拒绝加入反法同盟，

---

1　B.M. Vit. B, xix, fols 267 ff. (*L.P.*, ii, 2387); B.M. Galba D, v, fol. 410 (*L.P.*, ii, 2415).

2　B.M. Vit. B, xx, fol. 9 (*L.P.*, ii, 2631); *L.P.*, ii, 2632.

3　*Ven. Cal.*, ii, 791, 793, 795.

4　*Rymer*, xiii, 556 f.

5　*L.P.*, ii, 2501, 2652, 3106.

6　*L.P.*, ii, 2647–8, 2663, 2685, 2754–5.

但如果皇帝坚持，他们仍可能同意加入同盟。

　　但是，如果沃尔西认为成功就在眼前，那他就错了。瑞士人无视法国敌对方的"款待"计划，很快就接受了法国的提议，这让佩斯（和沃尔西）两手空空，一无所获。就在马克西米利安于哈格瑙（Hagenau），对着四福音书宣誓、遵守沃尔西新盟约的当天，他接待了弗朗索瓦的一名信使，对方称，如果他能加入《努瓦永条约》，将至少收到六万弗洛林。[1] 他很快就同意了。亨利被他这些举动弄得既困惑又"极度痛苦"。马克西米利安向亨利保证他要欺骗的是法国，当他和亨利国王会面时，整个世界将会看到他的内心所想和他对"可恶的"《努瓦永条约》的看法。马克西米利安此举极为成功，以至于亨利大步走向受骗的陷阱并越陷越深时，仍旧自信地将他的所作所为描述为是"皇帝公开设计、创造的计划变动"，用以欺骗敌人。[2]突然之间，真相粉碎了国王的幻象。2月12日，英格兰驻低地国家的大使们报告说，皇帝完全背叛了他，肯定会加入《努瓦永条约》，而查理即将确认并扩大该条约。原定的"屈尊驾临"尼德兰以破坏《努瓦永条约》，惩罚查理的"法国"大臣们，与亨利会面，策划战争，到最后彻底反转；相反，《努瓦永条约》的成员国增加了，这些"法国"大臣变得强大了，马克西米利安承诺会见弗朗索瓦，求娶一位法国新娘。这位由亨利出资来对付法国的"复仇天使"竟被法国说服，彻底转向，变成了法国人的姻亲，还有望得到一大笔法国嫁妆。最后，根据婚约，马克西米利安以两万弗洛林的价格将维罗纳交给威尼斯人，而在几周前，他凭借守卫维罗纳对抗威尼斯人，刚从亨利那里收到了四万弗洛林，这又让亨利备感折辱。

　　正如沃尔西此前不久所写的，皇帝"利用了分词可以同时用作名词和

---

1　*L.P.*, ii, 3090.

2　*L.P.*, ii, 2662, 2678, 2702, 2765, 2792; B.M. Galba B, vi, fol. 116 (*L.P.*, ii, 2719).

动词的本质，确实耍起了两种手腕"。[1] 沃尔西再次发现皇帝"摇摆善变"并且"面对突如其来的变化，反应是那么狡捷"，他满是痛苦的抱怨，责备席纳在其中发挥的作用，然后给皇帝发了一封措辞强烈的信，至乃英格兰大使认为这封信最好不要寄出去。[2] 与此同时，反面人物马克西米利安没有表现出任何良心的不安。他很快就亲切友好地提起与亨利会面一事，可以在格拉沃利讷（Gravelines）乃至多佛尔；而且更为引人注目的是，他开始为获得新的英格兰贷款而试探。都不晓得是他欺骗得够彻底，还是他无视欺骗时的心安理得更叫人钦佩。然而，皇帝的冷漠并非没有对手。尽管皇帝欺骗并羞辱了英格兰国王，使他成为欧洲的笑柄，沃尔西却写信马克西米利安身边的大使，称这一切留给亨利的只是"些许悲伤"[3]。这确实是一个温和的反应，毕竟，对亨利来说，他未能为对抗法国发起新的同盟，未能将法国人驱逐出意大利北部，未能召集大国力量加入反法条约，未能阻止盟友纷纷加入法国阵营，未能在欧洲事务中获得哪怕是短暂的主动权，也未能在天底下找到一个比给皇帝以及那些可恶但贪得无厌的瑞士人充当出资人更尊贵的地位。

---

1　B.M. Galba B, vi, fol. 109v (*L.P.*, ii, 2700). 参考奈特对沃尔西的评价，他为了钱"出卖了自己的血统和荣誉"，*L.P.*, ii, 2930。

2　*L.P.*, ii, 2958, 3106, 3126.

3　B.M. Galba B, vi, fol. 364v (*L.P.*, ii, 2958).

# 第四章

# 寻求和平

英格兰不愿忽视欧洲，却也无法控制欧洲。结果，它因《努瓦永条约》而一败涂地、孤立无援。但沃尔西在逆境中表现得很有活力，迅速开始弥补损失。

然而，在此之前，英格兰国内发生了一场动乱。1517 年 5 月 1 日，也就是后来被称为"邪恶五月节"的日子，几百名伦敦人，其中许多人是学徒，肆意妄为。他们被传教、单纯的仇外心理和被认为是外国人施加的过度经济影响所煽动，冲上伦敦的大街小巷，投掷石块，洗劫外国人的房屋。暴徒们辱骂西班牙大使和当天抵达的葡萄牙大使，威胁要杀死市长和市议员，还威胁要杀死沃尔西，而沃尔西在伦敦的宫殿立刻加紧防御。骚乱在夜幕降临前就结束了。显然，没有人被杀，但有许多人受伤；很快，数百人被关进监狱。[1]

这种破坏了与基督教世界其他国家和平局面的行为迅速受到了惩罚，很快，城市各个角落出现了被肢解的头目的尸体。超过四百人被拘留，有些只是年轻人，有些是神职人员，有些是妇女，直到王后出面干预，他们才被赦免。她在丈夫面前屈膝跪下（这不是她最后一次这样做），获得了国

---

1 *Hall*, 588 ff.; *Ven. Cal.*, ii, 876, 881–2, 887.

王对他们的赦免，赦免令随后在威斯敏斯特大厅举行的盛大公众仪式上宣读。大厅里挂满了金缕，坐满了王国的贵族要员。沃尔西以长篇演说拉开序幕，亨利对演讲给予回应。然后，囚犯们戴着手铐、脖子上拴着铁链从他身边列队而过，并大喊"饶命！"。沃尔西等人则跪在亨利面前，于是他下令释放囚犯。[1]

　　这个展现国王仁慈的仪式过后不久，国王又举行了一个性质完全不同的仪式。尽管最近遇到了多次挫折，亨利和沃尔西仍然继续努力建立对法国的防御联盟。7 月 5 日，在英格兰向其所有盟友许诺了一大笔钱之后，这个联盟最终达成，并在伦敦举行了弥撒、骑马比武和游行庆典以示庆祝。亨利以惊人的华丽姿态出现在整个会场上，一会儿装扮匈牙利风格，一会儿穿着土耳其风格，一会儿又身披缀有红宝石和钻石组成都铎王朝玫瑰纹样的长袍，一会儿头戴一顶镶满珠宝的羽毛帽，一会儿又穿金缕衣，身边伴有二十四名号手和四十名骑着白马的绅士。在庆祝活动的最后一天，他首先举行了一场盛大的比赛，然后进行了长达七个小时的宴会，几乎吃遍了所有的肉和鱼，还有大量的果酱；在这场会让现代人震惊的"考验"之后，他与女士们一起跳舞，直到天亮。[2]

　　沃尔西在 6 月的时候就已经病了，一度生命垂危，[3] 但他却起身参加了这些庆典活动。不久之后，格外炎热的夏天来临，之后的冬天又极端寒冷，泰晤士河都结冰了。随之而来的是一场汗热病的暴发，这是流行性热症的一种。它夺走患者的生命之迅猛，用霍尔的生动说法，人们可能还"快乐地享用午餐，却在晚餐时死亡"；[4] 亨利和王室立即飞奔到乡村。但后来有几个议会成员病倒了，一些睡在国王寝宫里的侍从也死了。现在亨利真的

---

1　*Ven. Cal.*, ii, 887.

2　*L.P.*, ii, 3437; *Ven. Cal.*, ii, 913; *L.P.*, ii, 3446 描述了此次宴会的座次。

3　*Ven. Cal.*, ii, 908.

4　*Hall*, 592.

害怕了，他不停更换住地，只许他的医生、乐师和其他三个宠臣接近。沃尔西则留守伦敦，此时的伦敦呈现出一副死城的面貌。沃尔西家族中有许多人都病倒了，自己也刚刚从病痛中恢复，几周内，他挺过了不下四次的热汗病。[1] 他身体一定十分强健。接下来的 9 月，他做了一件通常与他不相干的事：去沃尔辛厄姆朝圣，以履行一个誓言——也许是最近面临死亡时他发过的誓言。[2]

教皇利奥十世认真地渴望发起一次军事东征，或者说，谈及东征时，教皇对它的渴望是认真的。但这种想法往往来去匆匆，它曾在数年前出现过，并在 1517 年再次出现——当时一位枢机主教和大使会议提出了在基督教世界实现普遍和平的乐观计划，并试图全力收复君士坦丁堡。[3] 初步方案被分发给各国元首征求意见。弗朗索瓦按常规，拖沓地批准了该方案。马克西米利安最近则有一个疯狂的想法，想一举成为教皇并被封为圣人，他用一个宏伟的设计取代教皇的计划，即对伊斯兰教进行一次大规模的东征，阿比西尼亚的皇帝、格鲁吉亚的国王和波斯的沙阿都应该参加[4]——这个计划让亨利忍不住笑言，"这应该只是一次金钱的远征"，[5] 但利奥却把这个计划当成了鼓励。1518 年 3 月 6 日，罗马宣布休战五年，并在随后的喜乐主日庄严地宣扬东征。已有四位使节被任命在西欧各国宣扬东征，例如，卡耶坦前往德国，托马斯·坎佩焦正首次参与英格兰事务，负责在英格兰宣讲。4 月 15 日，坎佩焦启程前往英格兰，号召国王和国民参与这项神圣事业。

无论利奥这样做的目的是什么，他或许认为英格兰会足够顺从。但实际不然。从一开始亨利就很难对付，他抗议说"准许教皇全权特使进入英

---

1   *L.P.*, ii, 3571, 3603; *Ven. Cal.*, ii, 944, 950, 953, 958, 987.

2   *Ibid.*, 966.

3   *Pastor*, vii, 213 ff.

4   *L.P.*, ii, 3815–17.

5   P.R.O. S.P. 1/13, fol. 173v (*L.P.*, ii, 4023).

格兰不符合这个王国的习惯"，还说坎佩焦的职权必须严格限制在处理东征方面，他才能够进入英格兰。[1] 接下来，进一步的限制条件也一一确定。如果沃尔西也被任命为使节，与意大利人平等行事，坎佩焦或许可以进入英格兰[2]——这可能是沃尔西提出的要求（在卡耶坦获准进入德国之前，帝国宰相枢机主教朗也提出了一个完全类似的要求，他的职业生涯与沃尔西的如出一辙）。从后来的历史来看，值得注意的是国王同意沃尔西抱负的方式。现已从瑞士回国、伴随在亨利身边的佩斯写道："国王陛下反复对我说他非常满意这项规定，即阁下应该加入教皇使节委员会……并和他享有同等的权威。"[3] 就亨利而言，沃尔西的计划一举两得，既使坎佩焦的到来不再令人讨厌，而且给一位受人尊敬的公仆带来了荣誉。因此，6月初坎佩焦到达布洛涅时，他不得不等待，而沃尔西则催促罗马给予他想要的一切。利奥终于屈服了，经过六个星期的拖延，坎佩焦被允许越过英吉利海峡，同他的兄弟使节会合。

更多的羞辱在等着坎佩焦。哪怕是在他可以帮忙的情况下，沃尔西也根本不打算在教皇宣扬东征的计划中与他合作。沃尔西不打算这样做，因为他认为这个计划毫无价值，或者用当时比较克制的语言来说，充满了"不便"；[4] 也因为他设想了一个自认为更好的可以为他赢得欧洲外交主动权的计划。

教皇的计划无异于幻想，因为在东征期间维护欧洲和平的机制，特别是约束法国的机制，并不充足。正如亨利所言，人们应该"更加担心另一个人，而不是大土耳其人，他对基督教世界的危害比苏丹塞利姆更大"，他指的人是法国国王。[5] 此外，也因为欧洲各国对东征并不真正感兴趣。法国

---

1　B.M. Vit. B, iii, fol. 245 (*L.P.*, ii, 4034). 从该信来看，好像这是亨利自发的反应。

2　*Martene-Durand, op. cit.*, iii, 1283 (*L.P.*, ii, 4073).

3　P.R.O. S.P. 1/16, fol. 206 (*L.P.*, ii, 4055).

4　*L.P.*, ii, 4137.

5　*Martene-Durand*, iii, 1277 ff.; *Ven. Cal.*, ii, 1015.

没有兴趣，威尼斯没有兴趣（这个公国的商业利益在提到这个词语会颤抖，也已经拒绝了罗马派出的使节），英格兰也没有兴趣，因为沃尔西说土耳其人离他们如此遥远，根本不会影响到英格兰。[1]

英格兰暂时拖延住时间。亨利已经同意沃尔西用足以表达效忠的话语来"让上述的教皇陛下满意"，以确保沃尔西获得遗产，又不使英格兰做出任何承诺；对此，利奥不得不感到满意。[2]与此同时，沃尔西继续执行他自己的计划，不过以其一贯的谨慎态度，他已经准备好了一份草案，如果自己的行动失败，英格兰将批准教皇要求的五年休战。[3]

自亨利登基以来，英格兰已经尝试了四种针对法国的策略：尝试同法国作战，没有任何好处；尝试与之和平共处，但由于种种原因，失败了；尝试通过帝国皇帝和瑞士人间接地同法国作战，但被对方的官员欺骗了；尝试用一个由几个强国组成的联盟来围堵，结果这个联盟瓦解了。道理显然是，英格兰要么将此事抛诸脑后，要么重新思考谋划。沃尔西已经在做的是后一个选择。

他的目标是完整的英法友好——作为第一步，这将通过一个全面条约来决定奥尔巴尼公爵、苏格兰的玛格丽特、玛丽·布兰登的嫁妆珠宝、图尔奈等的命运，并以亨利的小女儿玛丽与王储联姻来巩固联盟。如果他的计划在这第一步止步不前，其他计划便会化作寻常，很难成功。但这个英法条约将被嵌入一个更大的体系之中，即一个已经开始形成的所有大国都要宣誓恪守的条约，以保证和平[4]——到1518年1月，这个条约的轮廓已

---

1　*Ven. Cal.*, ii, 1072, 1086, 1111.

2　P.R.O. S.P. 1/13, fol. 173 (*L.P.*, ii, 4068); *Martene-Durand*, iii, 1277 ff., 1292 ff. (*L.P.*, ii, 3973, 4073).

3　P.R.O. S.P. 1/13, fols 162 ff. (*L.P.*, ii, 4003).

4　参见*L.P.*, ii, 4137和P.R.O. S.P. 1/17, fols 13 f. (*L.P.*, ii, 4357)中记载了这一宏伟计划的最初设计图。

经开始在沃尔西的头脑中形成。[1]

几周之后，传来了利奥计划的新消息。这既是一个提供新选择的威胁，也是一个机会，因为新消息为一些宏伟的事情准备了舞台，让沃尔西有机会获得教皇全权特使的新权威，以此推动他自己的计划。因此，在整个1518年，他玩了一个巧妙的游戏，表面上看是跟随，实际上是领导、合作，是把教皇的设计扭转为自己准备的计划。

7月29日，坎佩焦在演说、赞美诗和礼炮声中庄严地进入伦敦。五天后，他和他的兄弟使节在格林尼治受到国王的接见，他们宣布了此行目的，就是要发动东征，亨利以优雅的拉丁语回应了这一呼吁。[2]但在这一切精心策划的宏伟场面背后，沃尔西和微服抵达英格兰的巴黎主教正在为另一个目的而展开秘密谈判。到了9月底，二人谈判已经取得足够的进展，能够保证弗朗索瓦一世的正式使节的到来；[3]与此同时，沃尔西已致信教皇、帝国皇帝和西班牙国王，为他即将实现的计划做准备。[4]

1518年10月2日，英格兰和法兰西的代表们宣誓支持他的欧洲新计划——一个联合所有大国、实现永久和平的条约，其中包括二十多个较小的国家，如丹麦、葡萄牙、瑞士，以及海尔德和乌尔比诺公爵。条约规定，如果任何签约国遭遇侵略，应向其他签约国提出申诉，其他签约国将集体要求侵略者撤退；如果后者拒绝，所有签约国应在一个月内宣战，在两个月内对其最近的领地进行陆上战争，并在三个月内进行海上战争，直到恢复和平并作出赔偿。所有签约国都将允许他国军队在其领土上行进，签约国不允许其臣民被雇用来对付伙伴国。最后，任何与此相抵触的现有条约

---

1　前面注释中提到的构建同盟的草案标题为"*Pro foedere arctiore ex quo indubitanter sequetur pax universalis*"。P.R.O. S.P. 1/17, fol. 13. 这一计划的提出可以部分地追溯到1518年1月他同朱斯蒂尼亚尼交谈中明确对此事的提及。参见*Ven. Cal.*, ii, 1002。

2　*L.P.*, ii, 4333, 4348, 4362; *Ven. Cal.*, ii, 1052–3.

3　*L.P.*, ii, 4356, 4401; *Ven. Cal.*, ii, 1074.

4　*L.P.*, ii, 4440–1, 4462.

都将被废除，而这一新的承诺将在四个月内由各主要国家批准，其余国家
在八个月内批准。[1]

各大国均宣誓遵守这个条约，即《伦敦条约》。同时，10 月 4 日，英
法两国签订了附属条约，以六十万克朗的价格归还图尔奈，安排玛丽与王
储的婚事，并解决了之前私掠的索赔要求。[2] 但这些协议都在第一项协议，
即《伦敦条约》之下。《伦敦条约》将是一份主导文件，规定欧洲在其外交
生活中承诺遵守一项新的原则，即集体安全原则。几个大国——通常都是
以前的交战国——之间的和平条约在欧洲很常见，但从未见过有人试图制
定一个普遍的和平条约，让所有大国事先发誓将对任何国家破坏和平的行
为进行惩罚。这是意大利在 15 世纪下半叶就尝试过的一个计划，15 世纪
60 年代，波希米亚国王曾将此计划面向整个欧洲提出——不过他更进一步，
要求建立一个永久性的欧洲议会、秘书处和法院；[3] 而沃尔西并没有如此冒
险，但也许他的计划借鉴了之前的呼吁。

除了极少数例外，[4] 历史学家把这些计划方案当作无关紧要、华而不实
的空话给摒弃了。这是不公允的。该计划的构造中固然有缺陷，在往后的
岁月里这些缺陷也显露得很清楚，但本身并不是失信的证据，而是证明了
问题的极端规模。沃尔西明显想炫耀自己，或使用了可疑的方法，但这两
点不能证明整个计划意图欺诈各国。该重要条约包括了威尼斯、海尔德和
乌尔比诺等近年来都在惹是生非的国家。条约禁止雇用瑞士人行军打仗，
而英格兰和其他国家都曾犯过这种错误。为了确保与法国的友谊，沃尔西
交出了图尔奈，这对英格兰人的自尊心来说是一个很好的奖赏，尽管维护
这份友谊的代价十分之大。更重要的是，沃尔西认真工作，努力让他的计

---

1  *Rymer*, xiii, 624 ff.

2  *Ibid.*, 632 ff.

3  Mattingly, "An Early Nonaggression Pact", *Journal of Modern History*, x (1938), 8 f.

4  *Viz.* Busch, *Drei Jahre englischer Vermittlungspolitik* 和 Mattingly, *art. cit.*，我主要依靠
后者来写本段和前面几段。参考他的 *Renaissance Diplomacy* (1955), 167 f.。

划成功。威尼斯大使事后不久断言说，"没有什么比被称为基督教世界事务的仲裁者更让他高兴了"。[1]这是事实。这位虚荣心极强的宏伟人物未能在欧洲建立新秩序，但这并不意味着《伦敦条约》不是一次驱逐战争的真诚尝试。当时，基督教人文主义者对于结束欧洲内部冲突的紧急呼吁达到了顶点，而这个条约是对这呼吁的第一个实际回应。1518 年 10 月 3 日，为庆祝新方案的启动，国王、两位枢机主教使节、大使们，以及世俗和宗教同僚们聚集在圣保罗大教堂，参加一场大弥撒，由沃尔西演唱，场面肃穆，壮观非常。晚上，他招待众人参加了一场宴会，而宴会的尾声是一场哑剧，当中的两位参演者出人意料，是亨利和他的妹妹玛丽。格林尼治还举行了更多的庆祝活动，玛丽公主在那里与王储订婚。接下来是骑士比武，还有一场带有浓重政治意味的宴会和庆典。[2]

沃尔西如愿以偿了。一开始是教皇主持下的五年休战计划，然后是进行东征，到最后则变成了一项由枢机主教组织并在伦敦缔结的，以基督教世界和平为目标的多边普遍和平条约。条约的序言按惯例简略提及了东征，教皇只被称为签约方的"伴随者"，而非主宰者。条约多少有些侮辱性的改变，是沃尔西潦草应对教皇制度的高潮，如果将其描述为"对罗马国际地位的巨大打击"[3]，则用词过于强烈，无疑是对罗马的不尊重。正如未来的克雷芒七世所言，"我们可以从中看到教廷和教皇对英格兰大法官的期望"[4]。但在 12 月 3 日，利奥顺从地确认了该条约。到了翌年 3 月，西班牙和威尼斯都批准了该条约。[5]在此之前，福克斯主教曾就该条约给他的门徒写道："毫无疑问，我的主，上帝让这一条约继续下去，这将是有史以来为英格兰王国所做的最好的事情；在国王陛下之后，赞美和颂扬将成为你永久的记

---

1　*L.P.*, iii, 125.

2　*Ven. Cal.*, ii, 1085, 1088.

3　Creighton, *History of the Papacy,* etc., iv, 253.

4　由*Pastor*, vii, 243引用。

5　*L.P.* iii, 128; *Ven. Cal.* ii, 1178, 1180, 1207.

忆。"[1]沃尔西是这和平条约的创造者，亨利对此完全赞同，并随时打着欧洲和平使者的幌子。

1514 年的英法和平协定制订了英法国王之间会晤的计划，以此作为两国和解的最后行动。路易十二世崩殂后，这一提议得以保留，只是由于弗朗索瓦一世继位后两国关系恶化而受到影响。1518 年，该提议再次出现。在一系列解决英法具体问题的条约中，有一条规定亨利和弗朗索瓦在 1519 年初夏会面。[2]然而，随着会晤日期的来临，其他事务的压力，尤其是德意志皇帝选举，迫使两人的会晤推迟——虽然在此之前，为了缓和这次打击，亨利曾承诺两人会面之前不刮胡须（弗朗索瓦也做出了同样的承诺）。[3]然而，这个友善的誓言因亨利的妻子凯瑟琳而受挫，她从来不喜欢丈夫留着浓密的胡须，过去曾"每天再三请求他，希望为了她把胡须刮掉"。现在她显然又插手了。胡子刮掉了，英法关系也动摇了——直到双方勇敢地决定，亨利和弗朗索瓦之间的爱"不在胡子上，而在心里"[4]。1520 年 1 月，沃尔西得到了两位国王的授权，开始为他们的会面做准备，不论有没有胡须的修饰。

计划中的会面不仅产生了外交礼仪方面的问题，如何护送国王和庞大的随从团队穿越英吉利海峡，并为他们提供食宿显然也是一大难题，这无异于发动一次中等规模的军事远征。此外，这次会面还要求或许是欧洲最古老的敌对双方的领导人在公众的注视下庄严地走到一起，在对彼此仍然感到蔑视和敌意的王国首脑的簇拥下，拥抱并承诺他们的人民结成兄弟。对于这位英格兰尚武的国王、爱德华三世和亨利五世的继承人来说，亲吻

---

1　*Letters of Richard Fox*, p. 112 (*L.P.*, ii, 4540).

2　据传，1519年4月亨利要穿过英吉利海峡。*Ven. Cal.*, ii, 1193.

3　*L.P.*, iii, 416.

4　*Ibid.*, 514.

弗朗索瓦的脸颊是一个意义重大的行为。此外，似乎这还不够，会晤的计划还在不断增加。到 1520 年初，当亨利准备出发与弗朗索瓦面谈时，新当选的皇帝查理五世将结束对西班牙的首次访问，沿海路返回低地国家，这为他和亨利在途中会晤提供了可能性，以配合亨利和弗朗索瓦的会晤，或者，这实际上甚至也有可能实现这三位君主之间的会晤，在会上可以重申 1518 年的条约——毫无疑问，由沃尔西主持。[1]

最后一个设想过于雄心勃勃，从未被认真讨论过。但在与弗朗索瓦会面前后，与查理会面是实用的政治权术，而且还有一个好处，就是可以彰显英格兰的公正性。查理和弗朗索瓦都不希望亨利会见对方，但沃尔西继续执行他的计划。此外，沃尔西打算，如果第一次试验成功了，那么国家元首亲自面谈的做法就会成为一种常规活动。沃尔西说，这样的安排是为了两位国王弗朗索瓦和亨利的舒适和荣誉，也是为了避免两个国家之间的任何嫉妒，所有有关的人都会"因此受到鼓励，之后再来参加这样的会面"。[2]或许他认为《伦敦条约》可以通过"议会制度"来完善。

大约在 1519 年初秋，帝国皇帝受邀从西班牙返回本国时访问英格兰。英格兰人提出的第一个计划是，皇帝在南安普敦登陆，经陆路前往肯特郡的一个港口，与亨利一起乘船前往加来，然后亨利将踏上会见弗朗索瓦的道路。但查理却建议，他应于 1520 年 5 月中旬在桑威奇（Sandwich）登陆，在附近与亨利待上几天，然后独自返回欧洲大陆。他特别急切地希望，他与亨利的会面举行于亨利与弗朗索瓦的会面之前，这样也许就能根本防止后一次会面的发生；但如果他做不到这一点，他也满足于接受沃尔西的建议，即他在英法会晤之后与亨利进行第二次会面，从而如他所希望的那样，

---

1 *L.P.*, iii, 637, 728; *Ven. Cal.*, ii, 1279.

2 P.R.O. S.P. 1/19, fols 206v–7. 他还说过出于同样的原因，应避免"不必要的征服"。他很难如愿。

使英法会晤无效。[1]

到了 4 月中旬，查理于科伦纳（Corunna）等待风向调整，直至适宜前往桑威奇。四个星期后，他仍然在科伦纳，被强盛的东北风困住，风向一直没变。当时是 5 月 13 日，而他原定于 5 月 15 日到达桑威奇。亨利已经同意等他到 26 日，这是在渡海会见弗朗索瓦之前，他可以推迟的最后日期。查理正忙着写道歉信，警告沃尔西提防法国人的诡计，并向他和议会的其他人许诺西班牙的现金，以避免出现挑拨离间的情况。[2] 接下来风向突然改变，帝国舰队从困顿中逃脱出来。5 月 26 日深夜，沃尔西在岸边接应查理，船队在多佛尔登陆，并从那里赶往城堡。亨利飞驰南下去见他，直至深夜抵达。他径直来到皇帝的卧室，拥抱了他。第二天，即圣灵降临节，国王和皇帝骑马去了坎特伯雷，在那里，查理受到了隆重的接待，并生平第一次见到了他的姨母，站在大主教宫的大理石楼梯顶端的凯瑟琳王后。亨利和查理待在一起的时间不到三天，大部分时光都在宴会和跳舞中度过，亨利参加了后一项活动而皇帝没有参加。5 月 29 日下午，皇帝处理完正事，当天晚上就离开了坎特伯雷。在城外五英里处，他与亨利分道扬镳，前往桑威奇，而亨利则继续向多佛尔进发，与法国国王会合。[3]

从 3 月开始，这次会面的准备工作就一直在快速地进行，所以当查理最终在多佛尔登陆的时候，他碰到了一支庞大的考察队伍，这支队伍由民族精英们组成，有男有女，正向法国和金缕地（Field of Cloth of Gold）集结。皇帝的访问，直到发生的那一刻依然存疑，需要迅速提供住宿和国宴，但这没有干扰到其他行动的执行，也能体现出沃尔西的组织能力和早期都铎王朝的管理能力。

---

1  *L.P.*, iii, 551, 689, 728; *Sp. Cal*, ii, 274; cf. *Ven. Cal.*, iii, 41.

2  *L.P.*, iii, 787–8, 803.

3  *Ven. Cal.*, iii, 50, 53.

亨利及其王后的随行队伍人员由超过五千人构成，为二人准备了价值数百镑的天鹅绒、薄绸、绸缎、金缕、紧身短上衣、帽子、衬衫和靴子。队伍必须在多佛尔集结，乘船渡过海峡，先后于加来和吉讷（Guines）住宿。数百顶大大小小的帐篷、足够供给人员和动物的食物，以及堆积如山的盘子、餐具和玻璃杯，也随船队送达。六千人正忙着准备英格兰人的住处。至少有两千名来自英格兰和佛兰德斯的泥瓦匠、木匠、玻璃工匠等正在改造吉讷城堡，同时在旁边建造一座童话般华丽的夏宫，供主要的娱乐活动使用。他们已于 3 月 19 日开工。长到无法用船支运送的木材被绑在一起，从荷兰漂到加来。宫殿的地基是砖砌的，上面是木材和帆布，内设宴会厅、食品贮藏室、地窖、小教堂等等，都精心地装饰有都铎王朝的玫瑰花和王兽。室外竖立着英格兰随从其他成员的帐篷和帷帐，就像一支盛装航行的舰队。英法委员们精心商定的国王会面地点恰好在吉讷和阿德尔（Ardres）之间，是一个叫作瓦勒多（Val d'Or）的低洼谷地（瓦勒多有"黄金谷"之意，这可能是会面名称的由来）。两国将第一次会面的山谷两侧进行了改造，使任何一方都没有高度或宽度的优势。附近建造了豪华的帷帐、竞技场和长廊，供会面之后的骑士娱乐活动使用，还准备了一个由九英尺高的城墙包围的场地。[1]

沃尔西亲手指导了这一切。他编纂了活动方案，并画出了比赛场地的平面图。他处理了所有关于建筑的疑问，操心在英格兰还是在加来买面粉更便宜，是否有足够的啤酒、葡萄酒、仔鹅、兔子、鹳、鹌鹑和奶酪，厨房是否有足够的燃料。除此之外，他还得为查理的访问做准备，让他确信亨利访问法国不会给他带来任何不利的影响，同时向弗朗索瓦保证，查理

---

1　*L.P.*, iii, 702, 704, 869, 870, etc.; *Ven. Cal.*, iii, 53, 57 ff.; *The Chronicle of Calais*, Camden Society (1846), 18; Anglo, "Le Camp du Drap d'Or et les Entrevues d'Henri VIII et de Charles Quint", *Fêtes et Cérémonies au Temps de Charles Quint* (Paris, 1959) 116 ff.

访问英格兰不会损害英法关系。[1] 查理和亨利分别两天后，在多佛尔和加来之间的二十多英里宽的海面上，挤满了大批运送国王和王后及其随从前往法国的船，陪同前去的有英格兰的大部分贵族、统治集团、朝臣、贵重物品、珠宝和出身高贵的女人。所有一切都运往了法国。

加来几乎是一片混乱，周围的人蜂拥而至，前来观看王室的场面，畅喝免费的葡萄酒。亨利到达加来后不久，弗朗索瓦来到了阿德尔小镇，距离吉讷几英里，正好在法国边境线内。在阿德尔，工人们也一直忙着整修城堡，搭建帷帐，包括为国王建造的尖顶篷，因为过于巨大，不久就被大风吹垮了。沃尔西很快赶往弗朗索瓦处，为会谈做最后的计划，弗朗索瓦的使团也在同一时间抵达加来。6月5日，亨利出发前往英格兰治地边界的吉讷。两天后的圣体日，双方在指定的时间鸣炮，以此向对方宣布各自的国王已经动身出发，亨利和他的同伴骑马前往金缕地的外缘。行至临近本方一侧，亨利停了下来。弗朗索瓦则在另一侧停下。两位国王静静地站在那里，他们的随行人员在周围簇拥，仿佛是在列队作战。然后号角声响起，两位国王都策马匹向前奔跑到用长矛标记的约定地点，依旧坐在马上，手拿着帽子，拥抱了两三次。然后，他们下马，再次拥抱，走进帷帐。说了一会儿话后，两位国王就示意各自的贵族上前，彼此亲切拥抱。[2]

在接下来的日子里，大家都很开心。亨利和弗朗索瓦分别从吉讷和阿德尔出发，去和对方的王后共进晚餐。除了有一天因大风而无法骑马比武，他们举行摔跤和跳舞之外，在将近两周的时间内，他们不曾休息，一直在不停地骑马比拼矛枪。在这些活动中，亨利获得了超乎寻常的快乐，除了弗朗索瓦在摔跤中把他抛出去之时，他感到片刻的焦急。最后，在6月23

---

1  *L.P.*, iii, 685, 747, 821, 851. 参阅*L.P.*, iii, 919，其中记载了英格兰人提供的食物清单——包括700条海鳗、2014只羊、26打苍鹭、4蒲式耳芥末，以及为国王的面包准备的价值1镑10便士的奶油。

2  *L.P.*, iii, 869, 870; *Ven. Cal.*, iii, 68, 69.

日星期六，这些娱乐活动终于结束。一个露天的祭坛被架设起来，沃尔西在两位国王和众多的使节面前，唱起了庄严的弥撒。两个合唱团加入了弥撒，一组是英格兰人，一组是法国人，每个合唱团都由对方的风琴师伴奏。布道的主题是和平。第二天，举行了最后的宴会，以及交换礼物和告别仪式。两位国王宣誓要在他们相遇的地方为和平女神建造一座小教堂，而后便分别了。[1]

　　亨利现在回到加来参加另一次国事活动。近一个月前，在皇帝与亨利尚未分别之时，他们已经决定，由于第一次见面的时间太短，两位君主应该在金缕地会晤后立即进行第二次见面。因此，在离开弗朗索瓦大约两周后，亨利就骑马赶到格拉沃利讷，会见查理和玛格丽特大公夫人。他在那里待了四十八个小时，然后在 7 月 12 日，与查理和玛格丽特一起回到加来，来到一座在最近专门清空房屋的场地上建造的宫殿。[2] 查理在那里停留了两天，在宫殿内的一个华丽的圆形宴会厅里受到了最丰盛的招待（直到宫殿像法国国王的帷帐一样，也被风刮坏了），并进行了一些严肃的谈话。他于 7 月 14 日离开。亨利很快就回到了英格兰，沃尔西紧随其后。六个星期的紧张活动让两人有心情处理一些更安静的事情。夏天剩下的时间里，亨利从黎明到黄昏都在西郊打猎。沃尔西又去沃尔辛厄姆朝圣了——把伦敦留给了瘟疫和那些无力离开的人。[3]

　　人们很容易把"金缕地"当作虚荣的故作姿态，一场巨大而昂贵的游戏，一件文艺复兴时期的蠢事。但这可能是错误的。时人夸张地将其描述为世界第八大奇迹，后来却经常被贬低为逢场作戏，是为了让两国的骑士们聚集在一起，进行角逐和比武、盛宴和舞蹈，而非战斗。在一些英格兰人中，

1　*Ven. Cal.*, iii, 95.

2　Anglo, *art. cit.*, 127 f.中描述了这项帷帐。

3　*Ven. Cal.*, iii, 115.

包括亨利在内，反法情绪根深蒂固。一个威尼斯人说："这些君主的相处并不和平，彼此都十分仇恨对方。"据说，在这次会面结束返回英格兰的途中，多塞特侯爵的一个兄弟对一个同伴说，如果他身上有一滴法国人的血，"他就会把自己切开，让血淌尽"。对方回答说，"我也会"。[1] 这就是沃尔西极力反对的那种敌意。新的开始已经到来了。昔日的敌人已开始交往，尽管有一些焦虑的时刻，例如，人们担心英法两支纵队接近第一次见面地点时，法国人会发起伏击，或者两国于会见场地紧张地默默对峙，但他们已经尝到了友谊的滋味，并参加了一次庄严的和解行动。亨利出国时留下治理英格兰议会的贵族们公正地评判了这次会面，"你们的其他贵族先辈迄今还没有实现过这样的事"[2]。

不止一次有人说，亨利先后会见查理和弗朗索瓦是欺骗。但是，通过会见一个人来平衡与另一个人的会晤，是为了遵守 1518 年条约的精神，而非冒犯。还有人说，亨利会见查理，他承诺要背叛他最近拥抱过的法国国王。但在这两次会面中，亨利都没有做出任何违背 1518 年条约的事情，也没有秘密背叛他刚刚见面的人。他与弗朗索瓦批准了 1518 年缔结的婚约。他与查理商定，任何一方都不应与法国缔结比现在更紧密的婚姻联盟，并且双方代表团应在加来举行会议，讨论英格兰与帝国之间的事务，互派大使。[3] 但这并不违背之前达成的任何协议，更重要的是，查理随后试图引诱英格兰与之结成紧密联盟来对抗法国，但遭到了英方的回绝。

英格兰热忱地遵守其条约的精神和文字。查理得知，如果法国入侵那不勒斯，所有的同盟国都会团结起来保卫他的国家。稍后，查理问及英格兰是否会协助对付海尔德人时，他被告知这事已在条约中有所规定。利奥设想的与法国联合起来对抗查理的提议也遭到了拒绝，后来，他提议采取

1　*Ibid.*, 108, 119.

2　*L.P.*, iii, 896.

3　*Ibid.*, 914. 坎特伯雷会面中，亨利和查理显然重申了1518年条约。

完全相反的行动，即联合攻击法国，再次被拒——所有这些令他勃然大怒。[1]

　　但最能感受到英格兰新政策坚定性的是皇帝查理。在签订普遍和平这一他并没有热情宣誓的条约后不久，他就试图把英格兰拉入一个明确的反法联盟，以防弗朗索瓦某一天再次摆脱约束。他可能在坎特伯雷就试图这样做，在加来当然也做了这样的尝试，但亨利拒绝听从"任何这种可能让他违反自己承诺的劝告"[2]。在这两个地方都有人劝亨利解除玛丽和法国太子的婚约，亨利都拒绝了；直到 1521 年底，仍不断有人向英格兰施加压力，要求英格兰公开站在皇帝一边，但没有效果。[3]

　　事实上，在这几个月中，英格兰的政策有了清晰简单的新目标，奇怪的是，这要归功于查理五世成为帝国皇帝。在此之前，西欧有四大势力——最强大的法国、西班牙、神圣罗马帝国和英格兰。1519 年西班牙和神圣罗马帝国由查理合并后，西欧强国变成了三个。在这三者之中，有两大势力似乎大致相当，即法国和新扩张的哈布斯堡王朝。因此，第三个大国处于一种极为特殊的地位，或者很容易自认为如此。这个大国的结盟将赋予主导权，中立在理论上则可以保证和平；如果致力于打击其余两个国家中破坏和平的一个，便可能将侵略变成一种疯狂的行为。正如沃尔西不厌其烦地指出，虽然亨利与查理因为"友好和平、兄弟情谊和血亲关系"而捆绑在一起，但"亨利和弗朗索瓦在人品、嗜好和举止……方面非常一致"，对亨利来说，"与法国的友谊是最主要的，并深深地印在他的心里和感情中"。[4]如果说亨利是查理的亲戚和"姨父"，那他也是弗朗索瓦的兄弟和盟友，等等。[5]英格兰是这两个国家真正的、全心全意的朋友，但根据 1518 年的条

---

1　*L.P.*, ii, 4553; iii, 344; *Sp. Cal.*, ii, 283, 288, 289. 1520年末，亨利听说教皇计划攻占费拉拉（Ferrara），抗议道他已经将费拉拉包括在1518年条约之中。*Ven. Cal.*, iii, 141.

2　P.R.O. S.P. 1/21, fol. 23v (*L.P.*, iii, 936).

3　*L.P.*, iii, 922, 1213; P.R.O. S.P. 1/21, fol. 258 f. (*L.P.*, iii, 1214); *L.P.*, iii, 1150,1162, etc.

4　B.M. Calig. D, vii, fol. 150 (*L.P.*, iii, 416).

5　*Ven. Cal.*, iii, 135. 关于查理的大臣们所说的非常相似的话，参见*L.P.*, iii, 403, 689。

约，如果其中一个国家破坏了和平，英格兰就是这个国家的潜在敌人。因此，英格兰的政策并不是要建立一种权力平衡，因为这种平衡似乎已经存在；而是成为准备打破这种平衡的第三方，对另外两个大国中的任何一个国家产生重大的不利影响。这倒称得上是一种不平衡的政策，[1] 由于人们认为其他国家都不会冒险去侵略以免招致如此严重的惩罚，英格兰似乎有能力给欧洲带去和平——尽管是僵持的和平，并获得其大法官渴望已久的统治地位。

沃尔西看到了命运对他的计划和对英格兰的恩惠，他很快就试图利用他获得及创造的影响。1520 年，法国和帝国的关系恶化。法国显然是在挑起战争，而查理不可避免地以反威胁行动来回应。英格兰的作用很明确。当两个战斗者蹲下身子准备一跃而起时——用沃尔西的话说是"在挑衅"时——亨利必须"从他们中间穿过，并阻止他们两个"[2]。因此，亨利恳求查理住手，不要像他计划的那样，为了获得他的王冠而"气势汹汹地"向罗马进军，而要用"和平的、政治的方式，不怀敌意"[3]。他还迅速接连派出大使赶往法国，试图治好法兰西国王的恣意妄为，恳求他不要挑衅皇帝，不要去意大利，因为除了"消遣"，他也有前往意大利挑衅的打算。他提醒弗朗索瓦战争的巨大危险；提醒查理，他在西班牙和德意志的问题目前已经足够麻烦了。他耗费同样的力气来劝说两方远离伦巴第平原，向各方反复地郑重警告，谁破坏和平，根据已知事实，谁就引来英格兰的敌意。"根据 1518 年的条约，如果皇帝入侵法兰西，英格兰国王不会不给法王援助和支持，以对抗帝国；同样，国王陛下也必须在必要的情况，协助上述皇帝抵

---

1　布施的术语"Vermittlungspolitik"给了它准确的描述。我们可以将之翻译为"调解方针"。英格兰人不偏不倚的绝好例子，参见英格兰国王写给弗朗索瓦的回信，信中说英格兰的大使们只会在帝国大使在场的情况下，同弗朗索瓦的大使出现在罗马的公共场合。P.R.O. S.P. 1/21, fol. 27v (*L.P.*, iii, 936).

2　*L.P.*, iii, 1213.

3　P.R.O. S.P. 1/21, fol. 24 (*L.P.*, iii, 936); fols 255 f. (*L.P.*, iii, 1212).

御法国的入侵。"1521 年 3 月，弗朗索瓦得知这样的消息。几周后，查理被告知，如果战争爆发，亨利将有义务"向一方或另一方提供援助和支持"。[1]

虽然英格兰的政策是明确的，但却不成功。边境事件层出不穷，并且，查理无疑受法国的侵略所刺痛，准备在意大利、比利牛斯山脉和佛兰德斯地区进行反击。欧洲的和平就像快速推进的潮水中的沙堡一样，正在崩溃，显然，不出几周，它就会被吞噬。此外，查理还要求英格兰履行其条约义务，对抗一个明显的侵略者。[2]

三年来，亨利勤奋地赞美和宣扬和平。[3]他的行动——最重要的是在金缕地会面时的行为——更加响亮地宣告了他的态度。我们可以把他许多对和平的溢美之词当作"虚无缥缈"（vox et praeterea nihil）故而撇开不谈，这样做似乎很现实；但这样的做法，显然没有顾及亨利在宣讲时明显的热情，以及听他宣讲的职业外交官相信他的话发自内心的现实。[4]三年来，他一直在认真地扮演着和平缔造者的角色。在他扮演的这个角色或他将要扮演的任何其他角色中，没有任何虚伪或三心二意的表现，其唯一的缺陷是不可避免的不稳定。凭借本能和条约，亨利卷入了欧洲事务中，现在欧洲大陆又陷入了战争，昔日的和平信徒必然不可抗拒地被拖入混战之中。

当他第一次听到弗朗索瓦和查理之间的公开敌意，又听说后者得到教皇的支持时，他"就完全决定要与圣座和皇帝联合"。[5]英格兰驻罗马的代理人约翰·克拉克直截了当地将这些信息告知教皇，并补充道，亨利和他的议会讨论此事时，"发现了一些困难"，例如远征需要的巨额费用，年末

---

1　*Ibid.*, fols 256 f.; P.R.O. S.P. 1/22, fol. 31 (*L.P.*, iii, 1212, 1270). 关于同一政策的其他声明，参见*L.P.*, iii, 922, 936, 1283; *Ven. Cal.*, ii, 1259; iii, 195; *Sp. Cal.*, ii, 288。

2　*L.P.*, iii, 1315, 1318, 1326, etc.

3　关于典型实例，参见*L.P.*, iii, 689; *Ven. Cal.*, iii, 60, 184。

4　例如*Ven. Cal.*, ii, 1259, 1271, 1279, 1298。

5　B.M. Vit. B, iv, fol. 180v (*L.P.*, iii, 1574). 本段落为加密写成，我已用自己发明的密匙破译了。该信的日期为1521年9月14日。

将至等等。所有这些很可能是为所发生的事情特别准备的描述，目的是安抚一位迫切希望英格兰加入他的阵营中来的教皇；不过，正如信中所表明的那样，也有可能是亨利曾想打仗，而议会劝他不要打仗。我们不能肯定。然而，克拉克继续道出接下来发生的事情。"国王陛下和他的议会进一步设计"，亨利应该提出在争议双方之间进行调解，从而将英格兰的参战推迟到"一个更适合举兵的季节"，并应与皇帝签订一个新条约，为英格兰的参战给予更大的安全保障。因此，决定派沃尔西前往加来，名义上是作为国王的副手进行调停，实际上是与查理缔结对法国的进攻性联盟。[1]

如果亨利所说如克拉克汇报所言，那么从技术上讲，他是站在正义的一方。弗朗索瓦已经明显地破坏了和平，英格兰必然会在发出规定的警告之后，拿起武器对付他。但显然，议会搁置这一事实，说服亨利假装调解，从而赢得了额外的时间。由英格兰实施仲裁的想法并不新鲜。自 1520 年年中以来，沃尔西一直在谈论将英格兰事实上的欧洲调停人地位转化为某种更精确的位置，说服大国委托他主持某种有权解决争端的国际法庭，而不是像他本可能遵循的蓝图所设想的那样。[2] 他这个雄心勃勃的计划到底实现了多少，尚不清楚。但到了 1521 年 5 月，为了防止"基督教世界血流成河……财宝消耗，王国颠覆，人口减少和国家荒芜以及其他无尽的麻烦"，英格兰提出了一个坚决的建议，在弗朗索瓦和查理之间进行调停。[3] 然而，议会此时提出的是一个武力计划，而不是仲裁。看来，沃尔西准备扭曲自己的计划，在调解的幌子下，不顾他人利益地策划战争。他确实去了加来。正如他说的那样，他去那里是为了调解。几天之后，他就离开了会议，到布鲁日（Bruges）去拜访查理，在那里他缔结了议会要求的反法秘密条约。然后，他回到加来，正如他所说的那样，这是为了不让法国人怀疑英格兰人与查

---

1　*Ibid.*, fols 180v–181v. 关于沃尔西后来的信件，参见*St.P.*, i, 17 (*L.P.*, iii, 1383)。

2　*Sp. Cal.*, ii, 285, 288; *Ven. Cal.*, iii, 98. 参见上文第76页。

3　P.R.O. S.P. 1/22, fol. 32V (*L.P.*, iii, 1270).

理已经联手。谈判失败后，或者像有些人说的那样，浪费了足够多的时间，他回到了英格兰，身后留下了他一生中完成的最彻底的骗局和一场闹剧般的马基雅维利式的会议。

但这是真的吗？沃尔西可以这么快就丢下这么多东西不顾吗？[1]如果英格兰只是想与查理签订新的条约，就没有必要在加来会议上煞费苦心地要花招（这样的诡计谁也骗不了），也没有必要让沃尔西与查理签订条约后再回到加来。如果该条约必须是秘密的，正如实际的结果那样，派遣行动迅速、不显眼的使节来签定，比起由枢机主教使节公开前往布鲁日谈判要高效得多。如果这次会议仅仅是为了提高声望，会议的倡导者竟然为这次会议耗费如此多的时间、健康和金钱，也令人感到不可思议。如果说当时沃尔西的目的完全是卑鄙的，那必须说，他为了确保达成这个目的，采取了非同寻常的、笨拙的手段。驻加来的法国大使相信他的目的是真诚的，并秘密告诉他们的国王，沃尔西是他的朋友，即使在他访问布鲁日之后仍是如此；参加会议的教皇特使孔塔里尼也同样相信这一点。[2]沃尔西带着几位议员前往加来，包括滕斯托尔和莫尔。很难相信莫尔会成为这种无耻的外交欺诈行为的帮凶，他几年前在《乌托邦》中非常愤慨地痛斥过此种行为。[3]在这个故事中，有虚荣和欺骗，却没有通常所说的邪恶。沃尔西为保护他所创建的事业而斗争，但失败了；但他失败的原因是别人从来没有认真打算让他成功，而不是因为他没有尽力尝试。

在克拉克看来，沃尔西会同意议会提出的反对国王立即进行军事干预计划的理由，哪怕他自己没有提出这些理由。利用由此赢得的时间，他开始说服交战双方"承诺"在会议中解决他们的争端。弗朗索瓦最终勉为其

---

1　正如他自己在*L.P.*, iii, 1556所言。

2　*L.P.*, iii, 1467, 1513, 1555 (cf. *Sp. Cal.*, ii, 368); *Ven. Cal.*, iii, 302.

3　他也一位难辞其咎的从犯，因为在同孔塔里尼的谈话中，莫尔说弗朗索瓦和皇帝之间达成和平是英格兰的目的。

难地同意了，并称这是遵从母亲的意愿。[1]查理也同样难以对付，他争辩说英格兰的责任是此时此刻宣布支持帝国的事业，而不是充当仲裁者。[2]但赢得他的同意是如此的迫切，沃尔西最终达成了一个孤注一掷的交易。作为帝国派遣专员出席会议的回报，沃尔西同意，在加来期间，他将去找皇帝，缔结已经酝酿数月的新军事同盟。对查理来说，会议只是例行公事，他的专员们只是走走谈判的程序。这个阴谋是查理的建议，而沃尔西接受了它，[3]他别无选择。

由于出席会议的帝国已被收买，现在会议成功的机会微乎其微。沃尔西明知皇帝和教皇认为这是一场必须玩的游戏，以满足会议倡导者，并误导法国国王，也知道他迟早要缔结英格兰和帝国条约，但他仍希望会议能成功，因此他依然前往加来。他希望查理相信，自己是他阴谋忠实的帮凶。他也让教皇这样认为。[4]他很可能是在欺骗这两个人，既希望能骗过这两个人，又能劝诱法国服从他的仲裁。为了确保这一切，他带着国王的一揽子委托书到加来：一份委托书用于调停交战双方，一份委托书用于与皇帝缔结一份反对弗朗索瓦的条约，另一份委托书是与法国建立更密切的友好关系以反对皇帝，最后一份委托书是在教皇、皇帝和法国国王之间建立联盟。[5]

虽然亨利公开表示，在英格兰与帝国新条约缔结之前，英格兰不进行干预，但他渴望立即准备开战，急切地等待与查理签订进攻性条约。[6]当查理要求从英格兰调去几千名弓箭手时，沃尔西不让他们去，因为正如两位议员对亨利说的那样，"既谈和平，又派人去打仗，这明显是在嘲弄"。起

1　*L.P.*, iii. 1338, 1347, 1357, 1382, 1385, etc.

2　*Ibid.*, 1352, 1371, 1395, etc.

3　*Ibid.*, 1340, 1362. 参考*ibid.*, 1421, 1422 和 *St.P.*, i, 21 (*L.P.*, iii, 1439)。

4　B.M. Vit. B, iv, fols 181v–182 (*L.P.*, iii, 1574).

5　*L.P.*, iii, 1443.

6　*St.P.*, i, 23 (*L.P.*, iii, 1440)中，佩斯对沃尔西也是如此。据称，亨利希望沃尔西能让他和皇帝之间的一切都达到"预期的效果和结论……考虑到上述皇帝在这方面的巨大意愿"。查理只想要一样东西，而且据说此处亨利也想要，即《英格兰-帝国条约》。

初，被夏季暴雨困于温莎城堡的亨利同意了这一请求，称查理关于英格兰立即采取军事行动的要求，"那些听说了却不理解的人有福了"（beati qui audiunt et non intelligunt）[1]。但后来他改变了主意，在帝国的压力下，他被说服派大约六千名弓箭手去加来，在那里等待沃尔西结束与查理的谈判——于是，亨利和沃尔西之间就谁应该领导这支队伍展开了一场尖锐的、耐人寻味的争吵：亨利想要按照惯常的做法，安排一位侯爵或伯爵，而沃尔西更喜欢安排一个地位较低的人来领导，比如像加来的司库那样一位纯粹的骑士，这种安排同样很常见。而在这场争吵进行的同时，其他的争吵也随之而起。亨利抱怨说，现在时间已近年底，弓箭手无法得到很好的利用——暗示沃尔西行动缓慢——然后提出了一个奇怪的论点，正如他从上次战争的经验中所知道的那样，如此庞大的队伍，永远不可能"一起驱使，除非相互残杀"——这个判断大概和他第一次同意派兵时一样有效。除此之外，他还在运输和供应方面制造困难。[2]总之，他找到了各种各样的事情来抱怨，而且一直固执于此，以至于很难避免给人留下这样的印象：他是为了争论而争论，因为沃尔西在某种程度上越过了他或打败了他。这是两人之间第一次有记载的争吵——第一次不信任一闪而过。

到目前为止，亨利已经完全放弃派遣弓箭手远征的想法——尽管他先前对此充满了热情[3]——而是起了个念头，想到了另一个计划。如果没有陆上作战，那就选择海上作战吧。让他的战舰在法国海军驻扎在港口时就将其摧毁，从而为明年的远征扫清障碍。现在轮到沃尔西反对了。这个项目远远超出了英格兰的财力范围。英格兰没有舰队。国王必须住手，而他也确实这么做了。此外，作为这次重启"冒进"政策的初步措施，亨利显然

1　*St.P.*, i, 16 f. (*L.P.*, iii, 1429).

2　*St.P.*, i, 23, 30, 32 ff.; P.R.O. S.P. 1/23, fols 17 ff. (*L.P.*, iii, 1440, 1462, 1474, 1488).

3　值得注意的是，沃尔西曾把弓箭手看作"迫使外国贵族们更愿意屈从于和平"的一种方式。P.R.O. S.P. 1/23, fol. 19 (*L.P.*, iii, 1488).

曾让沃尔西召回英格兰驻法大使。沃尔西没有这样做，而亨利似乎又予以了默许。[1]

亨利公开谈论了他打算发动战争，收回在法国的合法继承权，并称法国的侵略让他可以自由地随时宣战。[2]他听说法国缺钱，就很高兴；当他听说查理缺火药时，就以圣乔治之名起誓说他不会袖手旁观。[3]但沃尔西却制止了他。当沃尔西无法直接制止的时候，似乎开始回避了。一方面，尽管沃尔西坚持在明年之前不做任何公开的事情，但他支持国王的好战行动，批准了"你计划的事业"，也许只是为了迁就；另一方面，他一心想去加来安抚欧洲，这样新的《英格兰－帝国条约》就会成为一纸空文，次年就不会另兴战事。他肯定曾让亨利认为加来会议只是一场骗局，然而，他打着国王的名义前去，答应向查理提供军事援助，也可以对英格兰驻法国的大使们说："我绝不怀疑，只能通过手段（即与弗朗索瓦的合作）和其他有效的劝说，避免提供给予上述援助。"[4]沃尔西不可能欺骗国王，但很明显，他和亨利并不是朝同一个方向在努力，沃尔西在主人的背后做了一些手脚——就像他在1516年所做的那样。[5]

沃尔西敢这样做，是很了不起的。但他现在正处于权力和信心的巅峰，而且，亨利也不难周旋。亨利才咄咄逼人地大谈发动入侵、毁坏停泊的法国舰队没过几天，他就对国事不感兴趣了。夏天又来了，他在温莎打猎。[6]国王的沉默就是大臣的自由，但不能让亨利感受到比以前更大的挫败。沃尔西的精妙之处在于，既不让人感到完全被忽视，也不让人感到受挑战。上面提到的争吵是出于不满或怀疑，不久之后又发生了另一次争吵，在这

1  *Ibid.* Cf. *L.P.*, iii, 1448, 1454.

2  *St.P.*, i, 23, 36 (*L.P.*, iii, 1440, 1474).

3  *L.P.*, iii, 1519, 1536.

4  *St.P.*, i, 27, 46; vi, 75 f., 86 (*L.P.*, iii, 1462, 1523, 1393, 1515).

5  参见上文第65页。

6  *L.P.*, iii, 1459.

次争吵中，亨利表现出他察觉到了自己和大法官之间意图上的差异，并怀疑后者的判断力。

沃尔西于 1521 年 8 月 2 日在加来登陆，带来了英格兰的国玺和大约十几位比较得力的枢密院议员。这样，他就向加来抽调了英格兰政府的主要力量，而后投入到他召集的会议中去。由大法官加蒂纳拉率领的帝国使团很快抵达，并在到来的同时，要求英格兰立即宣布对抗法国，沃尔西直接与查理签订所承诺的条约。[1] 不久之后，由大法官杜普拉率领的法国代表团抵达，紧接着，教皇大使孔塔里尼到达。即使是现在，在法国北部、纳瓦拉和米兰，战争也已经打响。沃尔西曾希望在会议期间暂时休战，但帝国大使们无权对此下结论，很明显，除非他们权力的不足得以弥补，否则会议将彻底失败。因此，在激烈的商谈条件、解决了大部分细节问题之后，沃尔西最终屈服于帝国的要求，动身去见皇帝并缔结条约。他于 8 月 14 日到达布鲁日，查理已经在那里等待了几天；他告诉留在加来的法国使节，此行是为了说服皇帝同意和谈，并赋予他的大法官和其他人员以足够的权力来缔结停战协定。他写信给亨利说，他"出于某个理由"向法国人兜售这个故事，减少他们的疑虑，而且他发现法国人很容易上当受骗。[2]

十一天后，他就英格兰与帝国的新条约进行了谈判。为确保英格兰立即加入冲突，查理做了最后的努力。但根据新条约的条款，他必须等到 1523 年 5 月才能发动由亨利和查理领导的双重战役，也就是大约二十二个月之后。如果目前的敌对行动到 11 月还没有结束，英格兰必须在 1522 年对法宣战，并对法国发动一场小型的海上战役。[3] 查理大体上得偿所愿，因为英格兰现在已经承诺参战；不过沃尔西也是如此，因为这个承诺在近两

---

1　*St.P.*, i, 27 ff. (*L.P.*, iii, 1462).

2　*L.P.*, iii, 1480, 1493.

3　关于条约内容，参见*L.P.*, iii, 1493. *Sp. Cal.*, ii, 355。

年内不会兑现，而在此期间可能会发生很多事情。加来会议仍有成功的机会，因为作为对沃尔西让步的回报，查理已同意授权他在加来的代表们处理停战事宜。因此，在布鲁日，沃尔西又做了一次讨价还价，以在遥远的未来履行义务为代价，不顾一切地争取了更多的时间。该条约破坏了英格兰的调停者地位，这就是该条约保密的原因，但对帝国而言，这是一个毫无意义的胜利。此外，条约直到 11 月 24 日才签署，而此时，会议已宣告破产。[1]

8 月 26 日，沃尔西回到加来继续开会。讨论朝着两个方向进行——为了商人和渔民的利益，寻求海上停战；找出交战方中谁首先破坏了和平，谁就应按要求休战。这两件事，尤其是第二件，引发了错综复杂的辩论，代表们忙于一次又一次的会议——直到整个讨论变得异常激烈和复杂，沃尔西不得不停止了全体会议，分别同双方交涉。[2]

沃尔西还在加来时，便与亨利就向皇帝派遣弓箭手一事起了争执。亨利听到布鲁日条约得以缔结的消息，这场争论就结束了，他对这位大臣的良好判断、忠诚可靠和辛勤付出，以及对条约文本的一些精明的修正，给予了连续慷慨的称赞。[3]然而，几天之后，另一场更激烈的争端又开始酝酿。据我们所知，每年秋天到波尔多（Bordeaux）运回葡萄酒的英格兰商人已经向国王提出了请愿，考虑到法国私掠者带来的危险，今年秋天"为了了解国王的想法和意愿，他们是否还要像先前那么做"。亨利自称无法决定，将此事转交给沃尔西，他指出，这些英格兰商人在波尔多有相当多的资产，他们最好在《英格兰－帝国条约》的消息传到法国人耳中之前将这些资产运回国内；如果这些船不出航，法国人会起疑心，另一方面，这些船的损失也会对英格兰的海军力量造成打击。沃尔西"很成熟地对前述疑虑进行

---

1　参见*L.P.*, iii, 1816, 1802。

2　*L.P.*, iii, 1816–17.

3　*St.P.*, i, 45 (*L.P.*, iii, 1519); *St.P.*, 1, 49 (*L.P.*, iii, 1539).

了研究和讨论"，然后告诉他该怎么说。沃尔西很快就给出了长长的答复，敦促船只照常航行，理由是弗朗索瓦在意大利、纳瓦拉和皮卡第忙得不可开交，他不希望树新敌，英格兰人肯定会受到法国人的善待。信中还说，为确保万无一失，他们已经说服法国大法官发布了一则告示或公告，任何人都不得触碰英格兰的货物或船只，否则将被处死。沃尔西相信商人们会很安全，但仍建议限制他们船只的数量和大小，并获准英格兰人用陌生人的船舱进口葡萄酒。值得注意的是，这是沃尔西在一个令人精疲力竭的会议间歇做出的回复。[1] 亨利一收到沃尔西的信，便立即否决了。他没有亲自给沃尔西回信，正如佩斯在写给沃尔西的信中所言，国王没有回信的原因是前一天"为纪念童贞圣母（in honorem Divae Virginis），他要去做晨祷"，当天国王要去狩猎。相反，亨利通过佩斯表示，他认为任何法国人的承诺、公告、告示和其他东西都比毫无价值的东西更糟糕，是"使他的海军和臣民陷入危险的诱饵"，而且如沃尔西所建议的那样限制贸易，会在他的臣民中"引发不满"。他还抱怨说，英格兰驻法大使报告说，弗朗索瓦曾答应不久就对帝国军队作战，但他却没有这样做——仿佛这是大使的过错。[2] 对于这一切，沃尔西坚定地回答说，"在波尔多葡萄酒问题上，再研究其他的补救办法"也是徒劳，他只能请国王相信他的判断。但是，他又尖锐地补充说，如果法国批准公告后，亨利命令船只远离，"不信任和嫉妒就会随之而来"，而当"诚信一旦见疑和丧失，我看不到更多的补救措施"。至于大使们的轻微过失，"我确实相信……作为一名忠实的绅士，他的报告不亚于法王的亲谕"；等等。[3]

　　亨利的回信来得很快。他已经尽可能地"认真思考过"沃尔西最近的

---

1　*St.P.*, i, 47 (*L.P.*, iii, 1533); *L.P.*, iii, 1544.

2　*St.P.*, i, 51 (*L.P.*, iii, 1558). 这封信写于9月9日，即圣母无原罪节的次日。因此，亨利心不在焉。

3　*St.P.*, i, 55 (*L.P.*, iii, 1577).

一封信，并确实"有些惊讶于"其中的内容。如果沃尔西指责**他**缺乏信任，就要让他知道，完全拥有这种美德的国王确实倾向于"信任那些毫无自信的人"。沃尔西低估了英格兰船只的危险、法国人的残忍和他们的背信弃义。总之，商人们已经自愿决定留在国内。沃尔西声称弗朗索瓦没有怀疑英格兰，但证据表明情况恰恰相反。法国人对海盗行为的赔偿并非如他所称，是善意的证明，而是将有罪的当事人带到沃尔西本人面前，迫使其做出赔偿的结果；尽管如此，国王还是因此而蒙受了关税损失。在回信中，亨利继续这样愤怒地指责沃尔西。[1]

显然，这里牵涉到的，不仅仅是商人及其葡萄酒这个具体问题。沃尔西希望避免任何引发国际紧张局势的事情发生，而亨利则不想假装一切正常，他对沃尔西的方法很不耐烦，确信英格兰正在成为法国诡计的牺牲品，认为沃尔西在误导自己。他误解了沃尔西的信，但他正确地觉察到加来有些不对劲的地方。这就好像他在某个可疑的交易中，抓住了一个他信任的并曾给予极大行动自由的仆人。也许他无法提出确切的指控，但他嗅到了虚伪的味道，便随手抄起一根棍子，怒气冲冲地打了过去。

对于亨利犀利的言论，沃尔西回了一封语气坚定的长信。信中，他详细地阐述了自己的情况。[2]这封信使收信人完全沉默了。写完信六天后，佩斯简洁地给沃尔西回信道："最近国王乐于与阁下争执，现在他乐于保持沉默。"[3]船只将前往波尔多，法国国王的公告也受到欢迎；国王听闻沃尔西病了，国王很是不安，恳请他保重身体，并请他帮忙在爱尔兰任命一个新的代理官员。[4]风暴莫名其妙地消散了，就像它突然出现一样。

与此同时，加来会议一拖再拖，令人疲惫不堪。沃尔西在最近与国王

---

1    *St.P.*, i, 58 ff. (*L.P.*, iii, 1594).

2    *Ibid.*, 62 ff. (*L.P.*, iii, 1611).

3    *L.P.*, iii, 1629.

4    *St.P.*, i, 68 (*L.P.*, iii, 1630).

的交流中病倒了，他把谈判交给了副手们。副手们努力弥合双方之间的分歧，并说服他们达成十八个月或两年的停战协议。但谈判陷入了僵局。10月中旬，加来向弗朗索瓦和查理分别派出特使，沃尔西最后亲自呼吁让步。这是他最后一次绝望的尝试，目的是让查理接受"更冷静"的条件，让弗朗索瓦同意休战，在休战期间，英格兰人将尽一切努力促成团结、和平与和谐。特使们"要用一切可能的方法和途径劝告、感染、打动"他们，等等；而派往法国的特使们要特别向法兰西王太后求助，正如沃尔西多次称呼的那样，她是"和平的母亲和滋养者"。[1]

　　读了这些秘密指示，不可能不被感动，不可能不接受提出者的诚意——尤其因为只有这样，这些指示才可以真正得以理解。诚然，沃尔西谈到了针对法国的"伟大战争"，并向查理承诺，如果调解失败，英格兰将加入他的行列。但他这样做将会受到条约的限制；而且他还告诉弗朗索瓦，如果查理阻挠，亨利将加入他的阵营。这也许是两面派——但这是为了休战才当的两面派，而休战可以为和平开辟道路。

　　起初，使团看似可以成功。在精心策划的"公平话语和威胁"的共同作用下，弗朗索瓦受到了鼓动，接受了沃尔西想要的东西。但查理却很顽固，沃尔西痛心疾首说，"我愈是发现法兰西人好打交道"，"就愈是发现"帝国的人"更为顽固难缠"。[2]他日夜不休，因为所有的事情都"一直模棱两可"，他因"执拗的交易"和令人沮丧的拖延而受到了谴责。[3]根据沃尔西的估计，查理不会屈服于形势所需。无休止的会议让他疲惫不堪，他人的反复无常和顽固使他近乎发狂，国王哪怕最小的国内事务都依靠他来决定，过去多次召他回国，现在又开始与他争论拟议的停战，[4]再加上身体状

---

1　B.M.Vit. B, xx, fols 269 ff.; B.M. Calig. D, viii, fols 125 ff. (*L.P.*, iii, 1694, 1696).

2　B.M. Calig. D, viii, fols 130v, 137 (*L.P.*, iii, 1707, 1724). 参考*L.P.*, iii, 1736。

3　*L.P.*, iii, 1728.

4　*St.P.*, i, 85 ff. (*L.P.*, iii, 1762). 停战协议要求国王宣誓，遵守与《布鲁日条约》内容不一致的行动方针，亨利对此表示反对。沃尔西向他保证，休战不需要宣誓，解决了国王的这一疑虑。

况不佳——他归咎于"加来的空气不健康",但可能纯粹是工作压力所致——沃尔西一定处于崩溃的边缘。他必须在 11 月底之前让人接受他的观点。停战协定已经起草完毕,随时可以公布。只差皇帝的同意了——尽管沃尔西一再催促,但他依然没有准许。战争现在正迅速蔓延。一支教皇的军队刚刚占领了米兰,很快法国人就开始逃亡,因为伦巴第平原的城堡一个接一个地向帝国和教皇的军队打开大门。同时,图尔奈也被查理从低地国家派出的军队攻占了。认为在加来的一个人就能阻止这一切,简直是无稽之谈。11 月 28 日,经过几个月的艰苦而又代价昂贵的斗争之后,沃尔西跨海回到了英格兰。[1] 事实上,亨利认为这次会议使沃尔西损失了一万镑,因此将圣奥尔本斯修道院赏给了他,作为补偿。[2] 让沃尔西同时拥有英格兰最富有的修道院与一个大主教教区是可耻的兼任,但这个奖赏也有一定的公正性。虽然受奖者既没有带来停战与和平,但"我已经通过一切可能的政治方式和手段,像我一生中做过的任何事业一样,有效地付出了同样的努力"[3]。而且,虽然《布鲁日条约》已经开始生效,但是弗朗索瓦和查理都同意向英格兰派遣使节,再次寻求和平。因此会议还没有以失败而解散,"而是准备就绪,暂缓进行了"。[4] 很快,这一会议就会在英格兰再次举行。沃尔西如是说。他对此事非常执着。

然而局势却越来越糟。就在沃尔西回到英格兰之前,奥尔巴尼,那只不祥之鸟,带领一支小型武装护卫队回到了苏格兰。这对于英格兰来说只意味着一件事——法国寻求重新建立一个作战同盟。英法关系迅速恶化,以至于亨利可以忍受黏膜炎和头痛,给查理写了一封热诚的友谊信,或者说至少在信上签了字,坚称他要为皇帝所受的侮辱报仇,还说爱他就像爱

1　*St.P.*, i, 85 (*L.P.*, iii, 1762).
2　*L.P.*, iii, 1759.
3　B.M. Calig. D, viii, fol. 137 (*L.P.*, iii, 1724).
4　*St.P.*, i, 90 (*L.P.*, iii, 1762).

自己的身体一样。[1]

时间来到了 1521 年 12 月。在英格兰必须宣战之前，沃尔西还有五个月的时间。他没有忘记金缕地会晤只是一系列会议中的第一次，提出亨利和弗朗索瓦应该再次会面。他甚至曾考虑弗朗索瓦与查理同时来到英格兰，像两年前酝酿的那样，举行三方"峰会"。但这一目标在当下来说过于远大，[2] 作为替代，在 1522 年的整个春季，英格兰不断向弗朗索瓦（和萨伏伊的路易丝）以及查理发出紧急呼吁，来解决他们的争端和重启和平会议。[3]

《伦敦条约》规定，侵略的受害者应呼吁其他缔约方警告侵略者，如果侵略继续，就威胁在一个月内发动战争。1521 年冬季至次年春季，查理一直恳求英格兰对法国履行此职责，但沃尔西甚至拒绝接受查理提出要求的征召书。[4] 于是，查理要求获得一些资助，仍没有成功。沃尔西突然提出可提供一半数额的资金，但条件是在帝国偿还资金之前，英格兰不应宣战。[5] 沃尔西利用《布鲁日条约》阻止了《伦敦条约》的实施，现在则试图利用贷款来阻止《布鲁日条约》的实施。难怪，皇帝异常愤怒。

但政治是一门关于极可能发生之事的艺术，也是一门有关或许发生的事情的艺术。不可否认的一大可能是，英格兰迟早要向法国发起进攻。慎重起见，那一年人们谈论过集结人员和船只，发动一次针对法国或者苏格兰的战争。因此，专员们开始着手发掘国家的军事力量，并为巨额的战争征税做好准备；同时，威廉·奈特去往瑞士，理查德·佩斯则再一次到威尼斯去赢取他们的支持，让法国众叛亲离。[6]

---

1　*L.P.*, iii, 1882.

2　*B.M.* Calig. D, viii, fols 215v, 230v (*L.P.*, iii, 2036, 2139). *L.P.*, iii, 2092.

3　例如 *L.P.*, iii, 1946, 1992, 2129。

4　*L.P.*, iii, 1838; *Sp. Cal. F.S.*, pp. 2, 33 f., 38 f., 46 ff., 53, 56.

5　*Sp. Cal. F.S.*, p. 41.

6　英格兰试图让威尼斯以1518年条约的名义宣战（而沃尔西却不允许该条约支配英格兰政策），威尼斯回复道，利奥十世的逝世导致该条约失效。*Sp. Cal.* ii, 473, 478.

因此，在 1522 年的最初几个月里，英格兰的政策呈现出各种风格——从和平使命、首脑"峰会"到宏伟战役计划。沃尔西指导了这一多面性政策，显然得到了亨利的赞同，尤其是备战工作。[1]

根据《布鲁日条约》的规定，皇帝很快就要访问英格兰，这也标志着英格兰的参战不可避免。皇帝于 1522 年 5 月 28 日抵达多佛尔，这次访问比他前两年的第一次访问时间更长、更精彩。在多佛尔，他不得不等待七十二个小时，直到他的服装运至，而后，他来到格林尼治和温莎，并进行了一轮狩猎和宴会、竞技和露天表演，以及艰苦的谈判。在他离开的时候，他又与英格兰签订了两个条约，就联合英格兰进攻法国制订详细计划。[2]与此同时，英格兰的一位传令兵已正式向弗朗索瓦递交了英格兰的宣战书。7 月 6 日，查理踏上了前往桑坦德（Santander）的征程，他在过去十八个月里为之付出的努力已经全部实现。

沃尔西被强大的势力压垮了，这是他这样的一个英格兰大法官和教皇使节无法抵挡的。虽然他为英格兰维持了八年的和平，但他精心设计的集体和平保障和"峰会"机制在保护欧洲和平、避免君主开战方面表现得毫无力量。事实上，法国并没有被彻底打破力量均衡的前景所吓倒，而是努力前行，不顾面前的巨大困境。法国在帕维亚（Pavia）即将到来的重大失败将证明沃尔西考虑之周全与合理。法国国王对这位枢机主教的算计不屑一顾，这是沃尔西和欧洲的不幸。

16 世纪 20 年代的战争就这样爆发了。正是由于这些战争，意大利文艺复兴的文明受到了野蛮的摧残。土耳其人在混战中打入东南欧，夺取了匈牙利的大部分地区，摧毁了它的教会，哈布斯堡王朝和瓦卢瓦王朝的冲突进入了一个新的阶段，最终使双方破产。路德宗能够生根发芽，长成一棵枝叶茂盛的大树，在很大程度上也是由于这些战争。沃尔西为之付出的

---

1　参见他对法国愤怒的爆发，这宣布他的耐心已经耗尽，例如*Sp. Cal. F.S.*, pp. 16, 121。

2　*L.P.*, iii, 2333, 2360. 这些条约是在温莎和沃尔瑟姆克罗斯（Waltham Cross）缔结的。

代价十分高昂。[1] 在这几个月里，千钧已经悬于一线之上，如果《伦敦条约》成功，如果沃尔西能够在 1520 年的王室会议上或者在第二年的加来会议上施展一些外交手段，那么他给欧洲带去的福音，也许更甚于拥有数十位宰相和一个使节团。最后还有一点要注意。正是在战争的过程中，沃尔西试图阻止潘普洛纳（Pampluna）的围攻，正是在那次围攻中，依纳爵·罗耀拉受了伤，使他从战争转向了其他事情。

---

1　正如马丁利在"An early non-aggression pact", pp. 28 f.指出的那样。

# 第五章

# 善良的国王

亨利像一名战士开启了自己的统治，但可能发现开战并没有他预期的那般美好，也许，只有战斗过，才知道是否能作战（capax pugnae nisi pugnasset）。事实证明，重启百年战争的代价极端昂贵，一直遭受欧洲权力政治令人困惑的不稳定的挫折。正如克伦威尔后来所言，这产生了"令人厌恶的贫民窟"，而不是另一个阿赞库尔战役或像马里尼亚诺战役中那样的竞争对手。因此，不管愿不愿意，国王都改变了自己的形象。1517年完成改变，并在1518年10月的《伦敦条约》中得到了最终认可，当时，在沃尔西准备的舞台上，他以欧洲和平缔造者的身份现身，穿梭于形形色色的高级外交、宴会、狂欢和庆典现场。

但与前人相比，这位新人并不缺少虚荣心和竞争性，也不缺少欲望活力和对宏伟事业的渴望。和平岁月，独缺英雄辈出的战争，就算没有让他陷入漫无目的的困境，也令他焦躁不安，似乎把他过剩的生命力引向了一些不寻常的道路。

1513年，大概是亨利第一次在法国征战期间，皇帝马克西米利安向亨利提出了一个惊人的建议，无非是把神圣罗马帝国让给他，或者是让他当选为罗马人的国王，拥有皇位继承权。马克西米利安惯于提出让人诧异的想法，尤其是那些能给他带来物质好处的想法。据推测，这个提议是为了能获得一大笔贷款或类似事务的准备。[1]

三年后，这个问题被重新提及。现在则制订出了一个非常周密的计划。亨利接受收养，成为皇帝的儿子，然后带着六千人的军队，穿越欧洲，经图尔奈到达特里尔，在那里，马克西米利安会把帝国交给他，并把米兰公国这个尚未征服、刚吃了败仗的地方也授予他。从特里尔出发，亨利将向科莫（Como）进军，然后乘船前往米兰，在那里等待"一季"，直到马克西米利安加入他的行列。届时，两人将一同前往罗马，由前神圣罗马皇帝——因为马克西米利安尚未加冕——陪同现任皇帝，参加亨利的加冕仪式。与此同时，萨福克公爵或同等职位的人将带领军队跨海到法国，发起征战，新皇帝从罗马归来途中将完成这次征服。这样一来，亨利不仅可以获得帝国的皇冠，还可以收回自己的遗产。[2]

这就是马克西米利安的计划。他在制订计划的时候，毫不考虑计划所面临的困难。几乎可以肯定，此计划是为了平息英格兰人近期遭遇伦巴第失利的怒气，并从亨利那里骗取更多的现金。英格兰人没有过多地关注。1517 年，该计划又被短暂地重提了一次，但也没有被采纳。[3]这些事件之所以引人注目，尽管可能只是因为能让我们更好地了解马克西米利安，但可能也在亨利的心中播下了一颗种子，毕竟，在他最后一次拒绝了帝国皇位的两年后，他突然又主动寻求之。

在马克西米利安最后一次试图用他那疯狂的建议来恐吓亨利之后不久，也就是在 1518 年春天，这位皇帝显然命不久矣。他的哈布斯堡继承人查理大公（马克西米利安的孙子）也很清楚，他的对手是上文已经写过的法兰西的弗朗索瓦一世，他"秘密地到处走动，为获取帝位布下了很多

---

1　*Lettres du Roy Louis XII* (Brussels, 1712), iv, 323 (*L.P.*, i. 2992).

2　B.M. Vit. B, xix, fols 71 ff., 82; P.R.O. S.P. 1/13, fols 169 ff. (*L.P.*, ii, 1878,1902,1923).

3　*L.P.*, ii, 3724.

诱饵"[1]。但是，目前，当这两位候选人争夺帝位时，英格兰的态度明确。亨利不会参加竞争，而是期待查理成功。英格兰国王对沃尔西如是说，所以沃尔西几个月后也是这样写的。[2]1519 年 1 月 12 日，这位性格乖张、多才多艺的皇帝逝世。不过，在他的遗体被运到因斯布鲁克（Innsbruck）举行盛大葬礼的途中时，查理和弗朗索瓦之间的争夺就已经公开化了。尽管亨利的愿望和沃尔西的愿望一样十分明确，但英格兰官方的政策正如 1518 年条约所要求的那样，完全公正，不偏不倚。因此，每个候选人都得到了支持的承诺，每个人都被秘密告知，给予对方的鼓励都是口头上的客套话，同时，亨利还时常确认，英格兰不会提第三个候选人。[3]

但这种高明的中立政策突然终止。5 月初，也许是稍早之前，亨利决定亲身参与选举。也许是听说弗朗索瓦的机会正在迅速提高，已经在夸耀他即将到来的胜利，亨利有所触动；[4]当然他也受到了教皇的影响。利奥只受地方利益的引导，害怕任何一个候选人的成功，到此时为止，他仍在不同政策之间摇摆不定，直到最近他才决定公开支持弗朗索瓦。很有可能他这样做是为了促成僵局，使选帝侯们被迫把皇位让给第三个权势较小的候选人——或是他们当中的一个，或是其他王公中的一位。这是一石多鸟之计，也让教皇更有安全感。[5]2 月 19 日，罗马给当时身在英格兰的坎佩焦寄去一封信，信中解释了教皇的观点，斥责沃尔西没有看到任何一个候选人的成功都会对基督教世界有害，并表示利奥在寻找第三个人。[6]第三人的姓名没有点出，但沃尔西把最后这句话当作邀请亨利去参与竞选。沃尔西对此给

1　*Ibid.*, 4160.

2　*Ibid.*, 4257; iii, 50, 70, 137.

3　*L.P.*, iii, 70, 88, 100, 121, 137, etc.

4　例如*L.P.*, iii, 100, 170。

5　关于所有这些，参见Nitti, *op. cit.*, 113 ff.。

6　Guasti, "I manoscritti Torrigiani donati al R. Archivio Centrale di Stato di Firenze", *Arch. Storico Italiano*, 3rd ser., xxv (1887), 383 f.

出了一个非常谨慎的答复，认为鼓励两位已知的候选人而不给予任何一方帮助是最明智的策略，这样答复似乎是把亨利参选的想法当作儿戏。[1] 也许沃尔西对教皇的建议（如果是这样的话）不大相信，这样做只是出于礼貌应付，或是因此作施压，从利奥的手中为自己挤出额外的使节权力。

然而，亨利研究了教皇的信之后，或者当他听到来自罗马的第二次呼吁（此后就消失了）时，[2] 他的反应就不同了。到了 5 月 11 日，他显然已经决定，努力做一件其他英格兰君主从未成功，此前只有一个人尝试过的事：成为神圣罗马皇帝。当天，有人写信给选帝侯协会，敦促他们相信理查德·佩斯，国王亨利将派他向他们解释自己对皇帝选举的想法。[3] 竞选活动已经开始了。

我们永远不会知道亨利是否真心追求这个头衔。无疑，他的主要目的是作为这场庄严选举的候选人，获得展示的机会，并向欧洲证明，弗朗索瓦做的所有事情他也能做得同样好，从而赢得声望；也许他还希望，他能极大地分散投票，导致他、查理和弗朗索瓦都空手而归，皇位落入第四方之手。但是，也许在他突然改变主意、决定参选时，脑海中浮现过一次获胜的希望。在当时，他的机会可能不像现在回想起来那样暗淡。哈布斯堡的继承权不是不可侵犯的，对于德国，查理和弗朗索瓦都和亨利一样，十分陌生。一个来自英格兰的外人在最后一刻的冲动似乎有成功的机会，尤其是如果这个外人得到了教皇的支持。

于是，理查德·佩斯，这位远道而来的特命全权大使和注定失败的代理人，奉命依次拜访所有选帝侯，探查并报告他们的忠诚度。他要对任何易受影响的人解释"国王的多重恩赐，作为国王恩典的财富和天性，以及

---

1　*Martene-Durand*, iii, 1285 ff. (*L.P.*, iii, 137). 参考Busch, *op. cit.*, 38 ff.。

2　参见Nitti, *op. cit.*, 194 n.。佩斯后来的指示中可能提到了这样一封信，其中谈到了吉利最近发出的一封信，内容包含教皇选举政策的声明。B.M. Vit. B, xx, fol. 170 (*L.P.*, iii, 241).

3　*L.P.*, iii, 216.

他能承担如此巨大的尊严的能力"，并提供丰厚的现金。他要向选帝侯解释他的国王拥有"德国人的舌头"，不管其意义为何，他要向锡永的枢机主教马修·席纳寻求特别的帮助，并向教皇使节展示沃尔西最近从罗马收到的信件，以征得他的帮助。但在给他的指示中，有一条谨慎的提醒。这次出使的真正目的是不能公开的。每当佩斯会见其他候选人的支持者或大使时，他都要向他们保证亨利是站在他们那边的，并且"用建立在冷漠基础上的愉快话语"让双方满意。英格兰与其他国家的关系不应受到不必要的损害。此外，如果选举人明确表示不会选择亨利，此时，最好的解决办法就是他们也不要选择查理或弗朗索瓦，而是从他们自己的人中选择一个。因此，佩斯和教皇大使在公开表达对这两个已知的候选人热心支持的同时，暗中却在推动英格兰国王的事业，或者，如果这没有希望的话，就支持德国国王的事业。亨利对事情的看法大概如此：查理当选的可能性很大，但不是特别理想；弗朗索瓦当选的可能性较小，而且完全不理想；德国人当选的几率较小，但可以接受得多；他自己当选的可能性最小，却最令人满意。佩斯要尽己所能，按照这个复杂的标准来安排事情。但他受到了决定性的重要限制。为了不浪费钱财，而且根据英格兰人的判断，为了使钱财更有效地发挥作用，任何有利于某位友好的选帝侯的保证书或文书都必须包含一项重要的节约支出的条款。与其他候选人的代理人不同，佩斯只需做出金钱的承诺——当他的君主当选后，就会兑现。[1]

6月9日，佩斯穿过低地国家来到科隆，沿莱茵河而上，经法兰克福（Frankfort）到美因茨（Mainz）（因为按照惯例，在选举期间，任何陌生人都不得在法兰克福这个选举城市逗留）。尽管天气炎热，瘟疫肆虐，他还是尽可能多地拜访了选举侯。科隆大主教没有想象中那样偏向法国人，虽然他的拉丁语糟糕到无法处理亨利和沃尔西的信件，但佩斯写道，如果处

---

1　B.M. Vit. B, xx, fols 165, 170 (*L.P.*, iii, 240, 241).

理得当，他很可能会变成一个支持者。[1] 此外，虽然美因茨的枢机主教，如普法尔茨选帝侯，为弗朗索瓦工作，但他的兄弟勃兰登堡侯爵却对不同的想法持开放态度。更妙的是，特里尔大主教自发地提出了他的意见，认为亨利与其他人拥有同样好的机会，于是佩斯第一次能够发表他的指示中所列的赞扬国王的演说，显然这给大主教留下了深刻的印象。然后，第二天，美因茨大主教的一位亲信来找他，保证他将打动他的主人，使他偏向亨利。如果这样的话，科隆也会紧随其后，如此一来，三位教会选举侯都将被争取过来支持亨利。国王的参选案开始成形，佩斯还需约见萨克森和波希米亚的选帝侯。[2] 四天后，他便可以写信说，亨利无疑会被提名，而他佩斯，应该立即被委派去以亨利的名义接受帝国皇位。法国人的事业实际上已经失败；教皇使节和教廷大使已经接到命令，去推进亨利的诉求，因此佩斯预计随时会听到亨利当选的消息。[3] 十天后，他还在等待，信心满满，现在却颇为忧虑，因为他说，人民对查理的支持非常热切，如果亨利获选，便会遭到攻击；此外，选帝侯将限制新皇帝，要求他居住在德国。[4] 四天后，悬念和纷争结束了。6 月 28 日早上 7 点，西班牙国王查理当选为皇帝。帝国皇位上又将出现一位伟大的统治者，他现在还是一个十九岁的尚未成熟定型的青年，但很快就成为一个充满自信、地位显赫的人，与教皇共同守护基督教世界，拥有包括西班牙、那不勒斯、德意志和低地国家在内的庞大帝国，将领土扩展到北非，并开始进入中美洲这个未知的世界。如果说查理本人是个难得的人物，那么他的帝国则是自古罗马以来从未见过的，而且在某些方面比最初几位古罗马皇帝的功业还要伟大。他的当选也许是对弗朗索瓦的反击，却使亨利较以往任何时候都要逊色。与查理相比，他

---

1 *L.P.*, iii, 283.

2 *Ibid.*, 296, 297.

3 *L.P.*, iii, 307, 308.

4 *Ibid.*, 326.

很可能看起来只是一个小君主，这个新帝国的力量和版图与法兰西王国相比，超越英格兰的程度更胜一筹。

亨利之所以失败，是因为最后，他永远无法与哈布斯堡继承人相提并论。这是根本原因，但不是全部原因。更糟糕的是，他的竞选组织不力。在佩斯离开英格兰之前，沃尔西没有把委托书寄给他，接下来又让他滞留了近一个月，没有给他写信，以致佩斯接近绝望。亨利在竞选开始时，将全体选帝侯作为一个团体给他们写了一封通用信函，而不是向选帝侯分别致信，这是一个策略上的错误，虽不严重，但关系重大。接下来，正如佩斯所说，他的任务开始得太晚，错失了数周的时间。他应该在几位选帝侯聚集在法兰克福之前就早早赶到；此外，和以往一样，与罗马的所有重要沟通都被忽视了，以至于教皇从来没有真正支持过亨利的候选资格。[1] 但最大的错误是英格兰人的吝啬。所有人都知道，查理和弗朗索瓦在选举前耗资巨大，与这两个人（或是他们的债权人）的大量硬通货相比，佩斯的谨慎承诺只是微不足道的激励。他甚至无法指望利用王家令状来支持银行家赫尔曼·林克；如果亨利成功的话，他将提供现金。在这次政治大变动发生前八天，佩斯写道："如果他有查理支付的那么多钱，大约四十二万金克朗，沃尔西就已经为国王亨利八世当选为所有基督徒的皇帝（in imperatorem omnium Christianorum）而唱赞歌了。"[2]

或许表面的大意和财政上的谨慎仅仅是审慎的表象。或许这也显露出一些迹象，表明负责监督亨利候选资格的人，即托马斯·沃尔西，并不热衷于此。当然，有一个无可争辩的证据表明，国王和大臣在这次冒险中行动并非完全一致。6 月 12 日，在佩斯抵达美因茨后不久，在预计要进行第一轮投票的几个小时前，沃尔西派他的牧师兼王室礼拜堂牧正约翰·克拉克到温莎去见亨利。他的任务很紧急。他要恳求亨利不要做某件事。我们

---

1　要了解整体情况，参见 *ibid.*, 222, 297, 308, 318, 354, 393。

2　*Ibid.*, 318.

不知道那是什么事，只知道是一些"事关他（亨利的）帝国事业的事"。次日凌晨 1 点，克拉克绝望地写道："陛下可以放心，我已经穷尽我微薄的智慧进行了深入的推理，没有改变您的指示……但正如我所想的那样，国王陛下，不考虑任何危险。"他与国王的辩论一直没有结果。亨利打断了他的话，说他"带着这个问题睡一觉，做个梦，明天早上再给他答复"。他将会为此"睡觉、做梦"。[1]

我们不知道争议的焦点是什么，亨利撇开的"危险"又是什么。我们也不知道这次事件的结果，因为当亨利的决定到来时，克拉克会口头宣布。但事情十分严重，需要紧急派遣克拉克觐见国王，催促他在凌晨 1 点写出一份临时报告，大概会让沃尔西不睡或叫他起床来接受报告。证据显然不能支持沃尔西反对整个事件的断然说法，[2] 尽管这确有可能。佩斯的指示中充满了谨慎，可能是因为沃尔西想要控制住一个急躁的国王，而刚才描述的事件是亨利想将这种谨慎抛诸脑后引起的。或许这只关系到策略的某一点。只能说，在与选举有关的某些问题上，亨利想比沃尔西走得更快、更远或两者兼而有之。

选举结束几天后，佩斯启程回国，在市民和选帝侯士兵的掠夺与盗窃的暴动中离开了法兰克福。与此同时，沃尔西正忙于修复近期事件对他的外交所造成的损害，他向弗朗索瓦保证，亨利一直在为他的选举努力，直至选举无望；[3] 对查理，则说佩斯从未**公开**反对过他，这也是事实。[4] 西班牙大使请示在伦敦城周围燃篝火来庆祝自家的国王成功当选，但当局担心大批的外邦人会试图为"邪恶五月节"报仇而拒绝这一提议；尽管如此，查

---

1 *St.P.*, i, 2 f. (*L.P.*, iii, 302). 在信的前半部分，克拉克说亨利对佩斯生病的消息非常焦虑，而且"不喜欢"沃尔西的建议，即在收到关于佩斯病情的更多信息之前，不应派出替代者，因为到那时，他说，就太晚了。这是不是沃尔西对此缺乏热情的另一个证据？

2 正如布施所认为的那样，*op. cit.*, 51 ff.。

3 B.M. Calig. D, vii, fol. 148 (*L.P.*, iii, 416).

4 *L.P.*, iii, 403.黑体字部分为我添加。

理当选不久后，就在圣保罗大教堂举行了一场大弥撒。获悉亨利失败后，沃尔西写信给罗马教皇，诉说他是如何努力地消除国王心中对教皇冷漠态度的愤慨——这是一种试图赢得感激的迂回方式，结果失算了，反而遭到反驳（一个公正的反驳），说他和佩斯都没有告诉教皇如何帮助亨利。[1]

弗朗索瓦和查理就这样得到了一定的安抚，亨利也是如此。8 月 11 日，佩斯回到英格兰，准备向国王报告，当时他正在彭斯赫斯特（Penshurst）暂歇。大概是预料到会有一些激烈的言辞，沃尔西已经向佩斯仔细地通报了情况。他发现亨利正在和一些新来的法国人打球（没准是网球），这些法国人作为人质，抵押图尔奈的欠款。佩斯受到了"亲切的接待"。他完全按照沃尔西教他的方法做了汇报，而且讲得非常成功，"国王陛下已经清楚地察觉到并思考了上述罗马国王（查理）为获得这一尊位而花费的巨大开支，对此非常惊讶，并说他很高兴他没有获得同一高位"。亨利转向萨福克公爵陈述了这一点。亨利很高兴佩斯在德意志受到如此尊贵的接待，于是叫来其主人，白金汉公爵，把这次出使的情况都一一告知。他同意佩斯的看法，认为教皇在法兰克福的演说家已经收到了法国国王的贿赂，并在叙述中屡次提及"弥撒"的口号。说完这件事后，佩斯谈到了他的旅程，并与国王共进晚餐，国王"对我大加赞赏，令我受之有愧"。接着他就离开了。[2] 不仅一次忧心忡忡的会见进行得非常顺利，而且整个事件显然已被遗忘，所有相关的人都得到了原谅。国王很高兴。奇迹般地，他"为自己没有得到罗马帝国而感到高兴"。然而，也许有那么一刻，他曾想得到它。

大约一周后，亨利宣布他准备进行军事东征。在给教皇的一封非比寻常的信中这样宣布，这封信甚至可能是他逐字口述的。[3] 信件以第一人称写

---

1  *Martene-Durand*, iii, 1301 ff. (*L.P.*, iii, 393).

2  *St.P.*, i, 8 f. (*L.P.*, iii, 412).

3  该信没有标明日期。由于信中提到坎佩焦即将离开（他于8月24日离开多佛尔），那么可以推定写信日期是在1519年8月月中前后。

成，是保存至今在他名下写得最长的书信之一。信中洋溢着赞美之辞和激动人心的慷慨之情。上面这样写道：上帝将见证，我们没有比为人类和宗教服务更重要的事业。为基督教世界而奋斗一直是我们事业的终极目标。"我对此全心全意地关注"（Miro affecto et toto pectore），"燃烧的魂灵"（ardenti animo）是我们对你通过坎佩焦发出的东征号召的回应。我们为这次最神圣的远征做好了准备，将我们的整个王国、我们的财富、我们的权柄、我们的产物、我们的声望都奉献于此；是的，我们将自己的血液和身体献给基督和他的牧师。每当呼召时，我们就会做好准备。如果在远征军出发与异教徒作战之前，我们渴望的继承人得到允许，我们将亲自率领我们的部队。我们承诺将组建一支两万人的全副武装的军队，一支由七十艘船只组成的舰队，以及一支由一万五千人组成的海军。除此以外，还将增加私人特遣队，其中有许多英格兰的绅士和贵族，他们出于对基督教的热忱，迫不及待地参加这次神圣的远征。我们将向神职人员征收什一税，从教友中筹集他们收入的十五分之一，用以支付远征的费用。我们希望其他人能以我们为榜样，我们敦促你去发动基督教世界的其他角落。在坎佩焦离开前，我们已同他及沃尔西讨论过这一切。他抵达之后会充分解释我们的想法。我们期待着基督信仰大获全胜，并将不吝惜任何一滴血，因为上帝为了从诸罪中拯救我们，牺牲了圣子基督。[1]

当然，这种感情的流露是为了安抚愤怒的教皇，多年来他一直在向英格兰神职人员索取资金，也曾收到过敷衍了事的承诺，但教皇从没有获得他们的资金。更肯定的是，这一定是为了达到托马斯·沃尔西的目的。现在，坎佩焦已经完成了他的使命，即将离开，沃尔西面临着失去教宗使节权的困境，他曾为获得这一使节权力耗费苦心，因此决心要保持并实实在在地扩大权力范围。利奥已经勉强同意授权他出访和改革英格兰的修道院，

---

1　*Martene-Durand*, iii, 1297 ff. (*L.P.*, iii, 432).

于是，8 月 1 日，沃尔西要求将该遗产终身授予他。对于被一位喋喋不休的枢机主教围攻的教皇而言，亨利几天后寄来的信函，无疑是一份急需的、迟来的安慰。然而人们不禁要问，这是否就是这件事的全部解释。这封信如此详细，如此热情，不同于一贯包括亨利在内的君主们对教皇东征号召的答复，亨利自己对利奥十世在 1515 年提出如此呼吁的答复就是一个很好的例子，言辞不过是用历史悠久的虔诚修饰，令人扫兴。[1] 坎佩焦在前一年到英格兰宣布教皇的东征计划，却被忽视了。现在派他回国，并不是要报告几句亨利想说的话，而是要宣布英格兰准备批准教皇的五年休战协定，以及"其他几件我们希望能让圣座满意的事情"，即英格兰国王突然对东征燃起的迫切愿望。[2] 我们不可能知道全部真相，但也许这封信只是一种外交手段而已，也许它代表了一个轻率、可能还有些厌倦的人，其短暂但真诚的冲动。

这个计划并无多大进展。亨利的提议没有得到答复。坎佩焦花了几个月的时间才到达罗马，在他觐见教皇的时候似乎已经忘记此事；利奥也早已失去了对东征的热情。1519 年 12 月初，亨利再次急切地写了封有关神圣事业的信，并答应说服弗朗索瓦加入他的行列。[3] 但这件事就此结束。到了新的一年，这件事就被几乎彻底地、迅速地丢进了业已失败的事情的角落，好像实现了似的，因为国王的注意力和热情现在已经转向了与查理五世和弗朗索瓦会面的计划。亨利没有在圣地或神圣罗马帝国，而是在盛大的金缕地会晤中获得了自己渴求的声望，当这一切以及随后与新皇帝的会面结束，这种渴求又回来了，还有其他事情要做。他可能会让沃尔西当选为教皇；他可能会做自阿尔弗雷德以来其他英格兰王从未做过的事情，并

---

1  B.M. Add., 15, 387, fols 33 ff. (*L.P.*, ii, 712).

2  这是他对坎佩焦表扬信的内容，*ibid.*, fols 28 f. (*L.P.*, iii, 427)。

3  *L.P.*, iii, 537. 在1520年3月对西班牙大使的一次演讲中，亨利可能说过他希望对异教徒进行打击。*Ibid.*, p. 689.

写一本书反对异端，而不是向异教徒开战；他可能会从教皇手中得到一些新的头衔——所有这些都将占据他接下来的一年，让他忙得不可开交，而且可以注意到，这些都指向同一个方向，即早先（也许）由东征计划所标志的方向。亨利显然已经成为一个虔诚的信徒，或者说，一个热情的教皇主义者。

或许是查理首先提出了沃尔西可能成为英格兰历史上第二位教皇的想法。[1]他在1520年的某个时候提出了这一建议，并于1521年秋在布鲁日与沃尔西会面时，重申了建议，并承诺在下一次教皇选举中给予支持。除此之外，他还在英格兰和加来亲自与亨利讨论了此事。[2]因此，这一想法的种子由此播下——或者它可能是自己播种的。但不管是什么原因，这一想法似乎是播撒在亨利的，而不是沃尔西的头脑中，现在，让他的大法官成为教皇成了国王追求的目标；沃尔西同意了这个计划，但他并不是发起者。

1520年，当查理第一次单独向沃尔西提出这个想法时，他遭到了明确的拒绝。[3]然而，当他后来见到亨利时，这个计划开始成形。[4]1521年12月1日，利奥十世去世，在极短的时间内，佩斯被派去代表国家利益参加另一次选举。我们知道，亨利对沃尔西参选一事充满热情，他说，派佩斯去，"就好像带着他自己的心意一样"。在帝国大使面前，沃尔西向亨利争辩道，只有在皇帝和国王需要他的情况下，他才会接受这个荣誉。亨利回答说，他们确实需要他。[5]沃尔西是亨利的候选人，一旦被国王派遣，他就会精力充沛地工作，争取成功；但他这样做，成功的希望不大。[6]

1　第一位是尼古拉斯·布雷克斯皮尔（阿德里安四世），他于1154至1159年在位。
2　*L.P.*, iii, 1876, 1877, 1884, 3389.
3　*Ibid.*, 1884.
4　*Ibid.*, 3389.
5　*Monumenta Habsburgica, etc.*, 506 f. (*L.P.*, iii, 1884).
6　正如同一位大使所言，同上。此后的内容，参见Chambers, *art. cit.*。

实际上，最后当选的不是意大利人，但也不是英格兰人。沃尔西一定知道，查理的支持承诺只是外交游戏中的卡牌而已。赢得教皇三重冕的是皇帝的前导师，一个严谨的荷兰人，而不是沃尔西。但在他当选后仅二十个月，就在教会开始感受到他的疗伤之手时，阿德里安六世去世了。沃尔西获得了另外一次机会。

教皇的讣讯一传到英格兰，沃尔西就为在罗马的英格兰代理人起草了必要的指示和委托书，提出他的候选资格。他这样做的同时坚决表示，他有愧于这么大的尊严，并宁愿"盘桓、延继且结束我的一生，以可能为陛下的荣誉和财富奉献如此不周的服务"。但是，在上一次教宗之职空缺时，由于亨利一直"认为……要我优先选择那里"，而国王自此以后未曾放弃这一目标，因此，他如今正在起草类似为佩斯准备的文件，送到亨利那里，由其定夺是否应该利用这些文件来让沃尔西第二次尝试争取教皇宝座。[1]

这些文件很快就准备好了，而且显然得到了批准。他们对罗马代理人的指示很复杂。如果枢机主教德美迪奇必定继任，他们必定支持，但如果他不具有领先优势，那么他们就会致信，将沃尔西列为亨利的候选人。他们将向枢机主教们讲述沃尔西的许多美德，并向主教们保证，幸而他并不像阿德里安那样一味地严格和吝啬；他是一个和平的人，他将给整个基督教世界带来"最后的平静、和平和安宁"；他承诺——就像许多教皇承诺的那样——发动军事东征，来到罗马参加东征的亨利也将加入其中；还承诺他将在当选后的三个月内到达罗马，并且永远不会像先前那样，将教廷搬往另一个地方……该信滔滔不绝地继续作出承诺。[2]

沃尔西经常申辩自己不配获得这一崇高的荣誉更愿意留在本国，而不是"在我进入老年之时，进入新的领域"；如果说，这些表态很难让人感动的话，那么，同样难以相信他真心地期望获得成功。但有一点似乎是毋

---

1　*Fiddes, Collections, 80 f. (L.P.*, iii, 3372).

2　*Ibid.,* 83 ff. *(L.P.,* iii, 3389).

庸置疑的。信中说，"首先你们要明白，陛下的心思和全部愿望，高于一切世俗的东西，他希望我能够获得上述的尊贵之位"。亨利对此十分坚定。若非亨利完全同意，沃尔西又如何敢于报告亨利前往罗马、参加东征的承诺？英格兰教皇和英格兰国王领导基督教世界反对伊斯兰教的这一宏伟设想——也许是最近热情的一次复苏——不正是亨利最愿意看到的那种盛大场面吗？沃尔西在他指示的最后，特意为其中一个代理人约翰·克拉克，亲手写了一篇附言。信中说，国王下定决心，要求克拉克不遗余力地工作，或是承诺提供金钱或圣禄，以达到预期的目的，特别要注意年轻人，因为他们会善于倾听美好的提议。"国王既不希望你吝啬他的权威，也不希望你吝惜他的金钱和物质。"无疑，情况正如信中所暗示的那样：沃尔西参选的真正动力和热情来自亨利。沃尔西没有事先采取长期的切实可行的步骤，以确保选举获得成功，他一直在忽视罗马教廷。他可能既不是很急切，也不乐观，但是，一旦他的主人将他置于这一路线上，他就会尽可能地振奋精神，顺从地沿着道路走下去。然而，最能证明这是事实的证据来自1522年初，在阿德里安六世当选后，克拉克写信给沃尔西，为自己身为代理人的失败开脱责任。他向沃尔西解释说，阿德里安去世后，他没有代表沃尔西采取任何行动，而且看到枢机主教们召开选举教皇的秘密会议时，没有提到沃尔西的名字，这是因为在克拉克出发去罗马之前的一段时间，沃尔西曾"明确告知（他）永远不会插手此事"——因此，几乎令人难以置信的是，突然推翻这个决定的指示到达罗马后，克拉克要采取有效行动为时已晚。[1]克拉克与沃尔西关系非常密切。他们在这样的私人通信中彼此所说之言，肯定可被视为事实。沃尔西本来不打算参加1521年的教皇选举。如果他改变了主意，那唯一合理的假设就是，他是在亨利的要求下改变主意的——许多其他证据，也都指向这个结论。同样地，1523年，他主要是

---

1　Ellis, *Original Letters, etc.*, 3rd ser., i, 308 (*L.P.*, iii, 1960).

在亨利的热情推动下才进入名单的。

如果沃尔西成功了，他就会给英格兰和国王带来称赞和荣誉，也许还能弥补国王在其他地方的失败。此外，正如沃尔西所写的那样，这将"为你们未来的事业带来荣誉和利益，推动事业的前进"，这些话带有极强的讽刺意味。[1]事实上相反，正如沃尔西所料，枢机主教德美迪奇赢得了选举。听到新教皇当选的消息后，他写道："我向上帝证明，这比我本人有幸当选更令我高兴。"[2]稍后，他命克拉克表态：亨利得知"如此伟大、如此忠诚、如此恒久和完美的朋友"当选的消息后，感到无比的喜悦，并承诺"将在所有不损害他的荣誉、福利和保障，有利于基督教世界的安宁、和平和宁静的事情上，与他达成一致意见；献上他的威望、权势、王国和鲜血，为的是将其发扬光大"——这句话同样语带讽刺。[3]

亨利第一次尝试写作是在 1518 年的最初几个月。我们对这一成果所知甚少，只知道它于当年 6 月完成。沃尔西起初对亨利所写的内容提出了质疑，后来，令作者高兴的是，他加入了赞美的行列，并宣布其论理"具有必然性"。而且，毫无疑问，由于作者很快就厌倦写作，因此该作品仅停留在手稿阶段。[4]但我们可以合理地猜测，三年后，这部作品从被人遗忘的角落中解救出来，虽然某些人可能认为它应被遗忘，但还是被用来构成亨利名著的前两章，分别题为《论赎罪券》和《论教皇的权威》。因此，亨利的第一篇作品，迅速助长了 1517 年底路德攻击赎罪券所引起的争论，但它一写出来就被搁置了，而后有些格格不入地用作一部为七大圣事辩护的

---

1　*Fiddes, Collections*, 81 (*L.P.*, iii, 3372).

2　*Fiddes, Collections,* 82.

3　*St.P.*, vi, 22 f. (*L.P.*, iii, 3659). 他在祝贺克雷芒当选的信中说，他为他投了票，赞扬他的和平政策，并宣布亨利和英格兰完全忠于罗马教廷。Vat. Arch., Lettere di Principi, ii, fol.81.

4　B.M. Vit. B, xx, fol. 98v (*L.P.*, ii, 4257).

著作的开篇。不论如何，这也是对当时情形的一种可能描述。

亨利出版的论著《捍卫七大圣事》(*Assertio Septem Sacramentorum*)，是一篇反对路德 1520 年的《教会被掳于巴比伦》(*De Captivitate Babylonica*)而写的长文，出现在 1521 年夏天。当时，路德已经被驱逐出教会，逃亡在外，但他的信条却快速传播，已开始渗透到英格兰。罗马已经多次呼吁亨利施加自己的影响来反对所谓的"邪恶的瘟疫"，[1] 虽然或许很少有人料到他会出版一本书。但这将是事实。1521 年 4 月 7 日，佩斯向沃尔西报告说，国王到暑天才有时间处理最近的国政，因为他正忙于其他事务，"我猜测他是在写书反对路德 (in scribendo contra Lutherum)"[2]。据说，九天后，书即将完成。[3]5 月 12 日，在圣保罗十字讲坛堂旁，也就是在大教堂外，举行了一个精心设计的仪式。会上，约翰·费舍尔在沃尔西和许多政要面前宣讲，反对新的异端邪说，路德的一些作品被郑重烧毁。在这那个仪式上，沃尔西手里拿着一本亨利的书——大概是手稿。[4]几天后，国王写信给教皇，宣布打算把他的作品献给他。[5]该书于 7 月付印。8 月 25 日，沃尔西告诉当时在罗马的约翰·克拉克，说有近三十本书在送给他的路上，其中一本是豪华的展示本，末尾装饰着由沃尔西特意挑选并由亨利亲自誊写的诗句，其他的则是为枢机主教们准备的。[6]

《捍卫七大圣事》不是一部最高级的神学作品。对它的评价也大不相同，但事实上，该书的学识并不显眼（虽然它特别生动地运用了《旧约》），对路德宗教义的理解存在缺陷，对天主教圣事教义的阐述有时并不令人信服，

---

1　例如*L.P.*, iii, 1193。

2　*Ibid.*, 1220. 参考 4 月 23 日威尼斯大使向执政团提交的一份类似的报告。*Ven. Cal.*, iii, 195.

3　*L.P.*, iii, 1233.

4　*Ven. Cal.*, iii, 210.

5　*L.P.*, iii, 1297.

6　*L.P.*, iii, 1450, 1510.

毫无疑问书中掺杂着大量新教从根本上反对的半伯拉纠主义或秘密伯拉纠主义内容。该书留下了一些空白，这将由约翰·费舍尔耐心、巧妙地填补，针对路德的反驳，为国王的书进行冗长的辩护。[1] 最重要的是，这本书太容易陷入纯粹的断言和嘲笑，而这种嘲笑在天主教徒的许多反新教作品中都能找到，特别是莫尔的作品，以及某些费舍尔的作品。简而言之，它不可能打动许多深信不疑、见多识广的路德宗信徒。阅读其关于圣事及其过于机械化运作的相当传统的论述（语气上的错误多于内容上的错误，遗漏的错误多于叙述上的错误），人们会思念它意在回应的《教会被掳于巴比伦》的广博和热情。

但这并不是说它是一本毫无作用的书。恰恰相反，它是第一代反新教作家创作的最成功的天主教论战作品之一。这仅仅是因为它篇幅短小，论述失之偏颇，比一部庞杂的专业著作能吸引更多的读者。这是一篇技巧娴熟的文章，充分利用了对路德的简单反驳，即一位奥古斯丁派隐士既不可能在几个世纪的黑暗之后突然发现真理，也不可能被任何权威授权宣扬真理。亨利的教会学并不是很强，他却直截了当地提出了所涉及的根本问题，即基督所建立的教会的性质。最后，这本书最大的优势是，作者是一位著名的国王。如今，人们最明显的评论是它对教皇地位至高无上的肯定，对教会分裂主义的谴责和对婚姻不可分割性的捍卫。但身处亨利那样一个君主制时代，仅仅因为书的作者是他，这本书甚至在被阅读之前就已经打动了人心。几乎没有更好的办法来激励那些地位低下的，也许是未受教育的、不受约束的天主教徒，尤其是那些很容易背弃教会的在俗天主教徒。沃尔西说，这本书不仅应该送到罗马，还应该送到"法兰西和其他国家"，这样的说法十分恰当；[2] 而路德对他猛烈的回应也不无道理。

---

1　在他的文章 *Defensio Assertionis regis Angliae de fide Catholica adversus Lutheri Captivitatem Babylonicam* (1524) 中。

2　Ellis, *op. cit.*, 2nd ser., i, 287 (*L.P.*, iii, 1233).

但是，这本书是亨利写的吗？这又是一个永远无法完全解答的问题。[1]他并不是完全独立或亲手书写的。其他人收集材料，并在整个创作过程中帮助他。但亨利至少指导了这本书的最后几个阶段，给整部作品定型，并把别人准备好的材料放进书中。在这个有限的意义上可以说，这是他的书。很久以后，莫尔谈到了这本书的"创作者"，他们一定是做前期工作的团队，其中既没有费舍尔，[2]更不是像有些人认为的伊拉斯谟，也不是佩斯，因为上文引用的信暗示他不知道国王正在做的工作。也许是沃尔西，尽管他几乎没有时间；也有可能是约翰·朗兰，他是王室告解神父和施赈官，也许重要的是，他在 1521 年 5 月擢升为林肯教区主教；也许是路德所认为的爱德华·李；也许还有其他我们永远无法确定的人。托马斯·莫尔在他们的工作完成后也参与其中，"作为其中所载主要事项的分拣和放置的人"，[3]到此时，基础工作大概已经完成了，还有人愿意帮忙，亨利便接手剩余工作，最终将原始资料组合起来。

撰写这本书是为了表示虔诚，或许还有其他方面的原因。亨利之所以写这本书，无疑是因为他完全相信这一事业，因为这本书会有好处，因为这本书会给他带来赞誉，将他与过去和现在的其他国王区别开来。但他写这本书的直接原因是沃尔西的建议。我们有国王的直接证言，在"他被阁下打动，并引向这一事业之前"，他从没有类似的打算。[4]沃尔西给他寄去了一本《教会被掳于巴比伦》，这是国王的书要反对的目标；他对书的进展表现出浓厚的兴趣，并精心策划了它的首次亮相；他被教皇视为该书的设计师；[5]后来，当这本书让他感到尴尬时，亨利自己也会说，他撰写该书不

1 关于各种理论的探讨，参见奥多诺万版 *Assertio* (New York, 1908) 的引言部分。
2 正如雷诺兹在他的 *St John Fisher* (1955), 91 n. 中写到的那样。
3 Roper, *Lyfe of Sir Thomas More*, E.E.T.S. (1935), 67 f.
4 *L.P.*, iii, 1772.
5 *L.P.*, iii, 1233, 1450. 利奥后来说，他认为沃尔西"是一个勤奋的安慰者和鼓动者，国王陛下应该这样（原文如此）利用他的时间"。B.M. Vit. B, iv, fol. 175v (*L.P.*, iii, 1574).

是出于自愿，而是在沃尔西和其他主教的提议下写的。[1] 沃尔西很可能还是亨利成为该书作者的主要推动者。但他是否还有另外一个动机——为国王提供一份工作，来帮助他度过和平的苦难？

　　亨利的书盛行一时。在 16 世纪，大约出现了二十个版本和译本，除了英格兰之外，还在安特卫普（Antwerp）、罗马、法兰克福、科隆、巴黎和维尔茨堡（Würzburg）等地流传；围绕着这本书，很快就有了相当多的论战著作。

　　到 1522 年初，已经出现两个德语译本，一个版本是在一直以来反对路德的萨克森公爵乔治的要求下，由希罗尼穆斯·埃姆泽完成，另一个版本由托马斯·穆尔纳在斯特拉斯堡完成。看到国王的书就这样渗透到自己的祖国，路德很快拿起笔来，写了一篇著名的恶毒回复，"满是责骂"，像亨利针对他那样，给亨利一次彻底的抨击。国王嘲笑路德在神学上全是前后矛盾，并企图把他斥为"毒蛇……邪恶的狼……鼓吹傲慢、诽谤和分裂，令人憎恶"等等，这些话语刺痛了路德，他也做出类似的回应，把国王抨击为"聋哑的蝰蛇"、"卑劣的抄袭者"、"傻瓜"，甚至更难听的话语。亨利本人并没有回应他的猛烈抨击（之后路德将这次抨击写成拉丁文著作，并在德文版中稍作改动），而是让约翰·费舍尔和托马斯·莫尔替他捍卫信仰。费舍尔为亨利的书作了长篇辩护，详细阐述了亨利的书，并逐点答复路德的反击；莫尔以威廉·罗斯的笔名，做了极其尖锐的长篇抨击。同年，托马斯·穆尔纳重回论战，用德语写了一篇短小的对话形式的小册子，标题为《英王和路德谁是骗子》，这又引起了一位匿名路德派人士的反击。与此同时，已经为路德所熟知的约翰·埃克博士也写了一篇为亨利作品辩护的文章，于 1523 年在罗马出版。[2]

---

1　*Sp. Cal.*, v, 9.
2　关于最后两段的内容，参见Doernberg, *Henry VIII and Luther* (1961), 35 ff.; O'Donovan, *loc. cit.*。

论战就此停息，直到 1525 年 9 月，路德出乎意料地给亨利写了一封长信。信中，他乞求亨利原谅他在大约三年前给亨利泼的脏水，并主动提出要出版一份完整的改变之前论调的声明。但这种伸出橄榄枝的做法，是因为他完全误解了英格兰当时的真实情况。路德被流亡的丹麦国王克里斯蒂安二世给他的一份错误报告说服，认为亨利已转向宗教改革，沃尔西已经倒台，现在广为人知的《捍卫七大圣事》并不是亨利的作品，而是约克的枢机主教，"那个人神共愤的可怕野兽……那陛下的王国盛行的邪恶瘟疫和满目疮痍"，在其同僚"狡猾的诡辩家们"教唆下完成的。带着这些错误的信息，路德写下了这封谦卑的信件，他在信中主动道歉，并准备欢迎亨利进入真正的信徒之家。[1]

自然，他遭到了一封长信拒绝，信中嘲笑他和他的信条，谴责他与前修女凯瑟琳·冯博拉的婚姻、他对修道院制度的攻击、他对沃尔西的轻蔑言论，等等。但奇怪的是，这封回信过了很久才寄出。首先，据说这是因为路德的信到达之时亨利正在巡游，然后，该信莫名其妙地遗失了。虽然亨利希望他的答复能立即送到德国国王那里，但沃尔西却推迟了发送，直到路德信件的副本附在了国王的回复中才一起寄出。[2] 因此，直到 1527 年 12 月下旬，回复才到达德国，比路德接收回信的时间晚了两年多。大概在圣诞节时，路德就通过萨克森公爵乔治收到了亨利的回信，据说他没有什么可说的了。[3] 但他的反对者，尤其是埃姆泽，很快抓住了他判断失误的信，并充分利用了他主动认错和亨利对他的坚决拒绝。为此，路德另写了一则短文，捍卫自己的信仰，驳斥反对者的含沙射影。[4]

就这样，亨利的书及其后来的故事实际上以一种相当乏味、毫无结果

---

1　Doernberg, *op. cit.*, 49 ff.

2　*L.P.*, iv, 2420; Rogers, *Correspondence* of *Sir Thomas More*, 368.

3　*L.P.*, iv, 3697.

4　Doernberg, *op. cit.*, 57 f.

的方式结束了。然而，三年后，亨利主动出击，再次与路德宗界展开了交流，他向路德宗界寻求对离婚的支持，并开始讨论与新教王公们联络的可能性。但是那时，时代已发生了变化。

1521 年 10 月，《捍卫七大圣事》提交给了利奥十世，这本书为其作者赢得了一个崭新而响亮的头衔。然而，与有时被宣称的相反，这本书并不是亨利获取该头衔的唯一原因，也不是这本书让他产生获得这一头衔的渴望。《捍卫七大圣事》只是利奥善行的最终动机，而对教皇头衔的追求，在这本书写成甚至构思之前，已经有很长的历史了。

长期以来，亨利和沃尔西一直在纠缠罗马教廷，为沃尔西争取更多的荣誉，实际上更久以来，他们也一直在为亨利争取荣誉，以匹配他的竞争对手，最虔诚的法兰西基督教国王和最虔诚的西班牙天主教国王所享有的头衔。正如我们所见，1512 年，有人曾请求尤利乌斯二世收回路易十二的头衔，并将其授予亨利，而且已经近乎这样做了。[1] 1515 年，又有人要求在王室称呼上增加一个不同的头衔，先是"罗马教廷的保护者"，后是"捍卫者"，但都遭到了拒绝，因为前者属于皇帝，后者属于瑞士人。然后在罗马，有人提出"使徒王"，还有人提出"正教王"，但都没有让教皇满意。[2] 第二年，有人提出了最终被授予的头衔——"信仰捍卫者"。但令亨利懊恼的是，利奥除了沉默外，没有任何表示。[3] 此事一直搁置到 1521 年 5 月，沃西再次写信给教皇，要求授予他的君主某个合适的头衔。在 6 月 10 日的枢机主教会议上，利奥将此事交由枢机主教议定。他们提出了各种方案："忠实的国王"、"正教王"、"传道王"、"护教王"，以及相当无力的"英格兰国王"。一些枢机主教尖锐地指出，如果能提出向亨利授衔的充分理由，行动起来

1    参见上文第34页及其后。

2    *L.P.*, ii, 887, 967, 1418, 1456.

3    *Ibid.*, 1928.

会更容易，于是有人回顾说，亨利曾经为罗马教廷与分裂教会的路易十二作战，并获得了后者的"虔诚的基督教国王"的头衔，而现在则勇敢地与路德作战。最终，会议决定，由教皇拟定一份简短的头衔清单，待枢机主教们批准后，送交亨利，由他做出最终的选择。[1]因为会上一定会提到《捍卫七大圣事》，因此，虽然这篇文章还没有在罗马发行，但已经让天平倾斜了。

1521年9月初，《捍卫七大圣事》的展示本用金布华丽地装订起来，连同为枢机主教准备的书卷，一起抵达罗马。按照沃尔西的吩咐，克拉克私下去找教皇，向他展示了展示本并安排赠送仪式，利奥作出了热情地回应。书一到手，他就开始迫不及待地阅读起来，一边读一边点头表示赞同，并对一个国王能写出这样的文章表示惊叹。当克拉克提议由他背诵结尾处亨利亲手书写的献词诗句，以放松疲累的眼睛时，利奥没有听从，而是费劲地浏览了三遍。克拉克说，几天后，教皇读完了这本书，称赞其"灿若星空"（super sidera），这位大使还说，所有阅读过该书的人都如此评价。因炎炎夏日逃离罗马的枢机主教们一回来，就会举行正式的赠书仪式。[2]该仪式最终于10月2日举行。克拉克跪在教皇面前，亲吻了他的脚和双颊，并发表了一段华丽的演说，然后将书呈上。[3]

与此同时，亨利回答了利奥关于头衔的询问。他选择了六年前提出的那个头衔——"信仰捍卫者"。在最近的仪式之后，利奥几乎无力抵抗。10月11日，在赠送《捍卫七大圣事》抄本的六个星期后，他终于让步了，虽然在最后一刻，他依然没有按一些枢机主教提议的，在该头衔前加上"正统"、"光荣"或"非常忠诚"等修饰词。[4]在当天授予亨利头衔的圣谕中，

---

1 Creighton, *A History of the Papacy, etc.* (1901 edn), vi, 374 f.

2 Ellis, *op. cit.*, 3rd ser., i, 256 (*L.P.*, iii, 1574).

3 *Ibid.*, 262 (*L.P.*, iii, 1654); *L.P.*, iii, 1656.

4 Creighton, *op. cit.*, vi, 375.

就像几周前他在仪式上对克拉克的答复一样，利奥对亨利说出了充满赞美和爱戴的金句[1]。但亨利必须经过艰苦的斗争才能赢得他想要的东西。教皇的馈赠是不情愿的让步，是对坚持和美德的奖励。此外，虽然接受者认为这是对他和他的继承人的永久赠予，其实却非世袭头衔，仅为亨利个人准备的，不过之后这确实变成了世袭的封号。[2]将这个头衔永久地与英格兰王室联系在一起的是 1543 年的一项议会立法，一度被玛丽废除，后经伊丽莎白恢复。[3]

就这样，亨利取得了他第一次明确的成功，并为英格兰君主增添了为数不多的经得起时间考验的称呼，即使自 1534 年以来，尤其是 1559 年以来，它一直是一个不相称的称呼。"爱尔兰国王"、"印度皇帝"等已经消失了，但这一称呼却持续存在，尽管其中提到的信仰是对教皇的信仰，而且议会的支持性法案即使不被其他人怀疑，至少也会被头衔授予者的继承人怀疑。

1519 年 5 月，宫廷里发生了一次小规模的清洗。亨利过去曾与之嬉戏打闹的最活跃的朝臣中，大概有六人被驱逐，其中包括尼古拉斯·卡鲁和独眼的弗朗西斯·布赖恩；他们最近去过法国宫廷，与其他英格兰人和法国国王本人在一起。他们"每天乔装骑马穿过巴黎，向人们扔鸡蛋、石头和其他愚蠢的小东西"，回国后"在吃喝穿着上全都效仿法兰西人，是呀，还沾染了法兰西人的恶习和吹嘘，因此他们嘲笑英格兰的所有产业，贬损名媛淑女，没有什么能让他们称赏，除非都变作法兰西风格"[4]。显然，整个

---

1  *Rymer*, xiii, 756.

2  参见Mainwaring-Brown, "Henry VIII's book... and the Royal Title of 'Defender of the Faith'", *T.R.H.S.*, 1st ser., viii (1880), 242 ff. 但亨利似乎认为它是世袭的，称教皇的诏书为他"和他所有的继承人"带来了荣誉(*L.P.*, iii, 1659)。

3  35 Hen. VIII *c*. 3; 1 & 2 Philip and Mary *c*. 8; 1 Eliz. *c*. 1. 最后一个法令废除了废止法令（清单中的第二个），从而恢复了第一个法令。

4  *Hall*, 597.

议会的人都来到国王面前，告诉他枢密院的这些年轻人并不适合伴君左右。霍尔注意到，他们对国王过于"熟悉和亲昵，和他玩得太轻松了，都忘记了自己的身份"。起初，亨利不愿意与他们分开，但议会指示内侍大臣将卡鲁和其他人叫到他面前，并立即将这群歹徒发配到加来和其他地方，"让这些年轻人心里感到很难过"。也许与那些被他视为"跟班"和"灵魂"的人分开，国王也很伤心；当他们被理查德·韦斯顿爵士和威廉·金斯顿爵士这样清醒的中年绅士所取代时，国王更是难过不已。[1] 但是，我们听说，亨利本人已经决定改过自新。诺福克公爵说，他决心过一种全新的生活，[2] 避开可疑的仆从，我们可以据此推测，他决定投身于更虔诚的目标，而不是和那些兴致昂扬的朝臣们打交道。

可能在此事件之后不久，王室起草了三份文件，令人信服地证明了王室转变的深度。[3] 第一份文件的标题是"关于国王陛下待办事务的备忘录，并命令他的枢机主教在接下来的时间里有效执行这些事情"，其中规定了财务管理方面的一系列变化。王室司库每年交给国王一万镑，用于"特殊开支"；预留六千镑用于王家建筑。接下来，"像一名高贵、明智、有政治头脑的国君"，国王宣布他打算从今以后密切监督所有王家收入。他将"查看"所有用于王家餐具、服装、军械和大炮、船只、军械库和马厩、帐篷和劳役的开支。司库每月都要向他提交账目；兰开斯特公国的大法官、司库和副司库以及财政署的男爵们，每年都要和城市选区的首领们一起，"亲自"

1　*Hall*, 598; *L.P.*, iii, 246–50; *Ven. Cal.*, ii, 1220, 1230. 早在1518年3月，佩斯就记录了他对卡鲁的不满，当时他写信给沃尔西，告知他这位朝臣在短暂离开后（和他的妻子）回到了宫廷。"在我看来，他回来得太快了。"佩斯说（*L.P.*, ii, 4034）。参与这次清洗的还有约翰·皮奇爵士、爱德华·波因茨爵士、爱德华·内维尔爵士和亨利·吉尔福德爵士。
2　朱斯蒂尼安也这样说。*Ven. Cal.*, ii, 1220.
3　在B.M. Titus, B, i, fols 188–90 (*L.P.*, iii, 576)中可以找到它们。关于这些意义的完整探讨，参见Elton, *Tudor Revolution in Government* (Cambridge, 1953), 37 ff.。它们没有标注日期，但正如埃尔顿博士所说，"没有理由怀疑"*L.P.*的编辑将其置于1519年初是正确的。

向他报告。其中最值得注意的或许是，英格兰大法官和法官们要每季度向"他本人"报告一次"整个王国的状况和每个郡的秩序"，并对整个王国的司法情况作出说明。最后，这份"备忘录"表明，国王希望王室立即进行彻底改革，"不容耽搁"。

第二份文件几乎同样志存高远。它列举了国王"打算亲自与他的议会辩论，并就此进行改革"的事项，诸如"平等公正司法"、彻底改革财政机制、改善爱尔兰治理，还包括更好地利用"王国的商品"，"如何使闲散的人……有工作"，以及加强边境城镇的防卫。第三份文件的标题是"枢密院备忘录"，开头是"国王陛下决定在每个郡与他最值得信赖的臣仆一同努力，以确保他的王室身份和继承权，并抵制一切形式的联合"。开头的提议耐人寻味，后文又转而讨论"在商业活动中占用国王的船只"和年金支付这些较低级的话题。真是一份奇怪的拼凑文件。

这些文件的细节内容，尤其是前两份文件，无疑主要是沃尔西的功劳；但它们又明确地指出这是国王的命令，是国王的意愿，并频繁地重复，国王"以他自己的名义"意在辩论这个问题或监督另一个事项，这些计划一定得到了亨利的首肯，即使他不是主要推动者。如果落实了这些雄心勃勃的改革，可能会让行政管理更加高效、权力更为集中，而亨利本人也会变成一个仁慈、勤政的君主。可惜，国王的热情总是短暂的。他统治时期的其他主张——也许是金缕地会晤，或者是写书的艰难——掐灭了这团短暂而耀眼的善政热情之火，因此，除了1526年《埃尔瑟姆条例》中的家庭改革计划外，这些宏伟的设计竟没有任何成果。[1]

此外，卡鲁和其他大多数人似乎很快就回到了王室。他们在金缕地会晤中大显身手，像以前一样比武、狂欢。事实上，到了1521年，他们的流放早就结束了。

---

1    "没有迹象表明它们中的任何一项曾付诸实施。"Elton, *op, cit.*, 38也这样认为。

1519 年 5 月的清洗几乎可以肯定没有任何政治意义，只是暂时替换了一些朝臣。两年后，有一件更严重的事情正在酝酿，初看来似乎涉及贵族阶层的一个大派别，最后以处决一位公爵而告终。或许在 1520 年或 1521 年初的某个时候，亨利做了一件罕见的事情：他亲手写了一封信。他给沃尔西写了这封信，承认"写作对我来说有些乏味和痛苦"，但在这种情况下却无法避免。国王有一件事要谈，不能让信使知道，"除了你和我，没有其他人知道，那就是我希望你密切监视萨福克公爵、白金汉公爵、诺森伯兰勋爵、德比勋爵、威尔特郡勋爵和其他你认为可疑的人，看他们如何处理这个消息。现在没有更多任务给你，只是对智者的嘱托"，他神秘地写道。[1] 这五个人和"你认为可疑的其他人"在何时、因何被怀疑，怀疑的理由是什么，是谁提醒了国王，对他们来说如此重要的"这个消息"是什么，我们不得而知。但我们可以合理地猜测，这封信是发生在故事的开头，而故事的结局是 1521 年 5 月白金汉公爵爱德华·斯塔福德的死亡。

波利多尔·弗吉尔和尖酸刻薄的诗人约翰·斯凯尔顿毫不怀疑，这位伟大的公爵正是被沃尔西无情地追杀至死。的确，这两个人之间谈不上友善，只有仇恨与敌视。傲慢而暴躁的白金汉公爵，常常"发火和不高兴"，容易"责骂或大放厥词"，他不赞成英法交好，对金缕地会晤感到愤慨，因为这场会晤对他来说是一笔巨大的开支，是沃尔西未经议会同意而策划的，只不过是一场空洞的演讲和闲游。[2] 除此之外，他厌恶沃尔西卑微的出身、霸道的行径和他在这片土地上的权威。有一次，他看到沃尔西竟敢用国王刚用过的水洗手，震惊不已。一怒之下，他拿起盆子，把里面的水倒在沃尔西的脚下。后者向他发难，并发誓要"坐在（他的）半身裙上"；因此，第二天，公爵穿着短款连衣裙出现在宫廷中，向国王解释说他这样做是为

---

1　*L.P.*, iii, 1. 这封信没有注明日期，记于1519年初写成。我建议把它的写作日期定得晚一些。参见本书插图。

2　Polydore Vergil, *The Anglica Historia*, etc., 262 ff.; *L.P.*, iii, 1283, 1293.

了不让枢机主教报复自己。[1] 他们之间可能确有争执，沃尔西可能确实把白金汉公爵的女婿萨里伯爵放逐到了爱尔兰，并以偷窃王室监护财产的罪名起诉了公爵的岳父诺森伯兰伯爵，但他不可能希望，也不可能将公爵引向毁灭。

白金汉公爵是个了不起的贵族：一个虚张声势的爱国者、国王的战友，经常在宫廷里与亨利策马比武、打网球，他曾在彭斯赫斯特的家中招待过国王；一个伟大的威尔士边境领主（该类领主中的最后一位），领地遍及英格兰的大部分地区；一个骑马带着大批随从的富豪，可以在他位于格洛斯特郡（Gloucestershire）桑伯里（Thornbury）尚未完工的城堡中，招待大量好友。他的母亲是爱德华四世王后的妹妹，他的妻子是珀西家族的人，他的儿子娶了一位波尔家族的妻子，他的女婿有萨里伯爵、威斯特摩兰伯爵和伯加文尼勋爵；除此之外，他的血管里还流淌着那位子嗣众多的陛下爱德华三世的血液。

任何一个国王都会对这样的臣子感到焦虑，不管他有多么温顺。但白金汉公爵却不顾一切地把灾难引向了自己。不久前，他的检察官查尔斯·尼维特刚被解职，把公爵的愚蠢故事传到了沃尔西那里。此事因尼维特而起，以审问其他仆从告终，尤其是他的告解神父和大法官。据悉，白金汉公爵被亨顿（Henton）的天主教加尔都西会修道院院长尼古拉斯·霍普金斯所引诱，涉足了最具破坏性的叛国预言。早在 1514 年，这位院长就告诉他，他有一天会成为国王，他将"拥有一切"，应努力获得平民的爱戴，来迎接自己的时代，亨利将没有继承人。在另一个场合，公爵认为他得罪了国王，以至于他可能会发现自己面临着被送入伦敦塔的命运，他宣称，如果发生这种情况，他将会像他父亲意图对理查三世做的那样，跪在他面前，然后刺死他。当他说这些话时，他的手探向了匕首，他以上帝之血发誓，这就

---

1　*Fiddes*, 277 f. 也这样提到。

是他的目的。1520 年 2 月，他在布莱钦利（Bletchingley）吹嘘他将如何等待一个更合适的时机来实施他的计划，谈论那些将要支持他的贵族，并说亨利所做的一切是不公正的。他控诉沃尔西的恶行，谴责他为国王介绍情人，并宣称亨利儿子的死亡是神圣的报复。

至少，据说他是这么说的。

傲慢的态度让他失去了宫廷中的保护；严厉的地主土地所有制使他失去了佃农的支持，以至于他不敢在没有强大护卫的情况下进入威尔士的边境领地。1520 年末，他请求允许他带军队访问自己的边境领地（自 1517 年以来他已多次要求），却遭到拒绝。他的目的很单纯：收集急需的现金。但对于那些记得他父亲 1483 年起义的人来说，这听起来无异于发动叛乱。[1]

从某种意义上说，是白金汉公爵毁了自己。他所说的话，他所听到的叛国之言，他公然怀有的阴险计划，都足以把几十个人送上断头台。他是否真的对王国构成威胁，是否真的打算篡夺王位，也许在很大程度上并不重要。他的所言所为都是明显的叛国罪；传闻中所说的和所做的也都够得上明显的叛国罪，在都铎王朝早期的英格兰，任何人都会因此而丧命。事实上，只要他表示或者被人指认曾表示王位将没有继承人，并且声明永远不会有继承人，他就会陷入困境；因为早在 1521 年，国王没有生下继承人或许已经足以让人焦虑了，像他这样的言论十分危险。

即使亨利忙于编纂《捍卫七大圣事》，不论精力多么有限，亨利也在揭露公爵叛国的罪行。上文引用的他写给沃尔西的书信是何时所写，我们不得而知。可能是在整个事件爆发前的几个月，当时白金汉公爵正遭受怀疑，而他所控制的整个强大的贵族关系网络也受到怀疑。亨利一定有充分的理由拿起笔来。如果有六位乃至更多的贵族被认为是在密谋反对他，那

---

1　关于详细情况，参见*L.P.*, iii, 1283; Polydore Vergil, *op. cit.*, 278 f.; *The Marcher Lordships of South Wales 1415–1536*, ed. Pugh (Board of Celtic Studies, Univ. of Wales History and Law Series, No. xx, Cardiff, 1963), 239 ff.。

他确实有提笔的理由。

莎士比亚描述过亨利亲自审问尼维特的场景。也许这是真实发生过的事情。无奈国家文件的记录很少，而在佩斯 1521 年 4 月 16 日写给沃尔西的一封信中，国王想把拉索尔留在格林尼治，以处理与白金汉斯公爵仆从有关的事务，从中可以看出亨利对这件事非常感兴趣。[1]事实上，他别无选择，只能打击。在佩斯发出这个消息的八天前，当时身在桑伯里的公爵收到了一张前往伦敦的召见令。在不知情的情况下，他赶到了那里。在行程的最后一段，沿着泰晤士河南下时，警卫队长登上了他的驳船将他逮捕。他被带上岸，然后护送到伦敦塔。5 月 13 日，他在威斯敏斯特受贵族的审判，由枢机大臣诺福克公爵认定有罪并判刑。当诺福克公爵发表针对他儿子岳父的严肃言论时，他的眼里涌出了泪水。

因此，1521 年，亨利写了一本书，获得了一个头衔，消灭了一个公爵，确保了王位。这一年也见证了亨利八世统治时期的第一次——实际上也是最后一次——王室认真尝试推进亨利七世发起的事业，赞助一次横跨大西洋的大远征。几乎可以肯定的是，又是沃尔西推进了这件事，从中也能反映出这位枢机主教的远见卓识，判断他在多大程度上仍然是前朝统治的产物。

1517 年，三个伦敦人策划了这个时代第一次有记载的海外航行。为首的是约翰·拉斯特尔，他是托马斯·莫尔的妹夫，也是印刷商、戏剧家和军事工程师。在亨利七世时期，塞巴斯蒂安·卡伯特与他的父亲一起领导了英格兰最早的探险队前往新世界，在他的指导下，拉斯特尔提议不仅要探险去寻找鱼类，还要达到殖民的目的。他的航行基本上是一项私人事业，尽管他带着王室推荐信，原是写给他可能遇到的君主的。这一航海事业于

---

1　*L.P.*, iii, 1233.

1517 年 3 月 1 日在格雷夫森德（Gravesend）开程，结果却很糟糕，仅仅到达沃特福德（Waterford）。[1]

三年后，一个更大的官方计划正在筹谋，即由塞巴斯蒂安·卡伯特率领一支大型探险队前往北美，寻找环绕美洲大陆的西北通道（当然，其全部范围尚不清楚），然后沿着海路前往异域华夏，获取香料和珠宝。大约两百五十年前，马可·波罗曾到访问过那片东土，那也是克里斯托弗·哥伦布和卡伯特父子以前航行的目标。于是，沃尔西将重新开始寻找通往亚洲的北方航线，未来几代英格兰海员以及其他国家的冒险者都将在这条航线奔忙；他向当时在威尼斯的卡伯特提供丰厚的报酬，如果他愿意回到英格兰担任船长。[2] 然而，出于种种原因，卡伯特没有同意。这位枢机主教并没有因这一挫折而退缩，继续推进他的计划——亨利显然也热切地赞同他的计划——启动了可能是 16 世纪英格兰规模最大的海上冒险。

1521 年初，伦敦的商船公司被邀请资助一支由五艘船组成的舰队，在一艘王家舰船和来自布里斯托尔（Bristol）等主要港口的其他船只的陪同下，试图越过西班牙和葡萄牙，与中国和东印度群岛直接建立商业关系。但伦敦的商人和卡伯特一样犹豫不决。中国遥远而充满未知，挑战伊比利亚垄断的风险很大，而此时英格兰与安特卫普现有的商业往来正在蓬勃发展。沃尔西的大胆设计遭到了拒绝。伦敦市长曾在布商公司大厅主持不顺从的商人的会议，也被传召到王室，并被敦促合作。"国王陛下没有否定，而是对市长说，要他尽可能地利用他的权力，去执行这个任务（即远征）。"他们筹集了一些船和资金，但船队从未出航。[3] 国王的臣民们不为所动。六年后（1527 年 5 月），两艘英格兰船从普利茅斯驶向北美。一艘

---

1　关于这一事件，参见 Williamson, *The Voyages of the Cabots and English Discovery of North America under Henry VII and Henry VIII* (1929), 85 ff., 244 ff.。

2　*Ven. Cal.*, iii, 607.

3　参见 Williamson, *op. cit.*, 94 ff., 248 ff., 以了解这一事件的情况和相关文件的记录。

船迷路了，另一艘船到达了哈得孙海峡（Hudson's Straits）或弗罗比舍湾（Frobisher's Sound）后返航。与此同时，当时在塞维利亚（Seville）的布里斯托尔商人罗伯特·索恩恳求亨利重新寻找西北航道，但他的话没有得到回应。1536 年，一位来自伦敦的霍尔船长，无疑被两年前开始开辟圣劳伦斯（St Lawrence）河口的法国人卡蒂埃的事迹所激励，带着两艘船从格雷夫森德出发前往纽芬兰岛（Newfoundland）和拉布拉多（Labrador）。但这是一次私人冒险，显然没有王室的支持。1541 年，据帝国驻英大使报告，枢密院正在考虑重新寻找西北航道，但无论制订何种计划，都没有结果。[1]尽管 1527 年亨利曾燃起一丝往日的兴趣，但在 1521 年的插曲后，他对美洲和亚洲一直置之不理，善变的塞巴斯蒂安·卡伯特在 1537 年提出再次为王家服务，但这一请求也没有得到回应。卡伯特有一天会从西班牙回到英格兰，并在这里度过他的余生——但已经是 1548 年了，当时亨利逝世不久。

1519 至 1521 年，正是沃尔西的事业顶峰期，似乎将西欧置于自己的控制之下，也见证了亨利人生中一个完全不寻常的插曲——一个充满雄心勃勃的计划和新开始的第二春。有那么一刻，似乎在沃尔西的影响下，也许还有莫尔和他的圈子的影响，亨利已经背弃了他的过去，准备成为一个勤勉刻苦的、致力于实现远大目标的君主。他从未如此地像他的父亲。如果 1521 年的远航得以成行，或者亨利和沃尔西在不久之后以更大的毅力采纳了这个想法，那么亨利统治时期的历史——以及英格兰的演变——可能就会完全不同。但是，这种突然爆发的王室热情没有盖过不情不愿的臣民们；也许更关键的是，英格兰即将再次卷入欧洲大陆的争执中。于是，亨利放弃了他对海上冒险的热情，回到旧式穿越海峡的探险中。

---

1  *Sp. Cal.*, vi, 163.

正如我们所见，到 1522 年 5 月，英格兰再次与法国交战，并计划重启欧陆战役。在几周内，萨里伯爵掠夺了布列塔尼的西端，然后率领一支英格兰－帝国联军离开加来，这支部队几乎不带有任何军事目的，却给数百名无辜的农民带来了痛苦，消耗了大量金钱。10 月 16 日，他返回加来，结束了这一年的战事。事实是，英格兰的心还没有放在战争上，查理几乎不可能再找到一个这样不热情慷慨、不大度仁慈的盟友了。在布鲁日，沃尔西承诺英格兰将在 1523 年初全面入侵法国；但九个月后在温莎，他和亨利强行将这项所谓的"伟大事业"推迟到 1524 年，并同时敦促与法国休战一年。[1] 查理得知，这样的休战会让盟国入侵时出击的准备更充足，但沃尔西的真正目的是，"这样的休战一旦达成，上帝就会启发基督教国王们，达成进一步的和平"。[2] 因此，在 1522 年末至 1523 年初的整个冬天，皇帝一再呼吁英格兰废弃它的条约并在来年发动一些战役，然而得到的答复却是英格兰只想要休战。查理被激怒了，继续施加压力。4 月初，沃尔西似乎改变了主意，并带着国王一起改变了主意，毕竟大家都同意今年再次向欧洲大陆派遣一小支英格兰军队。但这一让步附带了一些苛刻的条件：一是"伟大事业"本身要再推迟一年到 1525 年；其他条件则很容易推迟这几年的小规模进军，以至于可能永远不会被发动。[3] 因此，英格兰立场的唯一不同是，它打算在更长时间内什么都不做。

英格兰对自己的盟友不信任，对战争的开支感到持续焦虑，对苏格兰感到恐惧。1521 年 11 月，奥尔巴尼公爵回到该国，在英格兰的后门制造麻烦，而且，正如法国国王所计算的那样，当英格兰向法国宣战时，英格兰不会再考虑除苏格兰外的其他问题。[4] 英格兰不会再冒 1513 年的险，将首先对

---

1　*Sp. Cal. F.S.*, pp. 195 ff.

2　*St.P.*, vi, 117 (*L.P.*, iii, 2764).

3　*Sp. Cal. F.S.*, pp. 212 ff.

4　例如*ibid.*, pp. 175, 202, 259 f.; *L.P.*, iii, 2755, 2764, 2768, 2907, 2922, 2939, etc.。

付苏格兰，然后是法国。

于是，亨利就这样磨磨蹭蹭地讨价还价，回避关键问题，一拖再拖。1522 年 9 月，就在来自北方的麻烦似乎迫在眉睫之时，英格兰典狱长戴克勋爵与一支即将到来的据说是苏格兰的部队达成了短暂的停战协议——这是他自己提出的停战，未经王室的委托。结果，奥尔巴尼公爵的军队在几天内就消亡了，留下该首领无计可施，只能溜回法国恳求援助。亨利对戴克勋爵的行动感到愤怒。[1]他显然准备用武力来维护他在苏格兰的权利。但对沃尔西来说，戴克勋爵的"有福之罪"（felix culpa），是美妙的音乐。一个严重的威胁已被"化解"，而且由于大领主们现在可能会放弃法国，因此有机会与苏格兰达成长久协议——休战十六年，玛丽与年轻的詹姆斯五世成婚。除此以外，旧联盟的瓦解可能会迫使弗朗索瓦"寻求和平的途径，并为之提出光荣而合理的建议"。[2]但这位枢机主教太过乐观了。战争一直在持续。1523 年 6 月和 9 月，萨里伯爵、戴克勋爵和多塞特侯爵越过边境袭击了凯尔索（Kelso）和杰德堡（Jedburgh），而且还有人说要突袭苏格兰，一劳永逸地解决这个问题。10 月，奥尔巴尼公爵带着五千人从法国回来，试图带领一支部队进入英格兰。虽然他无法说服他的部下渡过特威德河，并在混乱中折返，但苏格兰仍是英格兰延误进程的一个很好的理由。

然而，在 1523 年年中，英格兰的政策突然发生了变化。尽管条约没有要求采取行动，也违背了日程安排（因为战斗季节已经提前），一直如此迟钝谨慎的英格兰突然改变了主意，这主要是由于敌人阵营中出现了一个强大的叛徒。1521 年春天，波旁公爵、法国王室统帅夏尔的妻子去世，法国国王和他的母亲随即要求得到他妻子所拥有的大量土地，他自己也很快进入了这些土地。到 1522 年底，这位治安官屡遭攻击，被逼到了叛乱的边缘，并向法国的敌人寻求援助。与查理和亨利的秘密谈判很快就开始了，谈判

---

1　沃尔西也这样说。*L.P.*, iii, 2574.

2　*St.P.*, i, 107 ff. (*L.P.*, iii, 2537).

中，每一方都在为高额赌注而博弈——波旁公爵为了他的全部，盟国为了争取一位潜在的反叛者，他可能会把强大的小贵族群体带入他们阵营，并使天平决定性地倾向于法国的不利面。对法国来说，他将是一个奥尔巴尼，而且不止是一个奥尔巴尼。[1]

到目前为止，尽管最初的热情很高，但英格兰一直对查理有所警惕。事实上，亨利对他的不信任是我们曾提到的其不愿对外战争的最终原因，对查理来说，这也是英格兰的不足和短视的最终证据。[2] 然后，变化来了。1523 年 6 月底，英格兰驻低地国家的大使奉命乔装前往波旁，并提出条件，[3]一个月后，亨利、查理和波旁签署了一项条约，承诺三方共同入侵法国。英格兰军队将在该月（8 月）底之前发动进攻；英格兰的财富将流入波旁的口袋。[4]在这之前的几天，亨利和沃尔西在餐桌上商定，派约翰·罗素爵士扮成商人，去找波旁公爵，以完成交易。罗素于 9 月 6 日晚到达波旁公爵所在的村镇，非常迅速地投入工作，并立即启程回国。因此，尽管有苏格兰人虎视眈眈，尽管临近年末，尽管控制开销，但曾拒绝过帝国多次要求对法国发动进攻的英格兰，还是立即投入了海峡对岸的战争。

正如有时所争论的那样，促成这种改变的并不是希望在下一次教皇选举中征得帝国支持的沃尔西，即使是他，也不可能为了自己的野心付出如此高昂的代价。英格兰现在参战是因为战争似乎突然提供了巨大的利润。瑞士人和威尼斯人倒向盟国，牵制住阿尔卑斯山以南的一支大军；查理准备从比利牛斯山脉的另一边进攻吉耶讷；而现在波旁变成了一个公开的叛徒，准备反对弗朗索瓦。

自前一年（1522 年）6 月以来，亨利再次谈论他对法兰西王位和王国

---

1　参见Lebey, *Le Connétable de Bourbon* (Paris, 1904), livre ii.。

2　*Sp. Cal. F.S.*, pp. 216 ff., 244, 249.

3　*St.P.*, vi, 131 ff. (*L.P.*, iii, 3123).

4　*L.P.*, iii, 3225.

的继承权，说他相信上帝，他很快就会成为法国的"总督"，弗朗索瓦会"为他开辟一条道路，就像理查三世为他父亲所做的那样"，也就是说，他期待着在海峡对岸打响另一场博斯沃思（Bosworth）战役。[1]沃尔西说，在最初向波旁提出的、由亨利亲自起草的条款中，波旁公爵被要求承认亨利是法国的合法国王和他的领主，并公布这一声明，以鼓励其他贵族效仿。[2]但查理对此提出异议，罗素向波旁提出的最后条款要求他完全效忠，但需是不为查理所知的私下声明，或者做出有条件的公开声明。[3]很明显，获得法国继承权这一昔日的雄心，又开始凸显出来了。法国最近的挑衅重新唤醒了这野心，而波旁则进一步激起了它。帕维亚战役将使它达到高潮。

1523 年 8 月底，一支由一万人组成的精锐军队在萨福克公爵的带领下从肯特郡的海岸跨海到达加来，这距离亨利开始他的第一次战役刚好十年。亨利的第二次大规模战争终于到来；查理曾如此坚持不懈地要求亨利发动此战，而沃尔西则非常坚决地试图阻止，直到最后一刻还希望能约束住查理和亨利，[4]但现在他接受了大规模战争势在必行的现实，并积极投入到战役之中。但国王和大臣在战略上存在分歧。萨福克的目的是夺取布洛涅，仅此而已。获得第二个英吉利海峡港口，将为次年 1524 年仍计划进行的"伟大事业"奠定基础。到目前为止，沃尔西均表示同意。但在英格兰军队登陆加来三周后，他改变了主意，开始敦促亨利派兵向巴黎发起猛攻，与此同时，查理和波旁分别从南面和东面进攻。[5]因此，英格兰将自己的单独行动放在一边，加入到对法国心脏的三重攻击中。有几件事情可能改变了

---

1  *Ven. Cal.*, iii, 467. *St.P.*, i, 110 (*L.P.*, iii, 2555). 最后部分是莫尔在给沃尔西的信中所说的话。

2  *L.P.*, iii, 3123, 3154; *Sp. Cal. F.S.*, p. 259.

3  *St.P.*, i, 163,165. 然而，波旁公爵拒绝承认自己只是亨利的盟友。

4  参见帝国大使在*Sp. Cal. F.S.*, pp. 230, 250, 259的评论。

5  *St.P.*, i, 135 ff. (*L.P.*, iii, 3346).

他的想法，其中之一是罗素带回来的波旁的紧急呼吁，[1] 要求他接受此战略，另一个是对战争巨大开支的担心。围攻布洛涅的代价可能非常高。非常重要的是，不要陷入一场他所说的"旷日持久的战争"，或"一场小规模的破坏"战争，这将耗费金钱而收效甚微。必须有一场特定、协调的对法攻击，"以巨大的力量"推进，这将一举解决问题，也许会震慑敌人实现和平，免去英格兰明年发动一场大战的费用。[2] 沃尔西一直认为，攻打法国的唯一目的是促使对方尽快提出有利的条件。后来，他写道："只有为了促成和带来和平而开始或继续的战争才是一场好的战争。"[3] 运气好的话，如果英格兰放弃了国王的策略，参与到一场迅速、全面的进攻中，战争可能在几周内结束。

但亨利不会同意。这一年对于发动这样一场战役来说已经太迟了。横亘在英格兰前行道路上的那些城镇并不是沃尔西所想象的那样微不足道，如果城镇很容易赢下，也就很容易失去。补给一支快速移动的军队无比艰巨，而且，面对这种突然的攻击，弗朗索瓦可能会从意大利召回他的军队，并对入侵者进行强有力地攻击。最后，国王认为，如果英格兰军队无法取得战利品，他们就会有"邪恶的意志向前迈进，他们的军官将面临巨大的麻烦来阻止他们喊出'回家！回家！'"，[4] 他的话具有先见之明。但沃尔西坚持自己的信念，到 9 月 26 日，也就是争论开始后的六天，他赢了。[5] 对布洛涅的围攻被取消了，萨福克公爵被告知要带领他的部下前往巴黎。

起初，他们取得了令人震惊的成功。在三周内，他们行进大约七十五英里，渡过了索姆河（Somme）。到 10 月底，他们离巴黎只有五十英里。几代英格兰军队都没有如此接近法国首都过。成功的消息传来，亨利越发兴奋，并开始认为现在"很有可能获得他古老的权利和法兰西王室的头衔，

---

1　*Sp. Cal. F.S.*, p. 275. *L.P.*, iii, 3281.

2　*St.P.*, vi, 159, 160 (*L.P.*, iii, 3135).

3　*Ibid.*, 243 (*L.P.*, iv, 61).

4　*Ibid.*, 135 ff. (*L.P.*, iii, 3346).

5　*L.P.*, iii, 3371.

得到非凡的安慰和永恒的荣誉"[1]。沃尔西的断言是有道理的，"以后再也不会有这样的机会赢得法兰西了"[2]。基于这一切，亨利决定投入增援部队，以支持战役持续到冬季，他自己也从伍德斯托克（Woodstock）赶回伦敦，以节省在与沃尔西的信件沟通中所损失的时间。[3]看来，沃尔西支持自己战略的论点已经完全得到了证实。

接下来，幻泡破裂了。同以往一样，盟军精心策划的计划要求过高。西班牙军队越过了比利牛斯山脉，但他们意志消沉，法国指挥官洛特雷克发现了他们并轻易就控制住了。接下来，波旁的远征很荒唐地崩溃了。他还没离开贝桑松（Besançon）这个出发地，就掉头逃往热那亚（Genoa）。与此同时，萨福克公爵身陷险境。他的勃艮第特遣队已分崩离析，无情的寒冷杀死了大量士兵和牲畜，紧接着天气转暖，冰雪消融，把一切都变成了泥浆，军队无法转移枪支，也不能搭起帐篷。离家数英里，又被天气和波旁叛逃的消息所困扰，正如亨利预料的那样，英军撤回佛兰德斯。[4]即使在他们快速撤退的时候，用于击溃巴黎城墙的增援部队也已经准备好从南海岸出发。

亨利对这战败的消息感到羞愧。起初，他拒绝接受这个消息，坚持认为他那支士气低落的军队应该立即恢复行动，并规划各种方案继续进攻。[5]渐渐地，他至少暂时接受了战事结束的事实，但这只是暂时的。他认为，已经找到了一条"不用围攻任何坚固的地方就能进入法兰西腹地"的道路；盟友们都很团结；他自己也"有坚定不移的想法……来延续这些良好的开端"。他将在春天发起新的进攻，以收回"公正的所有权和继承权下"属于他的东西。新教皇克雷芒七世必须与盟国和波旁公爵共命运，无论他在哪

1 Rogers, *Correspondence of Sir Thomas More*, 300 (*L.P.*, iii, 3485).

2 *St.P.*, i, 143.

3 Rogers, *op. cit.*, 301; *St.P.*, iv, 60.

4 有关此次战役的描述，参见*St.P.*, vi, 221 ff., 233 ff. (*L.P.*, iii, 3659; iv, 26), etc.。

5 沃尔西如是说。*St.P.*, vi, 201, 234 (*L.P.*, iii, 3601; iv, 26).

里，都会被带到英格兰来策划新的行动。[1]

据沃尔西报告，这就是亨利 1523 年圣诞节的心情。两周后，该计划得到了完善。波旁公爵将指挥滞留在英吉利海峡对岸的萨福克军队的残部，并与他自己失踪的雇佣军一起向巴黎或诺曼底进军。另一支部队，也许将由亨利率领，将加入进攻，"在法兰西各地掀起一场显而易见的新革命"。[2]因此，战斗仍在进行中。战术很简单，以退为进。西班牙大使说，亨利相信"他能征服所有的边境省份，甚至巴黎"。[3]

但这种积极作战的态度冷却了下来。到了春天，英格兰表示自己确实会发动进攻，但前提是查理和波旁已经成功完成任务，而且在此之前，英格兰不会借出一分钱。此外，英格兰无疑已经准备好休战，或者说，如果没有掌握战争主动权，便会与法国签订和平条约，这个选择更好。[4]

因此，在 1524 年的头几个月里，英格兰的政策呈现出两面性。一方面，英格兰对克雷芒七世的和平举措表示欢迎，并引人注目地接待了一个叫约翰·若阿基姆的人；他是西多会的成员，也是法国王太后的管家，秘密前来谈判。[5]另一方面，则一再表示，如果盟友能推翻法国，可能会由亨利率军，突然发动攻击。理查德·佩斯又和约翰·罗素爵士一同前去和波旁公爵缔结新的条约，以实现共同入侵，条件是他首先向亨利宣誓效忠，而他仍然避免这样做。[6]

沃尔西写道，这种新的双面政策经"国王陛下和他的议会"的判断，认为是合宜的，[7]但有确凿证据表明，他把这项政策强加给了一个正在全力

---

1　*St.P.*, vi, 221 ff. (*L.P.*, iii, 3659).

2　*Ibid.*, 233 ff. (*L.P.*, iii, 26).

3　*Sp. Cal. F.S.*, p. 318.

4　*Ibid., passim*, esp. pp. 309, 311 ff., 347, 359, 376, etc.; *St.P.*, vi, 242 ff., 261 ff., 278 ff.

5　*L.P.*, iv, 271, 360; *Sp. Cal. F.S.*, 335 f., 355.

6　B.M. Vit. B, vi, fols 69 ff. (*L.P.*, iv, 365); *St.P.*, vi, 288 ff. (*L.P.*, iv, 374).

7　*St.P.*, vi, 243 (*L.P.*, iv, 61).

战斗的国王。我们之前曾以约翰·克拉克来区分国王的意图和大臣的意图，他告诉教皇，沃尔西正努力说服国王和议会听取教皇的和平恳求，"他们现在正专注于战争事务"。[1] 如果这件事完全不属实，克拉克还敢于或愿意这样说吗？在一封长长的指示信的结尾处，沃尔西用密文告诉驻西班牙的英格兰大使们，"非常有必要向和平靠拢"。[2] 这并不能证明只有沃尔西一个人是这样想的。但在同一天（3 月 25 日），以国王的名义书写的信件传到罗马，呼吁克雷芒进攻法国，而在第二部分，即沃尔西以第一人称单数写的信中，给出了周详而热心的和平计划。这后半部分包含了**"在我的观念中**可能被认为或想象成可使一切达到最佳目的"的内容，并且现在以"可能符合我对吾君吾主负有的责任"的方式，充满活力地推进这一计划[3]——这当然似乎是沃尔西与国王出现分歧，并在某种程度上与他作对的另一个例子。[4] 沃尔西仍然对波旁持怀疑态度，急于节省开支，而亨利，正如帝国大使所认为的那样，更愿意打仗。[5] 沃尔西坚持认为，在波旁宣誓效忠之前，不应该给他任何现金，但亨利"很乐意"把钱交出来，即使他拒绝宣誓效忠。[6]

当佩斯在都灵以南几英里的一个小镇上遇到波旁公爵时，波旁公爵给他留下了深刻的印象。他的部队达到了两万多人，而且还在不断增加。他准备越过普罗旺斯，前往里昂（Lyons）或马赛（Marseilles），而亨利则沿着萨福克公爵去年划定的路线前往巴黎。经过多次推诿，波旁公爵最终向英格兰国王宣誓效忠，尽管他拒绝效忠于自己想要收回的公国。他说，他将"像贵族一样为恢复国王的权利而献出自己的鲜血"，并在沟通后宣布，"我以我的信念向你们保证，我将在我的朋友的帮助下，把法兰西王冠戴在

---

1  B.M. Vit. B, vi, fol. 116v (*L.P.*, iv, 446).

2  *St.P.*, vi, 277 (*L.P.*, iv, 186).

3  *St.P.*, vi, 278 ff. (*L.P.*, iv, 185).

4  参见上文第65页。

5  *Sp. Cal. F.S.*, pp. 318, 320.

6  *St.P.*, vi, 291 (*L.P.*, iv, 384).

我们共同的君主的头上，否则我将付出生命的代价。"佩斯自豪地说，如果亨利不为自己获取法国王冠，"我们也会将其带给你"。[1]

佩斯已经被波旁公爵的魅力所迷惑，在初夏的几个月里，他向国内发出了一连串的信件，乞求亨利投入军队和资金到这场战争中。他认为，英格兰必须利用这个宝贵机会，全力支持波旁。佩斯在给沃尔西的信中说："先生，恕我斗胆，如果你不考虑这个前提，我将把丢失法兰西国王王冠归咎于阁下。"[2] 这的确是大胆的言论，正如沃尔西回忆起的后来的一次召见，"把我的枢机主教的帽子、十字架、马具和我自己"作为对英格兰入侵的保证。[3] 同时，波旁公爵本人也送来信件和特使，以加强佩斯劝说的气势。他的海陆两军已经开始行动；到 7 月底，他已经进入了普罗旺斯，并准备向马赛发动猛烈攻击。

但在英格兰，佩斯激动的请求却得不到回应。他收到了敷衍的通知说："伟大事业"要到来年才能进行；如果波旁公爵将其军队转向里昂而不是马赛，如果他不是以自己的名义"而是以国王的名义征服并为国王所用"，如果他要求的钱少一点，会更可取些；佩斯在对枢机主教和大法官讲话时必须注意自己的言辞，并记住亨利要看到他可以"不经任何抵抗就轻易获得上述王冠或其部分遗产"，才会打仗；在那之前，派遣军队只是"小聪明"。[4] 沃尔西如此写道——在他书写这些内容的同时，与法国的秘密和谈正在伦敦和加来进行。

8 月底，波旁取得重大成功的消息传到了英格兰，于是英格兰突然决定，如果他把部队转到罗讷河（Rhône）对岸的里昂，英格兰将立即派兵前往法国。[5] 亨利又卷进了战争的漩涡，但只是暂时的。他和查理的军队都

---

1　B.M. Vit. B, vi, fols 94v, 95, 100v (*L.P.*, iv, 420, 421).

2　*St.P.*, vi, 314 (*L.P.*, iv, 442).

3　*Ibid.*, 334 (*L.P.*, iv, 605).

4　*L.P.*, iv, 510, 589.

5　*St.P.*, iv, 120 f. (*L.P.*, iv, 615). *Sp. Cal. F.S.*, pp. 376, 378, 380, etc.

没有为这样的快速行动做好准备。盟国之间联络糟糕，联合进攻困难重重，使得沃尔西发了"一个大誓，他真希望自己踏上岸去布鲁日时，摔断胳膊和腿"——现在的许多麻烦就是从三年前这个地方开始的。[1] 接下来，波旁溃不成军，他突然放弃围攻马赛，他的军队被调去翻越阿尔卑斯山、前往米兰。这位王室统帅大胆地谈起了明年的新战役，然而眼下他什么都做不了。正如克拉克所言，如果他的军队"出征外国的速度和撤退回国的速度一样快，他们可能早就到了加来了"。[2]

沃尔西最近的感受很清晰。西班牙大使报告说，他曾多次说过，为了和平，查理应该放弃对米兰所有权的申索，亨利应该放弃对法国所有权的申索。[3] 如果他说的是真心话，那么他说的就很有道理，而且，在这句话的第二部分，他说的话有悖于国王的想法。

1　*Ibid*, p. 392.

2　*St.P.*, vi, 355 (*L.P.*, iv, 724).

3　*Sp. Cal. F.S.*, p. 417.

# 第六章

# 哈布斯堡家族的背约

在金缕地会面不久之后，亨利和弗朗索瓦一世两位君王站在帐篷里，听沃尔西宣读与会议相关的一些条款。当这位枢机主教读到"亨利，英格兰与法兰西国王陛下"，亨利大笑道："去掉这个头衔！"然后他转向弗朗索瓦说："给我的这些头衔毫无价值。"[1] 但是，他在说这些话的时候，带有一种骑士般的友好。在其他场合，亨利则大肆宣扬他所失去的英格兰在法国的财产权利，他或许不只是在遵守一种外交礼节，也不仅仅是采用了在今天看来是过时了的手段，即用正义来伪饰自己的好战。虽然英格兰的要求已经转化为要求法国每年（并不规律地）支付一定的补偿，虽然亨利会多次拥抱法国君主，表达热忱的友情，但是，至少要收复失去的帝国的部分领地这古已有之的雄心仍然存在于此君的内心深处；他在大胆论述法国的"真正遗产"以及"正当头衔"时的语气，其严肃性并不亚于爱德华三世或者亨利五世。我们知道这位将成为勇士国王的人，尚未夺取辉煌的、大规模征服战的胜利，或者为自己赢得在巴黎的加冕礼，但我们应该记住，这是他的努力付出，英格兰也似乎从未像现在这样顺风顺水。1525 年 2 月 14 日，神圣罗马帝国皇帝查理五世生日这一天，在伦巴第中部的要塞帕维

---

1　*Ven. Cal.*, iii, 45.

亚的城墙外，法国惨败。几个小时之内，法军被击垮——数以千计的法军，包括像纳瓦拉王国国王和白玫瑰国王（萨福克伯爵）等在内的一些指挥官战死；而最令法国人感到耻辱的是国王弗朗索瓦被俘。一直顽强作战的法国曾与沃尔西秘密地进行了数月的和平谈判，现在倒在了自己的对手面前，没有任何的军队、金钱或者哪个国王来保卫自己免于被分割。而且，完整的作战季即将来临。沃尔西是正确的，正如他早就预谋的，也正如弗朗索瓦拒绝看到的一样，一场大规模的战争变成了自杀。

收到这则捷报时，查理异常镇定，他离开大臣独自一人祈祷。在 3 月 9 日一早，亨利获知这一消息，当时他正躺在床上。他起身，穿上衣服，看了信使的来信，然后高兴地喊了起来，接着跪地，感恩于上帝。据说，他对信使说道："我的朋友，你就像宣布基督降临的圣加百列。"在说了这个不太相称的比喻后，他叫人拿来了葡萄酒。"是否正如信中所证实的，你见到法兰西国王落在了那不勒斯总督的手里？"他问信使。"是我帮忙解除了他的武装。"信使回答，"他当时躺在地上，战马就在他身体上面……总督跑过去，亲吻了国王的手。法兰西国王把自己的佩剑交给了总督，总督则把自己的佩剑交给了被俘的国王。他只是面颊和手部轻微受伤。就在他倒在地上的时候，抓住他的人拿走了他身上所有可以拿走的东西，包括国王头盔上的每根羽毛。"接着，亨利又听说了对法军的屠杀。"理查德·德拉波尔呢？"亨利问。"'白玫瑰'也战死了……我看见他和别人一起都战死了。"信使告诉他。"上帝宽恕他的灵魂吧！"亨利喊道，"英格兰所有的敌人都没了。多赏给他些酒！"[1]

如此有利的形势亨利五世或贝德福德公爵从未有过，亨利八世当然也没有。"现在是时候了，"他对低地国家的大使们说，"是时候为皇帝和我

---

1　Macquereau, *Histoire Générale de l'Europe, etc.* (Louvain, 1765), 231. 故事的来源并未给出。

自己来考虑如何从法兰西那里获得全部的赔偿了。一小时也不能耽搁。"[1] 常常讨论的"伟大事业"从未实施过，现在可以向前推进了。亨利亲自带领军队，与查理和波旁一同入侵法国。与此同时，圣保罗大教堂燃起了篝火，沃尔西唱起了大弥撒。英军正在集结，大使们正前往尼德兰总督处征集平底船、枪支和炮手、马匹、马车等，供亨利使用。3 月 21 日，任命征税委员会开始在全国征税，即所谓的"友善贡金"（Amicable Grant），是三年财政重赋的顶峰。借此，百姓被告知，亨利将利用上帝赐予的机会来恢复他那些合法的遗产。

一队使者很快被派往西班牙安排作战事宜。这队使者带来的指示表明了亨利国王的胃口。因为弗朗索瓦的"高傲、自负以及永不满足的野心，受到了上帝的惩罚。除非盟国抓住这个机会压制住法兰西"，否则恐怕上帝会大怒，反对他们，执起他那令人畏惧的惩罚之剑，对他们实施同样可怕的惩罚。允许赎回弗朗索瓦并帮他复位的话将是多么的愚蠢，即便他得到的只是一个减少了国土的王国。相反，"他的家族和王位继承权应该被废除收回，直至最终被彻底消灭"。让两支盟军军队向巴黎进军——亨利在那里将要接受加冕礼，并且进占"根据继承权"所获得的一切领地。亨利不仅仅是准备好为皇帝的军队提供金钱，甚至会陪同他前往罗马，接受加冕，帮助他恢复在意大利的权利。要让查理记住，如果他按照条约规定娶了玛丽，他就将拥有英格兰、爱尔兰和苏格兰以及法兰西的头衔，由此成为"所有基督教国家的国王和主人"。如果皇帝查理不愿意亲自出马作战，那就让他资助波旁（假设波旁宣誓效忠亨利，承认他为法国的国王）。如果查理拒绝这些，亨利将会提供十万甚至十五万克朗的开支费用等等。

要得到弗朗索瓦曾经统治过的一切并不是亨利的计划。查理将会获得普罗旺斯、朗格多克（Languedoc）以及勃艮第等地；波旁将会恢复自己

---

1 *Sp. Cal.*, iii, 82.

继承的遗产；亨利占有其他剩余的土地。或许查理对此并不赞同。如果大使们遭到坚决、不可更改的拒绝，他们将会提出一份分等级的要求清单。如果亨利得不到法国的王位和整个安茹帝国，他只好非常不情愿地接受后者；如果他不能拥有这个安茹帝国，他会放弃吉耶讷；如果这还太多的话，他将会接受皮卡第、诺曼底和布列塔尼——如此递减到英格兰最后也是最低的要求：或是诺曼底，或是皮卡第，再加上布洛涅和其他一些城镇，但这也只是在查理不很动摇的情况下。英格兰的目标是曾经拥有过的一切——整个帝国和一个王位。[1]

我们无法得知亨利到底期望获得多少，但他确实有很大的期待，这种骤然膨胀的野心是认真的，不容置疑。帕维亚的消息到达后的一两个月，是一段忙于准备的时期，这在他统治期间很少见。然而不幸的是，有关亨利的记载却很少。我们知道，他想立刻带领一支军队进入法国，但是沃尔西却制止了他。他们决定由诺福克公爵带领一支两万人的前锋和后卫部队继续前进。亨利则率领中间部队等待，直到所有的联军部队都开始行动。[2]我们在友善贡金所导致的骚乱和外交报告中看到了对国王的记载，来自其他方面的信息则很少。但是，我们还是要叙述他的希望破灭的过程。

查理对亨利的宏伟计划不予理睬。他资金短缺，渴望和平。他还没有准备好彻底重绘欧洲地图或助长亨利的势力。他所获得的胜利已经足够多了。如果玛丽的手诱使他这样做，那么拥有一位葡萄牙妻子这个他一再洽谈的美好前景也激励了他。[3]结果，英格兰的大使们只能向亨利报告说，皇帝"对您的商品、利润或者利益兴趣几乎毫无打算"[4]。沃尔西把事情搞得更糟糕。1524 年夏天，他不顾查理反对，仍旧鬼鬼祟祟地与他的知己老友——

---

1　*St.P.*, vi, 412 ff. (*L.P.*, iv, 1212).

2　*St.P.*, 1249, 1261, 1301.

3　*L.P.*, iv, 1379, 1380.

4　*St.P.*, i, 160 (*L.P.*, iv, 1371).

法国王太后打交道。他大肆抨击了帝国提出的现金要求，并发表长篇大论说查理是个大骗子，萨伏依的玛格丽特是个粗俗的人，波旁则总是背信弃义——这些用心不良的话语是为了缓和那些挥霍浪费的盟军的回归，更不要说是为了赞扬他的雄心。[1]大概在同时，他还侮辱了帝国的大使，让伦敦城的守夜卫士截获了一封写给帝国大使的信；他又在议会面前妄议大使，因为信中包含了对他的不恭之词，这更加冒犯了大使。他继而禁止大使与外界的交流，并请求召回大使。[2]沃尔西始终如此，尽管冒犯。他从未对盟友抱有信心；现在又深信查理将不会表现出多少的友好作为回报。

接着，友善贡金十分失败。当征税委员会为侵略而征税时，他们遇到了尖锐的抵制。三年前，曾经有过沉重的贷款；1523年，一名普通教徒和神职人员津贴达到了空前的数额——大部分被很快提前使用掉了。现在的要求是，普通教徒六分之一的收入、神职人员三分之一的收入又落在了快被剪光羊毛的羊身上。各地都有暴乱征兆，有些地方公开反对战争。例如肯特郡，人们抗议说，如果国王征服法国，他将会把他的时间和英格兰臣民的钱花在法国；他们为弗朗索瓦被俘感到遗憾；他们认为亨利未赢得海峡对岸的一英尺土地(事实并非如此)。[3]面对如此激烈的敌意，亨利退却了。

他处理这些的时候有些冷静。他表示，他"从不知道那些命令"，也就是友善贡金的事情。我们得知，当他听说友善贡金所导致的骚动时，他把骚动转化成了所谓的恩赐。他竟然对此一无所知，实在令人难以置信，尽管他或许不知道征收的比例。正如沃尔西说的，可能方案最初是由议会独立于国王单独设计的，而他不知晓其中的细节。沃尔西后来声称自己从未同意此事，我们不必接受这一点，这确如亨利声称自己对此一无所知一样虚伪。但是他可能并不热衷于此。而且，似乎明确的是，在采取了反对

---

1　*L.P.*, iv, 1380.

2　*Sp. Cal.*, iii, 51 ff., 62 ff.

3　*L.P.*, iv, 1243, 1260, 1266, etc.

派的措施之后，是沃尔西来劝说亨利国王——他说自己是跪下来劝说的——怜悯并宽恕那些抵制者。[1] 我们有渥兰的证词，部分地印证了沃尔西的话。[2] 人们"诅咒枢机主教"，沃尔西接受人们对他的憎恶，以便将霍尔所想象的国王宽厚仁慈的形象展示给人民。但是沃尔西说，关于真正的责任所在，"永恒的上帝知道一切"[3]。

查理鄙视英格兰计划瓜分法国的图谋，这一断然拒绝也重创了亨利的伟大计划。因此，在议会的大力劝说下，亨利极不情愿地允许沃尔西于1525 年夏天重新恢复与法国的谈判。1524 年 5 月，就是在帕维亚之战的前几个月，一位来考察地形的不知名的修士找到沃尔西，约翰·若阿基姆紧跟其后，也来到了英格兰。约翰是从法国王太后那里来找沃尔西的，他乔装成商人，藏在他的牧师托马斯·拉克位于黑衣修士区的家里掩人耳目。到 1525 年 3 月的时候，英法和平出现了曙光，沃尔西接待了第三位来自路易丝的密使，即将与国王会谈。但是，就在法国人按照预定要会见亨利的当天，传来了帕维亚的消息，随之而来的是突然爆发的英格兰好战情绪。法国使节听到这个令人悚然的消息时，他们正在骑马沿霍本（Holborn）南下前往王宫，于是立即调头回国。[4]

但是十一周以后，形势急剧变化，法国使节又回到了英格兰。他们之前的居停主人拉克早已经接到消息，催促沃尔西重新恢复和平谈判的任务，沃尔西欣然接受。[5] 若阿基姆于 6 月 22 日返回伦敦，开始梳理之前谈判的思路，以便签订一项英法协议。1525 年 8 月 30 日，英法两国在莫尔庄园[6]

---

1　*Hall*, 694 ff.

2　Ellis, 3rd ser., ii, 9 (*L.P.*, iv, 1332).

3　*Hall*, 700.

4　参见Jacqueton, *La Politique Extérieure de Louise de Savoie* (Paris, 1892), 46 ff.。

5　Jacqueton, *op. cit.*, 316 ff.; *L.P.*, iv, 1233.

6　也就是位于穆尔（Moor）的宅子，在赫特福德的里克曼斯沃思（Rickmansworth）——这是沃尔西的其中一处住宅。

签署了一项庄严的协约，从而结束了三年混乱、悲惨的战争。

　　到了 1525 年夏末，英格兰的政策中包含了众多错综复杂的因素。亨利因前盟国而受羞辱，让他感到很失望，对此他怀有极大的不满。查理欠了他一大笔钱，背弃了与玛丽的婚约，更重要的是他拒绝利用帕维亚的巨大成功，拒绝分享胜利果实。因此，国王与他的敌人达成了妥协，而就在几周之前，他还曾希望把他的敌人撕成碎片。虽然这并没能阻止他在莫尔庄园签署条约后，继续认为弗朗索瓦是"我们的臣民或我们的叛徒"，他"应该被移交给我们（处置）"。[1]亨利仍然希望查理做出决定削弱法国、肢解法国。但是查理拒绝这样做。在查理态度十分明确、坚定不移的时候，或许英格兰会审慎应对，完全从欧洲事务中解脱出来，因为最近的一系列事件已经给出了最后的证明——如果需要这一证明——英格兰无法主导欧洲大陆各国的政策。但是沃尔西，也包括亨利，将不会放手。多年之后，莫尔回忆，议会中曾经总有一个党派，他们迫切地希望英格兰能从欧洲事务中解脱出来。而沃尔西拒绝了这个党派，给他们讲了一个关于一群人躲在山洞里避雨的故事，他们相信大雨会让被淋湿的人变成傻子，他们希望自己因此能够统治这群傻子。[2]枢机主教不会犯他们那样的错，这位野心勃勃、无比自信的男人绝不会退到山洞里躲起来，他将会另谋计划，以控制欧洲的命运，引发一场突如其来的外交革命。如果查理同意联合入侵法国，英格兰就准备撕毁《莫尔条约》。条约原本的目的也不仅仅是保护英格兰，增强其威望；如果说查理在最近的一系列事件中，带着一股势不可挡的新力量脱颖而出的话，那么这份条约同时也为积极反对哈布斯堡家族的联盟提供了支持。沃尔西很快做出判断，认为皇帝将会成为欧洲和平的威胁，这既是因为英格兰对查理的不满，也是因为这是事实。因此，英格兰采取了一种谨慎的双面性政策，一方面煽动查理进攻法国，另一方面向法国示好，以防

---

1　参见*St.P.*, vi, 476 ff., esp. 482 f. (*L.P.*, iv, 1628)。

2　*L.P.*, vii, 1114.

查理遏制法国。英格兰这个自封为欧洲事务仲裁者的国家也在恢复欧洲力量平衡的道路上摸索前进，这种平衡曾在 1519 年建立起来，赋予了作为第三方的英格兰主导地位。为此，沃尔西开始着手鼓动围绕在教皇周围的意大利联盟诸国，若法国加入这一联盟，或许可以与帝国联盟形成对峙之势，促使英格兰恢复曾经坐收渔利的第三方角色，这样，权力的天平便会倾向于坚决反对皇帝的一侧，因为皇帝威胁到和平的稳定。

正是沃尔西促使英格兰转向反对帝国的立场，尽管这得到了亨利的首肯。虽然国王对查理的不满起到了帮助作用，但沃尔西还是不得不努力与国王争辩，说服他在帕维亚战役之后不再向法国发动战争，而是要让他接受法国所提出的和平条款，包括不割让领土。[1]如果这过分夸大了证据，不能说明国王和枢机主教正朝着相反的方向努力的话，起码似可说明沃尔西走在了国王的前面。枢机主教早已对查理和波旁失去了信心，并在数月前开始同法国谈判。他对于友善贡金的态度不冷不热（也许如此），在利用帕维亚一役的战果上行动迟缓；如果关于帝国大使的书信事件是这样解释的话，他准备同时使用正当和不正当的手段来破坏与皇帝的关系。英格兰人试图分割法国的计划并不能证明沃尔西追求力量平衡的观点站不住脚，因为诸如此类的证据已经表明这个计划不是沃尔西的。而且，一旦形势允许，他将会用一种新的政策来取代这个方案，这是他在前几年费尽心思研究出来的。即使他让英格兰在摆脱战争时两手空空、一无所获，至少他始终如一地坚持了自己的立场。

到 1526 年初，他的计划开始有了结果。弗朗索瓦一世于 1 月被释放。为获得自由，他付出了巨大的代价，同意把他的儿子留在查理手中作为支付赎金的人质。乍看之下，查理强迫他的俘虏弗朗索瓦签署了《马德里条约》，力量似乎得到了极大的增强；但现实是，弗朗索瓦根本无意遵守该

---

1　Jacqueton, *op. cit.*, p. 323. 沃尔西在1527年重复了这一声明（*L.P.*, iv, 3105）。参照吉贝蒂于1525年6月做出的判断，认为沃尔西迫切期望与法国达成和平（*L.P.*, iv, 1474）。

条约。被释放之后不久，弗朗索瓦对英格兰大使们说，"很快，我会摘下我的面具"，撕毁被迫签订的条约。[1] 沃尔西早就猜到了，一得知这个消息，他便写到"我无法说服自己相信，法兰西国王会决心……履行义务"[2]。很快，亨利国王和"秘密议会的贵族们"达成了判断：弗朗索瓦不可能履行条约；条约一签，查理将不仅仅成为意大利的君主，也将成为整个基督教世界的君主，并"向整个世界发布法律"[3]。这样的新局势充满危险。除非查理放弃他的要求，否则一场新的欧洲战争将不可避免。查理必须送还法国君主；按照条约割让给查理的勃艮第也必须留在法国；米兰或许会成为英格兰的托管领地，或是作为一个独立的国家存在。只有如此才能够避免战争的再次发生。但是如何劝说皇帝接受这一切或者部分呢？对于不仅仅是按照继承权，也是基于签字盖章的条约获得的权利，如何让查理放松限制呢？除非他做出让步，否则只有武力威胁才行。自从上一个夏天（1525 年夏）以来，英格兰的外交政策一直致力于帮助分散的意大利力量形成联盟。1526年 5 月，经过了几个月的沟通和劝诱后，一个包括法国、罗马教皇、威尼斯、米兰以及佛罗伦萨在内的联盟于干邑（Cognac）成立，公开宣布反对皇帝。[4]

英格兰在这个联盟建立的过程中获利最多，但是令联盟众成员吃惊，继而失望，最后感到愤怒的是，英格兰拒绝成为其中的一员。英格兰的态度非常明确，令人非常不快。英格兰想要迫使查理接受弗朗索瓦能够承担的条款，这就使得和平成为可能；希望联盟现在保有的立场可以做到这些；与此同时希望自己能够作为观察员待命，以便在查理开始谈判后，立即作为"诚实的中间人"介入。对于其他国家来说，此时是即将开战的时候（不久在意大利北部爆发了战争），也是要为此付出代价的时刻。但是现在如

---

1　*L.P.*, iv, 2079.

2　*Ibid.*, 1963. 这是在上文引用过的弗朗索瓦一世的评论之前。

3　B.M. Calig. D, ix, fols 199v f. (*L.P.*, iv, 2148).

4　自从1526年1月教皇与查理达成协议，沃尔西就极力劝说教皇加入联盟。有一段时间，英格兰与教皇的关系非常紧张（参考*L.P.*, iv, 1956, 1967）。

果联盟证明不足以让查理接受合理的条款，那么英格兰会施加更多的压力给联盟，而英格兰公开支持联盟的立场会成为最后的制裁。在那之前，英格兰明显倾向反对皇帝，从而制造一种力量不平衡的局面，这种不平衡使得皇帝会接受英格兰的计划，在伦敦达成普遍的新和平条约，而这个条约是在亨利国王和枢机主教的主持之下完成的。在给亨利写信时，沃尔西满怀野心，乐观得近乎狂妄自大，他一向如此。信中，他描绘了这样一幅未来的图景：皇帝会"按照上帝的意愿，在合理的条件下，正如英明的陛下那样，基督教世界国家的和平将掌握在您的手中，这将是您伟大的功绩，崇高的声誉，还有永久的荣耀。每天我会根据需要，向陛下汇报成功的进展情况。"[1] 毫无疑问，该方案无视动用武力来确保和平所造成的危险，夸大了沃尔西的影响力，忽略了另一场帕维亚战役的可能性。但是这一方案的确提供了和平的机会，尽管当中充满了虚荣与权欲，或许这才是真实的意图所在。这是根据之前的基本原则重建欧洲和平的又一次尝试——沃尔西经常在公开或私人场合对各种各样的人（自国王以下的所有人）[2] 说起此事，如果视其为纯粹的无稽之谈，那一定是过度的怀疑。此外，他周围的那些人，比如外国大使，是很严肃地看待他的言行的。[3] 正如查理一样，他们或许讨厌这种方式，并察觉到了其中的自负与虚荣，但他们还是接受了这种结果。

整个 1526 年的夏天，联盟各国异口同声地要求英格兰加入联盟，或者至少由亨利接受作为联盟保护者的头衔，或提供资金支持。但是英格兰人不为所动。据威尼斯大使说，沃尔西"什么也不会给，除了说几句话"[4]。8 月 1 日，沃尔西与教皇、法国和威尼斯公使开会议事，几人之间争吵激烈。他写信给亨利说，"我一生从未见过性情比这更激烈的人。……陛下，尽

---

1　*St.P.*, i, 168 (*L.P.*, iv, 2325).

2　例如*L.P.*, iv, 1902, 1926, 2148, 2325, 2388, 2556, 2573。

3　*Ven. Cal.*, iii, 1305, 1349, 1351, 1374, 1377, 1435, 1450; iv, 49.

4　*Ven. Cal.*, iii, 1401.

管他们前所未有地暴躁，但我还是一如既往地镇定，提出了很多理由，来阻止他们要求您迅速加入联盟并做出贡献，就像他们提出众多借口来推动这要求一样"[1]。不久之后，为防止英格兰的离群会影响盟国的士气，沃尔西不得不跟其他国家一起行动——正如他对莫尔解释的，"开始与他们亲密交往"。——如果没有"任何明确的拒绝"就会拖拖拉拉，延误时机，导致这一年什么都来不及做。[2]沃尔西不会危及自己作为调停者的身份。对于被主教无视引起的教皇的愤怒，他平静地写道，当前的形势让他无法热心地为教廷服务，对此他表示遗憾。[3]

然而，到 10 月，他不得不破坏自己寻求成功的武器，否则便再也无法坚持下去了。联盟亟需资金，并要求提供三万五千达克特。最后，沃尔西提供了三万达克特，条件是英格兰要被排除在任何进一步的行动之外。他对第二年取得胜利充满信心，他给亨利写信承诺，"陛下将会接到来自教皇、法兰西国王、威尼斯人以及所有联盟成员的感谢；没人再会催促您提供比这次更多的财富；陛下将会保持与帝国皇帝的友好关系，在上帝恩赐下，获得来自皇帝对于实现和平的感谢；最后，光荣与荣耀，以及所有的成功，主要都归功于陛下，正是在您的建议下，才开始建立联盟，并在上帝的保佑下，最终有一个美好而光荣的结局"[4]。

到 1526 年冬天，沃尔西的密谋似乎逐渐展开。就在几个月前的 1526 年 8 月，土耳其人在匈牙利的莫哈奇（Mohács）取得了一场决定性的胜利，使得哈布斯堡王朝的东部领土完全暴露在苏莱曼大帝骑兵的威压之下。或许是在这一事件的推动之下，查理表示愿意将取得勃艮第领主权的诉求改为现金，最后他授权驻英大使，让其参加由沃尔西主导的国际和平会议。

---

1　*St.P.*, i, 171 (*L.P.*, iv, 2388).

2　*St.P.*, i, 174.

3　*L.P.*, iv, 2454.

4　*St.P.*, i, 179 f. (*L.P.*, iv, 2556).

几天之前，威尼斯也做了这样的决定[1]。局势开始缓和。然而，弗朗索瓦的强硬与好战仍然阻碍了局势的缓和；同样，左右和平的联盟的崩溃以及查理的固执，都阻碍了和平局势。这一切都必须加以防范——尤其是后者。但是，仍有困难存在。是否已经有充足的制裁措施来应对皇帝，最后是否会交由英格兰对皇帝进行制裁？

新任帝国大使门多萨最后于 1526 年 12 月到达伦敦。查理耗时数月才选中他，又花了几周的时间来起草指令。门多萨在前往英格兰的途中于法国被捕。当他到达伦敦，也就是在他出发后的六个月，给他的指令才通过海上送达，但是据说一度丢失的指令已经过期。新的授权需要数月的时间才能到达。[2] 因此，查理承受了更多的压力。4 月底，新的英法条约签署。在格林尼治举行盛宴、马上比武、化装舞会，庆祝条约的签署。亨利的脚在打网球时受了伤，他穿了双黑色的天鹅绒拖鞋，旁观众人跳舞。[3] 新条约是重大的一步棋，和玛丽与法国王室的婚姻协议有着密切的关系。这个婚姻协议将会在亨利和弗朗索瓦的另一次个人会面上正式获批，也就是第二次金缕地会晤。但是事情并非一成不变。如果查理需要战争，那就发动战争，这样玛丽就会嫁给弗朗索瓦。如果他希望和平，那就促成和平，在这种情况下，玛丽会嫁给弗朗索瓦的次子，弗朗索瓦则迎娶查理的妹妹。在亨利和弗朗索瓦的会谈结束后，沃尔西会继续前往另一个目的地，就达成普遍和平进行谈判。毫无疑问，这个新条约有望最终说服查理接受条款。在完成协议的几天之后，一队英法大使带着他们最终的条款前往西班牙谈判。

自去年夏天以来，意大利境内一直战乱不断。1527 年 5 月 6 日，英法在格林尼治的骑马竞技比武遭遇大雨，波旁从伦巴第带来的帝国大军冲破

---

1 受这一消息的鼓舞，沃尔西在圣诞节过后几天前往格林尼治，告诉国王和平就在眼前。*Sp. Cal.*, iii, ii, 18. 到1527年2月，英格兰的资助终于说服教皇，教皇承诺给予驻英格兰大使类似的权力。*L.P.*, iv, 2875.

2 *Sp. Cal.*, iii, ii, 29, 32, 37, 55, 66. 沃尔西急得有些狂躁。

3 *Ven. Cal.*, iv, 105.

罗马的城墙，开始劫掠罗马城。这支被拖欠军饷的军队饥肠辘辘，带有路德宗色彩，反叛情绪泛滥，在罗马城内四处破坏、掠夺，抢劫宫殿、教堂、商店还有房屋。他们处于一种令人可怕的狂欢中，整座城市被蹂躏，迫使教皇沿着通向圣天使城堡的隧道逃离梵蒂冈。两年前，查理俘获了法国国王，现在又让教皇成为阶下囚。在他毫不知情的情况下，最信仰天主教的国王的军队，以及天主教国家的执事已经亵渎了这座永恒之城，将耶稣之代表赶上了逃亡之路。

　　这种亵渎是会让查理感到震惊并镇静下来，还是会让他更加顽固？他又会对弗朗索瓦做些什么？教皇，这个联盟成立的核心，会遇到怎样的情况？教皇是否会屈服，或许会被带去西班牙，抑或变成更加坚定果敢的一方？就在罗马城被攻陷的消息到达伦敦的几天后，沃尔西按照他最近的承诺，再次出发前往法国去会见弗朗索瓦，为他和亨利的第二次会面做准备，如果有必要的话，这将会形成一个针对查理的军事同盟。[1]正如他 1521 年前往加来一样，这是一次孤注一掷的谋求和平之旅。7 月 2 日，他带领一支大约有一千匹马的队伍到达布洛涅。8 月 4 日抵达亚眠（Amiens），弗朗索瓦在那里接见了他。在他前往拜见国王，穿过凯旋门和游行的队伍，倾听了长篇演讲之后，他的计划开始成形了。这些计划确实十分宏大。出于对未来形势的考虑，需要立即释放教皇。只有和平才能确保这一点。弗朗索瓦必须减少自己的条件，如果有必要的话，沃尔西将会前往西班牙，劝说查理降低自己的要求。与此同时，英格兰必须保持中立。然而，如果该方案不可行的话，教皇将会继续作为俘虏，沃尔西则会从亚眠返回阿维尼翁（Avignon）（亨利早已经通过书信召集枢机主教前往阿维尼翁），前去主持一个教廷的临时代理政府。这是在沃尔西主持下召集的枢机主教大会，在教皇被关押期间拥有绝对权力（plenitudo potestatis）。在阿维尼翁这个

---

1　*St.P.*, i, 191 ff. (*L.P.*, iv, 3186).

曾经的基督教世界中心，沃尔西将作为牧师的牧师管理教会，并且在那里
共商欧洲和平。[1]他要为自己起草必要的任命状，然后秘密地带到被关押的
教皇那里签署。这就是他伟大的计划——胆大包天，几乎令人难以置信，
在英格兰历史上几乎无人可及，即便有的话也为数不多。当然，这计划是
以和平为其目标的，因为它要求其提出者付出的努力复杂且艰巨，沃尔西
本人也早已为此付出大量精力，很难让人相信这只是一种自负和完全不诚
实的表现。但依然确定的是，这是为了确保沃尔西在另一件事下能够安全
行使权力而设计的。这一事件对于一位即将掌控基督教世界的人而言，肯
定是微不足道、无关紧要的，就像亨利经常扔给他的那种干扰事件一样——
这件事，就是亨利的离婚。

亨利和凯瑟琳的婚姻早就很冷淡了。虽然妻子对他依然忠诚挚爱而且
会继续如此，亨利却截然不同。昔日的狂热迷恋已经褪去，也很难在他身
上发现由成婚而产生的自律以及宽宏大量。凯瑟琳比亨利大五岁。1527年，
三十五六岁的亨利仍处于鼎盛时期，而凯瑟琳已经四十多岁了。作为国王，
他能够很容易就满足自己的欲望，谁又会轻易地拒绝一位国王，尤其是像
他这样的国王？在君主身上很难找到忠诚，周围充满了诱惑，强烈的诱惑。

一开始，亨利是一位英勇的丈夫。凯瑟琳陪他参加每一次宴会，见证
每一次胜利。参加骑马刺枪竞技时，亨利把凯瑟琳名字的首字母绣在自己
的袖子上，而且自称为"忠心爵士"。他还向宾客们介绍凯瑟琳，向她倾诉
秘密，有了消息会奔跑着告诉她。虽然有传闻亨利曾在法国打仗期间，向
一位女士表达爱意，但他还是早于自己的军队，提前回国，奔向待在里士
满的凯瑟琳，把他从法国获得的两座城市的钥匙放在她的脚下，献给她。[2]

我们无法知晓亨利是何时第一次经不住私通的诱惑的，但肯定发生在

1　*St.P.*, i, 205, 225 ff., 230 ff. (*L.P.*, iv, 3243, 3310, 3311).
2　*Hall*, 567. 有关这位比利时女士的情况，参见*L.P.*, i, 1349。

他婚后的五年之内。当时的情形是出现了一位叫作伊丽莎白(爱称贝茜)·布朗特的人,她是凯瑟琳王后的一位侍从官,蒙茹瓦勋爵的表妹——她或许不是第一位与亨利通奸的人。[1]她在 1514 年的新年宴会上吸引了国王的注意力,也就是亨利第一次出征法国结束后不久。此外,贝茜·布朗特还在 1519 年给他生了一个儿子。后来,她嫁入豪门,即兰开夏郡的塔尔博伊家族,她的嫁妆是经过议会批准的该郡的土地和约克郡。[2]贝茜·布朗特无异于身陷苦海;而她的儿子里士满公爵,将偶尔在政治和外交舞台上扮演举足轻重的角色。另一位是玛丽·博林,1521 年嫁给威廉·凯里,她是一位议员兼外交官的女儿,妹妹叫安妮。玛丽曾经一度是亨利的情妇,据推测大概是在她结婚以后,这一点毫无疑问。[3]数年之后,有个流传甚广的谣言说,她也给亨利生了一个儿子[4],但是我们无法确认这一点。无论如何,我们猜测二人的联系大约在 1526 年结束,当她的妹妹坐上了英格兰的王后之位后,或许是出于怨恨,这样的情绪也可以原谅,她把姐姐玛丽从王宫驱逐了出去。玛丽过得很好,在她的外甥女伊丽莎白一世统治期间,她的家人一直处于各种事务的核心——这比贝茜·布朗特的情况要好得多。最后一位是安妮,托马斯·博林的小女儿。

安妮的姐姐曾于 1514 年作为随行人员,陪同玛丽·都铎前往法国。紧随她的姐姐,安妮大约于 1519 年越过海峡进入克洛德王后的内府,这位王后是弗朗索瓦一世的妻子,一位和蔼可亲的夫人,负责照顾几位姑娘,监督她们的教育。进入王家学校的新生必须年满十二周岁。安妮在法国一

---

1 或许是在 *Sp. Cal. S.*, p. 36 中指出了 1514 年亨利和凯瑟琳之间的一场争吵,争吵的原因是亨利对白金汉公爵的妹妹表示关心。无法确定这些口角的日期,也无法确定凯瑟琳的抱怨的具体内容。

2 Mattingly, *Catherine of Aragon*, 123.

3 Friedmann, *Anne Boleyn* (1884), app. B——这破坏了弗劳德试图为亨利私通开脱的意图。

4 1535 年,艾尔沃思(Isleworth)的牧师约翰·黑尔说,锡永一位名叫布里盖蒂纳的人曾把"年轻的主人凯里"指给他看,说凯里是亨利的私生子。*L.P.*, viii, 567.

直留到 1522 年战争爆发才回国，此时她正越来越有修养，也愈发成熟。她的长相并不算十分出众，但是遗传自她那爱尔兰祖先的一头乌黑的秀发和漂亮的眼睛，加上丰厚的双唇、修长的脖颈、恰当的头颈比例，这一切让她威严而又优雅。如果说不是提前安排的话，那就是刚一回到英格兰，她的未来显然已经确定，具有讽刺意味的是，她的命运是由亨利和沃尔西安排的。她将嫁给詹姆斯·巴特勒爵士——一位爱尔兰宗族长，奥蒙德爵位的继承人，而这是巴特勒家族的对手博林家族觊觎已久的爵位。因此，安妮的出现可以联结两个家族及其领地所有权，调和他们的宿怨。倘若使用这种熟悉的方式，倘若这就是她一生婚姻与政治交织的总和，不必提爱尔兰，英格兰的情形可能就会完全不同。但是巴特勒付出的代价太高了，安妮留在了英格兰。[1]

安妮的父亲，或许是在她祖父第二代诺福克公爵的帮助下，把她的姐姐带到了宫廷，此时又把安妮带到宫廷。在那里，安妮最终引来他人的注意。首先是一位诗人，她的表兄托马斯·怀亚特爵士，然后是诺森伯兰伯爵的儿子亨利·珀西，他也是沃尔西门下一大群青年才俊中的一位。可惜珀西已经订婚了。奉国王之命，沃尔西不允许珀西违背婚约，他把珀西召到跟前，责骂他不该爱上宫廷里的蠢姑娘。劝说无效后，这位枢机主教通知他的父亲来带走他，给他讲讲道理。珀西立刻被带走了——由此安妮开始对沃尔西感到憎恶，并一直耿耿于怀。[2] 也或许是，亨利在命令沃尔西制止珀西时，他本人已经开始对安妮感兴趣了，他已经成了仰慕这个女孩的朝臣的情敌了。这些朝臣中就包括托马斯·怀亚特。托马斯·怀亚特的孙子后来讲了一个故事：在一次与安妮打情骂俏时，怀亚特抢走了安妮挂在口袋上的小吊坠，又拒绝归还。与此同时，亨利也留意到安妮了，从她那里拿走了一枚戒指，戴在了自己的小拇指上。几天后，亨利与萨福克公爵、弗

1　参见Friedmann, *op. cit.*, 42 f.。

2　*Cavendish*, 29 ff.

朗西斯·布赖恩以及怀亚特玩滚球的时候，就谁在最后一投获胜发生了争吵。亨利用戴着偷来的戒指的手指指着，大声说是他得分了。他微笑着对怀亚特说："我告诉过你们它是我的。"怀亚特看到了戒指，明白了国王的意思。但是怀亚特还是能回击，他说："尊贵的陛下，如果您允许我测量一下，我希望它是我的。"于是，他取出了挂在他脖子上的吊坠，然后开始测量滚球和靶子之间的距离。亨利认出了那个物品，嘟哝着自己被骗了，大步离开。[1]

但是我们无法明确安妮的迁升之路。可以说的是，到1525至1526年时，至此原不过是和一位十八九岁姑娘的露水情缘已经开始变成越发严重、危险了。在正常进展的情况下，安妮之事本来只会影响亨利的良心，并不会影响到英格兰的历史。她可能会受人利用，然后被遗弃——与其他那些亨利曾经爱过，而现在忘记的人一样。但是，无论是因为品德还是出于野心，安妮拒绝成为亨利的女侍从官，走上一条她的姐姐那样传统而又毫不起眼的人生之路；她越是拒绝，很明显，亨利越是重视她。

倘若凯瑟琳的地位更加稳固的话，毫无疑问，她会消除掉这种威胁。实际上，真的如此的话，安妮或许从来不敢提起此事。但是凯瑟琳仍然无法为亨利生下一位王位继承人。如此一来，王室婚姻的首要任务即确保王位继承，已经失败了。实际上，凯瑟琳王后已经流产过几次，三个婴儿要不是胎死腹中，要不就是生下来立即夭折（其中两个是男孩）；还有两个孩子在出生后的几个周内死去（其中一个是男孩），还有一个女孩，就是玛丽公主，现在已经十岁了。凯瑟琳无法为亨利生一个儿子，这让他很失望。随着他年事渐高，又没有继承人，各国大使还有其他国家的君主开始重新评估时局。英格兰通过外交最终调和了此事，至少暂时如此。[2] 假如亨利能够瞥见下半个世纪发生的一切的话，想必他会改变自己对女王统治英格兰

---

1  Thomson, *Sir Thomas Wyatt and His Background* (1964), 28.

2  参考Wernham, *Before the Armada, etc.* (1966), 98 ff.。书中说，自1521年以来，将玛丽嫁给查理五世来为继承人做准备的需要一直主导着英格兰的外交政策。

的看法。因为他的两个女儿在作为君主治国方面都堪与他并论，甚至有过之而无及。即使是在他统治期间，在英吉利海峡的对面，已经有两位女性在尼德兰，以摄政王的身份行使哈布斯堡家族的管理权。实际上，在16世纪，宗教和国家事务领域或许出现了比之前更多的杰出女性——导致约翰·诺克斯提出著名的反女性主义，也让亨利的父权观念看上去是错误的。但是英格兰人对于女王统治感觉很遥远，而且对此并不觉得满意。亨利的传统意识，毫无疑问是与他的臣民一致的，出于政治需要，得有一个儿子作为继承人。当他唯一合法婚生的、幸存的孩子玛丽于1516年2月出生的时候，他非常愉快地对威尼斯大使宣布："我们都还年轻，如果这次生的是个女儿的话，接下来上帝会恩赐给我一个儿子的。"[1] 但是儿子没有出现。凯瑟琳似乎是在1517年秋天流产了一次，次年的11月，孩子又胎死腹中。这是她最后一次怀孕，尽管从西班牙来的医生做了很多努力。到1525年，她几乎过了生育年龄。因此，人们真正恐惧的是王朝的失败，担心再次发生内战；或者，根据1525年的条约，如果玛丽联姻，人们害怕英格兰将与欧洲大陆国家联盟。

人们总是指责凯瑟琳而不是亨利。她是王朝的不幸，她也是外交的牺牲品。查理直截了当地拒绝利用帕维亚大捷所提供的绝好机会，也拒绝陷入侵略和分裂法国的麻烦，这颇令人费解，也令人失望。当然，如果亨利真的有英雄气概的话，他大可单枪匹马入侵法国。但是，已经确立的策略要求大陆保持联盟状态。十一年前，也就是1514年，西班牙的斐迪南曾经带侮辱性地对待过亨利，亨利四处寻求报仇的办法。当时曾有谣言说，亨利打算抛弃自己的西班牙妻子，娶一位法国公主。[2] 亨利是否曾经真的考虑过离婚一直以来存有争议，这无疑能证明他并没有这样想过。梵蒂冈档案馆一份18世纪的目录中出现的文件也能证明他没有考虑离婚，这份曾亡

---

1　*Ven. Cal.*, ii, 691.

2　*Ven. Cal.*, ii, 479.

失的文件被认为与废除国王婚姻有关。文件涉及玛丽统治下都铎王朝的婚姻事务，而不是亨利时代的，这令人信服地推翻了亨利曾考虑离婚的观点。[1]毫无疑问，与 1514 年夏天反对凯瑟琳怀孕的意见相比，必须更加果断地解决此事。[2]然而，1525 年，形势发生了变化。查理果断拒绝了亨利的军事方案，也拒绝与玛丽联姻，使得王位继承方案陷入了混乱。曾经，国王明显想过把自己的非婚生子地位提高——1525 年，他的非婚生子被封为里士满公爵。但是这个解决方案被另外一个方案取代了，而这或许是亨利考虑了一段时间的事情：否认他和他西班牙妻子的婚姻。凯瑟琳因此很快陷入一种极其尴尬的境地。基于一手证据，廷代尔认为，沃尔西曾经在凯瑟琳的随从中安插了线人，并说道，其中一人"离开宫廷的原因就是她不想再背叛自己的女主人"。[3]门多萨于 1526 年 12 月到达英格兰后，他有数月的时间无法参见王后。等他能够见到王后时，也不得不容忍在场的沃尔西，这显然让他不可能与王后进行交流。大使的观点是"导致王后不幸的根本原因在于她完全认同皇帝查理的利益"；这是夸大其词，仅仅是夸大其词而已。[4]

那时，国王已经厌倦了自己的妻子，爱上一位将会把她完全交给自己的女人，只要亨利愿意把自己完全交给她。他的妻子没有生下一位他和他的王国期待已久的王位继承人，现在为时已晚，了无希望矣。他已经对凯瑟琳的外甥查理五世感到失望，现在正寻求通过外交变革来复仇，这至少让这位来自西班牙的王后地位变得十分尴尬。这些事实中的任何一件并不能真正危及他们的婚姻，但若这些事情同时发生，却是致命的。1525 年秋天，亨利国王和凯瑟琳王后的关系曾出现过短暂的改善，他们一起读书，看上去彼此很友好；[5]但不久之后，亨利可能将不会和他的妻子同床共寝了。

---

1　Behrens, "A note on Henry VIII's divorce project of 1514", *B.I.H.R.*, xi (1934), 163 f.

2　Mattingly, *op. cit.*, p. 127.

3　*Practice of Prelates, Works,* i, 454.

4　*Sp. Cal.*, iii, ii, 37, 69.

5　Mattingly, *op. cit.*, 173.

1527 年初，他们的离婚为公众所知，[1]原因不仅仅是一位男士对一位女士的倾慕之心。这是一次外交上的权宜之计，因此有人断定，这是出于王朝的迫切需要。很快，此事公开，这是出于宗教的需要，因为《利未记》一卷中有两段著名的论述，显然是禁止亨利所缔结的婚约的。[2]因此，他的婚姻过去不合法，未来也不会合法。流产、死胎、无子嗣，这是上天对违背神圣法降下的神圣惩罚，也是亨利违背了神圣法的证明。亨利与凯瑟琳能够成婚，是由于教皇解除了凯瑟琳和亚瑟先前的婚姻所造成的姻亲障碍。但是《利未记》中宣称，这种婚姻违反神圣法，教皇无法豁免。亨利也将会这样认为。如此一来，一个争论开始形成，将在未来变得愈发复杂。亨利国王已经找到一件重要的武器，似乎也是唯一的武器，借此，他似乎有希望以合法的方式实现他现在最大的期待。我们无法确定他是多么地真诚。更重要的是，他发现很难区分正确的事和他所期望的事。当然不久前他还曾经谈论过、思考过甚至自己坚定地认为，他的事业是公正的，因此容不得任何相反的观点和反对意见；并深信抛弃他那所谓的妻子不仅是正确的，而且是他的责任——对他自己，对凯瑟琳，对他的子民，对上帝的责任。

当时，包括后来，其他人因在亨利心里种下了对于《利未记》的重大顾虑而受到指责。廷代尔、波利多尔·弗吉尔和尼古拉斯·哈普斯菲尔德（在他写的托马斯·莫尔爵士传中），指控沃尔西利用林肯大主教、王室告解神父约翰·朗兰来完成这一行动。[3]但亨利、朗兰和沃尔西否认了这个指

---

1　1526年9月，约翰·克拉克自巴黎致信沃尔西，提到了"受上帝祝福的离婚"——这被一些人认为指的是亨利的离婚。但几乎肯定，这指的是苏格兰的玛格丽特和安格斯伯爵离婚一事。亨利的离婚，即要求宣判结婚无效的诉讼，要到1527年春天才正式开始。

2　Leviticus xviii, 16; xx, 21. 相关文本，见下文第174页。

3　Tyndale, *op. cit.*, Works, i, 463. Polydore Vergil, *Anglica Historia*, 324. Harpsfield, *Life of More*, p. 41. 凯瑟琳也认为沃尔西是离婚的主要推动者。参见*Sp. Cal.*, iii, ii, 69, 但在这个阶段，她很容易误解情况。

控。1529 年，这一离婚案件在黑衣修士的教会法庭举行听证会。会上，沃尔西公开要求亨利在法庭回答，"我是不是陛下此事的始作俑者和发起者，因为在座的所有人都怀疑我"。对此，亨利回答道："我尊敬的枢机主教，我会原谅您的。计划或提出此事时，您一向是相当反对我的。"[1] 这是很清晰的声明，因为根本找不到虚假陈述的明显动机。后来的一些迹象也能佐证，沃尔西在推动离婚一事上行动迟缓。朗兰也就此事表达了观点，称是国王首先向他提出此事，"从未催促他，直到他赢得他的同意"[2]。

　　在另一个场合，亨利国王给出了不同的说法：他的良心最初是被"塔布主教某次说的一些话刺痛了。塔布主教是法兰西王的大使，曾经一直在辩论，为玛丽公主和法国国王次子奥尔良公爵成婚一事寻求最终的结果"[3]。令人难以置信的是，一位大使竟敢插手君主婚姻这样微妙的事件，尤其是他正前来和这位君主谈判条约。当玛丽公主有用于法国外交时，他不大可能提出说玛丽公主是私生女。此外，塔布主教是 1527 年 4 月到达伦敦的，也就是亨利婚姻案件在威斯敏斯特的一个秘密法庭宣判的前几周。枢机主教不可能如此快地促成此事。同样重要的是，1528 年，亨利国王给出了这一事件开端的另一种说法。他说，关于玛丽公主是否婚生的疑问首先是在法国由法国人对英格兰大使提出的，而不是塔布主教告诉给英格兰人的。[4] 或许有人对他和他的同胞说过这些顾虑，或者是有人故意怂恿他们在谈判过程中顺带提及此事，但他们并没有虚构此事。波尔声称，安妮·博林也不可能这样做。[5]

　　极有可能亨利自己才是这些疑问的始作俑者。毕竟，他本没必要提及

1　Stow, *Annals*, 543.

2　在上述引文中，哈普斯菲尔德引用朗兰牧师的话回忆了此事。

3　*Cavendish*, 83. 1529 年，亨利在宗教使节法庭上如是说。

4　参见下文第232页及其后各页。有趣的是，与此同时，英格兰的大使们被告知不要再谈论塔布主教的故事了。*St.P.*, vi, 595.

5　In his *De Unitate*, etc., in Roccaberti, *Bibliotheca Max. Pont.* (Rome, 1698), xviii, lxxvi.

《利未记》。虽然他可能没有读过这卷，但如果他研究过罗马教廷授予他婚姻豁免的原因，可能就会发现这两段文字对他而言很熟悉。他足可成为一名神学家，能够参考这些文件，仔细思考，并在此基础上至少形成争论的开始部分，也就是完全禁止他婚姻的观点。沃尔西后来说，亨利国王的疑问部分源自他自己的研究，部分源自他和"众多神学者"的讨论。[1] 但是，如果没有国王鼓动，就很难有人敢于质疑王室婚姻的合法性，则可以肯定是国王自己的"勤奋钻研和博学多识"首先提出了"巨大的疑虑"，随后，再与其他人举行会议，加重了这一疑虑。此外，亨利国王或许早在1522、1523 年就开始对自己的婚姻产生怀疑，之后把他的想法透露给了朗兰——因为在1532 年时，据说朗兰第一次听到关于离婚的抱怨是在"九年或者十年之前"。[2] 因此，到安妮·博林俘获国王的心时，疑虑已经深深地扎根了，虽然有可能最早是在1527 年初沃尔西才得知此事。于是，听说此事后，沃尔西说道，跪在国王面前，在"他的寝殿里……劝说他长达一两个小时，希望他打消这个想法和欲望；但是我怎么也劝阻不了他"[3]。开始时，这可能还只是犹豫不决的疑虑，到现在，已完全演变成志在必得的信念了。

但是，若要宣布王室婚姻无效，必须要经过法律程序，经由可靠的权威来宣判。因此，1527 年5 月，组建了一个非同寻常的审判法庭，来审查国王和凯瑟琳的结合的合法性。沃尔西凭借他的宗教使节权力，任渥兰为审判员，在位于威斯敏斯特的住处设立了一个秘密法庭，亨利被传唤前往，接受对于他十八年来与已故兄长亚瑟之妻非法同居的指控。法庭于5 月17日开庭。或许是意识到了此前一系列事件的严重性，更不必提其重大性，沃尔西请求国王同意对他的传唤。亨利国王欣然同意。然后沃尔西把有关国王的婚姻的事实摆出来——他是如何在教廷的豁免下娶了凯瑟琳，如何

---

1　*L.P.*, iv, 3641.

2　*Ibid.*, v, 1114.

3　*Cavendish*, 179.

严肃地考虑这种豁免的有效性，并希望此事由教皇使节做出判决。国王简短地回答道，的确如此，之后会提供充分的证据。然后，他任命了自己的代诉人和上诉人（即辩护律师），而后退庭，交由他们做出快速的判决——因为没有外人知道，甚至凯瑟琳也不知道，这判决简直就是阴谋。5月20日、23日、31日继续开庭，在这段时间，国王的辩护律师理查德·沃尔曼就亨利针对教皇尤利乌斯的诏书立案。[1]

然后就出现了问题。沃尔西，又或者是亨利，失去了勇气。这一案件十分严肃复杂，以至于法庭决定召集著名的神学家和精通宗教法律的学者，其中包括罗切斯特、林肯和伦敦的主教。而后，又出现了另外一个问题。三个星期前，帝国军队洗劫罗马城，教皇成为阶下囚。如果凯瑟琳上诉反对法庭的判决——她当然会这样做——案件便会出现在完全落入她的外甥权力掌控之中的教皇面前。克雷芒必然会宣布沃尔西的判决无效。7月1日，洗劫罗马城的消息传到伦敦，[2] 沃尔西立即评估了它对于国际外交的意义以及对离婚事件的影响。这个在威斯敏斯特教堂进行的共谋诉讼案件仓促结束。未来几周，沃尔西将会前往巴黎，正如我们所看到的，他正在推进一项伟大的计划，他将在阿维尼翁会见一群枢机主教，在教皇无法行使权力的这段时间，由他接管教廷事务，其中不仅包括就欧洲和平进行的谈判，也包括对亨利国王婚姻的决定性判决。沃尔西和以前一样高效，他将很快起草一份委任状，据此克雷芒将会授予他所有的权威。草案以教皇的名义书写，并由教皇签署，继续授予沃尔西绝对的权力，"甚至可以放宽、限制或者节制神圣法"的权力；宣称沃尔西所说的、所做的以及承诺的应都被视为教皇的代表；并允诺草案一经发布，便批准沃尔西所做的一切。[3] 借助于这个全权委托书，沃尔西本可以创造奇迹。很快将任命合适的法官

---

1　P.R.O. S.P. 2/C i. (*L.P.*, iv, 3140).

2　*St.P.*, i, 189 (*L.P.*, iv, 3147).

3　*Pocock*, i, 19 ff.

来审理亨利的案件，[1]到克雷芒获得自由的时候，他们的任务应该可以完成，并得到罗马教廷代理人不可撤销的正式批准。共谋的诉讼案件本就是一次错误的开始，不过幸运的是，失去的时间现在很容易弥补。

6月22日，沃尔西作为亨利国王的全权代表和副手横渡海峡，去实施庞大的议事日程，我们将会记住，正如他认为的那样，离婚只是其中一件，且次要的事项。但是，如果相对于他一直关心的问题——和平而言，离婚不是那么重要的话，就会存在一个与和平无法相容的危险。因为亨利焦虑地观察到，[2]当查理听说国王打算与他的姨母凯瑟琳断绝关系时，他不大可能对于英格兰的外交做出更多的反应。因此，极其重要的是，有关亨利国王意图的消息要压制下来。但是此事早已泄露了。有人告诉凯瑟琳，有人（或就是凯瑟琳本人）将此事告诉了帝国大使，大使迅速报告给他的君主。[3]伦敦顿时谣言四起。就在共谋的诉讼案件开庭后几天，约翰·费希尔的兄弟偶然获取了这个消息，并把它带到罗切斯特。沃尔西前往巴黎的途中曾经在罗切斯特停留，并试图试探费希尔对亨利国王问题的看法，尽管他假装这一询问只在于平息法国大使提出的一些怀疑。但是费希尔已经知道了正在进行的一切。凯瑟琳曾经给他传递过口头消息，说她需要就自己和亨利国王之间的"某些事情"寻求他的建议。费希尔断定，主题一定是"国王和王后之间的离婚"，因为他的兄弟早已经告诉过他。[4]失败的审判真是一次错误。将曾经用在费希尔身上的谎言再用来说服皇帝已经太迟了。毫无疑问，其他的情况也是如此，尽管驻西班牙的大使打算这样尝试。

与此同时，亨利国王已经走在了他的大法官的前面。7月22日，他要让凯瑟琳面对一个消息：国王和她生活在罪孽当中已有十八年了，国王必

---

1　*St.P.*, i, 271 (*L.P.*, iv, 3400).

2　*Ibid.,* vi, 595 (*L.P.*, iv, 3327).

3　*Sp. Cal.*, iii, ii, 69.

4　*St.P.*, i, 198 (*L.P.*, iv, 3231).

须与她分开。面对这个可怕的宣判，凯瑟琳痛哭了起来，一时间让亨利有些动摇，但他还是坚持下去，即使在今后的一段时间内，他不能与凯瑟琳彻底分开。[1] 接下来，凯瑟琳开始反击。她决心直接寻求外甥的帮助，并通过他与罗马教廷沟通。她精心设计了一个计划：她内府中一位叫费利佩斯的裁缝，跑到亨利国王那里请求许可，去西班牙看望他生病的母亲，并说凯瑟琳拒绝让他走。亨利国王看穿了这一切，但是他"知道伟大的阴谋和伪装，的确也需要伪装"，于是予以放行，甚至请求凯瑟琳放费利佩斯离开，并说如果他在途中落入敌人之手，会给他提供赎金。但是，正如亨利向沃尔西解释的那样，他真正的目的是，虽然这是一个比较安全的做法，"费利佩斯可以被放行、控告或扣押在法国的某个地方，因此，不能够让人知道所说的放行、逮捕或扣押是国王、阁下或国王的任何臣民做出的"。[2] 因此，费利佩斯将会在半道被拐走，亨利国王不但对此表现得一无所知，还很悲痛。

但是费利佩斯挫败了亨利的阴谋。他加快行程，可能是坐船前往，而不是从陆路穿越法国。到 6 月底，他已经到达身在巴利亚多利德（Valladolid）的皇帝那里，从那里，开始传出针对英格兰王后的阴谋。查理迅速做出反应，致信凯瑟琳，承诺会全力支持她；他也写信给亨利国王请求他收手；他还写信给教皇，说教皇应该同样反对此事，并且撤销沃尔西的权力，立即把案件召回罗马教廷，他将派遣方济各会会长为凯瑟琳案件做辩护。[3] 虽然皇帝没有保持最初的气势，这很大程度上是由于他的家人受辱而震惊，但事实是，费利佩斯匆忙赶往西班牙成了离婚事件的转折点。本来是亨利国王的家务事，现在变成了公开的国际议题，他通往罗马教廷的道路布满了

---

1 *Pocock, op. cit.* i, 11.

2 关于这一切，参考1527年6月14日奈特写给沃尔西的绝密信件。*St.P.*, i, 215 f. (*L.P.*, iv, 3265).

3 马丁利把这个故事讲得很好。*op. cit.*, 185 f.

陷阱。

与此同时，沃尔西继续他前往法国的旅程，宏伟而又充满自信的旅程。8月9日，他在亚眠拜见了弗朗索瓦，发现弗朗索瓦十分顺从，以至于没有必要按照之前建议的那样，前往西班牙进行最后的和平使命了。英法协约的批准可以继续进行了，弗朗索瓦和皇帝之间的和平即将到来；教皇也将很快获得自由，一旦这一切完成，将会就普遍和平的新条约进行谈判。为防止这些计划失败，沃尔西已经启动了另一个方案。枢机主教们收到了邀请他们前往阿维尼翁的信件，并随信附有安全通行证以及支付旅程的费用。与此同时，代理人前往罗马劝说克雷芒签署授权书，授予沃尔西在他被俘期间行使所有权力。[1]

沃尔西现在自信激增，达到顶点。此后，一连串接踵而至的失败将撕碎这种夸张的放纵。首先，欧洲和平脱离了他的控制，因为弗朗索瓦和查理都不像他以为的那样顺从。其次，枢机主教们也没有被召集到阿维尼翁。现在，和沃尔西在一起的有四个枢机主教，三个是法国人，另一位是罗马教廷驻法大使萨多莱托，但是其余主教不会"被任何方式所诱惑或劝服，离开意大利前往阿维尼翁"。因为感觉到了危险的存在，克雷芒已经抢先于任何试图削弱他权威的行动，禁止任何枢机主教们行动。[2]英格兰人在紧急情况下承担教皇牧师的机会很快消失了。但是，最糟糕的时刻还没有到来。现在，沃尔西和作为他生存来源的国王亨利相隔着英吉利海峡，两百英里——国王则承受着来自各方的压力和影响，这些都对教皇的这位使节存有敌意，一切已不在他的掌控之中了。当他在法国，受困于自己的巨大阴谋，其他人则因为他不在英格兰而受益，比如安妮、诺福克公爵、安妮的父亲或是萨福克公爵等，而沃尔西却束手无策。他刚到法国的时候，就感觉到了麻烦，焦急地命令王室内府财务总管威廉·菲茨威廉爵士告诉自己国王

---

1    *St.P.*, i, 235 ff. (*L.P.*, iv, 3337), 254 f., 270 (*L.P.*, iv, 3340, 3400).

2    *Ibid.*, i, 267 ff. (*L.P.*, iv, 3400).

正在干什么，和谁在一起等等。他得到的答复是，"他每日打猎打发时间……待在自己的寝殿里……跟他在一起的还有诺福克公爵、萨福克公爵、埃克塞特侯爵以及罗奇福德勋爵"[1]——不利的消息是罗奇福德勋爵是安妮的父亲。8 月 24 日，与他同行的约翰·克拉克被派回国，显然是要为沃尔西的计划做解释和辩护。[2] 或许，此时沃尔西给亨利国王写了一封非同寻常的信，措辞极其顺从，信中声明国王的"秘密事情"是他"内心最渴望做的事"，离开国王的每一天度日如年，并以"用您最卑微的下属、仆人和牧师那只粗糙而颤抖的手"为落款。[3] 有些事情错了。不久之后，传来了令人震惊的消息，亨利打算直接向克雷芒上诉，请求解决他的婚姻问题，而不必咨询沃尔西，得到其支持，因为这位一直为国王操办一切的人，远在法国。亨利决定派他的秘书威廉·奈特前往罗马，拜见克雷芒，并在一份文件上签字盖章；这大概是亨利自己设计的文件，教皇可能之前从来没有见过，以后也很难再次见到。这份文件就是对他重婚的豁免文件，也就是说，哪怕他的第一次婚姻尚未被废除，也可以豁免他的再婚。[4] 奈特出发的时候，文件还没发出，而是紧随他之后。他也收到命令，要经过在贡比涅（Compiègne）的沃尔西，但不要向沃尔西主教透漏任何计划。相反，他要假装前往罗马，帮助沃尔西实施计划，建立一个教会的临时代理管理机构。然而，一个未具名的第三方已经把计划泄露给了主教沃尔西。对于这个未具名的第三方，亨利国王后来说，"我非常了解（他）"[5]。沃尔西很震惊地发现，在他不知情的情况下，国王已经行动了，他深信奈特的任务一定会失败，所以沃尔西

---

1　P.R.O.S.P. 1/42, fol. 255 (*L.P.*, iv, 3318). 参考*St.P.*, i, 261 (*L.P.*, iv, 3361)。

2　*St.P.*, i, 264 (*L.P.*, iv, 3381).

3　*Ibid.*, i, 267 (*L.P.*, iv, 3400).

4　这份豁免书的文本并不存在，其内容只能通过一封奈特写给亨利的信推测出来。(*St. P.*, vii, 3.)

5　亨利写给奈特的信没有日期，由加德纳刊载在"New Lights on the Divorce of Henry VIII", *E.H.R.*, xi (1896), 685 f.。

立即准备终止行动。但是亨利国王很快获悉沃尔西已经知道正在进行的一切。"我的枢机主教大人此刻完全知道我给你的密诏内容",国王在给奈特的信中写道,可能是根据安插在沃尔西随从中的线人的报告。因此,奈特并没有继续第一个方案,以防沃尔西"怀疑你被派去做我不会让他知道的事情(实际上的确如此)"。这份令人震惊的诏书草稿被搁置在一边,奈特坦率地承认了这些事实。他要消除沃尔西的疑虑,让沃尔西知道国王已经放弃主动出击,他将会独自前往罗马为枢机主教效劳。然而,奈特之所以被要求待在罗马,真正原因是亨利国王早已设计了第二套方案来处理此事,同样,沃尔西还是对此一无所知。[1]

奈特到达贡比涅时,发现沃尔西自信自己已经制止了亨利这一直接而明显判断失误的行动,并认为很快会传来召回奈特的信息。因此,他禁止奈特继续其行程。但是,第二天传来了亨利国王的一封信,命令奈特立即前往罗马,而奈特已秘密获知。无疑,沃尔西很迷惑,但是又不得不服从。同时,也有一封亨利国王给他的信。这封信出自亨利之手,信中充斥着空洞的溢美之词,称赞他的勤奋,并且承诺,他永远不会被自己的主人忘记;无论如何,这位主人不会忘恩负义,尤其是对他。回复亨利的时候,沃尔西也毫不掩饰自己的感情,说这一封来自亨利国王的信是一种象征,"我将会永远保存,作为永远的纪念和财富",并且向国王袒露了他那"热烈而忠诚的爱"。[2]

奈特要继续他的行程,因为他早已被告知,另外会有任务安排给他。第一封诏书的计划被放弃了,不过只是因为亨利还有第二个方案。这个方案"没有人知道,我也确定,决不会把这件事透露给任何一个依靠枢机主教或其他人所提供之手段为生的人"。他明白无误地将自己的态度告诉给了首席大臣,这与刚才提到的给沃尔西的那封信是同时写的,而沃尔西的

1　Gairdner, *art. cit.*, 685 f.
2　关于沃尔西的答复参见Gairdner, *loc. cit.*, *St.P.*, i, 177 ff. (*L.P.*, iv, 3423)。

热情显然使所有的焦虑都得到了缓解。第二个草案诏书内容如下：如果亨利的第一次婚姻被宣布无效，而且他与凯瑟琳同居而产生的罪孽遭到赦免，因此也不必被逐出教会，那么，他将有自由去迎娶任何女人，包括跟他有着直接姻亲关系的人，即使这种关系源自不正当的两性关系，甚至也可以是已经和他有染的女人。[1] 奈特将会把这个文件呈给教皇，催促教皇同意，并且不把内容泄露给任何人。

可以理解的是，该文件已经引起了很多的评论。首先，这是亨利对教皇权威范围的认可，这非同寻常。这是第一份含蓄地确认了亨利有迎娶安妮意图的文件，一个迄今为止没有明显被人察觉到的事实（包括沃尔西）。因为自从她的姐姐成为亨利的情妇以后，安妮就成为与国王有着直接姻亲关系的人。在问及需要豁免的姻亲关系是源自合法还是非法的结合时，亨利承认了自己与安妮姐姐的婚外关系，更准确地说，他声明自己未婚后，二人之间的私通关系。

一位枢机主教指出，既然玛丽·博林曾经是亨利国王的情妇，既然姻亲关系既可以来自合法，也可以是源自非法的结合，那么亨利同安妮·博林的关系，就如他第一次婚姻中他与凯瑟琳的关系一样。如此一来，如果神圣法和自然法禁止他和凯瑟琳的婚姻的话，他和安妮的婚姻也将被禁止。他不可能两者兼得——他努力想去做到的尝试也成为他特有的伪善的证明。但是亨利的思维很微妙。他把离婚案件的赌注押在《利未记》的经文，该段文字禁止男人与自己兄弟的妻子结婚。奈特准备提交给克雷芒的诏书允许亨利迎娶一位女性，只要不是自己兄弟的遗孀，也就是说不属于《圣经》中明确禁止的范围即可。安妮的确不属于此。她是一位情妇的妹妹，不是兄弟的妻子。姻亲关系是一样的，但是对于《利未记》，照文字理解的话，并不适用于她。区别不是十分明显，但足以安抚亨利那易变的良心。

---

1 *Pocock*, i, 22 ff. 最后一句话与其说是安妮屈服的证据，不如说是对未来的乐观准备。

就进展情况而言，第二份草案诏书看上去更有希望，但是仍然远远不够。亨利与凯瑟琳的第一次婚姻仍然需要被证明是无效的，才能发挥第二份诏书的作用。当奈特临近贡比涅的时候，亨利给在他的信中写了第三封可能会送达的诏书。可能这是为了处理另外一个基本问题。[1] 或许亨利仍然希望沃尔西能获得教皇的委托，这样一切问题都能迎刃而解。无论他的目的是哪一个，除非他摆脱第一个妻子，否则获得可以迎娶第二个妻子的豁免权明显是没有价值的。

奈特的使命对于沃尔西来说是一个痛苦的打击。他之前制订的所有计划似乎都已经不在他的掌控之中了。亨利早已抛开他行动，给他一种自己受到了藐视的感觉；又一位大臣被派往罗马，"他不清楚也不熟悉自己将要去做的事情"。如果他把一切搞砸的话，那就会把国王的秘密置于欧洲的大使们面前。[2] 是的，第一个文件被终止了，但代价是暴露了一个阴谋，这个阴谋可能会使得沃尔西为了国王利益而付出的努力成为多余。沃尔西从未体会过国王如此心口不一。毕竟，现在，奈特正在前往罗马的路上。为什么？沃尔西并不知道，但是他有权利怀疑是为了抛下他、不和他一起工作。按照国王的命令，奈特并没有给沃尔西看国王的第二封诏书，沃尔西本可以清楚地从中推测出，亨利自己的意图是，一旦获得了自由，就要迎娶安妮·博林。沃尔西已经去了法国，他相信凯瑟琳一定会被取代，但取代她的人不应是这位安妮，而应该是外交声誉良好的一位配偶，比如勒妮，她是弗朗索瓦一世的妻妹。虽然他还未向弗朗索瓦提出国王"伟大的事业"，但已经开始探索实现这一联姻的方法了。只有当他回到英格兰的时候，他才会发现亨利的真实意图以及其他人如何背着他积极地活动；但是，早有

---

1    但是，此后并未发现有第三份诏书的迹象。参见下文第218—219页。第二份诏书（亨利与安妮结婚的豁免许可）可能是有意越过克雷芒认为亨利与凯瑟琳结合无效的声明。

2    *St.P.*, i, 270 ff. (*L.P.*, iv, 3400).

谣言四起，有人当着亨利的面恶毒地谈论，说他没有尽全力去解决离婚事件，说他是出于虚荣和权欲而去寻求教会代理一职的。

> 我请求上帝做裁判（在听说此事之后给亨利写信），尊贵的陛下，无论您有什么样的看法，我从没有打算去冒险获得所说的委任状，以得到任何权威、野心、物品、私人利益或是不义之财，完全是为了推进陛下您的秘密事情的进展……我向陛下您保证，我将永远是您最谦逊、忠诚、顺从的仆人……去承受日夜操劳的痛苦，而不去考虑我自己的生死，而这一切只能由陛下您仁慈的爱与恩惠才能保证，这一点确信无疑。[1]

沃尔西的世界陷入了一片混乱，他必须赶回英格兰，去挽救比国际和平计划更为珍贵的东西。9 月 21 日，就在上文这封信写完之后八天，他从布洛涅匆忙回国——结果发现亨利和安妮闭门不见，并且国王只有得到安妮的同意才去召见沃尔西。[2]

---

1　*St.P.*, i, 278 (*L.P.*, iv, 3644).

2　*Sp. Cal.*, iii, ii, p. 277.

# 第七章

# 教会法中的离婚教规

在驳斥自己与凯瑟琳的婚姻的有效性时，亨利主要有两个明显的观点：第一，男人与自己兄弟的妻子结合违背了上帝的旨意，因此任何教皇的豁免和许可都无意义；其二，尤利乌斯二世授予了他特别豁免权来迎娶凯瑟琳，这是无效的。

第一条是基于《利未记》的两段文字："不可露你弟兄妻子的下体，这本是你弟兄的下体。""人若娶弟兄之妻，这本是污秽的事，羞辱了他的弟兄，二人必无子女。"[1]这些都是亨利和他的支持者一遍又一遍引用的文字。但是为了王室的目的，他们不得不做注释，证明在他们自己看来没有必要去证明，也就是在任何情况下，绝对禁止迎娶自己兄弟的妻子，不论这位妻子是否被抛弃，更重要的是，不论这个兄弟是否已经死亡。此外，这些文字还需证明，它们所禁止的是神圣法和自然法本身禁止的，教皇的豁免权不能干涉。

但是，《申命记》中的一些文字与《利未记》里的内容恰好对立："弟兄同居，若死了一个，没有儿子，死人的妻不可出嫁外人，她丈夫的兄弟

---

1　Leviticus, xviii, 16; xx, 21.

当尽弟兄的本分，娶她为妻，与她同房。"[1] 这里，乍看之下与《利未记》有明显冲突，实际上这是一种强制的要求，强制承担迎娶哥哥遗孀的责任，以便能够保障家族直系血统的延续——这是一种义务，被称为"利未婚"（娶寡嫂制，源自 levir，即小叔子）。这是一种深深植根于人类历史的习俗，不仅犹太人遵守，每个大洲都有民族遵守。[2] 如果亨利想要成功，就必须对《申命记》的规定进行解释，否则，就会破坏《利未记》似乎赞成的情况。对于《利未记》而言，需要有一个严谨的、原教旨主义的解释；而对于《申命记》，则要废除。

　　一大批希腊文和希伯来文学者、基督教徒、犹太教徒，包括神学家和精通宗教法规的人，他们来自修道院、大学，将被召集起来为国王提供证据，首先召集的是在英格兰的学者，而后召集欧洲大陆的专家。很快，英格兰的代理人到了国外，尤其是去往法国和意大利，或追究盘诘，或劝诱哄骗，或在图书馆里翻查搜索，或询问大学教员；在各所修道院草拟签名人名单，催促教会法学家和圣经学者拿起笔来签名。最后，他们从很多学者和机构那里搜集到了大量的辩论书、小册子、法官判决意见书和法官附带意见等。与此同时，当然，另外的一方也没有保持沉默。大小人物都被召集起来为凯瑟琳王后辩护，他们接触到大量的宗教小册子、各种各样的法官判决意见书。到 1529、1530 年的时候，国王离婚事件已经引起了一场激烈而又快节奏的国际辩论，尽管规模上，比起当时天主教和新教辩论家之间的冲突要小得多。这是关于注释圣经的一场竞争，印刷术以及新近的希腊文和希伯来文研究的复兴使其变得容易，对某些人来说，这是非常合适的。稍加研究一下大量的小册子论战，你会惊讶于这么多的辩论者的学识，惊讶于他们与教父、与遥远的议会、与小学者之间相处的轻松自在，惊讶于他们的辩论智慧，惊讶于他们的精力。

---

1　Deuteronomy, xxv, 5.

2　*Dictionnaire de la Bible, s.v.* "Levirat".

在关于《利未记》的问题上，从 4 世纪到 9 世纪有一系列教会省会议颁布的法令可以被"国王的朋友"所使用，这显然强有力地支持了亨利的事业——大约十五个会议，虽然发现的并不多。[1] 在长期的辩论过程中，众多神父会被列在亨利一方，为首的有四位最伟大的教父，给了特别的支持，包括巴西勒、德尔图良、奥古斯丁和格列高利一世，还包括大约二十位神学家（波拿文都拉、阿奎那、司各脱、佛罗伦萨的安东尼也在其中），以及十数位权威——一群主要来自欧洲大陆图书馆的学者聚集在一起。

《申命记》的内容必须被注释删掉。它在几个方面受到了批判。有人辩称，男人应该娶他兄弟遗孀的这条规定只是一种仪式上的或者是法律的"个别"认知，仅适用于犹太教，正如割礼一样，随着耶稣的降临而被废除了。现在要是再次引入这条规定，那就是犹太教化了，违反《利未记》的教义规定只有上帝才可以豁免。还有人辩称，《申命记》中的娶寡嫂制只在某些特定罕见的情形下才会被许可，而这些情形在亨利的案件中并不存在，尤其是弟弟的孩子应该使用哥哥的名字；或者《圣经·旧约》中提到的娶寡嫂制（这些是相当尴尬的来源）是虚妄的，因为没有证据表明第一次的婚姻双方已经圆房。有些人赞同奥利金、圣安波罗修和圣奥古斯丁等人提出的观点，并对这段文字进行了形象的解释：去世的兄弟代表的是耶稣，活着的兄弟则是教堂的每一位牧师，他们被派来抚养耶稣的子孙，生下儿子来继承他的名字。这种寓言性诠释在很大程度上发挥了作用。另外一些不同的观点，那是人文主义独创性的真正成果："弟兄"（frater）这个词，在拉丁文《圣经》本中是一般性使用，必须加以区分。在《利未记》中，它的意思是"同宗弟兄"（frater germanus），是严格意义上表示"兄弟"的意思；在《申命记》中则表示相对意义上的"同宗"（cognatus）。一个人或许不

---

1　即新凯撒里亚（Neocaesarea）、阿格德（Agde）、特雷布尔（Tribur）、托莱多（Toledo）等地会议。有关完整的名单，参见*Dictionnaire du Droit Canonique, s.v.* "Levirat"。

会去迎娶真正兄弟的妻子，但是一个人或许会娶一位广义上的兄弟的遗孀。因此，《圣经》两部分的矛盾仅仅是语义上的——这是圣哲罗姆的杰作，不是官方作者。如此一来，抛开《申命记》的原文，《利未记》的内容是不容置疑的，是绝对、不可豁免的禁令，禁止与兄弟的妻子结婚，无论是什么情况。[1]

这就是亨利观点的主要内容，非常简短，以这样或者那样的形式反复出现。如果要在长期辩论中出现进展的话，那就应该完善这些观点，提出另外的一些权威，来回答反对意见和观点，而不是寻找新的反对途径。

这些论证的价值何在？当然，亨利有案例——至少在某种意义上，他的支持者能够收集到足够多的材料来充实这些小册子。但是当他的对手完成他们的观点，将双方观点并置时，亨利的论证看上去比权宜之计好不了多少。

但是在深入了解辩论的细节之前，必须注意两件事情，这两件事情使得亨利的处境比原本更加糟糕。首先，与欧洲大陆那些著名人物对抗，这对亨利来说是他的不幸。这些名人中包括比韦斯，他写了一本书为凯瑟琳的利益呐喊，虽然冗长却很有力。[2]还有约翰·费希尔，他不过是罗切斯特主教，却因极力反对路德、厄科兰帕迪乌斯等人而闻名国际。此外还有枢机主教卡耶坦，托马索·德维奥，这位可能是除贝拉尔米诺之外这一世纪最为重要的天主教神学家，他曾经在亨利离婚事件几年之前为圣托马斯·阿

---

1　在这两段中，我将我所能读到的有关离婚的文献的主要论点作了概述，即Previdelli, *Concilium pro Invictissimo Rege Angliae*, etc. (1531)；P.R.O. S.P. 1/59, fols 196 ff.中的宗教政治小册子；B.M. Otho, CX, fols 179 ff.；*Harleian* 417, fols 11 ff.；*ibid.*, fols 33 ff.；*The Determinacions of the moste famous and mooste excellent universities of Italy and France* (1531)中所附的匿名小册子；*A Glasse of the Truthe*；Strype, *Ecclesiastical Memorials*, App. 38, 39中的两部作品；P.R.O. S.P. 1/63, fols 265 ff., 304 ff., 359 ff.中的三份论辩书；P.R.O. S.P. 1/64中的一系列简短小册子更迭；克兰麦在*Pocock*, i, 334 ff.中的*Articuli Duodecim*, etc.。这些作品有时包含支持亨利论点的材料，即基于《利未记》和严格宗教规范的论点反对尤利西斯二世的诏书。在本章后面将对诏书进行总结（下文第200—201页）。
2　*Apologia sive Confutatio etc.* (1531).

奎那的著作《神学大全》（*Summa Theologiae*）一书写过评论，并在书评中引用亨利的婚姻作为例子，来说明豁免是如何适用于君主和当时关于姻亲问题的思考；[1] 而现在，大约十年之后，当亨利质疑这种豁免的时候，他做出了迅速的反驳，这是一种得体简洁的破坏的典范。[2] 后来，当罗马最终开始声明反对亨利时，西班牙多明我会修士维多利亚调查了这个著名的离婚案件，发展了卡耶坦的观点，为反对亨利的观点增加了权威声音。[3] 最终，很久之后，罗贝托·贝拉尔米诺用一份对整个话题的权威调查结束了辩论。[4] 维多利亚和贝拉尔米内的观点肯定会被放在一边，因为他们是作为组织者，而不是战斗者参与此事的。但是即便没有他们的参与，凯瑟琳的辩护也非常有力。那么，亨利会拿出什么来反驳他们呢？他的支持者有爱德华·李，这个人非常有能力，却自命不凡；或者一位叫普雷维德利的，他倒是愿意参与，却默默无闻；还有《真实之鉴》（*A Glass of the Truth*）的作者，一位无名之辈；还有克兰麦，到目前为止，几乎没人知道他。

比韦斯、费希尔以及卡耶坦从那些代表凯瑟琳的利益而写作的人当中脱颖而出，经常写得非常精彩，就像托马斯·埃布尔或者是费尔南多·德洛阿塞斯，后者是塞哥维亚主教、查理五世的大臣，又或者是巴尔托洛梅奥·德斯皮纳。[5] 在他们当中，费希尔赢得的声誉最多。他为凯瑟琳写了至

---

1 *Commentaria super Summam Theologicam, etc.*, iia, iiae, qu. clix, art. ix.

2 *De Coniugio regis Angliae cum relicta fratris sui* (Rome, 1530).

3 *Relecciones Teologicas. De Matrimonio*, pars iia, ii, art. 4 ff.

4 Bellarmine, *De Controversiis, etc. De Matrimonio*, in *Opera Omnia* (Naples, 1872), ii, 844 ff.

5 Abel, *Invicta Veritas* (Luneburg, 1532); Loazes (Cardinal d'Osma), *In Causa Matrimonii Serenissimorum Dominorum Henrici et Catherinae, etc.* (Barcelona, 1531); de Spina, *Tractatus de Potestate papae super coniugio, etc.* in *Tractatuum exvariis Iuris Interpretibus,etc.* (Lyons, 1549), xvi. 前两部作品是一流的。我阅读过的其他著作还包括：Petropandus Caporella, *Questio de Matrimonio Serenissimae Reginae Angliae, etc.* (Naples, 1531); Ludovico Nozarola, *Super Divortio Caterinae ... Disputatio* (? 1530); Cochlaeus, *De Matrimonio Serenissimi regis Angliae, etc.* (Leipzig, 1535); Harpsfield, *The Pretended Divorce between Henry VIII and Catherine of Aragon*, ed. Pocock, Camden Society (1878), pp. 12 ff.; 由蒙托亚写的一份小册子，收录在B.M. Add., 28582, fols 219 ff.。

少七本书，[1] 书中清晰的内容和广泛的学识相当出众。他目光敏锐，捕捉到必要的和决定性的材料，对于材料的运用相当惊人。有几次，他揭露了一些重大的错误引用和一些被歪曲的内容，正如我们将要看到的，他展示出了对于希伯来文本注释的精通，一如他能自如运用教会法规中关于姻亲关系的复杂内容。从 1527 年一开始的时候，他就宣布自己是亨利的敌人，并一直坚持自己的反对立场，长达八年之久。他对国王口诛笔伐，一旦国王一方的人有新书出版，立即遭到费希尔的攻击；他在法庭上为凯瑟琳的辩护提供支持；到最后，当他没什么可以写的时候，他就通过布道的方式继续活动。亨利国王让这位不屈不挠的主教在他的家门口怒斥（在这一点上，费希尔与保持沉默的莫尔非常不同），这肯定是一种挑衅性的侮辱，以至于最终的惩罚直到 1535 年才到来，我们对此只能表示震惊。解决这个人的问题，除了处死，别无他法。

困扰亨利的不仅仅是反对者的实力。很容易让人产生这样的印象：迄今为止，从宗教意义上来说，他的离婚开启了实际上未知的领域（terra ignota）。真相远非如此。在亨利案件出现很久之前，调和《利未记》和《申命记》的问题就经常讨论。几乎每位有名的神学家都会论及婚姻，以及影响姻亲关系的障碍——这正是我们现在关注的——有人已经对亨利国王提出的这个问题做了反复彻底的讨论。亨利现在能提出的论点很少，这一主题长期以来一直有学术讨论，大多有定性结论。《圣经》中关于婚姻的法律部分已经在《教会法大全》（*Corpus Iuris Canonici*）中做了拓展和修改，围绕这些出现了很多的评论注释，不仅关于一般意义上的《教令集》（*Decretum*）和《教规汇编》（*Decretals*），也针对婚姻法律这一特定领域。当然，罗马教廷是受教会理论的指导，同时又指导教会理论，它把宗教法

---

1　1535年他在伦敦塔受审时是这样说的。B.M. Cleo. E, vi, fols 174 ff. (*L.P.*, viii, 859). 我只能读到他的 *De Causa Matrimonii serenissimi Regis Angliae, etc.* (Alcala, 1530)，以及收录于P.R.O. S.P. 1/42, fols 165 f. (*L.P.*, iv, 3232)中的政治宗教类小文章。

简化为精确的科学，目的在于处理无效诉讼，尤其是根据障碍的复杂情况给予豁免；如果找不出复杂的情形，宗教法就会至少予以解释和定级。当然，权威人士几乎在每一个观点上都存在各种分歧。这正是中世纪宗教神学体系的本质，把不和谐的内容调和起来，辩证地发展。正是这一点让亨利有条件制造出了这样一个案子。他获得了这样的机会，不是因为他的问题很新颖，而恰恰是因为他的问题早已是陈词滥调。虽然他可能从曾经讨论过这些事情的几代律师以及神学者中找到朋友，但毫无疑问，大多数人都会反对。

如何解决《利未记》与《申命记》中明显的矛盾之处？这个问题必须解决，除非有人想让《圣经》同时禁止并命令同样的事情。正如圣奥古斯丁曾经指出的（曾经利用过他的亨利主义者必须忘记），有三种可能的方式。[1] 可以说，《利未记》只有在兄弟还活着的时候才禁止与兄弟的妻子同居，也就是说，它对乱伦通奸给予一种尤其严重的惩罚，而留给弟弟完全的自由去遵守《申命记》的规定，娶自己已故而没有后代的哥哥的妻子。另一种情形是，《利未记》规定当哥哥还活着的时候，禁止弟弟娶一位被他的哥哥抛弃的人为妻，比如说通奸的女人。《利未记》并未禁止与**已故**兄弟的妻子结婚，因此这与《申命记》并不矛盾。第三，《利未记》可以被最大程度地理解为，禁止一个兄弟娶另一个兄弟的妻子，不论她是否寡居，**除非恰好**出现《申命记》中描述的情形，也就是哥哥去世而没有留下后代。那么，《利未记》在这种情况下是无效的，因为这已经超出了其规定的范围，这当中，姻亲关系的障碍将会被解除，因为弟弟要承担起责任，娶自己哥哥的妻子，并替哥哥抚养孩子。或者，卡耶坦提出了更为复杂的观点，维多利亚和贝拉尔米诺将之进一步发展。[2] 如果按照这一观点，第二次婚姻所带来的善行

---

1　Questionum S. Augustini in Heptateuchum, in *Migne, P.L.*, 34, col. 705. 我认为这一文本是费希尔写的。

2　在他们上文提到的作品中。

将会超过与自己嫂子结婚这种不可避免的卑劣之事，随之产生的善行将卑劣变成了"诚实"。

奥古斯丁提出的三个可能的解释中，第一种解释虽然有著名人物的支持，如黑尔斯的亚历山大和大阿尔伯特，但是它的缺点在于会让《利未记》显得多余。它仅仅是谴责通奸，而通奸早已受到谴责。第二个解释一直没有多少支持者，而且对于文本的限定范围似乎过于狭窄。第三个解释，《利未记》禁止与兄弟妻子的任何婚姻，除非兄弟已死，且无后裔，这一条证明是最能被接受的。这个解释可以最充分发挥《利未记》的影响，同时使它能够和《申命记》和平共存；而且，它还符合《圣经》中出现的娶寡嫂制的例子（及其注释）。[1]

毕竟，雅各之子犹大曾经命令他的至少三个儿子相继娶他玛为妻。第二个是在第一个兄弟死后无子娶的；第三个儿子继二儿子之后拒绝遵从父亲的命令。[2]这可以作为一个非常有说服力的例子，证明娶寡嫂制是强制性的，准确地遵从了《申命记》（正如费希尔等人所认为的）。那么，难道雅各和他的孪生兄弟希里不是相继娶了同一位女性（圣约瑟由此诞生）？圣奥古斯丁在一次毫无防备的情况下，曾经说他们根本不是兄弟。亨利的人立即抓住这个机会，把它当作及时雨，结果却被费希尔这位狂热的奥古斯丁修会会士所羞辱，费希尔在任何地方都和鹰一样警觉，他回到《订正录》（Retractations）一章中，奥古斯丁在这部分撤回了自己的观点，现在不仅承认他们两人是双胞胎，而且还解释说圣约瑟是二人共同的儿子，而实际上他只是雅各的儿子，准确地说是因为雅各遵守了《申命记》，以自己兄弟的名义为兄弟抚养后代：这对亨利来说真是一次惨败。[3]难道路得没有继续

---

1　此处我引用的是费希尔在De Causa Matrimonii, etc., 17 ff.中的内容。每次我核查他的参考文献时，我都发现它们是正确的。我就是从他那里获取了权威支持者的名字。

2　Genesis xxxviii.

3　Retractions ii, cap. vii, in Migne, P.L., 32, col. 633. Fisher, op. cit., 11. 正如奥古斯丁在此处指出的那样，恰恰是利未婚解释了路加和马太对基督所给出的不同谱系。

遵循《申命记》中规定的复杂的仪式，以反对一位拒绝把她从寡居生活中解脱出来的叔伯，而最终还是嫁给了她已故丈夫家族中的另外一个成员？[1]简而言之，毫无疑问，按照旧的法律，娶寡嫂制是由上帝制定的习俗，而不是被上帝禁止的；并且声称（正如现在主张的一样）在这些案例中，第一次婚姻未圆房就是假定表面上存在不可能的事情和一些凭经验无法核实的情况。

引证《申命记》的寓言解释也不是一个令人信服的逃避手段。寓言并不排除字面含义；寓言解释和字面含义都是利尔的尼古拉斯著名的四部曲中的一部分，据此可以挖掘丰富的《圣经》经文内容，圣奥古斯丁在探讨《申命记》的时候也都使用了这两层含义。所有为这种解释辩护的文本都是不确定的。因此，基于"兄弟"一词的不同含义就产生了争论。这不是一次成功的冒险。无论是费希尔还是卡耶坦，都可以毫不费力地证明《申命记》中的"levir"对于希伯来人来说是无可争辩地表示已故丈夫之兄弟，在术语表达上与《利未记》中的表述没有区别。[2]此外，正如费希尔评论的，神父们，甚至包括对方所引用的一些作者，也都明确地假定了术语的同一性，这是个精准打击。"兄弟"一词在《申命记》和《利未记》中不仅仅对犹大、路得等人都具有相同的含义，而且对奥古斯丁、希拉里、金口约翰、安波罗修、波拿文都拉、阿奎那等人而言含义也相同，不用说三个福音派传道者：马太，马可和路加。如此一来，费希尔把他的对手置于了一个明显的两难困境当中：要么他们必须接受传统的解释而放弃自己的观点，要么提出一个新的观点，但是会缺乏只有神圣权威可以赋予的社会认可。因此，这种观点被放弃了。除了采用后来由梅兰希顿和贝萨提出的极其简单的解决办

---

1   Ruth, iv, 1–3.

2   Fisher, *op. cit.*, 4v. 他说他在第三本书中谈到了这个问题，我并未找到这一点。Cajetan, *op, cit.*, 194 f.；参考Bellarmine, *loc. cit.*, 847 f.。

法，也就是践行《旧约》中的娶寡嫂制是一种罪孽 [1]——亨利的支持者没有胆量这样做——现在只有两种方法可以打破僵局：坚决主张《申命记》仅仅是对犹太人做出的让步，而应根据新的教会法废除之；辩称娶寡嫂制只有获得特定的神圣豁免才可以被允许。理想的状态是这两种观点并存，如果单独提出第一个观点，那将会隐含地做出让步，承认娶寡嫂制这一原则与神圣法并不矛盾。只有假定有人声明娶寡嫂制在每一种情况下是由上帝本人要求《旧约》中特定的人遵循，这样的推论才可以被避免。

第一种观点是合理的，原因在于娶寡嫂制明显不是基督教风俗。尽管如此，为了完全地保持下去，在《新约》中有两件事必须仔细地加以解释。由此会令人想起施洗者约翰，他因希律王娶了他兄弟腓力的妻子而严肃地斥责。现在，难道这种情况不完全适合亨利的案子吗？难道新的法律先驱者不是在谴责娶寡嫂制这种旧法律的残余吗？亨利的支持者如此断言。但是他们的观点存在一个缺陷，正如大部分的评论者认为的，[2] 正如埃布尔利用《新约》里的内在证据，不容置疑地证实了，[3] 当希律王娶了腓力的妻子的时候，腓力仍然还活着。因此，约翰谴责《利未记》禁止了各方都同意的行为，也就是乱伦通奸；在《申命记》中却绝对不会谴责娶寡嫂制。而且，撒都该人为了难倒基督耶稣，给他出了个难题：一位女士相继嫁给了七位兄弟，那么当她到了天堂的时候，需要怎样做才能知道哪一位是她真正的丈夫？[4] 亨利的辩护者把这一情形搁置到一边，认为那是幻想，这样做是没有用的——毫无疑问这确实是幻想——或者，首先，它表明了娶寡嫂制在耶稣时代仍然是存在的；其次，耶稣的答复仅仅是，享见上帝将超越婚姻的感情，因此问题不会出现，而**不是**相关各方违反了神圣法。[5] 对凯瑟琳来

---

1　贝拉尔米诺引述过，*loc. cit.*。

2　例如Peter of Blois, *Epistola,* cxv; *Migne, P.L.*, 207, cols 343 ff.。

3　*Invicta Veritas*（没有标记页码）。

4　Matthew, xxii, 23–7以及其他地方。

5　正如费希尔指出的。

说，这的确是个问题。

据此，唯一剩下的就是我们已经提到的最后一个观点：娶寡嫂制总是要求上帝的专门介入。那么这样做的证据是什么？《申命记》中的强制口吻难道不是反对这种假设吗？难道《旧约》中的娶寡嫂制的例子没有表明这是一种确定的风俗，根本不需要上帝的专门**许可**吗？这个论点的优势在于没有确凿的证据可以用来反对它；缺点是找不到任何人来支持它，除了我们看到的，一小部分后来的学者对此提供了支持。但这是最好的办法了。因此，最后的争论就出现了，只需上帝就能够豁免这种直接姻亲关系的障碍，因为这种阻碍是基于上帝的法律的。辩护的证据在于只有上帝才能豁免，这是至关重要的一点。**因此**，由于上帝没有给予亨利婚姻专门的许可，所以这段婚姻无效。

所有的这一切已经使得亨利对于姻亲关系的本质有了一种极端的认识，从用词的规范意义上来讲又是一种不可能的认识，要理解这一点，我们必须摆脱这一观点，从另外一条途径来理解。

中世纪的神学家和教会法学家对于姻亲关系这个问题关注很多。对于关系这个问题，包括甲乙两性双方的结合建立起来的关系、甲与乙的亲戚之间的关系，以及乙与甲的亲戚之间的关系（当然，这种关系需要区别于血亲关系，血亲关系只存在于甲和他自己的亲戚之间，以及乙和她自己的亲戚之间）。他们反复地讨论这个问题，关于亨利的问题的辩论便是基于此产生，也就是姻亲关系的障碍是基于神圣法或自然法，还是仅仅是教会的实在法。有几种不同的答案出现。邓斯·司各脱声称姻亲关系阻碍婚姻的根据仅仅是教会法，并且否认哪怕是直系中处于第一等的姻亲关系（比如说女婿与岳母之间），更不要说旁系之间（例如妻子同丈夫的兄弟姐妹之间，以及丈夫同妻子的兄弟姐妹之间），在自然法中是被禁止的。[1] 其他人

---

1  *Questiones super quattuor libros Sententiarum*, iv, dist. xli.

的观点没有那么激进。关于直系概念，往上下追溯，有一派人（其中以约翰内斯·安德烈埃为首）[1] 认为自然法禁止各种亲等的姻亲关系；另外一派人，如皮埃尔·德拉帕吕[2]，认为只有在直系姻亲关系上才会这样，无论是从哪一方。若是旁系或横向姻亲关系，也就是同代人之间的姻亲关系（这是我们所关注的），一小部分人说自然法中并没有禁止这种姻亲。[3] 如此一来，圣托马斯虽然赞同一位母亲和儿子不可能结合，却不会赞同自然法禁止兄弟和姐妹的结合——因为亚伯拉罕就是娶了他的姐姐，亚当的每一个儿子也是这样做的。如果说托马斯豁免了一级亲等旁系血亲关系，那么他必须也要同样地对待姻亲关系。卡耶坦效仿了这一观点，而且这种观点一直处于发展中，直到 18 世纪它才占据主导地位。但是，在 16 世纪早期，这只是少数人的观点。大部分人认为，根据神圣法和自然法，旁系中第一亲等关系之间的姻亲关系的确是被禁止的。

难道亨利不是这样说的吗？不。大部分权威人士这样说过，也证明了他们的观点。自然法禁止旁系中第一亲等关系之间的姻亲，但允许与兄弟去世而无子所留下的遗孀成婚。按照《申命记》，这种特殊的情况与众不同，正如奥古斯丁早就指出的（见上文）。来自布卢瓦的彼得和波拿文都拉也这样认为；在另一个场合，圣托马斯也似乎改变了自己的看法，承认旁系姻亲终究违背了自然法；像达布特里奥、安东尼奥·罗塞利和伟大的胡安·德托尔克马达等教会法学家也是如此，托尔克马达是一位因文学之外的成就而出名的人的叔叔。[4] 这一名单可以继续延长，但是没有必要。很清楚的是，

---

1　有关这一谱系，参见他的著作《论血亲与姻亲》（ *De Arbore Consanguinitatis et Affinitatis* ）。

2　*Quartum Sententiarum, etc.,* dist. xli, qu. i, art. 5.

3　例如Richard of Middleton, in *Quartum Sententiarum, etc.*, iv, dist. xli, art. ii.。

4　Peter of Blois, *Epistola* cxv; Bonaventure on the *Sentences* iv, dist. xxxix, art. ii, qu. iv; St Thomas, *Summa Theologiae*, 1a, 2ae, qu. cv, art. iv; De Butrio, *Lectura super Quarto Decretalium* in c. Deus qui Ecclesiam; Anthony de Rosellis, *Monarchia, etc.* (edn Venice, 1497), 89; Torquemada, *Commentaria super Decreto,* ii, causa xxxv, qu. 1 and 2.

经院学者和教会法学家认为，禁止旁系中第一亲等关系之间的姻亲的基础在于自然法或神圣法的，因此不能被豁免，通常只有一个案例可以明确豁免——**就刚好是亨利的案件**。如果有部分人没有明确要排除这个例外的话，他们当然就没有做出否认，那么对于亨利来说，把他们称作朋友是危险的。

面对少得可怜的支持，亨利的拥护者不得不采取了一些权宜之计。他们详细讨论了自然法和实在法的区别，道德与司法的区别，但能给出的证明很少。他们引用的文字中明确了一点，那就是禁止的层级是存在的，这点没有争议，但是这没有触及真正的问题，即是否可以被豁免。他们引用文字，称神圣法和自然法所禁止的婚姻不是婚姻——这一点仍然没有争议——但不表明亨利属于这一类。他们引用权威人士的言论，提供的却是不确定的证词，因为他们并没有真正处理过一个男人与其兄弟遗孀之间的姻亲这种特殊的案子。[1] 更糟糕的是，有时他们会错误引用。普雷维德利[2] 将安东尼奥·达布特里奥视作盟友，但是正如前文提到的，他并不是。波拿文都拉不止一次地被误引，圣托马斯也是如此。[3] 这些或许是过于匆忙造成的过失。不能说托尔克马达同样受到了不公正的对待。在为《教令集》写的评论中，这位枢机主教花了相当长的时间研究直接姻亲关系中禁止的情况。他曾经作为教会法学家在罗马教廷服务，可以引用两个非常有意思的案例，其中之一是路易十一向尤金四世请求许可，娶自己已故妻子的妹妹；另外一例是阿马尼亚克（Armagnac）的伯爵，请求庇护二世允许自己娶亲妹妹。在这两例案子中，托尔克马达反对这两位请求人的观点，而他们也都被拒绝了。普雷维德利对此起了很大的作用，多次征引托尔克马达作为亨利的盟友。在现实中，正如费希尔评论的，托尔克马达扰乱了亨利。

---

1　这样一来，奥利金关于Leviticus c. 20、金口约翰的Homily No. 77、安波罗修的*Epistolae* li, 8, no. 66，以及其他一些文本的论点就不相关了，因为他们所处理的案例与亨利的案例尤为不同。

2　出自他的*Concilium, etc.*，上文已提及。

3　P.R.O. S.P. 1/59, fol. 234v; B.M. Harl., 417, fol. 42v中的文章。

在讲述这些故事的前后，他明确表示，已故兄弟的妻子毫无疑问属于直接姻亲关系，根据神圣法，**不应**被禁止另嫁他人；在是否允许她嫁给已故丈夫的兄弟这个问题上，他继续说，教皇并非确切地予以豁免，而是赞同或者命令完成第二次婚姻，从而履行《申命记》的戒律——这是一个新颖的观点。托尔克马达反对国王路易十一，是因为路易想娶已故妻子的妹妹，这是《申命记》中没有规定的。但是已故兄弟的妻子却不一样。神圣法绝对不应该禁止兄弟的妻子，而应该完全相反。[1] 很难找到比托尔克马达更全面地讨论离婚所涉问题的作家，也很难找出一个能够坚决驳回亨利的辩论的人。现在说他是亨利的朋友，那就是明显盗用他人之名的行为，绝对称不上诚实。

哲罗姆、巴西勒、德尔图良和格列高利一世四位教父被专门提出，证明亨利关于姻亲关系的辩护是正义的。哲罗姆和德尔图良是被错误引用的。他们两人都讨论过施洗者约翰对希律王娶自己哥哥的妻子的谴责，但是哲罗姆认为当时腓力仍然还活着，而德尔图良认为他已经死了，并且留下了一个女儿。因此，他们两人都不认为希律王因为遵守《申命记》的规定而受到谴责，正如亨利想要争辩的那样，因此他们也没有对亨利婚姻作出宣判。德尔图良的确暗示他会表示赞同。[2] 巴西勒的证据则缺少价值，他只是宣称娶已故妻子的姐妹是不允许的，这并没有阐明他对于亨利案件的看法。[3] 四位教父当中，格列高利一世的观点最倾向于帮助亨利。在回应坎特伯雷

---

1 *Commentaria super Decreto*, ii, causa xxxv, art. iii, art. 3; and qu. 2.

2 Jerome, *Commentaria in Evangelium S. Matthaei*，收于*Migne, P.L.*, 26, col. 97。Tertullian, *Adversus Marcionem*，收于 *Migne, P.L.*, 2, col. 443。

3 *Epistola* clx，收于*Migne, P.L.*, 77, cols 1189 f.。1530年初，英格兰的代理人（经过长时间的搜寻）在威尼斯发现了巴西勒的另一封信，他在信中说谁要是娶了兄弟的妻子，就必须把她监禁起来。虽然证据更有力，但它仍然没有处理好《申命记》的问题（*L.P.*, iv, 6229, *Migne, P.L.*, 77, col. 723）。此外，就像所有的教父著作证据一样，它揭示了其合法性，而不是可豁免性。教皇是否能够豁免所有人都赞同的观点，**这是**一种障碍。而巴西勒的观点并没有触及这一问题。

的奥古斯丁询问的信中，他确实说过，按照上帝法的旨意，一个男人禁止娶自己兄弟的妻子，并提及施洗者约翰的话和殉道作为证据。[1] 但即便这一点也值得怀疑，因为没有证据表明他写的是"已故"兄弟的妻子，且已故的兄弟没有留下后裔。教父著作注释中告诉我们，约翰谴责希律王是因为他的哥哥仍然还活着，或者留下了后代。似乎没有其他神父辩称希律王是履行了《利未记》的规定，约翰因此谴责他。没有其他教父说过约翰废止了《申命记》。是否正如现在宣称的，可能是格列高利认为约翰放弃了《申命记》？至少，无法证明他有过这样的想法；只要他如此想过，格列高利的话一定是不够明确的。亨利案件之重要须要求严格，若要如此则格列高利的名字须从亨利支持者的名单上划去。

娶已故且未留下后代的兄弟的遗孀，这违背了神圣法和自然法，再没有比这个明确的陈述更有益于亨利了，这是非常迫切的要求。经过仔细审查，筛选出亨利的支持者收集起来的教父和学者的证据，去掉那些缺少实质根据的和无关紧要的内容，以及按照刚刚提到的标准那些不确定的因素，先前令人印象深刻的结果已经大打折扣了。

似乎仅有五个人给了亨利不容置疑的支持：仅有一位生活于 12 世纪，另外四位是多明我会修士，他们构成了一个小的"流派"，生活年代涵盖了 14 世纪到 16 世纪早期。

第一位是来自图尔的伊尔德贝，他是一位诗人和主教（后来成为大主教）。在写给一位询问者的信中，亨利的手下应该注意到了这是一封美化他们的研究的颂词，在信中他明确地说，女子不应该嫁给与她先前有过婚约且已亡故的男人的兄弟。[2] 有人认为，更不用怀疑的是，如果第一次结婚双方圆房的话，伊尔德贝绝对不允许第二次的结合。虽然他的观点显然没有得到他人支持，但的确是有助于亨利的，同时会被亨利的对手所摒弃。两

---

1　*Migne, P.L.*, 77, cols 1189 ff.

2　*Migne, P.L.*, 171, cols 207 f. "无论如何，兄弟不能与兄弟结婚"，他如是写道。

个世纪以后的 14 世纪初，一位叫作皮埃尔·德拉帕吕的多明我会修士，他最后成了耶路撒冷的主教，曾多次参与当时的教会活动。他为彼得罗·隆巴尔多（当时是巴黎的一位主事官）的《语录》（*Sentences*）写了一个评论，在这个过程中他宣称，与已故兄弟遗孀的婚姻，即便是兄弟没有留下后代，也应被神圣法所禁止的；《旧约》中所说的娶寡嫂制只能是在给予了专门的神圣豁免后才会被允许，而这一神圣豁免应由上帝授予，而非教皇。[1] 一位大约与他同时代的洛桑的詹姆斯，同为多明我会修士，他也赞成这个观点。[2] 一百多年以后，正是佛罗伦萨的圣安东尼重复了这个观点，几乎是逐字地引用德拉帕吕的话。[3] 娶寡嫂制有时候像重婚罪那样，是被上帝许可的，但是教皇既不能豁免重婚罪，也不能豁免续娶寡嫂。而到了 16 世纪初，曾任教皇典礼长、与路德辩论过的西尔韦斯特·普列里阿斯也几乎完全地重复了德拉帕卢和圣安东尼曾经写过的内容。[4]

如此一来，我们通过一条不同的途径，回到了先前的观点上来：利用《申命记》中的戒律，或者豁免《利未记》中的禁令，只取决于上帝。因为亨利一方提出的经常存在矛盾的各色观点中，这是唯一有力的一个观点。这体现了对于《申命记》措辞的尊重，包容了教父和学者理解文本字面意义的令人信服的证据；不需要动用希伯来哲学这样的双刃剑；充分证明了《圣经》出现的娶寡嫂制的例子；获得了两派著名的神学家以及最近的教会法学家的支持。

然而这个观点还是比较薄弱。首先，它基于毫无根据的假设：无论何

---

1　收于 *Quartum Sententiarum*, dist. xli, qu. i.。

2　这一观点出自他的 *Super Quartum Sententiarum*, qu. cxvi, concl. 2a。亨利耗费了好大工夫才找到这本书。当他终于拿到一份可能是从偏远的地方借来的抄本时，他已让人把有关段落的证明副本做好了。我没有找到詹姆斯的作品，因此使用了这一文本，参见 *Rymer*, xiv, 390 f.。亨利应该亲自监督了抄写工作，这说明了他非常积极地参与到了这场离婚战役的每个细节。

3　参见他的著作 *Summa Theologica*, iii., tita, io., ca. ii.。

4　参见他的著作 *Summa Summarum*, *s.v.* "papa", qu. 17。

时遵守《申命记》，上帝都会给予相关的人专门的许可或命令。其次，对于给予亨利无懈可击的支持的五个人，表示反对的包括司各脱派、[1]圣托马斯主义者（以他们为主）、波拿文都拉、托尔克马达以及其他的人。这五个人只代表了中世纪交织的思想浪潮中的一条线；即便是那些没有讨论过亨利的案子的人被认为是中立的，也许也会站出来反对亨利；[2]有人或许会问，这五个人要如何应对如此多的反对意见？而且，他们不仅仅是少数派。他们的观点与大部分的事实是矛盾的。

尤利乌斯二世给予亨利的豁免并不普通，但也不是什么新鲜事。马丁五世曾经打算允许一个男人娶他的妻妹，并说很多的神学和法学博士，以及康斯坦茨大公会议上的大部分人都反复告诉他，他可以在《利未记》的许可范围之内予以豁免。教皇亚历山大六世曾经允许葡萄牙国王埃曼努埃尔二世（他的儿子还活着）相继迎娶斐迪南和伊莎贝拉的两个女儿，也就是阿尔贡的凯瑟琳的姐妹——尽管他的第一位妻子给他生了一个儿子。这位教皇还曾经豁免那不勒斯的国王娶他的姑姑，年代距当时更近，也就是亨利得到豁免之后，利奥十世曾经给奥古斯丁修士会的一位成员命令，豁免直系姻亲关系的禁令；此外，克雷芒七世曾经允许至少两位贵族娶自己的妻妹。[3]在这些案例中，被豁免的婚姻关系障碍比亨利和凯瑟琳所面对的要严重得多，因为在《申命记》中并无证据支持这些情况。如果说马丁五世是经过一番深思熟虑之后，对这些第一亲等的旁系姻亲关系进行豁免，如果说亚历山大六世也是这么做的——他们都没有《申命记》的支持——但是尤利乌斯在给予亨利恩惠时又有多少自信，认为亨利的情况完全符合

---

1　关于后来的司脱各派宣称所有的姻亲关系障碍都是基于实在法的例子，参见Steinbach, *Gabrielis Biel Supplementum, etc.*, dist. xli, qu. i, art. 2.。

2　这是考虑到"上帝就是教会"（Deus qui Ecclesiam）的问题，参见下文。

3　费希尔注意到了这些案例。后者犯了一个常见的错误，他认为马丁五世豁免了一个娶了自己妹妹的人。关于这一误解的历史和马丁的诏书，参见Joyce, *Christian Marriage, etc.* (1948), 528 n.。

《申命记》呢？如果说尤利乌斯在给予亨利豁免的时候十分有把握，那么二十五年之后，继之而来的一系列豁免，又在多大程度上是有把握的呢？

尤利乌斯是在教皇的权力范围之内做出如此行动的。事实上，他的立场刚好和英诺森三世一样。在亨利挑战尤利乌斯赦免权力的三百年多前，英诺森曾经对利沃尼亚人的等级做出过裁定，即遵从摩西律法的异教徒娶了无子嗣的遗孀，无需被迫与自己的妻子分离才可以进入教堂。他们的婚姻是被宣布有效的。[1]这是对娶寡嫂制和《申命记》明确的认可。此外，从中世纪最权威的精通宗教法规的教皇开始，这一措辞已经加入教会法，[2]并成为后来的教会法学家和神学家对直系姻亲做出一系列裁决的最高权威引证，如果直接姻亲关系是被神圣法禁止的话，除了一种情况，一切情况也都如此；虽然娶寡嫂制不是基督教的惯例，但也不是无效的；教皇有充足的理由赦免一个娶了无后的已故兄弟遗孀的人。

英诺森对亨利来说是个巨大打击。唯一的反击就是进攻。在《大全》中，引用的当然只是最核心的部分，而不是整份文件。寄希望于整个措辞或许存在漏洞，亨利国王命令在罗马的代理人搜索教皇的登记本，送回一份完整的原件副本。他们这样做了，但无济于事，《大全》并没有歪曲教皇的观点。但是，英诺森曾经对这些新皈依者使用过"我们承认"（concedimus）这个词，给予延续他们婚姻的特权。有人说这样不如使用"我们赦免"（dispensamus）一词更为充分。这种反对不太可信。[3]确实，之所以做出让步，是因为这些支持者都是新信徒；确实，英诺森禁止任何人以后缔结这种婚姻。虽然如此，教皇的诏书仍然是最权威的声明，男人和他兄弟的遗孀结婚的障碍不是基于神圣法或者自然法。当然存在某种情况的婚姻障碍，但是属于教会法。要赦免这种情况，英诺森必须有充足的理由，因为障碍

1 全文参见*Migne, P.L.*, 216, cols 1183 f.。

2 Lib. iv, tit. xix, c. ix.

3 在B.M. Harl., 417, fols 18 f.中，对此有过争论。

是存在的，他煞费苦心地要确保其赦免不会被视为对未来的公开许可。

　　费希尔说教皇诏令，即"上帝就是教会"是决定性的，他是正确的。[1] 王室任何精心的谋划都不能最终将其推翻。正如我们已经看到的，国王的人引用了早期省级会议的一些判决。[2] 但即便是激进的教会会议至上主义者，也几乎不敢用这些判决与教皇的判决对抗；不管怎样，他们的态度模棱两可，因为他们没有明确反对与已故且无后的兄弟之妻结婚，而且他们所说的"不合法"是有争议的，而不是不可豁免的（这是一个重要的区别）。

　　要是尤利乌斯的赦免是独一无二的话，它仍然具有来自事实的力量：这是强大权力的结果，这种权力是学术观点的主人，而非仆人。对于一个完完全全的教皇信徒来说，教皇能够赦免这种障碍的证据就是他曾经这样做过。但是，虽然尤利乌斯是自英诺森之后第一位发出这种赦命的人，时间不会与国王作对，也不会与教皇作对。此外，"上帝就是教会"的教令也没有失去作用。它仍然被保留在了《大全》里，注家们还不时引用，并体现在他们的思想中。因此，尤利乌斯并没有寻章摘句，他是在应用活着的法律。

　　对亨利有利的五个人，包括伊尔德贝、德拉帕吕、洛桑的詹姆斯、圣安东尼以及普列里阿斯等人，他们无视英诺森的诏令，个中原因不详。但因为有了这样的做法，他们不仅被认为是小众群体，而且在与主流的教会法学家以及教廷的冲突中，他们也是次要流派。此外，到目前为止，他们几乎都一字不差地接受了德拉帕吕的观点，他们的观点可以被描述为是一个人的观点。然而，之后几年里，德拉帕吕为圣经写了评论。在他谈到《利未记》第十八章的时候，他**撤回**了自己年轻时为《语录》一书写的评论中

---

1　Fisher, *op. cit.*, i.

2　Esp. Neocaesarea, c. 2. 我们也必须注意到教牧人员代表会议的判决，由康斯坦茨大公会议确认，它谴责了威克利夫的教导，即利未人的禁令只在于司法——尽管亨利这样认为，这**并不是**说禁令是基于自然法或神圣法。

的观点，声称关于第一等的旁系姻亲的障碍是以实在法律为依据的。正是托马斯·埃布尔发现德拉帕吕改变了之前的观点，并当着亨利的面嘲弄。[1]很难说这是否削弱了其他四个人的观点的价值，但的确没有帮到亨利。

因此，亨利提出的主要论点都没有多大的力量，尽管这些论点被一次又一次地重复。他们对《申命记》和《利未记》的态度或极端，或过于新颖，以至于站不住脚；或者，严格地评估下来，这些论点毫无道理可言。也没有哪个观点获得任何一位教父明确而无疑的拥护；仅仅有一个观点获得了后来权威的支持，而这个支持从其根本上就是被击破了的。虽然很多学者并未明确反对亨利，但如果他们考虑过亨利的案子的话，很有可能会和自己众多的追随者一样，受到教令"上帝就是教会"的引导，并以判决的方式来反对它。施予亨利的豁免是相对少见的，但并不新鲜。经过审查，亨利这一方提供的证据，既不十分明确，也与案件无关，甚至是更糟糕的。与之对立的是《申命记》中的神圣文字，以及《旧约》中无可否认的事实，即犹太人据此所践行的娶寡嫂的做法。一个又一个教父在许多方面、太多方面反对他。有很多经院学者和教会法学家反对他，在他们当中最重要的是英诺森三世。还有个事实于亨利不利，尤利乌斯二世给予亨利的赦免，我们有理由相信，前有马丁五世、亚历山大七世，后有利奥十世和克雷芒七世都将授予。不利于他的还有了解以上所有观点的费希尔、卡耶坦和埃布尔等人。

宣称尤利乌斯的赦免是越权的，当然，这是对教皇本身权威的挑战，由此涉入了一个危险的领域。这是第二次运动开始的原因之一（或许不是唯一的原因），第二次运动并不是反对尤利乌斯批准的所有赦免，而只是这

---

1　我还没有找到德拉帕吕这本著作的副本，因此只能依靠找到并在著作中引用它的那个人，也就是埃布尔的著作《无敌的真理》（*Invicta Veritas*）。我在核实他的观点的时候，发现都很准确。埃布尔可能是在罗马的帝国至上主义者的帮助下得到这篇文章的，他们请求从巴黎寄来一份这篇罕见作品的副本。*Sp. Cal.*, iii, ii, 667.

一特定的赦免。

教会法关于赦免的规定准确而严格。首先，要出示充足的理由（causa）来说明为什么要给予赦免。申请者的情况和动机、豁免的确切性质和程度都要予以说明，并复述在赦免书的序言部分。如果提出的事实被证明有误，或者拒绝提供重大事实的话，教皇诏书将被判定没有事实依据或是隐瞒事实，因此是无效的，这样申请人就要重新开始申请。所有这些必须谨慎，这给了亨利一次新的机会来深挖反对他婚姻的证据。[1]

他首先攻击的是尤利乌斯赦免书的颁发原因。教皇引用了请愿书，以此为动机批准请求，希望英格兰和西班牙的和平关系能够因此得以巩固。[2]这里出现了两种反对意见：首先，这种理由不够充足，实际上还有些可笑；其次，如果说从教规的角度来说，这是合理的，那么从历史上看则不然，因为在请愿期间，英格兰和西班牙建立了同盟，那么亨利和凯瑟琳结合的本意就不是为了创造并见证和平的。如此一来，尤利乌斯的诏书就是建立在曲解的基础之上。

需要消耗大量的精力来促成这些观点。有些内容被用来完善这个观点：既然教皇的赦免是为了维持亨利七世和斐迪南以及伊莎贝拉之间的和平，而当亨利八世娶凯瑟琳时，他的父亲亨利七世已经去世了，这意味着开始使用赦免书的时候，它就已经失去了效力。

但是第一个异议是荒谬的。在教会法中，找不出比促进两国良好关系这个理由更好的内容。[3]对于第二个异议，尤利乌斯并没有说过这次婚姻会缔造英格兰和西班牙之间的和平，而是巩固和平关系；在最理想的情况下，和平总是更好的。这些内容用他的话来说就是（值得注意的是，由这位英

---

1    下面的内容是我已经理解了的几篇支持国王的小册子中的论点，即，B.M. Add., 4622, fols 104 ff.；*Harleian* 417, fols 11 ff.（作者为爱德华·李）；*A Glasse of the Truthe*。对于反驳，我主要借助洛阿塞斯的观点，他对整个议题做了充分的论述。

2    *Ut hujusmodi vinculum pacis et amicitiae ... diutius permanet*'.

3    参见Dauvillier, *op. cit.*, 235 ff.。

格兰人来讲），"现存的和平可以持续得更加长久"，这准确地表达了赦免书真正的动机。而且，自发布的那一刻起，赦免书就立即且永久地生效了。认为只有当付诸实施的时候赦免才生效，实际上会造成更多困难。如果亨利七世的去世使诏书失效，那么，如果他的儿子娶凯瑟琳是在1504年，而到1509年他去世后，这段婚姻是否无效了呢？显然不是。如果诏书在提到亨利七世时注明他还活着，而实际上已经逝世，局面会大不一样，但是诏书没有做到这一点。

虽然是经过精心谋划的，但这一论点还是引起了一些骚动，结果证明这是一件毫无根据、令人难以捉摸的事情，会被彻底拒绝。恰恰是这个原因，1528年在西班牙的第二份赦免（这一次是判词摘要）的发现才显得如此重要。辩护状与诏书以及补充材料的日期相同，但在某些细节方面明显不同。[1] 诏书中说第一次婚姻"可能"已经圆房，辩护状中则没有这么犹豫，只是简单地陈述曾经有过婚姻。诏书中说，予以赦免是为了促进两个国家之间的和平，辩护状中则说是为了这样**和其他理由**，并没有具体说明。加上了这些话之后，反对诏书的主要论点被击垮了。面对这些"其他理由"，不能再说理由不充分了；所有人都知道，这些"其他理由"或许远比改善英、西两国的关系更为重要。但是，即便没有那份辩护状——后文将对此做讨论[2]——也很难说亨利可以推动自己的论点。

事已至此，他不得不另寻他策。1505年春季，世人将会回忆起这一时刻，[3] 这位未来的国王做出了抗议，反对他与凯瑟琳的婚约，并且公开声称他不会娶凯瑟琳为妻。现在要讨论的是，这样做，他就是公开且永久地宣布放弃对他的豁免；这样宣布以后，他不可能接着宣布重新恢复豁免。但这明显是个似是而非的论点。亨利并没有获得豁免，也就不能宣布放弃；

1　文本参见*Burnet*, iv, 610 f.。

2　参见下文第233页及其后页。

3　参见上文第7页。

他不能在事后恢复这个障碍，就像他不能在事前消除这个障碍一样。教皇诏书不是屈服于一位王子的抗议，正如它不是对姻亲关系的阻碍。

关于豁免的请愿确实是以亨利的名义起草的，诏书给他的称呼也是王子。那时亨利十二岁。现在有人声称，他当时太过年轻，不能向凯瑟琳求婚，也不会阐明婚姻的理由。但是，那时候的他已届教会规定缔结婚姻的年龄——七岁，如果他到了足以**缔结**婚约的年龄，那么他就到了可以成为豁免对象的年纪。把那时他还不懂得外交策略作为理由，并不会使在请愿书中的外交事实变成不实，而只有谎言才会使诏书隐瞒事实。此外，诏书采用了常见的形式，称请愿申请提交给罗马的时候写着"代表自己个人"（pro parte vestra），不表示亨利就是写申请的人。事实上，这是出于谨慎才避免这样说的。

因此，这些论点就朝着两个方向发展：尤利乌斯的诏书从一开始就是无效的，或因为诏书隐瞒事实，或因为亨利当时尚且年幼，等等；诏书在使用之前就已失效，或因为亨利在自己的抗议中宣布放弃，或因为父亲亨利七世已经去世。看来，似乎不论以任何形式，这些论点在法庭上存在的时间不会比陈述这些论点的时间更长，并且都会面对两个令人尴尬的反驳：首先，为什么只是这些被发现了？其次，假若诏书如声称的存在明显缺陷，那么申请和执行诏书的人不是傻子就是无赖，而这都是令人难以置信的。

因此，所有这些反对亨利婚姻的观点都证据不足。不过，婚姻**无效**这一点是有争议的。在当时的教会法中，亨利有一个案例，比他所举出的例子更有利。但是他并没有抓住这个机会。

在反对尤利乌斯诏书的两个主要论点中，其中一个是关于姻亲关系的，即一个人和另外一个人的亲戚通过性结合确立起来的关系。这种关系只来自身体的结合，即合法或非法的性关系，包括通奸乱伦，也包括婚姻中的性关系。姻亲关系可以与血亲关系共存；比如，如果甲乙双方存在血缘关系，而甲与乙的姐姐或妹妹通奸。像血亲关系一样，姻亲关系建立起了所谓的无效性婚姻障碍，如果不事先排除这一障碍的话，会使这段无视它存在的婚姻无效，而禁止性或阻碍性婚姻障碍则有所不同，无视这些障碍会违背规定，但不会让婚姻的誓言无效。这样一来，如果一个人无视宗教誓言的阻碍性障碍（只关于实在宗教法），娶一位修女，那么他们至少会因为违反宗教禁令而感到罪恶，但他们仍然是夫妻。然而，如果修女是这名男子的堂表姐妹，或是自己妻子的姐妹，如果没有豁免这种近亲结婚或者姻亲婚姻的无效性障碍，那么这段婚姻从一开始就是无效的。一共有两类无效性障碍，其中一种是可豁免的，比如不同亲等的姻亲关系以及血缘关系；另一种是不可豁免的，如错误、暴力、性无能等。没有任何教皇会允许婚姻中的一方是以暴力的方式被带到祭坛，或者在缔结婚姻时被对方的身份所欺骗，但是教皇可以让一个人娶自己的堂表姐妹。[1]

到目前为止，我们已经讨论了两种可豁免的无效性障碍：姻亲关系障碍和血亲关系障碍。但这些都不是唯一的。有超过六种障碍，却只有一个与亨利的案件相关。

姻亲关系源自"ex coitu"一词，即圆房的婚姻。正式的订婚以及未圆房的婚姻，也就是基于订婚（per verba de futuro）和婚约（per verba de presenti）的婚姻，则区别于婚姻事实，都为接下来一方和另一方亲戚的婚姻设置了障碍，即"公共诚实正义的障碍"，或简称为"公共诚实障碍"。公共诚实，或者我们更倾向于说公共礼仪以及礼节，要求当存在近似由订婚或者在圣坛上发生的婚姻所产生的亲密关系（proximitas animorum），就会产生类似于姻亲关系的障碍，但是又与之有所不同。像许多婚姻法那样，公共诚实障碍来自《旧约》及《民事法》；到 1500 年的时候，它早已成为宗教思想的一部分，该法律由格拉提安首先列出，由教令学者和教皇敕令

---

1　当然，亨利的第一个论点是，存在于一个人和他兄弟遗孀之间的一级亲等旁系姻亲关系障碍是不可豁免的婚姻障碍，这个回答的关键在于这是可豁免的。

学者进一步完善，卜尼法斯八世给出了新的精确解释，如此一来在可豁免的无效性障碍中确立了一席之地。那么，如果甲与乙庄严而有效地确立了婚姻关系，而后乙去世了；根据这一障碍，甲将会被禁止与乙的第一至第四亲等的任何亲戚结婚。如果乙直到婚姻被批准但尚未完婚时，还未去世，同样的情况也成立。那么，如果婚姻被批准了且双方已经完婚，情形会是怎样？完婚之后就出现了姻亲关系；而公共诚实源自先前的批准，并且继续存在。再晚一点的时候，很大程度上归功于本尼迪克特十五世的裁决，有人认为完婚之后，第二次婚姻，也就是一种准姻亲关系会被吸收到第一次婚姻关系当中。但是，这并不是中世纪后期教会法学家的观点。对他们来说，每一次有效的、完婚的婚姻产生的是甲与乙的亲属之间的双重障碍；反过来，婚约一旦完成，姻亲关系就与公共诚实结合到一起了。

如此一来，如果存在甲与乙庄重订婚或尚未完婚的情况，公共诚实障碍（在任何程度上都是可以豁免的无效性障碍）可以单独存在。同样，姻亲关系也可以单独存在，比如甲与乙有私通行为。然而，二者常常是同时存在，当然，或许会与血亲关系结合，更不要说其他的障碍了，如无效性障碍和限制性障碍，这些我们都可以撇开不管。[1]

接下来，让我们来看豁免这个问题。假定甲与乙立下婚约并且完婚，而后乙去世了，甲想娶乙的一位女性亲戚，我们称她为丙。那么甲与丙之间存在着两个障碍：姻亲关系和公共诚实障碍。当甲向罗马寻求豁免时，他是否必须明确要求消除两种阻碍？有人期望答案是肯定的，因为关于豁

---

1　全部内容参见Brillaud, *Traité Pratique des Empêchements et des Dispenses de Mariage* (Paris, 1884); Freisen, *Geschichte des Canonischen Eherechts* (Tübingen, 1888); Esmein, *Le Mariage en Droit Canonique* (Paris, 1891); *Dictionnaire du Droit Canonique, s.vv.* Empêchement and Honnêté Publique; Mansella, *De Impedimentis Matrimonium Dirimentibus, etc.* (Rome, 1881)。读者必须注意到，我们就一直在讨论1918年婚姻法颁布之前的教会法规，这部法规对《教令集》的修改，和其他大多数法规一样，彻底改变了婚姻法的内容。今天的姻亲关系仅仅来自合法的结合和公共诚信障碍，这经历了从非法同居的显著蜕变。

免的法律是非常严格的。面对这个问题，14世纪早期的教会法学家约翰内斯·安德烈埃，一位婚姻法的权威，给出的答案是"是的"。[1] 但是到15世纪的时候，这种严格的规定有所缓和。帕诺米塔努斯，当时最重要的教会法学家之一，在回答这个问题的时候，做了一个深度区别。两种障碍的确是分开的。一个障碍不会被另一个吸收，这一点后面会讨论。然而，当姻亲关系障碍必然地隐含着公共诚实障碍的时候，是完全足以豁免第一种障碍的，因为根据事实本身第二种障碍将会消除。[2] 我们的假设情况也是如此。因为甲承认与乙完婚，从而确立了与丙的姻亲关系，这意味着在他自己和丙之间就有了公共诚实障碍。豁免姻亲障碍的诏书必定同时消除另一个障碍，即便诏书没有专门提到。但是，如果甲并没有声明他和乙**结过婚**，那么，因为姻亲关系可能是源自甲乙二人不合法的性关系，他就没有必要暗示他与丙之间存在公共诚实障碍，因此对于姻亲关系的豁免将不会包含、附带对于公共诚实障碍的豁免。

当帕诺米塔努斯在15世纪早期这样写的时候，他说，他刚刚回答过的问题曾经在罗马教廷进行过激烈的辩论，而且仍在讨论中。随着时间的推移，他的观点占据了上风。不仅仅是他的观点为后来的教会法学家所接受，[3] 更为重要的是，这些观点得以在罗马教廷中实践。正如15世纪《教皇纪事日历》（*Calendar of Papal Registers*）一书显示的，[4] 当所谓的姻亲关系源自有效的且完成的婚姻时，按照先前的婚姻协议，公共诚实必然伴随出现，那么豁免诏书只明确处理姻亲关系障碍是完全没问题的。公共诚实障

1　*Solemnis Tractatus de Arbore Consanguinitatis et Affinitatis* (edn Lyons, 1549), 55.

2　*Commentarius in Libros Decretalium, etc.* (edn Venice, 1588), vii, 56.

3　例如Stephen Costa, *Tractatus de Affinitate* in *Tractatuum ex variis iuris Interpretibus Collectorium* (Lyons, 1549), xvi, 52; Angelus de Clavasio, *Summa Angelica de Casibus Conscientiae* (edn 1513), fol. lxvii; Nicholas Milis de Verona, *Repertorium, etc., s.v.* Dispensatio。这三部著作都写于15世纪。仔细阅读16世纪的作家就会发现，这种观点是普遍存在的。

4　*Cal. Papal Reg.*, viii, 508; ix, 32, 179; x, 130, 608 f.; xi, 242; xii, 424, 442; xiii, 219.

碍通常仅仅出现在帕诺米塔努斯以及其他人显然没有预测到的情形中，而事实上他们根本就没有必要预见这种情况。甲可能基于先前与乙的婚姻关系而与丙存在法律上的姻亲关系（也因此受到公共诚实的制裁），而丙或许在某个时候已与甲的一位亲戚签订婚约——在这种情况下，公共诚实障碍就会存在于甲与丙之间。第一种情形将会随着姻亲关系自动消除，但是第二种情况则要求单独明确的豁免。

最后的一种复杂性无关紧要。我们需要把握的是这样的一个事实：到16世纪早期，教会观念以及教廷做法得到了坚定的支持，即出自有效婚姻协议的公共诚实障碍，与**完婚**的婚姻所产生的姻亲关系障碍并存，如果赦免诏书仅仅提到了姻亲关系，也是足够的了。另外的情形有必要推测一下，因为是必须存在的；如果必须存在，就没有必要赦免。在这种情况下，公共诚实障碍得到的是"模糊赦免"（或许我们可以这样称呼它）。

但是，假如甲乙存在**婚约**关系，但是乙在**完婚**之前就已经死亡，现在甲想娶乙的一位亲戚丙。既然婚约已被批准，但是并没有完婚，那就不存在姻亲关系，仅仅是一种公共诚实障碍而已。如果甲向罗马教廷提出请求要娶丙，很显然他是不能使用模糊赦免原则的，因为不存在推导出其他情况的姻亲关系，没有可以附加的内容，也没有隐含的姻亲关系。没有教会法学家的话可以被引用为很好的理由，无疑，此事非常明显，无需讨论。在这种情况下，申请人必须明确地要求对于公共诚实障碍进行赦免，不多也不能少，要忽略无关紧要的姻亲关系。

我们已经讨论完了教规附记。现在让我们回到亨利的案子上来。

尤利乌斯二世发布的诏书是为了亨利可以迎娶寡居的阿尔贡的凯瑟琳，这是一份奇怪的文件。在序言部分，文件谈论到了凯瑟琳与亚瑟的第一次婚姻，并且犹豫道，他们的婚姻"**可能**已经圆房"（forsan consummatum）。文件继续说，豁免亨利和凯瑟琳之间由于姻亲关系存在的障碍，这种障碍也只有在存在性关系的情况下才会出现。[1] 实际上，诏书说"如果二人圆房，我们赦免随后的姻亲关系障碍"；并且，模糊赦免原则也消除了凯瑟琳与亚瑟的婚约所带来的存在于亲属之间的公共诚实障碍，并且必然地隐含在公开宣布的姻亲关系中。

如果凯瑟琳与亚瑟已经完婚，那么诏书是有效的。然而，如果没有完成，就不存在姻亲关系的问题，但是同样地，也不会存在公共诚实的问题。在这种情况下，正如前文所说，模糊赦免原则是无法使用的。不能够说公共诚实障碍（毫无疑问是存在的）同时被隐性豁免了，正如姻亲关系必然包括公共诚实障碍一样，因为姻亲关系实际是不存在的。要是并未完婚，那么亨利要求直接豁免公共诚实障碍，而不必提及姻亲关系；这是非常常见的事情，在《教皇纪事日历》中有很多这样的例子。[2] 换句话说，在处理了源自完婚的姻亲关系后，诏书撰写者如果按照自己的结论，表达"可能"这个含义的话，应当转向未曾完婚的影响，也就是公共诚实障碍，现在这一点需要单独、专门的处理。但事实并非如此。"可能"（forsan）一词是一个未经谨慎考虑的保护措施。

我们该如何解释这种疏忽？稍后会给出可能的答案。此刻，让我们来处理可能会让人困惑的缘由，尽管这并不相关。1528 年在西班牙发现的豁免摘要中，并没有"可能"一词，未对凯瑟琳第一次婚姻是否完婚表示疑问。尽管辩护状对于亨利"伟大事业"的辩论有着至关重要的意义，但是因为它明显没有弥补诏书的错误，也没有为未完婚的情形提供解释，这一摘要没有多大利益。

因此，言归正传。结论是，如果凯瑟琳和亚瑟没有完婚，那么基于凯瑟琳与亚瑟婚约产生的公共诚实障碍，亨利和凯瑟琳接下来的婚姻很可能被判无效，而由于过失或误判，显然这一点并未获得诏书的豁免。

---

1　文本参见*Burnet*, iv, 15 f.。

2　例如*Cal. Papal Reg.*, viii, 27, 365, 602, 626; ix, 559; x, 259 f.。

由此我们转向问题：第一次婚姻是否完婚？答案肯定是"没有"。凯瑟琳自己一直否认亚瑟早就认识她。在亚瑟去世后不久，凯瑟琳就写信给自己的父亲，说二人并未完婚——她这样做违背英格兰人的意愿，也会让自己面临复杂形势的危险。她写信的唯一可信的动机就是此乃真实的情况；她的话得到了其首席侍从埃尔薇拉夫人强有力的回应，俨然复仇天使，回击一位说闲话的牧师，这位牧师仅仅是凭借假设表达了相反的观点。[1] 而且亨利本人也曾经说过，凯瑟琳来到他身边的时候还是处子之身。[2] 确实，1527 至 1528 年，为了证明他们已经完婚，收集了许多来自二十五年前参加王子和公主短暂婚礼的人的闲言碎语——这是一些记忆模糊的厨房闲聊，或者是从亚瑟那里无意间听到的粗俗的夸夸其谈的片断；但有别于大量的猜测，证据根本不足以杀死一条狗。[3] 所有能够知道并且有发言权的人毫不犹豫地断言，凯瑟琳只是名义上嫁给了她的第一任丈夫。

因此似乎可以得出这样的结论，既然凯瑟琳的第一次婚姻没有完成，既然无效性结婚障碍存在于她和亨利之间，并且在 1503 年没有教皇诏书的豁免，那么她的第二次婚姻在教会看来就是无效的。

然而，本文的研究方法有几个难点。

首先，如果认为凯瑟琳没有完成第一次婚姻是道德上的必然，人们肯定会问这是否曾经是合法的婚姻。时隔二十五年后，事实是否还能得到法律上的确认？教会法十分了解查证**现在**是否为处子之身的程序，但是很明显无法追溯到当年去查证。法律推定是很强的一股舆论，将会对声称一对结了婚的夫妻在同一张婚床上、同居数月而没有圆房的说法极为不利。要

---

1　Mattingly, *Catherine of Aragon*, 49.

2　1533 年 4 月，他向查普伊斯承认了这一点，但他声明他是在开玩笑（*L.P.*, vi, 351）。但在 1529 年 10 月，凯瑟琳说亨利不止一次承认她来到他身边时还是个处女（*Sp. Cal.*, iii, ii, p. 352）。1531 年 6 月，她声称有活着的人听过亨利这么说。同样出自 *L.P.*, v, 308。

3　至少凯瑟琳写给教皇的关于她第一次婚姻没有圆房的庄严声明（*L.P.*, iv, 5762），以及她在 1528 年 11 月有同样效果的庄严宣誓时是这样，参见 *Pocock*, ii, 431 ff.。

反驳这一点当然不容易，但也不是不可能。毕竟，有"也许"这个词的存在，说明了尤利乌斯心存疑虑。此外还有凯瑟琳的庄重誓言。如果国王这位护教者在他的证词中加入凯瑟琳的证词，难道不会让事态有转机？法王路易十二仅承认他的第一次婚姻是被迫的，并没有完成，凭此君主之言，就足以让罗马授予他一份无效性法令。

第一个困难是由教会律师提出或威胁发出的。第二个则是神学者的杰作——不是别人，正是圣托马斯本人。至此，姻亲关系被定义为只能是由性行为产生，公共诚实障碍不只是未来婚姻的结果，而且是婚约本身和当前婚姻情况的结果。这是很普遍的观点，但不是唯一的观点。在对彼得罗·隆巴尔多的《语录》（以其《大师语录》[*Magister Sententiarum*] 为代表）所作的评论中，以及在《神学大全》的结尾处，圣托马斯提出了一个更为敏感的话题——姻亲不仅仅源自肉体的结合（ex copula carnis），也来自他所谓的"夫妻社会"（societas conjugalis），这是追随了亚里士多德的观点。他认为只有基于婚姻伴侣关系而生活在一起，以及肉体结合，才能确立姻亲关系。未来的婚姻导致公共诚实障碍的出现。当前的婚姻也就是经过批准的婚姻，产生了更多的内容，即姻亲关系；随后的完婚只是确认这一点而已。[1]

很显然，圣托马斯的教导触动了上文论点的根基。按照他的推测，凯瑟琳与亚瑟王子无论是否完婚，都已确立了姻亲关系，赦免诏书的内容也是充分的。但是托马斯神学只是众多学派思想中的一个而已。圣托马斯就姻亲关系这一话题表达的观点从未被众多的其他神学家所接受，也从未赢得教会法学家们的关注，后者坚持更为简单的定义。的确，到 15 世纪晚期以及整个 16 世纪，多明我会和耶稣会的神学家首先让托马斯主义体会到了出名的滋味，从那时起我们看到托马斯关于姻亲关系的观点赢得了支持，

---

1　*Sentences* iv, dist. xli, qu. i, art. i. *Summa Theologiae Suppl.* quest. 55, arts 3和4的评注。

至少有一位 15 世纪的教会法学家接受了这些观点。[1] 在 16 世纪早期，西尔韦斯特·普列里阿斯是一位亨利的支持者，他认为姻亲关系是根据婚约目前的原则签订（ex sponsalia de presenti principiative）的协议。[2] 在这一原则中，像桑切斯，一位 17 世纪早期的耶稣会人，描述这种中间立场的时候写到，"具有主动性且很广泛"（initiative et large）。那时，也就是 17 世纪，托马斯的观点获得了很多的支持，其中包括彼得·德索托，贝拉尔米诺也短暂地支持过这些观点。[3] 但是在 16 世纪早期，他们的观点还是少数派。一百年以后，桑切斯写道，他可以列出一大群支持圣托马斯的权威人士；有五位像普列里阿斯持中间立场的人，超过二十五位拒绝接受托马斯主义者的观点，他们更倾向于坚持旧的定义——姻亲关系来自夫妻二人的结合（affinitas ex copula proveniens）。[4] 圣托马斯本可以为凯瑟琳，或者更确切地说，为那些凯瑟琳求助的人提供武器进行辩论，然而没有成功，因为大部分人是反对托马斯的。他关于姻亲关系本质的观点当然还远未达到

---

1　此人名叫亚历山大·德内沃——这是耶稣会士桑切斯的说法，他在17世纪初从事写作。我一直没有找到桑切斯所指的德内沃的作品。

2　*Summa Summarum. Matrimonium*, viii, nu. 14.

3　Peter de Soto, *Commentaria in Quartum Sententiarium, etc.*, iv, dist. 41, qu. i, art. 2. Bellarmine, *De Controversiis, etc. De Matrimonio*, in *Opera Omnia* (Naples, 1872), iii, 839, 857. 德索托认为，有效的婚姻是否确立了姻亲关系或者公共诚实障碍只不过是一个语言问题而已（因为在两种情况下都会出现无效的障碍）。这种观点人们在别处会碰到，例如 Ludovicus Lopez, *Instructorium Conscientiae* (Salamanca, 1594), ii, 1146。但在阐明这一点之后，德索托继续说，"不过，D. 托马斯的说法与这个主题更为接近"。

4　Sanchez, *Disputationum de Sancti Matrimonii Sacramento*, vii, dist. lxiv, n. 24, 25. 桑切斯本人拒绝接受圣托马斯的观点。事实上，支持圣托马斯的人数应该减少一人，因为桑切斯把彼得·德德斯马统计了两次：一次在托马斯主义者的名单上，另一次在像普列里阿斯这样持中间立场的人当中。他当然属于第二种。在回答未圆房的婚姻是否会引起公共诚实或姻亲关系的问题时，他说这是"可能的，未完婚是契约亲缘而非完婚，而完婚则是一种主动行为"。他的著作《大全》［*Summa* (edn Saragossa, 1611), 78］也是这么说的。虽然德德斯马是多明我会修士，但在这个问题上，他并不是一个彻底的托马斯主义者。我们还可以观察到，桑切斯把贝拉尔米诺归为真正的托马斯主义者，似乎也有些过分了。后者提及"另一种确定性"，是由于没有圆房的婚姻而产生的犹豫，这无疑使他比圣托马斯本人更接近普列里阿斯。

成为"更安全"或者"更有可能"的程度，并无迹象表明对教廷的思想产生了冲击，这具有决定性意义。[1]

如果主张尤利乌斯的诏书有不足之处是正确的，也许有人会问诏书是怎样被写出来的，为什么当时没有注意到它的缺陷——这与反对亨利起诉诏书的观点一模一样。对此并没有真正令人满意的答案。

在亚瑟死后，亨利七世和他的大臣们讨论了凯瑟琳进入都铎家族的第二次婚姻所需要的豁免问题，同时我们也知道，他们也提出了一个问题：第一次的婚姻是否已经完成了。[2]据凯瑟琳的父亲说（无疑这样的说法没有多少证据），"该死的"英格兰人为了消除所有关于继承权的质疑，决定告诉罗马已经完婚了，尽管在英格兰众所周知这不是真的。大概是因为他们害怕有人可能会发现第一次婚姻没有完成这种说法令人难以置信，并因此质疑第二次婚姻的有效性及其后代的合法性，亨利七世和他的议会决定求稳，假定已经完婚，因此寻求对于更大的障碍，即姻亲关系障碍的豁免。他们没能获得双重保险，没有要求豁免在没有完婚情况下产生的公共诚实障碍。可能他们并没有意识到豁免的需要（这简直令人不敢相信）；或许，在这种情况下"模糊豁免"的不相关性分散了他们的注意力（极有可能）；也可能他们如此急于压制怀疑，阻止对继承权的一个可能的威胁——表面看来最有可能的——以至于忽略了第二个（这是最有可能的解释）。罗马被告知婚约已经完成。听到这个消息的时候，凯瑟琳表示抗议，并写信给自己的父亲，请求他给教皇写信，告诉教皇自己还是处子之身，英格兰

---

1　在澄清特伦托法令时，庇护五世裁定，由于未来的婚姻所产生的公众诚实障碍不超过第一级，"这种对有效而非圆满的婚姻问题的障碍，在所有那些在特伦托会议之前存在旧法律的案件中继续存在"——也就是到第四等级。因此，庇护五世不是托马斯主义者。参见Esmein, *op. cit.,* ii, 265 n. 。正如弗赖森所评论的（*op. cit.,* 505），圣托马斯关于姻亲关系的观点没有人追随，尽管这种判断只在中世纪后期是准确的。

2　*Pocock*, ii, 426 ff.

人在诽谤她。[1] 她的父亲这样做了；可能是为了回应凯瑟琳父亲的信，罗马教廷在诏书中加入了"可能"一词，这就等于承认英格兰人费尽心思阻止的疑虑是存在的。那么，为什么罗马教廷的诏书没有探究出"可能"的内涵，处理好未完婚所引起的婚姻障碍呢？可能是因为英格兰的申请十分坚定，以至于教廷受其支配了（可以说是如此），或者是因为教廷认为讨论英格兰人谋划中不存在的东西是不合时宜的。

申请于 1503 年夏天被送往罗马，但紧接着，亚历山大六世于 8 月逝世，庇护三世短暂任职（掌权不足一月），而后尤利乌斯当选教皇，这些大事的连续发生使得英格兰申请的回复推迟到了 12 月。然而，之后发生了一件怪事。豁免已经被许可，但是诏书并未发出。亨利七世不断致信要求诏书，但是尤利乌斯二世留置不发，原因不详。最终到了 1504 年底，有人劝尤利乌斯给西班牙发了一个副本，来安抚凯瑟琳那弥留之际的母亲伊莎贝拉。副本从西班牙寄往英格兰，大约于 1504 年圣诞节送达。令亨利大为光火，又令尤利乌斯懊悔的是，诏书初次送达英格兰是如此地迂回曲折。直到 1505 年 3 月，诏书原件才从罗马直接送往英格兰，而这已经是申请提交后过了二十个月的事情。[2] 但那时的时局已经发生了变化。威尔士亲王亨利和凯瑟琳预定的婚约取消了。亨利准备抗议他与凯瑟琳的婚约，现在没有人理会凯瑟琳。不论第一次婚姻是否已经完成，"可能"的含义如何，现在都已经不重要了，梦寐以求的诏书突然变成了博物馆的古董。四年后，当凯瑟琳从不幸的默默无闻中被招去参加她的第二次婚礼，加冕英格兰王后之时，诏书变得再次重要起来。但那时候记忆一定变得模糊了。后来的事实证明，凯瑟琳本人并不认可自己在教会中的地位，认为诏书已经足够了。哪怕有人早点注意到凯瑟琳关于自己是处女的辩护的话，亨利也很可能已经忘记此事或者早已不在故事发生的现场。显而易见，只有姻亲关系

1  *Ibid.*, i, 5 f.; ii, 429 f.

2  *Ibid.*, i, 7 f.; *Sp. Cal.*, i, 426.

障碍成为拦路虎，整个王国为新的结盟而欢呼。

因此，这一论点是有人失误了。在 1503 年做出决定，为亨利和凯瑟琳的婚姻申请豁免的时候，有些人并未仔细考虑此事全部的宗教意义。毕竟，这只是一个例常的事情。谁能猜到凯瑟琳和亨利这个规划好的结合未来会是什么样子呢？相比亨利在反对诏书内容上的极其无能，英格兰人的错误也不是那么的不合情理和尴尬。但是，的确有错误。罗马并没有弥补这个错误。继之而来的事情试图掩饰错误。

针对这一观点，仍然有一个最为严重的反对意见。如果认为尤利乌斯的诏书内容是不充分的这个观点是正确的，那么，为什么这个事实在 1527 年，以及此后亨利的"伟大事业"正在进行中的时候，未被迅速地指出来？为什么那些聪明的博士，那些亨利召集起来的神学家和教会法学家组成的国际队伍没有解决他的难题，从而跳到这一点上呢？为什么亨利自己，像一只被俘获的美洲豹，在婚姻的牢笼里踱步而行，冲向每一根围栏，却没有注意到这扇打开的门呢？简而言之，如果这个论点是合理的，当它具有的价值不仅仅是一匹马，而是一个王国时，为什么没有人提出来？

答案是至少有一个人这样做了。沃尔西注意到了这一点，而且是迅速、精准地注意到了，这正是他的聪明所在。1527 年，凯瑟琳第一次被正式告知亨利对于二人的婚姻存有疑虑，此时，她表现得"非常强硬和倔强"；为了一劳永逸地消除所有疑虑，凯瑟琳激烈地回应说，事实上亚瑟根本就不认识她，因此亨利的疑虑是站不住脚的。[1]沃尔西仔细权衡了这一点。几天之后他写信给亨利说，如果亚瑟从来不认识凯瑟琳的话，"就没有婚姻缔结的姻亲关系，但是因为她在教堂里结婚，而且按照当时的婚姻关系缔结了婚约，那就的确出现了公共诚实障碍，这依旧是和姻亲障碍一样的婚姻障碍；关于这一点（即公共诚实障碍），诏书中并没有明确提及"[2]。这一点提

---

1　*St.P*, i, 195.

2　*Ibid*.

得非常准确。因为并不完全了解教会法，凯瑟琳在不经意中使自己面临可怕的威胁。如果没有完婚，正如凯瑟琳所声称的，那就没有姻亲关系；但是的确存在公共诚实的无效性婚姻障碍，对于这一点，诏书中似乎没有解决。现在枢机主教不仅是抓住了这一点，而且是紧紧不放。几个月后，他向斯蒂芬·加德纳复述了这一观点；在罗马时，他要求斯蒂芬·加德纳把这个观点向那些博学之士展现出来，包括圣轮法院前任院长斯塔菲利奥。[1]几周之前，温切斯特主教理查德·福克斯，还有几位参与 1503 年事件且尚活着的人，受到了严密的盘问。在向福克斯提的问题中（我们可以假设沃尔西给出了大概的审问范围），其中之一是有人问是否尤利乌斯曾经受人请求，消除姻亲障碍或公共诚实障碍。对此，福克斯回答他认为是前者。[2]沃尔西思维非常敏捷，显然，他想知道是否可以延伸"也能"一词的含义，来证明诏书曾经含蓄地处理了未完婚所导致的公共诚实障碍，并认为申请是与之相关联的。

尽管沃尔西本人迈出了突破的一步，却没有其他重要人物附和他的观点。为什么？答案可能是：外界的刺激或许帮助亨利前进，但是真正的离婚主动权在于他本人。而且，是亨利决定了作战武器，也就是《利未记》。可以说《利未记》是他本人的发现，从一开始就对此投入大量精力。但是，《圣经》绝对禁止与已故兄弟的妻子结婚的声明首先取决于第一次婚姻，也就是与已故兄弟的婚姻是否已经完婚。至少，亨利也是这样推理的；并且，尽管今天在这一点上仍有讨论的余地，但在当时，那可能是正确的，且更为保险的。沃尔西的观点因此被抛在一边，因为等到他把自己的观点向国王提出的时候，亨利早已断言亚瑟之前认识凯瑟琳，因此按照《圣经》的要求，凯瑟琳是被禁止与亨利结婚的。还有另外两个因素也在起作用。首先，这是他自己的观点，明显更加简单，影响力广泛，他感觉自己是被上

---

1  *Pocock*, i, 150 f. *(L.P.*, iv, 4251).

2  P.R.O. S.P. 1/54, fols 362v–363 *(L.P.*, iv, 5791).

帝之手指引着的，所以亨利本来就不打算听取任何其他的选择。其次，沃尔西早已受到了怀疑。亨利对沃尔西行动的迟缓高度敏感，可能是近乎偏执的敏感；他嗅到了不忠，早在1527年夏天就背着沃尔西开始行动了。亨利已经预设，凡是沃尔西提出的建议都是糟糕的建议。的确，当沃尔西第一次口头建议亨利，如果他接受凯瑟琳的声明说她的第一次婚姻并未完成的话，那么现在亨利的手上就有一件武器，让他可以打破与凯瑟琳的结合。沃尔西的话被脾气暴躁的主人看作不忠诚的证据，据推测可能是因为这种观点把王后的话当真了。上文提到的信件再次引出了这个话题，写此信的目的是表明"我毫无疑问"，仅仅是为了帮忙。几天之后，沃尔西前往法国，但仍然受到怀疑；有几周时间，他与国王失去了密切的联系。等到他回国，国王的设计方案已不可改动，沃尔西不再被国王完全信任了。就在亨利最需要他的时候，在他（或许）能提供给亨利最多的时候，亨利极具讽刺地拒绝了他。顽固不化或多疑雄猜很少得到如此严厉的回报。

一经提出，《利未记》的观点是有吸引力的。它的新颖性、铺开的速度、产生的语言学和教会法方面的影响，以及由此衍生的许多附带问题，例如耶稣基督的家谱问题，希律王腓力二世的确切死亡日期，或者"许可"（concede）和"豁免"（dispense）的区别，对于众多不同学科、不同国家的学者很有吸引力——所有这些使得此事很难摆脱乱局，去提出一个不仅性质截然不同的观点，而且是要把对方从一开始就认为是无稽之谈的东西作为前提，也就是说第一次婚姻并未完婚。亨利和支持他的人开始了一场声势浩大而仓促的调查，但是方向错了。开弓没有回头箭，他们回头的代价是要公开放弃曾经被认为是确定无疑的事情。

因此，不是亨利完全理解错误的问题，而是选错了方向的问题。不能说如果他听从了沃尔西的推理思路，他就一定会胜诉，因为在其道路上仍然存在障碍。凯瑟琳本来发誓说她的第一次婚姻并未完成，那么现在她会以牺牲自己为代价来作证吗？当然，亨利和沃尔西并非没有这个智慧迫使这个诚实、正直的女人发誓。凯瑟琳本可以向圣托马斯以及"可能"一词寻助，但是他们无法长期保护凯瑟琳。至少可以断言，相比于亨利自己选择的论点，公共诚实障碍为他提供了更容易成功的机会，不仅仅是因为在此基础上可以产生一个更令人印象深刻的宗教案例。《利未记》观点最严重的不足是，它需要罗马承认自己滥用司法管辖权，并且挑战绝对权力本身。第二个观点要求罗马承认自己掌握的事实是错误的，这一点不是那么严重，但需要能够证明那些事实显然有误，那才令人满意。沃尔西的观点并没有指责任何人，除了英格兰人。错误在于诉讼申请。尤利乌斯只是做了他被要求做的。如果克雷芒现在宣布，亨利婚姻无效的原因在于尤利乌斯曾经被要求做了错事，那么他既不会批评他的前任，也不会否认他的司法管辖权。然而，尽管亨利在1529年曾经对凯瑟琳本人短暂地提及此事，[1]但是直到关于离婚案件漫长的争论开始五年之后，基于公共诚实障碍的观点才被提交到罗马，并且只是在亨利给他在罗马的代理人的信中被顺带提及。[2]代理人是否把此信呈交教皇，或者信是如何收到的，我们不得而知。罗马无需翻查遥远过去的细节，为亨利寻找论点；法官也不必做原告应该做的工作，并且亨利一直明确表示，亚瑟早就认识凯瑟琳。当然，克雷芒对查理五世的屈从，对亨利而言是个障碍，且将来仍会是个障碍。但是，克雷芒的难处不仅在于查理是凯瑟琳的外甥，而且在于查理是凯瑟琳的外甥且亨利的案子无效。的确，教廷在婚姻（或其他）赦免问题上要求并不严苛；

---

1　10月8日，查普伊斯报告说，不久之前，亨利在晚饭后与凯瑟琳争论："你想帮助自己，为你的豁免辩护，说你的前夫，亚瑟王子，我的哥哥，从未与你圆房。很好，但我们的婚姻同样是不合法的，因为诏书并不能豁免婚姻产生的公共诚实障碍。因此，我要向所有人提出异议，而且认为这一豁免是不充足的。" *Sp. Cal.*, iii, ii, 275. 但亨利此后并没有公开这一论点，尽管他言辞大胆。然而，从查普伊斯所说的看来，国王立刻开始坚持认为凯瑟琳的第一次婚姻并没有圆房。

2　在1532年。参见下文第307—308页。

但偶尔，也会像人们说的那样，要求并不是那样宽松。[1] 的确，1530 年末，克雷芒提出了亨利本人不止一次提出的建议，即应该允许国王犯重婚罪。但是教皇这明显令人感到震惊的建议，正如有人听说了此事后很快做出的猜测一样，实际上这是一种策略。亨利允许罗马许可重婚罪，其实是在含蓄地允许授权豁免直接姻亲关系中不太严肃的障碍。此外——这是更有可能的动机——这个建议必然会浪费大量的时间，到最后整个事情或许会被淡忘。[2] 不会的，克雷芒还是会尊重法律；他不会同时藐视皇帝和法律。如果克雷芒两难处境中的任意一方不那么尖锐，他也许会采取行动。如果亨利的情况好转，如果正义显然站在他这边，而不是显然对他不利，事情就会容易得多。

---

1　参见 Hardy, "Papal Dispensation for Polygamy", *Dublin Review*, cliii (1913), 266 ff.。批评波拉德的观点认为，卡斯蒂利亚的亨利四世已经获得了教皇的授权，犯下重婚罪，这对亨利八世来说是一个先例（尽管未知）。卡斯蒂利亚国王没有得到这样的许可。

2　1530 年 10 月 27 日贝尼特给亨利的信中这样写道，*L.P.*, iv, 6705。另外两封来自罗马的信也提到了同样的建议，即卡萨莱给亨利的信，日期为 9 月 18 日（*ibid*, 6627），以及吉努奇给亨利的信，日期未注明（*ibid*, App. 261）。贝尼特在信中说，克雷芒提出的建议"令人怀疑"。他还引用了教皇的话说，一位伟大的博士告诉他，他可以批准这一许可，以避免更大的丑闻，但他会在他的委员会进一步建议。不过，贝尼特接着说，最近"他坦白，说他做不到"。同样，吉努奇说，教皇"遇到了一些困难，说皇帝永远不会同意"。

# 第八章

# 离婚战争

 

 

1527 年底，英格兰面临着自己制造的一个困境。英格兰希望正在意大利发生的查理和以法兰西作为精神领袖的干邑同盟之间的战争结束，但与此同时，劝说克雷芒批准亨利离婚案件最明显的方式可能是保持战争继续，并且加入同盟一方，帮助教皇向皇帝报仇。

经常有人评论说，帝国军队洗劫罗马，教皇克雷芒成为阶下囚，这让亨利案件进展毫无希望。这种观点显然有道理。但也正是这一点使得离婚一案变得可行。如果说皇帝和教皇一直友好相处，亨利就无法获得希望，因为克雷芒永远不会无情地攻击查理。但是，查理让自己成了教皇的敌人，这正中亨利下怀，他最需要的就是这种结果。克雷芒被囚禁在圣天使城堡期间，确实有过一些恐怖时刻，那个时候任何事情都有可能发生。为了能从被洗劫过的城市逃离囚禁，他可能同意剥夺沃尔西的宗教使节特权，宣布离婚无效，然后会坐船前往西班牙。但是查理无意利用他这个不被人接受的胜果，他没有逼迫克雷芒，而是于 12 月初将其释放了。罗马仍处在骚乱中，于是教皇带上一部分枢机主教，前往奥尔维耶托（Orvieto）。在当地一座摇摇欲坠、只陈设了一半的主教教殿里，胡子拉碴的教皇轻轻抽泣，双脚浮肿，记录下自己教廷的残垣断壁。[1]他原本处境凄凉，但现在恢复了自由，或许从未像现在这样，容易受到亨利的影响。他需要保护，需要朋友，也需要金钱；跟随他的枢机主教们也是如此，因为他们在洗劫中失去了大部分世俗财产。教廷的事务与此同时也大大简化。因此，一位迫切的、随时准备慷慨回报的客户处于有利地位。克雷芒的确吓坏了，他担心查理再次派出雇佣兵。这对亨利不利，但是他的人身不再受制于查理，更为重要的是，他心怀苦楚。当亨利要求克雷芒冒犯一位皇帝，一位历代以来首次公开侮辱教皇的皇帝，教皇也亟需复仇。形势是如此之紧张，以至于沃尔西提出要废黜查理都似乎不那么荒谬；[2]而亨利要求废黜的只是皇帝的姨母。从某个角度来讲，亨利没能获得一个更为有利的形势。如果他成功了，历史学家们就会毫不费力地找到他获得成功的政治原因，就像寻找他失败的原因一样，这难道不合理吗？

沃尔西本来希望同盟会迫使查理妥协。再一次地，他希望让别人进行战争的政策会带来和平，他希望英格兰永远不需要上战场。但是查理不肯屈服。1527 年年中，一位英法大使带着最终的协议条款被派往西班牙，但遭到了回绝。因此，1528 年 1 月 21 日，英格兰信使向在布尔戈斯（Burgos）的皇帝发出了战争宣言。亨利和沃尔西后来说，英格兰的使节们行动鲁莽，并因此指责他们。[3]这或真或假，但他们的确没有主动发起战争的意图。亨利和枢机主教已经预见到，公开的战争状态将会给他们和尼德兰的贸易带来损失，于是迅速与玛格丽特达成贸易休战协议；[4]他们一定也预见到，英格兰军队在欧洲大陆会进展艰难——他们没有独桅船，没有马，没有四轮马车等等，这一切都定期由低地国家供给。不，战争将在阿尔卑斯山以南

---

1 *Pastor*, x, 1 ff.

2 *L.P.*, iv, 3757, 3783.

3 *Ibid.*, 3827, 4564.

4 *Ibid.*, 3879, 4147, 4426, etc. 据称，经历了最初的不安后，英格兰商人在安特卫普迎来了大丰收。*Ibid.*, 5171.

打响。英格兰会提供金钱和鼓励，尤其是向一位保持中立的教皇。但是英格兰不应该参战。按照精心修订过的外交政策，精打细算的沃尔西不会允许英格兰超越自己需要的界限，从而打破平衡。

到 1528 年 3 月，沃尔西觉得已经看到了胜利的曙光。他在给亨利的信中写道："我看得很清楚，一切进展良好，陛下您和法兰西王，还有皇帝之间可以研究并设计方案来达成和平了。"[1] 几天之后，消息传来，查理开始服软了。据此，在 3 月底，约翰·克拉克被派往法国，他带着一份详细的计划，要求归还法王的质子们，撤军，还有休战。克拉克将会把这些呈交给弗朗索瓦，并恳求他接受方案。弗朗索瓦一定是"放弃了极端手段"，为了和平稍作屈服。[2] 同时，沃尔西与玛格丽特商定，他们应该安排使者在克拉克之后前往法国，一旦弗朗索瓦接受了建议，两人应该前往西班牙，把方案呈交给皇帝。为了达到这个目的，他们派遣了教皇在英格兰的征税官西尔韦斯特·达赖厄斯，他是中立派。"到目前为止，"在经历了长时间的讨论之后，沃尔西对法国驻英大使说，"我对和平抱有很小的希望……但现在我确定如此。"[3] 沃尔西说这些建议经过了国王和议会充分的辩论，不过很显然这是国王自己的想法[4]。他相信，恰如他计划的一样，查理快要崩溃了，他相信自己复杂的方案会让各方满意。他的目的就是要让参战的各国休战，然后开启新的欧洲和平——或许是 1518 年和平条约的再现。那一年，坎佩焦身在英格兰，他打算在 1528 年底，以教皇使节的身份，重返英格兰，处理离婚案。沃尔西准备和他一起进行和平谈判，一如他曾经名义上做的那样，他要纠缠罗马，以获得合适的委任。他正为自己另一次重要的外交展示做准备。[5]

---

1   *St.P.*, i, 187 (*L.P.*, iv, 4002); *Sp. Cal.*, iii, ii, 367, 386.

2   *L.P.*, iv, 4155.

3   P.R.O. 31/3/3, fols 237 f. 这些从巴黎带来的抄本包含了几封不在*L.P.*内的重要信件。

4   *L.P.*, iv, 4206.

5   *Ibid.,* 4915, 4956.

被派去安抚查理的达赖厄斯于 5 月底离开法国，并于大约 6 月底，抵达马德里。他在那里等候皇帝长达六周，到最后他见到皇帝的时候，发现他充其量也只是不置可否。时间的流逝并没有带来多少改善，到 9 月底，达赖厄斯绝望了。在汉普敦宫看来令人信服的计划，在马德里并未引起关注。11 月初，他已经踏上了回国的路，一无所成。[1] 局势正在向对英格兰不利的方向发展。德国士兵已经离开罗马和教皇的辖地；6 月，克雷芒搬到了维泰博（Viterbo）；四个月后，他返回罗马，看到的是"堪哀的残垣断壁"。[2] 他的属地虽然荒凉，但他已经开始恢复自己的控制权，尤其是准备与查理**恢复友好关系**。这样做的原因有很多，但最重要的是，他对于达赖厄斯的任务所引发的谣言感到警惕，谣言声称英格兰和帝国之间的紧张局势有所缓和。沃尔西派遣达赖厄斯执行任务令他非常紧张，部分解释了他对于皇帝的友好举动。但是如果这些成功了，如果他和查理走到一起，亨利将会输掉自己的案子。

最终，亨利明白了这一点。四位代理人，即奈特、弗朗西斯·布赖恩、彼得·万内斯以及威廉·贝尼特，被迅速派往罗马挽回局势。他们的首要任务是毒害克雷芒的思想，让他反对查理，说查理背信弃义、有明显的野心意图占领意大利等。然后，他们提出为教皇提供两千名精选出来的人，组成英法联合卫队，保护罗马免遭再次的袭击。据说亨利已经说服弗朗索瓦。但这并不是真的。因此被派出的四人中有两人留在法国，与弗朗索瓦敲定方案，另外两人继续前往罗马。接下来，教皇将宣布休战，并提议在尼斯或者阿维尼翁召开和平会议，会议将由他本人主持，沃尔西将作为亨利代表出席。一旦签署和平协议，弗朗索瓦的孩子们将回到他的身边，最后查理将由教皇加冕为皇帝——所有这一切都将在阿维尼翁进行。[3]

---

1　关于这一任务，参见*ibid.*, 4269, 4637, 4802, 4909–11。

2　*Pastor*, x, 29.

3　*L.P.*, iv, 5028, 5050, 5053.

似乎，这个宏伟展望的大部分是亨利的创造。这个计划有些明目张胆，也可能是笨拙的诡计。它的首要目标是造成查理和克雷芒分裂，直到长期休战结束，这样，就会赢得几个月的时间处理离婚案。先遣部队，以及所谓的"主持"是一个令人震惊的设计。据说，其目的是让克雷芒能够自由处理亨利的案子；但是，真正的目标却并非如此。"正如你所知道的，"沃尔西对代表们说，"正如在议会中对你们宣布的，对国王事业大有裨益值得去说的一件事是，担任会议主持的教皇圣座应该对国王陛下表现出畏惧与尊重，正如他现在对帝国皇帝那样，因此会更乐于赐予和服从于国王的愿望。"[1]亨利仔细权衡过关于查理雇佣军的描述，他准备派遣自己的一队人马前往罗马，以保护教皇为名，实际上却是把教皇变成属于他的囚犯。两千人的军队不足以保卫罗马，却可以控制教廷。[2]这几乎令人难以置信，明显是国王的目的。

到和平会议于阿维尼翁召开之时，离婚一事有望成为事实。那么，查理想怎样与克雷芒友好相处都可以。为避免教皇到时候表现得难以控制，并且拒绝主持会议，亨利手里还有一张王牌。如果没有英格兰的坚持，在阿维尼翁召开的重大和平会议，并在教皇的主持下达成许多成果，这一系列设想都将失败。如果克雷芒在离婚一事上犹豫不决，亨利表示，一如他和沃尔西经常说的那样，[3]沃尔西将不会前往阿维尼翁。沃尔西并未放弃对和平的追求，尽管现在是由教皇，而不是由他来主持会议。和平服从于离婚案件，最终两者达成了调和。这一解决困境的方案似乎很大程度上是亨利设计的。这是亨利策划过的最无情、最迂回，从某种意义上来说也是最不可思议的计划。

---

1　*Ibid.*, 5179.

2　英格兰大使们也在考虑查理召集大公会议的可能性。

3　*L.P.*, iv, 5314, 5428, 5480, 5572.

在 1527 年夏末，亨利突然采取主动，派威廉·奈特前往罗马，要求克雷芒马上解决这个难题——恰在此时，沃尔西正在法国忙于一个计划，他要在教皇被俘期间接管教会。沃尔西已派遣三人前往罗马，为自己获取必要的委任，即伍斯特郡主教吉努奇（现任英格兰驻西班牙的代表）、罗马教廷驻英格兰代表甘巴拉，以及格雷戈里·卡萨莱（他虽然出身于意大利家庭，非常熟悉罗马的做事方式，却一直效忠亨利）。比大多数人都好的一点是，格雷戈里可以想方设法挤入圣天使城堡，劝说教皇签署委任状，然后在混乱的难民和暴乱的士兵中溜出城堡。沃尔西的想法是不要告诉教皇克雷芒任何有关亨利的问题，而是在他签署摄政委任状，并承诺自动确认以他名义所做的一切后，让他在释放后发现离婚案已经悄悄地解决了，这样，他别无选择，只能确认判决。[1] 然而亨利希望直接接触教皇，由他解决这个婚姻问题。国王的想法占了上风。奈特继续前往罗马，沃尔西则意识到他的事业仍漂浮未定，于是快速回国，在亨利莅临时向他大声说，"从未有过恋人渴望见到自己心爱的女人，像我渴望见到高贵的陛下您这样"[2]。

在距离罗马城二十英里的地方遭遇了一次近乎致命的袭击之后，奈特于 1527 年 12 月初到达罗马。他通过信件与教皇取得了联系，然后从教皇那里收到了显然令人鼓舞的答复。毫无疑问，教皇是很乐于交一位朋友的。[3] 两三天以后，他从囚禁中逃脱，然后策马前往奥尔维耶托；这次逃跑使得沃尔西成为教皇代理人的计划破产了。亨利的判断更准确一些。唯一现实的做法是公开接触克雷芒，从他那里拿到一个无可置疑、完整的解决方案。因此，国王必须集中精力，努力劝说这位胆小的教皇**授谕**，批准或许不过是几份文件的请求；接近三年的时间里，一个又一个的大使从英格兰派出，去完成这个看似很简单的事情。克雷芒时而犹豫不决，时而鬼鬼

---

1　*St.P.*, i, 271 f. (*L.P.*, iv, 3400).

2　*Ibid.*, 278 f. (*L.P.*, iv, 3423).

3　*St.P.*, vii, 16 (*L.P.*, iv, 3638).

祟祟,时而有头脑,时而固执得令人费解,使得他们一次又一次地陷入停滞。这些人回到英格兰时,并非一无所获,但也没有带回真正重要的文件。然后,在这个任务接力失败后,亨利采取了更为严厉的策略,公开欺凌在英格兰的教会以及罗马教廷。

要是奈特的任务安排得再巧妙一些,要是他在克雷芒刚囚禁之时就到达罗马,而不是最后才姗姗来迟,他或许会成功。克雷芒囚禁于圣天使城堡后,他让奈特知道,他会授予亨利他所需要的。当奈特跟随教皇到达奥尔维耶托,他发现教皇变得更为冷静。他把随身携带的需要教皇签字的文件呈给教皇,但是克雷芒却拒绝在专家顾问仔细检查之前表示同意,随后将文件分别交给宗教裁判所大法官、四殉道堂区枢机主教洛伦佐·普奇。奈特呈上的文件草稿主要是赦免亨利娶安妮。但序言部分指出现存的婚姻无效,甚至是有罪的,并将此作为事实。也许亨利原本认为,获得一份迎娶安妮的赦免书要比获得一份婚姻无效判令更加困难,因此对后者并未费多大心思;或许他本来希望在克雷芒没有注意到的情况下,偷偷把无效判令混到赦免书里。无论事实怎样,普奇注意到这份毫无技巧的文件似乎努力要去同时处理两件事情。针对序言部分,他愤然写道:"删去这些格格不入的东西"(expungatur alienissima est),他简直不配国王的称号;其余部分必须如此这般地修改。[1]

到 1528 年 1 月 1 日,奈特带着一份给亨利的已经签字盖章的诏书,离开了教皇的宫殿。他欣欣地给自己的君主写信,然后把诏书提前发出,自己随后动身返回英格兰。[2]但是他所获得的仅仅是一份赦免亨利娶安妮的诏书,前提是亨利的第一次婚姻被证实是不合法的。因此,诏书本身没有价值。值得注意的是,诏书指出,对第一亲等旁系(非法的)姻亲关系婚姻障碍的赦免比起尤利乌斯给亨利的赦免(缺少《申命记》的支持)是更

---

1　*Pocock*, i, 22 ff. (*L.P.*, iv, 3686).

2　关于诏书全文,参见*Ehses*, pp. 14 ff.。

大的让步，而做出这一让步并不那么困难。但都因为普奇，真正的问题，也就是要摆脱凯瑟琳一事仍然悬而未决。

在沃尔西回国之后不久（如果不是在此之前），这当然是在奈特的诏书到他手上的几周前，他已经感觉到罗马之行处理得很糟糕。格雷戈里·卡萨莱现正在拜见教皇的路上，他要获得教皇对于沃尔西副摄政的授权委任，并做出决定，应该拯救奈特和他那份无用的诏书。因此卡萨莱之前的指令被取消了。1527 年 12 月初，就在奈特第一次与克雷芒取得联系的时候，卡萨莱于圣诞节前到达奥尔维耶托，并收到沃尔西发来的厚厚的指令，要求他接管奈特的一切事务，这实际上是重新开始执行这些任务。

卡萨莱伪装得严严实实，打算溜进去见教皇，向他传递既有威胁又含劝诱的信息。然后，在谈到基本原则的时候，他向教皇举出亨利与凯瑟琳第一次婚姻的明显无效的证据。他要向教皇呈交的不是威胁教皇司法管辖权的《利未记》中的论点，也不是针对公共诚实障碍的观点，而是更加谦卑的见解，认为尤利乌斯二世豁免婚姻的特别诏书存有缺陷。一旦使教皇相信这一点，他就会同意在英格兰设立法庭解决亨利的案子，然后发布法令，这不同于一般的法官代理委任法令，也就是在份委任状中对法律做了明确的规定，仅授权法官审核案件事实，然后应用该法律。这份法令委任状将会宣布，任何在尤利乌斯诏书中出现的缺陷将足以使其无效。它将要求接受委任的人仔细检查所提出的诉讼，如果任何一项得以证实，就要宣布婚姻无效，并把双方分开。理论上，除了怀疑法官代表的理由外，不得对这一决定提出任何上诉。

沃尔西为卡萨莱提供了必要的文件，所需要的仅仅是印章和签字而已。为了不使教皇乃至全世界认为沃尔西可疑，教皇将被要求从罗马委派一名使节单独审判此案，比如说坎佩焦或者法尔内塞（后来的保罗三世），或者任何不属于皇帝一派的人。于是沃尔西又给卡萨莱写了一封信。信中说，他自己要隐退辞职是亨利国王的建议。这一建议很直接，一定刺痛了他。

当然，一旦委任状被许可，亨利将需要一份对他和安妮的婚姻赦免书，这正是奈特要去获得的。大概是害怕奈特把事情搞砸，或是教廷把这混杂的诏书扔到一边，一份新的文件被迅速送去签名。卡萨莱可能完全满足于这一切，他打算立即开始工作，不遗余力。为了帮助他完成任务，便向威尼斯的银行家借款一万达克特，并由他的兄弟送过去给他。[1]

于是，一切敲定：一份教皇的委任状将宣布第一次婚姻无效；一份教皇赦免书则批准第二次婚姻。问题阐述得很清楚了。随着这些信送到卡萨莱处，1527 年 12 月 5 日和 27 日，离婚案真正开始了。奈特的任务只是一次业余彩排。

沃尔西确信卡萨莱将在几天之内采取行动，教皇被释放的消息一传来，他就更加确定——这会使得英格兰的使者自由接近教皇。卡萨莱与奈特一起合作，的确以惊人的速度获得了一份委任状。但是枢机主教普奇再一次粉碎了递交给他的草案，也拒绝了给他的两千达克特。送回英格兰的恰恰是沃尔西不想要的，这不是一份教令，而是一份一般的委任状，仅允许核查案件而无最终的审判权。没有给出任何的法律说明，不经上诉便不会给出确认的承诺。[2] 显然，罗马并不打算屈服。实际上，对于围绕亨利离婚这一琐事的小题大做，罗马明显惊异又恼火。对于克雷芒最为亲近的顾问们来说，显而易见的程序似乎就是沃尔西利用他现有的宗教使节权，或者这份委任状，在英格兰审判此案。如果沃尔西为亨利找到合适的证据，就让亨利再次结婚，而且只有在第二次婚姻遭到质疑的情况下，才需要提交至罗马解决。[3] 为什么要在几乎没有什么争议的当下，提前要求解决这么多问题？实际上在罗马看来约克枢机主教完全具备解决此事的能力，为什么还要寻求诸如法令这样的"重型武器"？或许个中有些奥秘。如果是这样

---

1  *Burnet*, iv, 19 ff.; *Pocock*, i, 23 ff. *(L.P.* iv, 3641); *St.P.*, vii, 29 ff. *(L.P.*, iv, 3693).

2  *Pastor*, x, 253 f.; *L.P.*, iv, 3751, 3756.

3  *L.P.*, iv, 3802.

的话，那就要让英格兰人无法得逞。亨利没有胆量把事情控制到自己手中，也不敢冒险采用一个可能行得通的解决措施，而是坚持要有绝对的把握。这是非常谨慎的做法，但或许依然存在判断上的失误。

　　突然间，几位代理人被派往奥尔维耶托，据沃尔西所知，他们此行是要向教皇提出关于亨利妻子的复杂而又含糊的方案，可能还有关于他情妇的提议。就像要在茶杯里兴风作浪一样，这一举动不是最好的方式，因为教皇自己正困于一大堆不幸之事，无暇他顾。现在，沃尔西的确将为自己过去无视教廷的行为得到报应。不像其他国家，英格兰在罗马教廷并没有自己确定的派别，在教廷的外交代表也是势单力薄。不久之前，英格兰甚至放弃了保持教廷在英格兰常驻代表的做法，也就是说放弃了熟悉教廷行事方式、能处理重大事务、拥有幕僚和地位的专业人士，转而依靠法官私室商人以及两名常驻教廷的意大利传教士，即离开教区居住的伍斯特主教吉努奇和索尔兹伯里主教坎佩焦，他们会不时地被要求为英格兰的利益服务，以换取西区的主教辖区职位。但是既然这些人几乎不能处理离婚案这样重要的事情，亨利现在不得不依靠一系列临时设立的特别使节团。对亨利而言幸运的是，格雷戈里·卡萨莱会有很多时间来接待这些新来的人，并向他们传授教廷的行事方式。但是国王事业需要更大、更永久、更专业的安排，而不是得过且过。

　　1528 年 2 月初，沃尔西已经放弃了赦免以及克雷芒授予卡萨莱的委任状，[1]宣布组成一个新的使节团，其中包括大臣斯蒂芬·加德纳和王室施赈官爱德华·福克斯。这个使节团与之前的大有不同。使节团带着给教皇和枢机主教们的一封信出发了，信中对他们大加赞美；在沃尔西的指导下，使节团获得了详细、全面的指示。新的使节们将要再次开始工作：为沃尔西和另一位枢机主教获得教令委任状，来处理英格兰事务；或者，仅为一

---

1　委任状已经消失了。但我们可以肯定，它没有包含禁止向罗马上诉等必要条款等。普奇将之从草案中删除了。参见*L.P.*, iv, 4120。

位教皇使节；或是为沃尔西和渥兰，乃至其他的英格兰主教，来获得委任状。他们要让克雷芒了解他们使命的严重性，坚决申明亨利对教廷的忠诚、愿意为教皇效劳，并宣扬安妮的优秀品质。他们要说明沃尔西的命运掌握在克雷芒的手里；如果缺少司法公正，国王可能会迫于自然法和神圣法的指示，放弃他过去曾慷慨给予教廷的忠诚[1]——这些话可能只是他们打算玩弄的文字游戏，或是一些恫吓，但也让我们知道了事件是多么脆弱，离婚一案是多么容易失控。

从多佛尔穿越英吉利海峡的可怕经历耗费了他们四十个小时，然后在热那亚，他们等待许久，才等到一艘南去的船；3 月 12 日，加德纳和福克斯到达奥尔维耶托，全身被雨淋透；接下来，他们设法进入宫殿，那里瓦屋凋敝，侍仆无几，却居住着拥有至高无上权力的教皇。两个人日复一日地与教皇周旋。有时候他们独自拜见教皇，有时，四殉道堂区的以及其他几位枢机主教，还有圣轮法庭院长西莫内塔也会在场。有时，谒见在早上 7 点开始；有时，直到夜里 1 点才结束。不久，甘巴拉加入了英格兰人的阵营，而后，圣轮法庭前任院长、时任罗马教廷驻法国大使斯塔菲利奥也加入了英格兰一方。因为斯塔菲利奥支持亨利离婚，同时也是教会法学家的权威，所以沃尔西曾经劝说弗朗索瓦派此人前往罗马，为此事增加筹码。辩论聚焦于一点：克雷芒是否要授予教令委任状，这样的话实际上让他提前确认了教皇使节的宣判；还是只批准一份一般委任状，这不会宣布任何原则，也会让亨利犹豫罗马教廷的判罚尺度是否同英格兰一样宽松。一份教令委任状将提供一个快速且可能是最终的决定；而一般的委任状仅仅是一个缓慢且危险的公开状态的开始——一个推迟最终判决的策略。正因如此，克雷芒更偏好后者。"教皇圣座，"英格兰人写信回国时几近绝望，"尽管他比别人理解得更好更快，但是从不给出确定的答案，也找不出比他回

---

1   *L.P.*, iv, 3913.

应更慢的人。"[1]到棕枝主日当天，也就是争执了两个星期之后，两位使节确信，他们竭尽全力也无法获取一份教令委任状。尽管加德纳冒犯胆大，尽管他凭记忆引用了《教规汇编》中教令《来到》（Veniens）的文字，准确陈述了亨利要求的教令委任状的形式，但是克雷芒仍然拒绝改变态度，自始至终说此文件不符合教廷的惯例，不可能获得大法官法庭通过。因此，加德纳和福克斯不情愿地退而求其次———一份普通的委任状，附加某种承诺来确认特派员的判决。克雷芒为此起草了一份诏书。加德纳先是抱怨诏书的内容，又埋怨其风格。他被告知自己去起草诏书，他便这样做了。所起草的诏书递交给一些枢机主教，主教们攻击其内容"似乎字字背后都暗含毒意"。最后到了 4 月 13 日，这封委任状得以盖章。克雷芒遭到警告说，这样的结果不会让亨利国王满意。教皇疲倦地回复，这份文件甚至也是对皇帝的反对宣言，他害怕皇帝曾经对他的惩罚。

纵然克雷芒受过欺凌，在某些时刻崩溃过，但在现实中从未屈服；对亨利需要的满足，对查理的恐惧，以及不愿完全无视凯瑟琳诉讼的残存的正义感，都弄得克雷芒摇摆不定。这就是此人的技巧，很难准确知道现在他到底做出多少让步。三份诏书盖章封蜡：第一份特许了亨利和安妮的婚姻；第二份是给沃尔西的一份普通委任状，其中规定渥兰或者任何英格兰大主教可以作为助手；[2]第三份已经封印，但在一段时间内并未发出，是给沃尔西和另外一位来自罗马教廷的使节，授权他们立即调查亨利与凯瑟琳婚姻的有效性，并做出宣判。[3]如果他们判决婚姻无效，亨利和凯瑟琳将会被分开，可以重新缔结婚约。并且，不允许对教皇使节的判决进行上诉。这似乎是一份决定性文件，但事实上，当中存在着致命的漏洞。罗马教廷

1　Pocock, i, 128 (L.P., iv, 4167).关于加德纳和福克斯与克雷芒交涉的详细内容，参见L.P中这个部分他们频繁发送的信件，但加德纳夸大了他对形势的掌控。参见Ehses, 23 ff.。

2　关于诏书内容，参见Rymer, xiv, 237 f.，日期为1528年4月13日。

3　关于诏书内容，参见Ehses, 28 ff.，日期与上一条相同。

并未从法律陈述的角度给出可以让沃尔西的工作变得简单确定的说明，教皇的确认这个关键问题并未确立，代理人的广泛权力以及豁免任何质疑的权力并不能让他们免受因偏袒而引起的上诉。不过，与加德纳和福克斯谈话过后，克雷芒表示，他或许会统一确认代表的判决，并承诺不会撤回或者阻碍他们的进展。[1] 所有这些当然比奈特和卡萨莱收获的要多。但是这些足够了吗？

对于沃尔西和另外一位枢机主教使节来说，已经达成一致的是第二份委任状将会被使用，坎佩焦将会作为主教使节。加德纳因此前往罗马，坎佩焦则暂时在罗马主持大局，待加德纳准备好后，他将陪同枢机主教前往英格兰。福克斯立刻离开了奥尔维耶托，带着那不太确定的战利品，骑马坐船，以最快的速度回国。5 月初，他已经在格林尼治，跪在国王面前。亨利急忙召见了他，当他听到、读到这一切的时候，他确信他的祈祷，如果真的存在的话，已经得到应验。他把安妮招来听取这则好消息，然后开心地向大使提了一连串关于他的使命的问题。那天深夜，福克斯在达勒姆宫把文件交给沃尔西，而后就寝。到第二天下午，沃尔西已经反复琢磨过几份文件，也认为已经取得胜利。两天之后的早晨，显然他的心情依然如此。但是到了下午，他改变了主意。毕竟委任状什么都没办到，那只不过是来自罗马的半空的函件而已。深思熟虑过后，他回到了事件的原点：只要有一份教令委任状就足够了。也许是一种过分的谨慎，或者是一种对最优结果不合理的渴望，才让他在带给自己的文件中发现了这么多的瑕疵。也许他应该满足于所既得的，又或是在实施罗马的建议时，他应该试着冒险。然而，他要得到一切；亨利则莫名其妙地消除了不久之前对枢机主教可靠性的怀疑，一如以往依赖他的判断，也改变了主意，附议于他。[2]

所以，国王必须再次向加德纳求助，加德纳必须向奥尔维耶托求助，

---

1　*Pocock*, i, 141 ff. (*L.P.*, iv, 4251).

2　*Ibid.*

再次尝试；必须再次辩论、恳求、努力克服困难，而亨利和沃尔西要忍受痛苦的推迟。克雷芒已经批准了一份委任状——这是全世界需要知道的一切。要让他绝对保密，批准一份只有亨利和沃尔西会看到的教令委任状，由沃尔西保存但不会使用的委任状，只是为了获得教皇的保证和保护（尽管他是否会遵守要另当别论）。这就是给加德纳的新指令，于 1528 年 5 月中旬发出。[1]

然而，到 6 月底，英格兰没有任何关于教令的消息，也没有坎佩焦的影子。坎佩焦本应该出发了，以便在委任状到达之前就已就位。但是，枢机主教坎佩焦正患上严重的痛风，不能动弹，只能留在罗马，而沃尔西和加德纳恳求他赶紧动身。挫败让人变得烦躁，不久之后，加德纳和卡萨莱被抨击懈怠无能。福克斯曾向加德纳报告，亨利表示"万一（坎佩焦）一直没有出现，你们就永远别回来了"。虽然加德纳竭尽所能，但是他的报告除了"巨大的困难……人为的耽搁……极大的不确定性"，别无其他。[2] 然后，当亨利失去耐心，痛苦地等待时，他的代理人传来了最新的信件，但**这封信可能在途中丢失了**。一个包裹寄到了英格兰，根据包裹里其他明确标明的内容物，包裹里应该包含一封来自奥尔维耶托的信，但是没有找到。这封"期待已久"的信丢失了，甚至有人担心是在法国的某个地方被拦截了。[3] 虽然派出了一个人去寻找此信，但这封信从未被找到。可能信中只有优柔寡断的消息，但是它的丢失令人恼火。

不久，汗热病在伦敦暴发——一次凶猛、迅速的暴发，正如法国大使所说的，这次汗热病暴发带给牧师的业务比带给医生的更多。短时间内，成千上万人感染，瘟疫迅速传播到伦敦以外的地方。沃尔西迅速停止了法

---

1　*Pocock*, i, 141.

2　*L.P.*, iv, 4289, 4355.

3　这句话是布赖恩·图克说的，他是邮报的老板，与此事关系密切。*L.P.*, iv, 4358, 4359, 4361, 4390.

庭开庭期。大部分商业活动停止了——除了公证人，他们的遗嘱设立生意兴隆。瘟疫迅速地袭击了宫廷，夺去了几位要员的生命。感染的人中包括安妮·博林（如果她不能战胜疾病，会发生什么样的事情？）。[1]一听说她被传染，亨利把绅士风度抛诸脑后，从她身边逃走了，连续几周不停更换住处。他服用了很多药物，每日听三次弥撒，并忏悔，据说还保持着频繁的信件交流。[2]确实，他热切地给安妮写信，痛苦地忏悔自己的离开，安慰她说汗热病似乎不会传染给女性；但是很快一句双关**诗**破坏了信的作用，诗中恳求她不要那么快就回来。"与命运斗争的人经常是离终点愈来愈远，"他从亨斯顿（Hunsdon）写来的信富有哲理性。[3]等他到达新的休息处的时候，尽管仍需花几个小时与医生在一起，并单独在塔中进餐，但他已经开始放松了。自从到达亨斯顿，他的随行人员中没有出现生病的情况，安妮也度过了危险期。虽然被膀胱的问题所困扰，亨利已经开始断断续续地对国际事务有兴趣了，开始听布赖恩·图克给他读沃尔西写的信，至少是相对简短的信。在其中的一封信中，沃尔西表达了他对图克的关注，因为他也遭受了痛苦的折磨。在提到有关图克病情的时候，亨利倾耳细听，却误解了图克的病情，立即开出了睾丸肿胀的治疗方法。但这并非病症所在，图克也是这么说的。亨利对这事实反馈脸不红心不跳，"就像英格兰最狡猾的医生能够做到的那样"，又开了一道补救的处方。接着，他侃侃而谈汗热病，它是如何发作的，应如何治疗以及什么人容易感染。他给沃尔西传去信息，告诉他饮食要清淡，不要喝酒，每周一次服用"拉西斯"（Rasis）药丸。建议中继续说，沃尔西要抛弃恐惧，开心起来，"把一切交给上帝处理"，恢复自己精神生活的秩序，正如亨利自己做的那样。[4]不久之后，国

---

1　*L.P.*, iv, 4391, 4398, 4440.

2　*Ibid.*, 4542.

3　*Ibid.*, 4403.

4　*St.P.*, i, 296 ff. (*L.P.*, iv, 4409). "Rasis" 出自 "Rhazis"，他是一位阿拉伯医生。

王询问沃尔西家人使用这一药方的情况，并建议在全国举行游行，以祈求好天气，减少瘟疫。他满脑子都是疾病和疗法。埃克塞特侯爵夫人病倒在家里。亨利让侯爵以及他的侍从离开宫廷；保险起见，他自己也从蒂滕汉格（Tittenhanger）转移到安特希尔（Ampthill），他对那里清新的空气很是满意。[1] 几天之后他开始抱怨自己头疼，一如他经常做的那样，于是便前往格拉夫顿（Grafton），一到那里他就不头疼了。与此同时，沃尔西带着一群饱受疾病折磨的随从，从伦敦撤退到了汉普顿宫。也许他也一度感染瘟疫——因为在 6 月初的时候，他给亨利写了一封很奇怪的信，读起来就像是一位濒死的仆人写给主人的告别信。[2] 但是他幸存了下来，在那个残酷的夏天，他仍然是管理国王事务的核心人物，仔细审查着瘟疫肆虐带来的大量有关死者土地及官职的诉求。

　　这些都暂时阻碍了离婚的进程。到 8 月，进程再次加快。坎佩焦最终振作精神，从位于罗马西北部大约五十英里开外的塔尔奎尼亚（Tarquinia）出发，乘船前往普罗旺斯。一个月后，他到达里昂；那时，汗热病已开始缓和，安妮和她的情人又团聚了。斯蒂芬·加德纳没有按照计划与坎佩焦一起回英格兰，相反，坎佩焦将独自前往巴黎，在那里与约翰·克拉克会面，然后由他陪同，隆重前往英格兰。但是他的行动极缓，直到 9 月 14 日，也就是行程开始七个星期以后，他才到达巴黎。要是乘船的话，他可能会走得更快些，因为痛风相当严重，以至于骑着骡子赶路十分痛苦，大部分时间是乘坐马拉的轿子。从巴黎到加来又花费了两周时间，勉强在 9 月 29 日抵达多佛尔，这是他一生中第二次踏上英格兰的土地。他从那里前往坎特伯雷和达特福德（Dartford），最后于 10 月 9 日到达伦敦，在那里，他得到了王国里的大人物的共同迎接。亨利也在场，他途经吉尔福德（Guildford）附近的萨顿公园和沃金，慢慢接近首都。亨利与安妮的重聚非常短暂。考

---

1　*Ibid.*, 305, 312 (*L.P.*, iv, 4449, 4468); *L.P.*, iv, 4486, 4507.

2　*St.P.*, 309 f. (*L.P.*, iv, 4468). 或者，这封信出自一个急于保护自己不受诽谤的人。

虑到让坎佩焦发现安妮在他身边并非明智之举，他把安妮送走了，重新开始热情洋溢的书信来往，他现在充满信心，坚信长久的等待即将结束。[1] 但是坎佩焦实在病重，参加不了为他准备的欢迎仪式——的确，有谣言说他死了——直到他到达两周后，他才能支撑着身体，乘船前往布赖德韦尔宫拜见国王。在倾盆大雨里，他从河边被人送到王宫，沃尔西骑着一头骡子陪同他前往，他受到了国王庄重的接待。毫无疑问，终点就在眼前。

坎佩焦身上带着珍贵的文件。说来奇怪，加德纳和卡萨莱已经多少占上风，因为沃尔西指点过他们。备受怀疑和恐惧的折磨，克雷芒交出了期望已久的教令委任状——一份应该只能由坎佩焦掌管，除了国王和沃尔西任何人都不能看，也不会在法庭上使用的文件。它仅仅是一种姿态，表示支持沃尔西。[2] 而且，教皇使节能否就亨利的婚姻给出**最终**判决，也并不确定。克雷芒曾经以书面形式承诺永远不会撤回委任状，[3] 但这并非要求的全部；此外，这个承诺，也就是所谓的"允诺"（pollicitation）还需耽搁许久才能到达伦敦。然而，无可置辩的**是**，对亨利有利的教令委任状在使节手里。所以，沃尔西现在拥有的是一份公开的一般性委任状，这完全不够；他期望能从第二份委任状中获益，这份委任状应是充分或者近乎充分的委任状，但在理论上必须保密；而克雷芒曾经保证要承兑一份在他内心深处，打算从不使用的文件。这是一个近乎荒唐的局势，带给各方的都将是最糟糕的结果。

坎佩焦发现，亨利情绪高涨，迫切期望迅速采取行动。亨利坚信他与凯瑟琳的婚姻违背了上帝法，坎佩焦说，哪怕是天堂的天使也无法劝阻他；亨利非常清楚自己的案子——事实上比任何神学家和教会法学家都了解得

---

1　*Sp. Cal.*, iii, ii, 541.

2　*Pocock*, i, 172 (*L.P.*, iv, 4380); *St.P.*, vii, 104 (*L.P.*, iv, 4897). 这份委任状已不存在，但可能接近加德纳提出的草案，其文本参见B.M. Vit. B, xii, fol. 133。

3　承诺书文本见*Ehses*, 30 f.。

更为透彻——而且具备出众的辩论技巧。[1] 日复一日，从沃尔西那里传来推论：离婚是政治需要；除非坎佩焦准备好行动，否则他——沃尔西将会完成此事；如果离婚一事被拒，英格兰将不再向罗马效忠。[2] 他一遍又一遍地重复最后一条。坎佩焦因这种紧张情绪而感到压抑，又饱受痛风的折磨，有时候会在床上与沃尔西进行长时间的争吵；他不得不努力遵守克雷芒下达的命令，尽己所能拖延时间，找到比法庭公开审判更简单、牵连更少的方法，解决亨利的问题。

曾经一度，坎佩焦试图劝说凯瑟琳摆脱世俗、隐居修道院，来解决这个问题。这是他带回来的一个全新的建议。从神学的角度来看，这个方法有些令人疑惑，但并非没有先例，[3] 有很多值得称赞的地方。该方案可以迅速解决问题，免去各方参与审判的痛苦，也能让克雷芒开脱责任；同时，也不会惹恼查理，因为拒绝凯瑟琳一定会激怒他。该方案也会让凯瑟琳荣誉隐退。在他拜访了布赖德韦尔之后，坎佩焦在他居住的巴斯议院接待了亨利。亨利命令立刻开始诉讼审判——下命令时，国王的声音经常变得响亮、激动，偷听的人总能回忆起发生在他和枢机主教之间的过往。[4] 正是在这次会面的过程中，坎佩焦向亨利提出了这个新方案。[5] 亨利热切地表示赞同。第二天，坎佩焦和沃尔西一起去拜见凯瑟琳，正式向她提出这个建议，恳求她放弃婚姻，就像路易十二的妻子让娜·德瓦卢瓦一样，退居到修道院。凯瑟琳非常严肃地听着，但未作出答复。第二天，他们开始旁敲侧击。

---

1　*Ibid.*, 48 ff., 54.

2　*Ibid.*

3　他们的论点是，如果一方皈依宗教，那么他或她就经历了"精神上的死亡"，而让另一方可以自由再婚。这最初由波拿文都拉想出，得到了后世经院学者，包括司各脱的赞同。然而，大多数神学家不会接受它。有关全部内容，参见Dauvillier, *Le Mariage dans le Droit Classique de l'Eglise* (Paris, 1933)。

4　*Sp. Cal.*, iii, ii, 841 f.

5　*Ehses*, 54.

坎佩焦见到了费希尔，他相信，要用自己的计划打动费希尔。[1] 然后亨利也加入了，用一种明显带有暴力的方式，告诉凯瑟琳，全世界现在都认为他们的婚姻是不正当的，除非她自愿带上面纱、成为修女，否则她将被迫接受这一结果。再一次，凯瑟琳静静地听着。[2] 正像费希尔一样，她来自一个坎佩焦和亨利可能无法认识和理解的世界。最后，在亨利的许可之下，她到坎佩焦那里告诉他答案。凯瑟琳要求坎佩焦倾听她的告解，坎佩焦同意了。她告诉了坎佩焦自己和亚瑟的婚姻，亚瑟是怎样从未认识她，她是如何以处子之身来到亨利身边的，然后宣布她永远不会同意坎佩焦的建议，不管发生什么情况，她将按照上帝的旨意与她的婚姻共存亡。她说这话时态度谦虚，但十分肯定地对枢机主教的建议置之不理；同时她允许坎佩焦违反不外传告解的规定，告诉全世界她所说的一切。[3] 第二天，两位枢机主教在此拜见凯瑟琳。沃尔西跪在地上，央求凯瑟琳服从。不久之后，一个由高级教士组成的代表团带着同样的使命来见她。每一次，凯瑟琳都庄严地拒绝了他们的恳求。

坎佩焦所提的解决办法符合世俗习惯，既能平息抱怨，又能迅速而以极小代价解决问题。然而他遇到的是一位品德正直之人，并无时间考虑他那深思熟虑的判断。凯瑟琳不为胁迫所动，已准备好面对公众的严苛考验。在亨利的许可下，她指定了一个委员会为自己做辩护，其中包括渥兰、费希尔、克拉克、滕斯托尔、比韦斯以及她的西班牙告解神父兼兰达夫主教乔治·阿特夸；有这些人作为她的后盾，她将面对教皇使节法庭。

理论上，沃尔西和坎佩焦已经基本准备就绪，开始处理此事，因为赋予他们权力进行审判此案的普通委任状在很久以前就已经到达英格兰；受

---

1　*Ibid.*, 56 ff.

2　*Sp. Cal.*, iii, ii, 842.

3　*Ehses*, 58 f. 参考凯瑟琳有关自己童贞的公开抗议出现在*Pocock*, ii, 431上，日期是11月7日。

加德纳和卡萨莱的鲁莽所困，克雷芒给坎佩焦的珍贵的教令委任状包含了关于非法豁免的必要法律声明，要求法官们只调查案件的事实。但是，正如上文提到的，在做出了这一让步之后，他中途收回成命，禁止在法庭上使用这份委任状，委任状也不能离开坎佩焦的手。几乎是在他授予委任状的瞬间，他就十分后悔自己的做法，后来也表示要出手取消。沃尔西可能需要付出更多努力，才能让他把事情做得更好。

就是这份著名的文件让亨利付出了很多代价，围绕此文件存在很多的争议。亨利看过。坎佩焦一到英格兰，亨利就要求看文件。[1] 然后文件就消失了。坎佩焦在审判开始之前就把文件销毁了，或许是按照克雷芒的命令。而且，委任状本身亦非天衣无缝，直到增加了"允诺"，承诺不会应任何人的要求或者出于自愿而阻碍或者撤销委任。[2] 虽然克雷芒于 1528 年的夏天亲自起草了一份文件，但是直到第二年春天，文件才到达英格兰，而后发现这份文件是"如此地措辞得当，非常有水平"，可以让教皇按照自己的意愿自由撤回。[3] 鉴于存在这些令人难以置信的、令人恼火的挫折，亨利的案子交由审判并不安全。

的确，几乎不可能这样做，因为坎佩焦本人对此感到十分勉强。克雷芒曾经命令他拖延时日，而他越发愿意这样做，因为他明显发现整件事情令人不愉快。[4] 大陆不断传来西班牙人胜利的消息，随着亨利的同盟一个个倒向查理，克雷芒不断重复他给坎佩焦的指令，要求在没有明确命令之前不要继续任何审判。[5] 而且，与此同时，有人告诉皇帝，称坎佩焦不会做任何伤害他姨母的事情，案件最终将撤回到罗马来审判。[6]

---

1　*St.P.*, vii, 104 (*L.P.*, iv, 4897).

2　*Ehses*, 30 f.; Gairdner in *E.H.R.*, xii (1897), 8.

3　*Burnet*, iv, 98 (*L.P.*, iv, 5523).

4　*L.P.*, iv, 5604; *Ehses*, 107.

5　*L.P.*, iv, 4721, 4736–7.

6　*Ibid.*, 4857.

来到英格兰以后，这位教皇使节不断耽搁时日，在做好每一步调和各方利益的打算，或者在向罗马递送完整的报告之前，坎佩焦拒绝采取任何实质行动。所有这一切要花费数月的时间。克雷芒唆使他消磨时光，这足以让英格兰人发狂。因此，英格兰人无奈之下决定再一次攻击教廷，又再一次抬出克雷芒，并刺激他的使节行动起来。因此，1528 年 11 月 1 日，沃尔西写信给卡萨莱，倾吐了自己的失望、极度的恐惧以及他君主的困惑沮丧。他说亨利受到了不人道的对待。除非克雷芒像一个慈爱的父亲，一位真正的耶稣之代表那样做出回应，否则代价将是任何人难以想象的——以教会为耻，毁灭教会，毁灭教皇在英格兰的权威。"面对如此的恐怖，我闭上眼睛……我让自己跪在圣父的脚下……我请求他看看国王陛下那神圣而不改的愿望……他那最公正、最神圣、最正直的愿望……"信继续写下去，一页一页的信中充满了夸张的请求与强横，这一切的目的都在于击垮克雷芒，让他授予充分的、明确的教令委任状，示意坎佩焦着手处理此事。[1]

在这些不确定的因素之外，亨利还面临其他的问题。毫无疑问，凯瑟琳是一位受民众拥戴的王后，越来越多的传言说国王意图抛弃王后，坎佩焦的到来使传言愈炽，难免引起了惊恐。[2] 有一天，当她和亨利正穿过一条连接布赖德韦尔宫和黑衣修士区的走廊时，一大群人为王后欢呼，以至于亨利不得不下令公众此后不得在户外聚集。[3] 亨利感觉到了日益增长的敌意，于是，在一个星期天的下午，他召来一大群名人前往布赖德韦尔宫，向他们解释他对于自己婚姻的顾虑是如何开始的，这一解释不同于之前给出的说法；他还解释了坎佩焦是如何通过关于他婚姻的判决的。亨利厚颜无耻地撒谎道，要是找不到任何瑕疵的话，那么"在我的一生中，从来没有比这个更令人高兴、更乐于接受的了"，因为凯瑟琳的身心是如此出众，"如

---

1  *St.P.*, vii, 102 ff. (*L.P.*, iv, 4897).

2  *Hall*, 754.

3  *Sp. Cal.* iii, ii, 845.

果我再次结婚，如果这个婚姻是合适的，我一定首先选择她"。不过，要是坎佩焦发现他们的结合有悖上帝的法律，那么他就必须离开凯瑟琳。与"一位如此善良、体贴的伴侣"告别令人悲痛，但又要承认，在过去近二十年的时间里生活在罪孽中，"令上帝莫大悲伤"，也同样可悲。因此，作为一个迫切想要安抚自己良心的人，一个不幸的受害者，这个国家勤勉的父亲、教会虔诚的儿子，亨利发表了自己的演讲。在结尾处，"这些是让我烦恼的痛苦，是折磨我良知的痛苦，我要为这些痛苦寻求药方"[1]，亨利如是说。我们得知，他的演讲打动了一些听众。但是对于王后的敬爱仍广泛存在，这需要他谨慎处理此事。

然后，那份辩护状出现了，也就是第二份豁免亨利和凯瑟琳婚姻的文件。1528 年初，英格兰的使者们首先是在西班牙听到了一些文件仍然存在的谣传，但未发现其具体内容。可能是到那年 4 月的时候，凯瑟琳的手里拿到了一份副本，是由西班牙大使门多萨递送给她的。[2] 她私自谨慎保存，直到六个月后，周围的敌意激怒了她，她才把诏书给坎佩焦看；而这样做几乎毁了她的丈夫。

亨利苦寻已久的教令委任状仅仅是赦免尤利乌斯的诏书。或许只是引用了它的文本，当然已经提到了它。但是有一份以前从未见过的新文件，这份文件在教令委任状中并未提及，需要区别对待。我们进一步发现，这份辩护状或补充、或避开诏书中的主要瑕疵。换言之，它不仅有可能使亨利费心准备的许多东西停顿下来，而且会破坏他的论点。[3] 如果辩护状内容站得住脚，那么离婚案这一复杂的事情将会陷入停滞，他将不得不重新开始，重新思考。与沃尔西一样，亨利对凯瑟琳掩人耳目又出人意料的举动也是大为震惊。她是如何知道这份辩护状的？又是什么时候获得的？是谁

---

1　*Hall*, 754 f. 然而，这些话并不是亨利的**原话**，而是当时在场的霍尔所能记住的内容。

2　*L.P.*, iv, 3844; *Sp. Cal.*, iii, ii, 845.

3　参见上文第195页。

带给她的？除此之外她还知道什么？现在该怎么做？

可以理解的是，第一反应是抨击这份文件是伪造的。它的出现是如此突然，内容是如此合适，很容易引起怀疑；再者，现在亨利手上的文件包含了一个日期上的技术性错误，是伪造者可能会犯的错误。但是因为是摘要的副本，就永远不足以否定其真实性。除非原件在英格兰出现，否则就不能下定论——查理明显不会那么快放弃它。另外一个选择是，如果内容无法被推翻，那就必须无视它。那就必须采取新行动，迫使凯瑟琳去当修女，这样就能规避辩护状、诏书、教皇使节、委任状等一系列必要而复杂的流程。于是，不久之后，凯瑟琳手下为她辩护的两位成员渥兰和滕斯托尔去拜访她，从国王那里带去的信清楚地表明国王要与她分手。信中警告凯瑟琳说，国外有些不怀好意的人会借机谋害亨利的人或者是教皇使节的人，凯瑟琳会不可避免地因此受到指责。信中指责凯瑟琳太过轻率，过多地向臣民展示自己，享受他们的欢呼，对他们点头微笑、挥手；又点明在辩护状这一问题上她在折磨国王，控诉她仇恨国王；并宣布枢密院不再认为她与国王同床共枕、共进膳食是安全的，国王无法忍受玛丽公主待在她身边。这份文件之残酷显而易见。这是针对凯瑟琳设计的，强迫她成为修女，或者成为同谋，从西班牙窃取这份辩护状。[1] 但是凯瑟琳不为所动。

一开始，亨利的方案是派遣国王内府司库威廉·菲茨威廉前往西班牙，劝说查理放弃这份辩护状。[2] 但是这个方案被放弃了，原因不明，几个星期以后，为另一个计划所取代。查理收到了凯瑟琳亲笔写的一封信，恳求她的外甥把辩护状原件送到英格兰，这样就可以将之呈上法庭，保护她和孩子的利益。几个星期以前，她承受了压力。1528 年 12 月初，她被人从格

---

1　*Sp. Cal.*, iii, ii, pp. 844 f. 在 *L.P.*, iv, 4981 中，有一份给凯瑟琳的未注明日期的草稿，发件人不详。我猜是这次造访时用的。

2　*Sp. Cal.*, iii, ii, 592.

林尼治送往汉普顿宫，安妮·博林搬进紧挨着亨利的房间里。[1] 通过她的辩护团队，对她施加了更多的压力，到 12 月末，凯瑟琳被迫发出了那封信。然而，要带着信件穿过法国到西班牙的信使摔伤了肩膀，因此不得不寄出第二封，这一次由托马斯·埃布尔护送此信，不久后他将会写一本优秀的书，为凯瑟琳辩护，最终遭遇长期的牢狱之灾，为了凯瑟琳和罗马的利益而牺牲。为什么亨利会将这项任务交给他令人奇怪，因为埃布尔会破坏掉凯瑟琳这封信的效果，他会立即告诉查理无视此信，保存好辩护状，给罗马施加压力，让其停止离婚诉讼。王后再一次破坏了试图欺骗查理皇帝的计划。国王又几次试图获得辩护状，但是查理现在确切知道了正在进行的一切，哪怕他此前一无所知。他确实会提供一份没有问题的副本；他会允许把此文件的内容读给英格兰的大使们听；他允许他们自己去读，但是永远不会放弃此文件。[2]

国王这一图谋因此陷入了混乱。整个计划被重新评估，一份新的倡议出炉。就是 1528 年 12 月初的情形，以此为背景，甚至在凯瑟琳给查理写信之前，由奈特和布赖恩带领的四人全新使团被派往罗马。这项命令表明局势是如此令人绝望，以至于现在所有的外交政策都为离婚一案让路，这表明克雷芒现在受制于一个精心策划的阴谋，而不是别的，还表明亨利准备使用武力对抗至高无上的教皇，或者至少做好了准备。

四位使者收到了大量指令。首先，他们要谴责辩护状，坚称它是伪造的，要陈述的原因列在提供给他们的一本“书”里。为了证明他们的观点，在教廷抄写员或是教士的帮助下，他们要搜查登记簿去寻找原件，搜集一位叫作西格斯蒙德的教士的书写样本，因为他的签名出现在了辩护状上；他们还要研究用于这类文件的尤利乌斯二世的渔人权戒印信。他们必须暗中进行，否则“伪造者”会修改他们的作品，因为其中发现了不少问题——当然，

---

1　*L.P.*, iv, 5016.

2　*Ibid.*, 5375, 5423, 5471; *Sp. Cal.*, iii, ii, 662.

所有这些都是期望现在保存在西班牙的辩护状能被交出。一旦他们搜集到了足够的证据，他们将呈交给克雷芒，并要求查理把原件送到英格兰。然后，克雷芒必须批准一份教令委任状给使节———又一份！——这样他们就能通过关于此文件的最后宣判。如果这样不可行，那么克雷芒必须亲自判决。两位使节会将辩护状的问题汇报给克雷芒，条件是他事先书面承诺提出反对意见。所有必需的文件已经准备就绪，克雷芒需要做的仅仅是签名。接下来，教皇要解除对另外一份教令委任状的无效性限制，即由坎佩焦带回的那份委任状，如此一来，辩护状的问题一旦解决，离婚案就会迅速向前推进。与此同时，使节们要彻底审查让凯瑟琳进入某个"松散"修道院的建议，以避免推翻辩护状的行动失败。他们雇用了罗马最好的律师，就神学上存在争议的问题给出他们的建议，这样，万事俱备，英格兰人可以直面克雷芒。他们要设法说服枢机主教们，尤其是严格的四殉道堂区枢机主教。但即使是克雷芒动用他的绝对权力（有别于普通权力），同意在凯瑟琳进入女修道院时允许亨利再婚，仍存在如何劝说王后合作的问题。如果她富有心计，表示自己会隐修并且就贞洁发誓，只要亨利也这样做；如果为了离开她，亨利这样做了，教皇是否会赦免他的誓言，如果赦免他就能够重新开始他的诉求？对此必需有认真的调查。如果这个方案失败，那将会是可怕的讽刺，亨利将会功亏一篑，成为修士，在修道院里与世隔绝，度过余生。但是，如果出于某种原因，此计划失败的话，"谨慎起见，也为了表明出于保障国王的利益，任何人的智慧可以思索和设计出来的方法都不能被忽视"，代理人打算调查克雷芒允许亨利同时拥有两个妻子的可能性。这样的解决方案确实十分古怪（"罕见、新颖、奇怪"），可能会使教皇惊讶，但是亨利从《旧约》中的"一夫多妻制"中获得了勇气。然而，这样就需要第三份教令委任状，在其序言部分，提出《圣经》对亨利的要求的支持，尤其是某些主教的成就在此处被提及。在所有的事情中，代理人要做的是尽最大努力并且要谨慎，仔细考虑权衡形势的紧迫性，考虑亨利对教皇无人能及的效忠之心，考虑克雷芒欠下的尚未偿还给亨利的债务。让罗马对他敞开心扉，"不要因为法律上的诡辩和矛盾而被扣押财物，或转弯抹角地表态"[1]。

因此亨利现在有三个策略：继续执行已经开始的工作，前提是能够获得一份完全的委任状，且辩护状被首先破坏；其次，催促他的妻子皈依宗教，过上默默无闻的隐修生活；或者顺其自然，但是要另立一位王后。第一个策略会宣布他的第一次婚姻是无效的，他会变成单身；第二个方案宣布婚姻有效，但是因为死亡——精神上的死亡——而终止，他将成为鳏夫；[2]第三个方案是婚姻有效但不是独一无二的，他将成为重婚者。这三种解决方案中的每一种都是可以接受的，但是如果克雷芒能同意其中的两个会更好，最好是三个都同意。

除此之外，他们复杂的外交指示中还有关于普遍和平协议，以及皇帝在阿维尼翁举办加冕礼等问题。需要承认的是，给这些人的任务至少有规模，就算其他什么都没有。他们是两人一组，布赖恩和万内斯首先出发，奈特和贝尼特紧随其后。第一组人于 1529 年 1 月末到达罗马。第二组，接到指示在法国停留，向弗朗索瓦解释新的政策，设法取得他的支持；因为他们的任务比预想的要困难得多，所以他们仍然留在法国。因此决定他们两人继续待在法国保持谈话，而斯蒂芬·加德纳再次从英格兰出发前往罗马，代替他们与其他人会合。

与以往相比，新的方案使教皇愈发位居亨利世界的中心。克雷芒要确立休战协定，召集并主持和平会议，为皇帝加冕——当然，错综复杂的离婚案让他措手不及。因此，1529 年 2 月初，克雷芒去世的消息传到英格兰，令人大为震惊。这会毁掉一切。如果继任者是一位彻头彻尾的亲皇帝派，比方说基尼奥内斯（查理曾经派他去阻止离婚一事），那么亨利将会被彻

---

1　*L.P.*, iv, 4977–9, 5181, 5441–3. 参考 *ibid.,* 4980。

2　参见上文第229—230页。

底击败。但如果是沃尔西被选为教皇呢？如果克雷芒的逝世意味着一切的停止，沃尔西的继任就不只是弥补这一拖延了。因此，亨利从未像现在这样，调动他的资源，来让他的候选人通过教皇选举的秘密会议；并且，从未有过的是，沃尔西对此极为严肃认真，加入寻找资源的行列，因为他知道，这一次他的人生大抵正处在紧要关头。因此，新到达的英格兰大使们被突然告知放弃先前的指令，把他们所有的一切——辩论、威胁、金钱——都投入到沃尔西的选举中去。

几天之后，另外一个爆炸性新闻再次击垮了亨利。克雷芒根本就没有死。他得了非常严重的、断断续续的高烧，这高烧难倒了他的医生，但没有猛然夺走他的生命，只是让他在几个月内失去了行动能力。对亨利来说，这或许是最为残酷的挫折了。罗马处于骚乱中，秘密会议即将召开，各派之间的勾心斗角已经开始。此时，英格兰人无能为力了。克雷芒在病榻上徘徊于生死之间，凭借出人意料的力量恢复过来了。[1] 到 3 月底，克雷芒虽然还是很虚弱，并且时常受到发烧的侵扰，但已经可以接见英格兰的使者们了，使者们又重新拾起数月之前他们放弃的事情。与此同时，亨利和沃尔西，饱受拖延折磨，忍无可忍，不停向罗马写信提供新办法。[2] 在克雷芒生病期间，卡萨莱和万内斯借机组织调查登记簿，以求找到辩护状的蛛丝马迹，却一无所获——这一事实加深了对西班牙那份文件是伪造的怀疑。[3] 受此鼓舞，加德纳利用他和克雷芒的第一次会面机会，单刀直入谈起辩护状的问题，并认为作为伪造品，该状应从根源上受到谴责。克雷芒回避了问题，说会把它交给四殉道堂区枢机主教处理。[4] 一个月之后，英格兰人没有获得进展。克雷芒拒绝谴责辩护状，也没有要求查理把原件送回罗马。

1　全部内容，参见*L.P.*, iv, 5368–73, 5314, 5325, 5375。

2　*Ibid.*, 5427–9.

3　B.M. Vit. B, xi, fol. 22 (*L.P.*, iv, 5179).

4　*St.P.*, vii, 154 (*L.P.*, iv, 5401).

加德纳不留情面地烦扰着疾病缠身的教皇，一度不断威胁教皇，这是在他出发之前，亨利在汉普顿宫的走廊里与他谈话时提出的：一位失望的国王或许会友好支持德德志的路德宗王公们；不久，亨利指示加德纳告诉教皇，他，亨利，准备向真正的耶稣之代表（不管是什么意思）上诉教皇。[1]但这一切都无济于事。克雷芒并没有因加德纳的夸大其词而触动，反而感到恼怒。3 月 6 日，一封来自凯瑟琳的密函请求教皇把案件从英格兰撤回，改在罗马审判。最后，她接受了数月以来一直敦促她去做的事情；1529 年 4 月底，查理在罗马的代理人正式抗议到目前为止所准备的一切，请求克雷芒将案件撤回到教廷法庭。[2]

目前的外交形势对亨利来说非常艰难。教皇和皇帝很快走到一起，几周之内，克雷芒将会对一位心腹知己告解说，"我已经下定决心成为一个亲帝国者，生死不渝"[3]。虽然教皇仍有些犹豫，但面对这些，亨利不可能继续进行一个本就十分棘手的计划，即便是在最顺利的条件底下。其中一位使者提醒亨利，事情变得很糟糕了。尽管付出了各种努力，"教皇不会为陛下做任何事情……我们每个人都千方百计地试探他，但是没什么用"，他坦诚地写道。克雷芒"话说得很漂亮，文章也写得很漂亮……但我从来不相信会看到他行动，尤其是在这个时候"。既然留在罗马没有任何意义，使者们请求国王召回。安妮的一位表亲，弗朗西斯·布赖恩最近给她写信，但是他对亨利说，"我不敢写信告诉她真相"，让国王来揭开罗马出现僵局这一消息吧。[4]两周以后，加德纳向亨利报告说，教皇不仅没有半点让步，甚至发声要撤回给教皇使节们的委托书。使团遭到了失败，并承认了失败。[5]等到 4 月 21 日布赖恩的信到达伦敦的时候，亨利已经决定不再等待下去。

---

1　*L.P.*, iv, 5476. 参考 *Sp. Cal.*, iii, ii, 661; *St.P.*, vii, 184 (*L.P.*, iv, 5650)。

2　*Sp. Cal.*, iii, ii, 652, 676–7.

3　*Ibid.*, 652, 974.

4　*St.P.*, vii, 166 f. (*L.P.*, iv, 5481).

5　*Burnet*, vi, 23 (*L.P.*, iv, 5518).

两位教皇使节打算按照他们几个月前收到的委任状的要求，继续推进案件。如果罗马在最后一刻做出让步，扩大授予的权力，那再好不过；但是亨利将会利用已经赢得的机会，推动案件的进展。加德纳和布赖恩告知了克雷芒他所造成的痛苦，并为获得明确的"允诺"再一次尝试，他们期望克雷芒承诺不干涉教皇使节们的工作，随后他们打算返回英格兰。据回忆，这份文件早已在前一年7月起草完毕。沃尔西告诉坎佩焦他有文件。但是被忘在了罗马，现在刚刚到达英格兰。当沃尔西发现这份文件完全不够时，他命加德纳另施计策，向教皇骗取另一个版本的文件。他要加德纳去见克雷芒，宣称原件在途中被大雨毁掉了，然后坐下来，假装凭记忆重新写一份，事实上，这是一份完全不同的文本。大概教皇会立即签署，单纯地相信与先前的一样。[1] 但这些都是孤注一掷。在罗马的行动暂时结束了。

5月末，亨利身在温莎。他把坎佩焦的秘书召到那里，控诉他遭受的痛苦，尤其是查理正式请愿，将离婚案撤回到罗马。[2] 他并不知道，是被整个事情折磨的坎佩焦自己要求教皇这样做的，从而让自己免受这些行动的折磨。亨利迫切地要求法庭开庭。5月29日，加盖国玺的特许证发予两位教皇使节，要求继续审判。但是恰在此时，一封信正从罗马寄来，要求坎佩焦使用拖延策略，直到克雷芒有勇气召回案子。[3] 第二天，教皇使节出现在黑衣修士区的议会大厅，任命执行官传唤亨利和凯瑟琳于6月18日周五出庭。[4]

6月11日，亨利坐船回到格林尼治。处于困境之中的凯瑟琳极度失望，她沿陆路返回，在途中召见坎佩焦，问他罗马是否对她的上诉做出回应，并寻求安慰。坎佩焦试图安慰她，但是痛风和伤寒还有英格兰夏季的

---

1  *Burnet*, iv, 99 (*L.P.*, iv, 5523). 参见 *ibid.*, vi, 26，关于加德纳准备的全部文本。

2  *Ehses*, 89 ff.

3  *L.P.*, iv, 5604.

4  *Ibid.*, 5602, 5611, 5613.

潮湿全都找上了他。他缺钱，又被亨利的人不断打扰，当他躺在床上的时候，这些人带着书进来，训斥他。英格兰人命令他立即行动，罗马命令他拖延时间。"上帝帮帮我吧！"他写道。[1]

负责对亨利婚姻进行宣判的法庭于 6 月 18 日在黑衣修士区开庭。亨利由代理人代替出庭，而令所有人吃惊的是，凯瑟琳亲自出庭，由四位主教陪同，她大胆地驳斥法官，并宣布要向罗马上诉。三天之后法庭再次开庭，莎士比亚非常生动地描写过这一幕。亨利和凯瑟琳同时出庭。首先，法官宣布否决了凯瑟琳的抗议；然后亨利，坐在金缕华盖之下，向法庭陈述自己的极大顾虑，他只是想获得公平，摆脱怀疑。他说完以后，凯瑟琳突然站起身来，绕着法庭走了一圈，走向亨利跪在他的面前，说了一大段恳求的话，请求亨利不要抛弃她，不要羞辱她和她的女儿。她说，只有罗马才能够解决这个问题，因此她已经向罗马提出上诉。说完这些，她离开了。传唤者三次喊话让她返回法庭，但是她并不理会。她永远不会回到法庭了。法庭宣布她藐视法庭，但是她不再承认法庭的权力。她让她的辩护委员会，特别是费希尔来为她辩护，虽然由于她的退庭，费希尔和他的同事们只能以他们自己的名义发言。

费希尔像雄狮一样勇猛战斗。两次开庭之后，6 月 28 日，他发表了一次异乎寻常的演讲，确认婚姻的有效性，并且声称自己已经准备好放弃生命，像施洗者约翰那样来捍卫婚姻的利益。这将亨利和希律王等同起来，引起了猛烈的回应；这一回应可能是加德纳以国王的名义写好并发布的，其中指控费希尔有无知、鲁莽、不忠等缺点。费希尔之后，斯坦迪什主教以及一位名叫罗伯特·里德利的人做了发言，后者是凯瑟琳的另外一位法律顾问。凯瑟琳还未被抛弃，费希尔至少还有一段和亨利的激烈辩论，最

---

1　*Ibid.*, 5636, 5681; *Ehses*, 109. 在这次访问中，坎佩焦做了最后一次努力说服凯瑟琳接受皈依。

终他基本上在指责对方伪造他的印章和签名。[1]与此同时，法庭接下来的议程快速进行，很快就将宣判。法庭仔细审查了尤利乌斯的诏书，对凯瑟琳第一次婚姻的事情做了听证，包括一些闲言碎语，比如诺福克公爵遗孀带来的证据，来证明凯瑟琳的第一次婚姻已经完婚[2]。

当亨利鼓起勇气开始行动的时候，他明显希望能够向克雷芒呈现既定事实，让他仓促批准所发生的一切。因此，教皇使节们尽可能迅速而又秘密地处理他们的事务，而贝尼特，英格兰在罗马的新任使节，试图蒙蔽罗马教廷的双眼。他发誓说审判尚未开始，而且不会开始。当从英格兰传来的消息驳斥了他的誓言时，他"一百次"发誓没有通过判决。[3]尽管他（和卡萨莱）都在为自己做伪证，来自坎佩焦和他的随从牧师的信件正送达罗马，信中对正在发生的事情做了全面的描述。克雷芒几近绝望，西班牙人愤怒激增。克雷芒一边哭泣，一边祈祷死亡，他宁愿自己没有颁发过委任状。无论他转向哪条路，看到的都是流言、纷争，还有毁灭。[4]亨利给他写了一封信消除敌意，贝尼特成功截获了坎佩焦的最新信件。[5]但是当罗马听说凯瑟琳已经公开正式做出上诉，反对教皇使节法庭，在法庭宣布她藐视法庭的时候，国王的事业可算是失败了。

王后的朋友们行动非常迅速。她对于使节团的抗议以及向罗马的上诉，连同在那里的帝国大使委托书，都经由布鲁塞尔紧急送到罗马。7月5日一抵达，就立即送到了签字厅。[6]尽管贝尼特和卡萨莱仍然希望他们能够拖延"复仇女神"足够长的时间，让教皇使节完成他们的事务，但他们寄回

1  参见*The Earliest English Life of St John Fisher*, ed. Hughes, 90 f. 以了解其中的审判和费希尔的任务。
2  *L.P.*, iv, 5774, 5778.
3  *L.P.*, iv, 5725.
4  *Ibid.*, 5725, 5762.
5  *Ibid.*, 5769.
6  *Sp. Cal.*, iv, 83, 97. 这些文件可能是查理于4月起草的，寄给凯瑟琳使用。参见*Sp. Cal.*, iii, ii, 674。

国的信警告说，所剩的时间已经不多了。他们是对的。每天都有许多来自英格兰的消息，这给帝国的压力带来了额外的分量。7 月 13 日，克雷芒屈服了，同意暂停使节法庭。经过四十八个小时的犹豫，他草拟了撤销法庭的文件，因为第二天他病倒在床，克雷芒允许这份文件发布在枢机主教团委员会，即教皇未出席的枢密会议上。贝尼特现在最希望的，不是推迟文件的发布出去，就是（悄悄地）送出一份副件到英格兰去，在那里沃尔西或许会截查到。[1] 但是，7 月 23 日，一份撤销文件的副本在罗马发布，两份副本寄送给佛兰德斯人，还有另外的几份递交给了皇帝的代理人米格尔·马伊，由他呈给凯瑟琳；为了安全起见，他通过六种不同的渠道寄送文件。所有在英格兰进行的诉讼就这样被宣布撤销，亨利最想阻止的事情，他百般威胁、派遣多个使团、多次劝诱想要对抗的事情，还是发生了。[2]

与此同时，在黑衣修士区，国王一案进展堪忧，原因并不清楚。或许是坎佩焦本人的问题，或许是费希尔的问题，又或许是亨利案件内在的弱点，或者三者皆有，导致了麻烦的出现。无论如何，7 月 27 日，沃尔西报告说诉讼程序陷入了细微的、存在技术纠纷的困境。贝尼特催促他快点行动。他答说，但愿他能做到。而且，他警告，开庭期一周之内要结束，随之法庭要休庭两个月，罗马的撤销令则肯定会在重新开庭之前到达。他所能期望的是克雷芒会无限期休庭，而不至于传讯亨利到罗马出庭。要让克雷芒明白，如果他传唤亨利本人或者代理人前往罗马的话，传票会受到抵制，"直到死亡"；而如果他已经下令撤回案件，那就必须撤回下达的命令。[3] 但是这些绝望的话都毫无意义。兴许是坎佩焦很感激自己能从烦人的事务中解脱出来，他已经宣布，在那个月的最后一天，教皇使节法庭将按照罗

---

1　*L.P.*, iv, 5780. 有人试图在意大利阻止这一撤销（*Sp. Cal.*, iv, 100），据说坎佩焦曾警告采取措施阻止它到达英格兰。*ibid.*, 134也是这样记录的。

2　*Sp. Cal.*, iv, 97, 121.

3　*St.P.*, vii, 193 ff. (*L.P.*, iv, 5797).

马历进行夏季休庭。亨利为此感到震惊，他派诺福克和萨福克两位公爵参加下一次的开庭，要求法庭继续进行，并做出宣判。但是坎佩焦断然拒绝。7 月 31 日，他宣布休庭到 10 月；随即，诺福克公爵"拍案说，'向主发誓，现在我明白老人说得对，从来没有教皇使节或枢机主教做过什么有益于英格兰的事'"[1]。说完这些，他和其他人离开了，留下坎佩焦和沃尔西面面相觑。

黑衣修士区的审判就这样结束了，仿佛一场闹剧。早在法庭再次开庭之前，教皇关于禁止开庭的信，以及传唤亨利到罗马的信件都送到了英格兰。亨利试图冲破堡垒的计划失败了。要想成功，需要做到安排万无一失，还要有极佳的运气。但是这两者亨利都没有。既没有以足够的速度推进庭审，也没有足够的保密措施来阻止克雷芒和亲帝国派获知事件进展，他们知道的甚至比贝尼特都多。贝尼特笨拙的恐吓手段，无法有效地阻止坎佩焦向教皇的秘书定期传递消息。凯瑟琳的硬性、西班牙的能力，以及查理的决心，都让事情变得更加糟糕。费希尔也是如此。但是组织者一方的高效率从来不会让他或者他们扰乱诉讼程序。

由于失败，可以预见亨利面临着被传唤到罗马出庭的耻辱，像其他的任何申请人一样，自己的案子被提交到圣轮法庭。这不仅是一种侮辱，也是巨大的危险，因为亨利非常清楚，在罗马他可能会被剥夺正义，而这正是他在英格兰期望从凯瑟琳身上剥夺的。形势于他不利。在 1529 年夏天那几个黑暗的星期里，有一件事情是很明确的，那就是使用各种"武器"来阻止法庭撤回令生效，不让案件交由圣轮法庭来处理。[2] 上诉人、王后，还有她的辩护委员会一定明白，强制上诉可能会受到惩罚，可能会被恐吓取

---

1  *Hall*, 758; *L.P.*, iv, 5791说法庭于7月23日结束，这是错误的。在那一天，坎佩焦宣布了即将到来的休庭——这与沃尔西7月27日的声明一致——并在一周后执行了休庭。

2  *L.P.*, iv, 5854, 5877, 5909.

消诉讼请求。然后还有坎佩焦，或许亨利可以通过他来胁迫教皇。[1]事实上，在教皇下定决心允许听证上诉之前的几个月里，英格兰在罗马的代理人付出了巨大努力，试图迫使教皇把案件交回英格兰处理。亨利的决心和精力异常惊人。但事实是他遭遇了沉重的公开打击。他是一个不习惯接受任何批评的人，于是他四处寻找一位可以承受这些批评的人。正如凯瑟琳预言的那样，[2]他的选择必然是沃尔西。

亨利是个很难伺候的主儿。他时而愿意把一切权力交给他的大臣，时而突然、断然插手大小事务；时而与他的臣仆合作热络，时而变化莫测，疏于公务，态度淡漠。他时而热情，时而冷酷；时而专横，时而驯服；时而热情洋溢，时而钢铁心肠，时而言语甜蜜。他既非无为之王，亦非勤政之君，总之捉摸不定。

在沃尔西对亨利的依赖中，一直存在着一个薄弱环节，他和亨利见面相对不再那么频繁，而且两人经常是相隔数英里。例如，当亨利进行漫长的夏季巡游时，沃尔西会待在威斯敏斯特或是汉普顿宫，主持国家中央行政工作，管理王室事务，通过信件和信使与国王保持联系。在法院开庭期间，如果亨利在附近的话，枢机主教的习惯是逢周日前往王宫与国王一起进餐，可能也会参加议会会议。但是在其他时候，两人可能会连续数周不在一起。这给历史学家留下了一些王室书记员写给沃尔西的生动信件，包括莫尔、奈特、图克等写给他的，[3]但是对沃尔西来说，那意味着反复无常、敏感的国王不断受到来自其他方面的影响，也意味着国王从来未被他俘获过。

无疑很长一段时间以来，由诺福克和萨福克两位公爵领导的一派贵族，

1　*Ibid.*, 5820, 5864–8.

2　*Sp. Cal.*, iv, 83.

3　这些信件经常用于这项研究。可以看出，在某种程度上，比起克伦威尔执政时期，这些信件使我们更容易发现这段统治时期的政策来源。

一直期望"抓住沃尔西的把柄",然后罢黜他,他们把安妮·博林当作武器。[1]
可能对沃尔西的敌意普遍存在,但是贵族派系是主导——多年以前他们就
这样做了。诺福克公爵门下的约翰·斯凯尔顿曾发泄过对沃尔西的不满,
猛烈地抨击他,说他把贵族从他们在王国的合法位置上驱逐出去。这是他
们对沃尔西指控的核心内容:浮华虚荣使他膨胀,生活奢靡;把他们从国
王的身边挤走,无情地对待他们,拿他和整个王国当成其个人的垫脚石,
"非法享有"(accroaching,用了一个中世纪的动词)王室权威,篡夺了那
些本来属于国王"天生"议员的位置。[2]这是在国王过去的统治时期里,我
们多次听到的指控。他的神职人员身份让这些事情更加糟糕;他出众的能
力也让自己的处境更加糟糕。

接着,他们攻击沃尔西来自"下层"。他是贵族**政变**的受害者,这次
贵族政变并不是大贵族最后一次尝试扳倒出身寒微但能力出众的大臣。但
充分地利用了他在离婚案中的失败,并接过了他的错误以后,大贵族们
也发现问题是无法解决的。在他们排挤掉沃尔西三年之后,他们被另一位
和沃尔西同样出身寒微的人挤走了,他就是托马斯·克伦威尔,沃尔西手
下曾经的一员。

正如我们已经看到的,沃尔西的地位似乎在1527年夏季的时候迅速
下降。[3]然而,尽管他从法国返回时一事无成,心中焦虑,但显然他很快驱
散了对手,再一次相当彻底地对他的主人施加其影响力,并且能够立刻重
新掌控离婚案的发展方向,在1528年瘟疫暴发的夏季享受到亨利的热情
关怀。可是他的卷土重来是短暂的。

1528年4月末,威尔特郡(Wiltshire)的威尔顿(Wilton)大本笃会
女修道院的院长死后不久,麻烦再次出现。继任者的选举交由沃尔西决定,

---

1　*Cavendish*, 43 f.
2　达西勋爵和普法尔茨伯爵提出的指控,参见*L.P.*, iv, 5749–50。
3　参见上文第168页及以后各页。

他最后选择了副院长，这似乎是个不错的选择。可惜，亨利支持的是另外一位候选人，威廉·凯里的姐姐，也是安妮·博林的嫂子。她是一位无能之辈，与至少三个男人通奸，其中两个是牧师。当亨利听说她行为不端时，便不再支持她，但他没有接受沃尔西提名的候选人，而是自己提名了第三位候选人，既因为他顽愚不化，也是为了不必对安妮承认他放弃了安妮的候选人而选择了沃尔西支持的人。他三次给沃尔西写信坚持自己的选择。但是枢机主教轻率地继续坚持自己的提名，修道院接受了沃尔西的提名。最后，亨利拿起笔写了一封措辞强烈的亲笔信，以家族族长口吻写道，枢机主教更习惯于发号施令而不是接受命令。"我要责备我爱之人"（Quem diligo castigo），信的开头写道。忠诚仆人的责任是服务，而不是反对他的主人。那么，沃尔西是怎么做的？如果亨利的思维不是绝对清醒，那会如何？沃尔西无视亨利的吩咐，企图佯装不解主人的意愿，这又意味着什么？做了坏事，"又加以粉饰"，这是双重犯罪。因此，他现在不能这样做了，因为没有人比亨利更恨这种行为了。沃尔西知道可怕的谣言四起，说他是如何获得资源用于在伊普斯威奇（Ipswich）和牛津的建筑。亨利现在宣布这是为了"你我灵魂的利益，作为一位仁爱的君王、主人和朋友"。这是华而不实又激烈的训诫。[1] 当然，以前二人之间也有争执，很快又会被淡忘。但是，从未有如此微小的一件事激怒国王，国王也从来没有如此阴险地影射、反对他的大臣。沃尔西的政敌明显取得了进展。

此外，他日益变得脆弱。虽然与查理的冷战对于向安特卫普供应未染色布的影响甚微，但令人担忧的是，这条英格兰进行贸易的主干道会被切断。沃尔西承认，人们开始大喊"谋杀"，那些恨他的人开始欢呼，希望其他的事情出岔子，那么他们就能说"看看教皇特使都做了什么"。他的对手

---

[1] *Fiddes*, 174 ff. (*L.P.*, iv, 4507). 关于这些，参见 Knowles, "'The Matter of Wilton' in 1528", *B.I. H.R.*, xxxi (1958), 92 ff.。

会因此指认他是人民的敌人。[1]

　　而且，他不也是国王的敌人吗？对他而言，离婚事件是否如对亨利一样，也有压倒性的重要性？我们知道他曾经试图阻止亨利的婚姻，他和安妮并非朋友。1527 年 5 月 1 日，当他着手在由他和沃勒姆主持的法庭上处理亨利的案件时，他显然不知所措，丧失了勇气，于是决定向罗马寻求更多的权力。这或许是一种掩饰不住的犹豫。我们知道，他从不关心《利未记》观点中所隐含的对于教皇权威的可怕挑战。[2]他不会如此玩火，而是把亨利离婚案的成败全部押在尤利乌斯二世特诏的不足之处上。沃尔西再一次变得胆怯。但是当 1527 年 12 月，卡萨莱按照亨利的指示，为沃尔西和另外一个人，或单为另外一人请求一份委任状的时候，这仅仅是出于审慎，抑或是一种预兆？[3]

　　1528 年 8 月，亨利对沃尔西发火，并且骂他，因为沃尔西似乎对离婚事件表现得过于平静。[4]我们的告密者，法国大使杜贝莱认为沃尔西并未置身于整个事件之中——一如他一开始所处的位置。那时他的打算是，一旦亨利抛弃了凯瑟琳，他应该娶一位法国公主，几乎没有想到亨利的情妇安妮会从玩物一举跃升，成为王后。不难想象，此后不久，沃尔西将急切地写信给罗马，要求允许出示教令授权书给国王的议会，以便证明他本人并没有遗漏国王的任何事情——卡萨莱会跪下来请求他帮忙的。[5]

　　而后，一如往常，他与亨利之间的关系中突然轻易地再次修复。亨利和枢机主教又一起狩猎了；[6]在克雷芒逝世的消息传到英格兰后，沃尔西作为教皇候选人的资格被迫切地提出；等等。但这只不过是亨利不满的冬天

---

1　*L.P.*, iv, 3951.

2　*Ehses*, 69; *L.P.*, iv, 4942.

3　参见上文第220页。

4　*L.P.*, iv, 4649.

5　*Pocock*, i, 174 (*L.P.*, iv, 4812).

6　*L.P.*, iv, 4773.

里一缕短暂的阳光而已。国王已经在背后开始批评沃尔西，批评他在罗马无休止的拖延，以及坎佩焦令人发狂的迟缓；[1] 如果说误传的克雷芒逝世的消息瞬间提升了沃尔西的价值，那么他的复原不过是加速了他的贬值。很显然，等到教皇使节法庭再次于黑衣修士区开庭时，秃鹫已经在坠落者的上空盘旋。诺福克公爵一党深信此次胜券在握，并且公开说枢机主教仍在延误离婚案。[2]1529 年 6 月初，萨福克公爵给亨利写了一封直率的暗示信，信中提到了亨利信任过的人和欺骗过他的人——萨福克公爵，一位亏欠沃尔西太多的人。[3]

倘若使节法庭按照亨利的要求通过了判决，沃尔西或许会借此恢复自己的名誉。但是相反，它带来的是灾难；那时，外交事务也犯下了惊人的错误。争取国际和平的重大方案以及新的普遍性条约流产了，因为查理以及英格兰的同盟都不会按照这复杂的议事日程的要求行动。此外，到 1529 年初，有谣言说法国和帝国之间将签订一份单独的协议，彻底孤立英格兰；而此时他们已经在康布雷开始谈判了。

亨利不相信这个会议能顺利召开，谈判的结果将威胁到自己而受孤立，甚至最终促使教皇和皇帝走到一起。但是，保险起见，一队使节被派往法国，由萨福克公爵带领（很重要），前去让盟友退出和平谈判，让战争继续。[4]亨利和沃尔西完全投入到他们所认为的宏伟计划中，如所谓的教皇职位，联合反对查理，在阿维尼翁召开的和平会议（假如离婚被准许的话），以及其他的事情。他们坚决拒绝认真考虑不久之后将在康布雷进行的会谈。[5]而且，法国人愚弄他们一点都不含糊，表示那些会谈不重要——这些安抚

---

1　*L.P.*, iv, 5177.

2　*Ibid.*, 5210, 5581.

3　*Ibid.*, 5635. 1515 年，萨福克公爵仓促间娶了国王的妹妹玛丽为妻，沃尔西保护了他免受亨利的怒气。

4　*L.P.*, iv, 5571, 5599.

5　*Ibid.*, 5571.

的话由一位特使向英格兰人予以确认，这似乎完全说服了沃尔西。[1] 而后，使节法庭开庭。沃尔西几乎没有时间考虑来自康布雷令人忧虑的消息，而要是有时间考虑的话，他会安慰自己：没有他，会议不会取得任何成果；若有必要，他会在离婚案解决后赶赴康布雷，威风地接手由其他人开始得无疑不够完美的事务。[2] 亨利也是这样考虑。到 1529 年 6 月末，显而易见，他们的估计完全错误。康布雷和平谈判取得了非同寻常的进展，而亨利在黑衣修士区仍是原地踏步。如果会议圆满结束，英格兰将失去所有的优势。教皇和皇帝的联合意味着克雷芒被迫批准的豁免书和授权书将会被收回，离婚案会停止，沃尔西的计划会被不体面地永远搁置，英格兰会被孤立。亨利和沃尔西震惊地发现他们被自己的同盟国耍弄了，陷入了绝望的局势。唯一可能的反击行动是在最后的文件签署之前，尽快派遣一队使节前往康布雷，以挽回一点脸面，或许也可以从失败中挽回些什么。沃尔西无法前往，因为他仍然被困在黑衣修士区事务行进缓慢的车轮上，于是滕斯托尔、莫尔和哈克特代替他前往。[3]

6 月 24 日，沃尔西已经听说了克雷芒在离婚案问题上最终拒绝做任何进一步的让步；一个月后，传来了使节法庭灾难性的最终判决。8 月 5 日康布雷条约签署，所谓的"夫人和平"得以完成，英格兰在最后一刻也顺应了这一条约。几周时间里，沃尔西作为处理事务的中心，肩上承担着做出日常决定的重任，而国王则与诺福克、萨福克两位公爵打猎。8 月底，新任帝国大使尤斯塔斯·查普伊斯说沃尔西正在陨落。国王禁止外国使节接触沃尔西；国家政务由诺福克公爵、萨福克公爵以及安妮的父亲罗奇福德主持；沃尔西请求与国王私下会面，新任国王秘书加德纳断然拒绝了他。[4]

---

1　*Ibid.*, 5583, 5599, 5601.

2　*Ibid.*, 5636, 5713.

3　*Ibid.*, 5710, 5744.

4　*Sp. Cal.*, iv, 189, 195; *St.P.*, i, 343 ff. (*L.P.*, iv, 5936). 查普伊斯说，沃尔西是个放逐者，除非被传唤，否则不准进宫。

　　但是沃尔西仍没有被击垮。如果能够见到国王，他或许会重新夺回权力。坎佩焦准备离开英格兰，向国王正式道别。极度困难中，他费尽心力勉强获得许可，把他的使节兄弟带到王宫——然后留在格拉夫顿——只要他们来时行事不甚招摇即可。不幸的是，沃尔西应该必须在坎佩焦这位不受人欢迎的外交官的陪同下入宫，但他别无选择；在枢机主教到达之前，宫廷里人们议论纷纷，充满猜测，甚至还有人就接见的情况下赌注。

　　9 月 19 日星期日，他们骑马进入王宫。坎佩焦被立即引导进入他的休息室，沃尔西紧随其后，想着自己应该去他熟悉的房间，结果被告知没有为他留房间；于是一位朋友领他进自己的房间，脱去骑马服。接着，诏书传来，让他出席议会。两位枢机主教发现房间里都是议会议员，还有其他来观看的人——他们想知道当国王和主教大人会面的时候会发生什么。亨利进门后，沃尔西跪下；令所有人吃惊的是，亨利微笑着扶起了他，牵着他的手走向一扇"大窗户"，然后陷入了长时间的讨论。但很明显这是一次紧张的讨论。亨利一度从怀中抽出一封信或是文件，然后有人听到："怎么会这样？这不是你的字迹吗？"我们无从得知这是一份什么文件，但这或许是沃尔西在离婚案上的懈怠或者口是心非的证明。然后，沃尔西被送去就餐，而亨利则与安妮在她那豪华房间里同食，据说安妮曾责备亨利招待这样一位做过那么多伤害他和这个国家的事的人。餐后，亨利回去见沃尔西，带他去自己的私人房间进行更长时间的讨论，所有这一切让"他的敌人茫然痛苦，迫使他们煽风点火"。因为在王宫里没有他的住处，他的引导侍从卡文迪什，也就是讲述这个故事的人，骑马去距离三英里外的伊斯顿（Easton）为他找住处。晚饭之后，沃尔西在火炬的光照下，骑马前往那里。[1]

　　正如卡文迪什所言，沃尔西的命运现在显然已经很好地得到平衡，而安妮则给予了关键的打击。这或许所言非虚。第二天，"经过她专门的工

---

1　所有内容，参见 *Cavendish*, 92 ff.。

作"，也许是她本人或者其他人的计划，她劝说亨利陪她一起骑马去看看新公园的选址，或者在附近打猎。当沃尔西从伊斯顿到达王宫，想要继续昨天的谈话时，亨利已经准备好出发了。他有些匆忙，但很亲切地告诉两位枢机主教，没有时间谈话了，并吩咐他们离开。安妮很周到地提供了午餐（野餐？），所以国王直到很晚才回来，而那时沃尔西和坎佩焦已经离开了——坎佩焦动身前往罗马；沃尔西被迫从本可能让他重塑魔力的国王身边离开，闷闷不乐地留在莫尔庄园。[1]

两天之后有令，要他交出国玺。这是两位公爵传递的命令。一番争论之后，两位来客返回去找国王获取手谕，沃尔西交出了官印，来到河边，动身前往帕特尼（Putney）。一路上，他忍受着无情旁观者的嘲讽和粗言。他的下一段行程，即从帕特尼到伊舍（Esher，这是他奉命归隐的地方），需要骑骡。就在他启程之后不久，刚开始登帕特尼山的时候，发生了一件怪事。一位从温莎来的信使突然从山顶上出现，带来了令人高兴的国王口信，要他相信，他的主人令他沮丧仅仅是为了满足不怀好意的某些人，国王仍然支持他。作为真正心意的象征，亨利送给他一枚戒指，这枚戒指一直是"国王有特殊事务要派遣时"，他们之间的"秘密令牌"。沃尔西因这惊人的消息而不能自持，他从骡子上跳下来，跪倒在泥地里，高兴地表示感恩。信使亨利·诺里斯爵士，正是几天之前在格拉夫顿借给他房间的那位，他跪在沃尔西的旁边，而沃尔西试图露出头来，但有个结打不开，于是他干脆扯掉帽子。最终，他和诺里斯骑马到山顶，然后道别。他洋溢着喜悦，把自己最珍贵的财产——一个挂在他脖子上的，包着一个据称是真十字架遗物的小金十字架，送给了诺里斯，并把随从里的一位弄臣送给了亨利。然后他骑马前往伊舍，等待他现在推测的，属于他的平反。[2]

到底发生了什么？这是个诡计，还是亨利真的决定救他？亨利真的最

---

1　*Ibid.*, 100 ff.

2　*Ibid.*, 101 ff.

终无法击垮一位曾经给予他太多的臣仆吗？亨利是否真的势力过于薄弱以致不能公开抵制而受迫于人吗？这次事件是一时的怜悯冲动，还是残忍的摇摆不定？真相似乎是，亨利并非沃尔西最凶残的敌人，他也不想置沃尔西于死地。亨利既无法忘记沃尔西的失败，也无法忘记沃尔西曾经多少是一位杰出的仆人。但是沃尔西未被重新起用。如果说亨利有过片刻的迟疑，沃尔西的政敌则迅速推动国王前进。10月8日，他迅速出访伦敦，显然是要解决前大法官的命运问题。第二天，法庭开庭，沃尔西被控蔑视王权罪。他被判有罪，而国王随后心有犹豫，赦免了他。最后的行动被推迟，枢机主教在退隐和失意不安的状态中离开了。

　　在决定由谁来代替沃尔西担任大法官之前，亨利"多次向他的议会咨询"。[1]有人提议让渥兰回归，但他年事已高；此外，国王决定不再把大法官的职位授予教会神职人员。萨福克公爵被提名为候选人，但是我们得知，诺福克公爵完全不想看到"如此高贵的手"接受官印。最终的选择落到了托马斯·莫尔身上，他曾经在十二年左右的时间里与沃尔西和国王关系紧密，国王真心喜欢和尊重他，他足以胜任此位，地位也不会过于显赫。

　　莫尔曾接受过律师培训，并为王室服务，他作为英格兰最有学问的人文主义者蜚声海外，他具备罕见的精神和生活品质，这些都让他分明适合这个王国最伟大的职位（尽管将不再拥有沃尔西曾经拥有的影响力了）；但他是怀着沉重的心情接受的。的确，他一开始是拒绝的，只是在国王生气地命令他时，他才接受下来。莫尔像伊拉斯谟的其他追随者那样，是一个对现实世界狂热的批判者，他非常迫切地看到对教会和国家的改革。但是，正如他与路德以及（更近些时候）英格兰清教徒威廉·廷代尔之间的激烈辩论所示，他坚定地信奉传统。然而，到了1529年，亨利不再像以前那样是天主教正教的拥趸。更为糟糕的是，莫尔至今拒绝支持他的离婚

案，他拒绝表明支持态度，也不明言反对。亨利或许认为他仍然能够克服
新任大法官的顾虑，或许认为这些顾虑不会妨碍他，并且暂时承诺他的"伟
大事业"只会由那些"有良心认可这些事的人"去处理。他说，他"仍然"
会起用莫尔，"永远不会因此事去烦扰他的良知"。相反，莫尔"应该先仰
望上帝，而后仰望国王"。莫尔就是这样做的。1532 年 5 月，在经历了两
年半不甚显眼，或许不太开心的任职之后，他辞去了大法官的职位，从公
众生活中隐退了。两年之后的 1534 年 4 月，他走向了伦敦塔。虽然莫尔
对于离婚案保持缄默，亨利却打破了不会因此"烦扰"他的诺言。

宣誓就职八天之后，莫尔在议会的开幕式上发表公开演讲。一度有谣
言说立法会将在六年的暂停后再度召开。选举法令已于 8 月 9 日登记，并
且在经历了令人迷惑的拖延之后，于 10 月初发出。11 月 3 日所谓的改革
议会召开。


沃尔西的生命还剩下十二个月的光景，这是遭受折磨、贫穷、耻辱以
及忏悔的光景，是不断试图恢复权力的光景，是其政敌似乎被击败，而他
自己重获国王青睐的数度狂喜的光景，他说他已经准备好余生要在修道院
内等待昭雪。[1]

在他被放逐到伊舍后头三四个星期里，在他还不能从朋友那里借东西
的时候，这位枢机主教和他的家人没有"床、床单、桌布、杯碟"；沃尔西
缺钱，所以不得不向他的牧师讨钱来支付仆人的薪水。[2] 他被剥夺了温切斯
特主教和圣奥尔本斯修道院院长的职位；他在伊普斯威奇的学院被废止，
在牛津的学院也面临毁灭的危险。汉普顿宫已经归还给国王，用以交换位
于里士满的王室房屋；甚至于这位枢机主教孤立无助地留在伊舍的时候，
他最近新建立起来的走廊也被当着他的面拆下，运到威斯敏斯特供国王使

1  *L.P.*, iv, 6011.

2  *Cavendish*, 104 ff.

用——这是议会向国王提出的破坏建议，"只是为了折磨他"[1]。这些并非全部。前不久，首席大法官谢利来到伊舍宣布，国王希望拥有枢机主教位于威斯敏斯特、被称为约克宫的房子，那不属于沃尔西，而是约克大主教的财产。亨利咨询过法官和议会的学者，并被告知如果沃尔西"在法官面前承认国王及其继任者的权利"，那房子就是他的了。谢利因此前来接受必要的声明。尽管处境凄凉，沃尔西并没有被吓倒，而是默许了这种赤裸裸的抢劫，不再愤怒地抗议。他说，告诉"这些法律之父，还有议会的博学之士，不要再昧着良心……给他（国王）灌输更多的东西"。"当你告诉他'这是法律'的时候，你也要告诉他，尽管这是法律，这也是良知，因为没有良知的法律是不配授予给议会中的国王的。"沃尔西提醒他的访客，良知是大法官法庭的规则，大法官有"司法权来命令遵守习惯法的高级大臣们赦免死刑以及判决，这是良知发挥最大效果的时候"。沃尔西问，他怎么样才能够放弃"本就不属于我的"宫殿呢？"如果每一位主教可以这样做，那么或许每一个高级教士可以放弃捐赠给他们教会的，而不属于他们个人的教会财产。"但是谢利很坚决，而沃尔西读完法官的命令后也屈服了，说道："请转告国王陛下，我是他顺从而忠诚的牧师和祈祷者，我绝不会违背国王的命令和要求。"但是他又补充道，"请转告陛下，我最谦恭地期望陛下激起他最亲切的记忆，那就是世上既有天堂也有地狱"。[2]"既有天堂也有地狱"，从来没有一个臣民对亨利这样说话，沃尔西从来不敢如此和国王说话。尽管有这样的指责，国王还是从他那里夺走了约克宫。

此后，大约是他现在比较满足的缘故，亨利变得温和了。他送了另外一枚戒指给枢机主教以示喜爱。沃尔西于圣诞节前后重病，亨利安排了四位自己的医生前去为他诊治，据称亨利还说"我不会为了两万镑而失去他"——这样一份评价对于受害者而言，或许是一种安抚，也可能不是。不久，

---

1　*Ibid.*, 123.

2　*Ibid.*, 117 ff. 参见下文第539— 540页。

另外一枚，第三枚戒指已经上路，这一枚戒指是沃尔西曾经送给国王的，上面刻了国王的画像。此外，安妮·博林也在国王的要求下，交出了"她挂在腰间的金牌"。这两份礼物，以及"最安慰人心的话"一起捎给了沃尔西。在圣烛节，亨利送了三四车家具到伊舍，此后不久，允许被放逐的人搬到里士满，而议会对此并不知情。[1]

受到这些鼓励，沃尔西每天都在盼望着自己的复出。几个月以来他一直向他的老盟友弗朗索瓦一世和法兰西王太后寻求帮助，也向皇帝和罗马求助。要是亨利没有受到诺福克公爵和博林家族等人的影响，对于这位失意落寞的大法官来说一切或许就会恢复正常了。但是沃尔西的政敌害怕他可能会重新俘获国王，他每向伦敦靠近一点或者亨利在关于他的事情上有任何犹疑，都会引起他们的警惕。他们继续追击，劝说国王派沃尔西北上，回到他的约克大主教辖区。自从 1530 年的大斋期以来，沃尔西一直住宿在里士满加尔都西会的房子里，在由约翰·科利特建造的房间里，常常花很多时间"在他的屋子里，与房子里古老的神父们待在一起……他们劝说他远离这个世界的虚荣，给他各种各样的苦行衣穿，此后他常穿（这一点我很确定）"[2]。虽然沃尔西仍渴望失去的宠爱和权力，但是他正在变成一个新人。曾经，他试图抗拒被送往北方，但是国王（抑或是诺福克公爵？）强迫他立刻做出决定。4 月 5 日他向北出发——虽然此前亨利给了他一千镑作为开支，并传递了消息让他振作起来。[3] 圣周期间，他在彼得伯勒修道院度过，星期四濯足节那天他为五十九位穷人洗脚，并在星期天复活节唱大弥撒。月底，他到达了绍斯韦尔（Southwell），这是他第一次踏上自己的大主教辖区。

大概亨利是打算让枢机主教勉强度日，过完自己剩余的日子，就像另

1　*Ibid.*, 120 f.

2　*Ibid.*, 130.

3　*Ibid.*, 132.

一位前任大法官渥兰所做的，并且一直在做的那样，在他们的大主教辖区荣誉隐退。或许亨利仍然没有放弃在某一时刻重新召他回到权力中心的想法。而沃尔西没有放弃斗争，他的政敌也不敢放松警惕。他继续向国外寻求支持，包括向罗马求助；在恢复了部分精力以及能力后，他决定，除了其他事情之外，由他主动召集北方教牧人员代表会议于 11 月 7 日在约克开会，那时他会在自己的大教堂庄严加冕。然后，就像对他的上诉做出回应一样，教皇的驻外使节于 1530 年 9 月初到达英格兰。不久之后，沃尔西的牧师在前往大陆的途中被捕；他的医生阿戈斯蒂尼的一封信未几被人拦截，信中有密文信息。有传言说沃尔西打算逃跑，还有传言说他已经带着八百匹马前往约克；不久之前，亨利曾命他在罗马的代理人，搜集任何有关枢机主教和教廷秘密交易的证据。[1] 正如我们将要看到的，在 1530 年夏末，王室政策整体上获得了新的方向，并更具有侵略性——或许这是最终让沃尔西毁灭的原因。11 月 1 日，国王内廷的一位侍从官从格林尼治出发前往约克，带着搜查令去抓捕沃尔西。

亨利将会宣布，枢机主教曾经"在王国内外密谋"，并且已经开始进行"罪恶的行动，他向罗马法庭提出追回自己以前的财产与地位"。[2] 因此他犯有叛国罪。11 月 4 日，他在用餐时被逮捕。卑微无助的他带病被押送到伦敦接受审判，毫无疑问面临的将是处决。但是在 11 月 29 日早上，他躺在距离目的地伦敦塔一百英里远的莱斯特修道院里，安详地死去，寿终正寝，躲过了他的主人对他最后的清算。

尽管他有种种缺点，但是作为一位法官、教育赞助者、建筑家和国际人物，他仍有高尚伟大的一面。尽管他有种种缺点，但他值得国王更为慷慨的对待，或许已经获得了某些历史学家们更为慷慨的评价。此外，虽然

---

1　*L.P.*, iv, 3024; *Hall*, 773.

2　*L.P.*, iv, 6720; *St.P.*, vii, 212. 当然，波拉德在《沃尔西》（第七章）中完整讲述了沃尔西最后几个月的经历。

他没有利用好他那特使的大权，而只是做了一些杂乱的、试探性的教会改革，他自己能力严重不足，无法促进英格兰教会亟需的革新，但这并不能仅仅指责他（正如他被指控的那样）让教会变得畏葸和颓靡——换而言之，让教会变成了容易被国王捕获的猎物——也是在指控他凭仗自己宗教与世俗的崇高权威，已经明确为王权至尊指出了一条路，这让他罪加一等。相比"离婚案的始作俑者"，把沃尔西视为"分裂教会罪的发起人"，同样没有多大的说服力。正如后文将要说明的，几乎没有迹象表明英格兰的教会人员因教皇使节降低了地位，在沃尔西失意后的几个月里，他们得到了国王坚定无比的支持。当亨利开始新的事业时，没有迹象表明他从沃尔西的先例中得到了教训，很难准确地说具体又有什么教训是可以学习的。要是有的话，也许有人会评价说，沃尔西教给他主人的东西少得可怜，而不是多么地多。

第九章

# 反对教会的运动

　　本书不会试图记述中世纪英格兰的教会是如何走向终结的，也不试图叙述宗教和神学革命是如何进行，以及英格兰是如何轻易摆脱罗马教廷的控制并推倒他们的修道院的，等等。简而言之，不论依据哪种标准，这里不会描述一个民族如何彻底地与过去决裂，如何实现不同寻常的民族的记忆缺失，所需要做的只是粗略描绘亨利当时所处的环境。

　　虽然今天很少有人会支持宗教改革前英格兰教会自治的论点，但仍很容易认为英格兰与罗马教廷的决裂从来不是真正意义上的革命性行动，因为事实上，罗马教廷对于英格兰来讲从未意味着什么，正如托马斯·莫尔多年来所说的，可能充其量不过是一个人的机构，仅仅是为了管理的方便而已。而真相却是，英格兰是个彻底的天主教国家，或许是西欧国家中最彻底的，如果没有罗马教廷，无法想象，也难以解释英格兰境内存在两个大主教辖区。尽管英格兰出现过著名的《圣职监事法令》以及（必须谨慎对待的）《蔑视王权罪法》，尽管教会生活世俗化是无可争辩的事实，但如果没有罗马，英格兰圣公会不能形成当时的性质，也不能将对教廷的依赖视作理所当然，正如大量事实表明的，这种依赖很难迅速证明。尽管在一定程度上英格兰的教会明显依赖国王，为国王服务并且服从国王的法律，在另一方面（更为重要的精神层面），教会生活是与世俗秩序分开的。在整个基督教世界中，罗马是基督教会国家的中心，英格兰教会是其中的一员，其大主教拥有的领主权如同太阳和月亮，也只是宇宙的一部分。见多识广的英格兰人知道，当他们断绝与罗马联系的时候，自己是在做什么。他们，包括国王，做出了有意识且明确的选择。亨利并没有秘密行动，或是采取什么巧妙的办法，而是通过大声宣誓和立法。他呼吁这个具有政治意识的民族——无论这个意识有多么深刻——深思熟虑地公开拒绝一位来自国外的大主教，其身份和地位在英格兰一样众所周知。除非让人们看到这一切，否则，整个事件将会被掩盖，很难解释为了反对罗马教廷的管辖权所通过的众多律例，也很难解释后续为什么会有紧锣密鼓的宣传运动继续反对——包括布道、戏剧、游行、出版书籍、小册子等等。只有根深蒂固的东西才会需要如此拔掉。

可是一旦这样表态，理解也因此变得更难了，必须迅速补充一点：尽管教皇的权威被人理解和接受，但或许是不常作为个人承诺的对象。对于罗马教廷这一神圣制度的信念不是一种"真实"忠诚的信念——按常理来说，罗马不是那么招人喜欢，这不足为奇。信仰这种行为跟人类本身一样复杂，在确保准确性的基础上，我们可以很好地处理某些事情，而不需要让它占据我们生命中心的光与热。罗马的至高无上是一个冷冰冰的司法事实，一个在基督教世界制度化的生活中显见的、必需的事实而已；在每个基督教徒的经历中，它不是一种处于核心地位、不可抗拒、令人愉悦的事实。唯最罕有的心灵才能在人类的层面上抛开其对罗马的必然厌恶，并为之付出生命。费希尔和莫尔逝世时已心灰意冷，尽管他们曾经对亨利和这个国家怀有热忱。或许他们会被认为受人误导，但是不能否认他们有着惊人的清晰思路和勇气。他们的大部分追随者更倾向于他们对国家的热忱。

尽管有时人们会评论或暗示些什么，但是从宗教层面讲，1529 年的英格兰教会，可能并不比五十年前、一百年前，或者一百五十年前的境地更差。缓慢、逐渐陷入报应的景象便要打个问号。不仅从事实看，令人质疑（因为可以肯定的是，在英格兰宗教改革的前夕，英格兰教会虽遭到了普遍的摧残，但是在某些方面相较于几十年前境况更好）；更糟糕的是，这是一种误导。因为发生的真正重要的事情与其说是教会内部的变化，不如说是在没有教会的情况下，社会（世俗社会）标准的提高。曾经作为既定秩序被人们容忍并耐心接受的东西，虽然经常受到无情的嘲弄，却将再不会被人容忍。这是一个剧烈变化、充满复仇情绪的社会，它相信变革可以，且必定会到来，相信光是嘲讽并不足够，相信这个世界不再与这个摇摇欲坠的教会得过且过。为什么要提高标准，为什么社会本就应该经历"一场期待中的革命"，为什么不需要再去忍受以前几代人所忍受的一切……这另当别论。但很清楚的是，这一切已经到来了，对教会的宣判也已经通过，尽管教会尚未被抛弃，但是迫切需要深刻的革新。

按照惯例，日益高涨的反对教会的运动会被贴上反教权主义的标签。这一点无可非议，只要人们认识到，所涉及的反教权主义问题是个多方面的、难以根除的九头蛇，其中事物通常是对立的，无论如何也是不相容的。我们需要区分不同的类型。首先是一种消极的、破坏性的反教权主义，包括对于地方神职人员的敌意、对什一税的怨恨、对教会法庭以及愚蠢的开除教籍行为等的憎恶，也包括对那些好吃懒做的修士和不可一世的主教的大规模剥夺土地的计划——这是一项不带有多少哲学或神学意义的政策。虽然这种情况曾经最为普遍，在某种意义上是最成功的，但这不是促使行动发生的唯一力量。与这种欲望和从根本上讲是自私的教义信条相比，还有两种更高一级的秩序。因为，毫无争议地存在着一种积极而理想化的，虽然是世俗的反教权主义（典型代表或许是托马斯·克伦威尔），这种观点认为教会需要进行根本的净化，社会再也无法承受这种开支过大的负担，这个庞大臃肿的机构吸纳了如此多的人力资源，消耗掉如此多的财富，攫取太多而付出太少；它的精力和财富应该转向更为积极的目标，服务于社会和教育；英格兰教会对于国外权力的依赖，这种身份所拥有的特权以及特许经销权，尤其是基督教法庭的自主权，成了政治进步的障碍，威胁司法管辖的完整性；英格兰大量现金流向罗马，这与盛行的重金主义相违背，损害了英格兰的经济。基于这样的考虑，必须削减和重新调整神职人员的财产——这是为了"共同的财富"。但是也存在着一种积极的、理想化的、虔诚的反教权主义，其中包含了很多细微差别，认为为了基督教在英格兰的生存，必须进行根本性的变革。对于某些人来说，这种观点与进行传统变革的愿望相比，或许不是那么的激进；对于另一些人（例如莫尔甚至费希尔）而言，这或许是寻求对于修道院制度以及世俗牧师的强烈关注，以及对于世俗人员的平反；对于其他人，或许意味着完全的伊拉斯谟模式——一种简单的、恪守《圣经》的、强大的世俗虔敬主义。

当然，这样的归类过于简单。或许曾经有些人并不属于这几种类型，或许有些人会从一种观点转向另一种观点，又或者从所有的观点中选取一些因素。除了这三种主要形式外，还存在第四种形式，这当然使得情况进一步复杂化。它的演变不为人察觉，但是又很容易与其他形式存在目的上的不一致，即异端反教权主义。毫无疑问，罗拉德派本身是多样化的现象，曾经历受住断断续续的镇压，最近获得了发展，变得更为普遍；现在即将浮出水面，试图表达它们强烈的反祭司制度、反圣事教义的呼声。[1] 对于这种本土的异端，英格兰的土地将为之提供温床，将会很快为大陆的宗教改革增添强大的生命力。路德宗教义在英格兰的大学中很快赢得了皈依者，到 16 世纪 20 年代，路德宗文学作品在伦敦和其他地方大量出现，当局忧心忡忡。这些作品与茨温利、厄科兰帕迪乌斯以及其他新教徒的作品联合起来，将会成为世俗之人和反圣职的神职人员的最后武器，对抗长久以来压迫并且压榨他们的教权主义。

---

1    参见Thomson, *The Later Lollards 1414–1520* (Oxford Historical Series, 1965); Dickens, *Lollards and Protestants in the Diocese of York 1509–1558* (Oxford, 1958)以及*Heresy and the Origins of English Protestantism* (Inaugural lecture, 1962)。

这样一种高度系统、趋向简化的形式是变革的基本力量，逐步增强以对抗根深蒂固的基督教会。难以估量这些力量究竟有多么强大。但是有一点很清楚，虽然活跃分子是少数派，但是对于教会人员的对抗广泛存在，而且充满仇恨，有一种强烈的信念是必须做些什么。几代人曾经谈论过要改革，但是没什么结果；但是每次讨论并做出承诺的时候，改革的脚步便越来越近，因为它已经变得更让人熟悉。在人文主义者的伴随下开始达到高潮，当伊拉斯谟和莫尔发出呼吁的时候，它最终变得受人们尊崇，甚至有权威性，因为他们有来自内部和上层的声音。有的不仅仅是声音。在天主教会内部存在的不仅仅是伟大事物的萌芽，当然，反抗行动在德意志进展得很顺利。旧制度像朽木一样摇摇欲坠，反抗者获得的巨大成功只能作为其他地方的一种刺激因素、实际教训和警告。

1529 年秋天发生了一件大事。亨利八世把自己的命运交付给了反教权主义。如果没有他，反教权主义将不会取得全面的进展。他以三个行动向他的同盟发出了信号：第一，他把沃尔西这位最重要的教权主义者免职，虽然他对伊拉斯谟的世界不像预想的无知无觉。第二，亨利将大法官这一职位转手他人，不再按传统由教士担任，也决定不应该由世俗人士占据；这个职位的继任者不是一个普通的俗人，而是一个半伊拉斯谟的激进追随者，他用英文写成了迄今为止最令人震惊的作品——《乌托邦》。第三，他召集议会，单靠这个机构，反教权主义者可以表达他们的声音；在他护佑下的这个议会，将立即执行对教会财产的惩罚，最终粉碎一个庞大的组织。

反教权主义要想获得成功，需要亨利的支持，而亨利现在也需要他们。双方走到了一起，建立了强大的伙伴关系，这既产生了国家行为，又产生了共同体的行为，与前者形成对照。但是，如果说亨利明确表示这种联络的话，他还有一个极为重要的问题尚待解答：他以哪种方式和反教权主义联合起来？不可能与所有的人，至少不是永久地与所有的人联合，因为事实上他们有些人正走向不同的方向。他的成长经历、教皇头衔等等，或许表明他会选择莫尔的道路，尤其现在莫尔是他的大法官。但是他近期对于克雷芒的欺凌已经表明，他有另外的倾向。博林一家与路德宗保有联系，克兰麦也与王廷走得很近。就此而言，托马斯·克伦威尔也不行。或许亨利尚未下定决心。或许他并不想要这样做，他更喜欢尽可能长久地享受最大的支持。或许是他尚未察觉到做出选择的必要性，毕竟他是这个领域的新手，其中的复杂性或许还不是那么明显。或许他还没有意识到自己所做的一切。沃尔西被解除职位并非因为他是教权主义的大祭司，而是因为他让国王失望了；莫尔取代他并非因为他是一个激进主义者，而是因为亨利需要他。没有迹象表明在召集议会的时候，亨利已经为运动做好准备。可能他打算把议会召集作为一种体制终结的标志，可能与其创造者打交道；可能打算提供金钱，或者为了离婚把它当作棍子来敲打克雷芒。但这就是全部吗？

现在，在接下来大约一年的时间里，相比以前我们对亨利看得更加清楚了。沃尔西的宽厚身躯，曾经常掩盖住他，现在已经不复存在。我们现在可以看到一个更为完整的他，深入到他的意识里，观察他对于政策的影响力。到目前为止，他一直沉默寡言、反复无常，现在却变得举足轻重。正如他自己所说的，提到沃尔西掌握权力的时代，在过去"把政府的统治权掌握在自己手里的人欺骗了我；很多事情在我不知情的情况下发生了，但是这种情况在未来将不再出现"。[1]

1529 年 10 月 28 日，星期天的晚饭后，亨利与新任帝国大使尤斯塔斯·查普伊斯进行了一次长谈，其间亨利表达了许多有趣的想法。他说，为了上帝，教皇和枢机主教们能够取消那些无用的浮华和仪式，按照福音书和神父的指令去生活。如果他们过去就这样做的话，多少不和、流言和异端邪说将能避免！路德攻击教士们恶习和腐败的行为是对的。倘若他就

---

1　*Sp. Cal.*, iv, 250. 参考*Ven. Cal.*, iv, 601。

此收手，而不是进一步破坏圣事及其余仪式，亨利说自己会很乐意拿起笔为他辩护，而不是反对他。虽然路德的书中有大量的异端邪说，但是掩饰不了它们揭示出来的很多真理。教会改革的需要显而易见。推动它的发展是帝国皇帝的义务，也是亨利自己的责任，他应在自己的王国内做同样的事情。他打算为这种事业做出小小的贡献，他要振臂反对流言蜚语。最后，他说了句惊人的评论。他说，教士们所拥有的对于俗人的唯一权力是赦免罪恶。即便是教皇的权力也受到严格的限制。[1]

我们应该仔细思考这些观点。在今天看来，亨利对于路德的评价近乎陈词滥调，但在当时并非如此。他的话与天主教官方的反应相去甚远，与那些谴责新信仰为**彻底**异端，而又没有进一步应对行动的英格兰教会人员相距甚远；也完全不同于八年前在书中毫不妥协、拒绝路德观点的自己。他现在的说话方式像一个温和的人，或许也像一个伊拉斯谟的追随者。而且，呼吁皇帝关注基督教国家的需要是常见的形式，尤其是像查理五世一样的皇帝；但有趣的是，现在这种义务拓展到了英格兰国王这里。这并非首次出现，但运用到亨利身上时是新的。当时的教会常常被判定为反对《福音书》以及上帝，但有意思的是亨利本应该向他们发出呼吁。在1529年的大环境下，把这些话和他针对教会管辖权的尖锐评论相提并论，前者读起来像是世俗宣言：言辞也许狂热，却是征兆。几个月之前，坎佩焦曾就宫廷里的一些外国书籍向亨利抗议；这些书呼吁国王剥夺教士的权利，返回到原始基督教会的理想状态等等。亨利显然不为这些抗议所动，反驳枢机主教为当前的体制做的辩护（对议会法令的上诉），并带有讽刺意味地答复说，这些法令判决是利益相关方牧师们自己的杰作——这一评论同样充满敌意和启示。[2]

亨利的想法正在发生变化。不过，是谁在推动变化？他最近读了些什

---

1　*Sp. Cal.*, iv, 349 f.

2　*Ibid.*, 228.

么，跟哪些人谈过话？我们知道支持他的人有诺福克公爵和萨福克公爵，他们公开声称他们的打算是在毁掉沃尔西之后，继续进攻整个教会；[1] 我们猜测，他们鼓励国王继续前进。我们还知道另外一个人对亨利的影响尤深——威廉·廷代尔。他的《基督教徒的顺从》（*Obedience of the Christian Man*）是第一部彻底为政教合一辩护的作品，书中的论证以《旧约》和早期的基督教历史为证据。这本书经安妮·博林之手交给亨利，给后者留下了印象。读完此书后，亨利说道："这是一部给我和所有国王阅读的书。"[2] 廷代尔大肆宣扬王室的权利和责任，以及他们对于身心忠贞不渝的子民的要求，很可能为亨利打开了一个新的世界，即使他本不打算在英格兰实现新的王权秩序。西蒙·菲什的作品《为乞丐的请愿书》（*A Supplication for the Beggars*）是一篇言辞激烈的长论，反对贪婪、饱食终日的教会人员。此书是献给国王的，并在 1529 年于伦敦传播，当然很快传到了亨利的手中。至于亨利如何获得此书，有两种说法：一说是安妮·博林带给了国王，继而亨利对菲什的妻子非常亲切；另一说认为，是由两位商人带给他的，其中一人在亨利的内室里当场读给他听，读完亨利说，"如果一个人想要从底部推倒一堵古老的石墙，上边的部分可能会因此砸到他的头上"。这表明，他必须首先对付罗马教廷，然后再针对英格兰的教士。亨利随即拿过那本书，并禁止那两个商人告诉任何人他有这本书。[3] 不论哪种说法正确（若其中一说正确的话），似乎可以确定的是亨利知道有这种抨击，而且印象很深。或者这有助于促成他的思想，刺激他继续向前。而且，不仅仅是反教权主义者能够受到发生在欧洲大陆上的事情的鼓励。1526 年在施派尔（Speier）进行的神圣罗马帝国会议肯定了神圣的王室权利，而后不久，路德就详细阐述了他对自己创造的特殊管理方式的想法。也许并没有真凭实据表明，

---

1　法国大使杜贝莱于1529年10月所说的话。*L.P.*, iv, 6011.

2　Strype, *Ecclesiastical Memorials,* I, i, 172.

3　Strype, *Ecclesiastical Memorials*, I, iv, 657 f.

萨克森选侯智者腓特烈曾经是他的榜样，但随着一个个的诸侯王公加入宗教改革，很难令人相信亨利不会为之所动。正如我们提到的，他曾不止一次警告克雷芒，如果教皇不让他按照自己的方式离婚的话，他会效仿那些诸侯。

当然，教皇拥有至高无上的重要地位。亨利没有成功摆脱凯瑟琳，促使他继续攻击克雷芒以及他在英格兰的教会，但这并不能完全解释他的行为。亨利现在脑中有两个想法：一是他必须实现离婚；二是作为国王，并没有获得基督教社会中的相应地位，这曾被人篡夺了，他现在必须夺回来。第一点现在已经确信无疑，第二点正开始破冰而出；二者不可分割，共生共存。"王权至尊"也好，"亨利式政教合一"也罢，无论如何命名，都随着离婚案的进行而发展，但又不同于离婚案。哪怕没有离婚案，又或是克雷芒屈服了，也许在教会阶层和一位以改革之名开始获取宗教司法管辖权的君主之间，仍然还会存在冲突。离婚事件没有直接导致亨利主义的产生，虽然它深远地影响了这一主义的发展。它可能在与罗马决裂这一点上带有政教合一的特点，而这一主义或许会因一个严格的宗教协议停止；相反，亨利对于基督教君主身份实质的发现让离婚事件又多了一层要旨。但是，离婚事件和王权至尊之间并不存在确切的因果关系。严格说来，二者各自自主发展，却存在着一种复杂的相互作用，时而推动彼此，时而相互阻碍。

说不定，抛开传统，亨利本就不是一个天主教徒。他对于古老信仰的忠诚看上去像是一种正式的习惯，缺乏内在的忠诚，从来不曾紧要到干扰他坚定的利己主义。或许他确实每天听几次大弥撒，但这不能证明他是虔诚的基督徒。或许他的确去过沃尔辛厄姆，并进行了所有公认的虔诚行为，但是我们仍看不到一种超自然的美德生活迹象。当然，他对神学有兴趣，但没有证据表明他热爱自己所研究的主题。他的天主教主义带有强烈的想象和迷信色彩，似乎正是路德或罗耀拉教义最痛恨、批判最激烈的一类——外在的、机械的、静态的；一种与生俱来的，并非苛求的东西。毫无疑问，相较其他数不胜数的人，他表现得不好不坏，曾经如此，未来也将继续如此；毫无疑问，正如其他人一样，他是自己生活环境的受害者。但事实是，他那表面的虔诚、对信念的理解、对罗马迄今为止的忠诚或许不是那么根深蒂固。

1515 年，在世俗和教会司法管辖权关系之争的尾声，亨利向包括法官和主教在内的一群人宣布，"在上帝的宽许之下，我们是英格兰国王；历代英格兰国王之上除了上帝，别无其他"，然后大胆地谈论王权。[1] 很难说造成这一情况的原因是什么，但可以确切地说，这并非王权至尊的前奏；王权至尊在此后大约十五年中处于休眠状态，是亨利主义的一种迹象。恰恰相反，这更像是帝王最高权力的炫耀声张，这与其说是否认教会在英格兰拥有的基本豁免权，不如说是 1518 年的亨利不愿意正式承认教廷使节，或不允许教皇开除路德教籍的诏书未经审查就予以出版[2]——这两点都显示出一定程度的传统的地方自治，与他对教皇明显的顺从存在冲突。

亨利是一个传统的天主教徒，这在危急时刻无足轻重，也不曾带给亨利什么损失。而最近，这却很可能要让他付出巨大代价。他对传统教会忠心耿耿，他的离婚案件却拖延和羞辱不断；这种忠诚会阻碍他恢复权利，那些在他看来与生俱来而被旁人窃取的权利（因此他会发现越来越多这样的权利）。他需要议会的反教权主义作为武器，来威吓他的对手。他会使用得非常有技巧：一方面，允许议会直接攻击克雷芒和他的教会，并为攻击提供支持；另一方面，认为自己最应该受到罗马的温柔对待，因为他自己孤独一人，夹在议会和其交战目标之间。

如此一来，变革力量现在有机会快速前进，并寻求国王的领导，至少是获得国王的许可。正如霍尔评论的，当宗教改革议会召集的时候，它敢于立即拿起武器反对神职人员，并且说出一些事情，而"在此之前，或许

1　Keilway, *Reports* (1602), 180.

2　*L.P.*, ii, 4073. Ellis, 2nd ser., i, 286 (*L.P.*, iii, 1233).

没有人能触及或谈论这些事情，除非他变成一个异教徒，或者失去他所拥有的一切，因为那些主教……拥有对国王的所有统治权"。但是现在情况不一样了，因为"上帝擦亮了国王的眼睛"。[1]

　　11 月 3 日议会开始。亨利坐船到达布赖德韦尔，在那里换上礼服，然后转到黑衣修士区参加庄严的大弥撒。然后他走向贵族们，倾听新任大法官莫尔的演讲；三天之后，他接见了下议院新任发言人托马斯·奥德利。下议院立即开始攻击神职人员的财产。他们向国王递交了一份请愿书，要求国王命令议会中的教会贵族向国王陛下表明，"根据上帝的律法和神圣教会法"，教会人员是否可以买卖获利，是否可以接受任何农场作为世俗财产，是否可以拥有世俗职位，是否可以凭医治人的灵魂而享受不止一份的圣俸，是否可以身为圣职人员而不在教区居住——这是一份充满攻击性的文件，其确切目的尚不清楚，但这份文件大概是呈给国王的，因为作者们知道国王会做出回应。[2] 大约在他们完成请愿书的同时，下议院或许已经公开表达对教会法庭的不满，这最终演变成 1532 年的《反教会主教请愿书》(*Supplication against the Ordinaries*)；[3] 据说他们也谈到了废除英格兰修道院制度的必要性。[4] 这种长久以来受到压抑的反教权主义的高涨直接且自发，并非由亨利打造。他没有这样做的必要。他做的，仅仅是主动认可了它。

　　下议院曾经要求亨利命令教会贵族公开辩护就他们身份而言的不轨行为。国王显然没有这样做。相反，请愿书（部分或全部——我们无法甄别）

1　*Hall*, 765 ff. 莫尔曾在议会开幕式上的演讲中说过，出于宗教改革的迫切需要，国王打算立即采取行动。

2　B.M. Cleo. F, ii, fol. 249 (*L.P.*, iv, 6401).

3　Elton, "The Commons' Supplication of 1532; Parliamentary Manœuvres in the reign of Henry VIII", *E.H.R.*, lxvi (1951).

4　*The Earliest English Life of St John Fisher*, ed. Hughes (1935), 109 ff. 根据这部著作，有人建议解散小型修道院，以补偿国王离婚案的开支——但费希尔对此坚决反对，因此该方案被废除。

被变成了下议院的议案，禁止请愿书起诉的所有事情。这些议案由下议院提起，抑或是变相的政府立法，我们不得而知，但是，从一份要求国王揭露教会人员不轨行为的请愿书变为宣布这些行为非法的议案集，这个过程显然获得了王室的批准。[1]

当这些议案的第一份传到贵族手中，这些教会贵族终于彻底警觉了，他们"皱着眉头、嘟嘟囔囔"。在他们看来，教会改革就是教会垄断，是由下议院引发的、来自下层的侵犯，必须全力抵制。约翰·费希尔发起了反击，反对那些叫嚣着"与教会共亡"的人；提到异教徒的居住地波希米亚（Bohemia）之后，他不怀好意地谈论到某些人"缺乏忠诚"。他的话刺痛了下议院，他们把这些话视为对异端的非难，于是派了一个代表团到亨利那里申诉。亨利很同情地聆听他们的诉说，派人把坎特伯雷大主教费希尔以及其他六位主教找来。费希尔解释说他谈论的是波希米亚人缺少忠诚，并非下议院——他的那些主教证实了这一点。[2] 亨利于是让主教们离开了，并把费希尔的答复报告给下议院，对"这个瞎编的借口"没人感到满意。人们或许会想，在发现费希尔如此抵制他，也与下议院有争执的时候，亨利是怎么想的？这件事情过去了，但仍存有寓意：它表明攻击产生了动力；再一次说明进攻者可以依靠亨利的支持；既然亨利没有非难下议院控制了诸多事务的代表（一定是他们的实际意图惹恼了费希尔），那就表明他含蓄地支持他们。

他让人重新起草两份下议院议案，大概缓和了其中的语调。结果是，这两份议案获得了贵族的通过，尽管教会贵族们颇为勉强。于是，下议院制定了第三份议案来处理身兼数职、脱离教区居住，以及教会人员从事经

---

1　查普伊斯引用了亨利12月5日说的话，表示他已经发布了神职人员改革的命令，重视牧师费用、神职兼任情况，并且据查普伊斯说，还关注首岁圣俸。*Sp. Cal.*, iv, i, 353. 该报告肯定提到了教会改革第一次会议的反神职立法。

2　*Hall*, 766.

营等问题。简而言之，非常明显地夺取了教牧人员代表会议承担教会仪式的责任。贵族就这一议案展开了"激烈的辩论"，教会贵族表示"绝不会赞同"。亨利干预了此事，他从上下议院各召集了八名成员进行"交流"，也就是在星室法庭商谈——一项足够普通，但通常不由王室主动发起的程序。议员就议案激烈争论，直到教会贵族做出让步。[1]亨利事实上再一次站在了他们的对立面。这三项法案规定，违法者，即违法离开居住教区、身兼数职、在农场持有世俗土地、参与商业活动的神职人员，应该被带到财政署；按照惯例，检举人应当获得违法者罚金的一半。即便没有这种激励，这些法案提供了诱人的机会来解决宿怨，很快众多的神职人员，"仅仅"是神职人员（包括教区牧师等同级人员）因为不轨行为受到追捕，而这些在过去都属于教会法和教会法庭的管辖范围。[2]在国王的庇护之下，世俗阶层极大地削弱了教会特权。而且三项法案的最后一则规定，教皇对身兼数职的任何豁免都不得反对法案；自次年4月30日起，任何人从罗马获得这样的豁免将会被罚款三十镑；这显然是早期对罗马教皇权威的一次进攻。[3]

而后，1530年5月，亨利在威斯敏斯特议会大楼东侧的圣爱德华礼拜堂召集了一次会议，包括两位大主教、几位主教，还有两所大学的代表。他向会议成员展示了国外印刷的英语版的神学著作，"想听一听他们的建议和判断"。会议准备阅读这些书，去寻找其中包含的异端邪说。这一切完成之后，亨利确信其中包含"可恶的错误"之后，他做出决定，这些书（其中的七本），连同所有《圣经》经文的翻译本和廷代尔的作品，"要彻底地从他的子民手中驱逐、捐弃、处理掉"。他还命令牧师继续要求所有拥有禁

1　*Hall*, 767.

2　参见王室债款收取官备忘录、P.R.O. E. 159/309 ff.公共财产部分了解这些诉讼。

3　21 Hen. VIII, *c.* 13, paragraph ix. 但1530年9月12日的公告威胁要对任何"执行"或发布在罗马购买的"任何东西"的人处以监禁，因为这些违反了该条法令和其他法令。*Hughes and Larkin*, 130. 这一公告是对抵达英格兰的新教皇使节表示欢迎。

书的人扔掉禁书，上交当局。[1] 亨利亲自召集并主持了此次会议，然后现在又把牧师们派往国外。事实上，他前往伦敦专为参与此次会议。[2]

布道内容由该会议起草，要求神职人员在布道中警告民众当心那些提供给他们的邪恶果实。据说，在谴责这些书籍、陈列其中的错误时，亨利"最为关心的是他们（例如他的臣民）灵魂的财富"，这是王室责任非常有意思的一种说法，[3] 然后他继续说，根据圣保罗授予的权威，惩罚那些拒绝交出禁书的人是国王的责任。接着，在同一次会议上，亨利问，为他的子民提供《圣经》的译本是否正如有些人说的那样，是他的法律责任。那些出席的人提议反对这一点，亨利说，那一刻他的良知受到了他们判断的引导。但是他继续补充说，他会将《新约》"请博学之士忠实、纯粹地译成英语，以便他可持英文版本在手，送给他的子民，因为他也许能看到他们举止行为相得益彰、恰如其分，更易礼尚往来"；也就是说，如果他的子民愿意放下那些被玷污的书籍，他愿意返还他们以真理的清泉。牧师们将要宣布这个信息，并且即将于下月（1530 年 6 月）月末发布文告以重复他的承诺。[4]

君王当然总是要关注他的人民精神上的福祉，但是否有过这样信心十足并且非常积极的君王呢？此前，从未有英格兰国王声称自己有责任把上帝之道告诉他的子民；实际上，教会人士一直以来坚决反对把《圣经》翻译成白话文，向教会神职人员建议此事令人惊讶，正如他建议自己要克制住，直到他的人民表现出自己有资格接受此事一样令人惊讶。有可能亨利到会的目的是发起或者是准备发起至少是《新约》的翻译，结果他被震惊

---

1　*Wilkins*, iii, 727 ff.

2　*L.P.*, iv, 6376; *Sp. Cal.*, iv, 302.

3　但是，必须指出的是，同样的事情在1529年初的公告中也说过，这份公告列了一长串的异端禁书。*Hughes and Larkin*, 122.

4　Wilkins, *loc. cit. Hughes and Larkin*, 129.

的教会反对意见打败了。[1] 就在会议开始行动之前，极端保守的诺里奇主教理查德·尼克斯怒气冲冲地报告，在他的主教辖区里那些改革先锋是如何吹嘘他们的观点得到了王室的支持，而且他们听说国王要把《新约》翻译成英语。[2] 即便他们非常乐观，即便认为说亨利现在已经认真地打算采取如此重要的措施有些为过，但实际上，他已经表现出对新事物宗教方面的考虑和关注了；而且，如果已经发生的事情不是绝对新的，对亨利而言也基本是新的。在与查普伊斯谈话之前的几个月，他是否做了他所说的应该由他做的事，即对他的王国宗教事务承担更广泛的责任？有观点认为，1529年是伊拉斯谟宗教改革运动在英格兰开始的新阶段，[3] 亨利，这位有意无意成了温和的宗教改革的朋友，这位做出承诺要像伊拉斯谟希望的那样，将《新约》放到农民手中的仁慈的国王，准备成为宗教改革的保护者。

可能是几个月之后，大约晚至 1531 年底的时候，亨利将会进一步证明王室能力可以扩大的范围。即便是 1529 年议会立法反对他们——也可能是为了避开打击——神职人员已经开始在教牧人员代表会议上讨论教会改革事宜。最终，由南方教牧人员代表会议起草了一组大规模的、令人印象深刻的改革法令，来处理大量教会事务。但是在发布之前（1532 年初），国王仔细地阅读了法令集。我们有一份经国王之手修改过的法令集初稿——批改得太少了，因为亨利似乎没读三页就累了——但是足以找出关于他想法的宝贵证据。如此一来，在大主教和主教们把下层教士看作他们的"臣民"时，亨利是反对的。他删除了"臣民"这个词，写上了"下民"这个词。

---

1　霍尔介绍了另外一场在国王、议会以及一些高级教士之间进行的一次会议，是在此次会议结束之后在星室法庭进行的。会议也讨论了翻译《新约》的问题，会议结束后国王命令主教们委任由大学人员组成的团队翻译——霍尔说该方案由于主教们的不作为而被撤销（*Hall*, 771）。可能霍尔实际说的是在议会内进行的一次会议，是他搞错了日期和地点。但是如果他的说法正确，如果第一次会议之后紧接着在星室法庭进行深入讨论的话，这就支持了一种观点：亨利针对神职人员的反对，强硬地推进他的计划。

2　*L.P.*, iv, 6385.

3　McConica, *English Humanists and Reformation Politics* (Oxford, 1965), 106 ff.

为什么？大概因为臣民是属于国王的，而不是主教们的。然后他对两条法令做了严格要求。有一处，法令的起草者宣称教士不能轻易而迅速地涤罪，国王则写上教士根本不能这样做，"除非有最为迫切的理由"。另一处写着，他们虔诚地要求所有人都要服从教会的教规和法律，亨利补充上一句"这是经过王国的使用与习俗而被合法地接受和认可的"。[1] 教牧人员代表会议的王室审查对于已经发生的事情具有非同寻常的意义，更不要说对于它所指向的未来的意义了。

到 1530 年初的时候，面向大部分的正式机构、大学征集有关离婚案件看法的方案全面展开。根据福克斯的著名故事，是托马斯·克兰麦首先提出的这个建议；当时他是一位年轻大学教师，在沃尔瑟姆（Waltham）为两个小男孩做私人教师，以此维生。1529 年夏末，亨利和他的廷臣正在附近的修道院，爱德华·福克斯和斯蒂芬·加德纳被安排在克兰麦住的一栋房子里休整。亨利听到这个建议后，宣布提这个建议的人"准确地理解了局势"，然后把他宣召到宫中；克兰麦就这样开始了他的公职生涯。[2] 似乎没有理由怀疑这个说法的真实性。这是真的，莫里斯（与克兰麦同时代的传记作者）证实了这一点；或许，对此的批评是没有说服力的。[3]

次年初，王室的使者乘马车前往牛津大学和剑桥大学，以国王的名义，要求获得并确保明确的裁决，虽然这有些困难。与此同时，将近十二位使

---

1　P.R.O. S.P. 1/57, fols 112 ff. 没有办法确定该文件的准确日期，但是一定是在1532年2月之前起草的，或许早在1530年。亨利所有的改正都被收录在法令集的最终版本里，参见*Wilkins*, iii, 717 ff.。

2　*Foxe*, vii, 6 ff.

3　如此，有时根据学者理查德·韦克菲尔德大约在1527年（*L.P.*, iv, 3234）写给亨利的一封信，认为向大学征求意见没有实际意义（例如Ridley, *Thomas Cranmer*, Oxford, 1962, 27）。但是韦克菲尔德说他愿意在所有的基督教大学里为国王的事情辩护——这与寻求大学对此事的赞同根本不是一回事。里德利先生对此事的其他批评意见都不令人信服。Ridley, 25 ff.

者开始前往法国和意大利北部的大学，事实上他们去的不只是大学。以雷金纳德·波尔、约翰·斯托克斯利（新任伦敦主教）、理查德·克罗克以及克兰麦本人为领导者，他们不仅前往法律机构、神学机构去获得对国王事业的支持，而且走遍各种各样的图书馆、书店，不论规模大小，去寻求任何或许会有帮助的东西：《圣经》、手稿、教父作品、会议法令、学者评论，以及类似的在英格兰找不到的材料。他们把拉丁文、希腊文以及希伯来文中有价值的文本寄回英格兰。他们努力说服一些有影响力的个人、主教，如吉贝蒂和卡拉法，教授以及宗教修道团体的成员，希望他们能带动别人，甚至像有些人做的那样，自己拿起笔来。他们与圣经学者、希伯来语学者、神学家、医学博士、犹太教士、修道士以及俗人展开辩论。他们在大学里举办正式的研讨会，如果研讨会成功，就会把与之相关的所谓"裁决"送回国内。他们征集了一系列的签名，收集了稀有的教父们的信件和犹太教士的作品。他们甚至从威尼斯派回了两个希伯来文学者，支持亨利的案件，其中一位叫马尔科·拉斐尔，最近刚从犹太教皈依，以发明的一种新式隐形墨水而闻名。[1]他们进行的运动是了不起的事件。很难见到比这更为如饥似渴的询问式学习，也很难付出如此少的努力就赚取这样多的钱。偶尔也会出现骚动和暴力。剑桥大学就发生了争斗，牛津大学出现了顽固抵制。在牛津大学为期几个星期的工作当中，两位王室人员（包括约翰·朗兰）被坚定的牛津妇女们用石头打了，另外一位也有类似的遭遇，被抓住动弹不得，当时他正靠在城墙上小解。[2]在巴黎，刚开始时大有希望，但是一次帝国反击后，毫无疑问的多数人赞同变成勉强获得通过。[3]与此同时，正如克罗克说的，他和吉努奇由卡萨莱家族几个人的陪同（仅陪同，没有

---

1　*L.P.*, iv, pt. iii, *passim.* 有关对犹太学权威的呼吁，参见Kaufmann, "Jacob Mantino", *Rev. des Etudes Juives*, xxvii (1893), 49 ff.。

2　*SP. Cal.*, iv, 270.

3　*Ibid.*, 315, 396.

提供任何帮助），在意大利北部的工作进展得很艰难；他们开始的时候是偷偷摸摸地进行，假装只是《利未记》和《申命记》问题的学术兴趣所驱使（但他们鼓胀的钱包难以叫人相信），直到格雷戈里·卡萨莱无意中泄露了秘密——或者是克罗克说的，他曾经使用佛兰德斯的约翰这个假名。[1]但是克罗克这个人喜欢发牢骚，很讨人厌，他似乎跟任何人都能吵架。此后，事情全乱了套。任何会让皇帝查理恼火或者令葡萄牙国王失望的事情都会让威尼斯当局感到害怕（葡萄牙国王的父亲先后娶了阿尔贡的凯瑟琳的两个姐姐），威尼斯当局因此要求英格兰停止行动[2]。虽然克罗克试过了，但他无法动摇意大利，佩鲁贾（Perugia）和博洛尼亚这两个教皇城市也受到罗马的警告，勒令不得干预此事。[3]凯瑟琳的朋友们阻止了国王代理人的每一步行动，一位方济各会士因为害怕，找到克罗克想要退他收到的所有的钱；[4]在维琴察（Vicenza），克罗克雇用的人中有一位托钵修士刚刚获得了一批人对此事的签名支持，这时候罗马教廷大使夺走了文件，扔到火中——甚至亨利的私人信件也无法劝说意大利让失望的修士再度尝试；[5]3月21日，克雷芒最终屈从于皇帝的压力，发布诏书禁止任何个人书写或者谈论反对王室婚姻。[6]查理的代理人比亨利的威望更高、资金更充裕，这开始说明问题了。此外，查理还获得了两个意外的支持。首先是一位叫作拉斐尔·科马的帕多瓦（Padua）教士，最近刚写了一本支持亨利的书，结果突然完全改变了论调。他说，这表明了他对此事真正的看法。他的突然变卦，以及连续出版的两本著作单卷本，使得克罗克的工作近乎陷于停滞，克罗克

---

1　*L.P.*, iv, 6193, 6229.

2　*Ven. Cal.*, iv. 589, 595, 597; *Sp. Cal.*, iv, i, 310, 312.

3　*L.P.*, iv, 6634, 6581, 6609, 6611.

4　*Sp. Cal.*, iv, 317, 563,; *L.P.*, iv, 6642.

5　*L.P.*, iv, 6407; *Ven. Cal.*, iv, 597.

6　*L.P.*, iv, 6279.

因此指责卡萨莱，二人的关系更加恶劣。[1]然后是第二个打击。虽然犹太教学者一直坚定地反对亨利认为《利未记》绝对禁止他的婚姻这一观点，但却已经公开承认，自从耶路撒冷陷落以来，从未获知有过与已故兄弟的遗孀结合的情况，或者事实上从未发生过这种情况。因此，此时此刻，两例犹太人和他的已故兄弟的妻子之间的利未婚，而且是喧闹地公然发生在英格兰人的眼皮底下，一例在博洛尼亚，另一例在罗马，这真是可悲的不幸。这两例案件比一堆专著以及大学的裁决更引发人们对于王室案件的怀疑。[2]

但是，到1530年年中，斯托克斯利、波尔、克罗克等人，从八所大学获得了有利于亨利的裁决，包括巴黎大学和博洛尼亚大学；[3]他们从图书馆、宗教团体或类似的地方获得了大量的文件和签名。从某种意义上说，这代表的是巨大的成功。但是，对于这些新发现的"武器"，亨利要怎样利用？

在黑衣修士区教皇使节法庭上令人震惊的惨败后，紧接着的是凯瑟琳的上诉，以及案件被"移送"至罗马，这些无疑让亨利吃惊，也让王室政策在接下来几个月里处于一片混乱中。起初，有一种观点说干脆不理睬撤销法庭的命令，假装就好像它没有发生过一样，或者阻止它的散播；[4]但是这显然无法阻止凯瑟琳、查理以及坎佩焦已经启动的机制。一种更为主动的反击是迫使克雷芒承认亨利案件内在的正义性，从而给出有利于亨利的判决。这就要使用那些"裁决"，以及他的代理人从欧洲大陆搜集到的著作；这也成了1530年初几个月的努力要达到的目的。然而——这是关键点——

---

1　*Ibid.*, 6592, 6672, 6689, 6702, etc.

2　*Ibid.*, 6229; *Sp. Cal.*, iv, 446.

3　但是昂热大学曾发表过反对亨利的言论——当这些裁决面向全世界炫耀展示时，这一事实后来被忽视了。*L.P.*, iv, 6370; *Rymer*, xiv, 391.

4　虽然在1529年9月查普伊斯第一次觐见他的时候，亨利曾说过这个案件必须放在英格兰判决，他和凯瑟琳不能够承受案件被送到罗马审判的耻辱等等——这正如他所辩称的，1530年夏末是真正的实力考验的开始。参见*Sp. Cal.*, iv, i, 160。

直到当年夏末，当他宣布采取新的斗争原则的时候，他就已经把自己的案件置于罗马的审判之下，并全神贯注地准备猛烈攻击罗马，来让罗马给出公正的判决。他自己根本就没说过这个案件不属于罗马教廷管辖。

1530 年初，教皇和皇帝在博洛尼亚进行了一次富有历史意义的会面，查理最终将在那里加冕。亨利派了一大队使节前往，向皇帝致敬，表示祝贺，并就离婚事件再三恳求他和教皇克雷芒，使节队伍由安妮·博林的弟弟罗奇福德勋爵带领（至少乍看之下这是一种可疑的选择）。他的目的是要劝说皇帝和教皇这两个人在罗马给出有利于亨利的判决。[1] 亨利成功的机会很少。查理已经获得加冕，与教皇和平相处，他不太会像以前那样容易屈服，克雷芒现在是查理的好朋友。英格兰最终失去了大约三年之前，皇帝和教皇剑拔弩张时的外交优势。因而，博林的使命失败了。亨利不能利用欢乐和胜利的时刻来赢得他人的支持，就如他无法在奥尔维耶托主教教殿的废墟之上凌辱克雷芒那样。因此，亨利决定采取新的策略。

1530 年 6 月 12 日，这个王国的重要人物，有教会的，也有世俗的（但仅限于那些被认为支持亨利案件的人），都聚集在宫廷，签署一封写给教皇的信，要求教皇就离婚问题迅速做出判决。他们在几周前获召，被告知要带上自己的印章。但当他们到达并看到要签名的信件之后，有些人对信件不太满意，尤其是那些言辞激烈的话，因而此事被推迟了几天时间。很显然，王室重新起草了信的内容，然后依次带到各个房间的签名者那里，要求签名盖章。[2] 从外观上讲，这份完成的文件[3] 或许是都铎王朝发出的最令人瞩目的一份文件——一张巨大而精美的纸，上面有一长串像蜈蚣一样排列起来的签章，包括两位大主教、四位主教、二十五位修道院院长、两位公爵、四十位其他世俗贵族以及十二位地位较低的平民——这是一份大胆的宣言，

---

1　*Ibid.*, 373.

2　*Ibid.*, 354, 366. 原稿中可能包含了要向大公会议提出上诉的威胁。

3　在梵蒂冈档案馆。文本参见 Herbert, *op. cit.*, 331 ff.。

充满了威胁性的话语，暗示要采取其他更为严厉的解决办法。但是该文件自始至终承认案件理所当然归克雷芒处理。它乞求克雷芒，这位基督在地上的代表（或者他认为自己是），向英格兰忠诚的子民们敞开父亲般的胸怀，致敬并认可那些为亨利一案汇集的博学观点的力量。由克雷芒来做出最终的判决，让他不再耽搁这样地做："请教皇陛下以您的权威宣告，还有如此众多博学之人的声明……因为您不仅拥有这样做的能力，出于父亲般的爱，您也应该这样做。"在 6 月 12 日安排的签名者齐聚宫廷以后，他们被问及国王是否可以把法律掌握在自己的手中，如果有必要的话，不必经过教皇许可而继续进行。但是没几个人赞同这个激进的建议；据说，有一个人跪下来恳求亨利收手，因为公众不满离婚一案。[1] 接下来的一封信要求克雷芒迅速做出判决，这表明亨利仍然不敢挑战教皇的管辖权。的确，他的案件是在 6 月初正式提交至圣轮法庭的，他已经派遣威廉·贝尼特在爱德华·卡恩和托马斯·克兰麦的陪同下，前往罗马，反对在那里开庭审理，尽管他还带着命令，要采取任何措施阻止"任何程序上的创新"[2]。

　　鉴于最后一点，亨利抱怨判决推迟是有些无礼的。正如克雷芒在刚刚讨论到的那封信的回复中指出来的，要是亨利派他的代理人前往应诉，他的案子本可以开始得更早一点。凯瑟琳的代理人早已抵达，但是亨利的代理人又在何处呢？[3] 此外，审判刚一开始，吉努奇就屡屡发牢骚，阻止审判进行，然后发表长篇大论，拖到夏休的到来，然后一直休庭到 10 月。亨利现在又打算利用坎佩焦一年前反对他的办法。天知道以前克雷芒是不是怠慢拖拉；但现在是亨利在故意拖延——他做得这么成功，作为给亨利的一个恩惠，克雷芒最终同意了一个精心设计的方案。按照设计，克雷芒将在 10 月新的开庭期前离开罗马，表面上只停留数日，先去奥斯蒂亚（Ostia），

1　*Sp. Cal.*, iv, 354.

2　*L.P.*, iv, 6462. B.M. Add., 48044, fol. 27.

3　*L.P.*, iv, 6638.

然后转到奇维塔韦基亚（Civitavecchia），在那里逗留两周左右，实际上阻滞圣轮法庭到 11 月再开庭。[1]

因此，到 1530 年夏初，在把诉讼推迟了足够的时间用以收集有分量的国际学者的观点并带到法庭之后，尽管非常地不情愿，亨利被迫面对在罗马进行的公开判决。但在 1530 年 8 月，发生了一个决定性的变化。亨利不再像一个纠缠不清的子民，强势地敲击教廷的门，他甚至开始否认自己是教皇的子民。《利未记》中的观点，到现在一直在这一领域占据主导地位，并据此要求大学给出他们的判断，这一直是教皇司法管辖权的潜在威胁。但是现在，亨利不仅仅挑战教皇的权威，并且威胁要从教皇那里撤回诉讼；还有，为了达到这一点，他开始提升自己的新权威，超越并反对教皇的权威。这一明确的主张，或许是之前含蓄否认的一个明确结论。这依然很重要。至此，他已经质疑了教皇豁免权所基于的神学体系；现在，他阐明了有关英格兰君主政体的一个新理论。他既怀有怨恨又有主张——实际上，他提出了两种主张。

第一个主张认为，按照古老的传统和王国的特权，无论是他还是任何同胞，都不可以被召到罗马法庭接受审判，因为英格兰人是不可以被传讯到英格兰之外接受司法审判的（ne extra Angliam litigare cogantur）。[2]这些可不是在激烈的辩论中偶然想出的随意之言，而是被当作原则提出，亨利不仅仅有权据此行动，而且是他本人提出了这个原则。[3]1530 年 8 月，英格兰驻罗马大使们得到指示，要在教皇面前提出这则声明，在此之前，我们找不到任何有关这个原则的蛛丝马迹。[4]9 月初，亨利发表长篇大论抨击

---

1   *Sp. Cal.*, iv, i, 358. B.M. Add., 48044, fol. 47v.

2   *St.P.*, vii,261(*L.P.*, iv, 6667). 亨利写给贝尼特、吉努奇和卡萨莱的信，日期为1530年10月7日。

3   *Ibid.*, 262.

4   就在刚刚提到的信中，亨利提到了来自他的代理人的回复，时间为9月17日。回复中，他们承认尚未向教皇提及此事。他们一定是因此在一封8月末的信件中得到了指示。那封信，就像他们9月17日的回复一样，现在都找不到了。因此，我们要从10月7日亨利的一封信，再往后退两步。

新上任的教皇大使，其中提出了英格兰人的权利，他说这得到了几任教皇的确认——这是教皇使节应该受到的谴责中的第一条。[1] 此后不久，贝内特和卡恩被再次告知要向教皇宣布这个新的原则。10 月初，亨利召集了一些律师和牧师来思考：鉴于王国的特权，是否可以忽略在上诉待决期间不能对离婚采取任何行动的教皇禁令；无论愿不愿意，是否可以把案件交给坎特伯雷大主教。被宣召来的人显然对他这些新奇的话感到吃惊，他在罗马的代理人以及教皇本人的反应也如出一辙。他们的答复是"不"。[2] 亨利并未被这次挫折吓倒，他于 12 月初向克雷芒发出一封言辞刻薄的信，再一次阐明了他的主张，提出这是不可侵犯、不容置疑的事实。[3]

结果，王室的计划呈现出了一个新的特点。在罗马的代理人已经收到指示，要求案件或撤回到三位英格兰主教（坎特伯雷、伦敦以及林肯）那里，或撤回到南部诸省的全体牧师那里；或者，教皇应该允许亨利实际操作或者自己掌握法律，无需等待任何的上诉正式终止——就此事亨利先后于 6 月 12 日、10 月初询问国人他是否可以这样做，结果被告知不可以。几个星期以来，贝内特和其他人不停地去烦扰教皇，让他同意这三种方案中的一种。可能是在大约一个星期以后，英格兰人只需应诉英格兰法庭这新发现的与生俱来的权利被添加了进去，为这些要求增强了力量，或者正如他们所说的，加强了"程度"。亨利的信念很坚定。要是克雷芒没有认可亨利现在提出的这些古老的君主特权，就让大使们问问教皇罗马的特权从何而来。两种特权都来自历史，那么怀疑其中一种特权就是怀疑另外一个。罗马的特权是什么？正如帕多瓦大学曾经说过的，只探讨人制定的法律，不涉及上帝的事情，不侵占他的王国的权利，不要不顾英格兰的既定法律。要让克雷芒明白，无论是亨利还是他的人民都不会容忍国家遗产受到侵犯。

---

1　*Sp. Cal.*, iv, 429, 433, 460.

2　*Ibid.*, 460.

3　*Burnet*, vi, 41 (*L.P.*, iv, 6795).

如果教皇坚持他的判决，大使们将正式向大公会议提起上诉；他们将提醒克雷芒注意自己的非法出身；要质询他的当选是否由买卖圣职获得，如果有足够多的枢机主教发誓说是由买卖所得，他是否会被废黜。[1]这些就是新推出的策略。

但这些大使并未跟上主人的节奏。至迟在 12 月底，他们仍只是拖延或阻止圣轮法庭开庭，并没有否认国王可以应诉，而这些是初夏时的策略。亨利现在更为大胆，他写道，"我们并不愿意使用这些手段……以免我们会因此陷入更大的不便，也避免因承认并许可教皇如此多的管辖权、权力、权威以及法律，使我们无法获得在国内就可以得到的补救措施……不通过采取任何行动，不要在那里出庭或者表示忠诚……或缄默或表达，或含糊或直截，或清晰或含蓄"，大使们"表达赞同、许可或者同意教皇的司法权，但我们今后或许在自己的行为中不自相矛盾地背离这一点"。[2]这是 1530 年 12 月，而非 1532 或者 1533 年。以防我们没有感受到这封信的全部力量，让我们来思考其中最后一点——亨利区分了"全体英格兰人"和"英格兰天主教徒"。这的确开辟了一条新路。与此同时，亨利再次对罗马教廷大使高声呵斥，告诉他教皇和摩西（不管这意味着什么）一样没有司法管辖权，其余的权力都是篡夺而来的，他要拿起笔杆反对教皇的权力。[3]我们或许还没有达到王权至尊的观念，但我们已经和那些亨利向罗马乞求授予他法兰西王国封地，或者用一种新头衔来称呼自己的日子作别了。

亨利不仅超前于他的大使，还让他们感到震惊。他们知道向大公会议上诉反对教皇常常会被禁止，面对亨利那可怕的命令，他们退缩了。他们无法遵守国王的命令，以国王的威胁面对克雷芒；相反，他们把庇护二世和尤利乌斯二世诏书的副本送回国内，而这会让他们和国王受到咒骂。他

---

1　*Burnet*, vi, 41 (*L.P.*, iv, 6759).

2　*St.P.*, vii, 269 (*L.P.*, iv, 6760).

3　*Sp. Cal.*, iv, 460.

们不敢说克雷芒是私生子，也不敢以亨利之名——毕竟他曾准备以收买的方式为沃尔西赢得克雷芒现在的教皇职位——去指控克雷芒犯有行邪术的西门之罪。他们再次把一份诏书送回国内，同出自尤利乌斯二世之手，而这也是他们不敢冒犯的。另外还有一件事情就是英格兰新发现的习惯与特权问题，他们就此必须向教皇宣布。他们该如何用事实来支撑自己的观点呢？显然，英格兰的使节们对于他们被要求做的事情感到吃惊，他们谨慎地咨询所聘请的专家，而这些专家对亨利的话不以为然。他们对于英格兰人提出的特权一无所知。大使们的神经再一次崩溃了，不得不向亨利承认，他们无法执行他的命令。[1]这件事情竟然能够发生，已然引人注目；同样引人注目的是，这有力地表明，亨利正在进入一个全新的、令人恐惧不安的领域。

面对不服从命令的大使，王室的反应是再次愤怒地发出命令。最后，英格兰的使节们鼓起勇气，去向教皇阐明亨利吩咐他们做的事情。他们向克雷芒宣布了英格兰的豁免权，对此，克雷芒做出了明确而又果断的答复：需要证明这一观点。大使们不知道怎么做，只能愤懑地退出。几天以后，他们回到这一观点上，（按照吩咐）附上评论答复，暗示英格兰的特权跟教皇的特权一样都是真实的，二者共生共存；克雷芒生气地把所有的一切都撇在一边，表示相比亨利证明他本国的习俗，他能更好地证明自己的司法权，并且"怒火冲天"地补充说，他不会再批准英格兰人的觐见了。[2]他和安科纳枢机主教坚决指出，当坎佩焦被从罗马派往英格兰与沃尔西共同审理此案时，已经给予了亨利充分的同情对待。凯瑟琳反对教皇使节称她藐视法庭的宣判，罗马必然会听取她的上诉；她受到教会法律的保护，即被告（本案中的凯瑟琳）不应该在原告的国家内接受审判。亨利对凯瑟琳提出的任何英格兰法官都是嫌疑人的上诉表示异议，但这不是为他而做的——

---

1　关于全部内容，参见P.R.O. S.P. 1/59, fol. 189v (*L.P.*, iv, App. 262)。

2　B.M. Add., 25114, fols 44 f. (*L.P.*, iv, 6705).

无论如何，最近一封来自英格兰、由约八十位知名人士签名的信件，为凯瑟琳的陈述提供了事实基础。亨利讲到了英格兰的特权以及习俗，但是他如何解释《教会法大全》中的法令呢？在其中，教皇们处理了两起英格兰人的婚姻案件，其中一件涉及的人地位不亚于亨利二世。[1]

　　能让亨利如此自信地炫耀，能让他的同胞（更不用说克雷芒和他的顾问们）大为吃惊的特权是什么呢？谈及这些，国王总是含糊其辞。亨利声明的基础是《克拉伦登宪法》和《北安普敦宪法》中的严格命令，这些强制令授权国王密切监视教会法院，授权他命令案件应该在大主教的法庭上解决，未经王室同意禁止在此之外上诉；强制令谴责伦敦主教和诺里奇主教颁布了未经王室许可的罗马教廷驱逐令，等等；[2]亨利声称的特权是著名的国家权利，据称是由罗马教廷授予的，亨利三世和爱德华一世也曾据其上诉，没有哪一个英格兰人能被教皇的函件传讯到英格兰之外。这是英格兰人三个世纪前努力获得的传统特权。但它从来就没有什么实质性的东西，即便《圣职监事法令》和《蔑视王权罪法》似乎曾予以一定支持，再次举出这项特权的时候，似乎就没有那么大的力度了。

　　亨利在1530年秋突然开始谈论这项特殊的国家特权，而且在接下来的几个月，甚至几年里，他一再谈论之。这是一个不争的事实，它根植于英格兰法律之中，得到了包括英诺森三世在内的几位教皇的批准。但大概是由于它相当脆弱，常与另一个方向相同但内容不完全一致的论点并列，因而黯然失色，即不论何地，教会的基本法律禁止任何宗教事业在其发源地以外的地方传播。据此推算，这不只是授予英格兰人的民族特权处于危险之中，更大的、关系到整个基督教世界的秩序的事业也成败难料。因此，亨利要开始辩称，他所说的话要在一系列富有技巧、强有力的宣传中一次

---

1　同前文参考文献。有关安科纳枢机主教的资料，参见*Decretals* iv, tit. I, cc. vii, xi。

2　参见这个非常有趣的文本集，其结尾是《克拉伦登宪法》和《北安普敦宪法》的相关段落，见P.R.O. S.P. 1/236, fols 204 f. (*L.P.*, *Addenda*, 673)。

又一次地详述和重复。在这个宣传中，他和他的议会试图将对罗马教会"篡权"的否定，描述为对真正的基督教政体姗姗来迟的、正义的恢复。正如他现在所说的，也正如后来的一些小册子所主张的，如 1532 年年中出现的《真实之鉴》、1533 年底的《由国王议会通过的条款》（*Articles devised by the holle consent of the King's Council*）、命名精妙的《反驳角落里教皇党人窃窃私语的小论文》（*A little Treatise against the Mutterings of some Papists in Corners*），以及与之相关的指南。尼西亚会议坚决裁定，所有的诉讼都应由其所在教省的大主教解决。随后的君士坦丁堡会议、卡尔西登会议、迦太基七世会议、米勒乌姆会议及安条克会议都或明确或含蓄地确认了这一裁决。英诺森一世曾令所有教省的主教来决定各省中的一切诉讼案件。卡尔西登和安条克为此要求每年举行两次教区会议；在给塞莱斯廷一世的一封信中（这封信对于亨利和他的朋友们而言是天赐之物），非洲的主教们争辩说，世俗人士、神职人员，甚至主教都应该上诉到大主教区，或者在重大情况下，应该上诉到教省，而不是教皇那里；其根据是，个体必须比会议能更清楚地辨别真相。[1]

毫无疑问，支持这一新论点所需的一些材料是在英格兰发现的。但没过多久，搜索范围就扩大到欧洲大陆，要求那些迄今为止一直参与搜寻稀有的书籍和手稿的人，以及为了离婚案件而拉拢大学的人，如斯托克斯利、克罗克以及卡萨莱等人继续开始新的事业。他们现在要寻找任何在英格兰没有的教会材料或者会议法令集，这将有力地增强亨利呼吁早期基督教会、反对当时基督教会的力量。

这个总委员会有两项特别任务。出于某种原因，亨利（或他周围的人）相信，教皇英诺森三世，也就是那位对自己的《利未记》论点造成巨大损害的教皇，会特别支持这一点。英诺森为何能受到如此强烈的关注，目前

---

1　其中一些文本也包含在前文注释引用的文件中——显然是早期的收集，可能起草于1530年末。

还不清楚，但他确实做到了。想必他对《大全》的巨大贡献首先引起了人
们对他的关注。但困难的是，在英格兰找不到一组完整的由他书写的信，
来验证和强化这些出自《教规汇编》的选段。如果在这里不能找到教皇的
信的话，那么必须在意大利找到。亨利对五份教皇诏书感兴趣，对其中的
三份格外关注，即《从前》（*Cum olim*）、《诸神之间》（*Inter divinas*）以及
《我们敢于相信主》（*Caudemus in Domino*）。当时，克罗克身在威尼斯，被
要求在那里找到这些诏书的副本，但他一无所获。后来他听说教皇的书信
集在博洛尼亚，于是前往那边，结果发现凯瑟琳的一位手脚麻利的朋友——
她之前的侍者，已经把书信集转移到了一个未知的地方。[1]这样的障碍，他
一次又一次碰到。因此，当亨利听说克罗克的失败时，他下令让贝尼特和
卡恩进入梵蒂冈图书馆这个可望难可即的地方，在里面寻找诏书，他们成
功了。[2]

英诺森的其中一份诏书并不特别相关，而《从前》以及《我们敢于相
信主》两份诏书确实显示教会的案件被交给当地审判，例如，《从前》将一
个英格兰婚姻案件交由三名英格兰法官审判。但这些委任状，自然是授予
法官代表的，而法官代表决不会否认教皇的司法管辖权，却违背了地方自
治的概念，对英格兰的特权只字未提。[3]相反，《从前》表明英格兰已纳入
了一个普遍的司法管辖权之内，并受其中心管辖。英诺森的教令坚定了英
格兰的要求，即亨利的案件应该由英格兰的教皇专员在英格兰审理（尽管
很难知道为什么有必要为此寻找正当理由，因为教皇法官代表制度设立得
很好，并由《教会法大全》赋予了一套完整的头衔），[4]但英诺森永远不会与
教会特殊恩宠论有任何的瓜葛。

---

1　*L.P.*, iv, 6595, 6607.

2　他们的副本在B.M. Add., 48044, fols 123 ff.。参考*L.P.*, iv, 6602, 6605。

3　有关文本，参见*Migne, P.L.*, ccxv, cols 534 ff.。

4　Viz. *Decretals* i, tit. xxix.

与此同时，国王的代理人被安排了一项比搜集教皇教令更艰巨的任务。他们将回到几个月前参观过的那些大学，从各大学处获得第二套"裁决"。那些先前宣称与死去兄弟的妻子结婚是非法和不被允许的人，现在将宣布亨利在他的王国之外不得被传讯，他的案子属于英格兰而不属于罗马。这第二次大学之行是记录不详的隐蔽活动，似乎是在 1530 年 9 月中旬始于意大利，但肯定是不久之后到了法国。[1] 任务只在法国成功了。1531 年 6 月，巴黎大学和奥尔良大学判定亨利不能被强迫到圣轮法庭出庭，并且他所谓的辩解人应该被允许为他辩护，这个案子应该交回给英格兰。[2] 这不是一个非常重大的胜利。只有两所大学为国王辩解，说亨利的案子应由教皇法官代表在英格兰审理，这再一次强化了这起英格兰案件的一部分，但不是全部（稍后将提出）。[3]

尽管有关英格兰豁免权的论点已成为亨利主义的一个支柱，但这不是唯一的攻击路线。对国家特权和某种国家自治的要求伴随着另一个所有权，该论点认为，国王拥有**个人**尊严和豁免权；这是一个不同的论点，与我们刚才所考虑的不同，尽管它经常与之并行不悖。我们是在刚从意大利回来的萨福克公爵和安妮·博林的兄弟那里，第一次听到这则消息，那是在1530 年 9 月下旬，他们对罗马教廷大使讲话时宣布的。他们说，即使圣彼得复活，英格兰也不关心教皇，因为"国王在他的王国里是绝对的皇帝、绝对的教皇"。[4] 这是一个致命的措辞：皇帝这个足够古老的词，现在有了一种新的含义，在它之前已经有了悠久的历史，这意味着是一种在俗世间至尊无上的个人司法管辖权，不管它是德意志皇帝暂时的统治权，还是（最终会有争论）教皇的宗教权威。几天后亨利发话了，略带小心翼翼。他命

---

1　*L.P.*, iv, 6633.

2　*Rymer*, xiv, 416 (*L.P.*, v, 306).

3　参见下文第310页及以下内容。

4　*Sp. Cal.*, iv, 445.

令贝尼特和其他人告诉教皇，自己"不仅是君主和国王，而且是位于尊贵之巅的，我们皆知世上没有谁比他更高贵"；他在自己的王国里是至高无上的，因此，他为自己的案件被召回到罗马而大发雷霆；因为他是自己王国至高无上的主人，所以给了他禁止和剥夺下级上诉的权利和补救办法。[1] 亨利还没有使用"皇帝"这个词，也没有否认教皇的至高无上地位，但他的话远不止这两个方面。他说，他将允许教皇只对那些理所当然地属于**人类**权威的事物行使管辖权。他本人声称自己不仅仅是君主和国王，那么除了皇帝，还能是什么呢？他给他所拥有的"尊贵之巅"下了定义，声称至尊之人不能被提起上诉，也不受任何人的起诉，因为世界上没有任何权威在他之上；教皇把他的案件移交到罗马，就是对他极大的侮辱。

　　大概在这之前几天，也就是 1530 年 9 月初，亨利给贝尼特和卡恩写了一封或许是他统治时期最不寻常的一封信。人们还记得，这两名代理人在施加给他们的重担下已经开始抱怨，他们被要求向克雷芒宣布英格兰与生俱来的权利的消息，并准备向大公会议提出上诉，威胁要废黜教皇，同时准备在梵蒂冈图书馆找到并复制一些英诺森三世的信件。最重要的是，现在有了一个新的惊人的委任。亨利决定亲自去罗马寻找他现在所主张的皇帝权威证据；他将用罗马教廷之道还治罗马，让罗马自食其果。因此，他不再需要教皇那两三个教令的副本了。相反，贝尼特和卡恩要检查**所有**教皇的**所有**登记册，收集以下四个主题的证据。首先，他们要寻找任何能证明亨利在他的王国里拥有"帝国权威"的东西。其次，他们将从登记册上发现"拥有帝王权威"的亨利"在处理异端事件以外，是否还在其他事务方面被置于教皇之下"。再次，婚姻案件的管辖权是最早就属于教皇，还是最近获得的。最后，从同一个来源，他们要了解"教皇在婚姻案件中，

---

1　*St.P.*, vii, 262 (*L.P.*, iv, 6667).

主要是在英格兰王国内,是用什么样的方式利用皇帝的"。[1]从这四个问题中,我们可以确切地看到亨利的愿望。再加上他对贝尼特和其他人所说的话(刚才引用的话),王室思想的内容就前所未有地显露了出来。

他指派给代理人的任务十分重大。查阅哪怕只是一小部分如贝尼特所说的"这里无穷无尽的登记册",那就要耗费数小时的工夫,而如果要很快完成所有的收集,那就需要一大群人搜索了。除了任务量之外,还有其他问题。它需要"全部的政策以及勤奋……以及……尝试各种秘密进入教皇图书馆的方式,在那里有上述登记册",一旦进入,贝尼特和卡恩不会获准复制任何东西,不过,他们可以假装做简短的笔记,"在各种不同的时间,一点一点地"汇编抄本。这两个英格兰人入侵图书馆,几乎不能不引起怀疑,而且众所周知,图书管理员亚历山大对亨利的诉讼案件怀有敌意,他断定他们是在捣乱,因此采取了相应的行动。据说登记册在罗马洗劫中丢失了,留在阿维尼翁,或者藏在了圣天使城堡里。英格兰人的一举一动都被汇报给了克雷芒,凡是英格兰人感兴趣的登记册,都要在事后仔细审查。

他们的工作一定极其草率,结果比一无所获更糟。他们不得不报告说,没有发现任何支持国王皇权的证据,尽管,他们急忙补充说"这是毋庸置疑的"。与王室的希望相反,他们确实发现了"教皇对不同的皇帝和国王所发出的种种传票,这些传票不仅涉及异端案件,也涉及伪证案、通奸、嫁资、归还财物和蔑视教会谴责(dotis, restitutionis bonorum et contempus censurarum ecclesiasticarum)等"。然后,他们无法发现罗马是什么时候开始对婚姻诉讼行使管辖权的,但当地专家告诉他们,这是"自首次创设教皇封号以来"就存在的。最后,他们报告说,他们已经收集了所有他们能

---

[1]  B.M. Add., 40844, fols 31–31v, 36v. 这是两封贝尼特和卡恩写给亨利的信,日期是1530年10月18日(没有包括在*L.P.*中)。亨利的上一封信已经不存在了,但可以借这两封信还原出来。参考Scarisbrick, "Henry VIII and the Vatican Library", *Bibl. d'Humanisme et Renaissance*, xxiv (1962), 212 ff.。

找到的，来说明教皇如何处理皇帝婚姻事务，尤其是英格兰诸"皇帝"，但他们没有找到什么能质疑克雷芒对于亨利案件的处置。[1]国王的四项诉讼主张不仅未经证实，而且大部分被驳斥了。这个不幸的消息大概在11月中旬到达英格兰。不久之后，我们发现亨利写下了"我们的尊严和王室特权"[2]——相比开篇之勇敢，结尾处倒相当温和。

但这只标志着一场行动的结束。如果亨利在试图用从罗马带来的诏书来确立自己的头衔称号时遭到了拒绝，不意味着他必须放弃这一追求。他的君主制被赋予了帝王的地位，这个想法长期潜藏在他意识边缘的模糊地带。1513年和1514年，两艘船分别被命名为"亨利帝国号"和"玛丽帝国号"；[3]1521年，亨利抵制了莫尔的抗议，即在他反对路德的书中抗议，说教皇的权威过于"高高在上，并且用有力的论据猛烈地辩护"，他反驳道，"不，我们对罗马教皇有如此大的责任，所以我们再怎么尊敬也不为过……因为我们从教廷那里获得我们的帝国王冠"[4]——这是一个最令人困惑的陈述——如果要认真对待的话，这表明亨利当时赞同一种极端的君主制，罗马教皇的宇宙观，即地球上所有的权威，不分世俗和宗教，都来自那个世界性的君主，他是祭司、君王的基督在地上的代表。1525年末，王室定制了一枚国玺，正面是衣着庄严的亨利坐像，没有戴着扁平的王冠，而是圆顶的皇冠——正如他最终将在1532年9月的新印玺上出现的那样，那时奥德利成为掌玺大臣。[5]然而，一些关于帝国地位的模糊、天真的幻想似乎已经成为他华丽梦想世界的一部分。这些幻想甚至可能以一种非常迂回的方式激发起来，多年前马克西米利安一世在他尚且年轻时，当着他的面悬挂

---

1　B.M. Add., 40844, fols 31–31v, 36v.

2　*St.P.*, vii, 269 (*L.P.*, iv, 6760).

3　*L.P.*, i, 1661, 1663, 2305, 2686, etc. 参见Koebner, "The Imperial Crown of this Realm: Henry VIII, Constantine the Great and Polydore Vergil", *B.L. H.R.*, xxvi (1953), p. 30。

4　Roper, *Life of Sir Thomas More*, 68.

5　*L.P.*, iv, 1859; v, 1295.

起神圣罗马帝国的皇冠，这些幻想对于促使他自己在 1519 年帝国选举中做出尝试起到了帮助。

但是，如果亨利如他对莫尔所说的那样，从一个极端教皇主义的主权理论中获得了他的帝国尊严，那他不仅要接受罗马是世界上所有权威的调解人，同时也接受君士坦丁赠礼的历史真实性（这样他就更应服从于基督教世界的最高权威，从中获得所有合法的权威，无论是宗教的还是世俗的）；同时，身处 16 世纪的他，还可以在从南尼厄斯、蒙茅斯的杰弗里和《布鲁特》（*Brut*）那里继承的有关不列颠早期历史的传说中，找到另一种来源来维护这种尊严。根据这些记载，古不列颠被特洛伊城埃涅阿斯的孙子、不列颠历代王朝（在亚瑟王时期达到顶峰）的创始人布鲁特斯征服，他以红龙为标志，征服了整个不列颠、斯堪的纳维亚和高卢，并在战斗中击败了一支罗马军队。亚瑟的血脉终结于卡德瓦拉德之手，但在此之前，梅林预言不列颠人最终战胜撒克逊人，红龙战胜白龙。此外，由于他有一位不列颠母亲，君士坦丁皇帝将不列颠的王权与罗马的帝权统一起来，授予亚瑟与其家族特殊的地位。因此，早期的不列颠建立了一个英雄的王朝，第一位基督教皇帝给这个王朝戴上了一道特殊的光环，有朝一日，它将迎来一个征服者，夺回不列颠的遗产。

尽管一些狂热者如此断言，[1]但都铎王朝初期并未产生一场快速的亚瑟王主义复兴，也没有产生一个非常积极的官方运动，推进都铎王朝作为布鲁特斯和卡德瓦拉德的直接继承人走出威尔士，恢复他们的不列颠遗产，实现古老的预言。亨利七世早年曾有几次试图为新国王提供不列颠血统，但爱德华四世时期，这样的尝试已经多番出现，甚至比亨利七世时期更多。《不列颠史》（*British History*）是 15 世纪政治宣传的惯用手段，当亨利七世给他的长子取名为亚瑟时，几乎没有迹象表明这是在暗示他们是英格兰

---

1　例如Millican, *Spenser and the Table Round* (Cambridge, Mass., 1932), esp. 15 ff.以及Greenlaw, *Studies in Spenser's Historical Allegory* (Baltimore, 1932)。参考Koebner, *art. cit.*。

英雄的直系后裔。此外，随着 16 世纪的过去，蒙茅斯的杰弗里爱国主义
幻想越发受到优秀历史学家的冷落，只有利兰这样的好古派才坚持所谓的
历史原始主义，这种原始主义呼吁一个传奇的过去来支持都铎"使命"的
概念。1520 年，一尊圆桌亚瑟王雕像出现在加来为迎接查理五世而建造的
宫殿上；1522 年查理五世进入伦敦时，在康希尔（Cornhill）举行的一次
盛会中，亚瑟王雕像头戴皇冠。在这次访问中，查理将见到藏于温切斯特
（Winchester）的圆桌。因此，亚瑟王和亚瑟王主义并没有被遗忘。但没有
人试图从中获取政治资本。亚瑟王被视为古代众多英雄中的一位，而不是
都铎王朝的直系祖先，都铎王朝的衣冠必须由都铎王朝来继承；在政治盛
会和王室架构中，占有重要地位的是联合玫瑰而不是红龙。[1]

　　然而，尽管早期不列颠历史上的传奇故事一直被忽视（尤其是被亨利
本人），被波利多尔·弗吉尔和约翰·拉斯特尔等更具批判性的著作所抛弃，
但当亨利向罗马提出新的帝国主义主张时，这一传奇立刻又重新回到了现
实的政治生活中。1531 年 1 月，诺福克公爵对查普伊斯大谈国王的帝国地
位，并深入不列颠古老的过去寻求支持这一论点。他讲述了不列颠传奇国
王布伦努斯如何征服罗马，君士坦丁如何统治这里又如何拥有一位不列颠
母亲——所有这些大概都是为了证明英格兰国王不会被罗马吓倒，他们是
君士坦丁帝国地位的继承人——尽管查普伊斯没有明说公爵的用意。公爵
接着说，他最近向法国大使展示了亚瑟王的印章，上面刻着"亚瑟，不列颠、
高卢、日耳曼和丹麦皇帝"的传说，这大概是为了证明（尽管此处查普伊
斯也没有明说，公爵是这样使用的）亨利在索求自己的帝国地位时，只是
从他的祖先那里恢复了一笔遗产。[2]这是一个鲜为人知的插曲。那就不值得
细想了，当然也不能支持以下观点，即君士坦丁和亚瑟王的神话与爱国传

1　参见安格洛发表的发人深省的文章——"The *British History* in Early Tudor Propaganda", *Bull. John Rylands Library*, xliv (1961), 17 ff.。

2　*Sp. Cal.*, iv, i, 598.

说的大杂烩在英格兰君主制如何取得历史上最大胜利的故事中起着重要作用。要不是突然出现在诺福克公爵的口中，然后又消失了，这也同样会突然出现在 1533 年《上诉法》的序言部分，这个法案经常被视为新秩序的基石。因为，当该法令宣布"根据各种古老而真实的历史和编年史，它彰宣昭示了英格兰王国是一个帝国"的时候，很明显它指的是蒙茅斯的杰弗里和其他人。确实，这个暗示很隐晦。如果法令要保持体面，就必须这样，但这一暗示毫无疑问。

因此，国王曾经无知的，甚至带有极端教皇主义色彩的帝国主义主张，现在因环境的压力转变成了一种公开声称的自治要求，实际上摧毁了罗马的封建君主地位。我们看到了两种支持这一主张的尝试：第一次是在罗马当地，有人非同寻常地进入梵蒂冈图书馆，希望在那里证实亨利的帝王尊严真相；第二次是诉诸不列颠历史。第一次尝试没有成功，第二次有点不令人信服。对亨利而言不幸的是，近年来，无论是他的父亲还是他自己，都没有大力推动亚瑟王主义，而且《上诉法》本应该在文艺复兴时期出台，那时史学"更高的批评"不可避免地使蒙茅斯的杰弗里、《布鲁特》及其追随者感到不快。因此，在为王权至尊无上提供一个坚实而全面的理论基础时，辩护者大多转向第三个来源，即《旧约》的神圣王权和早期基督教皇帝的政教合一，这样的选择并不奇怪。这是历史原始主义的另一种形式，它提供了比亚瑟王和不列颠继承都铎王权这两个论点更完善的材料。它再次援引了君士坦丁的名字，但现在的诉求是将君士坦丁作为基督教皇帝和所有真正的基督教君主政体的来源和典范，而不是一个神秘地将帝国地位传授给他母亲子民的领导者。[1]

1530 年的夏末，可能是亨利与普遍教权至上主义在管辖权上斗争的关键时刻——的确，也许是他统治生涯的关键时刻。它见证了亨利提出对罗

---

马主权享有国家豁免权的主张，见证了他对帝国地位的个人主张，这一主张既不能承认亦不能允许世界上存在任何地位高于他的人，也是第一次试图在他的王国内管理神职人员的财产。

在 1530 年的米迦勒节，十五名神职人员被传唤到王座法庭，罪名是蔑视王权，这些指控属于叛国轻罪，应当被处以罚没财产和监禁。十五人中，有八人是主教（包括约翰·费希尔和约翰·克拉克），三名修道院院长，其余是些普通民众。对他们的指控是，他们都与沃尔西签订了一份契约，根据契约，他们应保留管辖权，以换取现金结算，因此他们将自己卷入了沃尔西的罪行中。[1] 起诉书显然流露出政府的恶意，很明显凯瑟琳最好的几个朋友也是受害者。攻击的动机大概是为了回报他们对王后的忠诚，鼓励其他人，恐吓克雷芒，并向英格兰神职人员宣布英格兰君主制开始追求新政教合一体制。但这次袭击似乎是仓促发动的，在双方加入之前就被取消了。克伦威尔在 10 月 21 日写给沃尔西的信中写道："高级教士不会被判蔑视王权罪，还有另一种设计方案。"[2] "另一种方案"则更为激烈：指控全体英格兰神职人员犯有蔑视王权罪，（最终）理由是完全行使了王国内基督教法庭的管辖权。破坏教皇使节以及试图牵连那些支持教皇的人本身就是世俗势力自信进取的显著表现。但这意味着更多：这是对英格兰教士财产和教会自由的一记重拳。如果建立既久，已成为日常世俗、宗教生活的一部分的教会法庭，都是不合法的话，那什么又是合法的呢？人们不禁想知道这项指控背后的想法。为什么教会法庭可以被宣布为非法，除了它们独立于王室司法系统运作，运用自己的法律，尊罗马为其首脑之外，还有什么原因？如果确实是这个原因，那么是否只有与罗马脱离关系并且英格兰化，才能获得合法性呢？蔑视王权罪的起诉也许是伴随着向罗马同时提出民族和个

---

1    P.R.O. K.B. 29/162, ro. 12. 参见Scarisbrick, "The Pardon of the Clergy, 1531", *C.H.J.*, xii (1956), 25 ff.。

2    Merriman, *Life and Letters of Thomas Cromwell* (Oxford, 1902), i, 334 (*L.P.*, iv, 6699).

人自治要求而产生的逻辑结果。这显然是迈向亨利主义的又一步。亨利是不是突然决定要反对并破坏教会财产？这一举动是否意在将他关于帝国地位的大胆言论推向高潮，并直接引向王权至尊？

　　这些都是无法回答的问题。但似乎这次攻击，就像这些年来许多王室政策一样，充满了不确定性。尽管它是在 1530 年 10 月决定的，但是直到次年 1 月，在议会和教士代表大会经过一系列休会后再次开会时才发布；而且它可能只是在最后一刻才决定指控神职人员非法使用基督教法庭，而不是像最初的意图那样，指控全体卷入到沃尔西的罪行中——这本来不是一个那么重大的挑战。而且，这场突如其来的指控一发动，就被取消了。面对这个非同寻常的蔑视王权罪的指控，神职人员显然屈服并请求赦免。我们不知道他们是如何做到的，为什么能做到，但他们确实获得了赦免。1531 年 1 月 24 日，南方教牧人员代表会议正式服从于亨利，北方教牧会议不久之后也屈从了，并以十万镑的价格获得了王室的赦免。[1] 尽管神职人员承认过去有罪，但他们没有被迫对未来妥协。包含教牧人员赦免令的议会法案显然恢复了他们迄今为止所获得的一切，基督教法庭的结构完好无损，对教会的财产没有做出任何理论或实践上的让步。因此，刚刚被宣布为非法的东西莫名其妙地恢复了原状。诚然，神职人员失去了十万镑，但因为神职人员的补贴现在已经到期，他们无论如何都应该付给国王一大笔钱。亨利，确实已经失去了勇气，从战场上撤退了。到 1 月 24 日，也就是在教牧会议上起草赦免令的那一天，和平得以实现，亨利的非凡策略终于逐渐消失了。

　　突然国王又开始进攻。首先，他要求，如有必要，应当由教牧会议向他提供这笔钱，这比神职人员提供得更快。然后，神职人员向他递交了一份请愿书，确认他们的特权，确定蔑视王权罪的范围，给予教会法庭积极

---

1　*Wilkins*, iii, 725 f.

的保护，减轻 1529 年反神职人员立法的负担；此时，他拒绝了。[1]最后，坎特伯雷大主教被召集到一个由王室议员组成的会议上，他被告知 1 月 24 日表决通过的神职人员授权文本是不可接受的。渥兰随即补充插入五项内容。第一，亨利不仅被称为国王和信仰捍卫者，而且被称为"英格兰教会的保护者和唯一的最高领袖"；第二，神职人员在表达效忠国王后，将要探讨"医治灵魂"；第三，他们在授予特权和自由的过程中，要求亨利捍卫这些特权与自由，这些特权和自由将被定义为那些"不损害国王的权力和王国的法律"；第四，他们将更谦卑地请求宽恕；第五，他们需要指出，世俗人士也牵连到他们的罪行当中，因为他们也曾在教会法庭上起诉、应诉。

　　亨利重新开始了他的追求，但从另一个不同的角度出发，他要求赋予他教会最高领袖的新头衔，以及明确声明要医治王室的灵魂。这一切都表明国王对教会及国家的绝对控制，远比从国王那里听到的更为赤裸裸。面对这些，神职人员团结了起来。对于亨利要求获得的新头衔，教牧人员代表会议附加了一条著名的保留条款，即亨利是教会的最高领袖，但是"在基督法律允许的范围内"——这也许是一个不太令人愉快的表述，意在击退国王。然后，通过改变一个词格尾缀和第二项条款的词序，神职人员废除了王室对于医治灵魂的主张，反过来，赋予了国王对于其子民普通意义上的保护，而他们的灵魂则是托付给神职人员控制。至于其余的条款，不是无关痛痒，就是被省略了。[2]毫无疑问，在他们第一次与君主的直接接触中，英格兰神职人员占据了大部分的优势。而且，在强烈抗议结束后，亨利收到了三次来自教士的抗议，坚决地表示反对他刚刚开始的政教合一，这表明他的行为是多么震撼——至少对某些人来说是如此——而且很少有人愿意屈服。

　　其中一次抗议来自达勒姆主教卡思伯特·滕斯托尔，这发生在北方议

---

会为国王新的、有资质的头衔投票之后不久。尽管做了周密的准备，但对国王来说，北方事务的进展并不一帆风顺。1531 年 5 月，滕斯托尔对王室参与教牧人员代表会议登记的新做法做出正式的抗议，他直接给亨利写了一封长信，在信中他阐述了一个传统理论，即国王拥有教会认可的暂时的统治权，但这不能也从未扩展到宗教领域；新的头衔被认为只具有世俗性质；基督的律法不允许其他的存在，否则基督世界的现有统一将支离破碎。[1]

另外两次抗议的发起者地位比达勒姆主教低，而且不止一个人。多亏了查普伊斯，我们才能知道他们的存在。5 月 22 日，查普伊斯写信回国说，四天前，约克和达勒姆的神职人员以及坎特伯雷教省的神职人员也向国王提出抗议，反对他最近试图宣示的国王主权高于神职人员权力。[2] 当这位大使谈到北方神职人员的一份文件时，他当然很可能一直把这份文件和滕斯托尔的信混淆了。不过，也许他不是。很可能约克和达勒姆的下级神职人员发表了一份正式声明，档案局里的一份相当神秘的文件可能是它的草稿——没有标题、签名或任何证明。它只不过引用了国王的新头衔，然后简短而直截了当地宣布，这个头衔过去和现在都不打算以任何方式侵犯至高无上的教皇或罗马权威的最高地位。[3] 信中还说了什么，有多少人签名，签名的人是谁，我们并不知道，因为呈交给亨利的那份完整的抗议已经消失。这一事实也不应该让我们感到惊讶。滕斯托尔寄给亨利的信没有了，记载在他的主教登记册上的冒犯性段落被人撕掉了，撕信的人也不得而知。此外，如果不是查普伊斯的警觉，第三次抗议的副本——来自南方教牧人

---

1　*Wilkins*, iii, 745中记录了滕斯托尔的抗议。他写给亨利的信已经不存在了，必须根据亨利的回信才能重构（详见下文）。

2　*L.P.*, v, 251. 参考确认报告在 *Mil. Cal.*, i, 869。

3　*L.P.*, v, App. 4. 但必须强调的是，这只是一个猜测，即这一片段是在编写这抗议的过程中以某种方式产生的。有可能，这是南方教牧人员代表会议下议院发出的抗议草案（上文中有简短的讨论），而非来自北方的抗议。

员代表会议——今天也将不复存在。原件也同样消失了。

查普伊斯听说了正在发生的事情后，他拿出了这最后一份文件的副本，越过海峡把它送到了低地国家。这份副本现收藏于维也纳。[1]这是一份由下议院十七名议员签署的明确声明，清晰阐明了他们最近授予国王的新头衔的真正含义。他们说，他们所承认的，既不是要削弱教会的法律，也不是要质疑教会的自由、基督教的统一或教廷的权威。他们并没有承认新的内容。他们仍然忠于旧秩序，无意违抗旧秩序。他们当场谴责和否认支持诸如分裂教会的人和异端；**未来**，他们可能做或说一些贬损神圣教规、教会完整性以及罗马至高无上之地位的事情，但这不是出于他们的真实想法，而是出于魔鬼的行为或他们自身的弱点。这里确实有些大张旗鼓，这是为罗马军团和旧的教会秩序吹响的最后号角。亨利的回应很直接。在这场抗议活动被迅速处理后不久，其中四位签名者就受到了各种蔑视王权的指控。四人之中，有一个是费希尔的朋友彼得·利格姆，他做出了还击，其余的人认罪伏法。[2]当最后的溃败来临时，所有幸存下来的人都接受了新秩序，而在1531年他们曾如此强烈地谴责过。

于是，这些直言不讳的神职人员很快就受到了惩罚。然而，回应滕斯托尔抗议的是以国王名义写的一封温和的长信——哪怕这封信不是他写的，也至少表达了他的想法。这是一篇引人入胜的论述，充满了明显的仁爱，但有不祥的语调贯穿其中，博学却不可否认只是看似有理，显然具有革命

---

1    见Haus-, Hof- und Staatsarchiv, reference: England, Ber., Fasz 5, Varia 2。这份文件分成两半。第一部分以彼得·利格姆的名义而写，代表坎特伯雷和梅内维亚（Menevia）的牧师（彼得·利格姆是他们的代表），另外七个人署名。第二部分篇幅更短，言辞也更犀利，由九名神职人员签署，其中六人以各自所代表的神职人员的名义，即巴斯和威尔士、伍斯特、伦敦、考文垂（Coventry）和利奇菲尔德（Lichfield）以及罗切斯特（有两名签署者）。因此，很明显，将近三分之一的英格兰教区产生了一个代表其神职人员签字的"新教徒"。

2    关于他们的案件，参见P.R.O. K.B. 29/164 以及 K.B. 27/1080。他们最终都被赦免了：利格姆于1532年6月被赦免，其他的则在前一年11月。*L.P.*, v 559 (22), (35); 1139 (10).

性却似乎过于天真，开头是冗长而基本上毫不相关的语义学展示，很容易带给读者没有结果的信息，并让因主教阻挠而表达出来的悲痛听起来完全合理又温和。[1]

信的开头写道：不要被人类的邪恶误导，把错误的理解强加在无辜的词语之上。在判断一个陈述之前，首先要了解术语的意义；要区分语境；要区分隐喻和字面意义；在理智的指引下，读懂真正的意义，而不是用"微妙的智慧"去曲解。如果你所说的教会是指整个奥体，我们就不是教会的领袖。当然不是。这样说是亵渎神的，因为基督是它唯一的头。我们从来没有这样的意思，正如你固执认为的那样。相反，我们必须加以区分。正如圣保罗谈到教会和科林斯教会一样，我们必须把教会作为一个整体谈论，基督耶稣是它的头，而对于英格兰教会，我们是最高的领袖；当我们说我们是教会的领袖时，指的是英格兰神职人员的领袖。这个领导者的地位包括什么（这个是关键问题）？你会允许我称之为世俗权力。但你所引用的经文并未表明，属于宗教方面的东西是被排除在国王的关注之外的。相反，很明显，"所有宗教上的事物，由于可能引起身体的烦恼和不安，必然包含在君主的权力中"；而这唯一可能的结果是，神职人员的财产、"其人、行动和行为"应该"在上帝赋予君主的权力下，而他们应该承认国王是他们的领袖"。既然教会是我们的母亲，神职人员的职责就是主持仪式、传教布道、管理圣事。就这些职能而言，皇帝和君主都臣服于他们；但就其他职能而言，他们服从于君主。因此，在某种意义上，君主是教会的儿子，但在另一种意义上，则是最高的领袖，"根据他们的法令，他们（神职人员）接受国王的命令和管理"。

简言之，尽管亨利在教会与皇帝之间做了根本区分，也区分了滕斯托尔所说的宗教和世俗的传统名称，但他赋予了这些术语相当不同的含义。

---

1　*Wilkins*, iii, 762 ff.

"Spirituals"迄今为止指的是教会的教诲、圣事、司法管辖权和教会管理权，对滕斯托尔也是如此意味，现在仅指圣职权（potestas ordinis），即管理圣言和圣事——由基督设立实行，由神职人员传达给基督徒。"这并不同于普通演讲中滥用的那层意思，"亨利公开承认，"但是它（spirituals）确实如此。"其余的一切，即教会的整个外部秩序，都由君主负责。亨利说，这确实可以被称为"世俗的"（temporalia）——虽然，严格地说，这个词是多余的（他的意思是可能暗示太少，因此不受欢迎）。最好把那些属于君主的东西简单地说成是"最高领袖的"（supremum caput）。

　　而这个王权究竟是由什么构成的呢？亨利列举了三件事：第一，作为君主，他授权并同意主教和修道院院长的选举——因为"是否任何一位由我们选出的主教，会服从于我们，并承认自己作为主教是我们的臣民？（这有道理，却刻意回避了一个关键的问题：承认自己"作为主教"是他的臣民的人，这句话意味着什么？）第二，所有神职人员的个人财物都要听命于君主的"场合和命令"；第三，基督教法庭在"我们的默许之下"运作，获得管辖权——"毫无疑问，我们也可以像皇帝和今日的其他君主那样，惩罚教士的奸淫和傲慢行为，你们对此非常清楚"。

　　亨利这封信意在表明"我们和所有其他君主在今日，都是宗教人士的领袖"，还要表明他的头衔只是确认了一个事实，而不是预示任何激进的新奇事物。但新奇之处也同样存在，即使亨利或是尚未考虑到他的拜占庭主义的全部含义，或是偶尔略带不真诚地故意试图以温和的态度解除与他通信的人的防备。一个由君主作为最高领袖、一系列民族国家共同体组成的基督教世界，将没有多少地方容纳教皇，也没有多少明显的统一性；而且，如果教皇实际上被排除在外，那么可能的情况是，由君主授予那些经过他们批准许可、选举产生的主教司法管辖权。因此，亨利暗地里把手伸向了司法管辖权（potestas jurisdictionis）。正是从这一点出发，亨利于近期对神职人员行使基督教法庭权力提出异议，并通过议会法案恢复了这些权力，

小时候的亨利，佚名绘（法国普罗旺
斯地区艾克斯梅雅内斯图书馆）

成年亨利，佚名绘（原H.克利福
德·史密斯收藏，1959年2月于苏富
比拍卖）

亨利七世与亨利八世父子二人，霍尔拜因绘（英国国家肖像馆）

亨利致沃尔西信，约
1520年（BM Add. 1938,
f.44）

威廉·渥兰，霍尔拜因
绘（英国温莎王室收藏）

CARDINAL WOOLSEY

枢机主教沃尔西，佚名绘（英国国家肖像馆）

金缕地会晤，佚名绘（英国王室收藏）

托马斯·莫尔，霍尔拜因绘
（美国纽约弗里克收藏馆）

约翰·费希尔，霍尔拜
因绘（英国温莎王室收藏）

亨利妻子之一阿拉贡的凯
瑟琳，佚名绘（英国国家肖像
馆）

亨利妻子之二安妮·博
林，佚名绘（英国国家肖像
馆）

亨利妻子之三简·西摩尔，佚名绘（荷兰海牙莫瑞泰斯皇家美术馆）

亨利妻子之四克莱沃的安妮，霍尔拜因绘（法国巴黎卢浮宫）

注：以我所知，并无凯瑟琳·霍华德像的真迹存世，而仅知的一幅凯瑟琳·帕尔像未能取得授权复制。

克雷芒七世，塞巴斯蒂亚诺·德
尔皮翁博绘（英国曼塞尔收藏馆）

查理五世，提香绘
（西班牙马德里普拉多博
物馆）

弗朗索瓦一世，弗朗索瓦·克卢埃绘（法国巴黎卢浮宫）

詹姆斯五世，佚名绘（苏格兰国家肖像美术馆）

托马斯·克伦威尔，霍尔拜因绘（美国纽约弗里克收藏馆）

出发前往布洛涅，约1532年，佚名绘（英国王室收藏）

坎特伯雷大主教托马斯·克兰麦，格拉赫·弗利克绘（英国国家肖像馆）

托马斯·霍华德（英国白金汉宫）

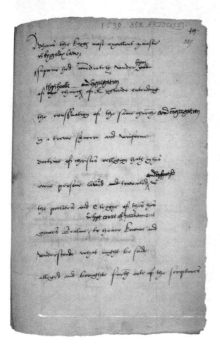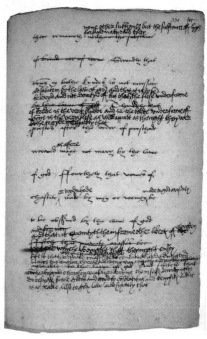

亨利修改的《六条信纲》（BM MS Cleo E.V. fos 329 v.330）

　　枢机主教雷金纳德·波尔，摹塞巴斯蒂亚诺·德尔皮翁博（？）绘（英国兰
贝斯宫）

无双宫南侧，约里斯·赫夫纳格尔绘（B.M.Prints 1945-10-9-35）

临终前的亨利，
科内利斯·马赛斯绘
（B.M.Prints 1868-8-
22-2394）

他授予这些法庭代理管辖权；正因如此，神职人员仅仅是宗教的"牧师"。世俗与宗教之间的界线已经深入地转移到过去属于宗教的领地上去了。这正是滕斯托尔和来自教牧人员代表会议下议院的"新教徒"所预见到的。当他们承认亨利在基督律法允许的范围内是教会的领袖时，他们的意思是这一点并不遥远——除了国王，还作为世俗的领主、庇护人、教会的保护者和主教的实际提名者，这一点早已获得了许可。然而，亨利认为，基督律法允许，实际是命令客观上开始教会革命。双方可能都对这个新头衔感到满意，但这不过是因为他们给出了不同的解释。对神职人员来说，这是革命现出的端倪；对亨利来说，这场革命已显露无遗。

但也许这会被认为过于绝对。也许亨利还没有破釜沉舟，采取果断行动。如果克雷芒突然屈服，授予亨利他想要的东西，国王难道不会忘记那些大胆的理论吗？英格兰难道不会退回到过去的生活方式吗？简而言之，这些都不是虚张声势吗？亨利本人有时似乎暗示这可能是真的。1531 年 2 月，在与教廷大使交谈时，亨利异常和蔼可亲地宣称："我向你保证，任何措施都不会影响到教皇陛下。在我的王国里，我一直维护教会的权威，将来也会完全如此。"不久之后，他将否认在英格兰出现了一个"新教皇制度"（nouvelle papalité），并保证不会有任何事情违背教皇权威，"只要教皇陛下能给予他应有的尊重"[1]。亨利显然是在威胁，并不打算使用暴力。其他事实似乎支持了这个论点。1531 年，两个新任命的主教填补了沃尔西留下的空缺——斯蒂芬·加德纳去温切斯特，爱德华·李去约克。两人都应王室的要求接受了教皇的委任，正如后来克兰麦所做的那样。如果亨利真正相信自己的权威，他会为这两个臣仆寻求教皇的委任吗？毕竟，我们不应该认为，在 1530 年和 1531 年，也许再加上 1532 年的大部分时间，亨利的唯一目的是威逼克雷芒同意离婚；并且，如果他有办法，他会让过去的事

---

1　*Sp. Cal.*, iv, 641.

成为过去，悄悄地将有关帝王尊严、国家特权、教会最高领袖地位等会谈寄托在武器库上，并且再次成为罗马的乖儿子吗？

问题的答案可能是"不"——尽管有些限制条件。但在试图证明这一主张的合理性之前，我们必须重新讲述亨利是如何在罗马处理离婚诉讼的。

亨利在教廷的事务主要由两位英格兰使节负责处理，威廉·贝尼特和爱德华·卡恩，他们都是精明强干、勇敢刚毅之人，虽然地位不高——而且，至少就贝尼特而言，他与凯瑟琳私交甚笃。[1]

这两人得到了吉努奇、格雷戈里·卡萨莱的支持，另外还有在罗马雇用的身价很高但没多大帮助的律师的支持，他们偶尔受到法国的干涉，也经常受到亨利并不总是明智的介入。他们被要求阻止帝国的人，掌控教廷，使现在如此复杂的案件获得成功；人们惊奇地发现，这样复杂的案件并没有完全吓倒他们二人——一个只是多塞特郡的副主教，另一个是不知名的世俗人士，其唯一的头衔是牛津大学教会法法学博士。

他们的目的只有一个：阻止案件在罗马审理，收回案件在英格兰审理。"无论如何，我们要用尽一切办法和手段推迟程序，尽你们所能，至少要延迟到米迦勒节"[2]，这是亨利在 1531 年 4 月写下的一句话，这些话以不同形式反复出现。无论如何，这个案子都不能再继续下去了。卡恩作为辩护人，他要为亨利没有回应凯瑟琳的上诉找到申辩理由，必须说服教廷相信国王无法前往罗马应诉。在圣轮法庭开始行动后不久（1531 年初的数月），卡恩开始了他的行动，他详细地论证说，亨利因一个"必要的、可能的、暂

---

1　查普伊斯说，贝尼特最终写信给凯瑟琳，请求她原谅自己因职责所在对她的所作所为（*L.P.*, v, 696），克雷芒说，贝尼特向他透漏了对任性的亨利感到悲哀（*ibid.*, 834）。
2　*St.P.*, vii, 297 (*L.P.*, v, 206).

时的障碍"而不能来到罗马；[1]他不仅不能亲自出席，而且这个案子非常严肃，所以不能由代诉人来代表他；罗马不足为信；这个案子属于英格兰而不是别的地方。[2]然而，由于他没有作为代诉人行事的权力，或者更确切地说，由于他称自己没有这样的权力（只能"在极端的情况下"使用[3]），圣轮法庭并未允许卡恩提出亨利的"理由"——这"理由"会对亨利很有帮助，因为如果没有被告，就无法上诉审理[4]。但这也可能很危险，因为对方现在有机会根据存在相互矛盾的情况做出判决，即鉴于被告拒绝出庭应诉，上诉应在没有被告的情况下审理。[5]为了避免这种危险的对抗手段，卡恩立即上诉反对圣轮法庭拒绝接受他没有授权（sine mandato）一事，就此，帝国的人答复，要求拿出教皇使节的驳回书（apostoli refutatorii），即法庭驳回上诉的信件。[6]这样一来，正如他所希望的那样，亨利的案子很快就陷入了初审的泥潭，辩论者们开始争论，圣轮法庭裁决不允许卡恩提出亨利拒绝回应凯瑟琳上诉的理由，那么卡恩的上诉是否有效。这一切几乎都和支持亨利的观点那样，陷入了致命的困境；亨利声称他因一些必要的、可能的、暂时的障碍，无法前往应诉，而法庭还未曾考虑这一点。使事情更加混乱的是，在获得教皇使节的驳回书之前，这个案子已经交给枢机主教议会了，在 1531 年初，卡恩将在这个议会上花费数周的时间和大量的精力，证明他获准进入圣轮法庭，提出关于亨利受到的阻碍、免于他派遣代诉人、

---

1　王国和亨利个人的安全在这个关键时刻阻止他出席，这就是所谓的障碍。这一论点得到了大量的宗教法学家和民间学者的支持，被准确地选中了。这种障碍是必要的，与自发的截然不同，因为这不是亨利所能控制的。这不是永久性的，而且可能要视情况而定，因此亨利不需要派代理人。

2　参见*Acta Curiae Romanae in Causa Matrimoniale cum Catherina Regina* (1531)——一份1531年2月和3月卡恩在主教议会上的陈述记录。

3　*St.P.*, vii, 281 ff. 297 (*L.P.*, v, 93, 206).

4　*St.P.*, vii, 281 ff. (*L.P.*, v, 93); *L.P.*, v, 102; *Sp. Cal.*, iv, 630.

5　*L.P.*, v, 256; *Sp. Cal.*, iv, 659.

6　*Ibid.*, 654, 657; *L.P.*, v, 147.

把这个案子撤回到英格兰的必要性等论点。尽管在此期间，在漫长的夏休前后，这个案子也会在圣轮法庭讨论。最终，在 1531 年 11 月，法院最终判决卡恩不获许可。[1] 这是有风险的，因为，如果这个决定得到了枢机主教议会的批准（这是必然且很可能发生的情况），那么亨利就有可能因为没有派出一名代诉人全权以他的名义应诉而被控藐视法庭罪，并且因为存在相互矛盾而败诉。贝尼特急忙回国接受进一步的指示，而他在罗马的同僚则激烈反击，宣布圣轮法庭的决定无效，要求双方聘请的专家在枢机主教议会上对这项决定进行公开辩论。[2]

英格兰人把希望寄托在枢机主教议会上，主要因为与圣轮法庭的法官不同，许多枢机主教不是教会法学家，而是世俗界易受政治压力和金钱影响的人。[3] 虽然缺少一两个英格兰枢机主教的支持，但英格兰人认为这是对手的弱点，他们应该从这一点反击。因此，经过激烈的游说，他们迫使克雷芒同意卡恩的准入问题应该重新在枢机主教议会上讨论，尽管事实上所提出的这些问题已经在圣轮法庭处理过了。当然，他们需要花费不少时间，为所要求的论点收集材料、征集专家。英格兰人提出需要六个月，最终获得了两个月时间。后来，帝国的人试图阻止他们在博洛尼亚、帕多瓦和其他地方聘请律师；于是卡恩请求克雷芒介入，制止这一阻挠，从而进一步拖延案件。克雷芒拒绝主动采取行动，并将此事重新提交到枢机主教议会，开始了一场新的辩论，讨论专家是否可以获得教皇许可，传唤到那里，讨论是否禁止卡恩进入圣轮法庭。[4] 这一切都花了很长时间，直到 1532 年 2 月底才开始辩论。卡恩提出了二十五个关于亨利所遇到障碍的"结论"，为什么他不一定要派代诉人，为什么罗马不安全，为什么要接纳这个辩护人

1  *L.P.*, v, 553.

2  *Ibid.*, 565, 586, 594.

3  *Ibid.*, v, 908.

4  *St.P.*, vii, 332 (*L.P.*, v, 731).

等等，从而拉开了辩论的序幕，这些问题将在每周一次的枢机主教议会上一个接一个地辩论。[1] 这样的安排本可以把辩论拖上几个月，帝国的人要求在一次会议上"加快"（precipitanter）解决整个问题，卡恩要求的这些观点应该被"单独"（singulariter）听取，所以争论一直持续到克雷芒的介入，他宣布每次讨论三个问题。[2] 即使如此，这些辩论直到1532年5月才结束。据一位枢机主教说，到那时，由于案件的复杂性、英格兰人的狡猾和许多律师天赐的夸夸其谈的特质，枢机主教议会早已进行到了一个令人尖叫的程度（"所有的枢机主教成员们都大叫起来"，他说）。[3] 直到6月，最后的判决才生效，该案将在圣轮法庭进行审理（尽管休庭期已到，在下一个开庭期之前什么也做不了），并且不能接受没有权力的代诉人。亨利被要求在10月前提供一名授权的代诉人，如果他不履行职责，他必定面临藐视法庭的惩罚。[4] 卡恩输了这一回合，但他已经拖延了将近十八个月，现在又推迟了四个月；他给其对手带来了一场严峻的考验，如果案件真的在（1532年）10月开始，他仍然可以使出秘密力量，踏进圣轮法庭，又开始一轮巧妙的阻拦。克雷芒对一位西班牙枢机主教说，如果亨利在10月前还没有乖乖就范，毫无疑问危险就会降临，[5] 但他很乐观。

　　卡恩和其他人如此娴熟地进行的活动正是亨利所要求的，这也是他自己擅长的。亨利和任何人一样，知道如何摇摆不定，如何诱惑和利用他人，如何为了索取而付出，如何保持机构运转而不偏移方向。为了打破僵局，克雷芒已经开始谈论把案件交给一个双方都认为相对中立的地方。这不是亨利想要的（因为他想要一个对他自己"安全"的地方），但是，用他后来

---

1　*L.P.*, v, 835. 关于"结论"（也就是文章），参见 *Ven. Cal.*, iv, 743。

2　*L.P.*, v, 895; *Sp. Cal.*, iv, 913.

3　*L.P.*, v ,895. 参见P.R.O. S.P. 1/69, fols 163 ff., 180 ff.（*L.P.*, v, 852, 867，记载了英格兰人在3月6日和18日的教宗会议上提出的辩论细节）。

4　*L.P.*, v, 1157, 1159.

5　*Ibid.*, 1194.

的话来说，"要更宽和地应对"教皇，[1] 他告诉贝尼特要留下"我们可能碰巧
会服从"这个计划的印象。[2] 也许是受到这种顺从的鼓舞，克雷芒随后建议
把康布雷作为一个合适的地方，这是一个帝国城镇，但靠近英格兰。亨利
没有明确拒绝这个难以接受的建议，而是等待查理和凯瑟琳为他做出决定，
他们决心在罗马而不是其他任何地方审理这一案件；[3] 就在帝国的人表现得
更不妥协的时候，亨利曾要求由坎特伯雷大主教（单独或在两三位主教或
修道院院长的帮助下）或教牧人员代表会议上议院审理此案，现在他建议
可以委托四位法官在加来或者吉讷审理，一位由他自己任命，另一位由凯
瑟琳或皇帝指定，一位由弗朗索瓦指定，还有一位由教皇指定。[4] 乍一看，
这似乎是一个重大让步。亨利似乎终究还是屈服于教皇的管辖权，在审理
地点问题上也屈服了。但提议的地点当然都在英格兰人的范围之内，而且，
教皇的提名人是事先确定的。他不是别人，正是亨利的臣民，坎特伯雷大
主教！这样的安排不会让亨利做出真正宪法上的投降，且会保证他获得四
分之三的支持。此外，这可能是这项提议的真正动机，在罗马和查理同意
之前，将耗费数月的时间辩论。

　　到 1531 年夏天，亨利正在准备新武器。在他的要求下，两组议员代
表团先后去见凯瑟琳劝说她放弃上诉，劝说她本人要求罗马交还此案。两
次她都拒绝了。她不会让自己被丈夫如此利用，她坚决地拒绝了来访者。[5]
与此同时，国王对克雷芒的态度有所缓和。他指示他在罗马的代理人在与
教皇交谈时，暗示他的伤口并不太严重，不久会痊愈；并且说他仍然相信
克雷芒，会原谅克雷芒，并指责了自己那些用心不良的顾问，而不是他个人，

1　*St.P.*, vii, 305 (*L.P.*, v, 327). 亨利于1531年7月写给贝尼特的信。

2　*St.P.*, vii, 298 (*L.P.*, v, 206). 亨利于1531年4月写给贝尼特的信。

3　*L.P.*, v, 352, 355. 参考1533年初的一份报告，称亨利同意前往康布雷——这也是另一
　种拖延手段。

4　*St.P.*, vii, 305 ff. (*L.P.*, v, 327).

5　*L.P.*, v, 287, 478.

等等。[1] 但是亨利并没有改变他的决心，只是改变了他的说话方式。

次年（1532 年）初，他向罗马发出最后一次直接呼吁，这是一次仿效旧式呼吁。卡恩将再一次更大胆地要求准许他进入圣轮法庭，并警告罗马人，如果他们坚持自己的路线，将会造成巨大损失，"以后再也无法挽回"。教皇知道，"根据上帝的法律、自然和理性法则、皇帝法律、圣会的法令和教规的宪法，以及圣人和博学之人的全部同意"，他的行为要受到谴责。亨利从全局聚焦特殊个体说：如果教皇坚持藐视公平、普遍正义、法律和世界的判断，那么，他会被告知，他发出的传票是无效的，因为传票是按照法令发布的，即作为公共文件发布的，而不是发给个人的。如果亨利不是被合法传唤，就不能宣布他违抗法庭命令。基于足够的警告，要让教皇知道，如果他能证明三件事，即传唤是有效的、不得允许有辩解人、罗马是安全的，亨利就会亲自来罗马。

这似乎是王室政策的重大变化，一个即将投降的预示。但据说这只是对摇摆不定的克雷芒而言，正如他自己承认的那样，因此会导致"弹劾或至少推迟判决"。在表态如果克雷芒能证明这三件事，他就会来罗马之后，亨利事先声明，他唯一能接受的证据是他所说的"中立大学"的一致裁决；而这个裁决，他信心十足地认为是无法实现的。正如他所说，克雷芒不得不去做"我们知道他不可能做到的事"。亨利接着说，如果这一切都未能阻止进程，那么就让克雷芒判他藐视法庭。这无济于事，因为亨利会向大公会议提出上诉（并附上上诉草案）来反驳。[2]

正是在这充满敌意的指令的结尾，亨利终于说出了真正的论点，可以被认为是不利于他婚姻有效性的唯一论点。如果克雷芒仍然不为所动，卡恩将会告诉他，在婚姻的基本问题上，司法公正站在亨利一边，这一点长期以来被关于被告以及司法管辖权的问题以及程序的争论掩盖。如果凯瑟

---

1　*L.P.*, v, 326; *St.P.*, vii, 305 ff. (*L.P.*, v, 327).

2　*St.P.*, vii, 352 ff. (*L.P.*, v, 836).

琳的第一次婚姻没有完成，她和亨利之间就不会有姻亲关系的障碍；因此，教皇"什么也没有赦免，他的诏书也就没有价值；因此，由于没有足够的特许，这段婚姻是无效的，而公共诚实障碍也会使之无效"。亨利现在说，在教皇使节法庭的审判中（如记录所显示），凯瑟琳的律师故意声称她的第一次婚姻已经圆房，是为了在这个论点上保护她免受上述说法的影响。他们的声明是伪证。凯瑟琳的案子注定要失败。[1]

这是亨利的第四次，也是最后一次攻击。他最终向罗马提出了可能是唯一可行的论点，但是却晚了五年。很难说他为什么不早一点这样做，也很难说为什么他现在突然援引起来，为什么他没有像以前那样，利用这个论点获得更大的优势。在早些时候，对其中一些问题曾提出过试探性的回答。[2] 我们无法回答其他问题。我们只能重申，他就是这样做的。

再回到这个问题：亨利与他的过去决裂了多远，他已经在多大程度上致力于进行教会革命？1530 到 1532 年的三年是没有政策的几年，是漫无目地夸夸其谈和恃强凌弱的几年，还是权宜之计和摸索尝试的几年？

上面提到，有人认为，离婚的斗争和向亨利主义的发展尽管关系密切，但有很大区别，区别之大到了在没有前者的情况下后者也可能发生的程度，即没有离婚案件，亨利也可能对教会产生异议。但是，必须反过来剖析亨利主义，即基督教君主制真正本质的主张。成熟的王权至尊建立在三个原则之上：国王拥有一个直接的上帝赐予的治愈其臣民灵魂的方法；他是国家教会人员的最高领袖；他不需要服从罗马治下的主教。显然，这三者是紧密相连的。明确地主张其中任何一个的同时，都隐含对其余两点的主张；这三个原则都针对一个怪物，即教权主义；这三个原则将结束主权篡夺，

---

1    *Ibid.*, 360. 这段话在一封7月（存疑）寄给英格兰大使和皇帝的信中一字不差地重复了一遍，非常奇怪。*Pocock*, ii, 495 (*L.P.*, vi, 775).
2    参见上文第207页及其后各页。

恢复正确的秩序。

自 1529 年末以来，我们看到亨利提出了他的第一个主张，他的宗教野心；1531 年初，在神职人员被要求公开承认国王医治灵魂，他们却拒绝承认时，这场主张之争达到了高潮。在宗教改革议会的第一届会议上，在 1531 年对基督教法庭的攻击下，在不久后亨利给滕斯托尔的回复中，在他对教牧人员代表会议改革法令的编辑里，我们已经看到了第二个主张——亨利式国家至上主义的开始和稳步发展；这种主义和第一个主张一样，与离婚案几乎或完全没有关系。从 1530 年夏末起，我们也见证了反教皇主义的开始，这一方面是民族自治的要求，另一方面是国王的皇权要求。这三个主张共同发展，虽然有时只有第三个方面得到许多关注。

与罗马断绝关系、宣布王权至尊无上的道路确实是曲折的。首先，还不清楚国家豁免权、英格兰民族特权是如何与国王的个人皇权主张联系在一起的。尽管这两件事几乎同时被提起，但这里可能是一个重要冲突的根源。[1] 其次，亨利采取行动，要求从罗马收回案件，在英格兰做出判决时，也就是派遣卡恩和贝尼特到教廷去抵制凯瑟琳的上诉，迫使克雷芒允许在诉讼的发生国进行听证，此时，他的意图显然模棱两可。一方面，他很快就争辩说，他不能去卡诺萨（Canossa）；对他来说回应凯瑟琳的上诉有损于他的帝王地位；正如早期议会和其他议会的法令所证明的那样，这件案子完全属于英格兰的判决，教会的每个省都是自治的；简而言之，他认为他的案子与罗马无关。另一方面，他还提出了一个不那么严格的论点，即该案应送回英格兰，由教皇法官代表在英格兰审判——这是一个完全不同的主张。而且，他可以同时就这两件事辩论。至少在**同一封信中**有两次提议亨利要么继续前进，在自己的王国内独立解决此事，要么说服克雷芒委任他人，如坎特伯雷大主教或者教牧人员代表会议上议院，来处理这件事。[2]

---

1　参见下文第422页及其后各页。

2　*L.P.*, iv, 6705; *L.P.*, v, 327.

要是选择了后一条道路，那么亨利会把他的案子提交给一个法庭，这个法庭在宪法上与1529年在黑衣修士区举行的公使法庭并无多大不同。正如我们所看到的，亨利对英诺森三世的教令格外关注，是因为他想证明自己有权将案子移交给英格兰，由教皇专员在那里审判；并且，在巴黎大学和奥尔良大学宣布凯瑟琳的上诉无效后，他们又补充说，亨利的案子应该由法官代表根据惯例在部分地区（即英格兰）审理，这显然意味着这个案件依然在罗马的司法管辖范围内。[1] 尽管亨利允许这一点被人忽视，但这些大学的决定绝不支持任何反教皇的特殊主义。

因此，亨利一会儿直言不讳地要求自治，一会儿又要求教皇下委任令，派人在英格兰审理他的案件，借此含蓄地承认他完全依赖罗马的普遍司法管辖权。那么，这两个中，哪一个是他真想要的？

可能早在1530年秋天，他就已经在很大程度上致力于确保第一个。英格兰的自治权，他本人不承认在世界上存在任何超越自己的权威，也不应诉世上任何法庭的帝王尊严，以及教皇侵权——这些想法都占有重要地位，他将为之高声呼吁，并似乎为此付出了最大努力。[2] 在虚张声势之下，已经产生了一种坚定的信念核心，尽管有犹豫和挫折，但是这种信念将稳步成长，直到与罗马决裂并于1534年颁布《至尊法案》，这一信念将完全实现。在这之前的三年里，这种信仰已经在亨利脑海中深深扎根，并开始发展成为无可辩驳的信仰。这种信仰认为早期教会不同于现在的教皇制度；当地的案件应该由该省的神职人员在当地解决；基督教共同体是上帝在皇帝及其继任者的统治下建立的。历史与基督教世界的基本规律，"自然和理性法则、皇帝法律"[3]，尼西亚和其他大公会议的教规，学术界（即两所大

---

1 *Rymer*, xiv, 416.
2 关于亨利谈论（或被引用为谈论）他的帝国权威和王国特权的更多例子，参见*L.P.*, v, 206, 208, 327, 472, 478, 697, 836; *L.P.*, vi, 102, 194; *Sp. Cal.*, iv, i, 699, 853。这十一个事件的发生时间为1531年4月到1533年2月。
3 *St.P.*, vii, 354 (*L.P.*, v, 836), 参见上文第307页引用。

学——他肯定歪曲了这两所大学）的判断，让其他一切都不再重要。人们不应该问他怎么能对自己的事业是否正义有如此信心；完全可以说，他知道这是正义的，这出于一个自我主义者的赤诚之心，他已经将自己的目的与神圣的意志相结合，认为自己不是在寻求个人利益，而是作为上帝的委托人在世界上恢复一种正确的秩序，并如他所说，维护"我们王国的豁免权和君权自由"。这是他的神圣职责，他将在加冕典礼上庄严誓言，在上帝面前予以维护。[1]

他对罗马和教皇至上地位的真正看法已经足够明显了。1531 年 6 月的一天，他对教皇大使喊道，让教皇做他想做的事吧，"我决不同意他在（离婚）那件事上担任法官。即使教皇为所欲为，把我逐出教会，我也不会介意，因为我对他所有的教会逐出令一点也不在乎。让他在罗马随心所欲，我会在这里做我认为最好的事"[2]。大约在同时，派给凯瑟琳的第一个代表团向她解释说，国王在宗教和世俗事务上的地位都是至尊无上的，正如议会和神职人员最近所证实的那样——这是对最近一些事件的错误描述。[3] 几个星期前，亨利听说一个牧师被指控为异端，看到其中一条指控他的条款为否认教皇的至高无上，据报道，亨利宣布说这不是异端，并担保使他获得释放[4]。也许这只是虚张声势，但可以肯定的是，亨利正在获得一个基督教世界结构的画面，画面里没有给教皇留下多少空间。

可能从 1530 年底或 1531 年初起，他就开始把基督教世界看作一个由自治教会组成的联合，正如他认为在最初的几个世纪就是这样。这些自治教会的政府由上帝托付给君主，上诉审理只在政府，地方教会依赖政府，这就是英格兰教会的组织方式。他必须恢复被篡夺的权力，恢复被践踏的

---

1　*Burnet,* vi, 72 f. (*L.P.,* vi, 102). 亨利于1533年1月说道。

2　*Sp. Cal.,* iv, 739. 亨利多次说他不害怕被逐出教会（*ibid.,* 853; *L.P.,* v, 148, 738）。

3　*Sp. Cal.,* iv, 739.

4　*L.P.,* v, 148.

秩序。

　　当然，他偶尔示弱。有时，他那粗暴的话似乎只是一种任性的恃强凌弱行为，决心要破坏克雷芒不妥协的态度。但他的让步只是一种战术。我们已经看到他是在玩弄教皇的建议，他认为这个案子应该在康布雷审理；或由四名法官审判，其中一名法官将由教皇任命；或者，如果克雷芒能够证明那三件事，案件将在罗马审理，但是亨利之前说过，"克雷芒不可能做到"。[1]但所有这些用来混淆问题和争取时间的手段，都是贝尼特和卡恩几个月来娴熟开展的错综复杂的阻挠运动的一部分。同样，在 1531 年 12 月，亨利告诉众人他的案子可能在阿维尼翁这样的地方开庭。他并未同意在那里接受审判，只是说，在一些人看来，这种（可能由罗马提出的）折衷的解决方案相比传讯到教廷审判，更容易接受。[2]这是一个非常谨慎的举动，无疑是为了争取更多的时间，由克雷芒撰写、贝尼特带回国的一个诉讼摘要促成的。诉讼摘要中警告国王，他不能再等待了，必须最终解决凯瑟琳的上诉了。尽管亨利现在可能没有 1530 年末那么直截了当，但他的野心未曾减弱，也没有断绝任何关系。我们也不应该因他偶尔对罗马表现出的友好甚至悔恨而改变印象——他否认了教廷大使在英格兰建立"新教皇制度"的所有意图，或是对克雷芒宣布即将召开大公会议的声明做出友好的答复，并承诺给予支持。[3]他完全有动机偶尔摆出和蔼可亲的姿态。

　　在这几个月里，亨利决心阻止罗马对他采取任何反对行动。他必须不惜一切代价，阻止圣轮法庭为凯瑟琳做出判决这一灾难，制止克雷芒对他提出任何责难，因为这两件事都会鼓励王后和她的支持者，可能会让他在

<hr/>

1　参见上文第305页及其后页。
2　*Pocock*, ii, 148 (*L.P.*, v, 610); *L.P.*, v, 611. 我没有察觉出这一论点的力度，因此，我不认为这个建议代表亨利最终未能处理好他的离婚问题，正如埃尔顿博士在其文章"King or Minister? The Man behind the Henrician Reformation", *History*, xxxix (1954), 228 f. 中所说的那样。
3　*St.P.*, vii, 284 f. (*L.P.*, v, 97).

国际上难堪，但这仍然无法解释他的最终目的。他为什么要争取时间？不是因为他没有解决问题的办法，而更可能是因为他还不敢实施。

亨利是从哪里获得所有关于英格兰的传统和特权的？他声称的帝国地位又从何而来？是谁告诉他关于英诺森三世、尼西亚、塞浦路斯和伯纳德的事？谁建议搜查教皇登记册？谁给他出的这些主意？在1530年夏天的那个关键时刻，当这么多想法似乎是第一次落地扎根时，是谁在他身后？我们不知道。有些人可能觉得这些新想法中有几个过于鲁莽，足以说明是亨利自己想出来的——没有比这更好的解释了。不过，与其说讨论想法的由来很重要，不如说是很有趣。真正重要的是，不管它们的来源是什么，亨利很快就把它们变成自己的了。很明显，亨利前所未有地控制了局面——他成了有效控制节奏的人。我们看到，贝尼特和卡恩被王室给他们的暴力指示吓了一跳（这些指示代表了国王的思想，哪怕不是他一字不差的口述）。查普伊斯和教廷大使们经常发现他对教皇和神职人员猛烈抨击，充满威胁论调，一意孤行，所以很难不相信他是政策背后的主要推手。[1] 亨利狂言猛批教廷大使后，诺福克公爵至少三次出面安抚男爵。一次是在德尔布尔戈（del Burgo）受到异乎寻常的攻击之后，公爵发誓说亨利不会实施此前提到的威胁；另一次，公爵请求男爵不要理会国王的暴力言辞，并保证亨利会忘记他所说过的话；还有一次，公爵为亨利找了借口，请求大使不要向罗马报告国王所说的话。[2] 这是行动的一部分，还是意味着亨利正以可怕的速度驱使着他至少一位大臣？显然，经常有人听到亨利高声怒骂、发出威胁，写给罗马的那些措辞激烈的信件分明带着亨利的印记，因此，把他看作那些政策的事实上的制定者（而不是称他为绝对的发起者）一定是合理的。

那项政策没有产生结果。首先，对他的大多数臣民来说，这显然太令

---

1　例如，参见教皇大使和查普伊斯的报告，*Sp. Cal.*, iv, 429, 433, 460, 739, 853。

2　*Ibid.*, 433, 492, 522.

人震惊和新奇了。1530 年，亨利先后在 6 月和 10 月两次召集一批名人出庭，询问他们是否同意他可以无视罗马的存在，由英格兰神职人员在英格兰一劳永逸地解决离婚问题；两次他都遭到了拒绝。他至少走在了他一些臣民（无论如何，不是所有臣民）的前头，尽管他被拒绝激怒了，但他不敢强行提出这个问题。[1] 他在教牧人员代表会议中遇到了强烈的反对，而且将会再次遭遇反对，更糟糕的是，他没有找到任何令人信服的证据证明他的帝王尊严。一个比较鲁莽的人也许会不顾这些挫折而寻求真相，但亨利在等待时机，等待僵局的化解。如果说为了避免致命的反击，他偶尔会缓和革命之风，让人们认为他还将服从教皇的司法管辖，这可能首先是由于国内缺乏对革命坚实的支持。如果他遵循古老的程序，促成英格兰主教辖区新主教的任命，这肯定是因为至今还没有其他的行动方案。直到 1532 年初，他才开始宣称凭借自己的权威任命主教的权力。但是，在表面顺从和不确定性的幕布背后，他反教皇至上主义和教权主义的立场坚定。从 1530 年底到 1532 年初（当然也包括未来），他继续自信地谈论民族特权和他自己的帝王尊严。[2]1530 年 11 月，他告诉帝国大使，召集大公会议的权利在于世俗国王，而不是教皇，教皇的地位不在大公会议之上，也不在世俗国王之上；剥夺神职人员的世俗财产是为上帝服务的；像众多的国王一样，他不需要一个大公会议，因为他可以在没有外部干涉的情况下纠正自己国家的邪恶

---

1  参考查普伊斯在1532年2月初的记录中一段有趣的插曲——时间要晚得多。许多名人聚集在诺福克公爵位于伦敦的住宅。公爵告诉他们，罗马对国王的案件没有管辖权，这不仅是依据"英格兰的特权"，也因为，正如某些博士宣布的，婚姻属于世俗而非宗教的管辖范围。公爵还谈到了亨利的皇权。当他请求在场的人同意时，达西勋爵（求恩巡礼的主要推动者）回答说，他认为婚姻问题显然与宗教有关——而且，查普伊斯说，大多数人都同意他的看法。如果其他的人也被询问过，他们可能会给出不同的回答。也许当时发言的法官、主教和贵族都不具有代表性，属于相对缺乏影响力的保守派，事实也证明这一点，但他们的保守主义是真实的。有关这次聚会，参见 *L.P.*, v, 805。

2  参见上文第310页注释2。

之风。[1]1531 年 4 月，一位传教士在他面前说，君士坦丁曾经拒绝审判两位主教之间的争端——亨利打断了他的话，大声说这是一个谎言。传教士毫不让步，亨利怒而离席。[2]稍晚一些时候，在 1531 年 7 月，他拒绝了沙莱修道院院长进入英格兰的请求，西多会总会派他来英格兰视察属于该教会的房屋；亨利说，没有人可以干涉他的王国事务，他是国王和皇帝，在他的土地上拥有充分的宗教司法管辖权。不过，最终，这位修道院院长还是获得允许，经过英格兰去访问苏格兰的西多会修道院。1532 年 4 月，五位英格兰修道院院长在国玺之下受命，即凭借国王的权威，视察国王领地内的所有西多会修道院——因为不方便派遣外国人执行这项任务。[3]

当然，王权至尊无上并不是天生就羽翼丰满。它花了三四年的时间才发展到完全成熟，成为一个全面的学说。而到 1530 年底，亨利已经将大部分精力投入于此。宽泛地说，他知道他想要什么。从 1530 年关于王国特权和亨利帝国权利的讨论，到 1533 年声明"英格兰王国是一个帝国"并不是一个很大的进步；1534 年宣布王权至尊无上只不过是实现了亨利医治灵魂的主张，作为国王有权改革他自己国家的神职人员，召集天主教大公会议，讨论神职人员对其权威的依赖——所有这些都是他自 1529 年和 1530 年以来一直主张的（并且是不止一次地声明）。早在 1530 年 9 月，亨利就表明了他知道要最终证明其主张的程序。他在对查普伊斯讲话时说，他绝不会将案件提交给任何教皇的法官，并且，如果克雷芒拒绝让英格兰法官审理他的案件，那么"在履行了我对上帝的职责和我的良心的责任之后……我将向议会呼吁做出决定，而议会一定会认可这一诉求"[4]。在次月他召开的牧师和律师大会上，他曾问议会可否授权英格兰神职人员无视罗马

---

1　*Sp. Cal.*, iv, 492. 他还说查理应该同意路德宗的要求，剥夺教会人员的世俗财产。

2　*L.P.*, v, 216.

3　*L.P.*, v, 361, 494 (2), 978 (6). 因此，英格兰修道院制度被"国家化"了。这一过程在 1534 年的《豁免法》中完成。参见下文第347页注释2。

4　*Sp. Cal.*, iv, i, 433.

而凭借自己的权威处理他的案件，这样以后就不必再向他展示如何利用立法机构赋予其主张以法律效力了。他早就意识到了这一点。他有意愿，而且他明白宪法、立法的含义，即议会将最终宣布并执行新秩序。可能缺少的只是介于宣布与执行之间的东西：行动的勇气、证明合法的理由，以及支持。他尚未能够找到**证据**证明他所主张和宣称的，让他的臣民信服并说服世界。

因此，这不是没有政策的数年，而是在这数年间，没有一项政策取得成功。1533 年和 1534 年的行动取得成功时，仍然没有提供非常可靠的证据。确实，《上诉法》的开篇几乎是可笑的模糊，提及了"各种古老而真实的历史和编年史"。与其说是沙堡本身有新奇之处，不如说是人们无视沙堡由沙子构成的举动令人感到新奇。经历了许多日子的等待，经历了不少挫折和压力，经历了新颖迅速变为寻常的情况反复出现，最终，安妮怀孕这一决定性事件使他的臣民变得不那么苛刻，也使得亨利对他的臣民或历史真实性的要求也不那么敏感。[1]

但是亨利与罗马的争执涉及司法管辖权。他可能仍然允许罗马享有荣誉至上的地位，并赋予罗马非常有限的、严格的宗教权威（根据他赋予滕斯托尔的"宗教"定义）。正如诺福克公爵在 1531 年 1 月向查普伊斯解释的那样，教皇只在异端问题上有司法管辖权，其余的所有权力都是篡夺而来的（亨利在几周后写给滕斯托尔的信中会传达这个论点）。[2] 一年后，即 1532 年初，亨利清楚地表明了自己的看法，达到了同样的效果。他说，确实，教皇"在所有的基督教徒中……是首领和一名主要成员"，但是他"获得并伪造了自己的权位和力量，这对基督和基督教会是极大的亵渎"[3]。亨利认可

---

1　*Ibid.*, 460.

2　*L.P.*, v, 45.

3　*St.P.*, vii, 358 f. (*L.P.*, v, 836).

教皇，但不认可罗马教皇权。他拒绝"现在所使用的"教皇权威。[1] 他可能尚未与罗马达成基本的和解，这实际上将消灭教皇在英格兰的权力，但避免了彻底的教会分裂。他正在鼓吹一种非常彻底的英格兰高卢主义；这是一种教会学说，在某种程度上，奥卡姆的威廉对此也深有同感——就像一些东正教徒和一些现代的非天主教徒，这留给罗马的将不过是扮演一个敬虔的、具有上帝赋予超凡能力的角色而已，这一角色处于基督教世界的中心，但周围是真正自治的各国教会，这个基督教世界的统一性几乎难以察觉；不同之处在于，罗马放弃什么，国王将获得什么。

　　亨利的宗教改革运动，经历了莫名其妙的暂停和开始，猝不及防的犹豫和曲折。几乎在这一事件的每一点上都有无法回答的问题——到底为什么召集宗教改革议会；其第一个立法是如何产生的；为什么议会在1530年没有开会；起诉所有神职人员藐视王权罪的目的是什么；是如何和又为何决定在那一刻攻击基督教法庭；为什么神职人员如此轻易地被赦免，后又突然受到攻击；为什么1531年没有进一步的行动。此后，在1532年和1533年及以后，这类问题层出不穷。但这并非否认这些年的总体目的性。这些问题和亨利本人一样——好战，外表自信，但又紧张而不确定。这些问题之所以如此精确，正是因为亨利掌控了一切。

　　做个假设，即使罗马在1531年向他屈服并宣布他的婚姻无效，或者把他的案子交给英格兰法官，也不可能回到过去的老路上，打开的潘多拉魔盒不可能重新合上。事情发展得太过了。亨利已经将婚姻这一仍然很重要的直接问题逐渐演变成了更大更严重的问题。他已经开始探索关于基督教王权的真理，这些真理到目前为止一直不为他所知，而他现在又无法废除。如果罗马清醒过来，在他案件的昭然正义面前做出屈服，那么他可

1　此处引用他1533年初的一句话。*Burnet*, vi, 73 (*L.P.*, vi, 102).

能会让罗马从失败中挽回一些东西。很有可能这就是他所期望发生的。在
1530年、1531年和1532年期间，亨利和他那些在罗马的顽强的代理人扭
曲教廷，使教廷犹豫不决，凭借无穷无尽的辩证法把教廷逼到近乎精神错
乱的地步，亨利很可能（在一定程度上）在争取时间，希望迟早，而非晚
些时候，克雷芒会抛弃他被判断为顽固不化和懦弱胆怯的一面，接受正义。
但是，如果罗马不让他获得一场不流血的胜利，那么他很可能会轻易地摧
毁比他在1531年或1532年初所计划的还要多的东西。

　　尽管他在争取离婚的运动中陷入僵局，尽管他试图确立自己的帝王尊
严的努力陷入停滞，但这没有阻止他在反对英格兰教士财产的国家至上主
义道路上前进。1532年2月8日，首席检察官在王座法庭上对六名世俗人
士和十六名神职人员提起了权力开示令状的起诉，其中包括坎特伯雷大主
教、班戈主教、七个宗教机构负责人和三位学院校长，起诉他们要求回答
"凭借什么授权书"得以享有这样的私人司法管辖权，例如有权对面包和
啤酒进行定价、没收宝藏、归还令状、任命验尸官等。[1] 涉及的特权和特许
经营权并不重要，这是庄园领主和私人百户区共同的附属权利，不分世俗
或教会；而且，对他们自身而言无关紧要。但是，如此众多的杰出神职人
员此时此刻突然受到古老的权力开示令状的攻击，强烈暗示了这是官方的
蓄意行为。尽管在被起诉者中有六名世俗人士，但可能，这次攻击是为立
法铺平道路，而立法可能会清除神职人员享有的领地领主小规模的地方司

---

1　P.R.O. K.B. 9/518, fols 1 ff. 获取起诉书相关内容。涉及的宗教机构是布鲁顿
（Bruton）、恩舍姆（Eynsham）、瓦尔登（Walden）、格拉斯顿伯里和圣奥尔本的修
道院、泰恩茅斯（Tynemouth）和圣海伦主教门的小修道院；涉及的学院有牛津大学的
万灵学院、剑桥大学的女王学院、温切斯特的圣玛丽大学。剩下的四名神职人员是理查
德·佩斯，圣保罗教堂的教长和三位受俸牧师。

法管辖权，[1] 就像大约十二个月前，神职人员被赦免的藐视王权罪运动一样，在他们的教会司法管辖权受到新的正面攻击之前，这是一种缓和性的攻击。废除他们世俗特权的法案从未实现，但王室对他们宗教自由的攻击却成功了。

亨利使用的武器有着复杂的历史。这个武器就是著名的《反教会法官请愿书》，其中列出了一系列对教会法庭运作、神职人员费用、不必要的逐出教会和什一税等投诉。这可能首次出现在 1529 年宗教改革议会的第一次会议上，并打算作为向国王提交的请愿书的一部分，起诉导致当年反对神职立法的神职人员失职行为；[2] 或者，请愿书可能在 1531 年初下议院重新召开第二次会议时首次出现，但是没有结果。[3] 然而，当 1532 年议会重新召开时，下议院自发地重新就他们对教会法庭和其他的控诉进行激烈讨论。《请愿书》完成最后定稿，由克伦威尔批准《请愿书》最初的几个阶段，[4] 然后交回下议院，最后于 3 月 18 日上呈国王。也许现在还不清楚这份文件的确切用途。下议院希望对他们的"悲痛之事"进行一次改革，毫无疑问，他们希望《请愿书》能像 1529 年的请愿书那样成为一条法律，但这与亨

---

1　1533年初的一份文件列出了前一届议会会议遗留下来的法案，包括一项"关于恢复高级教士自由等的法案"。P.R.O. S.P. 1/74, fol. 146 (*L.P.*, vi, 120). 这一定是指最近在王座法庭上受到挑战的特权，很可能是全面清除了神职人员享有的所有地方领土权利，而不仅仅是"权力开示令状"抨击的实际受害者的权利。（顺便说一句，这些权力是慢慢消失的，尚未定论。关于这些案件的后续历史，参见P.R.O. K.B. 27/1083 ff.; K.B. 29/164 ff.）

2　正如埃尔顿博士在著作中提到的，参见"The Commons' Supplication of 1532. Parliamentary Manœuvres in the reign of Henry VIII", 515 ff.。

3　没有**明确**的证据表明《请愿书》，或者说其中包含的不满，是在1529年讨论的。但查普伊斯在1531年3月8日的报告中说，议会正忙于听取对神职人员的控诉及其他事务——这非常符合未来的《请愿书》。一个星期之前，他写道，前一晚亨利在上议院一直待了一个半小时，敦促他们讨论教会用于保护犯罪者的特权和豁免权，他决心对这些权力进行压制，此处大使是暗指有关庇护的讨论。但是下议院很容易就会被怂恿去表达他们对教会法庭的"不满"。参见*Sp. Cal.*, iv, i, 646, 648。

4　Elton, "The Commons' Supplication of 1532, *etc.*".

利有些尖刻的言辞存在矛盾——他们同时要求，在通过一项关于选区和初始占有金的政府法案之前，进行复活节休庭。[1]然而，在4月12日（此时议会已经重新召开），《请愿书》在国王那里获得通过以后，被提交到教牧人员代表会议。大约两周后，神职人员对一长串投诉做出答复，一份绝不让步的文件返回到亨利那里，亨利于4月30日将这份文件交给了发言人，并表示"我们认为他们的答复不会让你高兴，或者对我们来说非常微不足道"[2]。然后，在下议院同意亨利的意见，发现教会法官们的回答是"诡辩"后，教会法官被要求对《请愿书》第一条做出更全面的回答，事情发生了新的决定性转折。5月10日，教牧人员代表会议收到王室命令，要求签署以下条款：所有未来的教会立法应得到国王的同意；过去所有令人反感的宪法应由三十二人组成的王室委员会废除；从现在起，教会所批准的一切都应得到王室的同意。[3]经过一个尚不清楚的过程，这三项要求从一长串民意投诉中抽取出来，并实际上将它们搁置一边。下议院的《请愿书》已被王室的最后通牒所取代——而如何、何时和由谁做的这些确切信息都无从得知。

　　接下来是五天的忙碌部署。坎特伯雷大主教渥兰早就和亨利交锋过了，几周前他公开谴责国王的政策，攻击王室保护人、信奉异端的拉蒂默，试图摧毁他，不顾（可能是代表国王的）斯托克斯利和加德纳的一再反击行动。不久，大主教将面临明显是捏造的藐视王权罪的指控。[4]气氛日益紧张，暴力行动逐步开展，教牧人员代表会议首先对亨利的最新主张进行了激烈的反击，拒绝了国王的三项要求。于是，亨利从议会召集了一个代表团，手

---

1　*Hall*, 784; Cooper, "The Supplication against the Ordinaries Reconsidered", *E.H.R.*, lxxii (1957), 616 ff., 这两份文献批判了埃尔顿博士的观点。我在几个方面是赞同库珀的。

2　*Hall,* 788. 想了解教会法官的答案，参见Gee and Hardy, *Documents Illustrative of English Church History* (1896), 154 ff.。

3　*Wilkins*, iii, 749.

4　Kelly, "The Submission of the Clergy", *T.R.H.S.*, 5th ser., xv (1965), 103 ff. 关于对渥兰的"藐视王权罪"指控，参见下文第353页。

里拿着所有主教向教皇宣誓的副本，说道："亲爱的臣民，我们认为我们王国的神职人员完全是我们的臣民，但现在我们已经清楚地认识到，他们只算我们半个臣民，是的，几乎不是我们的臣民。"于是国王把一份誓言副本（以及主教们向国王所做的誓言）交给代表团，让他们仔细阅读，然后打发他去"编造一些命令，使我们不会被我们的教会臣民所迷惑"[1]——他显然是想让他们参与并通过一项废除宗教立法独立的议会立法（这项法令虽然起草了，实际上从未通过）。[2]1532 年 5 月 11 日，亨利站在发言人和他的同伴面前，指着主教的誓词向彼得主教宣誓，并且暗示说这是叛国，他从来没有像现在这样专横地把自己当作神职人员的敌人。两天后，一份新的命令草案送交至教牧人员代表会议，得到了坚决的答复；5 月 15 日上午和下午又收到了进一步的命令草案。议会在前一天被匆忙延期，教牧人员代表会议同样受到威胁。诺福克公爵、两个博林家族的成员和另外三名世俗贵族来到神职人员面前，催促他们做最后的屈服。[3]

在这几天里，主教们在为他们的生命而战。一周前，也就是 5 月 8 日（可能），他们向国王提交了一本"书"，阐述了他们基于《圣经》的立法豁免权要求，以及对王室最后通牒的第一次回应，尽管他们向国王做出了近乎致命的让步，即所有未来直接影响到俗人的教会法律，也就是那些不涉及信仰、道德和罪恶改过（一个模糊的区别）的人，都应该接受国王的审查。他们坚决地拒绝了国王的其他要求，甚至让他参考自己在《声明》中写的关于神职人员豁免权的主张："我们认为，基于您的荣誉，您不能撤回这

---

1　*Hall*, 788.

2　P.R.O. S.P. 2/L, fols 78 ff. and S.P. 2/P, fols 17 ff. [*L.P.*, v, 721 (i); vii, 57 (2)——暂时丢失]可了解这份草案。很可能该法案已经提交到议会，因为 5 月 13 日，查普伊斯报告说，该机构将把神职人员降低到"比鞋匠还低的地位"（*L.P.*, v, 1013）——这是他一种典型的描述方式。如果真的提交给了议会，那肯定是在几天内就被放弃了——这进一步证明了官方的不确定性和犹豫。关于该草案的更多评论，参见下文第425页。

3　Kelly, *art. cit.*, 113 ff.

些权利；基于您的仁慈，您不会撤回这些权利。"[1] 因此，直到最后一刻，主教们，或者至少他们中的许多人，一直反对亨利的提议。亨利战胜教会并不容易，难怪在过去的十八个月里，他发现在他着手实现复杂的革命之际，需要，也确实有必要谨慎地保留他的大部分火力，行事要瞻前顾后、保持警惕。

然而，5 月 15 日晚，经过几天的攻击之后，南方教牧人员代表会议的上议院投降了。他们承诺，从今以后，除非获得王室令状，否则不再召开教牧人员代表会议，未经王室同意不再制定新教规；现有教规将全部提交给三十二人王家委员会审查，委员会成员中一半是世俗人士，一半是神职人员。亨利不顾一切地战胜了教会。但教牧人员代表会议的投降并没有得到下议院的批准；上议院中，有八位主教缺席（包括生病的费希尔，当时他在罗切斯特），三位主教保留意见（包括林肯的朗兰和伦敦的斯托克斯利），巴斯（Bath）和韦尔斯（Wells）的牧师则直接拒绝了。因此，只有三位主教明确表示同意——渥兰以及埃克塞特和伊利的主教。这变成了一个饱受摧残的少数派，一个"残存"的教牧人员代表会议；[2] 5 月 15 日，他们将神职人员宝贵的立法自由交于国王。第二天，托马斯·莫尔辞去了大法官职位，若再保留这一职位，他将感到良心不安。

神职人员的投降并没有被用于，也可能从来就没有打算用于恐吓克雷芒，以达到离婚的目的，因为正如人们不止一次说的那样，王室的计划远不止于寻求解决婚姻问题。[3] 当然，后一个问题仍然很重要，并且仍然影响

---

1　*Wilkins*, iii, 753 f. 在这个答复中，主教们提到了已被提及的那本书（现已消失）。参考*Hall*, 788。

2　这句话，以及证明（方才引用的）其显著事实，都出自凯利博士（*art. cit.*, 116 f.）。

3　没有必要对没有如此使用该意见书表示惊讶。这份意见书源于对离婚的过分关注，也就是说，出于某种信念，亨利在1527年到比如说1533年间，所做的一切，主要是为了打破他的婚姻结。但是亨利从来没有，现在也肯定没有那么性情固执。他并没有执着的想法。

着政策的形成。今年 2 月下旬，议会收到一项议案，威胁停止向罗马支付首岁圣俸（即罗马向主教们提供职位时主教们需支付的费用），并允许主教们在没有罗马预先委任的情况下被委派到英格兰的主教辖区。亨利后来声称，这项法案在起源上很受欢迎。[1]当然，有很多人支持这一项旨在阻止英格兰现金外流的方案，因为这早就被认为是该受到反对的。但同样可以肯定的是，无论这项法案有多少来自民意，利用民意的程度如何，本质上是一项"政府"产品。在其最后版本中，它规定今后任何新主教只应以第一年收入的 5% 支付首岁圣俸，任何因拒绝全额交税而被罗马拒绝其任命诏书的提名者，仍应在其主教教区使就圣职，罗马不得以驱逐或褫夺教权的形式在王国内进行任何反击。然而，这项法案在一年内不会生效；即使到那时，也要由国王决定它是否应该成为法律。如果罗马同意亨利的愿望，那么它从英格兰获得的收入就不会中断；如果罗马拒绝屈服，国王就会一改友好的态度，施以狠狠的打击。

议案在上议院遭到强烈反对，所有主教、两名修道院院长和一位世俗贵族都表示反对，亨利三次前往议院后，这份议案才得以通过。它在下议院也遇到了麻烦，下议院增加了一项附加条件：即使该法案生效，教皇仍应获得之前收入的 5%；而且它是在下议院第一次有记录的分组表决后才通过的。[2]

在成为法律之后不久，亨利就把一份副本和一封恐吓信寄给了在英格兰的罗马代理人，由他转交给教皇和枢机主教看，枢机主教受邀过目这两份材料是为了保证让他们避免采取这种行为，或者避免因为他们自身的肆

---

1　*L.P.*, v, 832; *St.P.*, vii, 362 (*L.P.*, v, 886). 某种意义上他是对的。该法案出自一份（也许）真实的请愿书（文本参见*Wilkins*, iii, 755），但请愿书没有设想用停止首岁圣俸作为威逼克雷芒服从的手段。

2　*L.P.*, v, 832, 898. 所有的宗教贵族（显然）在上议院审批时都反对该法案——这一法令限制了大主教除某些特定事项（上诉、异端邪说、遗嘱认证）之外传唤非信徒离开他们教区的权力。*Ibid.*, 879.

意妄为而招致这样的后果。他只是做了正义和公众大声疾呼的反对旧怨的要求。他说，真理和正义是第一位的，友谊是第二位的。教皇和枢机主教应该表明，他们是否希望依据真理和正义对他采取行动，从而维持友谊。[1]

因此，哄骗罗马的新方法出现了。在写这封信的三天前，亨利已经收到了下议院的《反教会法官请愿书》，因此他着手第二次与教牧人员代表会议进行斗争。此时，将使王室竞争取得最终胜利的大臣托马斯·克伦威尔也已进入决策中心。

克伦威尔大约于 1485 年出生在帕特尼。他早年的生活鲜为人知，只知道他接受过一些法律培训，曾在意大利和尼德兰旅行过，并于 1523 年在下议院任职。大约有一段时间，像许多在 16 世纪三四十年代在教堂和政府里为国王服务的人一样，他进入了沃尔西的府邸——这在大约十五年里是王家政府的真正所在地；除其他事件外，他特别关注对二十九所修道院的镇压，这些修道院为伊普斯威奇（Ipswich）的枢机主教的学校和牛津的学院提供服务。沃尔西的倒台曾给他带来一段焦虑的时刻，但在宗教改革议会开幕的前一天，他匆忙地被选为汤顿市（Taunton）议员，开启了职业生涯的新阶段。可能在 1530 年 1 月下旬，他开始为王室服务，作为宫廷和他前主人之间的纽带——尽管我们无从得知他是如何，又在何时成为国王的宠臣的。到 1530 年底，他宣誓就职于国王的议会；到次年底，他从一个不太重要的王室仆人升到一个主要的议员职位。到 1533 年初，他成为国王的首席大臣。1532 年 4 月和 7 月，他分别被任命为掌御宝官和衡平法院令状保管书记官；1533 年 4 月，他成为财政大臣（当时是二级官员）。大约十二个月后，他接任了首席秘书一职，在任职期间，他将这个职位赋予重大政治意义；在接下来的 10 月，他成为主事官。到此时，他于 1536 年 7 月被短暂任命为掌玺大臣。

---

1　*St.P.*, vii, 360 ff. (*L.P.*, v, 886).

在飞黄腾达的道路上，他超过了温切斯特主教斯蒂芬·加德纳，这是沃尔西的另一个门生，似乎已经要声名显赫了；他也甩开了诺福克公爵，在沃尔西倒台后的几个月里，诺福克公爵与加德纳、萨福克公爵一起，在国王的眼中居于首位。克伦威尔绝非传说中那种冷酷无情的马基雅维利主义者，而是一个对"国家"和国家主权有着高度概念、对议会和法律有着深切关注的人，一个行政天才，一个可能缺乏深刻宗教意识的人（尽管本能上倾向于某种伊拉斯谟的新教主义），尽管如此，他还有点理想主义。16世纪30年代是英格兰历史上具有决定意义的十年，这主要归功于他的精力和远见。他直接负责宗教改革议会后期的庞大立法计划——直到19世纪甚至20世纪，这计划在数量和时间上都无可匹敌。他见证了与罗马的决裂和王权至尊的建立。他使王国实现了新的政治一体化，并通过对地方特许经营权同北方和西部边界根深蒂固的封建主义发动战争，为王国打造了新的政治纪律；处理相关事宜，使得威尔士最终并入英格兰的政治生活，并让爱尔兰预先感受到了英格兰作为其封建君主的地位。他指挥了解散修道院的重大行动。两大法院（我们可以说是部门）的增收法庭和首岁圣俸法庭是他直接或在他死后创建的，以处理来自解散的修道院和世俗教会的新收入，并成立监护法庭和土地勘测员法庭，更有效地利用国王的封建权利和土地。事实上，他在中央和地方政府的许多机构上都留下了深刻的印记。最后，他作为王室重臣，第一个充分认识到"年轻的巨人"印刷机的力量；当代表新秩序发起大规模宣传运动的时候，他领导了英格兰政府第一次努力塑造公众舆论。[1]

他凭借卓越的才干赢得了最高的地位，并以不懈的热情为王室服务。

---

[1] 关于克伦威尔作为行政人员的职业生涯的经典作品是《都铎王朝政府革命》（*The Tudor Revolution in Government*）。关于埃尔顿博士所写的其他方面，参见参考书目。也可以参见Harriss and Williams, "A Revolution in Tudor History?", *Past and Present*, 25 (1963)中提出的批判。对克伦威尔整个职业生涯的一个极好而简短的概述，可在Dickens, *Thomas Cromwell and the English Reformation* (1959)中找到。

他和亨利的关系不可能有最终确定的答案，任何关于他的判决都必须是暂时的。亨利一直保持他原来的样子——在没有臣子陪伴时，他常常束手无策，在签署或阅读重要信件时反复无常，对日常管理不感兴趣。但人们的印象仍然是，在沃尔西倒台和克伦威尔最终升迁之间的几年里，国王显然一直专注于自己统治，他不允许克伦威尔，或任何后来的大臣，享有枢机主教曾经享有的自由。大使们的证词和王国文件中无可否认的零碎证据表明，亨利从未再次陷入那种无忧无虑的漫不经心之中，这种漫不经心标志着他执政初年阳光明媚的日子；尽管克伦威尔对他主人事务的关心是无所不包，而且是立竿见影，但这不意味着他对所有政策负有最终责任。最后，就 16 世纪 30 年代的中心事件，即王权至尊地位的确立而言，他是国王设计的执行者。在执行这些计划的过程中，毫无疑问，他留下了自己的印记。他将其转换成法定的形式，给予精确的描述，并写出全部含义。他可能已经决定了时间和顺序，展示了什么是可能的，什么是不可能的，什么是必要的，什么是不必要的，并提出了果断的建议。但他既不是单打独斗，也不是这些王室事业的真正发起人。

# 第十章

# 王权至尊

亨利对沃尔西做了两件鲁莽的事。第一件事是当沃尔西认为王室婚姻存在不合法性时，亨利对其置之不理；第二件事就是直接摧毁了他。正如1530至1532年的僵持局面显示的那样，没有沃尔西，亨利想要控制教廷——或者准确地说——枢机主教会议的权力部门，显得力量不足。他抛弃了这个唯一可能挽回局面的人，他虽然尽力了，但仍然不能改变无能的状态。他不顾一切地想要为吉努奇，这位不在伍斯特的主教兼教皇财库的审计员，争取一顶枢机主教的帽子——自1528年起，他和沃尔西一直为此付出努力——但帝国一派的人看出了他的意图，并且阻挠了他。他还试图为自己的好友格雷戈里·卡萨莱争取枢机主教职位，但遭到了卡萨莱家人的联合反对。他为詹巴蒂斯塔·卡萨莱、吉贝蒂（维罗那主教）、斯蒂芬·加德纳等人争取过同样的头衔，却一直失败。[1]让人当枢机主教要比让枢机主教下台困难得多。亨利无法在枢机主教会议中建立一个可靠的、有影响力的团体，表明他的影响力太小，除了赤裸裸的威胁，他没有多少谈判的能力，而久经世故的教皇不太可能在意他的威胁。

---

1　参见*L.P.*, iv, 5025, 5427, 6322, 6735; v, 1036, 1522. *Ven. Cal.*, iii, 635. *Ehses*, 80. B.M. Add., 48044, fol. 28v。

他沮丧地寻求弗朗索瓦一世的帮助。巧合的是，1530 年弗朗索瓦获得两位枢机主教：第一位正是塔布主教加布里埃尔·德格拉蒙，他被认为是三年前最早质疑亨利婚姻合法性的人；另一位是伟大的牧师弗朗索瓦·德图尔农。因此，亨利指望他的这位兄弟国王和这两位枢机主教以他的名义来领导反对教廷的运动，成为他的工具——还有谁能比德格拉蒙更适合为亨利服务呢？这也不仅仅是一个随意找一个第三方提供的偶然的支持。1531 年的夏天，在亨利正式寻求弗朗索瓦帮助后的四到五个月，驻法英格兰使节曾建议，两位国王应该再次见面，重现金缕地会晤，从而让弗朗索瓦公开支持这一事业。后来，虽然他试图掩饰这一事实，但显然这次会面的提议出自亨利本人。起先，提议没有得到有利的回复。事实上，当时有传言说弗朗索瓦和查理即将会面，这将使亨利最终陷入孤立无援的境地，那一刻，他几乎陷于重重焦虑。[1] 但他还是继续努力——用奉承、威胁和恳求——希望外交形势能有所改变，以实现他的计划。

1532 年春天，情况开始好转；到了夏天，王室会议达成一致，为越过英吉利海峡运送食物、器具的精心准备工作已经就绪，其中（又一次）包括亨利的床。10 月 20 日，这两位君主在加来和布洛涅两地的中间地带相拥。

亨利像往常一样，整个夏天都在巡游。9 月 1 日星期天，他来到温莎，向安妮授予第一个公开的恩宠，封她为彭布罗克侯爵（不是侯爵夫人，因为她已拥有这个头衔），并以价值每年一千镑的土地来支持她的产业。她从行进的队伍中走向国王，跪在他面前，听温切斯特主教宣读分封令。[2] 然后，亨利授予她披风和宝冠，就这样把一项非凡的荣誉授予了一个真实身份难以确定的女人，然后骑马做弥撒去了。亨利从温莎搬到格林尼治去参加庆祝活动，又从格林尼治出发，途经多佛尔，前往坎特伯雷。尽管瘟疫仍在流行，尽管一些人对国王在如此接近冬天的时候仍横渡英吉利海峡而感到

---

1　参见例如B.M. Add., 48044, fols 10 f., 57 ff.。参考 *L.P.*, v, 791。
2　*L.P.*, v, 1274. *Hall*, p. 790.

不安，10月10日，王室成员和两千多人的随行队员已整装待发。第二天一早，亨利登上了"燕子号"（Swallow），四个小时后，他同安妮一起，带着英格兰的大部分重要人物，生平第三次踏上了加来的海岸。[1] 与此同时，身在布格登（Bugden）的凯瑟琳感到十分苦恼，因为她不得不拿出很多珠宝来让新侯爵佩戴。这位侯爵现在就像王后一样，到处陪着亨利。[2]

　　10月19日，弗朗索瓦一世来到布洛涅。第二天，两位国王动身前往他们精心计划的会面地点。就像十二年前的那次会面一样，双方都很担心对方会比自己更胜一筹，因此，每一件事，每一步行动，都用精心策划的协议加以限定。最后，两位国王在指定地点会面，表现得十分热情，然后骑马凯旋，来到了布洛涅。亨利作为弗朗索瓦的客人在当地（修道院）住了五天，之后同法国国王以及他的随行人员一起回到加来，在英格兰领土上款待他们五天。10月30日，会面结束，两位国王骑马来到英格兰的边境，拥抱，分别。十二天后，突如其来的暴风雨和大雾把他困在加来，亨利回到多佛尔，从那里庄严地进入伦敦，在圣保罗大教堂过感恩节。[3]

　　这次会面是按照君主盛典的标准来进行的：号角、金缕、比武狂欢、二十四道菜肴的宴会等等，一切都安排在晴好的天气里。所费自然不赀。亨利在食物（例如，价值二百八十四镑的鱼）和他的衣着上毫不吝啬；他赌博输了不少钱，打网球一天就输了一百五十七镑。他曾向法国人慷慨赠送马匹、珠宝和现金，以至于弗朗索瓦在效仿这位勇敢的朋友时，他不得不借钱。但这次会晤也有其艰难的政治目的。首先，它向世人，尤其是克雷芒和查理，展示了两位君主之间的显而易见的完美兄弟情谊。其次，会议已经同意把两位新的法国枢机主教，德格拉蒙和德图尔农，（再一次）送

---

1　*Hall, ibid.* 这次会见的总体描述，参见Hamy, *Entrevue de François premier avec Henry VIII à Boulogne-sur-Mer en 1532* (Paris, 1898)。

2　一直有传言说亨利和安妮将会在加来结婚。*Ven. Cal.*, iv, 802, 803, 824.

3　Hamy, *op. cit., L.P.*, v, 1485–6; *Ven. Cal.*, iv, 822–4.

往罗马，宣布新的英法协定，并希望最终扫除对亨利计划的所有反对意见。然后双方达成协议，弗朗索瓦的次子和教皇的侄女凯瑟琳·德美第奇缔结婚姻联盟；最后，作为这一切的高潮，他们要带着一张请柬给克雷芒，邀请他在尼斯之类的地方，和弗朗索瓦会面——亨利本人可能也会出席。[1]

　　亨利的命运似乎得到了巧妙的提升。他终于通过推举的方式获得了两位枢机主教，在罗马推动他的事业。带着（来自英格兰的）对亨利敌人的诋毁，他们将会监管卡恩和贝尼特正在奋斗的事业，领导对枢机主教会议的攻击，警告克雷芒和他的枢机主教朋友们；鉴于两位国王之间存在新的情感共鸣，对亨利的伤害就是对弗朗索瓦的伤害。[2]此外，亨利还利用了他人的意图达到了自己的目的。弗朗索瓦的儿子与克雷芒侄女结合的主意被审议了一年多（这似乎预示着弗朗索瓦将进一步地远离亨利，投入教皇的怀抱）。但是，亨利后来曾提到，在加来，弗朗索瓦答应过他绝不会同意这场婚事，**除非**克雷芒首先在亨利离婚这件事上做出对他有利的决定。[3]因此，几个月来，亨利第一次获得了些许实实在在的谈判的力量。[4]同样，弗朗索瓦和教皇之间的会面也已经策划了几个月，主要是为了抵消教皇和查理之间预计的会面（会议将在 1532 年 12 月举行），而有关此事的传言让亨利非常害怕。但是现在弗朗索瓦会以亨利的盟友的身份去举行会面，也许还会和亨利一起，因为他已经答应为亨利的婚姻竭尽全力。[5]显然，这就是那

---

1　其中大部分内容是由后来的材料拼凑而成的，例如*L.P.*, v, 1541; vi, 254, 1404, 1426, 1572。

2　*L.P.*, v, 1541; vi, 424; B.M. Add., 48044, fols 17 ff.——一份题为"两位枢机主教将对教皇说什么"的文件。然而，不能确定这份好战的文件是否曾被送到枢机主教那里，或者即使送到了，也不确定是否送到了克雷芒那里。德格拉蒙曾在1530年帮助过英格兰人。*L.P.*, iv, 6705.

3　*L.P.*, vi, 1404, 1479. 参考*ibid.*, 230。

4　诚然，根据《首岁教捐法》的规定，亨利对罗马进行了财政"购买"；但这是一种笨拙的、非个人化的武器，也许不如婚姻条约有效。

5　*L.P.*, vi, 444, 846, 1288.

次布洛涅王室会面的结果。但是亨利心里明白，弗朗索瓦很容易背叛他，这让他深受折磨；[1]他也许会称赞德格拉蒙的勇敢精神、良好的学识和勇气，但枢机主教首先是弗朗索瓦的臣民，就像德图尔农一样，他去找克雷芒是为了促成一桩婚姻，而不是解除一桩婚姻。他们俩都不是像沃尔西那样的奇迹创造者。尽管如此，对亨利而言，这是一个征募外国援军的机会，以支援他在 1530 年开启的计划：迫使克雷芒承认英格兰国王和王国的权利，承认教皇对权利的篡夺，驳回凯瑟琳的上诉，彻底将亨利的案子撤回到亨利认为它本属于的衡平法之中。

亨利甚至还可能赢得一些胜利。局面开始朝着有利于他的方向发展。1533 年 10 月，弗朗索瓦确实同教皇在马赛会面了。弗朗索瓦准备为亨利尽自己最大的努力，他也做到了；[2]或许被亨利的争吵弄得筋疲力尽，克雷芒的态度显得易受影响。亨利也许从来没有认真打算要亲自参加这个会议；但他确实派了诺福克公爵，他当时的主要臣仆，代表他出席会议。

但是，诺福克公爵迟迟没有抵达马赛，弗朗索瓦也没能有机会探查克雷芒的想法。事情的发展超出了预计。马赛会议晚了一年，或许只晚了几个月。亨利从加来回家后几周，即 1532 年 12 月中旬的某个时候，安妮怀上了亨利的孩子。也许人们经常猜测的事情是对的：直到现在，她还是拒绝了他的最后要求。[3]或许她被授予彭布罗克侯爵时，已经妥协了。我们无从可知，但这并不重要。具有决定意义的事情是，现在她怀孕了。这一事实将不可避免地打破僵局。接下来的事情可能是，这个盼望已久的继承人

---

1　*Ibid.*, 230, 614.

2　*Ibid.*, 424, 1163.

3　为什么她此时屈服了呢？也许沃勒姆在1532年8月的去世，为一个完全顺从的继任者开辟了道路，有助于决定此事（但需要注意的是，在任命克兰麦之前，坎特伯雷大主教的职位已经空缺长达五个月之久。直到那个时候，亨利还在争论他应该选择谁，例如加德纳、李、斯托克斯利或爱德华·福克斯，乍一看，谁是更明显的候选人？）也许亨利从布洛涅回来后，非常相信法国人的支持是不可战胜的，以至于他觉得推进这件事情是安全的。

一定要是婚内生子。亨利不能再等待罗马的消息了，他必须将法律控制在自己手里。安妮怀孕的事实一定是在1533年1月中旬时被发现。当月的25日，她同国王秘密结婚。这件事情一发生，亨利就彻底地同过去决裂了。

1533年3月中旬，亨利正同御史一起在格林尼治的花园中来回散步，一边大声斥责自负的教皇至上主义——让君主在教皇面前屈膝，还胆敢废黜国王，正如他刚读过的一本他所认为的罗马人的"伪"书中宣称的那样，国王是教皇的封臣。他发誓要终结这一切，为亨利二世和约翰王所受的侮辱报仇，他们受到蒙骗，主动臣服于罗马教廷，将王国作为其附属国。[1]这些关于王权和教皇篡权的想法在他脑内酝酿了三年，现在已经成熟，最终必须付诸行动。[2]当亨利和查普伊斯交谈时，议会一直在忙着制定其生涯中最著名的一条法令——《限制上诉法》。该法宣布了英格兰的司法管辖自主，并最终宣布所有事由——当然包括亨利的婚姻——都应该在主权国家里进行听证和解决，而不应诉诸任何更高的权威，因为并不存在。英格兰就这样摆脱了罗马，尽管亨利还没有从罗马取得最后的、至关重要的让步。

1533年1月中旬，仅仅身为副主教的克兰麦，刚出使完回国觐见国王，就被任命为坎特伯雷大主教。这个职位从前一年8月沃勒姆逝世以后就一直空缺。毫无疑问，亨利受到了博林家族的影响，他看出了克兰麦想要大主教的职位。不过，当然，克兰麦必须由罗马教皇来任命。英格兰的代理人立即对罗马施加压力，以促成对他的任命。尽管有《首岁教捐法》，所有的税费由亨利自掏腰包提前支付了。[3]2月21日，英格兰枢机主教、主管国务的坎佩焦在枢机主教议会提议对克兰麦的任命，很快得到同意。克雷芒忽视了该候选人不适合被提升为坎特伯雷大主教的警告，并表现出漫不

---

1 *L.P.*, vi, 235. 我无法确定查普伊斯提到的那本书，但可能是瓦拉关于君士坦丁赠礼的著名作品的一个版本。
2 亨利的其他反教皇言论，参见*L.P.*, vi, 194, 230。
3 *Ibid.*, 89.

经心和欣然乐意的态度，尽可能地安抚亨利，这都是他明显的特点，现在
他已经放弃了罗马在英格兰的事业。一个月后，教皇的诏书传到了英格兰，
克兰麦被加封为大主教。十二天后，甚至在国王还没恢复该教区地位之前，
克兰麦就写信给亨利，请求允许聆听和决定亨利的大事。这个要求必须谨
慎看待，因为亨利不仅一直（现在仍然）认为英格兰的神职人员有能力决
定他的案子，而且他自己也不受上帝以外的任何人管辖，不向世俗的法庭
负责，那么他怎么能被他的下属传召呢？如果他非要保持被要求回答一个
有罪指控的姿态，他就必须接受传召。亨利对大主教请求的回复解决了这
个难题，这表明他大约在 1529 年开始的想法已臻于成熟。他写到，虽然
他在世俗生活中至高无上，虽然克兰麦是他的下属，是上帝和国王任命的
大主教和主教长（没有人把他的晋升归功于别人，正如克兰麦最近收到的
诏书和白羊毛披肩带所证明的那样，没有人提到他的教区首长和都主教区
管辖权是从教皇那里产生的）；虽然大主教只有"在我们以及我们祖先的默
许下"在王国里享受对宗教事务的管辖权，"但是因为上帝和我们的召唤，
你是这个王国中拥有宗教管辖权的最主要的牧师"，亨利允许他来审视和决
定王室的事业。[1]

　　1533 年的 3 月和 4 月，亨利和克伦威尔振作精神，忙于皇室婚姻问题
的最终解决方案；对于下一步该做什么，显然，他们一直在反思，仍有疑虑。
或许他们起初的打算是让教牧人员代表会议来裁决该案件，然后由议会批
准。[2] 这就是两个议会法律草案的目的。第一个草案授权宗教会议（至少由
大部分教牧人员代表会议上议院的成员构成）在亨利婚姻一案中作出最终
宣判，并且禁止对该裁决的上诉；第二个草案宣布亨利的婚姻"完全、明显、
绝对"非法，接着宣布亨利可以自由地选择结婚的对象，进而解决凯瑟琳

---

1　*St.P.*, i, 392 f. (*L.P.*, vi, 332). 克兰麦的信见*ibid.*, 390 f. (*L.P.*, vi, 327)。
2　七年后，亨利与克莱沃的安妮的婚姻也是以此方式被宣布无效。

未来前太子妃类型的问题，并决定继承权。[1] 这两个法案比起之后经过多次起草和重新起草 [2] 最终取而代之的立法，即《上诉法》，所涉及的范围更广、更深。出于不明原因，它们被搁置了。尽管如此，从教牧人员代表会议获取判决的计划却留了下来，这被认为是对克兰麦法庭的支持。

4 月 5 日，经过多日的辩论，南方教牧人员代表会议打破了罗马教皇强加给各团体在这一悬案上的沉默，做出了最后裁决，只有大约二十五人持不同意见（其中约翰·费希尔最有名）。该裁决认为亨利和凯瑟琳这样的婚姻受到了任何教皇都无法废除的神圣律法的阻碍，因此，为国王已经加入的联盟扫清了道路。[3] 几个月以来，亨利一直在证明英格兰牧师有能力决定他的案子，因此该案应该递交给他们。《上诉法》重新阐述了这一点；如今，经过国王的多番敦促，[4] 牧师终于敢按照他的指示行动了。宗教人士为亨利辩言，议会宣布大主教的裁决是称职且至高无上的。而新的大主教，其委任状和对国王的忠诚是毋庸置疑的，他刚刚接受国王授予的做出最后判决的特许。因此，5 月 10 日下午，在邓斯特布尔（Dunstable）的圣彼得小修道院里，克兰麦开庭审理所有案件，出席者包括两位主教和几个官员。他的工作应该快速而又静悄悄地完成，这点很重要。选择邓斯特布尔是因为该地远离首都，但距离身在安特希尔的凯瑟琳很近，来往不会引起骚动。事实上，凯瑟琳拒绝亲自或代理出庭，这使得事情变得容易了，因此（又

---

1  P.R.O. S.P. 2/N, fols 155 ff., fol. 163v [*L.P.*, vi, 311 (4), (5)]. 这两份文件应放在一起，尽管第一份文件是在议会的判决之前，第二份文件是在其后。二者有重复之处，毫无疑问，后来的起草工作会将其消除。

2  Elton, "Evolution of a Reformation Statute", *E.H.R.*, lxiv (1959), 174 ff. 本条对上一注释中所列的两个草案中的第一个进行了处理，但没有对第二个文件进行处理。

3  *Wilkins*, iii, 756 ff.; *Pocock*, ii, 442 ff. 费希尔于次日被捕，并一直被关押到安妮的加冕仪式之后。*Ven. Cal.*, iv, 870. 北方教牧人员代表会议尽管做了非常仔细的准备，但在经过一番争论后才表示同意，有四名成员拒绝同意，其中可能包括滕斯托尔。*Wilkins*, iii, 767; *L.P.*, vi, 451, 487, 653.

4  *Sp. Cal.*, iv, 1057, 在 3 月 31 日的信中，查普伊斯说，国王把教士们逼得很紧，他们几乎没有时间吃饭。

一次）被宣布为藐视法庭而被排除在法庭之外，她无论如何也不会承认该法庭的管辖权。[1] 显然，国王的人没有想到胜利来得如此之快，在没有准备好所有证人和证据的情况下就获得了。但是，法庭审理进展迅速，在大多数人还不知道它已经开始的情况下，仅仅经过四轮会议就得出了结论。差不多四年前，亨利就想从坎佩焦那里获得这样的快速处理。1533 年 5 月23 日，大学的裁决和议会最近的调查结果更加强了克兰麦的观点，他宣布亨利与凯瑟琳的婚姻无效。[2] 就这样，在亨利看来，先前在伦敦、罗马、博洛尼亚上演的这出大戏的最后一幕，很快就结束了，而且很难想象是在邓斯特布尔一所奥斯定会陋室里结束的。

　　在克兰麦做出判决之前，安妮已经自信地称呼自己为王后了。毫无顾忌却略显紧张的亨利，在她这样做时观察着大家的表情，并要求王国的大人物向她致敬。[3] 当他听说牧师要求人们为新王后祷告，参加聚会的大多数伦敦市民便走出了教堂一事后，他传召伦敦市长来见他，愤怒地告诉他绝不能让这件事再次发生（虽然不清楚伦敦市长能在多大程度上影响大众的情绪）。[4] 既然婚姻宣告无效，凯瑟琳就必须让出王后的头衔，同时降为前太子妃，也就是亨利哥哥的遗孀，这就是她所拥有的一切。同时，工人们四处奔走，剥去贴在墙上、威斯敏斯特大厅和王室驳船上的她的纹章。[5]

　　克兰麦做出判决的六天后，安妮从格林尼治来到伦敦塔参加她的加冕礼。她渡河而来，同随的还有三百艘华丽的游艇和小型船只组成的舰队，挂满彩旗横幅，音乐齐鸣。5 月 31 日，星期六，她在凯旋中穿过城市来到威斯敏斯特，乘坐在金缕华盖的轿子之中，一头亮丽的黑发瀑布般垂落肩上。第二天，星期天，她被施以膏油，由托马斯·克兰麦亲自戴上圣·爱

---

1　*Sp. Cal.,* iv, 1072.

2　*L.P.,* vi, 461, 495–6, 525, 529, 661.

3　*Sp. Cal.,* iv, 1061.

4　*Ibid.,* 1062.

5　*Ibid.,* 1073, 1091, etc.

德华王冠。[1]

1533 年发生的最重要的事情是亨利发现他将成为安妮孩子的父亲。所有其他事情都是由此引起的——教牧人员代表会议的判决、《上诉法》、邓斯特布尔审判。还有，现在克伦威尔终于作为国王的重臣，登上前台了。但是，很难看出他的到来如何对当前已经紧急的局面带来更多的麻烦。克伦威尔的出现和王室政策的新决断与其说是因果关系，还不如说是同一原因产生的结果。而且，即使《上诉法》是克伦威尔的功劳，是宗教改革中的主要事件，还是可以补充说明，该法令中提到的内容，比如英格兰拥有司法管辖之自主，拥有解决王国内所有宗教和世俗事务所需的条件，就是以某种方式表达了亨利三年来一直宣扬的事情。亨利不止一次地说，他拥有至高无上的地位，不需向任何人负责；英格兰王国沿袭古老的特权和习俗，不向任何尘世的权威称臣；因为根据法律，宗教事务（不仅是他自己的婚姻）应该由其起源地来管辖，所以他的婚姻案件应该移交给英格兰人来裁定。

当然，"英格兰王国是一个帝国"这句话——《上诉法》序言开篇著名的鼓吹——以前从没有用过，但是"王权至尊论"认为英格兰以外没有外国法院可以上诉的论点，现在已经过时了。克伦威尔的著名序言将历时三年的争论推向高潮并将之神化。争论并非由它而起。迄今为止，亨利在多个理论上与罗马教皇相抵触：他是一位君主，王国的根本法让英格兰人不必接受外国的司法审判，（正如大学的"判定"那样，）议会和教皇的法令禁止他被罗马传讯，等等。他的观点变得非常混乱。克伦威尔的序言删去了这种纠结的恳求，不仅把这个案子推到了一个完全不同的领域，[2] 还把英格兰的自治建立在一个基础上，那就是世俗的国家历史。我们只听说过"各

---

1　*Hall*, 798 ff.; *Ven. Cal.*, iv, 912; *L.P.*, vi, 584. 但可能是安妮一路走来都没有受到民众的好评。参见*L.P.*, vi, 585，这是一个明显带有敌意的描述，但其中可能有一些事实。
2　参见下文第423页。

种古老而真实的历史和编年史",它们"彰宣昭示了英格兰王国是一个帝国"。因此,它向亚瑟王、君士坦丁和蒙茅斯的杰弗里的世界,犹豫又隐晦地发出了呼吁。其他的一切都消失了。但这是否属于纯粹的收获,这个相当脆弱的信念是否能支持如此重要的主张,则是另一回事。

　　事实证明,该法令也不是非常有效。除了向克兰麦的法庭授权,它的直接目的,是防止凯瑟琳上诉到罗马、反对它的判决或者寻求报仇。[1]虽然,毫无疑问,出于谨慎王后应该避免这样做,因为她从没承认过这个法庭,往后当然也不会承认;无论有没有法令,她绝不会提出上诉;她故意避免采取任何可能导致她受到惩罚的行动。但是,1529年年中,她已经上诉到罗马教廷(这也是她不太可能现在上诉的深层原因)。因此,很快问题出现了:该法令适用于这个上诉吗?它是否适用或者能够适用,值得怀疑。虽然法令处理王国内"已经开始的事情",但它只禁止**后来**的上诉;凯瑟琳的案子已经四年多了。难道,法令不可靠?根据霍尔的描述,这个问题在《限制上诉法》通过后不久,就在议会和宗教会议中迅速展开讨论——会议中还最终决定,是迦太基和托莱多等会议的法令,而不是议会最近的法令,谴责凯瑟琳的上诉。[2]从此之后,除非有必要使用显然被抛弃的旧材料来堵住法律背面不可见的漏洞,再也没有制定过一部法律。否认凯瑟琳的并不是英格兰的编年史或历史,而是一些早期教会会议的法令。此外,尽管该法令是一项宏大的政治工程,在一些次要方面,它并不比注定被取代的那两部草案更复杂。它没有解决凯瑟琳未来的问题,以及至关重要的继承问题。处理这两个问题,不得不需要未来单独的法律程序,而继承问题耗费了大约一年时间。再次,虽然《上诉法》,不仅在亨利案中(如上述法律草案),还在很多事务方面禁止向罗马上诉,但它**不曾阻止异端案件的上诉**。

1　该法令第九条规定,可以向教牧人员代表会议上议院提出上诉。因此,凯瑟琳将由一个集会来听审,该集会在法案通过后、邓斯特布尔法庭开庭前的4月5日宣布反对她。
2　*Hall*, 795 f.

而早前的法律草案却禁止过。它们禁止上诉的范围包括"纠正罪恶"的案件。但是这一规定在最终的文本中被刻意删除了。[1] 1530 年，基于他的"帝王权威"，亨利曾让贝尼特和卡恩搜查教皇登记册，看看除了"**处理异端事件以外，他是否还在其他事务方面**被置于教皇之下"。[2] 那时，他还不敢完全放弃彼得的主教教区。难道他在最后一刻就没有同样的犹豫吗？三年来，是否真的取得了这么大的进步？是谨慎迫使克伦威尔退缩了，还是缺乏信心和勇气？《上诉法》或许只是权宜之计，而不是一场有把握的奇袭？

关于《上诉法》还有两件事情要讨论。第一，"帝国"（empire）一词出现在这里，被认为是英格兰政治词汇的重要补充，但在首次出现后，这个词却几乎完全消失了。当然，我们反复听到"皇权"（imperial crown），但这完全是两码事。"帝国"一词此后完全消失了。[3] 第二，这项法令没有给英格兰对罗马的政策产生立即的影响。

弗朗索瓦一世打算在 1533 年夏天与教皇会面，诺福克公爵将代表亨利国王出席会见。这是亨利在上一年 10 月于布洛涅同弗朗索瓦达成的协议。诺福克公爵在安妮加冕之前，带着大批随从离开了英格兰（因此将自己作为王室司礼大臣在典礼上的职责交给了弟弟），途经里昂附近，那里是法国王室驻地，此后，他将和法兰西国王弗朗索瓦一起，赶往同克雷芒会面之地。公爵收到的任务指示很有意思。[4] 这些指示表明，亨利非常担心弗朗索瓦和克雷芒会在他背后捅上一刀。亨利从他们的每一步行动中都嗅到了背叛的

---

1　Elton, *art. cit.*, p. 185.

2　参见上文第288页。诺福克公爵在1531年1月说，教皇只在异端问题上有管辖权（参见上文第316页）。

3　我没能在此后的任何官方政府文件中找到这个词。但是，例如，在弗朗西斯·比戈德的《论襀夺圣俸》（*Treatise concerning Impropriations of Benefices*，约1535年）中，A iii（引自Dickens, *Lollards and Protestants, etc.*, 70 n.）以及理查德·莫里森在1539年献给亨利的塞克斯图斯·尤利乌斯·弗朗提诺斯的作品翻译中，这个词都反复出现。

4　关于文本内容，参见*St.P.*, vii, 473 ff.（*L.P.*, vi, 641）。这些是诺福克出发后发给他的第二组指示。第一组散佚无存。

气息，因此希望这次会议告吹。有消息传来，教皇打算到 9 月才举行会议。于是，诺福克公爵便敦促弗朗索瓦抓住这次推延的机会，彻底取消会议。他还不断地提醒法王警惕那些将"玩弄和戏耍国王和王公"视作消遣的人，恳请他提防"如此对待自己的教皇，这将有损我们的荣耀，而对教皇和皇帝有利"。[1] 如果会面成功举办，诺福克公爵将会参加，但是将尽可能地保持警觉。无论发生什么，特别是如果弗朗索瓦同教皇会面，法国国王必须全力支持亨利——或亲自支持，或通过枢机主教德图尔农和德格拉蒙。教皇必须承认辩解人的观点，必须意识到，如果拒绝承认卡恩，拒绝驳回凯瑟琳的上诉并将案件移交给英格兰，他将"给君王带来可以想象的最大耻辱，有损他们的荣耀和自由"。让弗朗索瓦自己"思忖"对君主的危害，不，"对所有君王手上拥有的权威和至高权利的完全违反和颠覆"。让弗朗索瓦不断地在克雷芒的耳边"提醒和游说"，如果不解除教皇自己给亨利，以及通过亨利一案给所有君王[2]等人造成的"无理伤害"，他将会破坏教皇的统治。

无论发生了什么——议会法案、教牧人员代表会议的决定，还是克兰麦法庭的裁定——亨利仍然要求兑现他多年来不断提出的要求，即圣轮法庭承认辩解人的观点，宣布亨利无需亲自或通过代理来罗马，回应凯瑟琳的上诉。教皇在英格兰的权威还没有完全废止，但是他的管辖权遭到了极大的破坏。1533 年 7 月，《首岁教捐法》通过王室制诰的形式发布生效，因此流入罗马的税收大幅减少。但是，在某种程度上，克雷芒仍然是英格兰教会的首领。直到第二年，教牧人员代表会议才宣布他就像别国的主教一样，不再在英格兰拥有权威。接下来，议会宣布，亨利是英格兰教会的首领。此时，教会的分裂还不彻底。亨利不愿放弃自己所做的一切，但是他仍然希望克雷芒公开承认犯了错，让自己兵不血刃，获得胜利。毫无疑问，采取这种策略，有许多外交方面的原因，但这并不是问题的关键。亨利没

---

1　*Ibid.*, 474, 475.

2　*Ibid.*, 477.

有准备将所有的赌注都压在法令所具有的主权上，进而称"原因已定"（causa finita）。《上诉法》宣布了英格兰教士的自治，但是辩解人仍然在罗马，使用旧武器打着旧仗。[1]

真正促成这件事情的，或许是罗马而不是英格兰议会。英格兰近期正在发生的事情迅速传到罗马，也自然引起了恐慌。亨利公然无视教皇禁令的举动，以及英格兰神职人员和克兰麦的决定，令罗马教廷倍感震惊，克雷芒无力继续抵抗王权至上主义。[2] 在 7 月 11 日的枢机主教会议上，克雷芒郑重地谴责了亨利与凯瑟琳离婚又和安妮结婚一事，限其在 9 月之前接回他的前妻，否则将被逐出教籍。[3] 克雷芒这么做，是受到了英王的逼迫，这种情况，算是对他从轻处理。教皇的判决并不像人们所说的那样是基于主要原因，而是"基于尝试"（super attentatis），也就是说，他并没有判决亨利与凯瑟琳的婚姻是否合法这一根本问题，而仅仅是针对反对这场婚姻的企图。另外一个问题还需等待几个月才能决定，因此，这只能算投了一次小注。如果不得不为此感谢凯瑟琳在罗马的律师（难以置信的是，他们没有基于主要原因给予足够的重视，审理她的案件），亨利也可以感谢故意阻止敌人获得这一小小成功的克雷芒。[4] 此外，给亨利的时限是到 9 月，那时克雷芒已经会见了弗朗索瓦，整个局势将会彻底改变。尽管如此，教皇的行动仍是一次震慑。不论有多么过火，逐出教籍仍然是一种可怕的制裁，

---

1　他继续谈及需要确保辩解者的承认，推翻了以下两种说法，即认为这封给诺福克公爵的信仅仅是一次失误，或者说亨利这样写是因为他还没有"赶上"最近的法规。参见弗朗索瓦一世在*L.P.*, vi, 1288中提及的此事。1534年初，佩吉特被派往德意志王公那里，为亨利的行动正名并赢得他们的支持。他要解释的是，王国的特权、议会的法令、大学的决定等等，都谴责了克雷芒的行为，亨利不应该被传唤，他受到了公正障碍的阻碍，应该承认辩解者，等等。这些又是旧的论点。《上诉法》并没有取代它们。参见*L.P.*, vii, 148。参考*ibid.*, 21。

2　*L.P.*, vi, 725; *Ven. Cal.*, iv, 936. 参考*L.P.*, vi, 663。

3　*L.P.*, vi, 807, App. 3.

4　*Sp. Cal.*, iv, 1095, 1104.

世代以来，这还是第一次以此针对一个英格兰国王。虽然几个月来罗马的严厉行动已经迫在眉睫（克雷芒不止一次试图行动，又犹豫暂停），亨利还是被这消息吓了一跳，他既没有停下来察看漏洞，也没有感谢上天让他幸免于罚，反而以报复来终结这场灾难。

诺福克公爵最先听说逐出教籍一事。当时他在里昂，在烈日炎炎的夏天等待，陪同弗朗索瓦一起去同教皇会晤。收到这一重大消息时，据说他差点晕了过去。现在他唯一能做的便是立即动身回国。但是法国人安抚了他，最终他决定派遣他的随从罗奇福德子爵（安妮的弟弟）火速返回英格兰，获得国王的指示。[1] 当收到罗马的消息时，亨利可能在吉尔福德，他的医生得了汗热病后，他便返回该地。亨利当时的反应，我们不得而知，但我们知道在返回的途中，他指示罗奇福德子爵告诉诺福克公爵，立即带着其他外交人员回国。如果不能完全阻止会议发生的话，亨利决定至少要抵制它；[2] 同时他还写信给在罗马的代理人，停止他们的任务。[3] 他绝不会向克雷芒的责难作出妥协，而且采用拒绝沟通的方式来面对公众的指责。好戏还在后面。

尽管亨利发出抗议，他曾经期望满满现在又极度恐惧的会晤还是召开了。10月13日，弗朗索瓦在马赛会见了克雷芒。这是一次气氛友好的会见。克雷芒非常友好，法国国王也乐于向其表示尊崇，教皇侄女同法王儿子的婚姻也快速地达成了协议。会议期间，只有英格兰人制造了一次不和谐的插曲。

几个月以前的6月底，亨利已经采取了预防措施，起草了一份向未来

---

1　*L.P.*, vi, 1572.
2　现在劝阻弗朗索瓦参会的努力有所增加。参见*L.P.*, vi, 1038。
3　*Ven. Cal.*, 967. 贝尼特、卡恩和邦纳将回国，卡萨莱和吉努奇将留下但不做任何事情。然而，贝尼特不久就去世了，过早地结束了他可能达到高级教廷地位的职业生涯。

的大公会议提交的申诉书，以防教皇可能针对他发出的逐出教籍的制裁。[1]
这份文件已经准备好了，是用来针对枢机主教会议的终极武器；它无异于
一枚炸弹，多次被教皇的法令所禁止。现在它将派上用场了。斯蒂芬·加
德纳近年来一直是英格兰驻法大使，同法国国王一起住在马赛（因为他不
包括在诺福克公爵召回令中）。埃德蒙·邦纳很快将会在那里同他会合。在
邦纳从意大利返回英格兰的途中，一位王室信使在里昂截住了他。加德纳
和邦纳两人将在马赛同克雷芒进行最后的会面。11 月 7 日，费了一番周折
的邦纳终于来到了教皇的房间，并且传达了亨利的信息。当时教皇站在窗
边不停地把玩他的手绢，折叠后又展开，他"由于愤怒而心发痒时"也会
那样做。对于邦纳而言，那一刻极度的紧张气氛因法国国王的意外到来而
打破，在他传达完亨利的信息之前，法国国王充当了教皇的听众。直到一
个小时后，法国国王与克雷芒的真诚谈话结束，他才最终完成了自己的使
命。[2] 结束时，双方都知道彼此之间的裂痕有多深。亨利拒绝了克雷芒的让
步要求，当然，克雷芒也拒绝了国王向大公会议提出的申诉。

　　马赛会晤的消息，弗朗索瓦在教皇面前卑躬屈膝、亲吻克雷芒的脚的
消息，以及他最终达成他儿子婚约的消息，都让亨利感到非常沮丧，亨利
将来自马赛的信件揉成一团，摔到地板上，口中念叨自己被出卖了、摒弃了、
羞辱了。他一遍遍地重复，弗朗索瓦是所有国君的叛徒，是被教皇愚弄的
蠢材，是忘恩负义、变幻无常的小人。[3] 但是他错了。在很大程度上，正是
弗朗索瓦的努力，原本 9 月到期的逐出教籍判决，被推迟了两个月，甚至
到两个月后也没有被正式公布。[4] 法国的枢机主教在罗马代表着亨利行使职

1　*L.P.*, vi, 721. 这是在教皇判决之前两星期拟定的。

2　参见邦纳在*Burnet,* vi, 56 ff. (*L.P.*, vi, 1425)中的生动描述。

3　*L.P.*, vi, 1479. 亨利对法国大使说了所有这些，（而且经常）是更多的内容。

4　*Ibid.*, 1163; *Sp. Cal.*, iv, 1147.

责，有理由认为，在那次会议期间，克雷芒已经被要求做出让步。[1] 正如弗朗索瓦反驳亨利指责时所说的，如果有人因为无能而要受到惩罚，那个人不会是他，而是亨利。起先，亨利想亲自参加会见，突然改变主意，派诺福克公爵，又在最后时刻将其召回，改派加德纳；令人费解的是，加德纳抵达之后并没有任何协商的权力。布洛涅会议之后，亨利一次又一次地挑起了罗马的愤怒，而弗朗索瓦则一直在为他而战斗。就在那天晚上，他来到克雷芒家中（这样他可以很方便地沟通），期望几天的微妙谈判能圆满结束，并为亨利争取巨大利益；此时，他发现邦纳正在对教皇横加攻击。[2] 由于这最后的愚蠢行为，侮辱了他的客人，也让他蒙辱，亨利不仅没能履行自己的职责，也不能为自己儿子的妻子争取到一笔丰厚的嫁妆。他对加德纳说："我在尽力地争取教皇，而你却将他往外赶。"他带着满腔的愤怒说道："你彻底搞砸了一切的努力。"[3]

克雷芒的宣判及其理论上可能带来的可怕后果——废黜国王、内战、侵略——引起了大量的警觉。议会将在当年秋天召开，或许在夏末，或者在逐出教籍的消息传到英格兰之后，有人为此拟定了日程，其中包含了一些让人震惊的条款：如果教皇由于亨利婚姻而惹恼英格兰，所有的首岁教捐将会立即被停止，转而支付给国王，用于王国的防卫；任何支持教皇的人将被判叛国罪；犯有叛国罪的教士将会被没收在其名下的所有组织的地产；国王将拥有教会一半的土地来保卫自己。[4]

大约在同一时间，还发生了被称为"肯特的圣女"的伊丽莎白·巴顿

<hr/>

1　后来有权威人士指出，在马赛，克雷芒承认亨利的婚姻是无效的（没有说明具体理由），并承诺如果国王能派一个代理人，即撤回他的辩护者并回应凯瑟琳的上诉，他将为亨利作出判决。参见*L.P.*, vii, 695, 1348。这份报告应该谨慎对待，但至少克雷芒有可能变得更加顺从。

2　*L.P.*, vi, 1426.

3　*Ibid.*, 1427.

4　B.M. Titus B, i, fol. 150 [*L.P.*, vi, 1381 (3)].

案件——一起著名而又神秘的事件。[1]八年前，伊丽莎白因为发布预言、看见异象和公开治愈一种折磨她的疾病而赢得了名声。此后，她悄悄地退隐于坎特伯雷的一所修道院，大约到 1527 年才又重新出现在大众的视线之中，她开始积极地公开反对王室的离婚案。亨利亲自召见了她，她严厉地警告亨利，如果他继续他的计划，将会面临怎样的下场。她威胁教皇，如果他屈服于国王，就会受到神的惩罚，据说她还动摇了渥兰和沃尔西，震慑住了二人。目前为止，她可能一直在按照自己的方案行动。但是，毫无疑问，她最终将被以坎特伯雷为中心的一群教士所利用，特别是她的告解神父爱德华·博金博士和基督堂学院的一位僧侣，他们都反对这场离婚，将她视为控制国王的一件有力武器。这位修女现在预测亨利将会在迎娶安妮·博林一个月后失去王位；在迎娶的一小时后，他将不再被上帝视为国王；他将会像恶棍一样死去。作为她超自然能力的证明，据说她收到了一封来自天堂的抹大拉的马利亚用金字书写的信件，署有这位修女的名字。伊丽莎白无可指责的非凡一生，为她赢得了广泛的声誉，很可能会成为圣人和预言家；她与费舍尔和莫尔这样的杰出人士建立了联系，他们都是虔诚的修士和伦敦加尔都西会的修士，也是亨利离婚案的主要反对者。除此之外，如果博金和其他人得逞了，她可能会煽动下议院，在英格兰引发 1381 年农民起义或 1450 年杰克·凯德叛乱那样的严重动乱。时局紧张，国王不可能会忽视这些危险的传闻。（1533 年）7 月中旬，他命令克伦威尔和克兰麦发动攻击。他们逮捕了伊丽莎白修女，对她反复严密地进行审问，并把她送进了伦敦塔。同时，所有关于她早年生活的记录和崇拜者描写她的著作（也许其中有好几本印刷作品），以及七百本可能极具煽动性的《修女之书》（*The Nun's Book*），刚印出来，就被没收，从此消失了——这些展示

---

[1]　对此事的描述，参见Cheney, "The Holy Maid of Kent", *T.R.H.S.*, n.s. xviii (1904), 107 ff. 以及Knowles, *Religious Orders in England*, iii, 182 ff.。

了政府对印刷业的一种全新又高效的关注。[1]11 月 20 日之前或在当天，一大群从全国各个角落被召集来的枢密院议员、法官和许多贵族就修女危险事件讨论了三天。有些人叫嚷着"要对她施以火刑"，亨利本可以宣判她和她的同伙们为异端和卖国贼。[2]相反，伊丽莎白和她的主要追随者被带到圣保罗十字讲坛处的断头台上，经受公众的嘲笑、羞辱，而不久将被提升为主教的海德住持约翰·萨尔科特（化名为卡彭），做了长时间的布道，谴责该修女是个骗子、娼妓，受害于她自己的虚荣和博金这样的僧人诡计。[3]此后不久，她、博金和其他五人被判犯有叛国罪；另外六人，包括费希尔和托马斯·埃布尔被判（较轻的）知情不报罪。有证据表明，亨利推动了这次攻击行为，[4]很可能是他把对修女的攻击变成了对更杰出的对手的清洗。费希尔与她有着谨慎的交往，很容易落入陷阱。有一阵子，托马斯·莫尔也牵连其中，如果他不把伊丽莎白贬为一个"下流的修女"和"坏女人"，他也会被起诉。同样，如果凯瑟琳没有谨慎地拒绝修女探望她，或者拒绝与她交往，她也会被判有罪。

对费希尔等人的攻击被暂时叫停了。伊丽莎白、博金和其他四人于第二年 4 月在泰伯恩刑场（Tyburn）处以绞刑。至此，该事件终结。也许，最坚定的怀疑主义还没能成功地将此修女的行为视为歇斯底里或欺诈，然而最有利的请求也没能使她摆脱一切怀疑；但无论可不可能，她无疑是一个强大、勇敢和危险的女人，1533 年夏秋季的极度焦虑源于她，因此她必须被毁灭。

---

1　有关此事的全部内容，参见Devereux, "Elizabeth Barton and Tudor Censorship", *Bull. John Rylands Library*, 49 (1966), 91 ff.。

2　*Sp. Cal.*, iv, 1153.

3　这篇讲道的内容由沃特莫尔印于*E.H.R.*, lviii (1943), 463 ff.。

4　正如*L.P.*, vi, 887所示，显然是他发起了攻击。查普伊斯（在*Sp. Cal.*, iv, 1153中）非常肯定亨利的角色。参见克伦威尔在*L.P.*, vii, 52中的回忆："要知道国王会对修女和她的同伙做什么。"

国王被逐出教会一事，还引出了一本生动的亨利主义政治著作《经国王议会等同意而设计的文章》(*Articles devised by the holle consent of the King's Council, etc.*)。这些文章出现在 1533 年末，旨在为王室政策提供一个简短、简单的理由。它简要地编排了尼西亚、米勒乌姆等地会议提出的证据，认为亨利的案件应由英格兰判决，声称罗马主教（这是他的新风格）受某个大公会议的管辖，并证明亨利向大公会议上诉是正当的，呼吁国人忽视罗马的任何反击，抨击罗马主教"浮夸、自大、野心勃勃"，并宣布他在他的管辖范围之外的权力并不比任何其他主教更大——教牧人员代表会议将在接下来的 5 月庄严地制定这一方案。最后，它谴责克雷芒是私生子、买卖圣职者和异教徒，并向全国提出，最近所取得的成就已经得到上帝的认可，证据有：安妮迅速诞下一个孩子，"晴朗天气，谷物丰收和牲畜兴旺"，"多位王公最近纷纷寻求和平与友好"，"空气纯净，没有任何瘟疫或传染病"。[1] 因此，由于蔑视罗马教皇和神圣罗马帝国皇帝，并与弗朗索瓦发生争吵，亨利现在应该努力赢取德意志的支持，这也不足为奇。在 1534 年初，亨利派人去德意志争取贵族联盟以反抗罗马的暴政。[2]

这一切在进行的同时，安妮已经到了她的分娩时间。1533 年 9 月初，她和亨利回到格林尼治等待孩子的降生。医生和占星家向他保证他会有一个儿子，将被取名为爱德华或亨利。据说，亨利让人将一张精美的床——那是一位公爵交纳的赎金——取出给安妮，并为孩子的出生准备了精彩的庆祝活动。[3]9 月 7 日下午，安妮诞下了一个女孩：她也许是王室最不想要的女儿，却也是英格兰历史上最著名的女人。三天后，伊丽莎白在格林尼治的方济各会士小礼拜堂接受洗礼，并得到确认，克兰麦也作为合适人选，成为她的教父。当然，尽管受到孩子性别预测事件的影响，受洗仪式依然

---

1　*Pocock*, ii, 523 ff.

2　尤其参见*L.P.*, vii, 21, 148。

3　*L.P.*, vi, 1069.

十分盛大。但是有一个人好像没有到场，那就是亨利本人。[1] 他是太失望了而不想参加吗？

《限制上诉法》还需增加五项法令才能完成与罗马教皇的决裂：《赦罪法》，规定教会特许、批准、成员等由英格兰提供，而非罗马；[2]《继承法》，决定了王朝的未来，并在整个王国宣誓，承认国王的新婚姻及其后代；《限制神职人员圣俸法》，最终停止向罗马支付一切善款，并规定了由国王单独任命主教的法令；《神职人员服从法》，以法定形式确认了 1532 年 5 月教牧人员代表会议向国王交出的立法权；《异端法》，宣布否认教皇权威不再是异端行为。这些都是 1534 年第一次会议完成的工作。晚些时候的第二次会议上，随着《至尊法案》的颁布，立法活动达到了高潮；《至尊法案》明确、无条件地宣布亨利为英格兰教会的领袖。[3] 至此，连接英格兰天主教同罗马教皇的脐带被切断了。

短短五年间，一场重大的革命即告完成。当然，可以合理地称这场革命主要是一次司法革命，然而，因此否认它是一次神学革命却是错误的。在此之前，英格兰无疑受制于罗马，将全部宗教权威授予国王无疑是一个激进的创新。到目前为止，还没有英格兰教会这样的事物，而是基督教世界的两个西部大区与其他地区有明显的联系，并受罗马统治。王权至上，

---

1　至少在霍尔对洗礼仪式的完整描述中没有提到他（*Hall*, p. 806）。当然，亨利当时在宫殿里。在洗礼仪式结束后，从小教堂到宫殿的游行队伍中，他派诺福克公爵去感谢伦敦市长和市议员的出席。这是霍尔对他的唯一一提及。

2　该法令还禁止外国访客访问豁免的英格兰修道院，即属于国际体系的修道院，也禁止英格兰修道院的成员作为访客或参加海外的分会、聚会等。因此，该法案有效地将英格兰修道院"国家化"——这是一个不常被注意的事实。

3　为了体现其象征意义，我们可以补充第六项法令，该法剥夺了不在教区的意大利人吉努齐和坎佩焦在伍斯特和索尔兹伯里主教教区的头衔，这些教区是他们多年前为亨利提供服务而获得的；二人过去和未来都将为亨利在罗马教廷任职。

不仅终结了一种陈旧的效忠关系，而且创造了一派全新的、单一而独立的
英格兰国教。无论中世纪社会有多少宗教和世俗的交融，无论中世纪晚期
欧洲国王在教会事务中有多大的实际影响，亨利现在获得的权威与英格兰
迄今为止所见证的完全不同。

　　当然很多普通人没能理解当时正在完成的伟大革命，他们也不想知道
或者根本没有留意到这件事。旧宗教保存下来的东西太多了——特别是弥
撒仪式以及至少是圣餐仪式的外在形式——深刻的内在变化可能不为人所
轻易察觉。一些人被动地默许，相信这是教皇和国王之间经常发生的冲突。
对许多人来说，永久性的教会分裂可能是难以置信的。很少有人认为值得
为克雷芒和英格兰神职人员而牺牲；有些人可能曾经或正在成为坚定的议
会至上主义者，或者至少受到最近学术界的影响，而对教皇至上主义信徒
和神职人员所宣称的信仰产生了动摇。其他人，正如我们后来所知道的那
样，出于恐惧而妥协，就像弗里亚尔·福里斯特一样，"表面上通过宣誓"
谴责罗马教皇，但内心并没有。[1] 许多人一定是因为他们对国王的忠诚、民
族自豪感和对国家未来的深切关注而选择接受现实，因为国家的未来需要
团结，需要王位继承人。有些人可能出于卑劣的理由而乐于看到罗马教皇
被拒，神职人员变得谦卑，僧侣被赶下台；另一些人则认为这些是上帝的
意志。迄今为止似乎很牢固的东西都遭到了批评和撼动，这是一个思想剧
烈动荡的时代，这样说或许有些平庸，但毫无疑问，这是一个充满着不断
变化和重新审视的世界，新思想和新的倡导者被发掘和解放；最重要的是，
通过发现早期教会一些常常令人震惊的真理，评判现在。我们不应该低估
东征的意义，它极大地激发了英格兰的宗教改革运动。亨利表明了自己的
价值，也得到民众真诚的赞誉，就像摩西一样，将受到上帝眷顾的民族从
教皇奴役的束缚和黑暗统治中解放出来。他提出重建王国，更新和重建正

1　*L.P.*, xiii, i, 1043.

确的秩序；对一些人来说，这个承诺，听起来是真的。

　　他坦率地承认，他所做出的改变是对过去的一次彻底决裂。1533 年 12 月，莫尔和费希尔的朋友，曾几乎和二人一起关入伦敦塔的卡思伯特·滕斯托尔，在最后时刻，选择追随国王。但他仍然恳求他的主人保持克制，并敢于提醒他，他当年与法国路易十二交战，正是因为法王帮助并推动了一次教会分裂，而这正是亨利现在的所作所为。"那时，"亨利在回复中写道，"我们还很年轻，处理世界的大事经验不足。"[1]1537 年以亨利和议会的名义发表的《抗告书》（*Protestation*）说："我们给了他们（教皇）最高权力。""我们确实给了你们……我们被那邪恶经文的虚言所迷惑，把本应被你们拒绝的东西赐给你们，现在我们察觉到了自己的错误，发现了你们的欺骗，为什么我们不能将它收回呢？我们这些君王通过协议将自己视为教皇的下级，既然我们这样认为，就服从他们，将他们视为上级。现在我们不想签订过去那样的协议了。"[2]正如希腊人很早以前一样，国王看到了光明，德意志和斯堪的纳维亚的国王们最近也看到了。[3] 当然，亨利现如今急于否认《捍卫七大圣事》这部尴尬的作品，他告诉全世界，他写这篇文章不是出于他的自由意志，而是基于沃尔西和其他主教的要求。[4]1533 年，教皇使节引用了《捍卫七大圣事》来驳斥他这个作者，他向使节解释道，自从写了那部作品之后，他阅读了更多，研究了更多，发现真相与他当时天真的写作完全不同。[5] 他的转变可能是机会主义者的行为，不守诚信，不能区分真相和优点，也听不到他不想知道的东西，但这种转变带着一种狂热的

1　P.R.O. S.P. 6/9, no. 18 (*L.P.*, vi, 820). 滕斯托尔的信没有被保存下来。这是亨利对它的答复，从中可以窥见主教这封信的内容。关于这份文件的年代和认为它是写给滕斯托尔的理由，参见Sturge, *Cuthbert Tunstall* (1938), 195, App. xiii。

2　*A Protestation made for the most mighty and redoubtable King of England etc.*, (1538), C4-v.

3　亨利在1月对查普伊斯如是说。*L.P.*, x, 141.

4　*Sp. Cal.*, v, i, 9.

5　*Sp. Cal.*, iv, 1057. 南方教牧人员代表会议的主教们在1532年5月的危机中也同样提醒亨利注意他过去写的作品。参见上文第321页。

信念，足以打动所有犹豫不决的人。亨利威严而令人敬畏的自信，对于许多没有他这样自信的人来说，具有足够的权威，他是国家的英雄和信仰捍卫者。

此外，尽管他工作进展很快，但仍然只能逐个进行。要找到一个立足点进行战斗并不容易。离婚一事非同寻常地复杂。1529 年的立法、1531 年发生的种种事件、1532 年剥夺教士的立法权（现在看来这至关重要），甚至《上诉法》，都可以被解释为合理的行为，而不一定是对教会主流神学的全面攻击。致命的妥协和明智的迁就之间的区别微乎其微。直到 1534 年底（也许对某些人来说，直到他攻击修道院制度并公开转向新教为止），亨利的真实意图才完全清楚，而那时已经太晚。费希尔和莫尔这样的人之所以与众不同是因为他们的勇气和远见。后来，据说伦敦主教约翰·斯托克斯利曾感叹希望自己能以他们为榜样，或许他说出了很多迟迟没有清醒的人的心声。[1] 而且，亨利主义不仅是呼吁英格兰人脱离罗马的司法管辖这么简单，从最大的意义上讲，它是承诺对整个英联邦进行彻底且必要的复兴。有些人可能认为，要是能够清理英格兰教会的污秽，或确保英格兰的政治前途，或两者兼有，放弃不可救药的罗马只是一个微小的代价，即使他们对王室至尊的热情并不比对罗马的更高。而有些人可能会面临一个可怕的两难境地：一方面，必须在公认的、合法的但令人窒息的罗马权威和罗马教会支持的、纷乱而笨重的教会制度之间做出选择；另一方面，国王的主张不切实际，但他最终却可能削减教士的财产，恢复基督教的活力。

---

1  根据《圣约翰·费希尔的早年英格兰生活》（*Earliest English Life of St John Fisher*）一书的作者，他感叹道："哦！如果那时我和我的兄弟费希尔在一起，而不是离开他，该多好啊！"记录于该书第160页。参阅乌邦寺院长在1538年初的忏悔，他希望自己能跟随费希尔和莫尔。院长保留了他的修道院的教皇诏书副本，以备将来再次使用，并斥责了一个将教皇的名字从弥撒书上抹去的人，说"总有一天，教皇的名字会再次出现"。*L.P.*, xiii, i, 981. 参考邦纳后来的著名声明："恐惧迫使我们容忍这个时代，否则就只有一条路。"*Foxe*, viii, 110.

他们或许会暂时否认罗马教会，因为两害相较取其轻，因为如若不然，就不能解决社会的迫切问题。也许这些人只有少数，但值得一提，就像那些或多或少致力于某种形式的伊拉斯谟主义或新教主义的人一样，对他们来说，王权至上本身是可以接受的，或者无关紧要，或者（如弗朗西斯·比戈德将要发现的那样）令人反感，它要服从于真正改革这个更大的问题，它是一种手段而不是目的。

最后，可以观察到，那些有意同罗马教会脱离关系的人可能会看似有理地证明是罗马教会最先抛弃了他们。在这场危机中，教会几乎完全保持沉默，没有在一位枢机主教使节被打垮后提出抗议，也没有在亨利于英格兰打击教会信众时，向亨利发出任何警告，更没有指导或鼓励那些仍然忠于自己的人。克雷芒一直忙于当地和家庭的事务，以及欧洲大陆发生的灾难性事件，害怕再制造一个敌人，他深信亨利在根本上忠诚于己，对真实发生的事情一无所知，客观上他犯了致命的疏忽。他所犯的典型错误就是给英格兰派去了一个像德尔布尔戈男爵这样无能的使节；1532 年斗争达到高潮，他本应该知道怎样做才合适，最适合不过的就是写信给亨利，请求允许他派一位大臣[1] 去巡视英格兰的教会图书馆，以寻找教皇收藏中所缺失的东西。直到 1535 年初，当新教皇保罗三世给（当时身在监狱的）费希尔戴上枢机主教的红帽时，罗马才真正表现出关心被围困的英格兰子民的迹象；保罗的举动不仅来得太晚，而且还激起了亨利对枢机主教的最后一次行动——或者至少被用作行动的借口。[2]

亨利主义的改革得到了很大的支持，它从各种各样的或高或低的动机中产生。虽然这本质上是一种国家行为，但从更大的意义上讲，它由多种力量所承载，这些力量先于它存在，并最终释放并开导了它。但是，如果

---

1　Scarisbrick, "Henry VIII and the Vatican Library", *Bibl. d'Humanisme et Renaissance*, xxiv (1962), 215 f.

2　*Sp. Cal.*, v, i, 174, 178.

存在广泛而时常激烈地反对神职人员干政的运动，那么很可能只有少数人对亨利背离过去的行为给予了热情的支持。亨利想要一个继承人的愿望可能已经得到了认可，因为这仍然很急迫；但是凯瑟琳是一位受人尊敬的王后，粗暴对待她并不受欢迎。正如《首岁教捐法》的通过所表明的那样，对罗马税收的反感是一回事，亨利对这种反感的利用是另一回事。[1] 我们听说下议院有一些公开的反对意见——他们现在担心国王的行为会影响对外贸易；他们请求将离婚案转交罗马，如果国王愿意的话，他将得到二十万镑的赔偿；一个名为特姆斯的人请求将凯瑟琳带回来。[2] 我们知道 1531 年和 1532 年亨利是如何敦促下议院加快进程的，据称他去议会是为了推动《上诉法》的通过。[3] 表面上看，国王和议会似乎很容易合作；但从这个故事中可以看出，一个大多数人缺乏热情的保守国家正被引入一场激进行动之中，人们对此始料未及且难以迅速接受。

在革命早期，亨利面临着来自很多教士的激烈反对。[4] 或许那些反对出自各种动机，也许只有费希尔和滕斯托尔这样的人，才能团结起一个时常胆怯的主教团体，但是大部分牧师一直作为一个联合体战斗到 1532 年 5 月。此前不久，大主教渥兰在上议院里站起身，谴责国王离婚案中采取的策略，然后在兰贝斯（Lambeth）起草了一份公共文书，谴责亨利所做的

---

1　参见上文第323页注释1。

2　*Hall*, p. 788; *L.P.*, v, 989; vi, 324. *Sp. Cal.*, iv, 1057–8, 1069, 1073; v, i, 8.

3　1531年2月28日，他去议会要求议员们"考虑教会的某些自由，通过这些自由，罪犯有充分的豁免权"（*L.P.*, v, 120）；据说他曾三次去那里，敦促通过1532年的《首岁教捐法》（*ibid.*, 879）；关于他去议会催促通过《上诉法》一事，参见*Sp. Cal.*, iv, pp. 661, 663。费希尔、滕斯托尔、达西勋爵和其他人被禁止参加1534第一届议会的上议院，当时通过了《继承法》（第一部）。*Sp. Cal.*, v, 8.

4　正如我们所看到的，保守派的主教们一致拒绝了第一波攻击，这些攻击以他们在1532年5月的《神职界服从书》而告终。如上所述（第323页），所有在场的主教、两位修道院院长和一位世俗贵族（阿伦德尔伯爵）都在上议院反对《限制神职人员圣俸法》。*L.P.*, v, 879.

一切违背了教会和他自己教区的自由，也触动了罗马的权威。[1] 然而，5 月
15 日，他却和教牧人员代表会议上议院的另外两名成员一起，毫无保留地
接受了王室的臣服要求，并携带了记录神职人员向国王臣服的文件。是这
位老主教没能顶住压力，抑或是三个月前他在兰贝斯举行抗议活动时尚未
预测到后来的事？他是打算像 1531 年签署抗议书、拒绝任何进一步臣服
的下议院牧师们那样，以此安抚他的良心，并提前摆脱他担心自己永远无
法逃脱的公众行为？我们永远不会知道。在他最后被要求宣布臣服国王之
前，1532 年 8 月，死神带走了这位精神矍铄的八旬老人。然而，几个月
前他突然拒绝承认国王，这肯定足以令人担忧。他曾为教士财产而抗争，
巴斯和韦尔斯主教约翰·克拉克与达勒姆主教卡思伯特·滕斯托尔也曾这
样做。还有约翰·费希尔——他是抵抗运动的生命和灵魂。除此之外，教
牧人员代表会议下议院有明显支持旧制度和凯瑟琳（她拥有各个阶层的教
士朋友）的迹象，尤其在 1531 年和 1532 年。[2]1532 年 5 月教士们公开向
国王臣服（这是国王一次存疑的胜利），此后仍有主教以个人形式继续抵
制——达勒姆的滕斯托尔，诺里奇（Norwich）的尼克斯，或许还有圣阿瑟
夫（St Asaph）的斯坦迪什，以及最重要的约翰·费希尔。在温切斯特、约克、
坎特伯雷、考文垂、利奇菲尔德和伊利，每年都会有一些老卫士故去，为
亨利主义者让路；每年都会有一个又一个曾经是亨利对手的主教与亨利握
手言和，尤其是渥兰在 1532 年年中逝世——死神帮了亨利大忙；亨利明智
的欺凌和胁迫也很管用。每次对教士财产的重大攻击都做足了准备。"蔑视
王权罪"指控为 1531 年的第一轮攻击铺平了道路；针对十六位牧师的"权
力开示令状"指控，开启了一场复杂的心理战，部分自上（即国王和议会）
而下，部分自下（即下议院）而上，最终以 1532 年教会交出立法权而告终。

---

1　*Ven. Cal.*, iv, 754; *Wilkins,* iii, 746，渥兰抗议所有减损罗马和他自己教区的措施——
1532年2月24日。

2　参见上文第297页及其后页，第322—323页。

同样，个人的反抗很快得到了应有的惩罚。教牧人员代表会议下议院四位在 1531 年抗议书上签字的教士很快以侵害王权罪被指控；1532 年初，老渥兰突然大声反对亨利并公开谴责亨利的所有行为，后者以蔑视王权的罪名指控这位主教——因为他**在十四年前**，未经王室许可，任命了圣阿瑟夫的主教。[1] 此后不久，诺里奇的理查德·尼克斯——此时年老失明，但仍很有煽动性——也面临着蔑视王权罪的指控，并被处以一万镑的罚款，据说因为他的教区法庭传召了市长而侵犯了塞特福德（Thetford）的自由，按照惯例，这种违法行为会罚款六先令八便士。该市长向克伦威尔提出上诉，克伦威尔似乎利用此案迫使这位老主教乖乖就范——他也确实如此行事。[2] 卡思伯特·滕斯托尔，凯瑟琳最要好的朋友之一，曾在 1531 年，反对过君权大于教会权力的最初迹象，自此公开坚持他的反对意见；直到 1533 年底，他给亨利写了一封不同寻常的信，乞求他在为时已晚之前停下来，回到正义之路。他和亨利是朋友，国王善意地给他回了信。但是到了 1534 年初时，已经没有犹豫和偏离原计划的余地了。滕斯托尔突然被召回伦敦表明自己的态度，当他南下时，王室的代理人快速赶到达勒姆去彻底搜查了他的宅邸，获得了所有针对他的证据。抵达伦敦后，滕斯托尔面见国王，或许被要求在忠于国王和被关入伦敦塔之间做出选择。[3] 在这种压力之下，主教屈服了。他会在下一任统治期间经历牢狱之灾，被关在伊丽莎白的监狱之中，而不是亨利的这一任期。在亨利统治的剩余时光中，滕斯托尔将会是国王的臣仆，服务于王权至上，对此他曾非常固执地反对过。

因此，反对亨利的阵营开局不错，然而只有一个人自始至终坚持立场。

1　我们对这一事件的了解主要是通过他准备的一篇惊人的辩护词草案，但据推测，由于他的去世，这份辩护词从未发表过。P.R.O. S.P. 1/70, fols 236 ff. (*L.P.*, v, 1247).
2　关于这一案例，参见P.R.O. K.B. 29/166, ro. 42; K.B. 27/1091, ro. 13. 本案也见*L.P.*, vii, 158, 171, 262 (18), 270, 296。
3　Sturge, *op. cit.*, 190 ff. *L.P.*, v, 986–7（错置，1532年）；ix, ii, 750。据说他最终有保留地宣读了继承誓言。*L.P.*, vii, 690.

自 1527 年以来，费希尔一直坚定不移地反对亨利，一直站在亨利的对立面，不受威胁所迫，不受日益增加的孤独的影响，在教牧人员代表会议和议会中奔忙着，不知疲惫地支持凯瑟琳；在如此多关于国王离婚的书籍中，他阐述了所有他不得不表达的观点，以至于后来他都不记得他到底写了多少，在布道坛上说了多少。在最终被囚禁之前，他曾经历过一次监禁、两次刺杀、多次口头警告、两次叛国罪指控。与托马斯·莫尔不同，亨利越咄咄逼人，费希尔就越大胆越直率；1533 年，他曾秘密地呼吁皇帝使用武力来对付国王亨利，这是一个非同寻常、孤注一掷的行动。[1] 他的呼吁没有得到回应，1534 年 4 月费希尔被召去兰贝斯宣誓服从《继承法》，他拒绝了，因此同莫尔、加尔都西会教士们、约翰·黑尔（世俗牧师）和理查德·雷诺兹（至圣救主会成员）一起被关入伦敦塔。

这群人还有忠于旧教会的方济各会修士们，以及凯瑟琳和她女儿内府中支持她们俩、后来跟着受罪的几个男人女人，[2] 组成了反对派的中坚力量。总起来大约有四十五人，他们在亨利统治下无疑成为旧体制的殉道者。但是无论如何这绝不是所有的反对力量。有些人逃亡国外——包括莫尔和费希尔的亲人们，后来还有林肯主教的外甥理查德·佩特，他在出使德意志期间潜逃到了罗马，在玛丽统治时期又回到英格兰，担任伍斯特主教。其他世俗和教会的反对者，留在家里不停地发牢骚；有很多事情要去抱怨，或者至少需要担忧。凯瑟琳的女儿现在成了一个私生子，她和她女儿受到的这种待遇，引起了恐慌。因为《继承法》在缺少男性继承人的情况下，将伊丽莎白列为亨利的继承者，而且亨利也不再年轻，到最后，英格兰很可能会迎来一位女王登基（如果玛丽的支持者众多，王位继承或许会存有争议），或者长期由未成年人当政。因此，经过几年的努力，亨利唯一没有成功的事情是确立继承人。处决费希尔和莫尔以及其他人，尤其是他们两

---

1　*L.P.*, vi, 1164, 1249. 其他有关费希尔生平的细节，参见Reynolds, *St John Fisher*。

2　有关这一群体的研究，参见Paul, *Catherine of Aragon and her Friends* (1966)。

人，令人惊恐。毫无疑问，亨利背弃了莫尔，1529 年，在莫尔接替沃尔西职位之时，亨利曾承诺不烦扰他的良知；除此之外，亨利还报复性地追捕他和费希尔。由于拒绝宣誓忠于《继承法》，这两个人被判处叛国罪而受到监禁，监禁期包括国王欢庆的时节，但通常不会超过期限。克兰麦试图允许他们只对新继承人发誓的打算，他们也打算在不需继续否定罗马教会的情况下这样做，[1] 但亨利已经拒绝了，因为他一心只想将他们送进伦敦塔。如果不是 1534 年的第二次议会会议制定了一项新的《叛国法》，规定"恶意"否认国王将会被判处死刑，那么他们本可以留在那里，避开危险，也许会被遗忘。亨利很可能是这项法令的幕后推手，在伪证的帮助下，仅凭该法令就可以把他们送进伦敦塔。那些没有明确支持他的人就是他的敌人，只有消灭他们，他才能安心。

处决费希尔和莫尔，以及雷诺兹和加尔都西会教士们让外界颇感震惊，为受害者赢得了不朽的名声，同时为新政权留下了一个大大的血印。一年前，罗马教会才最终在亨利与凯瑟琳离婚一案上给出裁决。基于主要原因的（案件本身不同于"基于尝试"的判决）最终判决到来时，漫长的七年时光已过。经过六个小时的辩论，完成对整个案件的重新审查，枢机主教会议最终做出有利于凯瑟琳的判决。[2] 然而，尽管有了这样的结果，尽管亨利一直不服从判决，罗马教会也没有对其采取立即行动。亨利一直在谈论同弗朗索瓦举行另一次会晤，[3] 不可思议的是，克雷芒也说服自己，如果派遣一位教皇使节参加那次会议，仍然可以同英格兰达成和解。[4] 亨利（以及此后的许多人都是如此）痛苦地诉说克雷芒如何粗暴地对待他，但他的对手怎么可能不那么咄咄逼人呢？

1　*L.P.*, vii, 499.

2　*Ibid.*, 363, 368, 370. 即使是现在，法国的影响也推迟了这一判决（*ibid.*, 311）。1534 年 3 月 23 日，该案被宣判，但是在整个案件被第四次听审之后。*Sp. Cal.*, v, 29.

3　*L.P.*, vii, 662, 783, 784, etc. 1535 年，关于会议的讨论继续进行。

4　*Ibid.*, 851.

1534 年 9 月，克雷芒不愉快的教皇任期终于结束。或许同样不可思议的是，现在轮到亨利信心满满了。周游各地的卡萨莱被派往罗马，协助法国枢机主教们确保获得一位恭顺的教皇继任者。教皇选举会议选择了枢机主教法尔内塞，现在的保罗三世，这甚合亨利心意。因为这位新教皇先前曾急切地向亨利表明了自己的态度，而且在成为教皇一周左右之后，就派人拜访卡萨莱，询问如何做才能满足他亲爱的孩子——亨利的要求，怎样才能恢复英格兰对教皇的效忠。[1] 卡萨莱尽说些甜言蜜语，向教皇保证亨利有可能回归顺服，亨利只需教皇保持大度和公道。[2] 但是这些并没有表明国王变得懦弱，也不表明他准备放弃王权至尊了。他不会同教皇讨价还价。他要新教皇完全向他屈服——撤回上任教皇在离婚案上的判决，放弃逐出教籍的威胁，承认王权至尊。[3]1535 年初，亨利开始盘算着至少一些条件可能会被满足，"因为，"就其婚姻而言，"从迷（来自罗马的）信件中，我们确实能够感知到博学之士对教皇的看法，我们也有类似的看法；我们还感知到罗马自己的主教多少有些达成那一目的的意向。"[4] 到 1535 年 6 月时，卡萨莱向亨利报告，保罗已经顺利地接受了一条来自克伦威尔的建议，亨利的案件可能会由一个全新的委员会来聆听和重审——不像顽固的西莫内塔（不是亨利的朋友）那样的圣轮法庭的听众，而是更合意的人。[5] 弗朗索瓦显然很同情他，查理五世则在前往突尼斯远征的途中急切地想把英格兰

---

1　*Ibid.*, 1255, 1262, 1298. 保罗不是唯一的乐观主义者。在帝国的圈子里，人们仍然认为亨利会达成协议，接受一个大公会议，让整个事情过去。就像腓力二世后来为伊丽莎白提供保护一样，现在他们认为不应该将亨利逐出教籍。*Sp. Cal.*, v, i, 173.

2　*L.P.*, vii, 1397.

3　*Ibid.*, 1483; viii, 176.

4　*St.P.*, vii, 588 f. (*L.P.*, viii, 341). （在给法国海军司令的信中）的这段话是亨利自己写的。参考 *L.P.*, viii, 399, 关于亨利对新教皇充满希望的报道。

5　*L.P.*, viii, 806–7. 毫无疑问，克伦威尔希望罗马重新考虑亨利的案子。据推测，这只是出于外交原因，并且是在英格兰人的纵容下，而不是她的公开批准。他并不准备撤销《上诉法》序言中所宣布的国家自治权。

留在自己的势力范围内，而亨利似乎要驱散自 1533 年末以来就笼罩在他身上的乌云。罗马可能不会承认王权至尊，但是如果最终承认亨利的离婚，那将帮助他向世界和他的臣民为自己的行为辩护，而他不需要付出任何代价。

接着传来了行刑的消息。或许现在我们会先想到莫尔，但在当时，处决费舍尔这位神圣罗马教会的贵族，影响更大。英格兰发生的事情很快传到了罗马。亨利再一次逼着教皇做出极端行为，8 月 30 日，教皇起草了第二份逐出教籍的命令。[1] 但是，这份文件再一次没能完全发出。保罗还没有准备好宣布剥夺亨利的王位，免除臣民对他的忠诚，除非他能召集世俗力量来执行他的审判。但是，从 1535 年 6 月起，查理一直忙于突尼斯的战事，而弗朗索瓦也没有打算失去一位朋友。接下来，1536 年 1 月，阿拉贡的凯瑟琳逝世。[2] 多年来的侮辱和权力的剥夺——最重要的是，在她生命最后五年中，由于亨利的命令，她一直没能见到自己亲爱的女儿——以及最近让她像费希尔和莫尔一样被送上绞刑架的威胁，既没有击垮她的勇气[3]，也没有破坏她的宁静，她带着同样谦卑的自信离世，而自信正是她一生的标志。她在金博尔顿（Kimbolton）离世的消息传到伦敦后，亨利从头到脚身着一袭喜庆黄色装扮，举行了弥撒仪式，还举办了一次宴会，以跳舞和马

---

1    *L.P.*, ix, 207. 但是，直到1536年1月，剥夺权利的圣谕才最终被枢机主教议会得到批准。*L.P.*, x, 82.

2    对凯瑟琳王后进行防腐处理的技师，"发现所有的脏器都十分健康和正常，只有心脏例外，它非常黑，看起来很难看。他把心脏洗了，但没有改变它的颜色；然后他把它切开，里面也是一样。此外，一个黑色的圆形物体粘在心脏外面"。不可避免的是，有人传言凯瑟琳是中毒而亡，但防腐师的报告是她死于癌症的确凿证据。他对"黑色的圆形物体"和她发黑的心脏的描述完全符合继发性黑色素肉瘤的描述。他显然没有注意到原发肿瘤。关于这方面的全面讨论，参见MacNalty, "The Death of Queen Catherine of Aragon", *Nursing Mirror*, 27 December 1962, 275 ff.。

3    例如，请看她在死前三个月写给保罗三世的信，她在信中说，她不知道更应该责备谁，是她的丈夫还是教皇（*Sp. Cal.*, v, i, 211）。正如这一惊人的指责所显示的那样，凯瑟琳远不是有时被描绘的那种有点逆来顺受、孤苦无依的人。她有如阿维拉的特雷莎一样的热情。

上比武来庆贺这一喜事。[1]亨利甚至会以她的故去而嘲笑她，而且同样残忍的是，他试图从她的离世中赚取资本。1536 年 4 月，查理从北非返回途中路过意大利。在那里，英格兰使团成员向查理询问，既然凯瑟琳现在已经去世，英格兰同罗马帝国的友好关系应该重新建立。一直对朋友很热心的查理表示同意，很快双方开始准备严肃的协商。[2]几个星期之后，1536 年 5 月，安妮·博林被处决了。这样一来，不仅查理不再需要因为忠于自己王朝而不得不同这个女人做斗争，而且天主教世界无法接受的篡位者也被除名了。查理现在很自信地认为暴风雨已经结束，而且或许将亨利同教皇之间的分歧交给一个大公会议来解决，亨利将会重返教会会众之中。[3]教皇也很自信。显然他已经准备忘记费希尔被斩首以及枢机主教会议对亨利逐出教籍的判令才发生了几个月；他认为最近发生的事似有神助，并且呼吁亨利抓住这次神赐的机会寻求和解；他向亨利承诺，如果服从教皇至高无上的权威，他将会像帝国皇帝和法国国王一样享有各自王国内的权利。哪怕再小的姿态也将开启所有的大门，原谅回头的浪子，双方达成和解。[4]教皇此番话后过了一周左右，老洛伦佐·坎佩焦，那位教皇意图的可靠风向标，再一次准备访问英格兰，希望能够恢复他在索尔兹伯里的主教职位（议会已经剥夺了他的职位）以及他在英格兰的枢机主教摄政大臣一职，当然还要协商亨利回归教会的条款。[5]罗马认为这次麻烦的根源已经消除，因此只

---

1　*L.P.*, x, 141 (p. 51).

2　*Ibid.*, 575, 670, 688, 699, 926.

3　例如*ibid.*, 888, 1161, 1227. 查理希望亨利——现在无可争议的一个自由人——娶一位葡萄牙公主或他自己的外甥女米兰公爵夫人为妻。

4　保罗1535年5月27写信给卡萨莱这样说，那时他刚听到安妮倒台，而不是被处决。*Ibid.*, 977.

5　*Ibid.*, 1077. 这封信是坎佩焦写给他弟弟的，他将立即前往英格兰为枢机主教争取安全通行证并开始谈判。几天后，教皇写信给詹姆斯五世，敦促他接受正在前往与亨利谈判的大使。*Ibid.*, 1183. 早在1536年1月，查普伊斯就报告克伦威尔说，现在可能会有一位教皇使节来确认"他们的所有事务"。*Ibid.*, 141. 这句话的意思没有得到解释，但可以推测的是，人们期望这位大使至少能让罗马接受英格兰对教会所做的一些事情。

要能达成某些技术性细节，英格兰的教会分裂很快将会结束；尽管坎佩焦在前述两件事情上有些不愉快的经历，但他会处理好这些细节问题。[1]

这些源于教廷的计划和他们的乐观态度，鼓励了他们，但是当然会毫无结果。亨利只想完成两件事情：撤销逐出教籍的裁决或者至少保护他不受此伤害，以及破坏大公会议。1536 年 6 月，保罗三世召开大公会议，计划第二年在曼托瓦（Mantua）集会。几十年来，基督教世界一直要求召集大公会议，1533 年亨利也曾呼吁过，实际上直到 1545 年该会议才得以召开。但是如果这一会议控制在敌人手中，那样可能给他带来严重的伤害，因此他必须不惜一切地阻止它。现在，他突然发现各方势力都在向他示好，因此他准备利用他的优势来确保这些目的的实现，而且以此为唯一目的。如果罗马帝国皇帝同弗朗索瓦之间爆发战争，他甚至会处于更加有利的位置，因为这将增加他在双方心目中的价值，抵消革除教籍对他的影响，并延迟大公会议的召开。哈布斯堡—瓦卢瓦竞争的恢复对他极有利。夏天时，他的愿望实现了。由于查理和弗朗索瓦的冲突重启，亨利得以在极度危险中扭转局势，而且成为欧洲最受追捧的人物，也为自己赢得了两年的喘息空间，这将会被证实。

然而，尽管在 1538 年 6 月弗朗索瓦同帝国之间的最新战争结束之前，亨利将不受外部危险的伤害，但英格兰仍然处于紧张状态。革除教籍的裁决只是被阻止，没有被终止。死刑、凯瑟琳的命运以及她女儿的困境不会被很快遗忘，谣言不可避免地开始流传，说凯瑟琳是被毒死的。[2]接下来，安妮·博林的倒下给英格兰的未来带来了新的不确定性，进而导致获得王位继承人的前景更加渺茫。1536 年，亨利和德意志的路德宗王公们开始协商组成联盟，联盟承诺让英格兰接受《奥格斯堡信条》（Confession of

---

1　坎佩焦的后续故事没有给出。也许他从未从罗马出发。他的使团被求恩巡礼所取代，这使教皇的政策发生了根本性的变化。

2　*L.P.*, x, 670.

Augsburg），并授予亨利"福音派联盟卫士"的称号。1536 年还见证了《十条信纲》（Ten Articles）的产生，它是英格兰国教最高首脑制定的第一个信仰汇编，而且是一份公然的异端文件，它只处理三件圣事（如宗教改革者宣称的那样，这意味着其余四件圣事被遗弃了），而且其中的内容，以辩护书为例，大多出自路德神学，几乎是逐字逐句地引用。[1] 对于新教徒而言，英格兰将要做的事情，是同罗马教皇决裂后的必然结果，英格兰人将从整体上接受欧洲大陆的宗教改革。这样认为是合理的。毕竟，王权至尊将是英格兰进入新教世界的大门。

除此之外，1536 年还是英格兰解散修道院的第一阶段。1535 年，王室起草了一份对英格兰教会财产的调查，即《教会财产大清查》（Valor Ecclesiasticus），这是一次规模宏大的事业。第二年，英格兰通过了第一个解散年收入少于两百镑的修道院的法案。英格兰都铎王朝将要着手处理该国最庞大的凭一己之力的事业。我们没有必要追溯寺院财富再分配的细节。不用多说英格兰的修道院制度是一个巨大而紧迫的问题；采取激进措施很有必要且不可避免，虽然采取的具体措施需另当别论；人们认为新制度最显而易见的任务是要净化教会——因为法律授予国教最高首脑的第一项功能是"巡视、革除和纠正"。[2] 实际问题不是僧侣是否应该受打击，而是清除修道院制度是否不应该包含在一个更大规模的行动中，即在解决修道院的同时，解决整个教会的财产重新分配的问题，包括世俗的、正统的、主教管区的，小修道院以及堂区教堂等等。1533 年 3 月，亨利曾告诉过查普伊斯，他决心要"将教会人员持有的财产重新整合到王室名下；英格兰先王不能因他的偏见而放弃这些财产，如今他在加冕礼上立下的誓言要求他必须这样做"。[3] 无论亨利这样做的意图如何，很显然他认为教会财产问题

---

1　关于这件事情的全部讨论，参见下文第429、433、441页。

2　因为王权至尊赋予了教会的新首脑以权力。

3　*L.P.*, vi, 235.

牵涉到教会这个整体，而不仅是其中的一部分。此外，《教会财产大清查》也是对整个教会财产的调查，而不是只针对修道院的收入。1534 年，《首岁金和什一税法》授予王室所有新授圣职人员第一年的所有收入以及此后每年收入的十分之一，这已经开启了对世俗教士的剥夺进程。同时，官方计划降低主教的收入，给予他们每年固定一千马克收入（坎特伯雷和约克主教除外，他们的收入是两千马克和一千镑）；还计划没收大圣堂和大教堂的一半收入，副主教辖区教堂的所有收入。[1]1534 年，查普伊斯报告说，亨利一直被议员们催促着去着手处理世俗和正统教会人员的资产，然而令人惊奇的是，年底之前他发现亨利没有采取任何行动。[2]或许，这样一次行动规模过于庞大，因而无法开展；或许，官方计划还没完成；或许他们认为最新制定的、繁重的首岁金和什一税令获得的收入足够多。显然，他们有些犹豫。克伦威尔和他的助手们巡视教会的第一个委任状或许起草于1534 年 12 月；由于国王任命专员编纂《教会财产大清查》替代了他们的工作，此项委任状被搁置；直到 1536 年，打压英格兰修道院的工作才开始。到那年秋季时，由于巡视人员惊人的效率，修道院被迅速解散了。但是，在这次行动的过程中，暴风雨来临了——一场规模宏大的反对新教会的叛乱运动形成了，即所谓的"求恩巡礼"。

　　热心支持亨利宗教改革的人或许只有一小部分。也许大部分人属于整体上漠不关心的集团，这在前面已经提到，出于某种原因，他们对政府的态度要么消极犹豫，要么不够热心或者只给予有限支持。毫无疑问，还有另外一类人，或许也属于少数派，但比第一类人数要多；他们是各种各样的人，虽然目前还没有放下他们的生活去抵抗，但他们对当前发生的事情深感恐惧和厌恶；然而如果别人不给他们提供机会，他们或许绝不会积极地表现出他们对政府的反对。简单地将亨利宗教改革描述为深受欢迎，显

1　B.M. Cleo. E, iv, fol. 174 (*L.P.*, vii, 1355), *L.P.*, vii, 1356建议税率降低。

2　*Sp. Cal.*, v, i, 7, 37, 87, 112, 115.

然不够。首先，这不合时宜地忽略了一个社会事实，即底层社会这个"多头怪物"应该遵守（确实也遵守了）社会地位优越者制定的政治和宗教观念。"谁统治就信谁的教"（cuius regio eius religio）的原则，不仅在社会某一层面有效，它将会在不同的方面产生效应，代表着在任何一个社会，对不同宗教的忠诚。其次，它忽视了多数人并不积极支持这一改革的事实，以及那时不断增长的反对浪潮。我们可以看到克伦威尔这样的狂热分子的紧张和怀疑，他们认为，通过法律完成的革命，正在以宣传、布道、宣传册和游行的方式，在一个保守、动荡的社会的日常生活中成功地实行。克伦威尔自己对此项任务的重要性不持任何怀疑，没能看清时局的复杂和不确定的历史学者们，无法公平地看待他。16世纪30年代的后五年，局势动荡，危险重重。

宗教改革没能给英格兰带来新的团结。相反，它在一种新的国家意识的内部制造了一种新的、长期的分歧。我们可以看到，这些新分歧出现在报告给克伦威尔的不断增长的愤怒和叛逆言论中（从技术意义上看，不是通过密探，而是通过普通人，那些像他一样的焦虑的狂热份子），在盛行于国外、不断增长的流言潮流中。国家文件记录的牧师或者自由人的言论，只是所有言论中的一小部分。人们可以想象，很难得有如此之多的人，如此突然地说出那么多煽动反政府行为的言论。1534年和整个1535年，查普伊斯报告在桑兹勋爵、达西勋爵等人的领导下，发起了一次反叛运动，他们打算谋求皇帝和苏格兰的支持。[1]1536年夏天，阳光明媚的日子里，亨利在河边纵情欢乐，音乐声不绝于耳，演出持续不断，以庆祝自己的第三次婚姻；此时，英格兰中部和北部地区出现了持续的骚动，10月时已演化成一场叛乱。起先在林肯郡，接下来在约克郡和邻近诸郡，再接下来在西北地区，爆发了一系列打着"求恩巡礼"旗号的集体性叛乱；这旗号用

---

1 *L.P.*, vii, 1206; *Sp. Cal.*, v, i, 8, 127, 138, 139, 165, 157.

于林肯郡的叛乱更加合适，它爆发于 10 月 8 日，领导者为罗伯特·阿斯克。

各地的暴动非常复杂，出自多种不同的动机，在结构和特征上也差别迥异，难以概括。某种程度上看，它们是一种新封建主义阴谋的结果；托马斯·达西、约翰·赫西、托马斯·戴克这样的北部边境贵族深受罗马帝国大使的教唆，已经为此计划了三年。[1]特别是在西北地区，对经济和社会的不满甚嚣尘上。在其他地方，地主所有制、财政主义和地方政治发挥着作用。参与阿斯克势力的很多平民，以及达西或者拉姆利等人的佃农，可能或多或少因为盲从他们的贵族或者贵族领主而卷入叛乱，又或是受某种动机的驱使，而这种动机与他们首领的动机完全不同。在弗朗西斯·比戈德爵士这位非常出色的年轻人发起的叛乱中，求恩巡礼者们有一个盟友（后来成为一次独立叛乱的领导者），他是一位资深的新教徒，主要反对王权至尊的国家支配教会论（Erastianism），他和阿斯克完全不合拍。[2]但是鉴于以上所言，考虑到这些叛乱不可避免会陷于当地和世俗事务，被那些认为可以轻易趁乱劫掠的冒险者所利用，被圈地运动或者贪婪地主的受害者等人所利用，那么，认为林肯郡的叛乱和求恩巡礼本身主要是旧教会反对最近的改革，这种观点值得怀疑。并不存在着一致的宗教目的。林肯郡人整体上愿意接受王权至尊，而阿斯克，经过一阵辩论之后，呼吁英格兰重新对罗马效忠。但是所有人（包括比戈德）都反对进一步镇压修道院和继续通过征收首岁金和什一税来盘剥教会。在林肯郡和约克郡，叛乱者都要求制止异端行为的发展，异端或者非正统的主教应该被清除（特别是克兰麦），克伦威尔和里奇等出身卑微的议员应该被出身高贵的人所取代，利和莱顿这些镇压修道院的领导者，应该因为他们的审问方式、掠夺和污蔑行为而受到惩罚。简言之，很难反驳阿斯克不断重复的主张，即纵使没有受到其他因素影响，宗教上的不满（从那个形容词最广泛的含义上看）足以引起

---

1 Mattingly, *Catherine of Aragon*, pp. 285 ff.探讨了此事。

2 Dickens, *Lollards and Protestants in the Diocese of York*, 53 ff.

叛乱。正是这些不满促成了求恩巡礼，给它指引方向；正是因为这些不满，他们才不是孤身一人；正是因为这些不满，他们同各种各样的世俗动机混合在一起，也不会妨碍这场运动的基本宗教性质。[1]

12 月初在庞蒂弗拉克特（Pontefract）起草的条款中，求恩巡礼者陈述了他们对宗教改革的抗议，又列了满满一清单或大或小的要求：玛丽应该被立为嫡嗣；授权亨利随意设计王权的法令、《用益权法》，以及因言论而被判叛国罪的法令应该被废止；重塑法律和改组议会选举；提供针对管理充公产业官员腐败行为的补救措施；停止圈地运动，恢复旧节日等。[2] 但是这些最后提出的小要求不应该掩盖一个事实。庞蒂弗拉克特的叛乱者隐晦地谴责了亨利的离婚，明确地谴责了背离罗马教会和解散修道院的行为；他们谴责亨利的改革和初步的独裁统治；他们谴责他的主要臣工。在叛乱爆发之前及其过程中，全国流传着各种预言和政治民谣，散播着损害亨利形象的故事，最重要的是一些暴力谣言，大意是教堂的所有金银器皿和珠宝都会被没收，所有锡制十字架和香炉要被兑换成银币；每五英里只允许一个堂区教堂存在；将要征收白面包税，猪、鹅和阉鸡税，婚礼税，葬礼税和洗礼税。[3] 这类事情能够传播开来，被人信以为真，表明人们对王室政府缺乏信心，或许自 15 世纪 50 年代以来，很久没有在英格兰出现这样的情况。当然，都铎王朝此前从未有过公信不足，此后也不会再有。求恩巡礼必然是对亨利极其明显支持的一切事务的一次自发、真实的大规模控诉；叛乱运动通过了对他的审判，全面又确切，就像《大宪章》谴责约翰王或《大谏章》（Grand Remonstrance）反对查理一世政府一样。

而且，叛乱可能还会演变成一次更大规模的动乱。它可能会公开支持

---

1 因此，我支持诺尔斯教授［*Religious Orders in England* (Cambridge, 1959), iii, 322］的论点，即求恩巡礼主要是一个宗教活动，当然，这也不能说它完全是宗教活动。

2 *L.P.*, xi, 1246.

3 例如*ibid.*, 972, 973, 975; xii, i, 70。

潜藏的约克派主张，从而具有王朝更替的意味；叛乱的星星之火可能会传向英格兰的其他地方；[1] 可能会有苏格兰势力的介入；可能会出现请求罗马帝国帮助的行动。最终，罗马准备干预。北方暴动的消息一传到那里，雷金纳德·波尔就被任命为枢机主教，被派往佛兰德斯，名义上是为了呼吁亨利忏悔和妥协，其实也是为求恩巡礼者寻求支持，或许还会在一位军队首领的带领下来到英格兰。王室的处境甚至比 1588 年和 1642 年还要危险。然而，可能是因为站错了队而且还失败了，求恩巡礼经常被历史学家们认为是一桩小事件，一次由少数几个地方保守派策划的边缘性暴动，一次绝不会成功撼动亨利稳定政权的可悲造反。

但事实是，如果叛乱想要推翻亨利政权，那亨利可能早已应接不暇。与其说国王是被他朋友的忠诚所救，还不如说被叛乱者的忠诚所救。阿斯克反复拒绝利用他对手的弱点，而且制止了那些企图大胆南下、发动战争的莽撞之人；之所以没有那样做，是因为阿斯克和他的追随者坚持认为他们是求恩巡礼者，不是造反者，他们是来向国王请愿而不是来埋葬他的。阿斯克是亨利最忠实同时又批评他最多的下属，正是他的正直、相信亨利会听取他请愿的简单自信、相信国王不会食言和发起血腥复仇的忠诚，才导致了求恩巡礼的失败。

起初，亨利没能认识到叛乱的规模，相信它很快将被镇压并反击，这不难理解。[2] 诺福克公爵和萨福克公爵，这两位战场上的主要王室指挥官说服他说，这是一场大规模的叛乱，但他仍保持自信（如果不是好战的话）；

---

1　后来还提到一位康沃尔画家被要求画一幅五伤旗，这是求恩巡礼的旗帜（*L.P.*, xii, ii, 56）。东英吉利有很多不满，那里有爆发叛乱的传言 [参见Oxley, *The Reformation in Essex* (Manchester, 1965), 116 f.]，参见*L.P.*中关于诺福克叛乱的报告。如果东英吉利加入，整个运动就会有更强烈的社会经济色彩——但是，正如当时一位牧师所估计的那样，与北方一起，"他们已经能够遍及整个王国"。*L.P.*, xii, ii, 21.

2　参见，例如*L.P.*, xi, 752, 771, 984。

他偶尔会主动提供一些显然很明智的建议，[1] 但丝毫没有同情过人数超过己方而且犹豫不决的敌人所面临的困境。相反，他向北发动了一系列的攻击，12 月时，一度演变成一场长篇大论的指责和对怯懦、恐惧、无能的控诉。[2] 当然，他根本没有表现出对那些臣民的任何同情，现在他们正在坚决而又谦卑地向他的副总督抱怨。在他看来，他们都是"犯错的叛国贼和叛乱犯"，充满"卑鄙和邪恶的动机"；他们必须为反叛他们上天注定的统治者所犯下的"可恶而违背人道的"罪恶，为他们藐视议会的神圣法令，为他们无视国王不知疲倦地关心人民福祉的忘恩负义，受到惩罚。[3] 他只知道自己的权利、自己的优点，和自己的不满——而对他人的一无所知。他根本没有怀疑过自己的正义性，也没有调查过求恩巡礼者的请愿。他用尽手段让他们无条件屈服，并尽快处罚他们、忘掉他们。他们无权表达国王必须聆听的言论，也没有什么可以为自己辩解。在那关键的几周时间里，亨利充满活力，给叛乱者起草回复，监督战役，动武总挂在嘴边。他告诉林肯郡的人，他们出生在"全国最残暴、最野蛮的一个郡"，而且发誓要"彻底摧毁他们，及其妻儿"。[4] 出于策略上的原因，无论他被迫在公众场合表达什么，话中总是充满着血腥报复的企图；当暴动被镇压后，他的确发动了报复。例如，坎伯兰郡（Cumberland）有约七十名农民在他们的村庄和花园的树上被处以绞刑。[5] 索利（Sawley）的主要修士被绞死在长长的原木上，否则他们要被绞死在教堂的塔尖上，这是朝圣者重开的寺院之一。其他大约一百五十名受害者，因为他们参与叛乱，在伦敦及北部多个地方被处决，其中包括一名被施以火刑的妇女。

---

1　例如 *St.P.*, i, 491 ff. (*L.P.*, xi, 884)——亨利大幅修改的一封信。

2　*L.P.*, xi, 1227, 1270.

3　参见亨利对林肯郡叛乱的回复（*St.P.*, i, 463 ff.）和对约克郡叛乱的回复（*St.P.*, i, 506 ff.）。

4　*Ibid.*, 463. *Hughes and Larkin,* 245.

5　*L.P.*, xii, i, 479.

当时的人很少有人指望亨利会人道且大度地处置叛乱者，如果他这样做了，或许赞赏他的人会更少。一位缺乏常备军和警察部队的国王，一个在过去历史中见证过太多民间暴乱的社会，不可避免地会将反叛看作令人发指的罪恶，呼吁上帝给予应有的惩罚。实际上，叛乱是万恶之首，正如 1547 年的《顺从训诫书》(Homily on Obedience) 中所言，"缺乏适当秩序之地，恶习、肉欲、暴行、罪恶、巴比伦王国般的混乱将会大行其道"。具有讽刺意味的是，这求恩巡礼不过是对抗中央政府和攻击克伦威尔这样的新贵的一次封建抗议活动，因为克伦威尔剥夺了那些王家"天生议员"的职位；与其说这些叛乱者是要推翻社会秩序，不如说他们是在尝试重建秩序。但是北方边境的大贵族，如珀西和内维尔，仍然桀骜不驯，在过去的日子里制造了太多的麻烦，没有哪个国王能够轻视这种显而易见的古老野心和目无法纪的邪恶再次出现。正如反叛运动之后很快出现的官方小册子指出的那样，如托马斯·斯塔基的《对基督教统一的劝勉》(An Exhortation to Christian Unity) 和理查德·莫里森的《暴乱的补救措施》(A Remedy for Sedition)，在反对受上帝膏油的最高首脑过程中，叛乱者不仅犯了反对上帝和人类、以动乱威胁整个王国的重大罪行，而且试图坚持过时和封建的主张，反对"至高无上的"的王权。

发现这次叛乱的规模和严重性之后，亨利最初的政策是拖延时间，用叛乱者内部的各种紧张气氛来制造分裂。[1] 除了这种策略，他还迅速地添加了些公开的欺骗。他给约克的求恩巡礼会议送去消息（通过两位第一次在唐克斯特桥同诺福克公爵举行谈判后，南下觐见他的使者），有意误导他们，让他们带着一切都会好的想法回家。[2] 但是，求恩巡礼者猜到了接下来会发生的事情，不愿意散开。相反，他们起草了最终的详细请愿书——上文已

---

1　参见，例如L.P., xi, 1174。
2　Ibid., 1061. 它给了他们"安慰的指示"，大意是诺福克公爵会给他们的请愿带来一个同情的答复——亨利可能没有这个打算。

经提及，这份请愿书将会在 12 月 6 日的第二次唐克斯特会议上提交给诺福克公爵；届时，他们的代表将同公爵会面，并要求国王发布一次不受限制的大赦令，承诺很快在北方召集一次议会，为他们拨乱反正。在准备这次会议的过程中，亨利向议会的建议做出了让步，明确授权诺福克公爵，在万不得已的情况下，答应他们的两个要求，即发布特赦和召集议会。首先，诺福克公爵会答复说，他的委员会没有授予他那么多权力，但是他会代表他们恳求亨利；拖延数日之后，再发布约翰·罗素爵士早已传给他的一个赦免令（好像刚刚收到一样）。如果叛乱者提出更多的要求，诺福克公爵将会立即秘密调集大量的王家军队，彻底地摧毁叛乱，从而确保长期的和平。[1]不清楚诺福克公爵同三十位求恩巡礼者在唐克斯特小修道院会面时到底发生了什么，但他的确和他们谈起过国王的赦免和召开议会的承诺，这正是他被国王授权以国王的名义要做的事。而对方只理解了他所说的表面意思，相信他们仁慈的国王已经答应他们的要求，正如他们一直认为国王会这样做，求恩巡礼已经达到了目的。后来，在宣读承诺的赦免令时，阿斯克摘下了他的求恩巡礼者徽章——耶稣五伤，说，"我们将只佩戴我们至高无上的君主的徽章"；在他的命令之下，起义民众最终被解散；他们相信他们的非暴力而且绝对忠诚的示威，就像该世纪后期的凯特起义一样，从本质上看是忠诚的臣民向充满爱心的统治者发出的一次请求，目的在于反对他人的错误行为；而且他们认为这次行动已经取得了成功，很快议会将会召开，纠正所有错误。此前，国王曾经计划将阿斯克和达西一起从普通成员中分离开来，私下提出单独给他赦免书；[2]此后不久，阿斯克被说服与国王南下，同他一起达成最后的和平。[3]

---

1　因此，*St.P.*, i, 511 ff., esp. 514 ff.。参考 *ibid.*, 521 f.。

2　*Ibid.*, 519.

3　*L.P.*, xii, i, 43–6. 但在 *ibid.*, 67 中，阿斯克警告亨利要注意口是心非和进一步征税的危险。

虽然亨利从没否认过诺福克公爵曾经承诺过的事情（实际上，他隐晦地确认过），但他也从没付诸行动。传令官宣读过的赦免书只是一份赦免承诺，没有其他内容。他曾经同意召开的议会也从未召开，或许他就从未有此计划。既然他们的领袖已经将叛乱者遣散回家，自己也来到了王室寻求安全庇护，那么诺福克公爵等人似乎可以着手迫使北部地区归顺国王了。因为事情的发展已经超越了他可能的计划，亨利的真正计划并不明确。很快，约克郡迎来了新一轮动乱，其中包括比戈德领导的起义；这次动乱的原因在于亨利先前的"赦免"执行得并不充分，人们也依据现实，深信亨利将会发动反击。2月中旬，深受打击的坎伯兰郡和威斯特摩兰郡（Westmorland）农民包围了卡莱尔（Carlisle）。第二次叛乱浪潮带给亨利期盼已久的机会，让他得以采用血腥的方式打击叛乱者，获得最终胜利。林肯、约克、达勒姆、纽卡斯尔、赫尔（Hull）、坎伯兰的城镇乡村如今都遭到了可怕的惩罚，而在伦敦，大多数领导者被送上了断头台。阿斯克和达西等人一样，没有参与这些后期的起义——事实上，他们对后来的起义持反对态度。虽然都铎政府在法律方面通常极其谨慎，尤其当被告人是小鱼小虾而且他们涉嫌的叛国罪无关紧要，反倒碰上被告人都是大人物，国王又嗜血成性时，政府就不会那么拘谨了。接下来，正如托马斯·莫尔、约翰·费希尔和安妮·博林——遑论克伦威尔自己——发现的那样，一个卑躬屈膝的司法机构不会做出公正的审判。1537年5月中旬，起义中的十七位领导者在伦敦被定罪，然后大部分被遣返家乡后处决，罗伯特·康斯特布尔爵士被发往赫尔，赫西被发往林肯，阿斯克被发往约克。

林肯郡发生第一次起义后不久，亨利宣布很快他将亲自北上，处置这些问题。后来，在写给那些焦虑的总督和求恩巡礼者的信件中，国王多次重申和讨论了这项承诺。[1] 从多方面考虑，这都是一个合理的计划。要记住，

---

1　*L.P.*, xi, 716, 765, 799, 874, 885, 907–8.

亨利从未去过北方，因此有什么能比国王的到访更能平息北方局势？或者说，对于阿斯克等人而言，有什么能比这更好地证明亨利对自己臣民的诚挚又引以为豪的关切？如果诺福克公爵和他的同僚像亨利曾经所说的那样无能的话，那他是否有责任接管他们的任务？或许，无论如何，他都没有这样做的义务吗？人们可能会这样想。但是亨利从未去过北方。相反，他一直留在首都及其周边，还强化了伦敦塔的守卫。后来，当暴乱得以平息，他承诺在北方，去约克甚至到卡莱尔，进行一次王室夏日巡游。[1]但是他再一次爽约了。所为何故呢？亨利告诉诺福克公爵，他的腿脚不好。很难不得出结论，他是由于怯懦推脱了北方之行。

到1537年6月，英格兰看起来又恢复了平静。不仅叛乱者最终被剿灭，（曾经出现过的）来自外部的威胁也消失了。上文已经说过，当罗马看到英格兰北方可能出现起义，就立即委任波尔以教皇全权特使的身份前往英格兰，寻求叛乱者的支持。这样，当时没有立即执行的对亨利逐出教籍的处罚，就可以很快实施。但是正如波尔担心的事情经常会发生一样，事情进展缓慢，毫无结果。就在快要抵达英格兰时，波尔被授权要求亨利浪子回头、回归教会；如果亨利拒绝，波尔有权派遣军队来摧毁亨利，但是到1537年2月中旬，他才动身。[2]罗马已经知道这次燃起他们高涨希望的起义已经被扑灭，但显然仍认为如果波尔在附近的话，就能重启叛乱，并动员外部的援助。但这是一次毫无希望的探险。波尔行动得太晚了，他没有多少钱来收买雇佣兵，也不太可能打动弗朗索瓦或者查理，他们都专注于在自己同他人的战争中争取英格兰的支持（实际上，查理正试图提出让葡萄牙王子迎娶玛丽公主来赢取亨利的支持）。[3]

---

1　*L.P.*, xii, i, 918, 973, 1118; ii, 77——在其中，亨利宣布他已将他的旅行推迟到下一年，即1538年。

2　*L.P.*, xii, i, 779.

3　*Sp. Cal.*, v, ii, 140，查理对波尔的使团进行了符合实际的评估。但查理也在考虑，如果亨利想强迫玛丽参与另一个联姻，就秘密地帮助她逃离英格兰。

对于亨利而言，波尔是个彻头彻尾的叛国贼，必须绳之以法。要把他抓住，"捆起来，移送到加来"，从那里再带到英格兰接受审判。[1] 波尔的任务公之于众之后，英格兰驻法国和低地国家的大使就收到将其逮捕和引渡的命令，如果行不通，则将其绑架或暗杀。毫无疑问，亨利竭尽全力地想要抓住他，波尔处境极度危险。结果他逃过了追杀者，但亨利却成功说服弗朗索瓦同意将他驱逐出法国，也有能力在他赶到康布雷和列日（Liège）的途中，进一步牵制他。[2] 波尔的大使使命惨败收场，6 月的最后一天，罗马将其召回。[3] 英格兰情报人员导致波尔事事受挫，他不得不在列日等待数周，徒劳地希望英格兰爆发新的叛乱，从而让他完成极其不可能完成的使命。波尔深信此次教会大分裂如果不掐灭于萌芽之时，如果他的当代同胞们"将他们的观念传给了他们的孩子，那么英格兰将会永远迷失"[4]。像阿斯克一样不顾个人安危，波尔（也像阿斯克）从未对其使命的性质有过现实的理解。正如 1570 年那样，在叛乱爆发后，教皇的行动来得太晚了，不可能会有效。尽管这样，求恩巡礼、保罗诏书和波尔远征所导致的危机，其形势远比 1569 年北方起义和广为人知的庇护五世将伊丽莎白逐出教籍一事严峻。亨利非常幸运，因为波尔姗姗来迟，查理和弗朗索瓦也更想保护他而不是摧毁他，而且在国内，阿斯克是最容易轻信他人、最正直的下属。如果这些前提稍有变化，他的宗教改革可能会前功尽弃，或者大部分努力徒劳无功，克伦威尔、克兰麦等将会被驱逐，他自己也会被毁掉，玛丽将会提前十六年登上王位，或同葡萄牙人成婚，或嫁给波尔（他还没有被任命为牧师）。

---

1　*L.P.*, xii, i, 865, 923, 939, 993, 1032, etc. 对波尔的描述，参见*ibid.*, 1242。

2　*Ibid.*, 865, 923, 993, 1032.

3　*L.P.*, xii, ii, 174.

4　*L.P.*, xii, i, 1242.

林肯郡起义爆发和这一系列的可怕事件来临之前数月，亨利的私人生活中发生了两件重要的事情。1536 年 1 月 21 日，他从马上重重摔下，失去知觉达两个小时。那时他四十四岁，有些发福，这样的摔跤可能会造成严重的伤害。[1] 根据安妮的描述，这次坠马明显伤害到她；当时她正怀孕，亨利发生不幸事故的消息让她过于震惊，她认为这是她流产的原因。1 月27 日，凯瑟琳下葬的那天，安妮流产了一个三个半月大的婴儿（可能是个男孩）。

她的地位已经不再稳固。或许早在 1534 年年中，亨利就开始同简·西摩尔暗通款曲了。[2] 安妮现在尝到了凯瑟琳多年来因她而遭受到的那种痛苦，但她无法忍受，她生气、暴怒——但亨利仍在偷情。当亨利深信她将要为他产下迫切想要的儿子时，她的流产于亨利而言是不可能原谅的灾难。[3] 现在，他不再和她说话了，忏悔节时将她留在格林尼治，自己却去别的地方快活。[4] 到 1536 年 4 月，有明显的证据表明博林家族的辉煌时代正在走向尽头，并且开始让位给西摩尔家族了。难以置信的是，亨利已经开始策划第二次离婚。亨利要求大臣们将他从婚姻中解放出来，他们付出了很多的努力才达到目的。伦敦的斯托克斯利主教，曾凭借促成亨利第一次离婚所付出的大量努力而得到提拔，现在又被重新传召。[5] 克伦威尔从数年前安妮同诺森伯兰伯爵之子所谓的婚约中，调查出一个可以用来离婚的借口（即婚姻无效）——这个婚约曾遭沃尔西阻挠，令安妮非常生气——但找到的借口遭到了断然否决。[6] 但是安妮必须离开，如果婚姻本身没有问题的话，那么她的婚姻生活肯定有问题。4 月 24 日，亨利建立了一个由克伦威尔和

1　参见下文第520页。

2　1534年9月，人们就注意到了亨利对简·西摩尔的兴趣。*Sp. Cal.*, v, i, 90.

3　*L.P.*, x, 282, 495.

4　*Ibid.*, 351.

5　*Ibid.*, 752.

6　*Ibid.*, 864.

诺福克公爵为首的委员会，专门查找她所犯的致命错误。几天之后，委员会便指控她与几位朝臣通奸，其中包括她的弟弟，经过广泛的联想后，宣称这种行为构成了叛国罪。1536 年的五朝节，格林尼治举行了马上比武竞技，据说在此期间，安妮给她的一个情人抛过手绢，这表露了她对婚姻的不忠，亨利得知愤然离席；故事的另一个版本是，亨利听到几位朝臣与王后通奸的消息后，向他们猛扑过去。其中一位嫌疑人，亨利·诺里斯，国王的旧宠，也是最卓越的一位朝臣，被立即押入伦敦塔。第二天，5 月 2 日，紧接着，安妮在近乎歇斯底里的状态中被关进伦敦塔。诺里斯和其他三人于 5 月 12 日受审；三天后，安妮和她的弟弟受到了审判。5 月 19 日，安妮被特意从加来带过来的刽子手斩首。赴死前，她评价亨利是"一位前所未有的温和又充满怜悯之心的国王；对我来说，他是一位善良、温和、至高无上的君主"。与此同时，亨利还从另一个方面证明安妮同他的婚姻是无效的。在她被处决前两天，克兰麦在兰贝斯主持法庭召开，并得出了一个令人震惊的结论，亨利同安妮的姐姐玛丽·博林通奸导致他们的婚姻从一开始就不具合法性。在她死去的当天，克兰麦签发了亨利和简·西摩尔之间三级亲缘关系的特许证。[1]

　　安妮生活在一个淫乱的王宫之中，不可避免，她是上层社会寻求将色欲转化为雄伟姿态的那种精致宫廷爱情崇拜的推动者和女祭司。在亨利赢取她的芳心之前，她曾是托马斯·怀亚特爵士的挚爱，她本可以让自己与他之间的关系，比长久以来她同国王之间的关系发展得更远一些——直到亨利介入，革除了怀亚特宫中之职。自此之后，她便成了人们关注的焦点，并乐此不疲。"王后房中消遣"，情诗、音乐、舞蹈、信物、叹息——这些很可能是一位年轻而轻浮王后的日常事务。[2] 当然，她同宫廷乐师马克·斯

1　*Ibid.*, 915.

2　有关此事和安妮倒台的精彩讨论，参见Thomson, *Sir Thomas Wyatt and His Background*, 28 ff.。

米顿、诺里斯或许还有弗朗西斯·韦斯顿之间会有一些轻佻举动，他们常常见面，常常一起跳舞，还常常相互分享浪漫的秘密。但是，很难相信她与他们通奸，或者同弟弟乱伦。难道她真如控诉者所言的那样极浪荡轻浮吗？难道人们所说的，通奸是一个女人不能为丈夫怀上儿子，而通过极端方式掩盖自己失败（也许并不是她的失败）的最后一种方式，这真的可信吗？难道她真的密谋杀死国王，"还经常对情人们说，国王死后她将嫁给其中的一位"？除了马克·斯米顿，其他被告者自始至终都否认了他们有不当行为，而马克·斯米顿也是在克伦威尔威胁要对他严刑拷问之下才承认的。当然，亨利相信她有不忠行为。事实上，他说她曾与一百人通奸过。[1] 他对安妮的倒台满心欢喜，说他早就预料到这种结果。他甚至亲手就这题材写过一部"悲剧"，还曾自豪地上演过。显然，他决意不择手段地毁掉她。为什么他需要一份宣判其婚姻无效的判决，还要将她置于死地？是为里士满公爵开路，还是贬损他不想要的二女儿？是终结一个他现在（有意）认为极度厌恶的乱伦婚姻？对安妮同她弟弟乱伦的指控和亨利对诺里斯的特别关注，都表现出了性心理的动机？因为诺里斯同一个名为玛格丽特·谢尔顿的人关系紧密，国王最近对她很感兴趣。[2] 还有什么能比这更能让他承认他已经第二次踏进一场被禁止的婚姻吗？

　　亨利一听到安妮的死刑执行完毕，就进入自己的游艇去看望简。翌日两人便订了婚。5 月 30 日，他们在约克宫王后的房间里秘密结婚。[3] 因此，亨利迅速拥有了第三任妻子。她曾是凯瑟琳和安妮两位王后的侍女，仰慕前者，远没有后者那么凶悍。根据 1534 年《继承法》的规定，王位的继承权仍然属于之前婚姻的子嗣，因此不得不重新召集议会来应对新情况。考虑到亨利当前可能不再会有新子嗣，因此不能留下合法的男性或者女性

1　*L.P.*, x, 908.

2　Flügel, *art. cit.*, 138 ff.

3　*L.P.*, x, 926,1000.

子嗣，于是国会通过了第二个《继承法》，授予亨利巨大的权力，允许其在任何时候以特许状或者遗嘱的形式指定继承者。[1] 也许该法从宪政角度看没有非凡之处（因为这是亨利从议会处得到的权力，让他亲自处置按照法律规定应该做的事情），但从政治上看这确实非同一般。由于亨利的前两次婚姻都被宣布无效，因此如果在指定继承者之前他突然离世，那么英格兰将会处于危机之中，这正是这些年来他所有的政策宣称要预防的情景。第一部《继承法》已经造成足够多的紧张气氛。但是如今亨利已经衰老，再坠一次马可能会要了他的命。即使亨利指定了一位男性继承人，那这位男性继承人又当如何面对两位私生女？这两位女儿都曾是王位的继承人，而且正如求恩巡礼表明的那样，无疑姐姐的追随者会更多。或许，亨利打算指定他的私生子里士满公爵作为他的继承人。但是议会通过法律授予他这项权力的几周后，里士满公爵就去世了。推测可能是为了挽回颜面，避免那些确实担忧王朝未来的大众进一步担忧，亨利命令用铅，而不是豪华的王家木棺，将里士满公爵的遗体包裹起来，藏于一辆马车中，马车上面铺上干草，运到塞特福德，诺福克公爵在此地悄悄将其安葬。[2] 里士满公爵之死来得如此具有讽刺意味，可以更清楚地知道，如果简不能产下一名子嗣，那就毫无安全可言；即使诞下子嗣，那种安全也会因为一个事实而受到损害，事实即该继承者的权利是由一位善变的父亲授予的。1536 年议会的发言人理查德·里奇将亨利描述为仁慈的太阳，说他晒干了一切有害的雾氛，使一切有益和必要的事物变得成熟，此话说得有些谄媚。

同时，玛丽公主——她的母亲已经去世，母亲的对手也被砍头了——最终同她的父亲讲和：实则是一次彻底的顺从，因为她承认王权至尊，宣

---

1  28 Henry VIII *c.* 3.

2  *L.P.*, xi, 221, 233. 事后，亨利抱怨说他的儿子没有被体面地埋葬。但王室的指示是明确的。诺福克公爵现在听到一个谣言，说他注定要被关进伦敦塔，*ibid.*, 233也如是说。参考*ibid.*, 236。

布同罗马决裂，还承认了自己的私生女地位。虽然亨利没有对她格外怀恨在心（在她生病时，亨利还曾专门派自己的医生去为她诊治），[1] 但过去多年间，玛丽一直过得很艰辛。她被迫将自己的优先继承权让给伊丽莎白，受人羞辱，有时还被伊丽莎白的内府粗暴对待；被阻止外出参加弥撒仪式，以防当地民众向她表达敬意；不停地从一个宫殿搬到另一个宫殿；最重要的，无论凯瑟琳如何急切地恳求，她被禁止与她父母见面。可以看出，对亨利来说，这两个强大的女人是多么令人尴尬，事实上又是多么危险；但如果人们认识到他在制止任何代表玛丽的请愿时所表现出的不耐烦，就不可能原谅他拒绝凯瑟琳最后且唯一的要求，即她应该和她的女儿在一起。无论亨利喜不喜欢，玛丽是一个为民爱戴的人物，走到哪里都会受到热情欢迎。而且，她还是一个受各国喜爱的人。查理的大使一直同她和凯瑟琳保持联系，正是通过他，玛丽才偷偷写信给教皇和皇帝；也是通过他，查理试图通过安排她与法国王储、苏格兰国王、雷金纳德·波尔或葡萄牙王子等人结婚来解救她——实际的结果却是，亨利要求他做好自己的事。尽管亨利让这位女儿深陷困境，但仍对其感到莫名其妙的自豪，他深信这个女儿会服从他，实现他的目的。[2] 但是，同她母亲一样，玛丽拒绝妥协，面临的处境日益危险。

到 1535 年初，这种危险已经非常明显，皇帝准备考虑将她偷运出英格兰——用船从格林尼治送到低地国家。不过亨利察觉出这个阴谋，很快把她转移走了。随后她病了。1536 年 1 月，母亲逝世后，她迫不及待地想要逃跑，但是她毫无计划。[3] 最终，寄希望于善良的简·西摩尔可能会软化她父亲的心，她决定求助于亨利，祈求和解。克伦威尔素来公道宽厚，他

---

1   *L.P.*, vii, 1129.

2   *L.P.*, vii, 1209.

3   *Sp. Cal.* v, ii, 21.

在中间充当调解人。但亨利没有回复她的信件，[1] 而是委派了专员赶往亨斯顿，要求她宣誓并绝对服从他，包括承认其私生女的地位。尽管受到威胁，但她依然拒绝这样做。亨利听说她的固执后，大为恼火。她的朋友赫西夫人被关进了伦敦塔，甚至克伦威尔都为自己担心，两人据说因为同情这个顽固的女孩而被清除出枢密院，而且有传闻说国王将会对她采取法律行动。身处恐吓、疾病、孤独之中，甚至连查普伊斯都建议她屈服。最终，玛丽做出让步，在一份承认亨利为最高首脑、同罗马教皇决裂以及宣布亨利与她母亲婚姻"乱伦和非法"的文件上签字。[2] 查普伊斯建议她，应该做出一次"与众不同的"抗议，比如，背地里发伪誓顺从。相反，她没有阅读就在文件上签字了，然后让大使秘密地寻求教皇饶恕她所做的事情。[3]

如果玛丽没有妥协，她可能被判死罪。但是，既然她在理论上妥协了，而且里士满公爵已经去世，那么很可能亨利必须将她指定为王位继承人，这是最近法律授予他的权力。虽然现在仍然是私生女，而且不能见她父亲，但她正在重新赢回国王的青睐，甚至可能恢复公主的头衔。[4] 亨利失去了一位私生子，但获得了一位私生女。

接下来，正如我们所见，北方发生了大叛乱，亨利取得了胜利。几个月后，第三项重大成果也到来了。1537 年 10 月 12 日，在汉普顿王宫，王后简剖腹产下了一个儿子，不久后取名为爱德华——自亨利着手除掉凯瑟琳以拯救他的王朝起，正好十年。那时，亨利并不和他的妻子在一起。瘟疫将他赶到了伊舍，将简隔离开来。但是他一听到这个好消息，就快速地回到她身边，开始了一轮盛大的欢庆和宴会。现在只剩下最后一个威胁要去抗争，那就是教皇议会，当时还没召开，但不断的外交斡旋让他不必为

---

1　*L.P.*, x, 1108, 1133, 1136, 1186.

2　*Ibid.*, 1137

3　*L.P.*, xi, 7.

4　所以克伦威尔这样建议。*Ibid.*, 219.

此烦忧。至于其他方面，亨利得到了难以置信的保证，他确信简在儿子出生十二天后离世一事基本上不会为人所知。根据克伦威尔的描述，王后是身边仆人的受害者，"他们让她患上重感冒，还让她吃她在幻觉中要求的东西"[1]。或许这个可怜人是可怕的都铎王朝时期医学的受害者。

　　看起来，亨利可能会感到很安全而且充满自信，但实际上，英格兰犯下难以挽回的错误。婚姻问题、背离罗马、攻击修道院制度和对教会的不断掠夺、两位公主的悲惨命运、不稳定的王位继承、死刑、反叛与镇压等等，留下了不满和焦虑。至少对于他的一些臣民而言，令人着迷的时代已经结束。坊间流传着国王即将征收重税的谣言——1538年的禁令要求每个堂区都要登记出生、死亡和婚姻，这些都支撑了谣言——还有谣言说所有未标记的牲畜都将被没收，[2]最重要的是，有谣言称亨利已死，这极具煽动性。[3]社会上出现了很多攻击亨利本人的言论。当一位萨塞克斯人在报道亨利摔下马的消息时，补充说，"最好摔断他的脖子"[4]。人们称他为"一只应该被消灭的鼹鼠"，"一位比尼禄还要残酷的暴君"，"禽兽而且禽兽不如"。[5]有人说，"如果枢机主教沃尔西有一位正直的主人，那他就会是正直的人"[6]，而亨利是"一个傻子，掌玺大臣是另一个傻子"[7]。一名反抗者说，"我们的国王只想要一个苹果和一个用来玩弄的俏姑娘"，而另一个人义愤填膺地讲述了，亨利如何在埃尔瑟姆骑马外出的时候看到了他的女人，抓住了她，并将她带到了他的床上。[8]这类事情，在十五年前，十年前甚或是五年前，

---

1　*St.P.*, viii, i (*L.P.*, xii, ii, 1004).

2　*L.P.*, xii, ii, 353, 357. 参考*L.P.*, xii, ii, 57, 413, 1171证明这些报告持续存在的证据，参考*L.P.*, xii, ii, 57, 413, 1171。

3　*L.P.*, xii, ii, 1185; xii, i, 57, 76.

4　*L.P.*, xiii, ii, 307.

5　*L.P.*, xii, i, 1212; ii, 908; xiii, ii, 986.

6　*L.P.*, xii, ii, 979——据说这句话是蒙塔古勋爵在1536年4月说的。

7　*L.P.*, xiii, i, 95.

8　*L.P.*, xii, i, 1301; ii, 764.

从未听说过——关于沃尔西的事情倒是听说过；而关于亨利的事情却从未有过。或许稍晚一个肯特郡人所说的话，部分是事实，那就是，如果亨利知道他的臣民对他的真实感受，"那将会使他心颤"[1]。

---

1　*L.P.*, xiv, i, 1239. 有人在1539年7月报告了此番话语。

# 第十一章

# 1537至1540年的英格兰和欧洲

简·西摩尔于 1537 年 10 月 24 日去世，12 月 12 日葬于温莎。她去世后不到一周，国王便开始寻找继室。从任何角度来衡量，简都足够迅速地取代了安妮·博林，但是那时的情况有些特殊，因为安妮的势力几个月来一直处于衰退之中。即使是在一个无需将婚姻同爱情相联系的时代——尤其是王室婚姻，如此迅速地开始找人来代替简的位置显得有些太过草率。这或许有些尴尬，克伦威尔几天前才刚刚宣布亨利痛失爱妻，他本应该匆匆补充几句说亨利再无意结婚，只是在面对议会争论他有责任在婚姻的"极端探险"行动再次踏上征程时，他才战胜了自己的感情。[1] 而事实可能是，亨利当时显然有过短暂的犹豫，但这并未引起太多关注，议会（尤其是克伦威尔）所做的事情只是劝说他从国外寻找一位妻子。一位外国的公主，不会像英格兰贵族的女儿那样，成为引起大臣之间相互仇视的代理人和棋子。

因此，简死后几个小时，英格兰驻法国和低地国家的大使们便收到指示，开始为国王寻求合适的配偶。于是为期两年紧锣密鼓的婚姻交易开始了，在此期间，他们至少认真考虑过九个女人，还提到过其他几个，其中

---

1　*St.P.*, viii, 1 (*L.P.*, xii, ii, 1004).

有五人被要求坐下来让小汉斯·霍尔拜因画肖像。不久后，英格兰的野心是尽快制订一个成立四国联盟的计划，这涉及亨利和他的三个孩子，以及（主要是）哈布斯堡王朝的多个成员。谈判产生了大量的驻外使馆，让人想起十年前离婚时发生的事情（甚至再次请出爱德华·卡恩）。他们看到亨利被打得落花流水，成为下流笑话戏谑的对象，却令人惊奇地坚持着。他们最终只能做出灾难性的选择。

一场跨国婚姻的价值不仅止于此，还能减轻克伦威尔的不安。如果法国和帝国结束敌对，就像他们看起来很想达到的那样，英格兰将会被孤立；更糟糕的是，大陆的和平将会使教皇议会得以召开，或许天主教欧洲将会转而反对亨利。英格兰必须为这一连串事件做好准备。主动提出一场联姻能否对欧洲起到实质性影响，还有待证实，因为如果弗朗索瓦同查理走到一起，那两人都不再特别需要亨利的帮助，也没有太多动机来接受他提出来的援助报酬，而他曾是一个要价很高的帮助者。但还是值得尝试一下。至少，婚姻外交可能会搅乱局势，打断法国与帝国之间的**和解**。

虽然从理论上看，帝国妻子和法国妻子都会取到不错的效果，但是亨利首先想到了法国，并很快提出两种可能性：[1] 弗朗索瓦的女儿玛格丽特和吉斯公爵的女儿玛丽。后者是一位寡妇，是亨利的首选。亨利已经从他的大使沃洛普那里听到了对她的极力称颂；正如后来他解释的那样，她是一位成熟的女性，"他是一位有分量的人物，他需要一位有分量的妻子"；[2] 更称心如意的是，有传她要嫁给苏格兰国王，如果亨利能够突然介入，带走该女士，破坏他们的老同盟（Auld Alliance），那将会是一个令人愉悦的结果。但是，亨利受到了断然拒绝。1537 年 12 月，枢密院的大臣彼得·缪塔斯被秘密派往法国探听她的口风，看起来回国时他深信玛丽已经准备答应亨利的请求了。于是，1538 年 2 月，他返回法国取她的画像，当时亨利

---

1　在上文引用的克伦威尔10月末写的信中。
2　他向法国大使卡斯蒂永这样解释道。*L.P.*, xii, ii, 1285.

热情澎湃，信心满满。[1]但是，在缪塔斯第二次拜访之前，她同詹姆斯成婚的正式文书已经拟好，5月初，她嫁给了詹姆斯。对于英格兰来说，苏格兰的外交太过迅速，亨利只能空手而归。

值得高兴的是，与此同时，亨利在他处赢得了芳心。在此前一年的12月，英格兰驻布鲁塞尔大使送回一份详细的报告，以此回复在周边国家搜寻人选的命令；报告讲述了一位刚刚回到摄政王室的女孩，克里斯蒂娜；她是被废黜的丹麦国王克里斯蒂安二世的女儿，皇帝的外甥女；曾在十三岁时嫁给米兰公爵，一年后成为寡妇，现年十六岁。[2]曾经有人说她将会嫁给克莱沃公爵，但是计划落空了，现在她还没找到人家。1538年1月，亨利热烈追求她，并吩咐时任驻帝国大使托马斯·怀亚特爵士建议她嫁给亨利——虽然怀亚特假装该建议是他自己的主意，后来还鼓动查理主动让她嫁给亨利。[3]只有这样，亨利才能要求一个交换条件，利用他的丧妻来获得外交优势。但是，难题出现了。亨利决定不再承受迎娶一个不合自己口味的妻子的负累。因为他不可能把这个女孩（在本书中始终以米兰公爵夫人来称呼）带到加来端详一番，他必须有一张她的可靠画像。于是，便吩咐赫顿设法拿张回来，但是在他得到画像之前，又另派了枢密院的菲利普·霍比，秘密前去同她见面。随同赫比前往的还有小汉斯·霍尔拜因，他已为王室服务约有三年。他们3月初离开伦敦。12日，霍尔拜因同小女孩交谈了三个小时。六天后他以惊人的速度带回了一张画像，据说这张画像令亨利非常高兴；今天国家美术馆中这位夫人的精美肖像就是在这幅画像基础上创造而成的。[4]很快，亨利变得快乐起来，谈论的都是音乐和盛会（情爱的确

1　*L.P.*, xiii, i, 56, 203.

2　*St.P.*, viii, 5, 6 f. (*L.P.*, xii, ii, 1172, 1187).

3　*L.P.*, xiii, i, 123.

4　*Ibid.*, 380; *St.P.*, viii, 17 ff. (*L.P.*, xiii, i, 507). 霍尔拜因和霍比还带回了赫顿同时获得的一幅肖像画，据说品质低劣。

切迹象），还不合时宜地吹嘘自己获得了来自各地的求爱。[1] 接下来，有两场婚礼要去筹划：亨利和公爵夫人的婚礼，玛丽和葡萄牙国王弟弟的婚礼。[2] 实际上，这仅仅是一个开始。与此同时，亨利正在跟法国大使讨论四场婚姻：他自己同玛丽·德吉斯（当时还不知道她已经退出角逐了）、玛丽同葡萄牙王子、爱德华同皇帝之女以及伊丽莎白同匈牙利国王之子。[3]

　　无论亨利对法国说了些什么，他自己的首选是米兰公爵夫人，同她之间的婚姻协商开始了，玛丽则是这次协商带来的额外好处。但是亨利遇到了严重困难，阻碍了他的计划。首先，作为两场婚姻的条件，亨利不仅要求查理在未来同法国签订任何和平条约时都要考虑到他，这样英格兰才不会被孤立，而且要求查理拒绝支持即将举行的教皇大公会议。为什么查理要向他如此妥协呢？他为什么要像亨利提议的那样，考虑接受新教的呼声，在一个中立的地方，举行一次由各国国王召集的、自由的基督教会议？[4] 这是一个不可能实现的要求。其次，通常还有一些关于嫁妆和继承权的争论，这在当前情况下更加复杂，因为根据英格兰法律，亨利主动提出嫁入查理家中的公主是私生女，并且英格兰坚持这一点，不能恢复其地位。接下来，有两个特殊问题最终讽刺地扭转了整件事情。米兰公爵夫人是查理的外甥女，因此也是阿拉贡的凯瑟琳的甥外孙女。因此，她和亨利之间存在姻亲关系，而且实际上是双重姻亲关系，考虑到凯瑟琳和亚瑟的婚姻以及她和亨利的婚姻。如果亨利要和公爵夫人结婚，那这种障碍必须解除。但是由谁来解除呢？当然，支持帝国一方的人提到了教皇。但对于亨利而言，这很明显不可能。英格兰人提议由英格兰教会最高首脑来解除，这对于帝国而言，显然同样是不可接受的。[5] 最后，还要考虑公爵夫人本人。根据可靠

1　*L.P.*, xiii, i, 583.

2　*Ibid.*, 241.

3　*Ibid.*, 271.

4　*L.P.*, xiii, i, 387, 695, 1132–3, etc.

5　*Ibid.*, 1126; xiv, i, 299, 405.

的消息，她并不乐于成为国王的第四任妻子，"因为她的会议怀疑她的姨奶
奶被毒死，亨利的第二任妻子被处死，第三任则死于产床护理不当"[1]。在接
替这三人之前，这位朝气蓬勃的公爵夫人无疑会忧虑自己的人身安全不能
保证。对于一个有正常自我保护意识的人而言，亨利的求婚无法带来真正
的快乐。

　　当亨利忙于同奥格斯堡家族进行这些毫无结果的协商时，法国（于
1538 年 5 月）带着两个提议介入其中，这又让亨利把大部分注意力转向法
国，而且让他在讨价还价中处于一个更加有利的地位。这两个建议是，玛
丽应该跟弗朗索瓦的小儿子结婚，亨利则与玛丽·德吉斯的妹妹结婚，毕
竟苏格兰人已经从他手中抢走了玛丽。[2]这个提议得到了快速回复。回复后
的次日，约翰·罗素爵士便拜访了法国驻伦敦大使，帮助国王询问新提名
人选，路易丝·德吉斯，并求要她的肖像。[3]亨利再一次对法国人充满热情，
从自己的花园中挑选了牡鹿、牝鹿和洋蓟等作为礼物送给法国大使。[4]从女
方家中派送肖像出现耽搁后，亨利急不可耐地再次派遣霍比和霍尔拜因直
接去取。他们 6 月初在勒阿弗尔（Le Havre）见到了路易丝，带回了两张
她的画像。[5]

　　他们还没回来，亨利就得知了另一个潜在的候选者，德吉斯家三女，
比她的姐妹更漂亮，名叫勒妮——她一定会有宗教信仰，但令人高兴的是，
她还没有公开表示。[6]听说她精致动人，但在亲眼见到之前，亨利仍不敢确定。
因此，1538 年 8 月，霍比和霍尔拜因返回法国，来到茹安维尔（Joinville），

1　*L.P.*, xiv, ii, 400. 该报告来自支持改革的乔治·康斯坦丁。他的话可能会招致叛国罪的
　　指控。
2　*L.P.*, xiii, i, 915, 917, 994.
3　*Ibid.*, 994.
4　*Ibid.*, 1101. 参考1320。
5　*Ibid.*, 1135.
6　*L.P.*, xiii, i, 1217.

寻找一张勒妮的画像，供亨利定夺。[1] 该画像可能同她姐姐路易丝的肖像一起安装在一幅双铰链画框中。但是事情在以前所未有的速度发展，因为亨利最近已经听到了不下三个女人的名字，旺多姆的玛丽、洛林的安妮（弗朗索瓦的表妹）和弗朗索瓦的姐姐。因此，霍尔拜因将继续从茹安维尔赶往南锡（Nancy）去画洛林的安妮，同时法国大使还将绘制亨利还没有得到的其他人的画像。事实是勒妮·德吉斯躲过了霍尔拜因。但是他在南锡遇到了安妮。[2]

到仲夏时，情况大致如此：当亨利向米兰公爵夫人求婚的事情在伦敦、布鲁塞尔和皇帝的巡回法庭之间拖延时，当玛丽和查理·德瓦卢瓦的婚姻在伦敦和法王的巡回法庭讨论时，亨利正在争取迎娶五位法国女孩中的任何一位（先前已经失去了一位玛丽·德吉斯）；霍尔拜因提供了五位女孩中路易丝·德吉斯和洛林的安妮两人的肖像，同时法国人提供了路易丝的肖像，可能还有玛丽·德旺多姆。[3] 即使这样，亨利还不满意。从一开始他就想让他选的人亲自到他面前审视。既然现在他还有大量人选要斟酌，可以这样说，他建议应该将法国的一批女士聚集在加来，由他自己选择。[4] 就像对查理一样，亨利已经要求法国人为提议的婚姻付出高昂的代价，弗朗索瓦也应该在任何条约中都把他列为主要成员，阻挠教皇议会，或者至少阻止会议采取任何针对他的措施，等等。法国人发现，亨利讨价还价的想法有些不公平。[5] 他在所有这些要求的基础上，继续要求法国王后护送一马车的王室女眷到加来，这不仅有些过分强求而且还显得厚颜无耻。法国人反问他，为什么他不能派人代他看这些女士，替他选择？亨利回答道："上

---

1　*Ibid.*, 380. 霍尔拜因的这次拜访（和他以前的差事），参见Chamberlain, *Hans Holbein the Younger* (1913), 138 ff.。

2　Chamberlain, *op. cit.*, 149 ff.

3　*L.P.*, xiii, i, 1356, 1451–2.

4　*Ibid.*, 1355. 这些人也许会和哈布斯堡的候选人一起，组成一个大规模的选美游行。

5　*Ibid.*, 909, 1003.

帝啊，这件事太影响我了。我想见到她们，在我决定之前了解她们一段时间。"圆桌骑士们会这样对待他们的女性吗？法国大使问他——亨利为此涨红了脸。[1] 弗朗索瓦说，法国没有这样的习俗，把自己的良家少女像出售的马匹一样送去给人轮流检查。他只能将这些女孩中的**某一个**送到加来，也仅此而已。[2]

这场交易顺利地持续到了1538年秋季，其间亨利一会儿倾向于法国，一会儿又偏向帝国，一会儿又倒回法国。亨利在婚姻市场看起来粗俗、傲慢，这令人想到后来他的女儿伊丽莎白在婚姻问题上的狡黠和摇摆不定，亨利充分利用好自己的角色，以争取到最大的外交优势。尤其精明的是，他想利用米兰公爵夫人潜在的权利，因她是帝国皇位的主要候选人。她不仅是丹麦和瑞典废王的二女儿，而且是米兰公爵弗朗西斯科·斯福尔扎的遗孀（因此可能会带着公国领地随嫁）。很快，亨利提出了一个极为复杂的方案：当她来到英格兰时，如果她获得了父亲在斯堪的纳维亚遗产的第一继承人资格，那么皇帝应该将米兰授予哈布斯堡家族的候选人玛丽。[3] 在整个婚姻谈判中，米兰一直被摆在显著的位置。这是英格兰人的精明之举，因为该公国一直是欧洲最令人头疼的地方，该地对弗朗索瓦来说尤为重要，对查理也很重要。对亨利而言，这可能成为引发西欧主要国家之间分歧的导火线；至少有两个人看出了他的目的。[4]

在弗朗索瓦和查理之间的摇摆不定，多场婚姻的计划，[5] 制造麻烦的念头——所有这些的唯一目的是预防欧洲大陆正不断增长的威胁。但最终毫

1　*L.P.*, xiii, ii, 77.

2　*L.P.*, xiii, ii, 277.

3　*Ibid.*, 679, 756, 1133.

4　即查普伊斯和弗朗索瓦一世。*L.P.*, xiii, ii, 232, 277.

5　到1538年10月，亨利甚至想把伊丽莎白、玛格丽特·道格拉斯夫人，甚至玛丽·霍华德作为筹码提供给查理，由查理决定她们要嫁的王子。B.M. Vesp. C, vii, fol. 71(*L.P.*, xiii, ii, 622). 这份文件及其配套文件（Vit. B, xxi, fol. 168）被亨利做了大量的修改，显示出他对这一婚姻外交的浓厚兴趣。

无用处。1538 年 6 月，查理和弗朗索瓦在教皇的庇护下，于尼斯会面并签署了为期十年的停战协议。此后不久，两位国王在艾格莫尔特（Aigues Mortes）再次会面。过去几年间，欧洲大陆的政局和查理在北非的军事行动，极大缓解了亨利的压力，使他免于一场天主教的讨伐运动，同时也避免了国内反对势力从国外获得任何实质性的援助。但如今这种局面一去不复返了。查理和弗朗索瓦已经达成协议，而且让亨利尤其愤怒的是，该协议完全忽视了他。[1] 尽管他最近做出了很大的努力，但是仍被他的同辈国王们愚弄了，如今的他不仅面临着来自教皇大公会议的威胁，而且还有整个天主教欧洲的攻击。罗马也看出了新局面带来的潜在可能性。1538 年 12 月 17 日，教皇最终准备发布对亨利逐出教籍的公告，这一公告早在三年前就已经拟好，只是一直被搁置；该公告将宣布废黜亨利，解除下属对他的服从。[2] 对英格兰修道院的持续摧毁、亨利同路德宗信徒的公开协商，以及对圣祠（不用说，尤其是贝克特的圣祠）的破坏，最终使保罗深信亨利必被推翻。圣诞节后两天，雷金纳德·波尔秘密地从罗马动身，去纠集天主教力量来反对这位"最残暴、令人厌恶的暴君"——英格兰国王。[3] 同时，大卫·比顿被任命为枢机主教，并被派回国，争取詹姆斯五世加入征伐运动。[4] 据官方文件，波尔的意图是要呼吁查理和弗朗索瓦撤回驻英大使，实施商业禁运；无疑，他想到了军事行动，启程前往西班牙和法兰西，率军入侵自己的祖国。此外，1539 年 1 月 12 日，弗朗索瓦和查理在托莱多签署了一项协议，双方都承诺不得在未经对方同意的情况下与英格兰达成任何协议[5]——这是进攻行动常见的预备步骤。此后不久，有传言说法国和帝

1  *L.P.*, xiii, i, 1347, 1451.

2  *Wilkins*, iii, 840 (*L.P.*, xiii, ii, 1087). 但即使是这一次，圣谕也没有完全颁布。保罗等待着，直到天主教欧洲准备好采取行动，才发布。参见*L.P.*, xiv, i, 1011; ii, 99。

3  *Sp. Cal.*, vi, 33. *L.P.*, xiv, i, 36.

4  *L.P.*, xiii, ii, 1108–9, 1114–16, 1135–6.

5  *L.P.*, xiv, i, 62.

国驻英大使将会被召回。[1] 看起来，讨伐行动就快要开始。

　　1539 年的头几个月，英格兰国内很多人认为考验的关键时刻已经到来。这是一个严重危机的时期，或许比 1536 年持续数月的叛乱更加严峻；当时英格兰显然面临着来自苏格兰、低地国家和西班牙的三方攻击。正如赖奥思利所述，英格兰一定"不够他们塞牙缝"。[2] 整个国家处在战争的恐惧之中。各郡都被动员起来，加来、吉讷以及英苏边境的防御工事都得到了加固，从修道院拆下来的石材被拖到海岸，用以建设碉堡，烽火台也都准备完毕。根据公告，禁止英格兰境内的外国船只离开英格兰海岸，停在泰晤士河的拉古萨船只和南安普敦郡的威尼斯船只只能滞留港口；若没有王室许可，擅自离港将会被处以死刑。英格兰东南部正处于紧张备战之中，忙于挖壕沟、修建路障、壁垒和壕沟，搜集弹药。与此同时，欧洲大陆传来令人恐慌的消息——安特卫普和布洛涅港舰队正在聚集，低地国家正在集合军队。[3] 亨利亲自视察海岸防卫，监督壁垒建造，参观他在朴次茅斯（Portsmouth）的舰队。5 月 8 日，他返回伦敦观看军队分列式，军队在怀特查佩尔（Whitechapel）和迈尔安德（Mile End）之间集合，由此穿过城市和威斯敏斯特到达圣詹姆斯宫，亨利在此检阅他们。[4] 在做好这些准备工作的同时，埃德蒙·邦纳和托马斯·怀亚特，英格兰驻法国和帝国的大使奉命竭尽所能地去离间两位最近因为厄运走到一起的国王，抗议舰队在安特卫普集结，挫败波尔的阴谋；而波尔现在已经达到西班牙，迈出了他野心勃勃大使使命的第一步。

　　可以理解，这是持续数月的恐慌。从理论上看，至少亨利处于危险之中。

---

1　*Ibid.*, 345, 365. 法国大使离开时没有继任者，但最终同意在他的继任者到达之前不撤回查普伊斯。

2　*Ibid.*, 433. 参考115, 580, 670可见预期入侵的证据，包括克伦威尔的证据（*ibid.*, 580）。

3　*Ibid.* 652–4, 670–1, 682, 711–12, 802–3, etc. *Hughes and Larkin*, No. 190.

4　*L.P.*, xiv, i, 940–1.

只需国内再出现一次起义，危机就形成了，而这并非不可能。国外流传着各种谣言，说国王要开征新税项，令人回想起了那些促成 1536 年起义的各种谣言，这些谣言很可能会唤醒已经焦虑万分的大众。[1] 如果此时，波尔在国内叛乱爆发之前，就已抵达海峡的另一边，如果他手上拥有军队和舰队，亨利可能很难活命。

　　然而，局势很快开始朝着有利于英格兰的方向发展。虽然波尔向法国人假称他已经发现查理对他的行动表示赞同，[2] 但是帝国皇帝很不情愿对亨利采取任何行动。在他那个时代，土耳其人和路德宗信徒就已经够邪恶的了，他无心再增加新的负担。[3] 同查理见面后，波尔心灰意冷，他推迟了访问弗朗索瓦的行程，回到了教皇的卡庞特拉（Carpentras）城，等待来自罗马的进一步指示；尽管他提前向法国派出了两位随行者，让他们早做准备（包括一个叫罗伯特·布兰斯特的人，此人多才多艺，很可能是第一个绕过好望角的英格兰人，大约七八年前，他乘坐葡萄牙的船完成了这一壮举）。[4] 起初，弗朗索瓦看起来很赞同这些反对英格兰的"行动"，但是他的兴趣根基尚浅，这点很快就表现出来了。他说，他很愿意去履行他的职责，但前提是德皇准备行动；他认为波尔亲自来到法国并不明智，这可能会引起怀疑，给了亨利本人准备的时间，等等。[5] 3 月初，非常出乎意料，他向英格兰派出了一位大使。一个月后，他给亨利写信，向他保证，法国的战争准备工作是针对查理，而非针对他；此信让亨利长舒一口气。[6] 简言之，弗朗索瓦和查理一样，也不愿意回应教皇的号召。到了 8 月，教皇实际上已经

1　*Ibid.*, 87, 507, 553, 815.

2　*Ibid.*, 536.

3　*Ibid.*, 603.

4　Scarisbrick, "The first Englishman round the Cape of Good Hope?", *B.I.H.R.*, xxxiv (1961), 165 ff.

5　*L.P.*, xiv, i, 723, 724, 1110, 1237.

6　*L.P.*, xiv, i, 907–8.

放弃了他的计划，并建议波尔最好回到罗马，此时波尔还在卡庞特拉城中孤立无援，感到有些迷茫，害怕被刺杀。[1]这位枢机主教的第二次任务就这样不了了之，并没有比他的第一次任务好到哪儿去。虽然，亨利仍然害怕查理和教皇，唯恐他们会联合法国一起攻击他，但到了7月，眼前的危机已经缓和，可以取消应对侵略的紧急措施了。[2]

但是，那次危机对亨利和他的王国产生了重大的后果。首先，它宣告了金雀花家族在英格兰的合法血统，即白玫瑰贵族——考特尼家族、内维尔家族和波尔家族——的实际覆灭，他们早已是广受质疑的对象。考特尼的妻子，埃克塞特侯爵夫人和玛格丽特·波尔夫人曾经同阿拉贡的凯瑟琳和她的女儿关系尤为亲密，也和肯特修女事件有牵连。在康沃尔（Cornwall）有考特尼是王位真正继承人的说法，总有一天他会"戴上花冠"，让人们过上更好的日子。[3]而他的表亲波尔家族，虽然在枢机主教公开叛国一案中内部分裂，却被视为明显的对现实不满者，与臭名昭著的雷金纳德为一丘之貉。或许是当时严峻的国际形势迫使亨利在1538年夏末发动了反击，就像他曾经坦白过的动机那样，要终结白玫瑰家族。[4]杰弗里·波尔（枢机主教的弟弟）突然被送到了伦敦塔，根据他的供词，他的哥哥亨利以及考特尼和爱德华·内维尔爵士也受到审判，在证据不足的情况下被判有罪，于1538年12月9日被送上了断头台。亨利·波尔的小儿子和继承人在伦敦塔消失了，考特尼的小儿子直到1553年玛丽登上王位才摆脱监禁。第二年初，当雷金纳德·波尔获得了新使命时，国王的报复之手又伸向了他年老的母亲、索尔兹伯里伯爵夫人玛格丽特·波尔。经过几轮激烈的审问，又在萨塞克斯的考德雷（Cowdray）拘留数月之后，她最终在1539年6月

1 *L.P.*, xiv, ii, 52. 但波尔直到9月下旬才离开，然后赶往维罗纳。

2 *L.P.*, xiv, i, 1260; ii, 35.

3 *L.P.*, xiii, ii, 802, 961.

4 *Ibid.*, 753.

被议会法令剥夺权利，并被关进伦敦塔。她在那里被囚禁了近两年，直到1541 年 4 月，在约克郡查出牵涉到内维尔家族一个小支系某一成员的阴谋（源于支持求恩巡礼的那种新封建主义），这导致她命丧格林塔（Tower Green）。[1] 一位声名显赫的女人就这样走向了生命的终点，以无情的悲剧收场。她的父亲克拉伦斯公爵，被杀于伦敦塔；她的哥哥，沃里克的爱德华伯爵于 1499 年遭处决；她的大儿子在 1538 年以司法审判的形式被杀死；她最小的儿子杰弗里在指证他的哥哥和考特尼后获赦免，如今却因悔恨而疯疯癫癫，在欧洲四处游荡；她唯一幸存的儿子雷金纳德，曾被宣布为叛国者，知道自己面临着被暗杀的命运。亨利统治下，还发生了更多类似的流血事件。

1539 年 4 月，新一届议会召开。议会许多事务都是由危险的外部情况促成的：剥夺索尔兹伯里伯爵夫人、波尔及其随从中的流亡者（包括罗伯特·布兰斯特）的公民权，[2] 以及著名的《六条信纲》（Six Articles），这似乎阻止了亨利新教的发展。很难对这一行为给出充分解释，但肯定有两个动机：在极有必要避免一切国内动乱的时刻，安抚整体上偏保守的国家；避免一场当时仍悬而未决的针对异端国王的外来征服。[3] 这一行为可能首先是一种应对恐慌的措施，因此，是为了解除国内外敌人的武装而突然表现出正统观的手段。

事实上，1539 年初的危机整体上对英格兰的宗教政策产生了不同寻常的影响，或者说，至少 1539 年头几个月的宗教政策所产生的混乱只能从那次危机出发来理解，才能得出合理解释。据说，那年 5 月，声名狼藉的《六条信纲》法令得以通过，该法令几乎毁掉了在英格兰传播福音的未来，

---

1　关于波尔家族和其他人的覆灭，参见Dodds, *The Pilgrimage of Grace, 1536–7, and the Exeter Conspiracy, 1538* (Cambridge, 1915), ii, 277 ff.; Paul, *Catherine of Aragon and her Friends*, 232 ff.。

2　*L.P.*, xiv, i, 867.

3　这就是马里亚克和布塞尔当时的判断。*Ibid.*, 1260; ii, 186.

招致来自各地真正教友的失望呼声。[1] 然而，同时，亨利或许获得了与大陆路德宗最大的外交进展，而他曾尝试接受路德宗。1539 年 1 月，克里斯托弗·蒙特受遣拜访萨克森公爵和黑森伯爵领主，向他们承诺亨利会忠于施马尔卡尔登（Schmalkalden）的新教联盟，提醒他们不要在法兰克福即将举行的餐会上被皇帝愚弄，并再一次要求向英格兰派遣路德宗高级牧师代表团，共同拟定信仰声明。[2] 表面上看，亨利急于加入新教势力的福音联盟，成为该联盟的领导者，而且参与者之间要相互提供帮助。此后不久，紧随蒙特之后，罗伯特·巴恩斯被派往萨克森，由此又前往拜访丹麦国王和维斯马（Wismar）城，此行目的是主动提出英格兰加入反对天主教的联盟。[3] 亨利此前一直对路德宗的要求持拒绝态度，现在是否已经准备屈服，并完全接受路德宗的教义，这也许仍值得怀疑。然而毫无疑问的是，他急需朋友，至少他准备假装为加入他们的联盟付出这种代价，正如路德宗一直要求的那样；同样地，他（又一次）准备对丹麦国王卑躬屈膝，虽然他们曾经严重不和，或者准备去试探试探刚刚被教皇夺去公国的乌尔比诺公爵，向他和其他任何试图摆脱罗马束缚的王公主动提供帮助，以抵挡教皇的攻击。[4]

毫不意外，亨利发现路德宗信徒的反应非常冷静。丹麦的基督徒对于亨利主动提出建立一个联盟的想法表现得犹豫不决，他们很遗憾此时不能向英格兰派出大使，虽然在未来某个时候他们很愿意参与英格兰同萨克森和黑森的谈判；[5] 蒙特发现德意志人同样不愿意向一个处于困境中的国王施以援手。亨利气愤地抱怨德意志人，因为他们没有对已降临在他头上的危险给出警示，没有给予他任何帮助，而是让蒙特等待他们的答复，而且回

1　参见下文第451及后页。

2　*L.P.*, xiv, i, 103, 580.

3　*Ibid.*, 441–3, 955.

4　*Ibid.*, 104, 114, 144, 188, etc. 也许1539年2月26日规定外国商人在七年内应支付与本国人相同关税的公告也是为了赢得国外的朋友。*Hughes and Larkin,* no. 189.

5　*L.P.*, xiv, i, 981.

避建立一个相互协防联盟的迫切要求；让他感到彻底失望的是，后来他们拒绝向英格兰派驻新的使团，因为这不会比之前的几任使团有更多成功的机会，也没有揭开旧伤疤的意义了。[1] 最终，他们改变了主意，派遣了一个由萨克森副宰相弗朗西斯·布尔克哈特率领的、规模很小且很平庸的代表团。他们于 4 月 23 日达到英格兰。

毫无疑问，正如路德宗贵族怀疑的那样，最终亨利没有全面接受他们的信仰声明；或许是他们的断然拒绝决定了这件事的结果。无论怎样，在德意志特使到达英格兰后五天，议会召开。克伦威尔严格审查了下议院的成员资格[2]（虽然目的尚不明确），但很快引发了激烈的神学争论，圣坛圣事方面的争论尤为突出。6 月 2 日，经过一番群情激奋的喧哗之后，下议院通过了《六条信纲》法令。同时，亨利获悉路德宗王公在法兰克福餐会上背叛他的全部过程，事情正如他所担心的那样，他们同皇帝达成了妥协；于是他毫不客气地要求布尔克哈特和他的同僚回国。[3] 出于策略的原因，双方（尤其是亨利）决定不冒险激进，而是谨慎行事，一场主要出于外交目的、起初似乎果断又决然地投向新教阵营的运动，最终变成了激烈的相互指责。

退却是明智之举。但是《六条信纲》法令在范围和效力上存在局限，其实际作用看起来并不像外人认为的那么重要。它没有表明任何重大的倒退，当然也没有表明亨利主义的主体正在崩溃。[4] 在该法通过后不久，亨利政府自信又声势浩大的反教皇运动在泰晤士河上喧闹的露天表演中得到生动展现，国王与伦敦市民一同观看了表演。河中央停着两艘游艇，一艘由代表国王及其议会的人员操作，另一艘由装扮成教皇和枢机主教的壮汉驾

---

1　*Ibid.*, 580.
2　Pollard, "Thomas Cromwell's Parliamentary Lists", *B.I.H.R*., xi (1931-2), 31 ff.
3　但他们没有这样做。他们在英格兰逗留到夏末。
4　参见下文第451页及其后各页。

驶。两船在战斗中遭遇，开始格斗，直到"教皇"的游艇被击败，船上所载物品被屈辱地扔进河中。[1] 这类大众宣传，加上与此同时铺天盖地的反教皇法案、公告、学术论文和布道，多年来一直被用来激发慵懒的国民，让他们忘掉自己的过去。克兰麦和克伦威尔曾经资助那些在乡村居民区和市集广场表演过充满含沙射影的戏剧和幕间节目（如约翰·贝尔的作品）的剧团。可能很多乡村宴会和游戏都有反教皇剧。[2] 1539 年 6 月泰晤士河上的盛况只是广泛政治宣传类型中的一个更加精心制作、更具娱乐性的实例。毫无疑问，其产生的原因在于当前对教皇、皇帝和"精神错乱的波尔"的阴谋的恐惧。[3]

最后，亨利复杂的婚姻谈判也是出于这种原因。1539 年最初的几个月间，谈判缓慢地进行着。[4]

既然现在事情已经很清楚，国王追求米兰公爵夫人和无数的法国女士都未能离间查理和弗朗索瓦，也未能为他赢得一位新朋友；事实上，亨利这样做并没有阻止他们联合起来反对自己，显然他迫切需要采取其他办法。早在 1538 年 6 月，克莱沃家族就提出了两个婚姻提议：玛丽与公爵的儿子成婚，亨利与一位女性亲属结亲。[5] 但是这项建议被埋没于一堆别的建议之下。第二年 1 月，该建议又被重新提及。当克里斯托弗·蒙特被派去拜访萨克森公爵和黑森伯爵领主时，他收到的指示不仅是促使与施马尔卡尔登同盟建立政治和宗教联络，而且还要告诉两位贵族这些婚姻提议，询问克莱沃公爵长女的消息，提醒选帝侯和伯爵领主"主动将她嫁给"亨利。

1　*L.P.*, xiv, i, 1137.

2　参见Harris, *John Bale*. Illinois Studies in Language and Literature, xxv (1939) Reed, *Early Tudor Drama* (1926), esp. 22 ff., Baumer, *op. cit.* 以及Zeeveld, *Foundation of Tudor Policy* (1948) 谈论了这场文学运动。

3　正如克伦威尔对他的称呼。

4　*L.P.*, xiv, i, 92, 194, 299, 245, etc.

5　*L.P.*, xiii, i, 1198. 但在1530年，老克利夫斯公爵曾建议与英格兰联姻。*L.P.*, iv, 6364.

按照惯例，亨利指示蒙特得到一张这位小姐的画像，并解释出于王室尊严，亨利无法回赠一张他自己女儿的肖像。[1]大约六周之后，一个包含爱德华·卡恩在内的三人使团被派往克莱沃公爵处。卡恩已经为亨利的婚姻事务耗费了大量精力，现在他再度出山，力图构成联盟，而不是解散它。克莱沃公爵和他的父亲（他于当年2月继承父亲之位）都不是路德宗信徒；同时他们也不支持"旧的天主教观念"。他们的观念处于新旧观念之间，深受伊拉斯谟的影响，就像亨利那样。此外，这位公爵还于1538年继承了海尔德兰（Gelderland），很快会因此与皇帝产生不和。总之，这是一个极好的同盟者——宗教方面令人尊敬，既不会苛求也不会挑衅，同亨利一样处于查理的阴影之下，有两个尚未出嫁的姐妹；他还通过自己的另一个姐妹与萨克森选帝侯的婚姻同势力不断增长的路德宗"第三世界"建立了联系，还能提供一些急需的雇佣军。因此，卡恩想要建议同克莱沃之间建立一个严密的同盟，商讨亨利和玛丽两人的婚姻，然后带回安妮的画像和一百名身经百战的炮手。[2]

3月中旬，蒙特那里传回了令人振奋的消息。他发现萨克森公爵准备促成亨利同克莱沃家族之间的婚姻，还听到了对安妮公主个人极高的夸奖——论"脸蛋儿和身材"，她都是无与伦比的，远超米兰公爵夫人，就像"金色的太阳光辉盖过银色的月亮一样"。[3]但是，她的哥哥，公爵本人不会快速且轻易地让步。他想要亨利公开地亲自来到他那里，向他屈膝恳求构建联盟，并同他妹妹结婚。他们告诉英格兰人，安妮已经承诺同洛林公爵结婚了，他们不能坚决保证会向英格兰派遣大使达成协议。当地唯一能胜任亨利委任的画师，老卢卡斯·克拉纳赫，也生病了，由于无法获得当前画像，国王不得不同意带回两姐妹安妮和阿梅莉亚（亨利现在对两人都感兴

---

1   *L.P.*, xiv, i, 103.

2   *L.P.*, xiv, i, 489–90.

3   *St.P.*, i, 605 (*L.P.*, xiv, i, 552).

趣）六个月前的画像。当英格兰人要求验证这两个姑娘，以便日后核实她们的画像和本人时，公爵的宰相却刻意回避了。大使们已经见过她俩，但当时她们"穿着奇怪的长袍和装束"，"既没有看到她们的脸庞也没有看到本尊"。大臣回复道："为什么你们要看她们的裸体？"英格兰人抱怨道："看起来，在这件事上我们走得越远，耽误的时间越长。"[1]

7月初，另一位大使威廉·彼得被派往克莱沃去加快谈判速度，查看两位姐妹，核实二人当时还没有制作的肖像。[2]不久之后，最初的一位大使返回，或许带着她们的肖像，或许没有。很快，他又被派回克莱沃，同行的还有汉斯·霍尔拜因——因此，他又重新回到了亨利寻求第四任妻子的故事之中了。8月11日，霍尔拜因画完了安妮和阿梅莉亚的肖像。当月底，他回到英格兰，为亨利带回了肖像，位于格拉夫顿的亨利当时正在夏季巡游。[3]9月4日，威廉公爵最终派遣了一个使团到达英格兰，来缔结亨利与安妮之间的婚姻协定。代表团于9月24日抵达。[4]安妮同他人先前婚姻协议的问题显然已经解决，最终是她而不是她的妹妹，结束了亨利两年的鳏居生活。

关于婚姻安排和安妮英格兰之行的谈判进展迅速——虽然在最后时刻，米兰公爵夫人的姐夫孤注一掷，试图让她重新回到婚姻谈判，却徒劳无功，这使情况变得更加复杂。[5]1539年10月6日，亨利同安妮的婚姻协议最终达成。[6]安妮到来之前铺张的准备工作开展起来，到12月11日时，她已身在加来，等待着一场顺风将她送往海峡对岸的英格兰。[7]协议规定她应该走

1　*L.P.*, xiv, i, 920.

2　*L.P.*, xiv, i, 1193.

3　*L.P.*, xiv, ii, 33, 117.

4　*Ibid.*, 127, 222.

5　*Ibid.*, 169, 222, 328. 这位姐夫是普法尔茨伯爵。公爵夫人是被废黜的丹麦国王的女儿，伯爵妻子的妹妹。他正在推动妻子对丹麦的要求，并希望将亨利卷入这场冲突。

6　*Ibid.*, 286.

7　*Ibid.*, 732.

陆路，从杜塞尔多夫（Düsseldorf）经由安特卫普和格拉沃利讷来到加来，因为冬天渡海很危险，还可能影响她的气色。[1] 她在加来等待了两个多星期，此时亨利也在格林尼治等待。

12 月 27 日，她穿过了海峡。从迪尔（Deal）前往多佛尔和坎特伯雷，然后于 1540 年新年第一天前往罗切斯特。[2] 可以理解亨利已经迫不及待了，他快速地乔装南下罗切斯特，一睹他新娘的风采，借此"培养爱情"，他对克伦威尔如是说。两天后，她在射手山（Shooter's Hill）受到了庄严接见，并在凯旋行列中被国王迎入河畔的宫殿之中。1 月 6 日，她和亨利结婚。[3]

在罗切斯特见到她的那一刻，亨利深感失望。他的结论是："人们曾经如此夸赞她，我对此感到很难为情，我并不喜欢她。"他曾带着新年礼物，迫不及待地去见她，但没有将礼物当面交给她。相反，第二天早上他让随从把礼物送过去，并致以冷冰冰的问候。当他回到格林尼治时，他告诉克伦威尔，安妮"并不像被夸奖的那样"值得他喜欢，并且补充道，如果他知道安妮实情是这样的，就绝不会允许她进入英格兰。第二天，她来到了格林尼治。原计划婚礼会在二十四小时内进行，却推迟了两天；亨利试图寻找一种方法，逃避与"这位佛兰德斯女人"结婚。与此同时，这位姑娘令人失望的消息也传到了国外。但是现在没有退路了。国外的形势不允许再生意外。查理五世在从西班牙去往德意志的途中，已经到达巴黎，正受到法国国王的热情款待。显然，英格兰已经被前所未有地孤立起来，不能再承受失去因为安妮而获得的来自德意志的浅薄友谊了。如果亨利足够大胆，敢于冒险在"世界制造混乱"，或者如果查理当时不在巴黎，国王很可能在见到安妮第一面时就将她遣送回家，免去更多的麻烦。但是，国王很不情愿地同意，他已无他路可走，只能"在脖子上戴上枷锁"；在他准备婚

---

1   *Ibid.*, 258.

2   *L.P.*, xv, 14.

3   *Hall*, pp. 833 ff.; *L.P.*, xv, 823.

礼时——在宫殿举行的一场安静的仪式中——他伤心地对克伦威尔说："上帝啊，如果不是为了满足欧洲世界和我王国的期望，我绝不会因为世间任何事情，去做今天我必须做的事情。"[1]

这场婚姻一直没有完成。同她度过第一晚之后，亨利很坦率地表达了他不断增长的不喜，对安妮外表的厌恶已经"深入内心"，于是"对她置之不理，她仍是处子如初"；虽然，此后他也会定期地与她同床共枕，但从未碰过她。[2]复活节后不久，那时查理在法国受到的款待已经结束，亨利心中又生出一个新的"大顾虑"，那就是，他的这第四次婚姻一开始就是无效的。

据称这次离婚（婚姻无效）有两个理由：亨利不同意，因为他没有同她圆房；安妮无资格同意，因为她几年前同洛林公爵的儿子签过婚约。显然第一个理由已经足够，虽然很难证实，但千真万确；第二个理由同样充分，而且很容易证实，但可能并不真实。

几个月以来英格兰人都知道，在很多年前，安妮曾许诺嫁给洛林公爵的儿子。1539 年，亨利的大使们也听说了此事，但是克莱沃的大法官向他们保证，这个协议只在双方父母之间达成，十几年来洛林公爵一直没有采取任何行动来履行承诺，最近还答应了他儿子同法国国王女儿之间的婚姻。[3]此外，还可以肯定，1535 年，海尔德公爵的一位大使代表洛林公爵正式宣布放弃这份预先婚约。然而，亨利指示驻克莱沃的英格兰代表获得与这份婚约相关的文件，以确认安妮是自由身，但显然他们从没有成功获取过。相反，克莱沃一方承诺这些文件将会由派往英格兰的大使们送到亨利手中，以同其协商。[4]然而他们既没如约派送，也没有让安妮亲自携带来英。或许，此事没有任何险恶用心。很可能安妮同洛林儿子的订婚，现在看来太过遥

---

1　*L.P.*, xv, 822–3, 850; *ibid.*, 23.

2　*L.P.*, xv, 823, 825.

3　*L.P.*, xiv, i, 920.

4　*L.P.*, xv, 1193; ii, 33; *ibid.*, 850.

远，以致相关文件已经遗失。但是，显然亨利一直在担心这件事情，安妮到达英格兰之后，当他设法摆脱即将到来的婚姻时，亨利试图从安妮先前的婚约中寻找借口。于是，来自克莱沃的大使们被亨利召集到议会，并告知他们现在的困境。大使们非常诧异，他们答复亨利此前的婚约肯定已被取消，并承诺他们情愿留在英格兰作为人质，直到他们收到国内发来的婚约取消书的副本。克伦威尔将此事告诉亨利，亨利明显感到很失望，喃喃自语说，"我可没有那么容易对付"。为保事情更加确切，克伦威尔遂要求安妮亲自正式宣布放弃先前的婚约。[1] 即使 1535 年的文件并不存在，这也足以免除先前的婚约——克兰麦和滕斯托尔第二天在议会上如此表述。[2] 亨利在最后时刻摆脱这次婚姻的企图被掐灭了。克伦威尔坚决地"努力迫使他忽略这件事"[3]。毫无疑问，他认为一旦亨利毅然接受这次婚姻，一切将会顺利，此前的婚姻很快就会被遗忘。

但是国王对安妮深感失望，让他一直怀揣着这个一时想起的顾虑。此外，关于这个王后过去的文件以及 1535 年解约书的副本最终在 1540 年 2 月从克莱沃送达时，却又生出了新的疑虑。到目前为止，人们一直认为安妮签订的是一份预定婚约，即"将来结婚"（per verba de futuro）的婚约。但是现在看来（显然可能会引起争议），或许她被安排了一次"现在结婚"（per verba de presenti）的婚姻，而这是一个具有约束性的婚约，不能被取消。[4] 事情是否这样，看起来值得怀疑，但这是一次天赐的良机，暗示事实就是那样。现在，整件事变得复杂和令人困惑，足以让有心计之徒编造合理的借口，质疑安妮与亨利婚姻的合法性。

离婚案开始于 7 月初，据说是因为议会向国王提出了自发性的请愿，

1　*Ibid.*, 822–3, 861 (2), i.

2　*Ibid.*, 824.

3　*Ibid.*, 850 (4).

4　*Ibid.*, 850 (3).

列举了怀疑这场婚姻的诸多原因，恳请国王对此做出调查——当然，据说他一定会去调查。第二天（7月7日），国王委任教牧人员代表会议开启调查程序。两天之后，他们便在最后的决定上签名盖章了。这次婚姻被宣布无效。教牧人员代表会议的决议很快得到了议会的确认。[1]

　　在该案件开始的两个星期之前，亨利就一反常态地把安妮送到了里士满，"户外的空气和娱乐活动，对她的健康更有利"。[2]让他大吃一惊的是，她表现得十分温顺。离婚诉讼开始不久，大法官率领一个代表团拜访她，寻求她的同意，他们没有费多大周折，她就表示同意。她承诺交出她兄弟、母亲和其他人写给她的信，因为英格兰人担心她的亲属们会对突然解除她的婚约采取措施。她确认自己没有完婚，并且在信件中顺从地称呼国王为"哥哥"，自己署名为"妹妹"。[3]虽然，她的亲哥哥，克莱沃公爵对这一系列事件感到不安，担心安妮将会回家，[4]但看起来她自己却没有多少异议，平静地接受了亨利赠送给她的两处房产，一座富足的府邸和每年五百镑的收入，作为没有爱情的六个月婚姻和她恭顺服从的回报。但是人们不禁想知道，如果她按照先前的计划，与洛林公爵的儿子——那位知名枢机主教的侄子结婚，如果是亨利，而不是洛林公爵的儿子，与弗朗索瓦的妹妹结婚，那将会发生什么？在克莱沃的婚姻为众人所知之前，这两场婚事一直在运作。

　　正如伯内特和其他人所言，并不是霍尔拜因的画像误导了亨利。[5]一位伟大的肖像画家用艺术弥补了自然的不足，从而将国王带入了婚姻的灾难，这种想法往往可以轻易编造出一个好故事，却对于画家很不公平。沃顿是被派往克莱沃的全权大使之一，知道整件事情的来龙去脉；他描述霍尔拜

---

1　*Wilkins*, iii, 851; *L.P.*, xv, 908, 930.

2　*Hall*, 840.

3　*L.P.*, xv, 925, 908, 930.

4　*Ibid.*, 970.

5　Chamberlain, *op. cit.*, 178 ff.

因的肖像画是"一张非常真实（栩栩如生）的画"，[1] 亨利后来抱怨的是大使们的话，而不是霍尔拜因的画作。他说，是那些大使误导了他。但即使这样也是不公平的。一位大使曾描写过她，"我没有听说过对她个人和美貌的任何赞美之言"——真实情况是，虽然他 1537 年在致克伦威尔的信中这样写过，但那时安妮还没有被视为王后候选人。[2] 但在 1539 年 5 月，沃顿曾经非常坦率地报告，她大部分时间都在做针线活，受教育程度不高，也不会唱歌或者演奏乐器，"因为在德意志，如果大家族中的小姐接受教育或者精通乐器，会受到责难，认为这样做很轻浮"。他对这位公主的描述是这样结尾的："我从未听说她会喜爱本国的欢庆场合，如果她能喜欢，我会感到很诧异，因为她的哥哥，虽然比她更能容忍寻欢作乐，却在此方面非常克制。"[3] 沃顿提醒过了，但是没得到注意。

　　我们无从得知克伦威尔是否阻止过亨利收到这些话语。他确实将蒙特从法兰克福送来的对安妮充满溢美之词的报告（只是报告）交给了亨利。但是，认为克伦威尔自始至终一直在敦促亨利接受这场婚姻，而后者并不完全知情或者不想接受这次婚姻，是难以置信的。从国王和大臣这一时期的往来信函中可以清楚地知道，亨利完全知晓正在发生的所有事情，如推动路德宗贵族形成一个更加紧密的联盟的尝试和克莱沃的婚姻谈判，而且克伦威尔一直是，完全是他的仆人，悉数告知到来的所有消息，接受和执行王室的回应；一封克伦威尔写给蒙特的信记录了亨利得知来自法兰克福的最新消息时做出的反应，信中清晰地表明亨利急于加快谈判速度。[4]1538 年夏天，亨利阻止了让克伦威尔派人代他查看法国的婚姻候选人的建议，他说："上帝啊，除了我自己以外，我不相信任何人，此事对我影响太深了。"[5]

---

1　*L.P.*, xiv, ii, 33.

2　赫顿给克伦威尔的信中也是这样说的。*St.P.*, viii, 5 (*L.P.*, xii, ii, 1172).

3　*L.P.*, xiv, ii, 33.

4　参见*L.P.*, xiv, i, 552, 580, 781, 834。

5　*L.P.*, xiii, ii, 77.

果真如此，克伦威尔怎敢用欺骗来强加给他一位新娘？亨利会允许他这样做吗？

亨利可能不是这次婚配的完全发起者，当然在最后时刻，当他见到安妮，打起退堂鼓时，是克伦威尔（和其他人）说服了他。但是他曾全程参与将她迎入英格兰的计划，并打算同时在法兰克福举行协商。让他人来承担这段失败婚姻的罪责，或受人鼓动将责任归咎于他人，会给他省去很多麻烦，却有失公允。

事实上，如果人们从卢浮宫收藏的霍尔拜因为她所画的肖像（这幅画像不是在克莱沃所作、上呈亨利的那幅，但是以此为基础而作的）来判断，[1]安妮有着非常迷人的面容，而且显然与亨利其他几位妻子一样讨人喜欢；当然，她的条件比前一任简·西摩尔要好得多——凭良心讲，也并没有好很多。或许她的真正缺点不在于容貌而在于个性。上文我们刚提到的沃顿，曾经警示过她既没有学问也没有吸引力，并将她描述成一个乏味、害羞的姑娘。他所描述的，正是霍尔拜因所画的。后者所作的画像显示她是忧郁而面色苍白的，与世无争，面带奇怪的不悦，身穿奢华的加冕长袍。人们可以想象，当她发现自己在冬季远离家乡、来到英格兰，送到亨利喧嚣的床榻，她会是多么地迷惘；而一想到国王的下一个选择将会是性感的凯瑟琳·霍华德，也会豁然开朗地想象到，亨利第一次看到他那胆小又令人扫兴的准新娘，是多么地失望。她既不是像凯瑟琳·霍华德那样富有朝气的轻佻女子，又不是像凯瑟琳·帕尔那样的自信主妇，而是可悲地与众不同——一位尚未觉醒的女子，缺乏魅力和激情。或许，这也表明了安妮平淡的个性，在短暂的名噪一时后，能让她如此轻易地就接受了被驱逐的安排，接受了十八年彻底而又看起来心甘情愿的默默无闻的流放生活，而在她的流放地，人们公开地鄙视她。

---

1　Chamberlain, *op. cit.*, p. 181; Ganz, "Holbein and Henry VIII", *Burlington Magazine*, lxxiii (1943), 271.

在教牧人员代表会议宣布安妮的婚姻无效，告知她并获得她接受的一个月之前，1540 年 6 月 10 日，星期天下午 3 时，卫队首领在议会桌前将托马斯·克伦威尔逮捕，当时他坐在他的众多政敌中间，谈论着王室事务。当他意识到无情的政敌最终击败了他，他在惊骇和愤怒中扔掉帽子，此时诺福克公爵和南安普敦公爵扒掉他身上的饰品。他被人从边门带出了议会房间，送到一艘正在等候的船上，押往伦敦塔。

克伦威尔的倒台和司法谋杀充满着神秘色彩。[1] 或许，我们永远无法弄清他倒台的真实原因和过程，也不能完全揭开那些猎杀他的人所采用的种种阴谋。但有些事情却很清楚。首先，亨利对他的抛弃非常突然。如果 1539 年的《六条信纲》法令对他来说代表着一次失败（不能确定），此后他没有表现出对王室失去信心的任何迹象。虽然，他的主要政敌诺福克公爵不久之后表现得很抢眼，并于 1540 年 2 月重掌外交要务（这还是 1532 年以来的头一遭），他将带领使团出使法国，但至少他在国外就职，远离国王——这可以看作克伦威尔继续掌控国家事务的一种措施。1540 年 4 月，显然是由克伦威尔掌管着议会事务，当时他在上议院宣布将会建立两个委员会，表面上是为了准备更加完善的教义声明和仪式书。[2] 4 月 18 日，他最终被授予贵族头衔，在一段时间以前就有人觉得这会是他的囊中之物，他还成为王家掌礼大臣。不可能认为这些提拔不是王室表达善意的迹象。

其次，没有迹象表明国王和大臣之间出现了重大的政策分歧。亨利也许是发现了克伦威尔如何计划（不只是计划）将整个国家引向歧途，也许是几个月以来他们一直逆行倒施，所以现在国王打倒了这位大臣，因为他心里一直在谴责这位大臣的政策——这些说法几乎没有证据支持。如上文所述，亨利自己提出了同克莱沃和路德宗贵族之间的谈判。尽管这场婚姻

---

1    他最后的时日，参见 Elton, "Thomas Cromwell's Decline and Fall", *C.H.J.*, x (1951), 150 ff.; L. B. Smith, *A Tudor Tragedy. The Life and Times of Catherine Howard* (1961), 115 ff.。

2    *Lords Journals*, i, 128 ff.

惨败，他依然继续寻求同萨克森和黑森之间达成一个协议；虽然起初这只是一个政治联盟，但他说，这个联盟将会导致以后的宗教谅解，这就是他的政策。[1]5月中旬，有关宗教的最后大辩论在议会和各主教之间激烈上演，亨利也积极地参与争论。宗教变革的进一步计划（如果是这样的计划）没有受到他背后势力的推进，因为他亲自见证并且给主教们对一项初期问卷的答复做了批注，这些问卷设计旨在阐明主教就此问题的观点。[2]亨利很少像现在这样，像一个势力强大的大臣的受害者。或许，正如克伦威尔自己在倒台前向马里亚克坦承的那样，他过去热衷于帝国一派的事业甚于其他事情。但是，议会如今表面上很和谐。[3]没有迹象表明，外交政策的分歧在议会中造成了严重的紧张情绪，克伦威尔与国王也无意见相左；如果克伦威尔真正急于修复与皇帝之间的关系，那么他就不会像有时表现出来的那样，热心新教事业。此外，虽然他的倒台标志着宗教变革的终结，但对外交政策没有产生深刻的影响。英格兰继续关注弗朗索瓦和查理并向他们示好，同时还向克莱沃派遣使团，向该公爵保证英格兰人的友谊，尽管亨利与他的女儿离婚了。没有证据表明，如果没有派遣克伦威尔，这一政策会有所不同。最后，针对克伦威尔僭夺公权的指控最终拟成，我们可以推测这份指控列举了最能破坏他地位的事件——控告他多项罪名，但没有指控他在重大政策事务上欺君误主。虽然他被指控同情国内的异端，但他无需为与克莱沃联姻一事负责；他没有被指控密谋反对亨利，促成英格兰与国外路德宗贵族同盟。[4]

克伦威尔树敌已久，如斯蒂芬·加德纳那样的对手，在1534年争权中不敌于他，此后一直被竭力排除在宫廷之外；加德纳一派的一些主教，

---

1　*L.P.*, xv, 310, 509.

2　参见下文第443页，第446页及其后各页。

3　*L.P.*, xv, 652.

4　关于僭夺公权，参见*Burnet*, iv, 415 ff.。

如桑普森、斯托克斯利和滕斯托尔等保守派，理所当然地认为是他和克兰麦鼓动着亨利在教义上走向激进主义；最重要的是，像诺福克公爵和萨福克公爵这样的贵族，除了短期内出来平息求恩巡礼，一直都受到这个骤然得势之人的排挤；他们被困在家中，对自己同中心的疏远而感到焦虑，憎恶克伦威尔的无所不能。[1] 自从安妮·博林跌下云端，诺福克公爵曾深受挫折，1537 年末，他和他的幕僚失去了一次东山再起的机会，当时亨利被说服去寻求一位外国妻子，而不是选取一位国内贵族的女儿来恢复贵族对王室的影响。

可能在 1539 年春天，克伦威尔与其对手之间最终的争权夺位就开始了。那年 6 月，克伦威尔和诺福克公爵在克兰麦的家中发生了一次激烈的争吵；争吵由诺福克公爵而起，但是所为何事不得而知。[2] 几个月以来，表面上看，克伦威尔非常安全，特别是当 1540 年 2 月诺福克公爵被派往法国之后。但是，从那时起，诺福克公爵和他的朋友们便开始聚集起来，准备予以致命的一击。诺福克只离开大约三周，克莱沃婚姻失败导致亨利再一次处于最脆弱的时刻。诺福克公爵的侄女凯瑟琳·霍华德，被送到了准备接纳她的国王面前,诱饵很快引来上钩。克伦威尔将要被算计。亨利日益迷恋凯瑟琳，他同安妮离婚的想法也与日俱增。但如果克伦威尔让国王离婚，他的政敌就会占领城堡。

在克伦威尔倒台前的几个星期里，已经有明确迹象表明他正在为自己的命运拼搏。桑普森主教（加德纳的同伙）、朝臣尼古拉斯·卡鲁爵士和莱尔勋爵突然遭监禁，已经现出派系争斗的漩涡。[3] 6 月 1 日，马里亚克报告道，克伦威尔还将镇压其他五位主教，并表示不久前他几乎被他们赶下台。[4] 我

1　Elton, *art. cit.*, 154 ff.

2　*Burnet*, i, 425.

3　Elton, *art. cit.*, 175. 但是，逮捕金雀花家族的私生子莱尔勋爵，可能是攻击白玫瑰家族的一部分，而且是由一个据称要把加来交给国王的敌人的阴谋引起的。

4　*L.P.*, xv, 736–7.

们无法弄清这场激战的细节,因为很可能在1540年5月至6月初战斗已经结束。我们能捡起的只是些故事中的零碎片断——监禁和有关监禁的谣言,直到6月10日,克伦威尔最终突然被击败。

他下台的经过与沃尔西的很像。他从底层被强行推出,是诺福克公爵在加德纳及其同伙的帮助下所发动的一场阴谋的受害者,在这场阴谋中,他们将凯瑟琳·霍华德当作棋子,正如之前将安妮·博林作为棋子一样。阴谋者毫无疑问与凯瑟琳一起在攻击行为中处于领先地位,他们可能说服了失望的国王,让他相信克伦威尔对他最近婚姻的失败以及在法兰克福的谈判无果负有责任,同时还向他提出对克伦威尔的指控——这些指控后来出现在褫夺公权法令中——克伦威尔曾经攻击自由人,说他们犯有叛国罪或有犯叛国罪的嫌疑,在王室不知情的情况下出售出口许可证、发放护照和起草委托书;而他,一个出身卑微的人,曾篡夺王室权力并将自己凌驾于王国之上;等等。但是最关键的指控,看似最能打动亨利并且构成褫夺公权罪主体的一条,是他是一位可恶的异端,曾传播异端文献,授权异教徒传道,将他们从狱中释放,反驳和拒绝听取对他们的指控;此外,1539年,他曾在伦敦说过,英格兰的路德宗信徒罗伯特·巴恩斯等人教授着真理,即使国王对这真理感到厌恶,"我也不会改变,如果国王真的和他的人民一起违反真理,我将与我的人一起为此而战斗,手握我的剑反对他和其他所有人"[1]。

因此,他被控犯有叛国罪和异端罪。当然,剥夺公权只是"一层半真半假的谎言",它巧妙地将"模糊和特殊"混合起来,给人一种虚假的令人难以置信的说服力。[2]但是,或许诺福克公爵和他的同僚编织阴谋的程度要远大于人们的预料。克伦威尔被逮捕之后,马里亚克立即报告,针对克伦威尔的指控是,**作为一名路德宗信徒**,他支持异端。很快在次日,他便告知如何发现了克伦威尔与路德宗信徒之间交往的定罪信件，这些信件让国王大为震惊，发誓要永远废除克伦威尔的名字。[1]但是，也许是他的对手后来改变了立场，也许是马里亚克被误导了——后一个原因的可能性更高，针对他的所谓异端并不是路德宗而是极端宗教激进主义，即圣餐象征论。从伦敦塔寄出，给亨利的措辞忧伤的信中——这是他写的第二封信——克伦威尔为自己的清白辩护，大声乞求国王的怜悯，再一次反驳了针对他的难以令人信服的叛国指控，因为他"过去、现在、将来一直都是"亨利忠诚的臣仆，接着他还否认了对自己的异端行为的指控。这封信残缺不全，但留存下来的文字足够清晰地表达写信者正在大声向上帝呼喊，证明他不是叛国者，也不支持**圣餐象征论**，他生是虔诚的基督徒，死也是虔诚的基督徒。[2]事实上，褫夺公权罪指控他曾经说过，根据法律，每位基督徒都能成为圣事的牧师，还指控他让人将《圣经》译成英语明确反对圣坛圣事，这项罪名本身表明他的异端行为极端激进。显然，克伦威尔是支持宗教改革的。他是《主教书》（*Bishop's Book*）要求那样的路德宗信徒，这本官方宗教礼节汇编，要求所有英格兰人都需遵守。没有证据表明他接受了亨利目前为止已经拒绝接受的那些路德宗规定，即按照两种形式和圣体共在论来举行圣餐仪式，也没有证据表明他想废除教士独身制甚至弥撒。而且，现在他并未受此指控。相反，指控者争相跑到国王那里哭喊着他这个大臣是激进派别的成员，受到了路德宗信徒和天主教徒的激烈谴责，这一派别否认了圣餐仪式中的真在论，鼓吹无政府主义——为了使这些指控真实可信，后来他们把在克伦威尔房间发现的那些信束（那些可能只向亨利提过

---

1 *L.P.*, xv, 766, 804.

2 B.M. Otho, C, x, fol. 247 (*L.P.*, xv, 824). 该文本的相关部分为："...oche grevyd me that I sholde be notyd...e I hadde your lawse in my brest and...ementarye god he knowythe the ...he ton and the other gyltles." 我想用现代拼写法重新构建这段话："我总是把你的法律记在胸中，却被指出是个叛徒，这让我非常难过；我应该成为一个圣徒，上帝他知道真相，我是一个无罪的人。"

却没有向他展示过的信柬）告诉了国王。不足为奇，站在绞刑架下，克伦威尔发表演讲，宣称自己至死"没有怀疑我信念中的任何内容，也没有质疑教会的任何圣事"，他还补充，"很多人恶意中伤我，举报我是一个心怀邪恶思想的人，这些都不是真的"。[1]

将克伦威尔中伤至此可谓老谋深算，因为亨利本人对现在所宣称的事实表现出了强烈的反感；不久之后，国王在威斯敏斯特的宴会大厅里主持了对约翰·兰伯特的审判，并且因为他否认真在论而判他死刑。[2]此外，看起来为了使针对克伦威尔的指控更具实质内容和可信度，国王的追随者还打算中伤其他人并将他们迫害至死。克伦威尔被执行死刑两日后，罗伯特·巴恩斯、威廉·杰罗姆和托马斯·加勒特在史密斯菲尔德（Smithfield）被当作异端烧死。就异端指控而言，三人都是无辜的。

巴恩斯是名路德宗信徒，仅此而已。他（在早年忙碌的生活之后）为国王担任大使任务中已经证明了自己，并承担过"除去圣事"和再洗礼派的任务。他是个鲁莽、健谈的人，1540年的大斋节，在圣保罗十字讲坛前布道的过程中，他非常愚蠢地通过人身攻击激怒了斯蒂芬·加德纳。他，以及他的支持者杰罗姆和加勒特最终被带到了国王面前，公开宣布放弃一些认为善举毫无价值的好事言论；接下来，国王要求他们在复活节周期间，在圣玛丽病院（St Mary Spital）公开证明自己的正统观念。做完这些事情之后，加德纳想方设法把他们三人快速送进了伦敦塔——后来他对此矢口否认。这件事情虽不明确，但是看起来加德纳（或者另有其人）"私下向国王抱怨，告诉他那些说给朋友听的不可告人的密语"，促使了亨利将三人羁押起来。[3]究竟为什么他们被监禁起来，现在不清楚，或许当时也不是很清楚。但是，巴恩斯同克伦威尔关系紧密，而杰罗姆是克伦威尔生活地斯特

---

1 *Foxe*, v, 402.

2 *Ibid.*, 229 ff.

3 *Ibid.*, 430 ff.

普尼（Stepney）的教区牧师。很显然，他们被捕是在攻击克伦威尔之前阴谋的一部分。要想对他发动野蛮的攻击和进行快速的清洗，有什么比揭发一个危险的异端阴谋网络看起来更可信？

6 月 30 日，克伦威尔被处死两天后，这三个人在史密斯菲尔德被处以火刑。就像克伦威尔一样，他们也没有在公开法庭接受审判，因为这样很容易被人察觉到起诉书是骗人的。他们以褫夺公权法令这一更快速的审判方式被处决，文件中简要陈述了他们犯有最严重的异端罪，"罪项太多在此无法重述"[1]。然而，在火刑柱上，巴恩斯发表了抗议，将他被陷害过程的真相公之于众。在他对公众发表的最后一次演说中，他申辩他从未鼓吹暴动和背叛，也从未像有些中伤他的人宣称的那样，说过"我们的圣母只是个装藏红花的袋子"；他从来都不是再洗礼派成员，相反他所有的勤奋钻研"完全是为了挫败和反驳那一教派的所有人"（这是事实）。他被指控犯有最严重的异端罪，而他彻底否认了这一罪行。他不是异端。他被判死刑，"但是我说不出理由"——既然他和他的伙伴要被烧死，他认为他们的罪行必须是异端。他问站在旁边的郡长，有"任何的法律条款来指控我吗？"郡长回答说"没有"。接着，他问公众是否有人知道"我为什么要死，或者我的讲道有错吗？"没人回答。从接下来发生的事可以清楚看出，巴恩斯有些怀疑，加德纳和他即将执行的死刑存在某种关联，而且议会的其他人反对他"或出于恶意，或出于无知"。但是，至于其他，他显然和行刑现场的看客一样，对于突然发生在自己身上的事情感到非常困惑。极端异端罪被强加在他身上，而他显然从未有过异端思想，对此也没有任何证据，他被离奇地送到了伦敦塔，现在又要被离奇地处死。[2]

---

1 House of Lords, Original Acts, 32 Hen. VIII, *c.* 60. 在这次审判中，来自加来的四名男子因与波尔进行叛国交易而被判处死刑；一名爱尔兰人因支持叛军菲茨杰拉德而被判处死刑；萨里郡的查尔斯·卡鲁因抢劫而被判处死刑。
2 *Foxe*, v, 434 ff.

显然其他人也是这样。当他们准备赴死时，"都用同样的方式宣示自己的信念，背诵基督教教义的所有章节，并在时间允许的情况下，以每一条文简短地宣示自己的信念；如此一来，人们可能会明白他们的信仰没有任何动机和错误，因而他们应该得到公正的宣判。此外，他们没有否认至高无上的君主，以及他们的国王宣布的《旧约》或《新约》中的任何内容"[1]。据推测，他们被控为再洗礼派信徒，如今面临着火刑，对于强加在自身的异端指控，他们跟巴恩斯一样迷惑不解。

受害者们为自己的命运感到困惑，一位机警又见多识广的同时代的人也对此困惑不已。爱德华·霍尔在他的编年史中坦承，他完全不能理解为什么这些"宣称信仰耶稣福音书而因此成为牧师"的人（根据他的判断，他们不是异端）会被如此残忍地处决——"虽然我思索过想弄清真相"。他曾不辞辛劳地去调查他们的褫夺公权罪，发现其中非常可疑的"莫须有"。他知道在史密斯菲尔德，巴恩斯是如何质问在场的郡长，问他是否能够解释对他的指控，却没有得到答复的。[2]对于霍尔来说，这些死刑明显带有谋杀的气息。同样地，路德宗的世界快速创作出了巴恩斯的信仰，作为对上帝的一名伟大儿子的纪念，路德可以在序言中描述巴恩斯的信仰，"巴恩斯殉难的原因至今仍然不为人知，因为亨利一定对此感到羞愧"[3]。但是，他只说对了一部分。亨利不是他死亡的始作俑者，甚至可能完全不知道事情发生的经过。

这件事情还没结束。巴恩斯和他的两位同伴被处死的当天，三位坚持旧信仰的被告人也被执行了死刑，他们是爱德华·鲍威尔、理查德·费瑟

---

1　*Ibid.*, 436 f. 但福克斯只逐字逐句地给出了他们演讲的一小部分内容，因此不可能像巴恩斯那样断然说他们是被诱捕的。

2　*Hall*, 840.

3　*L.P.*, xvi, 106. 理查德·希尔斯对布林格说，他也无法发现巴恩斯和其他人的死亡原因。*L.P.*, xvi, 578.

斯顿和著名的托马斯·埃布尔。[1]三人因新教异端、另外三人因天主教叛国的这两次处决，通常被看作亨利敏锐平衡感的明证，表明他在罗马和维滕堡（Wittenberg）之间寻求平衡的坚定意图。但或许这两派人的流血，不能算在亨利头上。或许天主教三位牧师殉道也只是针对克伦威尔阴谋的一部分——某种搅乱时局、安抚或者恐吓的企图。当然，那些摧毁巴恩斯及其同伴的人，并非有意无意地将英格兰置于一种审慎的妥协中；因为巴恩斯（肯定是），以及其他人（可能是）作为再洗礼派信徒而不是路德宗信徒被烧死的，所以采取了路德本人认可的方式，处理这些混淆难辨又阻碍他自己的传教的宗派成员。

克伦威尔死后大约八个月，马里亚克记载说亨利阴郁而恶毒，他怀疑他的阁僚利用虚假的指控"和轻巧的借口"导致了克伦威尔的毁灭，他当着他们的面如是说，现在他才知道克伦威尔是他最忠诚的臣仆。[2]那时，或许亨利还未完全明白克伦威尔突然被清扫的原因以及方式。国王受到一支企图政变的派系影响，裹挟行事，而他又很容易受人左右。不久之后，断言亨利完全吸收、掌握了一些人所说的克伦威尔试图强加给他的政策，这样评价他并不矛盾。对于亨利而言，情况往往是这样：当他看起来最放心、最信任某件事情时，那就会是一件最容易受到攻击、最不能确定的事情。公愤消散后，要弥补其带来的伤害已经太晚了，这时他才开始看到自己被利用、被摆布的黑暗事实，并开始后悔。他永远失去了一位天才，或许是英王朝最有成就的臣仆，这位王室大臣在英格兰历史上留下的印记甚至比很多君主留下的印记还要深刻。

---

1　这三个人终于得到了应有的处置，参见Paul, *Catherine of Aragon and her Friends*。
2　*L.P.*, xvi, 589–90.

# 第十二章
# 王权至尊及宗教体系

    "王权至尊"让亨利成为其子民的精神之父和英格兰国教这一新制度的主宰。按照《上诉法》之规定，教士和教外人士只是构成单一国家的两种"类型和层次的人民"，而亨利是这个国家的"唯一最高首脑和国王"；或者，按照斯蒂芬·加德纳在《论真正的服从》（*De Vera Obedientia*）中的观点（其观点已经成为常识），因为王国内的居民也都是包罗万象的国教的成员，因此第一类人的首领必须是第二类人的首领。[1] 亨利一直坚持教会人士应该是王室的大臣、**他的**牧师，代表他来实施权威，例如，在 1533 年他写给克兰麦的一封信中，以及在他自己修订的王室加冕誓言中都有体现。[2] 克兰麦在 1540 年写道，正如国王陛下之下存在一个等级递减的、从大法官到郡长和市长之类的市政大臣体系，同样地，他还有另一个大臣体系，从主教往下到最卑下的教区牧师，他们的权威同样来自王室的充分权力。[3] 到那时为止，一直是来自罗马普遍而至上的教皇其诏书和披带，赋予

---

1 参见 Janelle, *Obedience in Church and State* (Cambridge, 1930), 93 ff.。

2 *L.P.*, vi, 332. 在 Ellis, 2nd ser., i 的扉页中，有一份带有亨利修正的誓言文本的摹本。关于其副本，参见 *Ellis*, 176 ff.。

3 *Miscellaneous Writings and Letters of Thomas Cranmer*, ed. Cox, Parker Society (1846), p. 116. 参考惠特吉夫特对王后双重治疗的分析，即精神和世俗的治疗，"正如她通过大法官来进行一种治疗，她也通过大主教来进行另一种治疗"。Whitgift, *Works*, ii, 246.

了接受者治权（potestas iurisdictionis）；如今，这一权力来自伦敦的国王。《限制神职人员圣俸法》规定（并以此作为新教会的证据），要求英格兰的主教拿他们的任命诏书换取王家特许状，并将所有教皇授予他们或者他们教会的所有特权和恩宠都收归国王，"任由国王陛下确认或取消"。[1]

英格兰教会是国王的教会。英格兰教会的牧师是国王的阁僚、教区牧师和仆人。[2] 如果官方声明中从来不允许表明圣职权，即宗教权力，与来自最高首脑的教士管辖权截然不同（虽然克兰麦，也许还有亨利本人，都几乎如此认为），[3] 那么它们小心地表明教士竞选和任命实际上是王公许可的地方习惯；牧首、总主教、大主教、领班神父、主持牧师等人的任命则要么是"得到王公和民事权利的同意和授权，要么是至少经过他们的许可和默许"。[4] 堂区、主教教区、大教堂、修道院——这些都是为了国王来"视察、镇压、戡乱、改革、发布命令、纠正错误、管制和改良"，[5] 这些任务或由国王亲自执行，或者通过他的大臣、牧师，或者通过克伦威尔，他在宗教事务上的代理人，以及代理主教（主教代理人的一种教会头衔，完全足以胜任），或者通过任何世俗或宗教人士，凭国玺获得委任。教牧人员代表会议只有取得国王的令状才能召集，而且必须由非宗教人士来主持，即国王的代理主教或者代理人。如果说仍然是神职人员来"指挥、改造、奖励、惩罚"教众，那也只是凭借一种衍生出的权威而且依据教规来实施。理论上，教规或需三十二人组成的王室委员批准——亨利任期内，此项工作从未完成——或需获得国王的批准。基督教法庭，此前一直是与王室法庭并

---

1　因此，主教和大主教在被任命时要根据新的誓言宣誓，参见P.R.O. S.P. 6/3 fol. 64v。
2　例如，桑普森主教在关于王权至尊的布道中使用了这些术语（Strype, *Ecclesiastical Memorials* I, ii, 166），在P.R.O. S.P. 6/5, fol. 25v中关于基督教法院的论文中使用了这些术语，并在1537年的《主教书》中反复出现。
3　参见下文第445—446页。
4　《主教书》也是如此，参见Lloyd, *Formularies of Faith put forth by authority during the Reign of Henry VIII*, Oxford, 1856, 118。《国王书》重复了这些观点，这变成了惯例。
5　《至尊法案》也是如此。

存的一个独立法律体系，听命于罗马教皇，如今则听命于王室议会。从此以后，教会事务的最终上诉取决于大法官法庭中的国王陛下。[1]《豁免法》(Dispensations act) 终止了先前向罗马教皇和他授权的坎特伯雷大主教乞求特许、神职人员、特典、豁免等的泛滥。但是，更加重要的特许状或需经国王和议会签发，或需盖上国王的国玺得以确认并在大法官法庭记录。同类事项的费用则由教会和国家共同分享。由国王来"整顿和纠正"罗马发出的所有赎罪券，"使之看起来有利于上帝的荣耀和人民的福祉，既符合情理又考虑周全"，[2]而且最后他还宣布教义，告诉英格兰人何为对、何为错、何须坚持、何须否认。《至尊法案》只提到了王室针对异端的消极保护原则，但在不久之后，亨利就将向他的子民全面阐述宗教信仰，这份宣言由他的神职人员撰写，凭借自己的权威，并以特许状的形式宣布其为真理；再凭借权威发布命令，决定宗教节日的数量，指导牧师的布道和对圣徒、圣物的崇拜，谴责朝圣活动，要求每个堂区都要购买一本英译《圣经》，等等。国王已是耶稣之代表，亨利还称自己为上帝"在本国高贵的牧师"、"整个王国的灵魂"，他推翻了那些自封为耶稣之代表的渎神束缚，必须"鼓舞、统治和拯救"他的子民。[3]

斯蒂芬·加德纳曾试图证明克兰麦"全英格兰人大主教"的头衔贬损了国王的宗教最高领袖地位，[4]尽管这种企图是出于对这位大主教的仇恨；几十年之后，诸如普林这样的人，诅咒劳德的神授主教职位和他的阿米尼乌斯派同伴，其依据是这一职位将主教直接置于上帝之下，而非国王之下，从而产生了"一种教皇和主教的分裂且僭越的管辖权，独立于而不是来自至高无上的国王"。[5]对于当今我们这些深知王权至尊已经过时的人而

1 25 Henry VIII, *c.* xix.
2 该法令第xxi章也是如此。
3 *Foxe*, v, 535; "Treatise on Royal Power", in P.R.O. S.P. 1/238, fol. 245.
4 *L.P.*, viii, 704.
5 Lamont, *Marginal Prynne 1600–1669* (1963), 17.

亨利八世

言，通过思考和回顾以上史实来重新生动地领悟君主神化崇拜，或许不得不费一些周折。像克兰麦这样的人，被同时代的人推崇，并授予最高首脑之衔，这种近乎偶像崇拜的行为建立在一种深深的信念之上，即经历了数个世纪的黑暗与荒凉之后，终于发现了真正的基督王权。一部强大而崭新的民族史诗，历史之神学，已然诞生——后来的福克斯将成为其最诌媚的鼓吹者——诉说祖祖辈辈英格兰人如何在罗马教皇的残暴统治下痛苦呻吟；揭露君王与百姓之卑躬屈膝，还有虚荣自负的教皇之欺瞒诈骗和弄虚作假如何使暴政变成现实；细数所有这些手段如何稳步将教皇自己置于他们同僚主教的地位之上，如何篡夺那些理应得到万人臣服的君主的权威，他们，即神圣罗马帝国皇帝及其继任者，基督教世界的国君，才是尘世里耶稣之代表；阐述摆脱这种僭越的时机是如何到来的，它打击了教皇贪婪的傲慢和贪心，重新建立起崭新的正确秩序。现在，君主们终于开始明白"诡诈的狡猾鬼（即教皇）所走的轨道是怎样的"。[1] 罗马的卓越一直是雄心勃勃、狂妄自大的教皇们的杰作，他们偶然利用了历史和地理优势、过去的混乱和其他国家的弱点。有人认为，使徒们曾被授予过一种不受地域限制的"普遍"权力。无论怎样，彼得从未到过罗马；或者，如果他曾到过，他也从未享有过任何至高无上的权力；或者，如果他拥有过，那他的这种至高无上的权力也是个人属性，不能传给他的继任者；或者如果传给了他的继任者，那这种权力也是名义上和"道德上的领导者"，而不是"某种极端和肉身的权力"，这种权力耶稣从未实施过，也未在任何时候指使任何人实施

---

1　1534年《反驳角落里教皇党人窃窃私语的小论文》这样说道（*Pocock*, ii, 539 ff.）。在这段引文的前后部分，我总结了一些小册子的主要内容——即《真实之鉴》《小论文》《由国王议会通过的条款》，约克大主教为指导传教士的小册子，载于P.R.O. S.P. 6/3, fols 75 ff. (*L.P.*, viii, 292)，有关王权至尊的论述见 P.R.O. S.P. 6/6, fols 44 ff., 84 f. (*L.P.*, viii, 294–5)，同一主题的两篇小品文见P.R.O. S.P. 1/238, fols 238 ff., 240 (*L.P.*, Addenda 912–13)，以及加德纳的《论真正的服从》和《主教书》的相关段落。

过。[1] 人们认为,早期的教会并不知道后来罗马所声称的普遍教皇权。显然,早期的教会议会并不是"教皇的"议会,授予罗马主教的权威和荣誉也不比任何其他主教大。教父们和"整个天主教会的共同意见"都没有承认他们现在所声称的教皇权。事实上,罗马的一位主教在写给君士坦丁堡的皇帝的信中坦承,"他的主教权只包含西部和北部地区",还有其他类似例子。官方对于教皇权的态度不一,有极端中伤的,也有像斯蒂芬·加德纳这样态度温和的,他认为在国王统治的基督教世界里,教皇作为老师和领袖仍然提供了一些主教服务,正如早期的教会中,罗马的主教们"在宣讲耶稣福音和捍卫信念方面表现得非常坚决"。[2] 然而,所有人都认为英格兰教会并不受制于这个外国主教的直接管辖和司法权,而应该只接受国王的统治。

基督教世界的君王必须将以色列和犹太的君王作为榜样,学习大卫、约沙法、希西家和约西亚这些受膏的圣君,上帝将他的羊群交给了他们,祭司和万民听命于他们,他们委派、处死祭司和利未人,他们在战争中带领着自己的国家,并服侍上帝。看起来,相对而言,基督教君王最近的辩护者没有引起人们的兴趣——这些辩护者曾经代表中世纪的皇帝们或者法国的腓力四世与教皇制度作过斗争。奥卡姆经常被人提及,还有格尔森。1525 年,反教皇主义和国家至上主义的主要教材,帕多瓦的马尔西利奥的《和平保卫者》(*Defensor Pacis*),经过专门修改后(以适应英格兰国情)的翻译本问世了。但是,总的来说,亨利时期的传道者对此追根溯源,找到了《旧约》和福音书中的那些文字,其中记载据称耶稣自己和他的教会服从罗马帝国皇帝,命令彼得和使徒们将属于恺撒的交给恺撒,或者说耶稣否认他将在这尘世里建立一个王国;他们还追溯到了《使徒行传》和《使

---

1　参见Janelle, *op. cit.*, 153。

2　Janelle, *op. cit.*, 149. 加德纳继续为保罗三世祈祷,他说,"上帝赐给他美好的生活,让他在主里过得好"。参看贝金森与之类似的温和态度,他接受了彼得的首要地位,但也同样谴责了他的继任者对权力的狂热追求和他们所造成的不公正现象。他的*De supremo et absolute regis imperio* (1547), 51 ff.也如此说道。

徒书信》中的著名文字，其中记载道，保罗恳求恺撒，促请臣服于世俗尊者们，彼得也命令基督徒尊崇国王。简言之，他们又一次搬出了在基督徒归顺大辩论中曾经用过的文献集。但最重要的是，他们呼吁遵循早期基督教皇帝的范例，尤其是遵循拜占庭时期的政教合一制度。君士坦丁不是在尼西亚主持第一次宗教大会议，旗帜鲜明地将宗教和世俗之剑紧握在自己手中了吗，那时的教皇权在哪里？查士丁尼不是在他的帝国扫荡中裁决了关于三位一体的争论，对主教们强加法律，追捕异端邪说了吗，那时的教皇权在哪里？诸如德尔图良这些教父不是说过君王们接近于上帝，并且同意皇帝们照管神圣教会吗？

该法令频繁说道，王权至尊"附加并统一于王国至高无上的王权"。它来自"绝对权力"（imperium merum），这种"所有、完整的政权"按理属于基督教君王，他们在过去未加提防，任由教皇僭越，而今要将其恢复。英格兰政权是崇高的皇帝政体。因此，正如我们所见，亨利一直饱受争议。如今这一真理变成了他国王身份的支柱，也将成为其继任者的支撑。1530年开始宣称的观点变成了一个庄严的政治事实。帝国的野心已经得以实现。亨利不仅仅是一位君王，而且是一位拥有"王国皇权"的国王，因为他的王权已经恢复了其全部继承权，并被赋予了早期基督教皇帝的权威。这如何发生尚不清楚，因为著述者也有点模棱两可。大多时候，似乎恢复权力的君主国只是简单地将旧时的帝王作为自己的楷模，但是至少有一个声明，提出新政权直接来源于旧政权。先前拜占庭帝国皇帝授予的单一教会领袖身份，后来分配给了基督教世界的所有君王，授予他们"在自己王国里享有绝对权力"。[1] 因此，这便是真正的"皇权过渡"（translatio imperii）。长久以来，罗马的主教们中途截取了本该由君王享受的继承权，利用欺骗，强加给世人"君士坦丁献土"的故事；但如今君士坦丁和查士丁尼的合法

1　参见St.P., i, 543中一些主教对大公会议问题的看法。

继承者前来索取自己的权力了。

16世纪早期的圣经学术研究可能还处于初级阶段，有关早期基督教的历史知识更加薄弱，但是这些足以说服正直的人们，国王受到了上帝的召唤来担当他在世间的代表，并授予他们看护自己子民宗教和世俗生活的神圣使命。导致英格兰人放弃忠诚于旧秩序的，不仅仅是权宜之计，或者是愤怒，或者是希望获取什么。虽然如今王权至尊的原则看起来遥远又不合时宜，支持它的证据也令人质疑，但我们必须记住，对于克兰麦和其他很多人而言，这却是真实而令人信服的——它既是一种揭露也是一种解放——对他们来说，国王的领导是一件神圣的事情，必须像忠于上帝的神父一样忠于国王。亨利时期的一位小册子作者试图有力地阐述王权至尊不是什么新鲜事物，因为英格兰人从来没有给予罗马主教任何权威，英格兰国王们一直在坚定不移地反对罗马的僭越。[1]这种观点开启了一个长期存在的传说，即引用一段令人称道的警句隽语，就会将英格兰的基督教新教徒置于宗教改革之前，将天主教徒置于宗教改革之后。无论多有说服力，这种观点不可能得到很多人的赞同。王权至尊或许恢复了一个失去已久的正确秩序和正确政体，却也令人瞠目地粗暴背弃了过去的几个世纪。如果认为它对英格兰教会结构没有产生实质变革是错的，那么宣称它让后者沦为国家的一个部门的说法则同样是错的。当然，它形成了一个完全从属于国王的教会，只是因为国王自己被提升到了天堂的入口。

当时的英格兰教会是一个"特殊的"教会，**一个天主教会**。亨利自己将其描绘成"整个天主教会的一部分"，或者更不幸地说成是一个"众所周知的私人教会"[2]——这是一个难以理解的教会论。基督教世界的基本统一性没有被否认。正如1537年的《主教书》所言，包括罗马教会在内的所

---

1　*A Treatise proving by the King's laws that the bishops of Rome had never right to any supremitie within this realm* (1534)也是如此。

2　在他1543年对《国王书》的修改中，B.M. Cleo E, v, fol. 34, fol. 35v。

有特殊教会，被"夯实和团结在一起，以建立和形成一个天主教教会或者团体"[1]——也就是，如果其他地方的那些尚未觉醒的国王只会上升到他们真实的地位，那么罗马主教们的地位则会下降到自己应有的位置。除此之外，那里的地方教会还应该设立大公会议，这是基督教统一的最高（和唯一的）有形标志。人们注意到，大公会议给亨利带来了一些麻烦。1533 年，他曾呼吁建立一个针对教皇的未来议会。但当保罗三世准备召集亨利呼吁的议会时，后者不得不通过接受新教建立一个"自由的基督教议会"的呼声，来回避这一威胁，由此，他意图建立一个真正代表基督教人民、由国王而不是教皇主导的宗教议会。亨利的宣传很快主导了舆论，人们相信"召开议会的权利"（ius concilium convocandi）只属于国君，这是他们至高无上的权利。亨利可以申明自己建立宗教议会的强烈意愿了，以此回应世世代代基督教弟兄的请求——1538 年的《抗议书》中宣称，"我们时常向上帝渴求的不是别的，仅仅是想拥有一个议会"，一个由皇帝、国王和诸侯的权威召集的议会，就像早期的议会一样。[2] 其中本身就包含着一些困难，因为，如果真的召集了一次合法的议会，议会的权威又是什么？它会高于上帝之代表，也就是各位基督教国君吗？它会束缚和强迫他们吗，还是只是"蒙受神恩"，君王们可以自由地按照自己的意志执行法令？当然，这是一个学术观点，但是它却像新教一样让亨利所处的世界感到愤怒。起初，亨

---

1 Lloyd, *op. cit.*, p. 55. 参考查普伊斯1538年报道的亨利的申明："我从来没有想过要建立一个属于自己的上帝，与整个基督教团体分开，这除了是一种丑闻，还会给我带来很大的伤害。"*Sp. Cal.*, v, ii, 223. 有些人可能会区分意图和现实，但他们不能否认意图。亨利声称自己推翻了一个**虚假**的统一，如果在理论和实践上他用来取而代之的都是最小的东西，就像新教徒一样，他认为基督教世界的基本统一性得到了保留。

2 *A Protestation made for the most mighty and most redoubted King of England etc.* (1538)（没有标记页码）——这是一份反对教皇会议的小册子，教皇会议刚刚被召集，将于次年11月在维琴察召开。参阅另一本以同样的措辞阐述王室宗教理论的作品《致皇帝陛下和所有基督教王公的书信》（*An Epistles... to the Emperor's Majesty, to all Christian Princes etc.*）（1538年）；以及*St.P.*, i, 543 ff. 中的小册子。

利时期人们坚持认为议会的声音必须具有权威性和约束力。[1] 但是，有些人动摇了，让最高首脑的领导完全没有受到约束。亨利治下的官方宗教礼仪书的最终稿，即 1543 年《国王书》，回应了 1537 年的诏书，公开表示"我们所有人都必须恭顺地服从整个教会"，如某个大公会议的判决。接下来亨利干预了。他纠正了这一虔诚的公告，写到"我们应该考虑和认为，整个教会应该这样聚集在一起，这是经基督教世界的君王与权力（potestates）一致同意，在涉及类似的天主教命令方面，具有更深层次的判断，应该比任何一个私人教会（他重复这个词）更广泛地得到遵从"[2]——比原来"我们所有人都必须恭顺地服从"的语气，这种表述已经弱化。但是，在最后的版本中，原稿和亨利的修正稿都没有出现，这个问题被搁置了。

这是一个次要问题。基本而核心的事实是推翻罗马主教的暴政，以及由英格兰国王这位新的君士坦丁大帝，来恢复一种被僭越已久的至高无上的宗教统治权。一旦宣布"王权至尊"，就会开启一场声势浩大的计划，通过各种大路和小道将英格兰解放的消息传播出去。最终的结果就是宣誓承认亨利为最高首脑，与罗马教会断绝关系；礼拜公祷文中出现教皇名字的二十五处将会被消除；每年每个堂区教堂都会做四次布道，用简单的故事讲述他们如何及时摆脱罗马主教黑暗的统治。大量书籍、宣传册、福音传单和国王、议会签发的一些官方声明，还有聚集在克伦威尔周围且由他雇用的一群作家撰写的其他作品，一遍又一遍地重复着《圣经》中的观点和早期教会的历史，来支持王权至尊，贬低罗马的自命不凡；同时，流行戏剧和露天表演用更简单的语言向普通大众传播同样的信息。整个国家将会被重新教育。为了达到这个目的，由克伦威尔主导的政府，将会发动一场

---

1　有关此主题的所有内容，参见Sawada, "The Abortive Council of Mantua and Henry VII's *Sententia de Concilio*, 1537", *Academia* (Nagoya, Japan), xxvii (1960), 1 ff., "Two Anonymous Tudor Treatises on the General Council", *Journal Eccl. Hist.*, xii (1961), 197 ff.; F. van le Baumer, *The Early Tudor Theory of Kingship* (New Haven, 1940), esp. 51 ff.。

2　B.M. Cleo E, v, fol. 34v.

史无前例的政治宣传运动，英格兰的印刷机将会第一次得到充分展示其潜力的机会。

王权至尊的核心处还有一个根本性问题。《至尊法案》仅仅宣布亨利是英格兰教会的首领，没有封他成首领，因为它不能。只有上帝有能力，而且也曾那样做过。因此依据这个法令的条款，以及如新教会的大量辩解书中所表达和暗示的那样，亨利的至尊地位是绝对的和个人的，是直接从上帝那里得到、蒙上帝恩赐而享有的一项馈赠。但是其他地方却暗示至尊地位是由议会授予国王的。上文所提的法令——涉及《上诉法》《首岁教捐法》《神职界服从书》《豁免法》——不仅仅具有宣布性质。它们不是简单地宣布新教会的各个方面规定，还规定了那些反抗公告的人将受到的惩罚；它们授权给予处罚。这些法令逐步批准了王权至尊固有且必要的一些功能：国王不经过罗马任命主教的权利，教会法庭和宗教会议服从于国王的控制，由国内负责提供所有教会人员和豁免的条款；它们所做的经过了国王和上下议院的认可。如果王权至尊的基本要素（它们正是）被议会制度的三位一体合法化，那么显然宗教事务的统治权将归于那个三位一体体系之下，而不是其任何一个成员之手。

因此，一方面，我们听到一种权力"自上而下"理论，[1]依此理论，宗教事务的统治权经过上帝直接授予国王；另一方面，还有一种专制国家的权力"自下而上"或"内在"理论，它将宗教统治权归属于最高立法机构——议会。当然，直到通过了《至尊法案》，以及宣布执行前一种理论之后，后一种理论才被替代。在亨利敢于宣布直接从上帝那里获得权威之前，他只能从议会那里接受他宗教君主所具有的特质。有关教士首岁教捐、上诉和余下其他事情的新部署，没有国王和上下议院的授权，就没有任何权

---

1  我从Ullmann, *Principles of Government and Politics in the Middle Ages* (1961)借用了这一术语和它的对语。

威。1534 年末，权力"自上而下"理论得以宣布，此后，亨利个人的至尊权得以保持完整。从此之后，这位最高首脑发布禁令，凭借自己的权威发布宗教声明——随后涉及宗教事务的议会法令要么批准因亨利的至尊权而引起的事情，例如 1536 年为了"剿灭罗马教皇权威"而实施的新举措，[1] 要么制定因违反规定而应受到的惩罚，如 1539 年的《六条信纲》法令（虽然，事实上，这几乎是个非典型案例，因为该法令申明这些现在在法律上可以被执行的条款，先前曾展示给议会两院，寻求他们讨论和批准）。[2] 尽管《至尊法案》基于不同的原则，但它并没有清除先前的法令，如《首岁教捐法》《上诉法》等等。相反，它建立在先前这些法令之上，并且盖过了它们。

因此，从一开始，就一直存在一些混乱，那就是国王的至尊权究竟是直接来自上帝对其个人的授予，还是来自国王的议会。两种观点都有法律依据。亨利主义的核心思想存在模棱两可之处。自从亨利寻求王国特权和作为国王所拥有的至高无上的权利，他便将这两种观点结合在一起，而这两种观点，即使最终不是不可调和的，至少也存在重叠的地方。此外，或许《上诉法》已经将这种模棱两可神圣化了。它著名的序言中宣称英格兰是"帝国"，因此是一个马西利乌斯式的主权专制国家——而这种说法的基础是一种"自下而上"或者"内在主义"的权力理论。但是它只这样说过一次。紧接着，它论及王国的至高无上的王权，上帝授予其充分而完整无缺的权力、超凡出众的地位、权威、特权和管辖权，所有人都必须顺从——这反映出一种强烈的"君主政治"观念。虽然此后该法令又重新回到马西利乌斯主义，它的序言似乎位于亨利主义基础法律的议会至上和以同种名义制定的法令的个人至上之间。

---

1　28 Hen. VIII *c.* x.
2　其序言中这样叙述。*Statutes of the Realm*, iii, 739. 因此，看似合理的政治策略，却使亨利非常接近于危险的让步。原本被允许作为一种恩宠的行为，却很容易被要求作为一种权利。

这种复杂性与世俗统治权的类似复杂性相吻合。英格兰国王们是蒙上帝恩宠的国王，是上天的恩赐，正如在加冕礼中所展示的那样，而且乃是世袭；但是同时，契约、责任和"自下而上"权力观念在英格兰人思想中蒂固根深。英格兰的王权受到了亚里士多德学派思想原则的限制，即政治权力出自整个政治共同体，由其赋予；还受到了宪政事实的束缚，那就是最高形式的立法是法令，它需要议会代表的整个国家的批准。[1] 可以说，英格兰的君主制度具有二元性；是人和上帝的造物；是"政治且国王的"(politicum et regale)；中间道路，将对立的神授权利原则与马西利乌斯和奥卡姆之类彻底的亚里士多德学派的民粹主义原则统一在一起。[2] 要维持这种对立，并回答曾经的"自下而上"和"自上而下"权力理论究竟为何，二者成为英格兰政治难题。倘若两种要求都得到了合理的满足，那么没有人急于通过强力去解决体系中通常看起来与生俱来的这对矛盾。很难获得简单明了的答案，而且一旦获得就会非常危险。最好还是让由来已久的复杂性来包裹这一体系吧，而不是试图"解开"它。

王权至尊不仅是至高无上的国王的个人属性，而且是"帝国"，即整个国家的一项功能。因此，它的二元性看起来同世俗政权的二元性相吻合；该世俗政权曾经根据王权神授，授予受膏的、合法的国王，而且还是整个政治共同体的一部分。过去几个世纪，世俗政权碰巧一直发展至此，但是王权至尊却是近几年来的人为之作，人们不禁想知道王权至尊的模棱两可是否诚属巧合。

无论刚刚对《上诉法》有怎样的评论，克伦威尔看起来是马西利乌斯学派的一位立宪主义者。他的政治信条建立在法令万能和议会统治权之上。

---

1　因此，亨利和克伦威尔都没有"发现"议会。他们只是利用了它；而且他们没有其他选择。16世纪30年代的新事物是声称帝国这一独立的政治体可以完成任何事情。新的自治制度肯定了法规的全能性，而不是确认法令是国家最高法律形式这一既定的事实。
2　参见Wilks, *The Problem of Sovereignty in the Later Middle Ages* (Cambridge, 1963), esp. 118 ff., 了解作者对自己确定的"中间道路"这一术语的分析。

此外，正如《豁免法》序言所示，它显著地证明了议会高于宗教事务的法律至上地位，这对他来说在宗教和世俗事务上也都是如此。国家自身拥有宗教和世俗自主权并且通过国家立法机关来执行。[1]如果他这样想，那么可以顺带观察到他对世俗统治权的想法比现实要简单一些，因为他井然有序的体系忽视了我们刚才提到的二元性。

但是亨利似乎有不同的想法。如果前几年，他动摇了英格兰的自由和豁免权，他可能永远都不会看到这些权力与他个人至高无上的特权相冲突。他把王权至尊想得很简单，认为教会的权柄从神降临到他自己身上，然后继续向下降临到教会实体。如前所述，这就是他经常说话和行事的方式。而且，这也可能是《上诉法》的表达方式。法令的其中一稿陈述道，民法和教会法都直接来自国王——我们知道是亨利自己添加了这条。[2]最后的版本中将其删除了。为什么？未必是因为它的作者放弃了这条。是因为它太具煽动性而且很难落到实处？或许如此。是因为这条和另外一个政治理论——"帝国"理论相抵触，而且被它否决了？或许如此。上一年（1532年），当时最终以教士屈服告终的攻击行动仍在进行，议会起草一份法令以防教牧人员代表会议最终妥协。该法令规定，过去或将来的任何教会教规、法令和章程若没有得到议会法令的确认，都不能公布或者实施。"王室的权威和管辖权……由上帝的至高无上的旨意联合并编织在王国的王冠上"，将因此受到议会的保护，以对抗神职人员的篡夺。[3]然而，这一法案没能变成法律。相反，教士同意让国王任命的三十二人委员会来审查过去的教规，并且在收到国王的同意之前（而不是得到议会法令的确认之前），不再颁布新

---

1　有关此事的所有内容，参见Elton, "The Political Creed of Thomas Cromwell", *T.R.H.S.*, 5th ser., vi (1956), 69 ff.。

2　B.M. Cleo E, vi, fol. 185. 有关该草稿和其他草稿，参见Elton, "The Evolution of a Reformation Statute", *E.H.R.*, lxiv (1949), 174 ff.。

3　参见这一法案的两个草案，一个经过大量修改，另一个誊抄稿，收录于P.R.O. S.P. 2/L, fols 78 ff.和S.P. 2/P, fols. 17 ff. [*L.P.*, v, 721 (i)和vii, 57 (2)]。

的法律。因此，议会控制教士会议活动的计划被一个明显的"王室"计划所取代了。为什么？因为前者太难太繁琐？或许如此。因为它与另外一个政治理论相抵触，并且这次被其击败了？或许如此。为什么《神职界服从书》在大约两年之后的1534年才被议会的法令确认？是因为它由此会获得法律的全面支持，还是因为要求"王权至尊"功能、得到议会授权的一个政治理论重新确立了自己的地位？事实上，该法令也修改并阐明了教会事务的上诉程序，正如1533年的法令中所规定的那样。但这不可能是全部原因。有关上诉过程的细节本可以在一个单独的法令中处理，而不是相当不协调地插入其中。显然，我们必须在刚刚提出的任何一个或者两个原因中，找到它的另一个动机。

因此，争论在于亨利主义改革中，有关"王权至尊"来源和出处的法令存在混乱。从法律证据上看，王权至尊要么直接来自上帝的国王的个人属性，要么来自整个国家，由国王通过议会来执行。可以说，这两种理论分别属于亨利和克伦威尔，这种混乱和明显的拉锯战源于这两种理论的争斗，而1534年的《至尊法案》，肯定了国王的个人领导地位，标志着亨利思想最终战胜了他的大臣。然而，证据不足以得出如此明确的陈述。但有可能是这样。

然而，有两件事情可以说使得这种混乱或者紧张比可能的情形更严重。首先，它体现在代表新政权的宣传册作者身上。对于斯蒂芬·加德纳而言，"王权至尊"只授予国王一人；但是对于其他作者，尤其是法学家克里斯托弗·圣杰曼和小册子《用国王的法律来证明的论文》（*Treatise proving by the king's laws etc.*）的匿名作者，则通过议会将宗教权威赋予国王。[1]因此，这种二元论不仅限于法律。其次，虽然新教看起来对国王赞美有加，不惜溢美之词鼓吹他的神圣职责，但是新教内部却有反对的趋势。亨利的至尊

---

1　参见Baumer, *The Early Tudor Theory of Kingship*, 56 ff.。

权远比路德宗王公们赢得的权力更严重，令宗教改革者不禁侧目。它让英格兰新教徒弗朗西斯·比戈德非常震惊，因此他加入到求恩巡礼活动中，部分原因是反抗激进的国家至上主义，因此也暂时与出于其他原因而表示反对的保守派团结在一起。[1]真正的新教寻求一个为真正宗教服务的君王，而不是自己充任独裁"最高主教"（summus episcopus）的君王。最重要的是，它揭示了基督教团体的一个宝贵思想，即教会召集牧师，约束自己，如果其拥有任何上层建筑，也是从下层衍生而来的。从根本上看，它的政策是"自下而上的"；虽然它极力赞美国王，但绝不可能轻易承认出自上层的等级制度和王权至尊"自上而下"的理论。这两种思想的冲突将会在后来的伊丽莎白统治时期公开显现。但是现在，它可能已经出现，虽然受到了抑制。[2]

因此，它也没有出现在 1549 年的《教会统一法》中，该法令中新的《祈祷书》得到了国王和上下议院的批准，国王的个人至尊权首次被对立的议会至尊思想所超越，因为自 16 世纪 30 年代初以来，这两项原则就已经融合在一起了。1559 年，伊丽莎白第一届议会同时通过了一个宣言性的（个人）《至尊法案》和批准第三本《祈祷书》的《教会统一法》后，她父亲统治期间出现的一种模棱两可的情形再次出现。此外，当伊丽莎白试图推翻议会对她的宗教解决方案的攻击时，她的论点是，宗教是一件国家事务，是她

1 有关比戈德有趣的职业生涯，参见Dickens, *Lollards and Protestants in the Diocese of York*。参考路德的评论，他说他和巴恩斯经常讨论亨利如何能取得信仰捍卫者和最高首脑的"可怕称号"。*L.P.*, xvi, 106.
2 人们可能会补充说，亨利主义者对大公会议的呼吁也与权力的"由上而下"理论背道而驰，因为正如一些亨利主义的宗教议会文献所承认的，大公会议代表整个教会，其中教皇拥有绝对权力，并通过它传播。参见Baumer, *op. cit.*, pp. 54 f.。因此，具有讽刺意味的是，亨利的个人至高无上的地位受到了教会的相同概念的威胁，"整体"和"信友会"等概念在首领和成员中都具有权威性，这使中世纪的至上主义对教皇的首要地位构成了明显的威胁［参见Tierney, *Foundations of Conciliar Theory* (Cambridge, 1957)］。因此，亨利同时继承了教皇的权力和问题。如同教皇一样，正如蒂尔尼所表明的那样，亨利的地位受到了他自己的辩护人的威胁，他们是最早提出宗教会议理论的教会法学家的继承人。

独有的特权，任何议会都不能干涉，她的立场令人怀疑。那些在伊丽莎白教会中战斗并试图攻击教会最高统治者的议会清教徒被指责不懂历史。然而，仅仅是他们不懂历史吗？

除非亨利是这样一个人，"他将一个人从高塔顶上头朝下扔下去，然后命令他在中途停下来"[1]，对于人数庞大且不断增长的同时代人而言，推翻教皇的权威以及宣布王权至尊只是故事的开始，而不是结尾。对他们来说，难以置信的是，在摆脱了罗马的暴政之后，英格兰没有转向从事改革和更新其基督教生活这更加重大的任务。

在某种程度上，同罗马决裂后的几年见证了一个可以被宽泛地描述为伊拉斯谟改革计划的实施，即打击"迷信"，如遗迹、圣地、朝圣和修道院生活，印刷英文版的《圣经》和初级读本。伊拉斯谟主义的著作大量涌现，其中很多为伊拉斯谟个人著作的译本，另外一些是在俗虔信主义原著、灵修文学和祈祷手册，以及无数关于教育、社会和经济的正义，关于为君王和国家服务，关于医学等方面的论文，它们由起初围绕在克伦威尔身边、后来围绕在凯瑟琳·帕尔王后身边的一些人文主义圈子所创作。[2]但不容争议的是，这些年里，英格兰也陷入了伟大的欧洲宗教改革运动之中。对一些人来说，伊拉斯谟主义本身可能就是目的；但对另一些人来说，攻击教皇的圣地和圣像、解散修道院、印刷《圣经》是迈向大陆新教的踏脚石。1525 至 1547 年间，据估算，大约有八百本独立的宗教著作以英文印刷出版，其中大量著作带有强烈的新教色彩，其作者有巴恩斯、科弗代尔、理查德·特雷西、贝肯、塔弗纳和乔伊，还有改革者本人，如路德、梅兰希通和加尔文。[3]第一个官方信仰宣言，1536 年的《十条信纲》发布在路德宗

1　Harpsfield, *The Pretended Divorce between Henry VIII and Catherine of Aragon*, 297.

2　所有相关内容，参见McConica, *English Humanists and Reformation Politics etc.*。

3　Knox, *The Doctrine of Faith in the reign of Henry VIII* (1961), ix.

神学经典阐述《奥格斯堡信条》和后来的《奥格斯堡信条辩护书》之后，几乎一字不差。在克伦威尔的要求下，同年塔弗纳将这两本书翻译成英文出版，并献给了他。[1]第二本宗教礼仪书，即所谓的 1537 年《主教书》，同样来源于《奥格斯堡信条辩护书》和路德的《教理问答》(*Catechisms*)；《主教书》的续篇，即 1543 年的《国王书》，虽然回避了上述作品的温和清教主义，但仍然带有明显的宗教改革的痕迹。亨利主义若仅仅是"没有教皇的天主教"，便是行不通的。虽然，总体上同大陆新教之间的反复谈判并不愉快，路德最终非常失望地发现，尽管英格兰先前作出了承诺，但未有快速行动，或者像他先前所期待的那样尽快行动；虽然如此，亨利治下的教会无疑朝改革者迈出了一大步，在下一个统治期全面发展的英格兰新教，很多都根源于此。亨利统治期间，英格兰教会在摆脱旧的正统教会方面迈出了一大步。这一运动并不规律，一会儿倾向于维滕堡，一会儿又犹豫退却——作为外交手腕，等级制度中相互冲突派别的不同命运、国王自己的本能以及毫无疑问的其他几个因素决定了这一点。亨利本人主导着这个奇怪的演变。他绝不是一名路德宗信徒，的确，在一些事情上，他是毫不妥协的保守派。但是亨利的大脑，那台发热的、任性的机器，并不平静——探索疑问，抓住新奇，经常将神学的过去推向远方，用奇怪的混合方式将新旧事物放在一起。在他的王国和自己摆脱了罗马的束缚之后，有时候亨利会停下来，他要么没有感受到，要么反感进一步推动神学进步的需求，这些不足以说明什么。这位国王曾经撰文反对路德，曾经在是否需要平信徒开声祈祷和思想祈祷这深奥的问题上坚持自己的观点；[2]据说，他非常乐于主持一次异端审判，还乐于在公共场合证明这位异教徒有错。他思维敏

---

1　当然，这些只是这些年众多公开的新教出版物中的一小部分，具体内容见 Knox, *op. cit.*。1535 年，梅兰希通将他的《教义要点》(*Loci Communes*) 献给了亨利本人，并获得了 200 克朗的奖励。

2　伊拉斯谟也这样告诉我们，参见 H. M. and P. S. Allen, *Opus Epistolarum Des. Erasmi*, iii, 582; v, 127。

捷，在神学上很有建树，他已经学会了足够多的知识，给人留下了深刻印象，但是不足以阻止其成为危险人物；亨利像一个积极的参赛选手一样投入到伟大的理论辩论中，这成为其后三分之一统治期的标志，尤其是 1536 到 1540 年间。

在 16 世纪 20 年代激烈的交锋破裂之后，1531 年，亨利和维滕堡之间的直接交流又重启了，当时亨利派遣罗伯特·巴恩斯到路德那里寻求对自己离婚的许可。毫无疑问，在这个关键时刻，来自任何途径的任何支持都值得拥有，但是重要的是，亨利采取了这一主动行动。对于正教狂热人士而言，一位臭名昭著的异端的观点将是无关紧要的，更不用说是最近在公开场合广受谴责的人士的观点，他的支持更多是耻辱而不是恩惠。亨利甚至应该想过请教异端邪说，这表明与过去相比他已经转变了很多——即使这不能用作同情新教教义的证据。

但是，路德很令人失望。上一年英格兰路德宗信徒威廉·廷代尔在马堡（Marburg）出版了他的《主教实践》（*Practice of Prelates*），书中严厉斥责了国王有关《利未记》的论点，他坚持认为《利未记》的禁令指的是一位健在的兄弟之妻，并通过《申命记》加以限制。这正是路德和梅兰希通两人的观点，虽然他们都继续建议亨利可以通过一夫多妻来解决继承问题，效仿亚伯拉罕、大卫和其他人；有趣的是，不久前克雷芒七世在经过一个小时的绝望和愤怒之后，向英格兰驻罗马的代理人提出的正是这个解决办法。[1] 路德坚决反对国王离婚。他认为，绝不应该特许国王和凯瑟琳结婚，不是因为摩西律法现在仍然具有约束力，而是因为这一婚姻违反人类世俗法；但是既然已经完婚，解除这桩婚约就是重罪。凯瑟琳是"英格兰真正的、合法的王后，是上帝使然"，离婚"在上帝的眼中是一种罪恶"。其他改革

---

1  参见上文第211页。

者——厄科兰帕迪乌斯、茨温利和加尔文（不包括布塞尔），都给出了不利于亨利的裁决。整个路德宗世界都拒绝了他，但有一个人是例外，这个人就是奥西安德，纽伦堡（Nuremberg）的改革家和牧师，他甚至代表亨利写了一部作品，他可能对此事有特别的兴趣，因为他妻子的侄女（或外甥女）同托马斯·克兰麦秘密成婚。[1]

　　1531 年的圣诞节，维滕堡的裁决，经巴恩斯交给了亨利，明显具有讽刺意味的是，其中有一定部分同对费希尔和埃布尔、他们的西班牙伙伴以及凯瑟琳的余下支持者的判决相似。虽然这是个挫折，但并没有阻止十八个月后派往路德宗的一连串试探性使团中的第一批成行——最终这些行动将会发展成为寻求教义和政治联盟的谈判。

　　我们不能详细地追踪很多使节行动中的复杂故事和他们错综复杂的神学谈判，也无法分析官方宗教声明的内容，尤其是 1536 年的《十条信纲》和第二年的《主教书》；《主教书》的发布很大程度上是英格兰向路德宗示好的结果。这样的事情在其他地方已经出现过多次[2]——当然，我们的关注点在亨利自己思想的演变。回忆 1532 至 1534 年间发生的事，就足以说明问题。在此期间，大使们行走在英格兰同吕贝克（Lübeck）和汉堡（Hamburg）的汉莎同盟城镇之间；1534 年夏天，大使们的行动达到高潮，来自两个城镇的高规格代表到达英格兰，随身携带的除了他们主动提出的信仰声明和构建反对教皇之联盟的吁请，还有来自吕贝克的呼吁，请求亨利本人尝试获取最近空缺的丹麦王位——这一建议足以让亨利感到兴奋，他集结船队，派遣邦纳和卡文迪什两位主教满载现款前往波罗的海地区，

---

1　所有相关内容，参见Doernberg, *op. cit.*, 85 ff.；Tjernagel, *Henry VIII and the Lutherans* (St Louis, 1965), 73 ff.。

2　例如，Jacobs, *The Lutheran Movement in England during the reigns of Henry VIII and Edward VI* (1892)；Prueser, *England und die Schmalkaldener* (Leipzig, 1929)；Hughes, *The Reformation in England*, ii, 22 ff.；Tjernagel, *op. cit.*, 120 ff.。

很显然这是为船队远征丹麦做准备。[1] 我们无法得知这一计划受到了多么严肃的对待，因为另一位觊觎丹麦王位的荷尔斯泰因公爵很快攫取了这一战利品，终结了这段非凡而鲜为人知的插曲。但是，一段时间之内，亨利很可能饶有热情地把玩这种想法。

同时，在 1531 年与德意志路德宗王公们接洽之后，罗伯特·巴恩斯在英格兰和施马尔卡尔登同盟之间多次交涉，直到 1535 年末，他和爱德华·福克斯、尼古拉斯·希思到达维滕堡，提出和那里的王公们达成协约，开启与路德本人和梅兰希通的重要谈判。萨克森公爵立即提出缔结协约的条件，其中第一条规定，英格兰必须接受《奥格斯堡信条》和梅兰希通的《信条辩护书》；尽管斯蒂芬·加德纳反对，亨利还是给予了令人满意的赞同，几个星期之后福克斯和他的同僚同意签订所谓的《维滕堡条约》（Wittenberg Articles），这是一个主要由梅兰希通起草的信仰宣言，用作经路德宗驻英使团同意达成的最终信义协定的基础。毫无疑问，路德宗使团由梅兰希通带领，亨利曾多次要求派遣他来英。但是，虽然这些条款是几周后拟定的王室《十条信纲》的主要来源，两年来路德宗使团不曾到过英格兰。1536 至 1538 年间，英格兰同路德宗教会之间的关系实际上已经中止；直到 1538 年初，克里斯托弗·蒙特不远千里，率领使团抵达萨克森，并提出了一套新的建议，即《十三条信纲》（Thirteen Articles）；这些条文与 1536 年的《维滕堡条约》一样，同样具有新教色彩。德意志人 5 月到来，于 1538 年 9 月末离开，未达成任何协议。第二年 4 月，应国王邀请，第二个代表团来到伦敦。代表团逗留了几个月，一无所成，于 1540 年夏天回国。《六条信纲》法令和克伦威尔的垮台，暂时给这些多变而充满不确定的交流画上了句号。三年之后，亨利统治期的最后一个信义宣言，1543 年的《国王书》诞生了，这份宣言放弃了部分 1537 年宗教礼节汇编的内容。最后，

---

1　这个故事的调查情况，详见Alexander, "The life and career of Edmund Bonner, bishop of London, etc." (unpublished Ph.D. thesis, University of London, 1960)。

1545 年，和德意志新教之间的新一轮谈判开始了——这部分内容我们将在别处讨论。[1]

　　以上便是故事的大概轮廓，这样的梗概也许会令人不清不楚。现在我们可以转向观察在此背景之下，亨利的思想在教义方面的变化。

　　最高首脑按照他自己的方式，一直密切参与着上述事件。毫无疑问，在克伦威尔和克兰麦的鼓励之下，带着世俗和其他的动机，他密切关注着无数往返欧洲大陆的使团，或许偶尔迫使他们不断向前。1538 年，他至少检查了部分来自维滕堡、与使团相关的文件，在页眉页边潦草修改。[2]他或许看过教牧人员代表会议的 1536 年《十条信纲》，修改了几处，虽然都非常琐细。[3]当然，他还非常仔细地研究过其续篇，即所谓的《主教书》。1537 年 9 月该书出版后不久，他给克兰麦送去了长长的评论和批评，克兰麦对此详细回复。他的注释和克兰麦对国王异议的反驳都保留了下来，读起来很有趣。[4]他向大主教发表的评论也不是他反对这本书的全部。还有两本文献流传下来了，包含他对坚振圣事和对死者祷告词相关文字的修正。[5]事实上，他对写作并不上瘾，按照克兰麦的描述，他曾将大量的神学著作交给他的侍臣，让他们念给他听，因此，对如此多的文本做出的一百多处冗长的增修，自然象征着他对神学的热情。接下来的 1539 年，在一次写给滕斯托尔的回复中，他陈述了自己对秘密忏悔的看法，并在主教写给他的信中添加了大量刁钻且满含敌意的批注——在拉蒂默关于炼狱的论文中，他也曾这样做过。[6]他起草了 1539 年《六条信纲》的最终文稿。1540 年，

1　参见下文第485—486页，第496页及以后各页。
2　P.R.O. S.P. 1/135, fols 151 ff., 179 ff.——关于两种形式的圣餐和私人弥撒的文章。亨利对前者的论点进行了更严厉的批评，并对支持后者的论点写了 "bene" 和 "nota bene" 等。
3　这些内容参阅 Burnet, iv, 272 n.。但是，不能肯定是亨利作出的这些修改。
4　它们收录在 Miscellaneous Writings and Letters of Thomas Cranmer, ed. Cox, Parker Society (1846), 83 ff.。
5　P.R.O. S.P. 6/3, fols 9 ff. 和 S.P. 6/8, fols 95 ff.。
6　B.M. Cleo. E, iv, fols 131 ff; Cleo. E, v, fols 140 f.

他重新研读了主教们研究圣事相关问题做出的几个现存答复，在他们的答复旁添加了一些扼要的评论。[1]最后，有两个文献保留至今，其中包含他对1543年《国王书》文本的大概五十处修改。[2]简言之，虽然国王文稿的大部分为略记和注释，但如果将这些文稿放在一起，可以形成一个相当可观而又凌乱的资料库。他对《主教书》的修正是他最引人注目的部分，代表了亨利最主要的成就。

当然，甚至在神学方面，他也保持着自我。面对各种诱惑，最高首脑不可能总是保持对神学的兴趣。至少有一次，他没有工作多久就感到厌倦，便扔下了笔，[3]就像几年前他在修改教牧人员代表会议的改革法令一样。而且至少有一次，需要他批准出版《主教书》，他却连工作都没开始过。国王委托编纂的这本书于1537年7月中旬完成。爱德华·福克斯在克伦威尔的支持下密切地参与到此书的编纂中；当月20日，他写道，除教义方面的几个注释之外，书已经完成了，于是询问国王是否希望该书印刷，尤其是以他的名义还是主教们的名义发行。[4]在将此书的最后几页送给克伦威尔的四天后，他重新询问了上述问题。[5]尽管他写过几封信，尽管拉蒂默请求国王在书籍出版前应该清除当中所有的"旧酵"，[6]亨利却没阅读过它。书出版了，前言是一篇卑躬屈膝的主教请愿书，请求国王给予批准，"我们知道并坦承，没有它我们无权以任何借口和目的召集会议，也不能出版任何我们自己达成一致意见而编纂的任何东西"，还请求亨利按照自己的意愿做出一些更正，"我们将遵从您的旨意，视为我们对上帝和陛下的最虔诚的义务"；[7]

---

1　B.M. Cleo. E, v, fol. 39v; Cleo. E, vi, fols 41 ff.

2　B.M. Cleo. E, v, fols 8 ff., 327 ff.。

3　即，《主教书》该部分他做的修改收录在P.R.O. S.P. 6/8 fols 95 ff.。他修改到fol. 95v的底部。

4　*St.P.*, i, 555 (*L.P.*, xii, ii, 289).

5　*L.P.*, xii, ii, 330.

6　*St.P.*, i, 563 (*L.P.*, xii, ii, 295).

7　Lloyd, *op. cit.*, 26 f.

但是他们的愿望没有得到批准。前言中还附有国王的回复，宣布由于"其他事务"，国王没有足够的时间来"审阅"此书，只是"草草浏览"。[1]因此，在亨利只翻看了几页书稿之后，书就出版了，并没有得到国王的完全批准。这个奇怪的插曲经常被人提及，却从未有过解释。或许理由是，当他需要认真思考主教们提出的建议时，亨利正专心处理简·西摩尔的事情和她即将到来的分娩；一位盼子心切的准父亲最不想处理的事情便是写一份严肃的神学论文。爱德华的出生和简的去世让他有时间去杀戮，也给了他处理神学的兴趣。直到那时（大约 1537 年 12 月），他才阅读了那本书——书已经出版几个月了——终于发现很多内容让他不悦。

上面列出的"文稿"库中出现了什么？有时候亨利很警觉。他将重写第一戒律视为自己的责任，因此写道，"你不应该拥有也不应该承认其他任何上帝或诸神，只有我耶稣基督"——这个观点不仅因为克兰麦对国王这位耶稣之代表的尊敬而让他感到不寒而栗，而且显然使他遭受了前所未有的诅咒。[2]亨利修改了《主教书》，以暗示圣人是耶稣和凡人之间的中间人，并且提出基督教徒只能向耶稣祈祷，而不能向教父祈祷。[3]有时候，他有些不称职，例如，当他坚持书写"祝圣"圣事时，或者当十诫通过之后，他删掉了一大段注释。[4]他对《主教书》和《国王书》的很多修改都是无关紧要的，就像个充满热情的老学究一样——好几次（正如克兰麦激烈反对的那样）这些修改模糊了文段的意思，破坏了论证的流畅感，或者增加了一些不相干的内容，导致文章冗长。

其他的修改则完全揭示了国王对一切宗教和世俗事务的观点。《主教书》描述所有人，无论贫穷或富有、"自由或束缚"，在上帝的眼中都是平

---

1　*Miscellaneous Writings etc. of Thomas Cranmer*, 469.

2　*Ibid.*, 100. 亨利还希望主祷文的结尾是"使我们不被诱惑"，*ibid.*, 106。

3　*Ibid.*, 106, 93.

4　*Ibid.*, 97, 102.

等的；亨利打破了这种平等主义，提出平等只存在于"触及灵魂"的限定条件。在此书号召富人救助穷人的地方，他添加了警示，"有很多人生性懒惰，却依靠乞讨过着惬意的生活"，"应该用某种方式来驱逐这些人，以促使他们用身体劳动为这个世界服务"。主教们反对一些迷信，如相信"幸运"日，或者认为"在某个早上遇见某种动物或某种职业的人"是不幸运的，等等——国王将这些话删掉了。他们继续谴责占星、占卜、看掌相，以及时人认为的其他根深蒂固的异教活动。但是国王自己就在宫中供养了一名占星师，因此他立即修改了主教禁止的行业名单，豁免了占星术和"相面术"——这让克兰麦很生气。在他们的布道中，我们应该将降临在我们身上的苦难视作上帝的旨意，而不是魔鬼或者坏人的意愿，此处亨利将原文改为，"当逆境偶然降临在我们头上，我们可以将之归结为我们应得的惩罚"——这种有关人类处境的观点，借鉴自克兰麦关于上帝对待人类高深莫测的一种令人吃惊的说教。主教们严厉地反对"污秽和放纵的言语、故事、歌曲、景象、感知，放荡和过分暴露的着装、色情的装扮"，亨利则降低了谴责的力度，只提到了"污秽的景象和放纵的言语"；书中谴责"暴饮暴食、懒惰、不务正业、无节制的贪睡"，亨利则删掉了所有内容，只保留了第三项[1]——所有的这些无疑都真实表现出他反对严格的教规。他删掉了或许让人感到尴尬的陈述，即君王对其子民的义务包括"支持和照料他们，所有必需之物应当丰盛"；或许更加重要的是，书中表述道，王公"只能通过、依据法律的正义规定"，才能杀死或者强迫他的臣属，他也将这段落加以修改，变为他所认为的"下级统治者"，如国王的大臣们，而不是王公们，受到"他们法律正义规定"的限制。[2]

纵观他对《主教书》的修改，亨利表现出一种强烈的伯拉纠主义倾向，至少新教徒肯定会如此认为。换言之，他反复驳斥书中所证实的不可妥协

1　*Miscellaneous Writings etc. of Thomas Cranmer*, 106, 108, 100, 105.
2　*Ibid.*, 104, 105.

的因信称义说，事实上是本书的根基；而且，即使根据天主教标准，他的
行事风格也会有点可疑。对他而言，信念仅仅是赞同真理——经院哲学家
将其称为"未形成的信仰"（fides non formata）；廷代尔和克兰麦则称其为
"故事信仰"或"口头的信仰"（有些不公平？），而不是宗教改革者感受的
那种"美好的"信念，以此在上帝和世人之间建立起一种新的个人关系，
并且出于其本质，必须结出善举的果实，结出坚持、服从和快乐（这就是
经院哲学家所谓"已形成的信仰"[fides formata] 的真正意思）的果实。
因此，亨利一再攻击《主教书》中的段落，而这些地方却确认了"正确基
督教信仰"的丰富；克兰麦认为国王的修改没有必要、充满误导或者完全
错误。例如，这本书宣称基督教徒是"上帝之国的继承者"，亨利在此处补
上"只要我坚守他的训诫和律法"；书中承诺我们将会再次复活，亨利在"我
们"之后加上括号，补充说"继续基督徒的生活"。[1] 他写道，人是"先蒙恩宠，
后蒙信仰"。"如我履行我的义务"，我的信仰将会拯救我。[2] 他删除了一大
段解释信仰意义的文字，并重新书写。[3] 在另外一处，他插入了两个词，完
全毁掉了原意——即下面引文中的两个着重词：忏悔者必须怀着一定的希
望和信心，相信上帝会宽恕他的罪，并公正对他……不**仅**是因为忏悔者所
做的任何功绩或工作的价值，而且**主要**是因为我们救世主基督的鲜血和激
情的唯一价值。[4]"仅"和"主要"两个词，出奇地简练，却将只能因信称
义的意思完全颠倒。正如上面所言，克兰麦对国王的勘误所做的评论也保
存下来了。对于亨利的多处修改，克兰麦的回复有种针锋相对甚至尖刻的
直率，我们很难联想到这位大主教和国王实际对话的样子。每当他看到亨
利笔下出现教皇神学观点，他都会毫不犹豫地删掉。他已经给国王做了一

1　*Ibid.*, 84, 90.

2　*Ibid.*, 87, 89.

3　*Ibid.*, 92.

4　*Ibid.*, 95.

次关于基督教真诚信仰的精彩演讲，这一段值得放在他最珍贵的遗物之中。[1]当他发现国王添笔了"仅"和"主要"两处时，他借着劝告的方式回击道："无论如何这两个词都不能放到此处。"[2]

六年后，《国王书》出现了同样的情形。亨利又一次攻击了新教主义的根基。同样，该书叙述说信仰使得我们成为奥体的一部分，他添加了一句"只要我们在信念上坚持如此"[3]，等等。不是他没有理解克兰麦的话，而是他根本就不接受。亨利曾审阅和注释过拉蒂默一篇有关炼狱的短论文，文中有一处作者引用了圣奥古斯丁的话，"善行"（pro meritis bonis）使人升入天堂；亨利在页边写到，"这段话与你的另一个观点相悖"。[4]因此，在关于信仰和善行的辩论中，他至少清楚地看到了一些有争议的问题。但是，在克兰麦的心里，他没有理解耶稣基督的丰富，也没能掌握人类对恩宠及其功效的完全依赖。他说，我们不得不"愿意回归上帝"，来"让我们在此世界的意愿顺从他的诫命"以及在生活的斗争和拼搏中"将我们的意愿同他神圣的举动结合起来"。[5]亨利没有明确地否认恩宠的作用，但是显然，他本能地认为，**人类**的秩序这一独立的善举，因为它本质善良，值得恩宠。我们必须"将我们的意愿"同上帝的"行动"结合起来，这可能很容易成为人类工作的教义，即作为平等的伙伴，与神圣的恩宠分享神圣化的劳动。耶稣是我们"唯一的救世主和称义者"，但他也是"罪人获得同样释罪的主要和首要方式"[6]——是"主要和首要"而非唯一的方式。至少对于克兰麦而言，亨利看起来像是他那个时代的人，他们饱受功绩神学的折磨，这种

1　*Ibid.*, 84 ff.

2　*Ibid.*, 95.

3　B.M. Cleo. E, v, fol. 19. 他再次写道，"如果我们继续好好生活"，我们就会复活；并坚持认为，我们通过**正确的**信仰和洗礼成为基督徒。

4　B.M. Cleo. E, v, fol. 144.

5　*Miscellaneous Writings etc. of Thomas Cranmer*, 87, 92, 93.

6　*Ibid.*, 112.

神学不比新教更加真正地天主教化，不过，从根本上看，它是一种半伯拉纠主义，可能会威胁到基督的整个救赎使命。

国王的保守不亚于他对救赎和恩宠的贫乏理解。在他对拉蒂默文章充满敌意的评论中，国王展示了他是如何坚持炼狱教义的；他在 1539 年《六条信纲》草稿基础上增加的内容都是为了确保教义更加严格。虽然第一项内容的原稿确认了真在论和圣餐变体论，国王却对后者更为肯定，他补充道，在祝圣之后，不仅没有面包和葡萄酒等物质的存在，而且"除了基督前述的自然躯体之外也没有其他物质"。他还拓展了第五条，赞同"私下"弥撒，使之更为明确和具有约束力。其中，第二条阐述两种类型的圣餐仪式不一定是"根据上帝的律法"，他补充道，人们不一定"通过上帝的律法追求救恩"——此处没有添加很多内容，但让这一条更为准确。第四条中宣布，贞洁誓言要"根据上帝的律法"来遵守；这位最高首脑怀着保障他人正义的热情，书写了贞洁或者"守寡"誓言，这种热情很少弃他而去。最后，审阅这份草稿时，在捍卫自己在生活中的地位方面，国王始终保持着警醒。在文稿的序言中，他曾被非常简洁地描述为"英格兰教会的……最高首脑"；当他完成修改后，他的称谓方式变成了"根据上帝的律法，英格兰整个教会和会众的……首脑"。[1]

但是固执的保守主义通常伴随着令人诧异的激进主义。这位国王如此热心地坚信圣餐变体论、教士独身制和炼狱；还在濯足节参加了前往安息祭坛举行圣事的游行；他每个星期日都会接受圣餐饼和圣水；每天都会举行"其他令人称赞的仪式"[2]；他曾因某个人在大斋节吃肉而将其绞死；要不是他的医生巴茨在他理发的时候求情，肯特郡查塔姆（Chartham）的堂区牧师就会被鞭逐出英格兰，仅仅是因为这位牧师的会众公开庆祝了对他的

---

1　B.M. Cleo. E, v, fols 330, 327. 亨利的所有更正都被纳入了条款的最终文本。参见本书插图。

2　*L.P.*, xiv, i, 967.

异端指控宣告无罪。[1]国王还可能发表了一些与他过去信奉的天主教相去甚远的观点，其距离不亚于那些过去的残余宗教思想与《主教书》中所说的"真正的宗教"之间的差异。在《六条信纲》实施前的争辩中，由滕斯托尔和加德纳领导的保守主教们竭尽全力与克兰麦、拉蒂默和他们的追随者激烈争执。亨利多次亲临上议院主持辩论，并凭借他的学识，据说还"挫败"了激进的一方。[2]然而，当辩论至秘密忏悔时，在某个观点上，保守派显然被击败；辩论之后，滕斯托尔做了先前两次我们见证他所做的事情——给亨利写了一封长信，哀叹辩论中发生的事情，并再一次陈述了他的观点，秘密忏悔，即向一位牧师忏悔，依据上帝的律法是必要的，是"符合神律的"(de iure divino)。国王收到信后，在空白处草草写下一些反对评语，如"错误"，"这是例子，不是戒律"，"所有这些权威提出的只是推荐，而不是命令"。接下来，他回了一封尖锐的辩驳信。几天前，滕斯托尔和加德纳在上议院已经得到了圆满的答复，收到这封重新提出同样观点和同样内容的信件，着实让人吃惊。除非滕斯托尔被自己的想象蒙蔽了双眼，否则他现在为什么要激怒国王，回复国王呢？他也太不灵光了。他引用金口圣约翰的话，但是"此处引文的作者对你错误的观点没有多大的提升……你错误观点的基础依据不足……你误解了他的话"。其他的权威没有证明这位主教的观点，反而证实了亨利的观点，即无论出于理性还是上帝的律法，都不要求秘密忏悔——"我很吃惊，你在信中引用这些内容后也不感到羞愧"。"我认为我有更多的理由相信你比我顽固"，因为滕斯托尔引用了奥利金的话，而奥利金只是想说我们必须向上帝忏悔，从未说过向牧师忏悔之类的话；他还引用了西普里安，而他的话也没有要求我们忏悔；等等。[3]

---

1   Ridley, *Thomas Cranmer*, 243 ff.

2   *L.P.*, xiv, i, 1003, 1015, 1040.

3   B.M. Cleo. E, iv, fol. 131中记录了亨利的回复；引发此事的滕斯托尔的信，*参考ibid.*，fols 134 ff.。

　　滕斯托尔试图通过直接向国外请求的方式来扭转辩论，但受到了草率的对待，他的观点站不住脚。《六条信纲》的第六条写道，"秘密忏悔是有益的，有必要在上帝的教会中保持和继续，使用并经常使用"。重要的是省略的部分。这次"根据上帝的律法"一句没有出现。秘密忏悔是"有益的"，由此，它的必要性只是实用性。虽然秘密忏悔没有被废除，因为有些人可能想坚持下去，但亨利有自己的方式，他拒绝承认其为上帝律法规定的必需要求，而这正是滕斯托塔尔和加德纳争取的。这一观点现在看来似乎无关紧要，但在当时却至关重要。有关秘密忏悔的这一条文闪烁其词，就像以"超前"著称的文献1536年《十条信纲》的措辞那样。[1] 因此，1539年，新教团体从残破的局面中挽救了一些东西。

　　1536年，官方的信仰宣言中只谈到了三项圣事。第二年，在《主教书》中，省去的圣事"重新出现"，但是附上了一个限制条件：依据耶稣对每件圣事明确的创立，圣洗、忏悔和圣坛圣事比其他四种圣事具有更高的"尊严和必要性"。这些便是重归于好的牧师之间的裂痕。但是亨利不赞同他们的妥协。在三个"一等"圣事的前面，他加上了婚姻。[2] 这个他亲自深度参与的圣事要有地位上的优势。这位保守派通过"找回"去年被遗忘的四个圣事来反击，已经获得一次胜利，现在亨利要强化这种优势，将其中一个提升到优势地位。但是这样他就支持了"天主教"团体，于是他很快通过给剩下的三个"次要"圣事以重大的毁灭，来抵消这种支持。

　　对于神学家而言，声名狼藉的事是，坚振圣事曾是而且现在仍是广受争议的主题。几个问题一直困扰着中世纪和近代的、罗马天主教和非天主教（特别是后者中的近代圣公会）的神学家们，例如主创立坚振圣事的

---

1　在谈到秘密忏悔时表示，人们"应该将其视为一种非常便利和必要的手段，据此他们可以要求并从牧师手中获得这种赦免"。1539年，克兰麦曾希望使用"非常必要和方便"的方案。*L.P.*, xiv, i, 1065.

2　*Miscellaneous Writings etc. of Thomas Cranmer*, 99.

证据，领坚振的必要性和领坚振时的年龄。但最棘手的，或许是决定坚振和圣洗之间的确切关系。基本上，中世纪的神学家虽然在观点上有些许差异，但都认为坚振圣事标志着基督教入教仪式的完成和完美；它增添了神恩（augmentum ad gratiam），不仅仅是强化了圣洗馈赠的意义，而且在圣灵的充分存在下"封印"和武装成年基督徒；它事实上把基督徒的入教仪式提升到一个超越圣洗的地位。[1]例如圣托马斯所写的就是如此，1521年亨利所写的也是如此。《捍卫七大圣事》的大胆地说坚振圣事给那些在圣洗圣事中重获新生的人带来了"完美的力量"，它还谈到了"封印"和圣灵的完全到来。[2]十六年后，亨利的思想发生了变化。他在对《主教书》的勘误中，使用一种正统、实际上却有限的方式，表达出圣事不仅促使我们在圣洗的恩宠中"得以证实和确认"，而且"增加和丰富了圣灵的其他美德和恩宠"；在勘误中，国王不断地降低坚振的圣事地位，这件圣事实际上只**恢复了**圣事已经收到的恩赐，即圣洗、忏悔、圣体，可能还有婚姻（他令人意外地谈到了四种圣事）。虽然坚振赋予了"圣灵的其他恩宠"，如语言表达、预言等，但它主要还是仅仅证实了已经授予的恩宠。它"恢复并重新阐明了其他四件圣事所给出的恩宠；恢复和重建了耶稣授予给他设立的四件圣事的恩宠"，通过圣事，基督徒将会"更好地恢复到他们原来的状态，在他们以前宣称信奉的基督徒的宗教里得以确认"。[3]1540年，主教们被要求回答十七个有关圣事的问题。其中一组答案确认坚振圣事中的覆手礼"是以《圣经》为依据的"。针对这个观点，亨利草草写下评论，"覆手礼是犹太人的一种旧仪式，它只是坚振圣事的一个微小证据"；有人回答坚振的"事情"，

---

1  Leeming, *Principles of Sacramental Theology*, (1956)，其附录包含了对这些事情的总结；以及Dix, *The Theology of Confirmation in relation to Baptism* (1946)，利明的这部作品对此持批评态度，并加以纠正。

2  *Assertio Septem Sacramentorum*, ed. O'Donovan, 358 ff.

3  P.R.O. S.P. 6/3, fols 12v, 13, 15. 但是（令人费解的是）在亨利寄给克兰麦的修正案中并没有出现这些更正。也不可能确定这些修正案的日期。

虽然名称不同，但在《圣经》中发现了它，而且傅油礼的使用"一直受到高度崇拜，从开始就一直遵守"，在此处亨利写下："这个答复不够直接，而且没有证明这两点在《圣经》中是有依据的。"[1] 三年后，当他订正《主教书》的文字时，不仅 1537 年他提出的有关这件圣事效果的古怪想法短暂再现，傅油礼也被拒绝使用"神圣"这一形容词。[2] 显然，国王对坚振圣事持怀疑态度，只允许它在圣事制度中占次要地位；虽然不属于新教，这个地位对于威克利夫和清教徒的主张而言是脆弱的，他们认为这件圣事是"肤浅的"。然而，亨利 1537 年所写的所有内容都没有出现在 1543 年的《国王书》中；尽管他做过修改，《国王书》里仍然提作"神圣的涂油礼"。王权至尊理论是一回事，如何实施却是另一回事。

亨利对病人傅油圣事的态度也很苛刻。《主教书》中有一个很长的段落，对傅油如何是"一种无形恩宠的有形表记"给出了传统的解释，该解释还出现在《捍卫七大圣事》中；[3] 亨利将之删去，还讨论了其事效（ex opere operato），就像他删掉那个强烈新教观念一样，该观念认为傅油是"一种确定的承诺"，它让病人痊愈，其罪得到赦免；[4] 亨利的行为让克兰麦很是失望。1540 年，当有关圣事调查问卷的相似答案宣称"用祷告为病人傅油有《圣经》为依据"时，亨利在页边尖锐地写道，"那么体现在哪里了"[5]。还是同样的怀疑，是我们以前遇见过的探究性质疑——或许更彻底。三年后，当《国王书》处理这渐圣事时，亨利没有恢复在以前版本中就删除了的内容。这一次国王按照自己的方式行事。

但是所有圣事中，圣秩圣事遭受的非难最多。

---

1　B.M. Cleo. E, v, fbl. 39v.

2　P.R.O. S.P. 1/178, fol. 109.

3　*Assertio Septem Sacramentorum*, ed. O'Donovan, 442 ff.

4　*Miscellaneous Writings etc. of Thomas Cranmer*, 99. 对这一圣事的描述无论如何都与天主教的正统观念相去甚远。参见Hughes, *op. cit.*, ii, 39。

5　B.M. Cleo. E, v, fol. 39v.

《主教书》不得不谈论这件圣事，其内容足以让人瞠目结舌。首先，它没有提及牧师职责中的弥撒，只说到他"在圣坛圣事中奉献耶稣圣体"[1]的权力——按照天主教的标准，这种表达很不恰当。书中只有两次提到"弥撒"，另外，在一篇短小的有关炼狱和十诫第四条（维持安息日的神圣地位）的专题论文的论述过程中，顺带提到了这个词，而把它保留下来很可能更是一种巧合，而不是有意为之。[2]其次，该书省略了所有涉及圣秩圣事的内容，赋予接受者一个难以忘却的"特征"——天主教神学的基本观点，而这恰是宗教改革者要竭力反对的。再次，书里一直在讲主教和牧师，好像他们之间没有特别的不同点。并说，《新约》"没有涉及教会中任何等级和差异的内容，只有执事和执行牧师，以及神父和主教"；而且从始至终"神父"和"主教"在使用中毫无差别。"神父和主教由福音书的权威来同意和确认"那些"当选和推出的"领俸者候选人（注意"当选"）；执行牧师由耶稣设立，他的信徒只被交给了某些人，也就是说，交给了"一些他们挑选、称作和承认的神父**或**主教"；"所谓的主教**或**神父只是他（上帝）的工具或者官吏"；"当然布道一职就是主要和最重要的职位，被不断地称作神父或者主教"[3]等等。不仅神职要按照明显是新教的方式来界定，布道在先，圣事的管理（仅此）在后，而且神父和主教之间分明的教阶差别也被明确否定了，就像新教神学否定它一样。此外，该书的一处将主教和枢机主教定义为"负责人或者监督者"，他们的职责是去"监督、察看和勤勉地照管他们的羊群"；[4]这两个词不只是"主教"（episcopus）的直译，还借用了路德宗的词汇。

亨利仔细地检查了这边书的这一章，并对此处做了比别处更多的修改。他不可能没有感知到书中强烈的路德宗倾向，只是他不打算去改变而已。

1  Lloyd, *op. cit.*, 101.

2  *Ibid.*, 146, 211.

3  *Ibid.*, 104 ff. 参考克罗克在1537年3月给克伦威尔的信，信中说，他已经讲了60次道，尤其他还主张在早期教会中，主教和牧师"都是一体的"。*L.P.*, xii, i, 757.

4  Lloyd, *op. cit.*, 109.

他重写了神职功能的定义，以"宣扬和传授上帝之道的权威"为开头，而且只说教士拥有"献身于圣事"的权力——克兰麦很快就纠正了这个不准确的动词。[1]他没有提及弥撒。[2]他允许"负责人"和"监督人"等词出现，而没有区分神父和主教在级别上的具体差异；几年前，他曾撰文谴责路德宗否定教会"特征"的不可磨灭，如今他却没有尝试重新阐述他曾热切宣扬的内容。[3]而且，他还为了更改内容煞费苦心，使之更明确地支持王权至尊。书中描述耶稣如何指派教会军事人员来管理国王和王公，指派"某些别的阁僚、官吏"来承担宗教职责，亨利将此处的"别的"删掉，这样教士看起来不再同他们的上级处于平等地位；书中指导教士向"致力于他们的宗教指控"的人们宣讲罗马主教的不公，亨利修改了此处的文字，改为"致力于我们和他们的宗教指控"。[4]书中确认制定有关圣日、庆典和仪式的规则"属于神父或者主教的管辖权"，亨利改为"因此被认为必需和完全有必要"由教士来做这些事。[5]书中解释，十诫第五条规定不仅要服从于神父，因为"通过他我们从基督那里得到精神上的重生和滋养"，而且要服从"所有其他的统治者和管理者，在他们的领导下，我们得到滋养，成长起来，或领受命令并受到引导"，亨利删掉了对教士的赞誉，留下的段落就成了敦促只服从于亲生父母和"其他管理者和统治者"。[6]书中提到，主教们回忆耶稣授权信徒们来"挑选、称呼和承认"他们的继承者，"即……主

1　*Miscellaneous Writings etc. of Thomas Cranmer*, 96 f.

2　除了有一点（*ibid.*, 103），他在主教的保证中加入了"以便我们不忽视弥撒和晚祷"，从而缓和了语气，保证基督徒不会因拯救处于危险中的玉米或牛而破坏安息日——这不是对迄今为止遗漏弥撒的实质性补偿，尤其是在不久之后，他省略了一些文字，即要求基督徒在周日"聆听上帝之道，为之感恩，祈祷并从事为之指定的其他圣工"。

3　*Assertio Septem Sacramentorum*, ed. O'Donovan, 409 f.

4　*Miscellaneous Writings etc. of Thomas Cranmer*, 96.

5　*Ibid.*, 98.

6　*Ibid.*, 103.

教或神父",国王在页边写上,"注意,他们并不处在基督教国王的统治下"。[1]最惊人的是,他划掉了一段完全类似在病人傅油圣事一章中他删掉的内容,例如,据称其中提到圣秩圣事之所以如此称呼是因为他由耶稣创立,由两部分组成,"精神和内在的恩宠,以及外在的和有形的表记"。这一段传统的圣事神学再一次被删除了。剩下的内容是些含糊不清的句子,提到该圣事"创立的目的是耶稣的教会绝不应该缺乏"牧师。"它被创立"(亨利的套话)代替了有关该圣事性质和基督权威的明确表述。[2]最后,但凡出现了"圣秩"字样的地方,他都将形容词去掉了。圣秩不会比傅油礼更加"神圣"。

三年之后(1540年),有关圣事的调查问卷呈给了主教们。这些问题本身都极其有意思。例如问道:《圣经》中"圣事"一词是什么意思?对于神父而言,是否只局限于七件圣事?秘密忏悔、坚振、病人傅油依据了什么《圣经》权威?十七个问题中有六个涉及圣秩。有一个问题问,信徒是否"在没有基督徒国王的情况下,出于必要或者在上帝的权威下创造出主教们";另一个问题问,是先有主教还是先有神父,两者是否"不是两件事,而在基督宗教开始时是同一个职位";还有一个问题问,是否只有主教自己可以成为神父;更有问,基于《新约》的证据,是否委任和祝圣都有必要,或者是否主教只是通过任命产生的;又问,一位有学识的基督徒王公,在征服异教徒时没有神职人员陪伴,是否能够宣扬和传授上帝之道;最后一个问的是,如果某个地区的所有神职人员都已死去,国王是否由此"应该创造主教和神父来替代他们"。

当中的一些问题重启了多年前曾提出的争议。我们看到,亨利已经处理了部分问题。而有些问题,尤其是上述提到的最后几个,开启了提问的新方向。

对这些问题的答复表明这些派系之间的斗争和分歧并没有减少。一些

---

1　*Ibid.*, 97.

2　*Ibid.*, 97.

主教重申了从经院哲学家那里学到的由来已久的原则。其他人显然向前迈出了一步，尤其是克兰麦，他已经向前迈进了一大步。他说，"我不知道为什么'圣事'一词只能用在这七件事上"。"委任神职"仪式不会比"委任民事职位"拥有"更多来自上帝的承诺"。"主教和神父两者在基督宗教开始时都是同一个职位"；一位基督徒国王在独自征讨异教徒时一定能布道福音书，"上帝的律法没有禁止"他"选出主教和神父"。[1]

亨利评论了这些回复中的两个。他的一些评论，在讨论他关于坚振圣事和病人傅油圣事的观点时我们已经有所引用。我们现在必须回过头去，因为这些评论还进一步阐明了他对圣秩圣事的态度。一位主教的答复说，主教的产生有两种方式，即委任和领受，委任在耶稣十二门徒的时代是通过选举的方式来进行的（如今由王公来执行）。国王对此做出了快速的反驳："这一区分是从哪里找到的？现在，既然你承认使徒的情况为第一种方式，而这部分你承认属于王公的权限，那你怎么证明领受只属于你们主教的？"[2] 在答复中，克兰麦几乎将圣职权全部授予国王。他主张，民事和宗教大臣们都平等地来自王室的委任；依据上帝的律法，发现自己独处异教徒之中的王公，允许任命一位牧师。[3] 亨利好像被迫得出了同样的结论。如果使徒在产生主教的过程中起到了作用（例如选举），如今这也属于王公的权限，那为什么祝圣这第二种方式也属于王公呢？主教们又如何证明他们垄断神职领受不是"错误地委托给"他们了？当同一份文件提到，当他们授予圣职时，使徒遵守依据圣灵教授的规则，而且"行覆手礼，祈祷和禁食"，亨利在此写道："所出何处（Ubi hic）？"[4] 同 1537 年一样，他依然对这件圣事持怀疑态度。

---

1　参见他的回复。*Miscellaneous Writings etc. of Thomas Cranmer*, 115 ff.

2　B.M. Cleo. E, vi, fol. 42.

3　*Miscellaneous Writings etc. of Thomas Cranmer*, 116 f.

4　B.M. Cleo. E, vi, fol. 42v.

过分关注页眉页边的这些评论和草批——尤其是刚才我们引用的那些——由此认为亨利变成了一个前后一致又深谋远虑的激进主义者，似乎有失公允。或许他还没有准备根据他所有的观点，得出结论。他从未公开宣布行使圣职权；《国王书》从未包含他先前对信仰宣言所做的全部修改。尽管如此，很显然他的想法仍在摇摆不定，他在玩弄来势迅猛的新事物，不仅怀疑罗马教皇的首要地位，更质疑他先辈的信仰。结果，他变成了一个高度个人的新旧事物的混合体。亨利成了他自己的神学家。他所相信的很大部分内容可能是不可动摇的"天主教"观念，但同时他又坚定地忠于圣餐变体论、教士独身制，剩下的内容又具有非常不同的色彩。他在坚振圣事和病人傅油圣事方面的观点并不是特伦托会议的观点，正如他在婚姻圣事方面的观点有别于路德宗。如果他只是绝不接受因信称义的话，当然他同意，自己也在神职方面提出过最为异端的观点。事实上，要说他神学思想演变有任何单一线索，那就一定是他禁止神职人员干政。他曾经坚持不懈地将教士称作他的大臣和纯粹的灵魂"医生"，然后和教士作对，极力声称国王要去医治灵魂，如今允许有关神职的、强烈带有新教色彩的表述出现在《主教书》中，剥夺了圣秩圣事的基本神学理论以其"神圣"的头衔，1540 年对此打击更深。此外，他 1537 年所做的删削并未在 1543 年版本中撤销。《国王书》没有恢复圣秩圣事前的"圣"一词，也没有恢复先前将之解释为基督创立的一种无形恩宠的有形表记。在该书中，圣秩圣事不过是"上帝授予基督徒的……就像《使徒行传》中圣保罗授予提摩太那样，授予和赠送给使徒们的"一件礼物；[1] 本书和《主教书》一样，没有对神父和主教作具体的区分。

亨利绝不会动摇他那种有意无意、具有显著新教色彩的好战的反教权主义，同时还不懈地坚持着一种强烈的非新教的教士独身思想。他通过公

---

1　*The King's Book etc.*, ed. Lacey (1932), 65 f.

告宣布教士独身思想，让它肆意破坏 1538 年英格兰和路德宗的谈判，然后再一次肯定它，正如我们所见到的那样，在 1539 年的《六条信纲》中扩大这种思想的影响力。事实上，《六条信纲》将禁止教士结婚提升到了一个新的水平；宣布大多数人判断为教会纪律的事情，结果却为"上帝的律法"所禁止——亨利本人在该法令的序言中增加了这一条，而法令作者之前省略了这一条。[1] 在前一年，新教徒布林格给国王送来他最新作品的展示本，这本书是关于《圣经》的权威性的，谈到了很多主题，包括广受争议的贞操宣誓问题。虽然据说亨利表达过将之翻译成英文的希望，[2] 但在他的文稿中他好像没有非常深入地探究过这件事，至少他草草翻阅过，他注意到，在第九十四页，布林格试图将教士阶层从天主教独身主义的束缚中解放出来。页边是一个直截了当的结论：作者的观点无关紧要。[3] 此书剩下的部分完全没有注释。此后不久，或许是 1539 年，亨利就神职问题匆匆写下一些随意的注释，原因不明，或许是为某个会议或争论做的准备。在国王沉思的过程中出现了如下的三段论法：婚姻是一件"世俗事务"（negotium seculare）；但是神父不应该参与"世俗事务"；因此，……[4] 国王如是说。有些人可能认为热情地强加给别人一个连他自己都不会轻易接受的纪律，乃出自封建的而不是神学的动机。但是，除了力图支持看起来亨利能够轻易接受的某个上帝的意志之外，他还为自己的严厉提出了很多非常实际的理由。在一次面向教士的暴怒中，那是 1542 年 4 月，他当着两位外国大使发火，亨利提出除非被迫独身，否则教士们会通过家庭委托关系建立起

1 B.M. Cleo. E, v, fol. 327v.
2 于是尼古拉斯·埃利奥特写信给该作者。埃利奥特把书带给了克兰麦，让他交呈国王。*L.P.*, xiii, ii, 373.
3 展示本收录于B.M (reference: 1010, *c.* 3)。
4 Strype, *Ecclesiastical Memorials*, I, ii, No. 100.

危险的力量，导致圣俸世袭，对王公的权威形成更大的威胁。[1] 他的直觉或许很合理。如果独身时，教士界就表现出对裙带关系（取从确切意义）的不懈追求，那么当他们还有儿子、孙子，甚至甥侄需要抚养时，他们还会表现得多么变本加厉呢？

亨利对弥撒有何想法？对于这个重要的问题，很可惜，我们无法给出明确的答案。我们此前不久引用的一系列有关神职的注释，亨利草草给神父定义为"献身于祭祀"的人[2]，至少这包含了弥撒神学理论的基本因素——献祭。但是《六条信纲》的第五条，有关私人弥撒，他给出的版本仅仅陈述为，通过他们，"善良的基督徒获得大量而神圣的益处"；[3] 哪怕这句话强化了原本简短的套话"上帝的法律可以接受私人弥撒"，却仍然含糊不清，或许有意地回避主张，即作为一种献祭，"私人"弥撒对于逝者的灵魂是有益处的——毕竟，这是指"私人"弥撒如何开始和它主要用于何种目的。然而，国王沉迷于每天聆听几次弥撒，还在 1539 年耶稣受难日那天的旧时复活节圣餐仪式上，亲自充当简短版弥撒（实际上只是一次圣餐）的助祭——给我们提供信息的人告诉我们，他亲自跪下[4]——而且，他还下令为简·西摩尔的灵魂安宁举行了数千次弥撒。同年，即 1537 年，他还允许《主教书》在天主教徒宗教生活的核心事件和宗教改革与旧教会之间的一个主要争议话题上，几乎保持完全沉默，不加修改地通过。的确，《国王书》部分地补充了这次遗漏。它把牧师的职责定义为包含"在圣坛圣事中奉献和**献祭**耶稣基督的圣体和鲜血"，尽管这没有宣扬上帝之道重要，而且只提到

1　*L.P.*, xvi, 733, 737. 亨利刚刚听说了在雷根斯堡会谈上达成的关于教士独身制、两种圣餐等的协议。

2　Strype, *Ecclesiastical Memorials, loc. cit.*

3　B.M. Cleo. E, v, fol. 330.

4　约翰·沃思在1539年5月写信给莱尔勋爵这样说（*L.P.*, xiv, i, 967）——他对王室谦逊的表现感到惊奇，这无疑导致他使用了精美的赞言。

了一次。[1] 这并不是一次让人印象深刻的表现。三年后，在汉普顿宫的一个重要场合，亨利还会与法国大使讨论计划在英法两国废除弥撒。[2] 这个提议是否严肃尚有争议，但到此为止我们可能留意到两点考虑：首先，这个建议不可能是由认为弥撒神圣不可侵犯的人提出的；其次，16 世纪 30 年代他表达的神学观点与多年前他在《捍卫七大圣事》中所写的内容差异巨大，这清晰地表明，他的思想始终摇摆不定，在不断抛弃众多自己过去的想法，试探冒险进入新的领域；也表明，他 1546 年有关弥撒的提议，很可能是旧信念逐渐消亡的一次高潮。

正如在别处所讲的那样，《六条信纲》让路德宗世界无比失望。尽管先前有过不少犹豫和挫折，他们还是希望能够争取英格兰支持他们的事业。安妮·博林的去世已经是够令人震惊的了，然而这项法令严重践踏了 1538 年英格兰和路德宗使团辩论中争论最多的那些点。这似乎就是对宗教改革的一次公开的最终否决。对路德、梅兰希通和他们的朋友而言，这项法令最终证明了亨利的虚伪，以及他只顾自身，漠视上帝的事业。路德说过，甚至巴恩斯也曾写过，"我们的国王对宗教和福音书漠不关心"。[3] 虽然有些人安慰自己，认为"这项不虔诚的法令"是"邪恶和无耻的温切斯特主教"和他的同谋、天主教诸位主教的作品，但是此法标志着英格兰与路德宗当前谈判的终结，克伦威尔的垮台只是证实了这一点。[4]

但是，我们必须持谨慎态度，既不能夸大这些事件的意义，也不能夸大随后反作用的程度。《六条信纲》法令并没有终结亨利治下神学上的动荡。1540 年 5 月，该法令颁布**之后**，我们先前引用过的圣事调查问卷才被

---

1　Lacey, *op. cit.*, 66.

2　参见下文第508页及其后各页。

3　*L.P.*, xiv, i, 967.

4　*Ibid.*, 1092, 1224; ii, 186, 379.

起草，为新的宗教礼仪书做准备；新的礼仪书可能会比已经出现过的任何礼仪书更先进，影响更深远。至少正在进行的报告表明了这一点，[1] 当然调查问卷的内容暗示一项重大的声明处在规划中。但该声明从未宣布。由于克伦威尔的倒台和审判，加上克莱沃的安妮离婚，使得声明流产。当这些大事件完成之后，议会和教牧人员代表会议显然已经耗尽精力，各会议解散，以逃避伦敦的酷暑和一场暴发的疾病。

"天主教"团体已经让英格兰脱离新教主义的假象，可能通过歪曲对克伦威尔、巴恩斯及其追随者的攻击而得到了强化。正如上一章所言，[2] 这四个人被控为圣礼派、再洗礼派，而不是路德宗信徒。虽然加德纳和诺福克这样的保守派现在确实掌权了，也没有克伦威尔、克兰麦等人的严密限制，但直到 1543 年，英格兰才放弃了 16 世纪 30 年代在维滕堡所取得的进展——即便如此，英格兰也远未完全撤退。《六条信纲》法令和第二年发生的事件没有**破坏**路德宗教义在英格兰的第一次传播，只是阻止了其进一步蔓延。在该项法令通过之后，梅兰希通会哀叹，真理在英格兰受到了压制，福音书的敌人获胜了。[3] 但是法令通过后不久，布塞尔就通过亨利传出消息，大意为虽然他不赞同宗教改革者的某些观点，但他仍然是他们的朋友。[4] 此外，虽然该法令对异见施加了野蛮的惩罚，但只有六个人因此获处死刑。迅速围捕的五百人因大赦释放了，国王在大赦中原谅了他的臣民"在

---

1　*L.P.*, xv, 697, 766. 作者（马里亚克）报告说，亨利控制得很严密，审查所有的论据，并亲自决定事情——这一判断得到了王室对主教们答复的注释的支持。

2　参见上文第408页及后面各页。

3　*L.P.*, xii, i, 1224. 他还写信给亨利，呼吁他重新考虑此项法令，并表示他相信这一定是主教们的杰作，尤其是加德纳；鉴于国王多次对条款文本修正，这一说法一定激怒了亨利。*Ibid.*, 4444.

4　*Ibid.*, xiv, ii, 413. 当然，亨利这样做可能主要是出于世俗需要。但在1540年2月，英格兰新教徒约翰·巴特勒可能（从巴塞尔）写信给布林格，说福音在英格兰正在蓬勃发展。他说，不存在迫害，上帝之道被自由地宣扬，虔诚的书籍被出售等等（*L.P.*, xv, 259）。那么，他就没有忧郁的故事可讲了。参考同一时期尼古拉斯·帕特里奇给布林格的类似报告。*Ibid.*, 269.

1540 年 7 月 1 日之前所犯的所有异端、叛国、重罪，以及许多其他罪行"。[1] 两百多人在伦敦主教区——邦纳主教的教区——受到了指控，但只有三人遭到监禁。[2] 英格兰新教团体现在很混乱，拉蒂默和沙克斯顿被解除了主教职位，科弗代尔和乔伊身在国外，而《六条信纲》并没有像很多人预期的那样，给他们带来惨痛的灾难。一旦 1539 年的国际危机消退，攻击就会被叫停。如果在国王统治的剩余时间内不再发生重大的宗教变化，这也不意味着对旧教会的缓慢侵蚀将会停止。1541 年 7 月的一项王室公告废除了"很多迷信和幼稚的习俗"，如圣尼古拉斯节、悼婴节等；在这些节日期间，孩子们盛装打扮，在街道上教堂内嬉戏。三个月之后，最高首脑重申命令，拆除所有的圣殿，而且燃烛只能放置在圣体前；[3] 要不是国际外交的一次突然转变使之不合时宜，他还会废除在万圣节前夜鸣钟、在大斋节覆盖雕像，和"在耶稣受难日匍匐到十字架前"等习俗，最后一个仪式他本人曾非常痴迷。[4] 最重要的是，尽管加德纳和其他保守派取得了胜利，并不顾一切地想置克兰麦于死地，克兰麦却依然地位稳固、屹立不倒，亨利绝不会放弃他。事实上，1543 年 2 月，国王批准了他提出讨论的一项计划，该计划或许在几年前第一次尝试修改《每日祈祷书》、《弥撒书》"和其他书籍"，从而开始了重大礼仪改革的任务，并在下一位君主的统治期间取得了成果。[5] 1544 年 5 月，《连祷书》的英文译本刊行，书中将圣徒与牧首和先知一起纪念，用教会的规定祈祷词代替了传统的五十八件幸事的祈求，实际上压制了对圣徒的祈祷。正好十二个月之后，理查德·格拉夫顿印刷了第一本英文官

---

1　Tjernagel, *op. cit.*, 230. 参考 *L.P.*, xvi, 271。

2　*Foxe*, vi, 440 ff.

3　*Hughes and Larkin*, No. 203; *L.P.*, xvi, 1262.

4　关于这一事件的进一步讨论，参见下文第 507 页。1539 年耶稣受难日，亨利参加了对十字架的崇拜仪式，他跪着从王室礼拜堂的门口"匍匐"到了祭坛上。*L.P.*, xiv, i, 967.

5　Butterworth, *The English Primers, 1592–1545 etc.* (Philadelphia, 1953), 247 ff. Ridley, *Thomas Cranmer*, 247.

方启蒙读本，这是一本面向普通人的、简易的本国口语祈祷书。该事件在某种程度上，标志着伊拉斯谟式世俗福音传道达到了高潮，不同于1539年克伦威尔的作品《希尔西启蒙读本》，这一版本的日历中实际上不包含圣徒纪念日。

尽管这样，英格兰的**教义**变革于1540年基本停止。这是多种因素造成的，但或许至少，是因为国王本人的兴趣发生了改变。首先，他很快将再次投入到婚姻的怀抱里；如果说他在仔细研究主教们对圣事问卷的答复中，度过了与克莱沃的安妮婚姻的最后几天，不久之后，他便会迎娶凯瑟琳·霍华德，因而没准会把神学抛在脑后。其次，亨利很快会重回他另一爱好，制造战争，这是一个更重要的原因。十年间，亨利基本忙于应付教会和教义上的骚动；这段插曲过后，他将会让自己的国家卷入两场大型战争之中，以登上王座的方式结束自己的统治生涯。

第十三章

# 重返战争

在 A. F. 波拉德看来，在亨利统治的最后十几年里，这位完全成熟和自信的国王规划了一项宏伟而连贯的政策，统一了他的继承权。这位君主和帝王，目标明确，远见卓识，扫除了中世纪教会这个国家统一的巨大障碍，最终将威尔士纳入英格兰政治体系，并将英格兰权威的全部重压置于顽抗的爱尔兰身上（这项政策在 1541 年取得了圆满的成功，当时他被宣布为爱尔兰国王），接下来还用清晰的逻辑实现了他对苏格兰的宗主权。除此之外，他再次努力维护自己在法国的权利，这主要是为了在他寻求获得苏格兰王国时，阻止法国对苏格兰提供支持；因此，对于一个野心勃勃的帝国而言，获得苏格兰是一件必须同时完成的事情，以期最终实现英伦三岛和亨利"帝国"的统一。[1]

但是，令人怀疑的是，亨利是否真的具备如此高的政治才能，或者是否因此犯下过错。16 世纪 30 年代中期，威尔士完全纳入其邻国的政治生活，以及同一时期开始的解决爱尔兰问题的认真尝试，可能更是克伦威尔追求统一和高效的热情产生的成果，而不是亨利的成绩；获得"爱尔兰国

---

1 Pollard, *Henry VIII* (edn 1951), 290 ff. 波拉德的观点已被部分重述，以复杂的形式出现在 Wernham, *Before the Armada: the growth of English foreign policy, 1485–1588*, 149 ff.。

王"，而不仅仅是"领主"的头衔，很难被理解为打造帝国的崇高愿景的产物。四年来，在爱尔兰的国王臣仆的敦促下，国王的统治风格得到了改善；1536 年爱尔兰议会规定，亨利为爱尔兰教会领袖，出于这一严重的现实原因，只要英格兰国王仍然仅为"领主"，国王在统治方面的改进就还没完成，因为"领主"的头衔，意味着他不过是这片土地的真正统治者——教皇——的总督而已。1541 年 6 月，爱尔兰议会的一项法令宣布采用新方式，亨利二世的继承人不再否定阿德里安四世继任者的权威，这位教皇在《褒扬令》中首次将该岛授予英格兰君主。亨利本人坚持认为，该法令应该宣布他是通过继承权和征服权获得国王头衔，而不是爱尔兰人"自己一致同意给予他陛下称号"。[1] 为确保万无一失，他否决了爱尔兰的法令，宣布自己为爱尔兰国王。

因此，新称号被视为旧目标的顶峰，而不是新目标的开端，还被视为"专横政策"的必需称号。这项政策开始于 1536 年总督的任命和在两个王国王权至尊主张的确立。除此之外，这也是一个总渴望新头衔的人为他的战利品收藏再添一件藏品。而且，我们可能同样怀疑国王在处理英格兰北方邻国事务中的远见。可以说，在统治的最后几年里，他对苏格兰的关注比不上对法兰西的专注，正如 1513 年，他将目光转向北方，只是因为他即将投入欧洲大陆的斗争。很可能他没有必要那样做，因为苏格兰人不想再一次冒弗洛登战役之险，他也没有必要给自己找一个血腥的大麻烦。由

---

1　*St.P.*, i, 659 (*L.P.*, xvi, 1019). 有关这一事件的其他文件，参见*ibid.*, ii, 480; iii, 30, 278——其中最后一个文件敦促亨利承担新的头衔，从而消除爱尔兰人中"罗马主教应该成为他们土地上的国王"的愚蠢观点（副总督和议会致亨利，1540 年 12 月 30 日）。参考 Bagwell, *Ireland under the Tudors* (1885), i, 258 ff.。值得注意的是，在 1527 年 3 月，有人说亨利希望任命里士满公爵为爱尔兰国王。这个想法可能是出于提高这个王室私生子在国际婚姻市场上的价值的愿望，特别是想让他向查理五世外甥女求婚。西班牙大使报告说，这个提议在一些人中是最不受欢迎的，他们担心里士满公爵的升任"相当于拥有了第二个苏格兰国王"，凯瑟琳非常反对这个想法（正如人们所期望的那样），尽管她对此事知之甚少。*Sp. Cal.*, iii, ii, 37, 39, 209, etc.

于詹姆斯五世毫无征兆突然驾崩，原计划保卫后方的快速行动，演变成了一场大规模战争。此后，随着亨利宣称拥有苏格兰王国，苏格兰事务有时好像压过了一切。詹姆斯的离世让各派系的斗争如火如荼，亨利在当中挣扎，试图用哄骗、用暴力，软硬兼施，来掌控这些派系。但是事实上，他对于主权的关注仍然是最初那些针对法国的"显著事业"。对于苏格兰的攻击，绝非出自任何为英伦三岛而做的长期规划，而是针对法国国王的、由来已久的好战性情和王朝野心的一次新爆发。亨利在苏格兰的失利，很大程度上是因为他经常犹豫不决，因为他听任苏格兰人的"美言"欺骗自己而误以为苏格兰人对他唯命是从，因为他永远不会动用必要的军队、金钱去征服和占领，而不仅仅是去掠夺这个国家。他之所以犯下了所有这些错误，可能因为苏格兰只是一个相对遥远又不太重要的战场。

克伦威尔没有继承人。没有哪位大臣能在亨利治下再一次独揽大权。虽然加德纳、诺福克、赖奥思利和佩吉特等人身居高位，但克伦威尔的倒台最终使枢密院重见天日，成为拥有全权的实体。自亨利统治以来，枢密院第一次主管王室的所有事务，以自己的名义发送信函，坚持以集体的方式接受派遣任务，而不是发布给单个成员；枢密院分成国王的侍从议会（当国王仍在取得进展）和伦敦议会两部分，枢密院这两部分之间会交换信件。[1]毫无疑问，亨利的整个统治期间一直存在着这样一个机构。1530年，在强势的沃尔西倒台后，它曾重获短暂重视，后来克伦威尔关注过其架构。[2]但即使它从来没有被日益激烈的派系斗争所困扰，它也从未像一个企业高管那样清晰而连续地开展工作。

此外，在克伦威尔离去之后，亨利可以被视为主要的政策制定者，这

---

1　参见，例如*L.P.*, xvi, 24, 43, 122, 157, 347。仔细阅读*L.P.*的其余各卷就会发现，枢密院现在正定期作为一个机构行事。

2　Elton, *The Tudor Revolution in Government*, 347 ff.

在 1530 年和 1531 年中得以体现。议会负责提出建议、组织讨论、上书请求；问题在议会和国王之间抛来抛去；大使们则在双方之间往返。但是议会执行的政策基本上还是由国王制定的。

很可能在 1541 年春天，亨利决定重启他的戎马生涯。此前不久，大概是在忏悔节，他陷入了极度的抑郁，把自己关在汉普顿宫，远离妻子凯瑟琳·霍华德、朝臣和音乐。他溃烂的腿肿胀得厉害，痛苦不堪，与忧郁症斗争的同时，他低声抱怨着议会的黑暗和臣民的违逆。他琢磨着近来发生的事件，开始察觉到克伦威尔倒台背后的真相，冲着那些他怀疑是扳倒这位大臣的人怒吼。然而，到复活节时，黑暗已经消散，他准备重回热闹的生活；很有可能，当他庞大的身躯和精神开始恢复，他便生出想要进行一场伟大的军事冒险的意图。至少从那时起到 1544 年他重返战场，中间可以直接画一条直线。

1541 年 4 月，他宣布计划在英格兰北方实施史无前例的行动；尽管在求恩巡礼时他曾做出多项承诺，他却未曾到过那里，后来还对该地实施严厉措施。最近约克郡再一次因约翰·内维尔领导的阴谋而骚动起来。或许为了在发动军事冒险之前平定国内的纷乱，亨利最终决定访问这个不安分的郡，亲自抚平当地的痛楚。当然，他想在动身国外之前先关好后门，这就解释了为何这次访问还有另一个目的，即在约克同苏格兰的詹姆斯五世举行会谈。几个月前，亨利就开始以特殊的关注向他的苏格兰兄弟示好，当时是 1540 年 2 月，他派遣拉尔夫·萨德勒出使苏格兰，带着自私自利和家长式的指示，告诉詹姆斯该如何开始有利可图的事业，镇压他王国里那些"可以饶恕"的宗教机构，并且向他的外甥承诺，给予"我们最好的建议和忠告……协助和帮忙……使他的良好的决心产生一个完美的结局"[1]。一年后，他写了一篇同样有启发性的信件，这次是直接写给詹姆斯的，指

---

1　*L.P.*, xv, 136.

责他明显受到大胆的教士的欺骗，并建议他应该摧毁自命不凡的教士阶层，否则神职人员会在他的王国里建立自己的王国。[1] 萨德勒的出使，同他的信件一样，明显反映出亨利希望苏格兰国王以他为榜样，宣布支持"真正的宗教"，与天主教欧洲决裂，并且一旦英格兰和法国交战，（至少）保持中立。毫无疑问，如今计划在约克同詹姆斯的会面，将要促成这一目的，并加强这一新联络。

亨利在6月的最后一天动身启程，行进队伍更像是一支占领军而不是国王出行的随从。[2] 他召集了五千匹马，一千名士兵和炮手，在那些牢骚不断的北方人心中制造出一种巨大的恐惧，还有爱。亨利本人出行的场面十分隆重，前有弓箭手、议员和朝臣，后有金缕闪闪发光。奈何天气太恶劣，队伍花了将近三个星期才到达格拉夫顿。但在8月9日时，国王已经达到林肯，在旗帜和钟声中得意洋洋地入城。离开林肯，他前往斯坦福德（Stamford）和斯克鲁比（Scrooby）。8月24日，他来到了庞蒂弗拉克特，大约五年前求恩巡礼者在此提出了他们的条约，内维尔最近计划以此地作为他举义的基地。听闻这阴谋时，亨利仁慈地说，他有一群邪恶的人民要去统治，他发誓要让他们饱受贫穷，以致绝无再次反抗的力量[3]——事实上，一旦重启对外战争，他便全力以赴地去实现誓言。但是，这时的他是一个快乐又仁慈的君主，他取道北上。每到一地他都受到殷勤接待，他则展示王室的温情，向所有"因不公而悲伤"的人们承诺，允许他们自由地向国王表达抱怨。悲伤的只有那几百只沦为猎物的牡鹿、牝鹿和天鹅，王室在行进过程中不断举行着这些奢靡的狩猎活动，猎杀了大量的野生动物使得在伦敦至约克之间清出一条宽阔的大道。国王到达该郡时，迎接他的有五六千骑马的人，国王也完全展现出自己的宽厚大度。五年前没能忠于

1　*L.P.*, xvi, 766.

2　正如马里亚克观察到的。*L.P.*, xvi, 868.

3　*Ibid.*, 903.

国王的人被带到了他的面前，其中一人代表所有人发表了演讲，坦承他们的罪恶（上呈冗长的文书来陈述），请求宽恕。亨利作出仁慈的回复，于是被饶恕的人起身，陪同国王到达他的住处。[1]同时，随着亨利缓慢地接近他的目的地，他也开展了更多的狩猎探险。约克的旧圣玛丽修道院正在翻修，以迎接他和来自苏格兰的访客。几百人正不分昼夜地忙碌着，建造、刷漆，为即将到来的大批人员搭建帐篷。[2]亨利于 9 月 18 日到达约克。他在那里等待了九天，詹姆斯却没有来。9 月 29 日，亨利离开了约克，匆匆取道回家，他被他姐姐的儿子、苏格兰的国王当众愚弄了。等他回到家中，发现自己四岁的儿子爱德华罹患上了三日热。[3]11 月 2 日，克兰麦向他呈上他的王后凯瑟琳·霍华德在过去的日子里行为不检的书面证据。就好像所有这些还不够一样，正当他痛惜自己曾经的爱人的缺点时，克莱沃送来了一封信，建议他立即将他们的女儿安妮送回去。[4]

1539 年底，克莱沃的安妮即将到达英格兰，凯瑟琳·霍华德被任命为她的侍女；此时，从默默无闻的诺福克家族到耀眼的王室，凯瑟琳迈出了决定性的一步。她就任这一职位的经过，以及她第一次迅速引起国王注意的场景并不为人知，但是我们确实知道，亨利一见到她，就向她"表达了爱意"。[5]她年约十九，是一个身材矮小、丰满、活泼而又阅历丰富的女孩。他，一个好斗的四十九岁男人，没有为他们之间的年龄差异感到羞惭，相反却很激动；毫无疑问，他已经决定以某种方式逃离仍然困扰着他的与安

---

1　*Ibid.*, 1011, 1130–1.

2　*Ibid.*, 1183.

3　*Ibid.*, 1297.

4　*St.P.*, i, 716 (*L.P.*, xvi, 1449).

5　L.B. Smith, *A Tudor Tragedy. The Life and Times of Catherine Howard*, 103. 关于凯瑟琳·霍华德作为王后的人生，我在很大程度上依靠了史密斯教授令人眼花缭乱的传记，读过这本书的人都会明白这一点。

妮的婚姻。1540 年 4 月，王室的礼物和恩惠开始不断投向凯瑟琳；凯瑟琳的亲戚原本总是乐此不疲地相互憎恶，现在却忙着称赞凯瑟琳的"纯洁和诚实"，她的姨母则给她建议，"如何举止得体"，"如何取悦国王陛下，多久取悦一次"。斯蒂芬·加德纳在伦敦的住宅里接待了她和国王，诺福克家族也在家中接待过。主教和公爵实际上就像皮条客一样，把心甘情愿的姑娘引诱到心满意足的（虽然已婚的）国王面前时，她大踏步走向了英格兰的王座，而他们则重获政治权力，克伦威尔觉得自己受到了压制。到 6 月时，伦敦人纷纷议论着国王在泰晤士南岸的加德纳和诺福克公爵居住地日夜不休的无数次幽会了。7 月 10 日，与克莱沃的联姻被宣告无效，加德纳和诺福克公爵以及议会的其他成员，来到国王面前，恳求"塑造自己最崇高的爱心"，为了安抚王国，"多开花结果，获得更多的继承人"。[1]7 月 28 日，亨利和凯瑟琳悄悄成婚；同一天，托马斯·克伦威尔被杀头——至此完成了一次离婚，实现了国王的第五次婚姻和一次政变。

爱情的狂喜不仅使亨利对政治争斗场上发生的混战视而不见，而且使这位人到中年、体弱多病的国王重获新生，暂时治愈了他的神学困扰。他完全变了个人，每天早上 5 到 6 点之间起床，打猎到 10 点，频繁地在乡郊四处走动，向他年轻迷人的新娘播撒爱心和礼物。除了礼馈，凯瑟琳收到了已故托马斯·克伦威尔的土地，一栋奢华的宅邸以及足以打扮一位苏丹的珠宝。至少几个月以来，凯瑟琳和宠爱她的丈夫一起跳舞、饮宴，陶醉于新发现的富有，一切都是狂喜的放纵。有段时间，她甚至同亨利"亲爱的妹妹"，克莱沃的安妮成为朋友，把她带到宫中，和她一起跳舞，她还让亨利加入了一个定然很不协调的三人晚宴，但显然参与者都很高兴。

尽管从表面上看，尽管经常有人暗示或断言，但亨利可能既没有杰出成就，也不是一个讨喜的爱人。他很可能是一个喜欢感官享受的人，从不

---

1　*Ibid.*, 121 f.

克己，也从不拒绝其所欲。过去，他曾轻易地接受和抛弃女人。但是，他也不是放浪形骸之流，不是唐璜，也不是《爱的艺术》（*Ars Amoris*）中那个老练的学生；与弗朗索瓦一世、查理五世，或者他之前和以后的很多英格兰国王相比，他简直再稳重不过了。在他游吟诗人般的殷勤背后，并不是一个老练纵欲之徒的激情和技巧，而可能是一个男人自发的、实际的性欲，他对女人的主要期望是能为他生儿育女。他绝不是一个无法满足的残暴丈夫，亨利可能根本是性冷淡，如果不是性羞涩的话。获得足够多的子嗣以证明自己并确保他的王朝延续，这个极不浪漫而又迫切的政治需求，一直在他漫长多彩的婚姻生涯中驱使着他前进。如果他现在迷上了凯瑟琳·霍华德，就娶她为妻，而不是拿她当妍头，首先是因为他没有多情的英雄主义，其次是因为她的功能与之前的王后相同，即为他繁衍后代。

凯瑟琳可能觉得亨利不及那些使她的青春充满活力的情郎那样令人兴奋，比如她的音乐老师亨利·马诺克斯，还有英俊潇洒的弗朗西斯·迪勒姆，她在调入王宫之前，曾于兰贝斯与他调情做爱；因为现在她被绑在一个可能生理上令人反感，而且情绪上常常阴晴不定的情人身边，不久之后，最初的狂欢就结束了。她开始怀疑亨利对她的爱，大胆地对亨利说，他终究还是要离开她，去找克莱沃的安妮，国王对这番话未加理睬。她嫉妒玛丽公主，与之争吵。最糟糕的是，这个活泼可爱的姑娘不可避免地成为宫廷男性的焦点，虚荣、乏味和欲望交织，导致她在这些诱惑下屈服了。同表姐安妮·博林一样，凯瑟琳在宫廷里吸引了一群和她打情骂俏的朝臣，如托马斯·帕斯顿和小托马斯·卡尔佩珀这两位枢密院的绅士；似乎宫廷里可供自己嬉戏调情之资尚且不够，1541 年初她还被说服在宫中为弗朗西斯·迪勒姆谋了一职，这位正是她的昔日情人。[1]

凯瑟琳婚前就不守贞洁，婚后没多久就开始通奸。1541 年夏末，当她

---

1　本段和接下来的两段，参见Smith, *op. cit.*, 54 ff., 146 ff.。

和亨利一起出发前往约克郡时，她和卡尔佩珀苟且得已经无可救药。几个月来，二人频繁在秘密地点幽会，凯瑟琳还给予他明显的宠爱。1541年8、9两月，亨利和他的大批随从正向北进发，在凯瑟琳和罗奇福德勋爵夫人（王后随从主管，安妮·博林弟媳）的协助下，卡尔佩珀几乎每到一地，都闯入她的住处。当亨利狩猎凯旋，把其王室光辉带到北方时，他却被一个胆大包天的朝臣戴上了绿帽子。

同时，留在伦敦的议会从线人那里得知了凯瑟琳在婚前私通迪勒姆。经过一番犹豫后，他们派克兰麦去会见正在返回汉普顿宫途中的亨利，禀奉他们获知的消息。这位大主教抵达时，亨利正在进行万灵节当天的弥撒，他将一份书面文件呈交国王。出人意料的是，亨利阅读后，斥责说这是一派胡言。他拒绝相信针对他王后的指控，倒下令镇压告密者。然而，进一步的调查确认了这些指控，其中包括迪勒姆所做的一份完整供词。但是亨利仍然拒绝相信。直到他在汉普顿宫外的田野里打猎（他如是说），与赖奥思利和诺福克公爵秘密会面，并且和他们乘船前往萨瑟克（Southwark）的加德纳宫，通宵参加议会，他才意识到真相。起初他勃然大怒，暴力威胁凯瑟琳；接着他开始抽泣，叹息他不幸遇上了"一群如此病态的妻子"；然后他又转向议会，试图责备他们；最后他离开了，此后几天一直用打猎来安慰自己。[1]

虽然当时社会无疑会一致赞同亨利的做法，但他的反应确实严厉。凯瑟琳被起诉了，经过起初歇斯底里的否认后，她承认了在和亨利结婚之前的逸欲无节。但是，客观而言，她的罪恶大不过亨利的。难道他没有过情妇吗？难道二十多年来，他不是阿拉贡的凯瑟琳的非法伴侣，并且生活在"可憎的罪恶"之中吗？但凯瑟琳是女人，男性主导的社会要求她必须忽视男性身上的缺点，而这些缺点正是男人们谴责她的理由。即使这样，她也

---

1　*L.P.*, xvi, 1426. Smith, *op. cit.*, 178 ff.

有可能逃脱所有的惩罚。或许亨利不会置她于死地，尤其是如果报告中所述的内容证明她和迪勒姆多年前曾立誓成婚，在这种情况下，她将会犯重婚罪，她的第一个婚约会使第二个婚约失效，以此为基础，亨利只是和她离婚，这样或许能够让她免遭更多灾难。但是凯瑟琳拒绝承认她和迪勒姆曾经交换过婚约，更糟糕的是，动作迅速的人梳理收集信息后，很快查出近几个月来她与迪勒姆和卡尔佩珀交往的主线索。刑讯及其带来的胁迫无法逼出通奸的供述，尽管有关各方最终承认了，还是获得足够的证据坐实了其中的意图，而且从法律上看，王后通奸或企图与王后通奸是叛国。卡尔佩珀和迪勒姆最先被处死。几周之后，霍华德家族的几个人也被判包庇叛国罪。1542 年 1 月，议会引用褫夺公权法案，审判凯瑟琳（当时在武装护卫下囚禁在赛恩 [Syon]）。[1]2 月 11 日，该法案得到了王室的批准，下令批准的不是国王本人，而是由特许状任命的委员会，目的是不让国王再听到这件案子的"恶劣事实"。两天之后，凯瑟琳和罗奇福德勋爵夫人在格林塔被斩首。诺福克公爵见证了他的侄女如何成为国王妻子，迈入英格兰王室，又如何像前一个成为王后的外甥女那样，因丑行终结了生命。公爵自己逃过了最近的家族大清洗，之后始终保持着凯瑟琳曾经帮他恢复的地位，直到他步侄女和外甥女后尘，被关进伦敦塔；因此，他本应该谨慎地不在他那"淫荡的妹妹"的法场上出现，转而享受乡间空气，这不足为奇。

与此同时，亨利也明显陷入绝望。与以前任何一位妻子相比，他更为凯瑟琳而伤心；悲恸之深，以致法国大使都认为他疯了。他让人用剑杀死了他曾深爱的凯瑟琳，然后阴郁地从一个宫殿去往另一个宫殿，草草度过 1541 年圣诞节。但在褫夺王后公权法令第一次宣读的当天，他又振作起精神，用一场盛大的宴会来庆祝自己的康复，宴会上，他的桌旁围坐着二十六位女士；凯瑟琳死后一周，他又用盛宴来庆祝 4 月斋前的狂欢。已

---

1    33 Hen. VIII, *c.* 21 (*Statutes of the Realm*, iii, 857). 该法令还规定，不贞洁的妇女与国王结婚是叛国罪，任何人隐瞒她的不贞洁行为则是包庇叛国罪。

经有传言谈论他的下一个爱慕者。值得注意的是，他和克莱沃的安妮交换了新年礼物。[1]最后，他会接回那位女士吗？

然而，此时此刻，他对自己的婚姻生活很满意。他还要等待十六个月，才能作出他最后一个选择——在某种程度上，这是最好的选择；这是一个与凯瑟琳·霍华德完全不同的女人，就像凯瑟琳与克莱沃的安妮一样迥异，一个冷静、虔诚的配偶，将陪伴他度过其人生的最后三年半。但是，在他转向凯瑟琳·帕尔之前，他还与法兰西和苏格兰有过约定。

如果说亨利1541年秋天的访问赢得了英格兰北部人民的心（第二年有人说亨利将会去威尔士），[2]他则没有争取到苏格兰。詹姆斯五世不会按照舅舅的建议行事，打击修道士和苏格兰教会成员，他的议会也绝不会允许他受英格兰国王的引诱，南下约克。詹姆斯年幼的儿子才刚夭折，因此，他很有可能在英格兰土地上遭到绑架。统治苏格兰议会的教士们对分裂和破坏传统的邻居全无好感。亨利一事无成，愤怒地离开约克，之后，苏格兰边境的袭击和纵火事件迅速增多。两位国王彼此写信抱怨这些事件，警告可能产生的后果。[3]1542年8月，亨利任性地决定向北方派兵，其中包含从低地国家招来的雇佣兵，军队由诺福克公爵带领。[4]同时，他同意英格兰和苏格兰大使在约克会面，目的是修补两国关系，而此地正是去年詹姆斯拒绝与他见面的地方。[5]他甚至会要求苏格兰人臣服自己，因此，如果必要的话，可以在两国边境上展示一下武力，震慑住他们之后，他就可以转过身去面对法国人。

7月10日，弗朗索瓦和查理再次爆发战争。西欧的和平再一次被瓦卢

1　*L.P.*, xvi, 1426; xvii, 63, 92, 124.

2　马里亚克在*L.P.*, xvii, 415中如是说。

3　*L.P.*, xvi, 1270, 1279.

4　*L.P.*, xvii, 661. 参考*ibid.*, 650–1。

5　*Ibid.*, 765.

瓦家族和哈布斯堡家族之间的冲突所破坏，冲突使得亨利在他统治早期进军欧洲，并在 16 世纪 30 年代的大部分时间里给予他极大保障；双方交战将再一次成为亨利的机会。几个月来，弗朗索瓦一世一直在谋求利益，尤其是试图对亨利做亨利一直想对詹姆斯五世所做的事，也就是用外交手段迷惑他，提出他的儿子与玛丽公主的婚事。这场联姻谈判在 1542 年最初几个月里一直进行着，但是由于亨利断然拒绝宣布玛丽出身合法，谈判不断受阻。他现在所持的立场和四年前玛丽被建议嫁给一位葡萄牙王子时的立场一样。他不会允许他第一次婚姻的非法性受到质疑，无论这种质疑有多么迂回。[1]

当有关玛丽地位（和嫁妆）的争论拖延不决时，亨利正与查理密谋向法国发动一次双重攻击。从 1541 年末起，他就反复要求与这位皇帝建立更加紧密的联盟关系。[2] 第二年 6 月，他派遣任期较短的新任威斯敏斯特主教前往查理那里，商定 1543 年共同侵略法国的计划，还把自己的轿子和一艘船借给帝国驻英格兰大使查普伊斯，让他能够快速渡海去尼德兰，同尼德兰摄政王达成协议。[3] 同时，英格兰境内也在集结船舰、枪炮和资金，为战争做准备。

不过亨利的策略有必要保持灵活，因为他的大陆冒险取决于苏格兰。1542 年 9 月中旬，英格兰特派员在约克与苏格兰特派员见面，提出了一系列严苛的要求。如亨利所言，苏格兰人快速答应了这些要求。此外，他们同意詹姆斯在圣诞节来到英格兰，和亨利举行会议，弥补去年的失约。[4] 苏格兰人不想战争。正如法国大使所想，或许这次会议只不过是一场骗局。[5] 或许亨利对 1513 年苏格兰人发动的攻击仍然记忆犹新，他拒绝相信他们。

---

1　*Ibid.*, 145, 164, 167, 182, 415.

2　参见查普伊斯在1542年1月29日写给查理的信件，*L.P.*, xvii, 63。

3　*Ibid.*, 441, 447. 参考*ibid.*, 595。

4　*Ibid.*, 818, 852–3.

5　*Ibid.*, 770.

无论如何，现在亨利对他的特派员发出了措辞强硬的指示，如果苏格兰人不立即同意释放关在苏格兰的一些英格兰囚犯，并承诺詹姆斯会在圣诞节来到伦敦或者约克，达成友好条约，那么，他将调遣军队"充分利用"攻击他们。[1] 六天之后，从约克传来消息，既然苏格兰人回避正面回答而犹豫不决，英格兰军队将开拔。宣布这一决定的三周后，亨利给诺福克公爵及其手下写了一封战意浓浓的信，谴责他们因为缺少马车而耽搁了时间，马车本应从"约克郡、霍尔德内斯（Holderness）和赫尔郡"运来，他还命令萨福克公爵继续前进，摧毁边境地区。[2] 但他还没有修改好这封信，诺福克公爵已经从贝里克带领全军，经由科尔德斯特里姆（Coldstream）赶往凯尔索。公爵出发时几乎没带粮草，经过六天的烧杀掠夺后返回贝里克，但是他的野蛮袭击造成沿途各地损失惨重。[3] 亨利一听到诺福克公爵远征的消息，就迫不及待地给他的指挥官写信。诺福克公爵现在已经解散了他的军队吗？他采取了什么措施来防御边境苏格兰人的突袭？一支多达五千人的军队已经整装待发，在萨福克和诺福克两位公爵的带领下完成了使命；北部地区和林肯郡有足够的食物来供应他们。[4]

诺福克公爵的袭击是为了震慑和恫吓苏格兰人。正如上面所言，或许这是一场不必要的暴力，因为詹姆斯既没有准备战争，也不急于让自己再一次承受弗洛登战役那样巨大的灾难。此外，亨利的欺凌激怒了他，却没有震慑住他。面对边境的一支残暴敌军，詹姆斯向罗马和他的兄弟王公们求助，并且准备做出一次反击。[5] 11 月 23 日，一支进入西部争议地区、多达两万人的苏格兰军队在索尔韦沼地（Solway Moss）进行了一次小规模战斗后，就被英格兰军队击溃，英军抓获大量战俘，他们的首领迅速被送

---

1　*Ibid.*, 862.

2　*Ibid.*, 987. 这封信是由亨利修改的。引述的是他的话。

3　*Ibid.*, 994, 996, 998.

4　*Ibid.*, 1016.

5　*L.P.*, xvii, 1060.

往伦敦塔。索尔韦沼地不是弗洛登，但是三周多时间之后，詹姆斯五世猝然离世（据说是死于悲伤）[1]，把王位留给了只有一周大的女儿玛丽。军事溃败适逢国王早逝，两次沉重打击看似要让苏格兰彻底臣服于咄咄逼人的邻居，就像二十九年前的那场灾难一样。

要是此时亨利命令聚集在北部地区的军队侵入苏格兰，那他一定征服下来了。但因为他从未想过做比牵制苏格兰人更过分的事，而且他的主要兴趣不在此处，所以他试图以一种迂回的不可思议的方式来利用苏格兰难以置信的不幸。他要掌控苏格兰和那尚在襁褓中的女王，从而将两个王国联合起来；但是他采取间接的手段来做，主要依赖那些在索尔韦沼地战役中的俘虏，现在要将他们转变成苏格兰的"英格兰"党核心。于是，俘虏很快就被释放，并带到宫中参加欢乐的圣诞节，然后被送回家。但在离开之前，他们被要求发誓遵循以下规划，借此亨利将会控制苏格兰的事务：尚是婴儿的玛丽女王要许配给亨利的儿子，返回苏格兰的俘虏要将玛丽带到英格兰，为亨利招揽追随者，为他夺取要塞，从此之后成为亨利在他们家乡的代理人。此外，最值得信任之人中的十人还发誓遵守一个秘密条款，如果玛丽去世，亨利自己将接受苏格兰的王位。亨利相信他们会为自己做这份要务，便将这些俘虏送回贝里克，等待他所谨慎要求的人质履行承诺。[2]到了1543年1月底，他们回到了爱丁堡。

但是同时，苏格兰发生的事件预示着亨利的计划要泡汤。1月3日，阿伦伯爵，王位的假定继承人，被宣布在玛丽成年之前担任苏格兰总督，如果玛丽去世，他有权继任。有传言说，如果玛丽没有去世，她将与他的儿子结婚。因此，正如亨利准备将苏格兰及其国王掌握在自己手中一样，爱丁堡也确立了一位领导者，这位至少可能会排斥亨利，甚至会团结苏格

1　*L.P.*, xviii, i, 44.
2　*Ibid.*, 7, 22, 44. 起初，亨利获知玛丽·斯图亚特也在早产后死亡。查普伊斯在*ibid.*, 44中也这样说。

兰来反对他。但是再一次，亨利没有进攻苏格兰。相反他命令现在身在贝里克的前俘虏房立即返回，将阿伦伯爵和那位枢机主教抓起来，并将玛丽带到英格兰。[1] 他仍然自信他能够利用俘虏控制苏格兰——他曾听说阿伦伯爵是"一位伟大的《圣经》保护者"，而不是苏格兰教会的朋友；阿伦伯爵也十分自信，不久，阿伦伯爵自己逮捕了枢机主教比顿，接着写了一封打消疑虑的信，大谈改革苏格兰教会以及同英格兰协商一份和平与婚姻条约。2月10日，亨利给予苏格兰使节安全通行权，以协商条约；十天之后，阿伦伯爵以苏格兰女王玛丽的名义，接受了为期三个月的休战协议。[2]

宝贵的几周时间很快过去。到3月中旬，亨利派遣拉尔夫·萨德勒火速赶往爱丁堡去"探明"情况，负责将玛丽运送到英格兰，以及支持"英格兰的"代理人；[3] 法国人已经开始向当地运送船只和军火了，而且被剥夺财产的枢机主教比顿的党羽正在形成。但是亨利仍然希望阿伦伯爵会宣布进行支持宗教改革，并（经由萨德勒）给阿伦伯爵送去一份详细的执行手册；和送给詹姆斯的那份一样，说明如何陈述《圣经》，如何打击苏格兰教会，如何摧毁苏格兰修道院制度。他在这封信中宣布，他准备了一份信仰声明（即《国王书》），可以为苏格兰和英格兰服务，同时在两个王国出版。这封信充满了自私自利的世俗气息，以至于可以理解为针对亨利自身的改革热情的重要证据。[4] 如果总督同意这项计划，即在同一个原则下，通过王室婚姻将两国人民统一起来，那么，作为服从亨利计划的补偿，可以让伊丽莎白公主嫁给总督的儿子；他曾野心勃勃地想让苏格兰的玛丽女王本人

---

1　*Ibid.*, 22.

2　*Ibid.*, 139, 155, 188–9. 同时，莱尔勋爵（在爱丁堡）曾承诺为阿伦伯爵采购一批白话《圣经》，这些《圣经》将被"偶然发放"，从而击垮苏格兰教会。*Ibid.*, 157.

3　*Ibid.*, 270.

4　但我们可以说，这封信和发给詹姆斯的指示一样（上面已经提到），是一种精心策划的政治诉求，不一定是对王室理想的完整和诚实的陈述。尽管如此，它是一封极影响声誉的信。

与他儿子结婚。[1]

对于英格兰国王而言，在最有利的情况下，苏格兰只是"未知的土地（terra ignota）"。詹姆斯逝世不久，亨利就要求自 1528 年起在英格兰流亡的安格斯伯爵来到宫中，告诉他有关他的祖国苏格兰的情况，还让他带来一份苏格兰地图。安格斯伯爵没有来，但他建议亨利咨询自己的医生克罗默大夫，也是个苏格兰人。[2]我们不知道克罗默告诉了他多少信息，但这不足以让他理解该王国内部争权的各派系之间微妙的乱局。萨德勒试图解释道，王国出现了三大主要党派：一派被称为"异教徒和英格兰贵族"，即总督和他的"拥护者"；另一派"被称作'抄书吏和伪君子'"，他们依赖法国，是教士和他们的同盟；第三派相对中立，"凡事都会站在强者一边"。[3]亨利将希望压在了第一个党派上，相信俘虏的誓言、英格兰的金钱和英军的承诺，将会帮助他们镇压法国支持的政变，不仅能让那些人忠于他，而且能让自己控制苏格兰的命运，但是他误判了形势。阿伦伯爵和他的同伙并不为任何人战斗，只为自己。这位总督会接受亨利的金钱，让亨利相信他的反教权主义和反教皇主义，并且让亨利认为一旦形势失控，他会立即示意亨利派遣一支军队进入苏格兰——他和"英格兰"贵族将会加入这支队伍。可所有的这些都是为了拖延英王，支持自己争夺权力。枢机主教比顿已经从狱中释放，接下来，一位教廷使节被派往苏格兰，亨利曾命令在使节登陆之前截停他的船只。[4]这一次，罗马方面行动迅速。阿伦伯爵假装同这名使节没有任何关系，但他已经将苏格兰置于教皇的保护之下[5]——亨利曾向

---

1  *L.P.*, xviii, i, 364.

2  *L.P.*, xvii, 1194.

3  *L.P.*, xviii, i, 425.

4  *Ibid.*, 535. 总督还将在苏格兰议会期间逮捕这位枢机主教和他的同僚，借口是议会未经他的许可而集会。

5  *Ibid.*, 324, 542–3, 572. 关于这个复杂故事的有用总结，参见Donaldson, *Scotland: James V to James VII*, Edinburgh Hist. of Scotland (1965)。

他提交一篇长论，告诉他如何在自己的土地上推翻罗马天主教，他曾向亨利满口保证，认为教皇只不过是一个主教，"而且还是一个非常邪恶的主教"。此前不久，伦诺克斯伯爵带着法国的黄金和使节从法国登陆苏格兰，他们承诺法国会帮助苏格兰抵御英格兰的入侵。亨利曾不止一次获知，"不通过军事打击"他就不会在苏格兰得逞；[1] 但是快速军事行动的时机已经错过。他现在必须面对苏格兰人会拒绝将冲幼的女王送到英格兰，转而送往法国（法国是她母亲玛丽·德吉斯的祖国，亨利曾想迎娶她，却被詹姆斯抢先一步）[2]，而且如果他的军队向北行进，可能会面临激烈的抵抗。

　　然而，此时阿伦伯爵继续利用顺从来牵制亨利。1543 年 7 月 1 日，苏格兰大使们在格林尼治发誓与英格兰达成一项和平协议（但协议没有承诺亨利想要的谴责法国），以及一项爱德华与他们的女王玛丽的婚姻协议。[3] 亨利一直要求立即将玛丽送往英格兰，但是苏格兰人坚决抵制，现在还想出了自己的办法。将女王送往英格兰的人质已被迅速派出，但是玛丽本人到十岁时才前往英格兰。经过六个月的犹豫和混乱的焦灼，亨利同意了这些连自己都高度怀疑其价值的条款，实施了一项可以预见毫无结果的方案。亨利不仅过分夸大了自己的成就，而且又一次误判了形势。他认为苏格兰总督和贵族现在已经臣服于自己，针对法国的障碍已经清除，这其实是大错特错的。

　　亨利最初的打算是在 1543 年夏天入侵法国，[4] 但是他一直忙于苏格兰事务，导致这计划无法实施。此外，与查理建立一个防卫同盟的谈判也因为

---

1　*L.P.*, xviii, i, 425. 这就是"英格兰"派所言，萨德勒在报告他们的判决时也对此表示同意。
2　参见上文第 383 页。1543 年 1 月，詹姆斯去世的消息传来时，查普伊斯猜测亨利现在是否会恢复对玛丽·德吉斯的追求。*L.P.*, xviii, i, 44.
3　*Ibid.*, 804.
4　他在 1542 年 7 月出使查理时给瑟尔比的指示中曾说过。参见 *L.P.*, xvii, 447。参考 *ibid.*, 353，其中，查普伊斯报告了亨利"当年"制造战争的意图。该信写于 1543 年 4 月。

亨利过去生活产生的一个讽刺性后果而受到阻碍；他过去的生活已经给他带来麻烦不止一次了。困难在于：要与一位分裂教会的国王建立联盟，这前景令查理感到尴尬，他既不可能在任何条约中授予亨利教会最高首脑的头衔，也不能保证在英格兰受到任何攻击时保卫英格兰，包括"宗教人士"的攻击。然而英格兰人却坚持要求英王应获得完整的称号，如果教皇加入英格兰的敌方之中，将战争变成了神圣征讨，英格兰国王应该受到保护，避免陷入突然的孤立。欧洲将会见证皇帝和一位分裂教会者建立联盟，来对抗一位最信奉基督教的国王及其同盟——异教徒土耳其人。据称，弗朗索瓦因自己的联盟而良心有愧，这令人难以置信。于是亨利高兴地说，无论谁赦免他，他和皇帝都会施加惩罚。[1] 但是他不能轻易就打消查理的顾虑。帝国派只会让查理保护亨利，对抗世俗王公。当亨利气愤地说，查理并不总对教皇权利很敏感时（例如，1527 年时，他的军队曾经洗劫过罗马），他们无动于衷；当他建议条款内容应该涉及共同防御"任何地位、等级或身份的人"时，他们依然拒绝。几周之后才找到一个可以接受的方案。接下来就是王室的称谓了，这是个不需要小心处理的问题，双方同意亨利应该被描述为"信仰捍卫者等"（这个无恶意的词藻一再解决了许多问题），问题最终得以解决。[2]

1543 年 2 月 11 日，亨利同意了这份新的英格兰和帝国条约。该条约一直到 5 月底才为人所知。6 月 15 日，英格兰人坚信苏格兰在他们的掌控之中；[3] 一周之后，出席威斯敏斯特议会时，亨利向法国大使发出最后通牒，威胁要在二十天内发动战争，收复法国领土，除非对方满足某些不可

---

1　*L.P.*, xix, i, 84.

2　关于这些谈判，参见*L.P.*, xvii, 1017, 1044。关于后来在国王称谓中使用"等"的内涵及其消失（在1800年），参见Maitland, "Elizabethan Gleanings, I, 'Defender of the Faith and so forth'", *E.H.R.*, xv (1900), 120 ff.

3　当天，枢密院向哈维尔（在威尼斯）报告说，"苏格兰总督和那里的其他领主，已经完全臣服于国王陛下"。*St.P.*, xi, 411 (*L.P.*, xviii, i, 707). 这是典型的乐观主义。

能的条件。[1] 此后不久，五千名英格兰士兵在约翰·沃洛普爵士的带领下跨海到达加来，协助低地国家的防卫。6 月 6 日，英格兰和法兰西之间的第一次交战发生在英吉利海峡和爱尔兰海。该年没有发生大型行动，但在行动之前，已经做出了后续计划。亨利和查理在次年 6 月 20 日之前，各派出四万二千人的军队投入战场。查理将经由香槟（Champagne）进入法国，亨利则率军沿索姆河到达巴黎。[2] 亨利按照三十年前的方式，以宏大之姿重返战场。

然而，与此同时，苏格兰局势急转直下，与预期严重不符。仅在格林尼治签订条约几天后，萨德勒就往国内发送预警报告，枢机主教比顿和伦诺克斯公爵将要领导针对总督的反叛，总督显然落入最困难的境地。[3] 很快，亨利便处于疯狂的焦虑之中。五千军队做好了援助阿伦伯爵的准备，并承诺，如果这个枢机主教和他的追随者没有被这第一批先遣队吓阻，就将"增派更多军队"。萨德勒获命要求阿伦伯爵密切关注比顿和"他的守护者"，并向阿伦伯爵保证，如果玛丽被送往别处与他人结婚，只要阿伦伯爵依然忠诚，阿伦伯爵便将会入主苏格兰成为国王，这令人感到震惊。[4] 萨德勒必须将阿伦伯爵控制在手中，牵制比顿，保护年幼的女王，激励这位总督击败枢机主教，用更加丰厚的报偿诱惑后者，承诺让他从英格兰得到法国或罗马主教无法提供的好处，警惕法国人的渗透，承诺遵守最近签订的条约。[5] 但是一系列的建议并不见成效。虽然在 8 月 29 日，萨德勒写信给亨利，报告该总督最终采取了针对枢机主教的行动，而且派遣了一名使节寻求英格兰的帮助——阿伦伯爵先前告诉亨利想要五千镑，而不是他的五千军队[6]。

---

1　*L.P.*, xviii, i, 754, 759.

2　*L.P.*, xviii, ii, 526.

3　*Ibid.*, xviii, i, 880, 897, 905 etc.

4　*L.P.*, xviii, ii, 9.

5　*Ibid.*, 33, 46, 68, 75, 100.

6　*Ibid.*, 22, 94.

然而，三天后到来的报告说，英格兰几乎失去了对苏格兰的控制，内战在
所难免，亨利迟早得动用武力。[1]事实上，他已经决定那样做了。8 月 31 日，
枢密院命令萨福克公爵集合一支大军，进入苏格兰援助此时正在为自己的
性命而战的阿伦伯爵。[2]但是，9 月 4 日，萨德勒报告，这位总督突然无缘
无故地骑马出城。第二天传来了毁灭性的消息，他已经倒向枢机主教，在
斯特林加入他的队伍。[3]亨利将自己的希望寄予此人，而他却抛弃了英格兰
的事业。

萨德勒写道："太阳底下，再没有什么比这里的人更野蛮，更不可理
喻。"[4]亨利震怒于阿伦伯爵的背信弃义，现在他选择了一个和那位总督一
样脆弱的人——安格斯伯爵，到目前为止他一直被视为"英格兰"党的支
柱。现在安格斯变成了他"完全信赖"的对象、苏格兰政策的核心人物。
安格斯很快被指定为新的代理人。他现在必须抓住那位可恶的枢机主教还
有总督，他必须抓住女王。他可能已经获得他所要求的来自英格兰的资金
和人员。事实上，亨利当时当地就想将萨福克公爵和八千士兵派往爱丁堡，
洗劫该城，抓住总督和他的同伙[5]——直到这两个人逃往圣安德鲁斯（St
Andrews）的消息传来，他只能暂时延迟行动，继续像先前一样对安格斯
伯爵大喊空话，寄望能控制住发展迅速、复杂又遥远的局面，而他成功的
机会从来都不大。

《格林尼治条约》的签订已经过去好几个月了，苏格兰人却没有采取
任何行动来实施。阿伦伯爵虽然批准了它（8 月 25 日），但一直在拖延。
萨德勒警告说亨利对苏格兰的控制非常脆弱，他必须采取秘密行动，亨利
对此置之不理，他的一些要求甚至让那些亲英的苏格兰人感到担忧：他命

---

1  *Ibid.*, iii.

2  *Ibid.*, 118–19.

3  *L.P.*, xviii, ii, 128, 132.

4  *Ibid.*, 175.

5  *Ibid.*, 169, 184, 256. 参考314, 442, 450——类似的行动呼吁。

令他们抛弃法国；他自己也没有批准《格林尼治条约》，而且即使有这个和平条约，他也会扣押一些苏格兰船只。此外，9月末，亨利宣布他考虑公开和苏格兰开战，因为苏格兰人没能遵守这些条约，它们已被"废止"。[1]然而，他再一次没有采取直接行动，而是徒劳地等待安格斯伯爵和其哥哥为他战斗。1543年11月11日，苏格兰议会庄严地废除了五个月前与英格兰达成的那些条约；四天之后，苏格兰和法国先前的所有条约都重新续约。在双重灾难使苏格兰人臣服于他的脚下后的十二个月里，亨利不仅没能确保他们年幼的女王和自己儿子的婚姻，而且错失了机会，以至于苏格兰人现在联合起来反对他，并且重建了旧联盟。

听到苏格兰人反抗的消息，亨利的第一反应是下令对安格斯伯爵和支持他的人的土地进行两次暴力袭击。但是安格斯伯爵说服了亨利，表示他们不曾背叛他，仍然是他的好朋友，他应该将其主力部队派往别处，直到春天。[2]对此，亨利最终同意了。年轻的伦诺克斯伯爵于去年4月结束了法兰西的流放生涯回国，又在去年秋天，加入了英格兰一派。因为伦诺克斯伯爵的继承顺序紧随阿伦伯爵，事实证明，他成了亨利强大而持久的追随者。因此，国王放弃了鞭打代理人的想法，之前他认为他们已经背叛了自己，并于1544年3月，同意通过伦诺克斯伯爵、安格斯伯爵和其他人来获得苏格兰事务的控制权。他承诺，如果伦诺克斯伯爵及其追随者能在他们的王国里传播上帝的旨意，为英格兰服务，保护玛丽直到她被送到英格兰完婚，在她幼年时期成为护国公，并为保证他们的事业顺利进行而派送人质，那么，他将派遣一支军队，帮助他们建立傀儡政权，由伦诺克斯伯爵领导，担任总督。他的军队在这些英格兰党的帮助下，按照这种方式征服苏格兰，那样的话，苏格兰就不会再帮助法国或者让英格兰担忧了。[3]

---

1　*Ibid.*, 235.

2　*L.P.*, xix, i, 33, 51, 58.

3　*Ibid.*, 243; *St.P.*, v, 363–5, 386 f.

为了更有把握，他将号召皇帝参加斗争。[1]但是几周之后，情况变得很明朗，伦诺克斯伯爵未能履行承诺，亨利立即重新启用他的直接暴力策略。他命令军队总指挥、赫特福德勋爵爱德华·西摩尔袭击爱丁堡，大肆毁坏这座城市，给它留下了可怕的历史遗迹，以示对谎言和背叛的神圣复仇。他要攻击城堡，杀死男人、女人和孩子，然后去利斯（Leith）和圣安德鲁斯，对后者施以严厉的惩罚，以致"上磨石概也成了下磨石，寸木不立"；他行进时还广贴告示（亨利亲自修正），宣布英格兰国王是苏格兰女王的统领和王国的护国公。[2]亨利对苏格兰人背弃上一年夏天格林尼治协议的行为采取了血腥的报复，他还想打击苏格兰，使之退出英法战争。

他相信一次与此类似的震慑攻击将会威胁邻国，阻止法国人或者其他可能帮助他们对抗自己的人，如丹麦人。但是赫特福德伯爵，这位将要领导王家军队的首领，对亨利的计划是否明智提出了合理的质疑，他认为这会激怒而不是镇压苏格兰人，苏格兰会很快从这样的袭击中恢复过来；他还认为亨利应该坚持占领一些战略要地的初衷，特别是利斯港。如能夺取该地，他就能在日后全面侵略苏格兰时重新进入苏格兰，同时将法国排除在外。[3]赫特福德伯爵对战略的重估被否决了。为了做出最后的决定，亨利仔细权衡了他的观点，命令指挥官发动一次迅速的突袭，不要占领和防御利斯或者任何其他地方，无论在战役中出现了多少次这样做的机会。[4]这只是一次讨伐，为了让亨利在与法国交战时拖住苏格兰人。

该计划是，一小股部队从东中部边境由陆路向爱丁堡进发，他们将在那里和赫特福德伯爵的大军会合，大部队走海路到达利斯。从伦敦、伊普

---

1  *Ibid.*, 92, 147, 168.
2  *Ibid.*, 314. 在写告示的前几天，枢密院告诉赫特福德伯爵，亨利本人已经修改了将由他的军队带到苏格兰的公告草案。*Ibid.*, 249.
3  *St.P.*, v, 371 (*L.P.*, xix, i, 319).
4  关于进一步证明亨利严格控制远征的详细计划的证据，见*L.P.*, xix, i, 348。参考342，386, 389, 405。

斯威奇、金斯林（King's Lynn）和赫尔发出的船于 4 月 20 日到达纽卡斯尔，比原定日期晚了一个月，而且携带装备严重不足。[1] 赫特福德伯爵担心远征中途食物和资金消耗殆尽，便迅速登船，向苏格兰航行。5 月 6 日，他率军登陆，击退阿伦伯爵和比顿领导的一支军队，占领利斯。第二天，他和从陆路到来的骑士们会合，攻击爱丁堡。主城门被炸开，城区几近烧毁。劫掠首都和附近的村庄后，赫特福德伯爵撤到利斯，将该城洗劫一空，登船回国。[2] 亨利对赫特福德伯爵取得的功绩甚表欢欣，毫无疑问，他仍然相信，他们可以通过打击使苏格兰人顺从，并向他们的敌人推荐"英格兰"党。但是在苏格兰的事务并没有对那样的国王神迹表现出恭顺。赫特福德伯爵的袭击可能暂时打击了英格兰敌人的部分信心，促使苏格兰人任命贵妇玛丽·德吉斯来取代阿伦伯爵的位置；但此后，亨利越来越难获得对边境地区的控制，哪怕伦诺克斯伯爵仍然忠心耿耿。而且，正如赫特福德伯爵以前所言，从长远来看，十天的暴力行动只会使苏格兰的问题更加尖锐和持久。不仅没能扫清对法战役的障碍，反而分散了英格兰的资源，让盟友查理感到不安，警示罗马可能会派人领导法国和苏格兰，联合入侵英格兰；枢机主教波尔已经两次被派往联合神圣罗马帝国，征讨异教徒。[3] 显然，他和英格兰人的联盟带来的挫折是无穷无尽的。

联合攻击法国的准备工作如今进行到了最后阶段。几周以来，船只和人员一直在聚集；甚至赫特福德伯爵起航回国之前，枢密院就写信给他，让他派遣大约四千人马立即赶往加来。[4] 英格兰和帝国达成的策略是，亨利和查理带领着他们的队伍向巴黎进发。虽然议会中的一些人强烈认为，亨

---

1　*Ibid.*, 355, 366.

2　*Ibid.*, 472, 483, 508, 533.

3　*Ibid.*, 497. 波尔从未完成过这种出使。但在1544年8月，保罗三世严厉地写信给查理，在几件事上指责他，包括他与一个虐待其姨母并与神圣教会为敌的分裂主义国王结盟。*L.P.*, xix, ii, 134.

4　*L.P.*, xix, i, 508.

利不亲自前往将更好，以免出现某些不测，也避免他的大块头和令人怀疑的健康问题严重拖慢军队的行进速度，但亨利坚守协议。[1] 他一直在热情满满地为出征做准备，[2] 毅然为他庞大的身躯套上盔甲。随着出征的时间日益临近，显然他的出现将会是一个累赘，帝国大使直接对皇帝说，很明显亨利承受不了这次行动的执行（虽然没人敢对他这么说），应该用尽方法把他留在国内，或者至少阻止他去往比加来更远的地方。查普伊斯继续说，唯一能劝阻亨利不随军行动的方法是查理也不亲征。他后来说，他在佩吉特和枢密院其他人的调解中，提出了这个建议。[3] 查理显然看出来众人不希望亨利参与这次行动，不仅是出于对国王健康和军队行进的考虑。不久前，一名特使被派往英格兰去劝阻他，却发现国王如此坚决，以致都不敢试着劝说。后来，皇帝听说亨利再一次抱恙，便派去第二位特使央求他，还是没能成功。[4]

然而，到 5 月底，亨利改变了主意，显然是在利用查普伊斯去更改先前达成的战略，从而不损他作为军事统帅的名声。现在有人向皇帝提出建议，他和亨利派遣他们的副将带领三万大军去夺取巴黎，据此要求法国交出赎金然后回师，同时亨利本人去往加来，率领一支小规模军队执行当地军事行动——出于某种不明的原因，作为君主并不适合参加这种快速突袭计划，而亨利之所以在最近对爱丁堡的突袭中赢得声誉，正是因为他没有亲临战场。[5] 查理需要来自英格兰的军队和资金，但不需要英格兰国王。因此，他对这些新的建议不以为然，认为自己比亨利要年轻，他从西班牙来到德意志，就是为了带兵进入法国，没有任何光彩的借口掉头回去。但是，一旦查理坚持亲自出征，那亨利就不能不丢面子地独自退出。一切都是令

---

1　*Ibid.*, 529, 530.

2　查普伊斯写道，枢密院告诉他，亨利是如何日思夜想，只想着入侵法国的。

3　*Ibid.*, 529, 603.

4　*L.P.*, xix, i, 619, 626.

5　*Ibid.*, 619.

人不悦的混乱，未来同盟之间将充满争吵和指责。

　　战略仍在讨论，而一支庞大的英格兰军队已经跨过海峡到达加来，首领是身经百战的战将——萨福克和诺福克两位公爵。6 月中旬，军队已向东行进到法国境内，而其目标却仍不明确。虽然国王已经回答了科巴姆勋爵的询问，加来不需要特别的驻守，因为他的军队绝不会偏离该地很远，[1]但不久后，他还是给查理去信说，他将在此等待，直到查理到达加来，再决定他的军队是否应该进一步向法国境内行进。他请求皇帝对攻击巴黎的计划三思而行。一旦战役展开，就只能让发动战争的原因和食物供应来决定战术。他认为皇帝痛风的痛苦比他的腿痛更严重，夺取边境城镇要比行军前往巴黎、暴露侧翼要好得多，等等。[2]但是查理绝不妥协，同时，英格兰军队在敌方境内漫无目的地等待着。不足为奇的是，大约一周后，带领先遣部队从加来出发的诺福克公爵，写信给枢密院措辞尖刻地质问，在此之前他需要知道他应该去往何地。[3]

　　在这封信完成的前两天，亨利才最终定下策略。诺福克公爵或者包围蒙特勒伊（Montreuil，1523 年英军曾轻松抵达该城），或者去往阿德尔，正好在帕莱（Pale）的城外[4]。然而，这（6 月 20 日做出的）决定又使得是否攻击巴黎这一尖锐的问题悬而未决。如果诺福克公爵在蒙特勒伊或者阿德尔快速取胜，再一次进军"法国的腹部"也许可行——很久以前沃尔西如此称呼这种策略。但是，自从一出发，公爵就不断抱怨军队组织不力，急需面包、啤酒、枪炮和弹药；不久，他不得不坦承，他对蒙特勒伊（他转向了此处，而不是阿德尔）的包围一片混乱。1544 年 7 月 14 日，经历

<hr/>

1　*Ibid.*, 691. 这封来自枢密院的信表明，亨利对政策进行了密切的控制。参照枢密院给正在招募雇佣军的王室代理人的信，以及给诺福克公爵的信（*ibid.*, 682, 690），其中充满了"国王命令……想要……渴望……打算"这样的短语。

2　*Ibid.*, 714.

3　*Ibid.*, 758.

4　*Ibid.*, 741.

了几次推迟之后，亨利一生中第四次到达加来，这也是他第二次到加来作战。他到达不久后，萨福克公爵动身去调查布洛涅周围的地形，评估围城的问题；至少从他到达法国起，显然亨利一直在构想这一计划。[1]7 月 19 日，围城开始。帝国军队向亨利提出抗议，他们的计划是向前行进，不是在蒙特勒伊和布洛涅包围战中让自己陷入困境；对此，亨利反驳道，除非两地被攻占，否则前进的军队将没有给养。但是如今显然是他破坏了协议，如果他采取任何大型行动，那将是针对诺曼底，而不是巴黎。[2]正如 1523 年那样，他不愿意让他的军队远离家园，远离供应储存地和自己的船只。到达加来一周后，他便着手包围布洛涅。他的军队现在兵分两路：一路由诺福克公爵率领，孤立无援地在蒙特勒伊的城外战斗；另一支队伍原本由萨福克公爵带领，现在转交国王，准备夺取布洛涅。恶劣的天气和弹药的缺乏导致两支军队迟滞不前；直到 8 月初，攻打布洛涅城墙的所有炮位才全部打开。亨利位于该城北面，靠近大海。他非常享受这次围城，监督着每一步行动，而且精神面貌和身体状况看起来比前几年都要好。[3]9 月 11 日，城堡被炸开，三天后英格兰人提出了该城投降的条件，9 月 18 日，亨利胜利入城。他在那里停留了十二天，监督征服者们对该城加强防御工事（包括推倒圣母教堂，为建设一座军事堡垒腾出空间），封几个战时随从为骑士，之后便离开了。[4]议会和王后，一直留在英格兰处理亨利外出时的国内事务。为他返回英格兰的秘密准备工作进行了两周，在此期间亨利命令议会派船到加来和布洛涅，佯装向这里运输给养，将他带回英格兰。[5]他从布洛涅登

1  *Ibid.*, 932.

2  *Ibid.*, 955–6. 但是亨利向查普伊斯保证，一旦蒙特勒伊和布洛涅被占领（很快就会实现），他将亲自带兵前进。

3  *L.P.*, xix, ii, 35, 174, 424.

4  *Ibid.*, 424, App. 10.

5  *St.P.*, x, 75 (*L.P.*, xix, ii, 258).

船，9 月 30 日，在几个随从的陪伴下，悄悄回国。[1]

这是一次相当差劲的军事行动。几个月之前商定的绝好计划没有被执行，虽然亨利在布洛涅获得了一场大胜，但鉴于这次远征耗费了巨大的人力财力，这显然说不过去。而且，联盟也非常轻易地快速崩溃了，先前有关出征策略的不和已经预示了这个结果。几周以来，法国一直在采取行动争取和平，用条约来吸引他们的敌人。虽然毫无疑问，如果条件合适，亨利已经做好抛弃查理的准备，正如查理也会同样地对待他，不过这位国王表现得很体面，将法国提出的所有条件悉数告知皇帝。而在亨利进入布洛涅的那一天，皇帝已经和法国人在克雷皮（Crépy）达成协议，亨利完全被蒙在鼓里，这一消息着实让人感到难堪。查理的军队陷入了困境，急于结束战争，因此，他接受了法国人提出的不利于他的条款，抛弃了英格兰。确实，在此之前几天，查理曾给亨利写信，建议他平息战争欲望，减少损失并撤退，[2] 但是亨利从未设想过会如此突然地陷于困境之中。查理的撤退是对亨利的一次羞辱，而且将他完全暴露于法国军队的全部重压之下。形势陡然严峻非常。法国王太子迅速赶来缓解蒙特勒伊的压力，势要扫灭不幸的诺福克公爵。他和他的军队——不是城中被围困的居民——正在忍饥挨饿，他的骑士们、帝国雇佣军现在可能会放弃，如果法国王太子突然转身扑向埃塔普勒（Etaples），他的补给线将会被切断。[3] 亨利曾短暂考虑过派萨福克公爵到蒙特勒伊，加强防守。但是他不敢冒险打一场激战，最终命令诺福克公爵撤退——这一行动的风险丝毫不减。要是被法国王太子抓住，摧毁他的军队，亨利将会在布洛涅遇险。但是诺福克公爵自己从蒙特勒伊全身而退，在国王离开前返回布洛涅。最后几天，亨利一直处于极度

---

1　*L.P.*, xix, ii, 336.

2　*Ibid.*, 198. 但英格兰驻罗马皇帝的大使尼古拉斯·沃顿一直在充分了解法国与帝国之间的和平谈判。参见他9月20日的急件，*ibid.*, 267–8.

3　*Ibid.*, 278, 285.

焦虑之中，对皇帝满是愤愤不平的抱怨。[1] 但是现在，他安全地带着军队回到本国。他躲过了最终的灾难，并且将夺取的城镇牢牢地控制在他的手中。

但在他登陆英格兰的三天后，正在他经由肯特郡赶往伦敦的途中，传来了令人震惊的消息，萨福克和诺福克两位公爵违背了他的命令，带领着大部分军队撤离布洛涅回到了加来。撤退的借口是亨利指示的在占领城市建立坚不可摧的防御工事不切实际，而且加来需要援助以抵御法国王太子的进攻。[2] 亨利愤怒地命令他的军队返回指定的位置。议会抱怨道，他们从布洛涅"轻易地撤走"表明他们"一心只想着回国"。国王的事务"在很多方面被轻率地处理了"[3]，或者，正如亨利自己在一封言辞犀利的信中所说的那样："他们隐晦的支撑理由……杜撰出了一种虚构的必要性，以掩饰和维护那些路人都一目了然的错误。"[4] 事实上，只是因为有关法国王太子军事行动的一则未经证实的谣言，他们就匆忙逃离布洛涅，丢弃了他们的大部分给养和枪炮。他们必须回到岗位，但是做不到，因为现在敌方的阵地上已经聚集了大约五万士卒，己方的骑兵（来自低地国家的雇佣军），正如预期的那样，跟随着查理撤出了战斗，而且他们自己已经精疲力竭。他们被困在加来，很快开始用船运送士兵回国，此时法国王太子的军队在他们的周围自如地发动袭击，气疯了的议会严厉斥责他们行动不力、抗命不从。[5] 这次混乱的远征注定有这样的结局。自大约十五周前，首次冒雨从加来出发以来，诺福克公爵和他的军队就已经糟糕透顶、毫无目的了；其同僚的遭遇也都类似。三十年前的情况就不一样了，当时，国王的赈济官托马斯·沃

---

1  *Ibid.*, 304. 罗马帝国的大使们报告说，亨利不顾议会全体成员的意愿，推迟了他的离开，以防与法国王太子的部队发生大的战斗。据说，佩吉特曾恳请议会请求国王离开，特别是由于法国国王并不是法国军队的统帅。*Ibid.*, 318.

2  *Ibid.*, 353.

3  *St.P.*, x, 104 (*L.P.*, xix, ii, 374).

4  *L.P.*, xix, ii, 383.

5  *L.P.*, xix, ii, 377, 399, 414.

尔西独掌大权。即使在情况最好的时候，不稳定的军需供应、标示不详的地图、严重出错的关于敌人位置和力量的信息、突然的逃跑以及同样突然的外交，使 16 世纪的战争成为某种偶然的事情，充满了意想不到的胜利与失败，意料之外的交战与撤退。但是 1544 年的英格兰战役，即使以当时宽松的标准来衡量，也是一团糟。

一回国，亨利就同意与法国人谈判，任命特派员在加来开启会谈。西摩尔和佩吉特率领英格兰代表团，而不是诺福克公爵或其他人；亨利粗暴地向诺福克公爵等人表明，他们根本就不应该出现在加来。[1]10 月 16 日，法国代表团到来，两天后谈判开始，此时亨利已经原谅了违抗命令的将领们，委派他们参加谈判。[2] 会谈没有取得进展。亨利坚持，布洛涅必须保留在他手中，弗朗索瓦必须放弃支持苏格兰人，自从他夺取布洛涅之后他就一直坚持这种观点。这两个要求都是不可接受的，11 月初，法国大使们最终离开了会议室。[3] 亨利为自己赢得了一些喘息之机，眼下即将来临的冬季给了他天然的防御。战争仍在进行，因为布洛涅绝不会投降。事实上，那座城市的防御工事将会非常稳固，纵便如此，在加来的军队回到那荒凉的地方之前，亨利仍须向那里运送大量的床垫和帐篷，以及修补房屋的钉子和瓦片。[4] 跟将领们一样，军队也濒临叛乱。

查理不仅抛弃了亨利，还担任起英法之间的调停者。亨利对皇帝的叛逃大发牢骚，但后者只会说是英格兰人背信弃义。他们避开了向巴黎进军的计划。围攻蒙特勒伊是一场骗局，进攻布洛涅却是一开始的目标，而且毫无必要拖延下去。要不是亨利坚持参与这次战役，查理绝不会选择穿过香槟的困难路线，也不会为了亨利的利益，拒绝来自低地国家的供应。而

---

1　*Ibid.*, 383.

2　*St.P.*, x, 116 (*L.P.*, xix, ii, 432). 10 月 14 日，亨利曾给他们写信，宣布赦免他们，但命令他们尽快向布洛涅派出增援部队，与其他军队一起回国。*L.P.*, xix, ii, 436.

3　*L.P.*, xix, ii, 443, 456, 470, 546, 561.

4　*Ibid.*, 489. 在亨利的命令下，这些人也要用好话"安慰"。

且，在加来，亨利自己同意查理可以自由地单边结束敌对状态——这是最激怒国王的一件事。查理这样做是为了整个基督教世界的利益，如今慷慨地主动提出担任英法之间纠纷的调解人。亨利应该接受合理的条款，返还布洛涅，或许在谈判期间将其交给第三方。[1] 在回复中，亨利反驳了指控——查理明显犯叛逆罪，而且在加来双方的条约是任何一方都可以独立协商，而非任何一方可以在没有对方的情况下签订条约，更不是在争议方之间自由充当"诚实的掮客"，查理受到了条约的约束，应该作为英格兰的同盟重启对法战争。[2] 1544 年冬天到第二年的春天，他们相互指责了好几个月。到了 1545 年 7 月，与其说英格兰与帝国的关系没有得以修复，还不如说双方关系已到了破裂的边缘。亨利仍然耿耿于怀先前的愤懑，如今又添新怨：西班牙军队被法国人雇用；英格兰商人在西班牙被宗教法庭粗暴对待；从布拉班特（Brabant）购买的弹药不能运走。[3] 查理也对他积了新的不满：英格兰人夺取了帝国的船只和货物；七百名偶然登陆英格兰的西班牙火绳枪兵被诱骗到苏格兰边境加入了一支混杂军队（其中已经包括阿尔巴尼亚骑兵，意大利和克莱沃的雇佣军）；亨利目中无人地重启了同路德宗信徒之间的谈判，而查理现在正准备镇压他们（第二年，他将在米尔贝格 [Mühlberg] 战役中重创他们）。[4]

　　亨利失去了同盟，陷入了巨大的麻烦。首先，与一年前相比，他没能

1　*Ibid.*, 507, 532, 577; xx, i, 7, etc.

2　*L.P.*, xix, ii, 517, 577; xx, i, 7, 54, 227, etc. 亨利对查理的怨恨之情以及他坚持要求后者重返战场的态度，可以从他对以下三封信所做的许多尖锐的修改中得到很好的证明：致诺福克公爵、萨福克公爵和加来的其他人的签名信（日期为 10 月 20 日），指示即将前往加来的大使们去见皇帝（*St.P.*, x, 134 ff.）；枢密院致赫特福德伯爵等其他驻帝国大使们的信（日期为 10 月 31 日），有趣的是，亨利显然仔细地看了一遍，并做了大量的修改（*ibid.*, 161 ff.）；亨利给查理的一封信（日期为 2 月 5 日），充满了对这位皇帝"不人道"、不忠诚等的疯狂抱怨（*L.P.*, xx, i, 146）。亨利显然参与了很多事务，包括布洛涅的防御工程和苏格兰事务。

3　*L.P.*, xx, i, 1087, 1203.

4　*L.P.*, xx, i, 933, 1202, etc.

进一步控制苏格兰。他的杂牌军一直按照平均每月十二次的频率，跨境实施袭击。他和他的议会一直在寻找一条捷径，渡过苏格兰派系斗争的激流。现在亨利想伏击安格斯伯爵和他的兄弟，[1]于是向他们伸出友谊之手，主动提供安全通行证，让他们到英格兰再次谈判；[2]他还同意赞助刺杀枢机主教，前提是萨德勒自己让人来做这件事，不让他卷入其中；对于一位国王而言，参与其中是"不合适的"。[3]但是事实上，他在实施《格林尼治条约》或者得到年幼的女王这两件事上没有取得任何进展。正好相反，事情变得越来越糟糕。1545年初，英格兰军队袭击了梅尔罗斯（Melrose），侮辱了安格斯伯爵祖先的陵墓，据说这种行为极大地刺激了亨利前代理人安格斯伯爵的爱国情怀，因此，2月27日，他带领一支苏格兰军队，在梅尔罗斯东南几英里的安克鲁姆（Ancrum）打了一次胜仗。这不是一次大规模的战斗，却是几十年来苏格兰军队第一次不可否认的胜仗，一场迅速席卷英格兰的严重危机由此拉开了不幸的序幕。因为，1545年春季，法国显然打算派遣一支军队经由西北部到苏格兰，派另一支到东部边界的南侧，从那里发动一次法国和苏格兰联合入侵英格兰的军事行动。而且，由于与查理达成和平协议，法国军队摆脱了束缚，法国可以袭击布洛涅，从东南部入侵英格兰，或许还会在爱尔兰或者英格兰西南部各郡登陆。[4]再者，亨利尝试在国外寻找新的同盟和雇佣军也没能成功。1545年4月，绝望的孤立状态促使他派遣克里斯托弗·蒙特（和约翰·巴克勒）再次赶往德意志，乞求萨克森、不来梅（Bremen）、符腾堡（Württemberg）、丹麦等地的援助，愿意帮忙

---

1　*Ibid.*, 4. 枢密院给什鲁斯伯里伯爵等人的信（日期为1545年1月1日）报告了国王的意愿。

2　*Ibid.*, 218.

3　*St.P.*, v, 449 f. *(L.P.*, xx, i, 834). 关于亨利密切指导苏格兰事务的其他例子，参见*L.P.*, xx, i, 466, 468, 481。

4　*St.P.*, v, 432 *(L.P.*, xx, i, 513); *L.P.*, xx, i, 619. 帝国驻罗马大使报告说，保罗三世承诺为法国入侵英格兰提供人员支持。*Ibid.*, 457.

的越多越好。代理人主动提出与新教联盟之间建立一个攻守联盟的建议，还抛出了现在熟悉的婚姻条约诱饵。他们去沃尔姆斯（Worms）参加了一次议会，并且在会议期间与新教徒进行协商。在多番恳求之后，他们从路德宗信徒那里得到的不过是一个自费为亨利提供四千五百名士兵的防御联盟的承诺，但条件是亨利必须先交给不来梅二十万克朗，以备他们在受到攻击时使用。汉堡拒绝提供雇佣军，并希望亨利要求的船只永远都不会被用到；不来梅和吕贝克用简短的"无能为力"（non possumus）答复援助请求。[1]虽然聘请了弗雷德里克·范里芬贝格作为雇佣军首领，带领大约一万人，去援助布洛涅（该地从英格兰获得供应的路线受到了法国船只的威胁），但是勉强拼凑的联盟没有取得多少成效，不足以改变亨利孤立无援的状态。法国军队正朝他逼近。查理和新教世界避得远远的，同时，情势越发明朗，经常推迟而又让亨利害怕已久的教皇大公议会，实际上将遵循惯例，于第二年12月在特伦托召开。

最后，亨利非常缺钱。1544年的战役花费的资金不是预期的二十五万镑，而是大约六十五万镑，而且在当年的米迦勒节到来年的9月8日之间又花费了五十六万镑。[2]大型战役的需求（从1542年到亨利去世之间的总花销超过了两百万镑）使他国库空虚，驱使着他做出激进的权宜之计：1542年和1544年的施舍，即强迫捐赠，再加上1543年和1545年对世俗和教会人士提出的强迫贷款和高额补贴。自1542年起，大量出售前修道院的地产变成了一场雪崩，从1543年米迦勒节到1545年米迦勒节的两年间，土地价值贬值了三十多万镑。[3]同时，英格兰货币的大幅贬值已经开始，目的是通过重新铸造含有比例不断增加的贱金属的硬币来迅速获利，而不

---

1   *L.P.*, xx, i, 677, 715, 808, 1047, 1135, 1207; ii, 46, 67–9, 102.

2   Dietz, *English Public Finance, 1485–1558*, University of Illinois Studies in the Social Sciences, ix (1920), p. 149. 1544年9月至1545年10月期间，布洛涅的驻军、防御和饮食费用约为133000镑。*L.P.*, xx, ii, 558.

3   Dietz, *loc. cit.*

管长期影响如何——这一举动所得的利润可能比已知的二十万镑要多得多。除此之外，再一次出现了解散宗教机构的活动，虽然规模不大，解散的是到那时为止尚未受到镇压的宗教机构，即世俗教士学院和由世俗神职人员供职的自由教堂，如林肯郡的塔特歇尔（Tattershall），温切斯特的圣伊丽莎白学院和萨福克郡的布兰迪什小教堂。[1]1545 年，亨利开始考虑如何"借用"教堂善款。在回答亨利的问询中，赫特福德伯爵对计划表示赞同，理由是"侍奉上帝，不在于珠宝、金银器皿或饰品，因此不能有任何的削减，那些东西可以更好地用在王国的福祉和防御方面"[2]。要记住，所有的筹款活动，都是建立在王室"普通"收入的基础之上；16 世纪 30 年代，王室的收入大大增加，特别是以世俗教会首岁捐和每年什一税的形式获得的新收入来源。即使如此，当下亨利仍然很缺现款，对他的人民极尽搜刮，而且正打算在安特卫普金融市场上募资。这就是他难以遏制的战争欲望。

这也是 1545 年夏天亨利所面临的艰难处境——他自己造成的处境。现在英格兰面临的威胁比 1539 年更严峻，也许比数十年来任何时候都更严峻，或者直到菲利普二世威胁英格兰时，才会再次面临这样的威胁。英格兰等待着由两大股势力支持的来自三四个方向的入侵，这两股势力是自己招引来的，英格兰在很大程度上重塑了他们的共同事业。英格兰方，在南部，超过三万人的三支军队正在集结：一支在肯特郡，由萨福克公爵带领；一支在埃塞克斯郡，由诺福克公爵带领；还有一支在西部，由阿伦德尔伯爵率领。赫特福德伯爵率领着苏格兰边境的一支军队，海军上将带领一万二千名士兵驻守在海上，等待着跟入侵的舰队战斗；在布洛涅，指挥官波伊宁斯勋爵于 8 月猝逝，萨福克公爵随即接任，另一支军队被调集起

---

1 参见 *Eighth Deputy Keeper's Report*, App. ii, 7 ff.。
2 亨利出售从教堂获得的铅，大概是前修道院教堂里的。见 *L.P.*, xx, i, 1145。参考 *ibid.*, 984, 996。

来。[1] 没过多久，8 月 10 日亨利命令举行全国游行，用英语的祷词和赞美诗为胜利祈祷。[2] 至少，这是议会所说的目的，但是天佑可能更合适仅为了生存的祈求。

6 月中旬，弗朗索瓦一世到达鲁昂（Rouen）附近，在舰队进军英格兰之前，视察了这支两百多艘船组成的侵略舰队。7 月 19 日星期日晚上，舰队进入索伦特海峡，此时赶往南部视察防御工事的亨利正在他的旗舰"大哈里号"上用餐。法国舰队一被发现，国王就急忙上岸。[3] 那天晚上，一连串的警示交火带来了敌人渡海来到英格兰的消息。战斗发生在次日以及法国军队在怀特岛（Isle of Wight）登陆的第二天——二十四小时后他们撤退了。不久之后，他们在锡福德（Seaford）附近再次登岸，接着又撤退了。最终，8 月 9 日，海军上将收到命令从朴次茅斯撤出，亨利之前命令他的船只被动地在此抛锚，与法国人作战。[4] 六天之后，英军逼近他们的猎物——事实上，他们花了一整晚艰难地停泊在附近——但是一次短暂的小冲突之后，法军便离开了，把他们停航的追兵留在了滩头。没过多久，刮起一阵东北大风，导致莱尔勋爵和他的船又被困在同一个滩头四十八个小时，让法国舰队逃入英吉利海峡和爱尔兰海，得以返航。或许弗朗索瓦从未打算让他庞大的舰队多开展几次这样的快速登陆行动；莱尔很快就在诺曼底开展了类似的登陆，切断了英格兰和布洛涅之间的补给线。

因此，9 月初，入侵的威胁看起来奇迹般地解除了。但是，亨利一直处于，并且在某种程度上，仍然处于极端困难之中。敌人包围着他，他没有朋友，雇佣军欺骗了他，他拥挤的船队很快遭遇瘟疫，让他损失好几百人。

---

1　*Ibid.*, 958.

2　*L.P.*, xx, ii, 89.

3　*L.P.*, xx, i, 1263.

4　*L.P.*, xx, ii, 82, 94.

　　我们在同法兰西和苏格兰作战，（斯蒂芬·加德纳用极度悲伤的口吻写道）我们与罗马主教结怨；我们无法保证来自皇帝的友谊，而且我们还从伯爵领主——新教徒的首领那里受到了如此的不满，他有理由相信我们对他很生气……我们的战争令我们的王国和往返于英吉利海峡的所有商人感到厌烦……我们生活在一个理性和学识不占上风、契约很少受到重视的世界里。

英格兰已经让自己走上了绝路：这个国家不能继续这场造成严重后果的战争，却没有任何机会，只能选择"最糟糕的和平"；虽然他认为这"要好于最棒的战争"，但对于一位已经面临着"年龄逆境"的国王来说，这可能是一次无法忍受的失望。加德纳对形势的调查[1]足以让人畏惧了，我们还必须加上赖奥思利的调查。

1545 年 11 月初，他报告了他是如何勉强凑够为战争准备的两万镑的——其中一万五千镑来自"我们神圣的支柱"铸币厂，三千镑来自土地没收法院，以及兰开斯特公爵和监护法院各一千镑；但是，"什一税和首岁捐没有收益，检察官没有，财政署也没有一千镑"[2]。几天之后，他给佩吉特写信："我向你保证，大臣阁下，在接下来的三个月，尤其是下两个月，我都不知道该怎么办了。"[3]16 世纪 30 年代，王室曾拥有巨大的财富，英格兰或者其他地方很少有国王获得过这样的经济安全感。到了 1545 年末，亨利已经濒临破产。

亨利与他最后一任妻子，凯瑟琳·帕尔的婚礼于 1543 年的 7 月举行。

---

1　为了引用这份调查，我把他在1545年11月写给佩吉特的两封信混在一起。参见Muller, *The Letters of Stephen Gardiner* (Cambridge, 1933), 185 ff., 198 f.。"事情就这样纠缠在一起。我们就这样迷失在一个迷宫里"，他写道（*ibid.*, 190）。人们倾向于同意他的观点。

2　*St.P.*, i, 835 (*L.P.*, xx, ii, 729).

3　*Ibid.*, 840 (*L.P.*, xx, ii, 769).

　　凯瑟琳，一位北安普敦郡骑士和有名望的朝臣的女儿，曾经结婚和守寡过两次，时年三十一岁。在她的第二任丈夫，拉蒂默勋爵 1543 年去世后，看起来她会同赫特福德伯爵的弟弟托马斯·西摩尔结婚，这位危险又好色的男人的殷勤博得了她的好感。但是西摩尔被国王挤走了（直到西摩尔成为她的第四任丈夫）；1543 年 7 月 12 日，国王和她在汉普顿宫举行婚礼，婚礼由斯蒂芬·加德纳主持。尽管她很敬重西摩尔，但凯瑟琳是个令人印象深刻、和蔼可亲的女人。在她最后一次守寡期间，她曾在家中接待过科弗代尔和拉蒂默这样的宗教改革者，现在她属于新教温和派，同时信奉文雅的伊拉斯谟主义。[1] 亨利的最后一任妻子之引人注目几同于他的第一任妻子，和第一任妻子一样，她成了一个人文主义者圈子的核心成员。或许因为她的亲和影响力，1543 年 12 月，王室的三个孩子第一次全部来到了他们父亲的内府；当然也是她重新组织和指导王室子女的培养，目的在于给贵族和王室的孩子提供十分开明的教育。正是她引入安东尼·库克（他的女儿是弗朗西斯·培根爵士的母亲）以及著名的牛津人文主义者约翰·奇克等担任指导老师。当中还有一位威廉·格林德尔，可能是伊丽莎白时期坎特伯雷大主教的亲戚。正是受她的影响，玛丽公主开始翻译伊拉斯谟对《新约》所作的《诠释》（*Paraphrases*），伊丽莎白翻译了纳瓦拉的玛格丽特的伊拉斯谟主义经典哲学《有罪灵魂的镜子》（*The Mirror of Glass of the Sinful Soul*），以及伊拉斯谟自己的《信仰对话集》（*Dialogus Fidei*）；不仅资助她继女们和她们指导教师的作品，凯瑟琳还亲自著书《激励心灵作神圣冥思的祈祷》（*The Prayers stirring the Mind unto Heavenly Meditations*），出版于 1545 年，并迅速传开；《一个罪人的哀悼》（*The Lamentation of a Sinner*），在亨利去世后几个月出版。无论亨利说过什么，想过什么，婚姻对他很有好处。他在位的最初二十年左右是在一位令人钦佩的女人的陪伴

---

1　关于这一点，参见 McConica, *op. cit.*, 215 ff.。

下度过的，他的最后几年里，身边有那么一位高贵、坚毅的王后，当老国王行将就木，想要解除她的职务时，她凌驾于那些争夺权势的人之上，为扫除他最后时光的一些阴郁，做了许多事情。

# 第十四章

# 最后的岁月

亨利的最后十八个月是在繁杂的外交事务中度过的。自从西欧三位重要君主开始争夺国际影响力和领导权以来，已经过去了超过二十五年的时间；三位君主可能都认为自己现在接近事业的顶峰：亨利或许只差一次针对法国的最终胜利和一次对苏格兰的血腥袭击；弗朗索瓦就缺对哈布斯堡王朝的最后一次猛扑；查理在经历多年的等候之后，也只需要镇压德意志境内的新教主义和证实他的皇帝权威了。但是多年来，纸牌已经被翻旧了，玩家的特征和策略对于他们的对手来讲再熟悉不过了，以至于高层外交不得不以前所未有的方式进行。因此，这三位老对手编织了一张如此密集的缓和与行动网，以如此灵巧的方式预测、欺骗和两面欺骗，以至于现在，比起破译他们的确切目的，钦佩他们的能力要容易得多。

可以毫不犹豫地说，亨利从始至终都像个老手一样在出击和躲避。直到他生命的最后几天，他都没有失去影响力或者出现萎靡不振的迹象。相反，当时的他看起来也许比以往任何时候都更自信、更令人敬畏，而且或许他的掌控力比以往更强。他首要的目的是保住宝贵的战利品，"我们的女儿"，他如此称呼布洛涅。至少，这里是佯攻和不确定性泛滥中的一个确定点。1545 年 9 月，议会急于结束同法国之间的敌对状态，割让这个占领的港口，摆脱给英格兰造成严重消耗的战争。但是亨利不同意，他在法国的指挥官萨里伯爵也极力怂恿他积极开战。诺福克公爵在写给儿子的信中愤怒说，"不要急于劝说国王保住布洛涅，因为这样做的人最终会得到微不足道的感谢"；六天之内，这位父亲和议会同僚在推动放弃布洛涅和缔结和平协议这一计划方面所取得的进展是，"你的信件将在六个小时后送回，现在国王认为你的信非常重要"。[1] 虽然，议会费尽周章，阻止了亨利调集一千五百人的先遣队和三千名士兵前去加强布洛涅的防御，但是到了1545年末，英格兰和法国之间仍没有达成协议的迹象。但是，如果亨利面对弗朗索瓦军队的重压，仍然坚守该城，并且将此地作为下一步在法国进行战役的基地，那就急需让皇帝放弃他突然选择的中立立场，将他重新拖进战争中英格兰的一方。查理必须抛弃法国，回到他曾公然否认的协议中来，援助其同盟国；他们共同的敌人曾三次侵犯，且现在仍然威胁着这个同盟国。亨利会安抚查理，向对方保证自己不会拒绝合理的建议，而且他已准备接受几个月的休战以恢复元气，[2] 但是查理迟早必须支持该项事业并履行条约上的义务。亨利与这位皇帝斗争了好几个月。他主动提出自己的子女与任何一位哈布斯堡王室王子或公主联姻，但是对方并不感兴趣。他秘密地建议，他和查理应该尽快会面，地点或许可选在加来，希望能够用此办法来重获他先前的盟友。但查理起初回避了该建议，他的托词是，这会对亨利的健康造成负担，而且他作为帝国皇帝，必须在1546年1月出席雷根斯堡的议会，在这之前很难找到合适时间；后来他把难题丢回给提议者本人，他同意与亨利短暂会面，地点可选在布鲁日、敦刻尔克或其他类似城市，前提是亨利已经与法国国王达成了协议。这位皇帝会很乐于会见他的"姨父"，如果这位"姨父"能先完成"外甥"要求他做的事情。虽然亨利当时试图智胜查理，答应与法国达成休战协议，但唯一的条件是他们先会面，

---

1 *L.P.*, xx, ii, 455, 738；信件日期标注为9月27日和11月6日。

2 *Ibid.*, 178, 376.

问题又回到了查理这里。[1] 然而两人没有见面。接下来，1545 年 10 月中旬，斯蒂芬·加德纳被火速派往查理那里，在布鲁日出任大使，他的第一个任务是完成旧《英格兰－帝国条约》的"澄清"——帝国一方的人现在说这个条约模棱两可——并且让查理就范。加德纳是一位狂热的亲帝国分子和非常成功的外交家，但即使是他也抓不到那个猎物。首先阻止他的是帝国人对英格兰海关收费的抱怨；接下来，在金羊毛骑士团的几天庆祝活动中，他被晾在一旁；然后，皇帝痛风病发作，他得不到召见；最后当查理前往雷根斯堡赴约时，他不得不乘坐马车跟在皇帝随行人员的后面[2]——所有这一切肯定让他回想起十七年前听凭国王差遣期间所经历的磨难，当时他被派往罗马打击克雷芒七世，让对方屈服。

　　1545 年底至 1546 年初的整个冬天，亨利在国内焦躁不安，对帝国人抗拒他的方式"感到惊讶"，[3] 还一直担忧加德纳提出的"条约"草案，这位主教继续战斗着。他必须说服查理为玛丽、伊丽莎白和爱德华找到配偶，与背信弃义的法国人决裂，与英格兰人一起对抗法国人，让英格兰人在低地国家搜寻食物、铜、硝石、皮革、船锚和长矛等他们迫切需要的东西。但查理什么也不会做。随着 1546 年的过去，他集中了全部力量去摧毁德意志的新教。他对亨利的子女不是特别感兴趣，没有时间考虑亨利的事情，并且需要所有他能找到的食物和弹药。从理论上看，如果在他进攻新教徒的时候，法国和英格兰一直相互卡着对方的喉咙，这对他的计划会很有利，但是他认为，若他同法国人达成和平协议，或者将两国拉进一个反路德宗的联盟之中，在此之前，不背叛英格兰会更加安全。在加德纳到达帝国宫廷不久之后，法国的海军司令也抵达了。查理忍受着英格兰人的强求，只是因为他希望在自己的主导下，加德纳和这位海军司令能够解决两国之间

---

1　*Ibid.*, 460, 547, 561, 586, 625, 667, 669, 737, 764, 830.

2　*L.P.*, xx, ii, 714, 903, 1006; xxi, i, 8, 51, 65, 83, 87.

3　*L.P.*, xx, ii, 999.

的分歧，并且加入他的大联盟之中。

不过，他拥有足够的世俗智慧和经验，认识到弗朗索瓦和亨利中的任意一个都会轻易地在背后捅他一刀，就像他们彼此会相互捅刀一样。他恐惧弗朗索瓦，或许也对亨利感到恐惧，这是有充分理由的。去年（1545年）8月，弗朗索瓦通过一位西班牙修士——该修士活脱脱就是未来的约瑟夫神父的模样——给皇帝传递了一个信息，警告说要组建一个法兰西、英格兰和路德宗的联盟来反对他（并提议放弃这个计划，与查理结盟来反对亨利），[1]当加德纳和他在一起时，查理非常担忧英格兰，不得不小心翼翼，以免将英格兰大使拒之门外。他必须让英格兰人半信半疑，忐忑不安，不投入法国的怀抱之中。因此，1546年1月在乌得勒支（Utrecht），他同意了对先前《英格兰－帝国条约》的部分"澄清"。[2]

就像查理怀疑他想要调解的两位国王会反过来对付他，也像弗朗索瓦怀疑加德纳会说服查理来反对法国一样，亨利同样也疑虑重重，害怕他们会策划第三次阴谋，将他视为预期的目标。法国海军司令来到帝国宫廷的真正意图是什么？仅仅是为了同加德纳会面吗？查理费尽周折，只是为了让他的兄弟们和平共处吗？他在克雷皮签订第二个"比第一个更加秘密的"条约了吗？在他对付路德宗信徒时，这份条约能让法国自由地将英格兰人横扫回海峡对岸吗？虽然从官方来看，加德纳前往布鲁日是为了同法国人议和，事实上，他此行既是为了恢复进攻法国的联盟，同时还要去"解读"那位海军司令到来的意图。[3]虽然亨利可能渴望按照过去的方式同法国人和苏格兰人作战，但他不得不面对查理和弗朗索瓦联合起来对抗他的可能性；几乎可以肯定的是，为了控制住弗朗索瓦并抓牢这个对抗查理的工具，当加德纳去觐见皇帝时，亨利同意了新教徒的建议，即由新教徒在他和法国

1　*Ibid.*, 417.

2　*L.P.*, xxi, i, 71.

3　*L.P.*, xx, ii, 714, 801, 999.

国王之间斡旋，将查理排斥在外。

1545 年年中，正如我们知道的那样，亨利转向北日耳曼人寻求军事上的援助，但是应者寥寥。到了秋天，日耳曼人开始需要他。大约 9 月中旬，来自黑森、萨克森和符腾堡的一支使团来到英格兰；他们途经法国，在那里留下了两个成员。他们来为弗朗索瓦和亨利做调停，并不是出于维护国际和平事业的热情，而是准备让这两位国王帮助他们，共同反对显然决心摧毁他们的皇帝。[1]亨利热情地接待了他们，很快决定利用他们的出使来实现自己的目的。他们于 10 月初离开英格兰，显然已经说服国王支持他们的建议，让他们在他和他的敌人之间做仲裁。不久之后，他们和同僚操控弗朗索瓦达成合作，到了 11 月 21 日，佩吉特和滕斯托尔就坐在吉讷附近的一个帐篷中，同一支法国使团艰难地交涉。[2]因此，加德纳在布鲁日参加由皇帝主导的英法和平谈判，并且讨论亨利和查理举行会谈，与此同时，佩吉特和滕斯托尔在吉讷附近参加一个由德意志新教徒主持的英法会议，会议的议程中包含亨利与弗朗索瓦举行会谈。

让他们感到非常遗憾的是，路德宗信徒试图调解的尝试失败了。就布洛涅和苏格兰人的未来问题争吵了六周之后，密切关注这次交涉的亨利，命令他的代理人回国。法国人没有提出让人能够接受的条件，事实证明皇帝也没有那么顽固。因此，路德宗信徒的干预失去了价值，或者达到了目的，与法国的战争不需要停止。[3]在过去的几个月里，布洛涅和加来附近断断续续发生一些小冲突；几天前，鲁莽的萨里伯爵在与一支法国军队的突然交战中被击溃，这支法国军队当时正前往援助威胁英军防线的一座堡垒。1 月 17 日，在与议会商谈时，亨利决定派遣赫特福德伯爵赶往法国去接管陆军中尉之职，并在春天发动一次大型军事行动。赫特福德伯爵将拥

---

1  *Ibid.*, 431, 490, 553–5, 647–9, 693, etc.

2  *Ibid.*, 809–10, 836, 856.

3  *L.P.*, xx, ii, 1011; xxi, i, 37, 173–4.

有一万六千名英格兰士兵、四千名意大利和西班牙士兵、六千名日耳曼士兵，以及四千匹马，而海军司令则率领一支由四十五艘帆船组成的舰队出发。各郡将再一次受到动员，同时英格兰的代理人赶往安特卫普、米德尔堡（Middleburg）、不来梅、汉堡和但泽（Danzig）等地，寻找谷物、海军补给品、弹药、资金和雇佣军。[1]

赫特福德伯爵于 3 月 23 日在加来登陆，按照亨利批准的"计划"，立即开始加强布洛涅附近的昂布勒特斯（Ambleteuse）港口的防御工事。国王的想法是，赫特福德伯爵的军队应该立即从该基地出发，进攻埃塔普勒和阿德尔。但是这被认为太过冒险，在同他的副官快速地交换意见之后，赫特福德伯爵撤销了该计划。[2] 因此，大军在最有才华的英格兰指挥官的统率下，埋伏等待着；所有迹象表明，当春天结束时，与法国的战争将再次爆发。

然而，几周之后，亨利决定结束这次战斗。我们不清楚他为何改变了主意。或许，战争的负担牵制了他的权力；或许收成不好，他的军队辎重车里极度缺乏粮食，他也没能在欧洲大陆筹集到粮食和足够的弹药，促使他选择和平，或许查理明显想在德意志采取军事行动，不顾往日的同盟，以致亨利停战；或许所有这些事情使得他现在必须谨慎行事，议会在几个月前就极力敦促他谨慎行事，也许以后还会继续敦促他。自 3 月底以来，一个神秘的威尼斯商人，弗兰奇斯科·贝尔纳多便一直往来于英格兰和法国之间，传递和平谈判的提议。[3] 4 月 17 日，佩吉特、莱尔勋爵约翰·达德利（未来的诺森伯兰公爵）和赫特福德伯爵被委任前往加来或吉讷，或者在某片"中立的土地上"，与法国特使交涉。[4] 4 月 24 日，紧张的会谈开始了。

1　*L.P.*, xxi, i, 85, 91, 122, 124, 218, 221, 251–2, 272.

2　*Ibid.*, 507–8, 527, 577, 586.

3　*Ibid.*, 515, 550.

4　*Ibid.*, 610.

要解决的问题十分艰巨。英格兰人要求大量的赔款，获得布洛涅及其周边地区，并要求法国人不干预英格兰针对苏格兰人的行动。法国人在这些方面都寸步不让。英格兰变得温和了一些，同意允许苏格兰人加入和平协议，条件是将玛丽女王送到英格兰，或者至少送来担保人质，并且如果要赎回布洛涅，便要支付法国人拖欠的所有抚恤金，另加八百万克朗以补偿英格兰的战争开支——这是一笔不可能支付的数目。"八百万！他们说，你们说得轻巧。整个基督教世界都没有那么多钱。"[1]谈判持续了几周，亨利密切关注着每一步行动。5 月 15 日，在几次威胁中止谈判后，法国人妥协了。于是，亨利在格林尼治宫作出了干预，要求他的委派人跟随一个名为罗杰斯的人（他被亨利立即派出）去检查由法国界定的布洛涅地区的边界，更需要绘制一张位于该地区一端的德弗雷（Dèvre）河的地图，他对这条河的源头和流向一无所知。[2]多日里，人们焦急地等待这件事情完成，等待亨利同意条约的细节。直到 6 月 3 日，亨利仍然不满意。佩吉特谦卑地写信道歉，说自己缺乏足够的"智慧"让国王满意，并申明自己不缺乏"勇气"。最后，在 6 月 6 日，国王终于同意了协约的条款（在最后关头，当他听说法国人"比以前更为服从"时，他又强化了这些条款）。[3]第二天晚些时候，英格兰和法国在阿德尔和吉讷两地之间的一个帐篷里签订了和平条约。他们找到了一套处理苏格兰事务的方案和解决布洛涅未来归属的方法：只要苏格兰不破坏和平，英格兰不再对其发动战争，这是一条无力的条款；布洛涅将在八年内归还法国，只要法国支付两百万克朗。六天后，帝国大使见到亨利，说如果按照这些条款，布洛涅将永远处在他的掌控之下，亨利心照不宣地笑了。[4]他实现了愿望。他保住了自己的"女儿"。

---

1  *Ibid.*, 749.

2  *Ibid.*, 849, 877.

3  *Ibid.*, 926–7, 974, 989, 995, 1007.

4  *L.P.*, xxi, i, 1058.

从表面上看，法国和英格兰很快沐浴在温暖的友谊之中。签订条约几天后，亨利便成了弗朗索瓦孙子的教父（通过代理方式），并且当法国海军司令（最终）来参加亨利的条约批准仪式时，受到了热情的接待。几年前，当英格兰和帝国签订条约时，查理拒绝给予他教会最高首脑的完整头衔，用一个小小的"等"字来规避。1546 年 8 月 1 日，弗朗索瓦在枫丹白露宫批准该条约时，他否认了他兄弟的法兰西国王的头衔，这情有可原，但他毫不羞愧地向信仰捍卫者、英格兰与爱尔兰教会最高首脑起誓要保持友好关系——而且有至少六位枢机主教在场。[1] 但是在殷勤的掩饰下，却有许多深思熟虑的怀疑。几个月前，和平谈判开始时，亨利曾告诉赫特福德伯爵，如果法国人不迅速进行谈判，他将用摧毁埃塔普勒的方式来催促他们（他一直想让赫特福德伯爵那样做）。[2] 英法条约一初步签订，布洛涅的驻防就减弱了，雇佣军（他们不久前发生了兵变）也被送回国，但是由于法国人继续在附近加强防御，9 月时，亨利仍然向该地派兵增援，而且决定让赫特福德伯爵返回该地指挥军队。法国人正在兴建的要塞之一，名为沙蒂永（Chatillon），将会控制布洛涅港。该地的英格兰总督格雷勋爵，焦虑地询问他该怎样应对此事。当枢密院一致裁定应对此事的任何尝试都会公然破坏最近达成的和平时，刚刚签署了一封信函，禁止格雷勋爵采取行动的亨利口头命令信使，"指控沙蒂永的防御工事，如有可能，将其夷为平地"。格雷勋爵照办。一队武装人员趁夜溜出布洛涅，几个小时内就毁掉了两三个月的工事。听到格雷勋爵行动的消息后，亨利在议会上说，"你们怎么说，我的大臣们？新要塞沙蒂永已经被夷为平地了"。其中一位议员认为负责此事的人应该掉脑袋，亨利反驳道，"他宁愿让一群做出如此判断的人掉脑袋"。[3]

---

1 *Ibid.*, 1405. 在这封信中，亨利在批准仪式上的专员莱尔和滕斯托尔报告说有六个枢机主教在场。但在Rymer, xv, 98的官方记载中，只提到了五位枢机主教。

2 *L.P.*, xxi, i, 706–7.

3 有关这一故事的讨论（霍林斯赫德讲述），参见*L.P.*, xxi, ii, Intro., xii ff.。

英法之间的和平是没有爱却充满仇恨的。

　　1546年1月，亨利断然拒绝了路德宗信徒意图停止他同法国之间的战争的尝试，并非常失望地让调解人回国。三个月后，他突然又重拾了与路德宗进行外交活动的思路。枢密院的职员约翰·梅森，被派往最近宣布支持宗教改革的新普法尔茨选帝侯处，邀请他派遣一个秘密使团到英格兰，讨论玛丽公主和他侄子（3月曾来过英格兰，现在和梅森一起回到了海德堡）之间的婚姻，建立一个新教王公联盟和一个来自两个国家的学者会议，制定一份共同的信仰声明。当梅森在海德堡向这位普法尔茨选帝侯提出这些建议时，游历广泛的克里斯托弗·蒙特，这位久居德意志的代理人，将邀请黑森伯爵领主加入亨利想要建立的神圣同盟。[1]很难探测这些建议的确切深度，但显然它们主要是针对法国的。既然现在他失去了皇帝的支持，亨利便准备向新教徒提供帮助和资金，以换取他们协助英格兰对抗法国。尤其是，他想从普法尔茨选帝侯和黑森伯爵领主处获得雇佣军，而且让法国人无法得到这些军事供应资源。关于一场婚姻和一个宗教协议的浮夸谈判或许只是一个诱饵，目的是得到雇佣军，并诱使两位重要的帝国王公加入某种反对法国的协议之中。这没能成功。在急需法国帮助抵抗皇帝的关键时刻，黑森伯爵领主和紧张的、犯有痛风病的普法尔茨选帝侯都不愿意承诺反抗法国；除了谨慎地赞同教义一致的观点，梅森和蒙特未从他们那里得到任何东西。[2]

　　不过到1546年夏天，英法之间处于和平状态，正如蒙特到访时黑森伯爵领主向上帝祈愿的那样。而查理则发动了对德意志新教徒的攻击。于是，普法尔茨选帝侯的侄子——他是第一个劝说亨利派梅森去执行任务的人[3]——又回到了英格兰。与此同时，汉斯·布鲁诺博士来到了伦敦，他是

1　*L.P.*, xxi. i, 580, 582.

2　*Ibid.*, 796–9, 834 (2).

3　*L.P.*, xxi, i, 469, 582, 588, 1463.

来自梅斯（Metz）的一名新教徒，去年冬天，他曾是路德宗教会试图在加来调停法英关系的主要人物，他已经在 6 月迅速拜访了亨利。他于 8 月返回伦敦，显然是带着萨克森选帝侯希望建立英格兰和路德宗**协定**的具体建议而来。该月底，他带着亨利答应给路德宗王公的如下承诺踏上了归程：如果他们能快速派遣专员来英格兰，他将和他们一起加入一个针对所有来犯者的防御性"基督教联盟"；如果他们能送来十个或十二个神学家的名字，他将从中选择一个团队派往英格兰，以解决仍然存在于他们之间的宗教分歧。[1]

这是什么意思？我们不知道。但也许意义重大的是，布鲁诺现在匆匆带回的文件中的第一条，是向这位伯爵领主提供每年一万二千弗罗林的补偿金，条件是他提供亨利所需的军队，并且禁止其他任何王公的雇佣兵越过他的边界。显然，自 4 月派梅森前往德意志以来，国王一直没有改变主意。像以前一样，他想利用新教徒的窘境来武装自己，以对抗法国。在他提出的防御联盟中，他将成为该组织的领袖，没有他的同意就不能接受新成员，从而将那些被饱受折磨的日耳曼人视为反抗皇帝"天然"同盟的人，即法兰西排除在外。至于教义会议的计划，这在之前我们已经听到太多次了，不能太当真。亨利需要军队，而不是神学家。不足为奇的是，整件事情毫无结果。此外，所有进一步要求向路德宗伸出援手的请求都受到了英格兰人的冷嘲热讽。选帝侯的兄弟、此时仍在英格兰的普法尔茨菲利普公爵，向英格兰人提出建立英格兰和新教联盟，此时，正如加德纳所说的那样，"为了赢得时间"，亨利指示佩吉特告诉公爵和他的随行者，在他们选派专员之前，什么也做不了，并且因为这些文件在他们来这里的途中，遗失在了格拉沃利讷的某个地方，所以要过几个星期才能开始谈判。[2]当法国人根据他们自己迂回的设计，提出弗朗索瓦和亨利应该同路德宗信徒形成一个

---

1 *Ibid.*, 1526.
2 *St.P.*, i, 881 (*L.P.*, xxi, ii, 256). 加德纳明确指出，这是亨利设计的一个策略。

联盟，或许有充分理由直接将此提议判定为一个用以提前收复布洛涅的精巧诡计，因此被立即拒绝了。[1]1546 年 12 月，新教徒的事业处于极端困难之中，实际上他们面临着被帝国军队歼灭的威胁，此时亨利收到了来自德意志的新的援助请求。那一年布鲁诺在萨克森宰相的陪同下，第三次长途跋涉来到伦敦求助。这两位特使首先拜访了弗朗索瓦，离开时得到了慎重的答复，在这件事情上他会和亨利的行动保持一致。[2]但是亨利已经决定了，法国国王必须首先参加联盟，以防弗朗索瓦在亨利先加入时，"悄悄地转向支持皇帝"。[3]换言之，英格兰困扰于背信弃义的法国的阴谋，而路德宗信徒的命运完全排在这份疑虑之后，并且亨利关心的只是确保布鲁诺及其同伴不被弗朗索瓦利用来欺骗自己，就像他想通过同样的方式来欺骗弗朗索瓦那样。

从 1546 年 6 月英法协定签订到第二年 1 月末他去世，在这几个月期间亨利的真实外交意图是什么，只有上帝和亨利自己知道。谎言、伪装和计谋是如此精巧，对秘密行动的推测是如此准确，现在证据是如此匮乏，以至于或许可以提出五六个不同的合理解释。但至少看起来，首先，亨利当时在和法国国王周旋，法国国王的每一步行动都被认为是邪恶的，他不仅像亨利决心坚守布洛涅一样，坚决收复布洛涅，还一直威胁着苏格兰未竟事业的顺利成就。[4]

---

1  *St.P.*, xi, 329 (*L.P.*, xxi, ii, 289).

2  *L.P.*, xxi, ii, 602, 638.

3  *Ibid.*, 619, 743.

4  因此，我不完全赞同Smith, "Henry VIII and the Protestant Triumph", *American Hist. Rev.*, lxxi (1966), 1237 ff.。这是一篇关于亨利统治时期最后几个月的意义的研究报告，其中认为，到1546年底，英格兰政策的首要关注点是抵御和准备应对皇帝领导的天主教进攻。史密斯教授认为，亨利现在最担心的是，一旦查理处理了路德宗，他就会转向反对英格兰，因此英格兰与法国、帝国结盟的计划是最重要的。我不否认查理是个隐忧，但我相信法国和苏格兰可能还是更让他担心。然而，证据这么杂乱，以至于史密斯教授的解释很可能是更好的一种。

当然，亨利也惧怕查理。他不喜欢皇帝攻击新教徒，因为这会使英格兰失去一个对抗法国的现行盟友，也因为存在潜在的危险，即一旦查理打败了德意志的异教徒，他可能会领导一次针对英格兰的天主教征伐。虽然皇帝发誓他没有欺骗亨利，但亨利深信他已经同教皇达成了协议，要消灭所有的异端邪说。查理说根本没有这样的条约，但是国王"从瑞士、日耳曼、法兰西和罗马本地获得了该条约的可靠消息"，路德宗教会也送给他"一份这一协议的真实副本"。"条约中没有明确提到"亨利，这不算什么安慰，因为特伦托会议就是为了达成这份条约而举办的，路德刚刚去世，查理的军队就集结起来准备屠杀，法国人在同查理密谋反对他，而且正如英格兰人向德意志人指出的那样，法国还允许他们的主教去参加特伦托的教皇伪会议。[1] 但是，我们很难断定，亨利对天主教世界可能或有能力反对他的预估在多大程度上是认真的。在公开场合，他对查理的做法抱怨颇多，而且在布鲁诺某一次访英目的一事上，想尽办法欺骗帝国大使，说布鲁诺来英格兰只是为了报告皇帝在德意志境内的军事行动。[2] 但同时，他会特别热情地接待查理的使者，并简短地向对方说起查理的战争，"上帝保佑，这会带来好结果"[3]，以此引起法国大使的怀疑。

真正令人忧心的事情是，查理可能让法国人得逞，而不是他自己直接威胁英格兰。亨利最担忧的，是弗朗索瓦可能已经背着自己"转向了皇帝"，或者被获得米兰的提议争取了过去，独留亨利自己孤立无援。[4] 解决该问题的最好方法就是让法国站在新教徒的一边，再一次投入到反对哈布斯堡王朝的行动中，这样他就可以不受干扰地自由处理自己的事务。或者，如他秘密地向亲帝国派建议的那样，他准备在查理和新教徒之间进行调解，然

---

1　*St.P.*, i, 857 (*L.P.*, xxi, ii, 27). 参考*L.P.*, xxi, ii, 262, 315, 546。

2　*L.P.*, xxi, ii, 27.

3　*Sp. Cal.*, viii, 331.

4　*L.P.*, xxi, ii, 619, 725.

后加入皇帝反对法国的战争之中。[1] 因此，在国王驾崩时，英格兰人还招待着来自德意志的大使团，而且显然仍在大胆谈论着联合法国和被压迫的路德宗信徒，共同反对皇帝；[2] 同时，英格兰人也在努力恢复加德纳去年冬天试图修复的反法联盟，自 1542 年以来，这个联盟一直是英格兰政策的基石。与此同时，亨利还在集结军队对抗苏格兰。不论欧洲大陆发生了什么，英格兰对苏格兰人的"粗暴追求"仍丝毫不减，继续着对这个否认条约并拒绝将年幼女王交给英格兰照管的邻国的血腥殴打。1545 年 9 月，赫特福德伯爵率领军队从边境东部和中部对苏格兰发动了一次猛烈突袭，他们兴高采烈地宣称，那次袭击摧毁了七栋宗教建筑、十六座城堡和大约二百五十个村庄。此前不久，亨利在宫中接待了自封的群岛勋爵和伦诺克斯伯爵，并计划在他们的领导和国王的支持下，从都柏林发动一次入侵高地的军事行动。这次远征于 11 月从爱尔兰出发，但不幸失败了。但是从那时到第二年 7 月间，平均发生了五六次针对边境的袭击和暴力事件。[3] 虽然苏格兰包含在 1546 年 6 月英法签订的和平条约之中，但亨利为所欲为的决心并没有减弱。那年 11 月，他怒斥来到他宫中的苏格兰大使，控诉他们破坏了和约，并且让他们深信，他会再一次发动攻击，因此他们立即向法国请求支援。[4] 亨利可能会对皇帝所取得的胜利而感到担忧，但是从 1546 年 12 月到次年 1 月，他非常确信自己正在集结兵力，准备对苏格兰发动又一次攻击，而他已经对苏格兰进行过猛烈的攻击和野蛮的对待。[5]

在这样紧张而又警觉的出击和躲避中，亨利度过了人生最后的岁月。但是，叙述中还缺最后一个因素。1546 年 8 月初，一个名为古罗内·贝尔

1　*Ibid.*, 546.

2　1547年1月25日，法国大使可能报告说，佩吉特告诉新教使团，如果法国国王也这样做，英格兰将加入一个"防御联盟"。*Ibid.*, 743.

3　*L.P.*, xxi, i, 1279.

4　*L.P.*, xxi, ii, 443.

5　*Ibid.*, 444, 675, 679, 702.

塔诺的人来到英格兰，只为商讨亨利与罗马和解的条件。他从教皇那里来，这位教皇急于利用新的英法和平协议，而且（或许）想在特伦托会议中获得一些英格兰代表的支持。显然，保罗希望能够争取这位回头的浪子，而且准备接受亨利已经做过的所有事情——离婚、解散修道院——只要这位国王能够服从教皇至高无上的权威。[1] 从接待自己的国王那里，贝尔塔诺受到了冷遇。亨利告诉他，他会派英格兰代表团去参加一个由王公召集的会议，比如在法国（或者，他只是要求应该有一个由基督教王公派遣的代表组成的小型国际会议，作为特伦托会议的附属？我们不能确定）；[2] 贝尔塔诺等待七周多的时间，等到了罗马对亨利非常谨慎的答复，之后他被告知立即离开英格兰。[3] 但是他在大庭广众之下受到了国王的接见，而且与佩吉特进行了两次会晤。他在英格兰待了将近两个月，而且起初对获得成功持乐观的态度。他的出使是一次令人好奇而又有趣的插曲。如果亨利打算回应他的内容就像他回应路德宗信徒的那样少，那么贝尔塔诺能够来到英格兰已经十分有趣，更不用说他能够在此游说和停留那么长时间。

仅仅是亨利的外交让人难以解读吗？天呐，他统治期的最后一年左右，几乎没有哪件事不让人费解。

1545 年圣诞节前夜，亨利人生中最后一次莅临议会，发表休会演讲——通常这是某位大臣的工作，而且还御批了会议的议案。他发表了一次精彩的、滔滔不绝的演讲，开头公开感谢他热爱的臣民之慷慨——他们只是非常不情愿地将教会的土地交给了他[4]——结尾是一段关于赈济施舍的说教。

---

1　*L.P.*, xxi, i, 1215, 1309.

2　佩吉特告诉法国大使前者；贝尔塔诺告诉他后者。*Ibid.*, 1412.

3　*L.P.*, xxi, ii, 192, 194, 203. 贝尔塔诺说，他把亨利的答复寄给了罗马，而罗马莫名其妙地拖延了很长时间才答复，导致亨利宣布他被骗了，命令教皇的特使离开。

4　据彼得说，该法案"险些""受挫"，"被拖延到最后一小时，但随后仅被议会的部门通过了"。*L.P.*, xx, ii, 1030.

他此行是向饱受宗教纷争之苦的人们发出友爱和团结的呼声。他首先责备那些坐在他面前的高级教士，"你们，灵性的神父和布道者"，"劝说一方去反对另一方，教导一方去攻击另一方，抨击一方针对另一方，毫无慈悲或谨慎"。他说，"一些人在执着于他们的'固有成见'，另一些人则专注且仔细地构建他们新的'成见'"，进而在淳朴的大众中散播疑惑和分歧，人们希望从教士那里获得'光明'，结果求得的却是'黑暗'。"你们这些世俗人员，"他将控诉的手指在集会的人群中画了一圈，指向那些世俗同僚、发言者以及挤在房间后面的普通人，继续说道，"也没能免于嫉妒心的玷污，因为你们责骂主教，造谣中伤教士，数落布道者。"如果用俗众自己的语言将《圣经》传达给他们（但是1543年以后，便不适宜绅士阶层以下的人阅读了），这"只是为了让你知道你自己的良心，并教导你的孩子和家人"，不是"为了让你自己的空想和徒劳的解释"去僭越职责，判断什么是真理，什么是错误——这是"上帝托付给我们的职权"。这位最高首脑叹气道，"我很遗憾地得知和听说"，"在每一个啤酒馆和小旅店中，人们如此不虔敬地对待上帝之道这最珍贵的珠宝：公开质疑，编曲吟唱，肆意争论……我敢肯定，在你们中间，仁慈之心从未如此微弱，善良和虔诚的生活从未如此地少见，上帝也从未如此不受基督徒敬畏、尊崇和侍奉"。[1]这就是亨利留给议会的最后信息。这是一次很出色的演讲——他的女儿伊丽莎白很擅于模仿这类演讲。它巧妙地将训斥分散到与会的每一个群体身上，这样就没有人会感觉自己受到了过分的伤害。它让很多人流下眼泪——爱戴国王的恭顺臣民的眼泪。

亨利呼吁仁慈和神圣的团结，并以崇高的语调谈到了对神圣真理的责任；但这位统治者也带着轻易的机会主义来处理上帝的事情。几项旨在恢复他曾不遗余力破坏的宗教和谐的法案，被提上了刚刚休会的议会议程——

---

1    *Hall*, 864 ff.

其中一项是针对异端文学的。会议开始时，这项议程，大概还有其他内容，就被"认真地提出"。但是新教徒布鲁诺，考虑到在英法之间达成和平协议的事情，在和平会议上对英格兰专员佩吉特提出了抗议，认为这项立法将会鼓励教皇这位"共同的敌人"，布鲁诺用这种过时的称呼指代他。佩吉特焦虑地给亨利去信，询问如何回复这一问题。[1] 接下来，我们听说那时正在御前的彼得给佩吉特回信，声称"关于异端书籍的法案……像其他各种法案一样，最终快速递交到下议院，我没有听说国王陛下对此有多少不满"。[2] 亨利是否向下议院暗示那些"认真提出"的法案要"尽快处理"，我们无从得知。礼拜堂法案近乎惨败，表明正如亨利向他们抱怨的那样，下议院的氛围很不友好。但是他并没有"不满于"把约束他子民的"那些空想观点和徒劳解释"的想法推到一旁。然而，在接下来的 6 月，出现了一个宣告，再次禁止方言异端书籍，并对出版商施以新的限制——此时"在外交上，亨利有能力被称为正统"。[3] 1545 年末，他任命克兰麦和其他两位主教"仔细审查"他提供给他们的"几本宗教礼仪书"，即进一步推动礼拜仪式上的变革。1546 年 1 月，该委员会提出了一些不甚重要的建议——在万圣节当天鸣钟，大斋节期间覆盖圣像和棕枝主日向未盖布的十字架跪拜等礼仪应该停止。亨利接受了这些建议，表示这些"恶行"应该被废止。不仅这样，正如我们所见，他命令任何时候都不应该跪拜十字架，而且在耶稣受难节，"匍匐到十字架前"这个"更大的陋习"应该"从今往后停止并废除"。[4] 但是亨利刚举起手来反对这些"迷信"，斯蒂芬·加德纳——彼时正在皇帝那里推进我们先前讨论的那个复杂的出使任务——那边就传来了消息，他与皇帝的谈判取得了进展，于是国王匆忙撤销了命令。当丹尼将寄往坎特

1　*L.P.*, xx, ii, 985.

2　*L.P.*, xx, ii, 1030.

3　Smith, *art. cit.*, 1257.

4　*Miscellaneous Writings etc. of Thomas Cranmer*, p. 414. (*L.P.*, xxi, i, 109, 110).

伯雷和约克下令变革的信件拿给亨利时，他说，"我现在决定改变主意"，因为此刻"任何其他革新、改变或者变动，无论是宗教上还是仪式上的"，甚至是对冒犯上帝和人类的恶行的废除，都必须放到一边，以免皇帝警觉起来，进而导致我们丧失一时的优势。[1]

七个月后的 1546 年 8 月，亨利站在汉普顿宫为庆祝英法和平条约的签署而专门修建的亭阁里，肥胖的病体倚靠着克兰麦和法国海军司令，发表了一个让大主教感到震惊而且从此广受议论的声明。他说起这个决定，不仅是为了废止法国境内罗马主教僭越的权力，而且要"将两个王国内的弥撒仪式改变为一种圣餐礼"。这不是亨利第一次做出这样的建议。几年之后，当英格兰最终废除了弥撒仪式，克兰麦屏息讲述了这个故事，他完全明白两位国王已经"以自己的名义，彻底而坚决地下定了决心"，他们同意在六个月内推行这些变革，而且他们还打算"劝说皇帝在佛兰德斯和他的其他领地与属国采取同样的行动"。[2]

当亨利说出此番话语时，他仅仅是在玩文字游戏，还是他真正决定攻击弥撒这一旧宗教的第二大根本？我们是否应该将这件事视为亨利在生命最后几个月的外交诡计[3]的另一个证据而对其不予理会，还是认同福克斯的说法？福克斯说，如果国王活得再久一点，"最确定并且要向后世表明的是，他的最终目的是重新净化教会，并且要按照同一要求进行到底，这样他就不会在英格兰全境留下哪怕一场弥撒仪式"。[4]

有些人否认亨利会在生命的最后时刻，决定投身于如此激进的新变革，立即动手改变弥撒仪式，而这在他儿子统治时期才最终得以完成，他们提出了一种可怕的情形。在国王和法国海军司令谈话之前，并没有任何迹象

---

1　*Foxe*, v, 562.

2　*Ibid.*, 568 f.

3　正如史密斯教授在已经提到的文章中有力地论证的那样（呼应其他人）。

4　*Foxe*, v, 692.

表明他有这种打算，也没有任何证据表明他在此之后开始意识到了这一点。要是几年后克兰麦没有讲述这个故事，正如大主教自己所言，没有人会想到亨利在"建立诚挚的宗教"方面"曾如此冒进"。在过去的时光中，他在参加弥撒仪式方面似乎不曾懈怠；他的遗旨也规定（在他死后）按照惯例使用大量的安魂曲。此外，自 1529 年以来，爱德华·克罗姆博士，这位让伦敦教士头疼的人物，已经与他的教会当局有过不下四次的纠纷（有一次亨利亲自救过他）；1546 年 6 月，当他在圣保罗十字讲坛布道，当着邦纳、赖奥思利、诺福克公爵和其他很多人的面，宣布放弃对弥撒献祭仪式的怀疑时，为一系列引人注目的放弃信仰运动画上了句号。[1] 这是对活跃的克罗姆博士的最后一击，像这些年来的其他追猎异端行动一样，这不仅仅是对某一个人的攻击，而是搜寻出一群想法相同的搬弄是非的人。有些人被送进了伦敦塔；哪怕国王没有推动这一行动，也至少在他的监督下进行。[2] 虽然克罗姆出人意料地轻易逃脱了，此时此刻，亨利却准备拒绝克罗姆曾拒绝的弥撒仪式，并坚持克罗姆刚刚被迫放弃的主张，这令人难以置信。

人们认为亨利在统治末期确实打算投身新教，克兰麦的故事中他对法国海军司令所说的话可视为王室神学理论的重大进步，这些观点通常由以下证据支撑：主要负责小王子爱德华教育的两人，约翰·奇克和理查德·考克斯都是坚定的新教徒；在生命的最后几周里，亨利打击或者拒绝了主要的保守派，诺福克公爵和加德纳，将他们以及邦纳之流排除在遗愿中任命的摄政议会之外，该议会将在他儿子未成年之前管理王国；该议会由新教徒主导，如赫特福德伯爵和达德利。论据的原话是，如果亨利真打算让英格兰坚持他建立的敷衍了事的教义解决方案，那么以这种方式推进是奇怪而愚蠢的。很明显他意不在此。显然，在统治的最后时期，他改变了主意。

但这些证据是靠不住的。首先，考克斯和奇克是著名的人文主义者，

---

1　*Ibid.*, App. xvi（上一份文件）。

2　*L.P.*, xxi, i, 790, 810–11 显示国王密切参与了克罗姆的事件——至少是以监督的身份。

他们极度忠于伊拉斯谟的虔信主义和求知事业，但或许不是忠于宗教改革后的信仰，至少没有公开表示。考克斯博士在追捕克罗姆和安妮·艾斯丘这两个主要异端分子的过程中起到了主导作用，和奇克一样，他作为"基督的特别倡导者"的伟大时刻，将在未来展开。虽然他们的学生最终成长为一名坚定的新教徒，但在亨利统治期间，这两人一直是王室的忠诚仆从，致力于古希腊语和人文主义的事业。[1] 其次，对霍华德的突然攻击以及将加德纳排除在王室顾问的核心圈之外——这两件事都充满了神秘意味——不能轻易地被看作有意清除天主教对委员会的影响。相反，提升赫特福德伯爵和达德利这类人士，很可能更多的是因为他们的忠诚和能力——就赫特福德伯爵而言，则因为他是王位继承人的舅父——而非由于他们的宗教忠诚。他们是缓缓升起的新星。他们在战争中为国王做出了杰出的贡献。自从 1545 年年中萨福克公爵去世后，赫特福德伯爵一直是国王的主要将领，即使不考虑他是未来王舅这一优越地位，他也有最大的资格要求晋升。如果说亨利留给儿子的摄政议会混杂着奇怪的神学色彩，那么可以说这仅仅反映了亨利自己忠诚的复杂性；同样具有争议的是，亨利允许新教势力在议会中壮大，不是因为这将带来积极影响，而主要是为了抵御天主教的反击，这种反击意在破坏王权至尊以及背叛王室的事业。[2] 我们很容易认为新教主义给亨利的解决方案带来重大的威胁。但是对于亨利本人而言，罗马天主教始终是更为明显的威胁，这一教派虽被遏制，但并没被杀死，仍然高高在上，等待着他的离世。除此之外，形势也充满了不确定性，时事如流沙轻易转换，而当国王放眼未来时，他可能认为给儿子留下一群人乃明智之举，人员构成的多样性将会产生一种平衡或者相持——当然，前提是

---

1　该事的完全调查，参见Smith, *art. cit.*, 1243 ff.。

2　这是一个经常被忽视的因素。一旦亨利的重担被卸下，加德纳和那些像他一样的人就会抛弃王权至尊，这种担心既真实又合理。很可能亨利更关心的是如何阻止教皇制的重新抬头，而不是防止"新教的胜利"。

假定亨利亲手起草了那份决定性的遗诏。

简言之，较为谨慎的做法是，不要将亨利决定放弃弥撒的故事视为他最后几个月外交诡计的一部分，并且拒绝福克斯关于如果亨利能够多活一段时间、他会做什么的预测，可将其视为一个传记作者的胡言乱语。但是，疑虑依然存在。最近，亨利一直在挑剔自己的宗教解决方案。在1544年末，他亲自委任克兰麦和另外两位主教"仔细阅读"祈祷书，并将"匍匐到十字架前"添加到他们起草的被禁止的仪式清单上。[1]虽然禁止这些古老惯例的王室法令受到了外交需求的阻扰，但亨利给克兰麦传达了一个信息，要他"耐心等待、忍耐，直到我们找到一个更合适、更方便的时机来实现那一目的"。[2]最近对迷信的攻击只不过是推迟到"一个更合适、更方便的时间"，而不是被放弃了。此前不久，议会同意解散礼拜小教堂。毫无疑问，该法案对此作出判决，是出于经济目的。但是克罗姆博士认为，破坏礼拜小教堂至少为猛击弥撒仪式的根基做好了准备，或许亨利的想法具有连贯性。对修道院的攻击，同样是财政行为，最早宣布于1536年，意在铲除腐败，净化宗教；结果演变成对修道院制度的攻击和对其神学信仰的否认。[3]如果礼拜小教堂同样要被清扫出这片土地，那么一同消灭它们赖以生存的神学体系岂不是再合适不过了（因为合乎逻辑）？有没有可能，尽管有这个法令，现在礼拜小教堂还未被解散，不仅因为专员们调查它们的工作才刚刚开始，也因为那种神学思想还没有被抛弃？有没有可能，1546年8月，亨利才感受到了这一时刻的临近，正如克兰麦报告的那样，"半年之后"，弥撒仪式和礼拜小教堂[4]可能将一起倒台，财政需求再一次地成为神学创新之

1　*Miscellaneous Writings etc. of Thomas Cranmer*, 414.

2　*Foxe*, v, 562.

3　正如菲利普·休斯在*Reformation in England*, i, 323中指出的那样，当更大的修道院投降时，其中的僧侣谴责修道生活仅仅是"愚蠢的……天主教仪式"的集合，并明确否认它是通往基督徒完全的途径。参见，例如*Rymer*, xiv, 611 ff.。

4　或许还有炼狱学说。

母？在亨利下令折磨克罗姆之后不久，他自己也宣扬这位博士的异端邪说；在对德意志路德教徒冷嘲热讽之后不久，他自己也像他们那样禁止弥撒仪式；直到生命的最后一个月，他还在参加圣事。这些并不意味着他对法国海军司令所说的话不可能是认真的。这位最高首脑拒绝给予他的臣民，而不是拒绝给予他自己神学上的主动权，而克罗姆，碰巧，轻易逃脱了。亨利是他自己的主人，如果他现在蹒跚走向路德宗，他也不会认为自己的行为源于或致力于任何对福音事业的道德忠诚。最后，对圣事的冒犯，就是路德宗信徒对真在论的否认，这一神学观点在亨利的思想中还是很坚定的。

当然，亨利在汉普顿宫亭阁里所说的话，很可能只是外交游戏中一个老战术家在放风筝而已，但不容易看出他究竟为了什么外交利益。如果他想将弗朗索瓦同他绑在一起，为什么还建议劝说皇帝加入这一行动？的确，有人建议在拒绝教皇和摧毁弥撒仪式方面，应该邀请查理来加入弗朗索瓦的阵营，否则皇帝和国王"就会和他断绝关系"。这可能与亨利想要联合弗朗索瓦反对查理的观点相一致，但是应该记住，直到那年冬天皇帝才取得令人震惊的胜利，并且，尽管亨利可能已经忌惮于帝国的成功，但很可能他仍然视弗朗索瓦为主要的威胁。此外，可以说，即使亨利对其臣民的宗教进行彻底变革，只是为了寻求外交利益，这并不一定意味着这个建议没有被认真地提出。与其说亨利把"宗教信仰和外交需要"分开，[1]倒不如说宗教信仰完全屈从于外交需要。亨利的宗教可以被塑造成声望、利益和权力所需的任何形式。很少有人比亨利更需要宗教，但可能主要是因为他可以融化属于上帝的东西，并很容易地将自己的形象印在新铸币上。

因此，我们暂时认为，亨利正在认真考虑这重大的一步，而这让那天下午在汉普顿宫听到这一消息的克兰麦非常震惊。或许在攻击礼拜小教堂的同时，国王做出了决定，或许这是一种拉拢弗朗索瓦的方法。礼拜小教

---

1　Smith, *art. cit.*, 1263.

堂和巴黎两方面的考虑加在一起，他在弥撒方面的让步是值得的。或许向法国人提出建议，是为了听到他们对亨利打算在本国采取的行动的反应，或者获得他们的支持。在接下来的几个月里，确实没有清晰的迹象表明亨利正在准备实施这一重大的变革；但赫特福德伯爵和达德利却是大家熟知的新教徒，毫无疑问他们在积攒权势，并且，帝国和法国大使都预言，1547 年召集议会时，将会有一个重大的议程，其中包括教会事务。[1]大使们的预测经常出错。但是到了议会可以独立行动的时候，时间已经是汉普顿宫那一奇怪插曲的"半年之后"。

到了 16 世纪 40 年代，宗教异端显然已经不再仅仅是罗拉德派织布工、农夫、商人或者个别神职人员这群人的事物了，而是已经渗透并悄悄扎根于包括宫廷在内的社会各个层面。它已经获得强大的世俗支持者；就像后来的清教主义和天主教徒的不尊奉国教那样，它赢得了有影响力的女性对其事业的支持，或许她们比其他任何人更愿意看到它走出大学和前卫的伦敦教会，进而掌控世俗的家庭生活。可能是因为意识到异端邪说已经发展至此，加德纳等人在亨利统治的最后几年发起了一系列著名的追捕异端行动，其目的不仅仅是铲除个人，还在于揭露他们背后的整个朋友、赞助人和信徒网络。因此，在 1543 年，新教徒托马斯·贝肯受到了追究，此人与托马斯·温特沃思勋爵和肯特郡的多个乡绅家庭有关系，余生被迫在英格兰中部地区新教乡绅家户间辗转。大约就在同一时期，克兰麦自己也几乎被扳倒。当年 7 月，约翰·伦敦博士，曾经的修道院访客，发动了对圣乔治温莎王家礼拜堂的大清洗，最后国王宫内的五名成员和其中三人的妻子被牵连其中。[2]三年后的 1546 年，克罗姆博士遭到逮捕，并且在赖奥思利

1　*L.P.*, xxi, ii, 546, 621. 范德德尔夫特在这两份文件中的第一份中预言，议会将处理圣堂的收益问题。这可能意味着什么并不清楚。但至少他认为会讨论与教堂有关的问题。
2　McConica, *op. cit.*, 218 ff. 对这些事件中的几个做了良好的近期评估。

的引导下，说出了其在宫廷、伦敦城和乡间的支持者名字。此后不久，前一年第一个被捕的安妮·艾斯丘开始遭受最后一轮折磨，福克斯说，在赖奥思利和里奇两人亲自对她严刑拷打之后，她死在了史密斯菲尔德。安妮支持圣餐象征论，但是加德纳、邦纳和其他人对她的真正兴趣在于她跟赫特福德伯爵夫人和丹尼夫人的关系，或许还有宫廷中的其他高阶女性，如萨福克和萨塞克斯的伯爵夫人。对安妮的迫害让正统派做了或许自温莎审判以来一直在筹划的事情，即包围并突袭宫廷中聚集在王后本人身边的险恶之人。

虔诚的王后凯瑟琳·帕尔，每天都会和侍女们一起上经文课，尤其是在四旬斋期间，还会和她们一起听王室附属教堂牧师的布道，这已成为她的习惯。此外，因为她的丈夫赞成这一切，她也习惯于和他谈论宗教；这就是她的魅力和国王对她的尊敬，福克斯向我们保证，一个脾气暴躁的国王，不允许其他大部分人对不属于他们自己的宗教问题发表任何意见，却欣然接受了她对他的热烈恳求，"就像他所做的那样，为了上帝的荣耀和他永恒的名誉，开始了一项合理而神圣的工作，驱逐罗马邪恶的偶像，这样他将彻底完善并完成同样的工作，净化并清除英格兰教会的残渣"（也许包括弥撒的祭品？）。后来，国王的健康状况日益恶化，行动不便，先前的好脾气也一去不还，于是他不再去找她，相反，她会过来拜访国王，但不频繁，要么是他让人来接她，要么是她认为时机合适，可以继续她的宣传，让他"热心地进行教会的改革"。有一天，王后在国王身边，有些让她惊讶的是，亨利突然制止了她的话（虽然这样做时他"带着爱意的表情"），相当生硬地转移了几分钟的话题，然后让她离开了。加德纳一直在场，在王后离开后，亨利转身对他说："当女人成为这样的牧师时，你就得洗耳恭听了；年老时接受妻子的教导，可以给予我安慰。"主教很早就想推翻这个危险的女人，他认为一个女人"如此厚着脸皮"，妄图将自己的观点强加于最高首脑是很不体面的；他进而承诺，如果国王允许，他和其他议会成员就会将凯瑟琳叛国异端的类似证据摆在他面前，"国王陛下很容易就会发现怀揣毒蛇是一件多么危险的事情"。亨利至少假装被加德纳的话说服了，并允许起草针对王后的"某些条款"；主教和他的支持者很快就查出了在王后随行人员中滋生的异端，计划先指控她的妹妹和两个宫内侍女，搜查她们的房间和箱柜，然后晚上把凯瑟琳带去伦敦塔——亨利似乎同意了这个计划。

　　在指责者向她合围并起草了一份针对她的（亨利签了字的）条款草案时，凯瑟琳仍继续拜访亨利，恳求他进一步改革教会。一天晚上，他们共度良宵之后，亨利向温蒂医生倾诉了对她的抱怨，并把针对她的阴谋都告诉了他，但要求他保密。然后，不久，事情发生了奇怪的转折。那张法案条款"从一位议员的怀里"掉了出来，并立刻被带到了王后面前。读到信的内容，看到国王的签名时，她崩溃了。国王派自己的御医去看她，其中包括温蒂，他泄露了国王向他倾诉的秘密，并向王后保证，如果她谦卑地臣服于她的丈夫，国王一定会恢复对她的宠爱。亨利很快就去看望了凯瑟琳，第二天晚上，她来向国王请求原谅。她恭恭敬敬地恳求他的怜悯，服从"陛下的智慧，作为我在人间所能依靠，仅次于上帝的唯一的锚、最高首脑和统治者"。亨利回答说："以圣母玛利亚的名义，不是这样的，你已成为医生，凯特，是来指导我们的（我们认为是），而不是受我们的指导或指示。"凯瑟琳否认自己有过"荒谬的"企图，即作为一个妻子，竟自以为是地指点自己的丈夫，并且宣称她在所有的宗教问题上一直服从她的国王，之前与他谈论神学，也只是为了在他身体不适时宽慰他。对此，亨利做出了著名的回应："这不更是这样吗？亲爱的，你的观点并没有导致更糟糕的结果？那么，一如既往，我们又是完美的朋友了。"第二天，亨利和凯瑟琳，以及加德纳打算在废除王后的同时陷害的三位夫人，身处怀特霍尔宫的户外花园时，大法官带着四十多个人到了，要把受害者送进伦敦塔。但是，悲痛欲绝的不是凯瑟琳。赖奥思利跪在国王的面前，解释他到来的原因。他说的话没有被人听到，但是亨利打断了他，怒斥："恶棍，彻头彻尾的恶棍！畜生，蠢货！"立即把他和他的人赶了出去。[1]

很难知道该如何解读这一事件。凯瑟琳的新教信仰似乎是毋庸置疑的。加德纳和赖奥思利对自己如此自信，福克斯对她的信仰十分肯定，而且在稍后的传闻中，也能非常确信她与安妮·艾斯丘的密切关系，因此我们完全可以认为她无可争议的伊拉斯谟主义带有强烈的异端色彩。亨利是否在某一时刻已经准备好把她扔给狼群，然后又改变了主意，还是他一直以来只是佯装同意加德纳的计谋，我们无法得知。但他为什么要参与这种精心设计的诡计呢？是为了给加德纳和其他人一个可怕的教训，还是为了恐吓凯瑟琳，又或是为了打破她明显独立的思想？这是否源自他对狡黠之徒的偏爱，显然现在这个男人就是具有这种特质的人？

三年前克兰麦被攻击时，发生过类似的事情。有人向亨利告发这位大主教是异端，亨利便同意在议会席上像抓捕克伦威尔一样把他抓起来，并把他带到伦敦塔去。但当天晚上，他把克兰麦召到怀特霍尔宫，告知他这一阴谋，并解释说，一旦他被关进监狱，"很快他们就会带来三四个假冒的无赖来举证反对你，谴责你"。亨利这样揭露了自己仆从的计谋的真相后，便把戒指给了克兰麦，告诉他，在他被逮捕时，一定要拿出戒指，要求国王亲自出面审理。第二天，当议员向他扑来时，克兰麦按照国王的吩咐行动，驱散了他的敌人；议员后来求助于国王时，遭到了猛烈的训斥。[2]也许从克伦威尔的倒台中，亨利至少学到了一些他的臣仆惯用的手段，但由于他以阴谋或迷惑他人为乐，显然，无论是现在还是以后，他都不可能在一开始听到阴谋之时，就简单而直接地将其扑灭。也许克兰麦和凯瑟琳从这种奇怪的做法中获利，因为他们享受到了他的尊重和喜爱；也许是因为他可以借此来满足自己对迂回的隐秘行为和羞辱大臣的喜好。不管怎样，"肯特郡

---

1 所有故事来自*Foxe*, v, 553 ff.。

2 *Foxe*, vii, 24 ff.; Ridley, *op. cit.*, 236.

最主要的异教徒"——亨利曾饶有兴趣地如此称呼克兰麦[1]——幸存下来了；宫廷中最主要的异教徒也活下来了；加德纳也曾侥幸逃脱了一阵子。加德纳在 1544 年也经历了一个绝望的时刻：他的侄子兼秘书杰曼·加德纳因维护教皇的统治权而突然被处死。亨利曾准备攻击加德纳本人，他认为如果没有叔叔的鼓励，杰曼绝不会如此顽固地叛国。但是，当以萨福克公爵为首的议会秃鹫在伦敦塔上空欢快地盘旋时，一位宫内的朋友向加德纳发出警告，于是他飞奔到国王的身边，在他似乎终于要崩溃的瞬间，突然就挽回了一切，一切发生得如此轻易。当满怀期望的胜利者聚集在一起逮捕猎物时，他们发现国王已经再一次抛弃了他们，顽强的主教已经官复原职。[2]

这些年来，无情的人们无情地玩弄着手段。但是，有时候，人们错误地把亨利描绘成一个残酷任性的暴君，疯狂地打击自己的臣子。真正的嗜血者可能出现在议会的争斗派系中，他们被困在这场权力斗争中，双方都还没能取得胜利，因为双方都无法赢取和掌控一位高深莫测、反复无常的国王。亨利一直由他自己掌控，利用对待路德宗、弗朗索瓦和查理那样的迂回手段，玩弄着他的傀儡，在他们以为自己即将尝到胜利的滋味时，打破一群又一群傀儡的希望，在突如其来的暴力降临霍华德家族之前，亨利不愿自己手上染血。对于国王的臣仆来说，这是一个危险的时代，但这不完全是国王的错。

到了 1546 年秋天，赫特福德伯爵和达德利显然已是议会中的领袖人物了。到了 12 月下旬，当时国王病入膏肓，很明显，他的生命已接近终点，议会有时会在赫特福德伯爵府邸里召集；[3] 而在当月 13 日，萨里伯爵亨利·霍华德和他那被剥夺了职务和嘉德勋章的父亲诺福克公爵，被押往伦敦塔。

1 Ridley, 235.

2 *Foxe*, v, 526.

3 例如*L.P.* xxi, ii, 605。

这个伟大家族为国王做出了如此多的贡献，这一家族的历史与亨利统治时期的故事有着如此密切的关系，因此，我们很难给出对其发动突然袭击的明确解释。当年1月，萨里伯爵，这位暴躁、狂妄的军人、诗人，在布洛涅城外与法军交战时出了差错，[1]名声受损；随后，他又犯下一个过错，满不在乎地要求让他的妻子随军，亨利拒绝了这一建议，反驳道，布洛涅的紧张局势"不适合女人的愚蠢行为"。[2]萨里伯爵已经被解除了指挥权，很快就回到了宫廷。但他发现自己被传唤到议会，被指控与其他年轻的朝臣轻率地争论《圣经》。显然，他被卷入对克罗姆博士的支持者和王室随从的清洗行动之中，而这次清洗最终又牵扯到王后本人；虽然他似乎仅是受到警告，逃过了一劫，但另一位朝臣的下场却是被送往伦敦塔。萨里伯爵已经因为在四旬斋期间吃肉而惹上了麻烦，他还和一个臭名昭著的圣餐象征论者乔治·布拉格交情甚笃，而他的弟弟威廉·霍华德因为对宗教的可疑看法受到了议会质询。虽然他可能特别不喜欢达德利，但他的最终灭亡很难说是"新教"派对保守派的阴谋。

萨里伯爵死于叛国罪，而不是异端罪。他是白金汉公爵的外孙，也是爱德华三世的后裔，曾吹嘘自己的金雀花王朝血统，宣称在亨利死后，他的父亲将是"最有资格辅佐君主的人"；他曾言辞刻薄地谈论过出身低微的人，像克伦威尔和沃尔西这样的"肮脏的贱民"，他们掌握着国王的权力，并一直在寻求摧毁贵族。据说，他曾计划摧毁议会，废黜国王，抓住年轻的王子；他曾建议妹妹吸引国王的注意力，试图成为国王的情妇；最后一点，他竟敢将自家的纹章与忏悔者爱德华的纹章相提并论——这成了他受到控告，并被宣判犯有严重叛国罪的罪名。[3]

与此同时，随着审讯的展开，有关萨里伯爵危险的野心和傲慢的故事

1  *L.P.*, xxi, i, 33, 49.
2  *Ibid.*, 356.
3  *L.P.*, xxi, ii, 555. 参考*ibid.*, 533, 546。

逐渐增多，骇人听闻的蛛丝马迹也被捏造出来，暗指他父亲以前曾秘密夜访法国大使马里亚克，并且他曾在国王生病期间给这位大使写过信；萨里伯爵一被送进伦敦塔，诺福克公爵就被审问他使用过的秘密暗号，他对王权至尊的忠诚也受到了质疑。[1]

乍看之下，儿子似乎拖累了父亲：但很可能公爵才是主要追捕对象，而不是伯爵。很难查出，这次攻击是源自一个"多疑、无情和恐惧的老家伙，他决心至死都要做自己王国的主人"，[2] 还是源自议会中的一个派系，该派系可能以王子的舅父马首是瞻。但伦敦塔里对公爵的审问似乎试图将支持教皇的罪名扣在他的头上，并将他牵连进 1541 年加德纳在雷根斯堡的奇怪交易，毫无疑问，当时有人谈论"要在陛下和罗马主教之间寻找一条途径"。公爵的财产没有分给他在议会中的反对者，这可能是很重要的一点；但无疑更重要的是，由于亨利本人逝世，公爵在千钧一发之际逃过了死刑，在下一任国王统治期间，他被关在伦敦塔中。他悲哀地承认，他就是这样一个人，沃尔西曾恨过他，克伦威尔多年来一直想把他打倒，他的岳父白金汉公爵在一次审讯中说自己比任何人都恨他，他的妹夫说自己想用匕首刺穿他，他的外甥女安妮·博林和侄女凯瑟琳·霍华德都恨他，与他分居的（第二任）妻子也恨他——他的仆人曾把她捆绑起来，坐在她身上直到她吐血。[3] 当他身处伦敦塔，回首黯淡的一生时，他为自己在这些痛苦的激情中一直保持对国王忠心耿耿而喜悦。事实上，我们很难看出亨利在他身上可以找到什么错处。另一方面，我们不难想象，在议会中，有些人对他恨之入骨，就像其他许多比他们更优秀的人一样痛恨他。

亨利公牛般的身体是大自然的杰作，在一生的大约前三十五年里，他

---

1　*Ibid.*, 554.

2　Smith, *art. cit.*, 1243.

3　*L.P.*, xxi, ii, 554; xv, 443.

经常服用都铎王朝时期的有害药物，沉湎于危险的户外运动，相比拥有相同不太乐观的血统的人，亨利身体的承受能力却远好于预期。尽管在1514年初他患上了天花，在1521年经历了几次疟疾的初始阶段，他没有表现出患有肺结核的迹象，而他的父亲、哥哥亚瑟、私生子里士满公爵，以及他的婚生子和继承人爱德华，都死于肺结核；并且，他未因瘟疫或汗热病而逝世，在他统治期间这些流行病时常蔓延。然而，有三次，他对剧烈运动的过剩欲望几乎要了他的命。第一次是在1524年3月，萨福克公爵在一次持矛比武中险些将他杀死。亨利忘了放下面罩，骑着马沿着屏障一路狂奔向对手，不顾围观者的呼喊警告，直到公爵的长矛击中了他的头盔，国王的头盔被击碎，满是碎片；如果长矛刺中了他的脸，他就会死于非命。那是一个可怕的时刻，尽管可能伤痕累累，但亨利对这件事却一笑置之，然后又跑了六个赛程。[1] 次年，亨利在希钦附近打猎时，试图撑一根杆子跳过一条宽沟，结果杆子断了，他头朝下摔进了泥里。要不是一个身手敏捷的男仆把他的头从牢牢黏住他的泥里拉出来，"他可能就会溺死"。[2] 但是，除了头疼（他深受头疼困扰，在二十多岁时尤甚）之外，这些糟糕的撞击似乎未造成什么伤害，不过头疼很可能是由黏膜炎引起，而不是撞伤。

　　九年后，他的第三次也是最严重的失误发生了。1536年1月的一天，在格林尼治的赛马场上驰骋时，身穿重甲的他被对手撞落马，摔倒在地，披着铠甲的马也压在他身上。[3] 他昏迷了两个小时。对于一个四十四岁身材臃肿的人来说，这样摔倒显然非常危险。是否造成了脑损伤仍存疑问，尤其因为很难看出性格的恶化，正如人们有时议论的那样，这种变化是到后来才出现的。事后，亨利残忍未甚于从前，也没有更大的攻击性或更多的欲望。16世纪40年代别扭又经常性情不定的大块头似乎与1509年的那个

1　*Hall*, 632.

2　*Ibid.*, 641.

3　*Sp. Cal.*, v, ii, 21.

翩翩青年相去甚远，但可以说，后者很容易成长为前者，没有必要把他性格的突然改变解释为是落马造成的。但后面这次失误确实对他的身体产生了影响。虽然他继续频繁骑马与行走，但不再骑马追逐猎犬，而是从看台上射箭，或猎射助猎手带来的猎物。

可能是在 1528 年，亨利第一次患了腿部溃疡（最终双腿都感染了）。这个病症一直困扰着他，直到他去世。有些人认为，溃疡是由梅毒导致的，但由于没有迹象表明他曾接受过这种疾病众所周知的继发症状的既定治疗，也没有迹象表明他或他的孩子有其他症状，这更有可能是一种静脉曲张导致的溃疡。治疗不当，用了猛药，再加上缺乏足够的休息，就会让静脉形成血栓，腿部肿胀，大腿上出现极其疼痛的慢性溃疡。[1]

到了 1537 年 6 月，亨利的双腿都受到了影响，病情十分严重。他不得不私下向诺福克公爵坦言，"注入我腿上的某种体液"是他在求恩巡礼后不能履行承诺去北方的一个原因。[2] 然而，一个月后，他又跨上马背继续行程。第二年 5 月，一个凝块似乎自行脱落了，造成肺部的堵塞。一连好几天，亨利处于失语状态，脸色发黑。由于他看起来濒临死亡，两个派系迅速活跃起来，争夺继承权，一个支持爱德华，另一个支持玛丽。[3] 如果当时亨利离世，可能会出现 1553 年事件的预演。但在几个星期内，他就恢复了足够的体力，继续寻找新的妻子，并在夏末继续他的常规巡游。

但是，无休止的活动使他的溃疡无法愈合。1540 年 9 月，他又一次身

---

1　参见MacNalty, *Henry VIII. A Difficult Patient* (1952)，关于这一点，尤其是第159页及其后各页；还有Chamberlin, *The Private Character of Henry VIII* (1932)。在本书出版前不久，阿瑟·麦克纳尔蒂爵士赐教说，亨利可能患有骨髓炎，而不是静脉曲张性溃疡。稀少的医学证据支持这两种诊断中的一种。骨髓炎是大腿骨的慢性化脓性感染（就亨利的情况而言），也许是在比武时受伤造成的，它会导致脓液（以及坏死的骨头碎片）的流出，使国王的病情得到缓解，而我们知道，他有过这种缓解期。反正，无法断定亨利的疾病究竟是什么。我非常感谢阿瑟·麦克纳尔蒂爵士的这封信。

2　*L.P.*, xii, iii, 77.

3　*L.P.*, xiii, i, 995.

体不适，虽然到了 12 月，他还能享受新的婚姻生活，遵循严格的早起制度，坚持每天长时间地骑马，但在三个月后的 1541 年 3 月，他又一次因溃疡发起了高烧，在此之前，他患过轻微的间日热（也许由疟疾引发）。自 1538 年他上一次可怕的发病以来，御医们一直小心翼翼地保持着溃疡的开放，但现在溃疡突然闭合了。危险很快就被处理掉了，危机也过去了。但是，这让亨利在几周的时间里一直处于黑暗的阴霾之中。[1]

现在他已经变得腰身肥大，饮食无度。[2]就像他对骑马的无畏热情那样，巨大的体重一定也加重了他的病情。1544 年 3 月，就在他准备最后一次出征的时候，溃疡再次发作，高烧也复发了。[3]但在那年的 7 月，他穿过加来，骑着骏马围攻布洛涅。尽管他被人用椅子抬进屋子，用器械拖上楼去，但他仍会拖着他那饱受痛苦折磨的庞大躯体上到马鞍，沉迷于他对骑马的热爱，向他的臣民展示自己；他被一种执着的意志驱使着，要紧紧抓住自己那日渐消逝的生命。次年，他来到怀特岛，在"大哈里号"上用膳，并巡查防御工事。下一年（1546 年）2 月，他又发起高烧，病倒了三个星期。但他又一次康复了。到了 3 月 10 日，据说他正在养病，和达德利以及其他亲信一起打牌（也许正听着他的妻子虔诚地敦促他继续宗教之战）。[4]十二天后，他亲切地接待了皇帝新派来的使臣，并告诉他们，虽然他的腿仍然困扰着他，但他强健的体魄帮助他战胜了病魔的侵袭。然而使臣向查理报告说，亨利的脸色透露出实际的病情比他假装的要严重。[5]

即便如此，亨利也没有丝毫懈怠。帝国大使发现他对欧洲的时事了若指掌，并且在接下来的几个月里，他接待了普法尔茨选帝侯的弟弟、无处不在的布鲁诺博士和新任法国大使。而就在接下来的 8 月，在汉普顿宫举

1  *L.P.*, xvi, 558, 589.
2  正如马里亚克观察到的。*Ibid.*, 589.
3  *L.P.*, xix, i, 263.
4  *L.P.*, xxi, i, 365, 391.
5  *Ibid.*, 439.

行英法和平庆典期间，亨利倚靠着法国海军司令和克兰麦，与法国海军司令进行了上文提及的对话。此外，就在不久前，他还宣布，打算在那一年进行一次长距离的巡游，去往王国的边境。[1]

9 月中旬，亨利出发去了吉尔福德，在那里接见了法国大使，并向其抗议法国人在布洛涅周围的防御工事违反了和约。据说几天后亨利就病了，但赖奥思利粉碎了这个谣言，说他得了感冒，现在已经好了。[2]然而，亨利患的不止是感冒。帝国大使范德德尔夫特听说他病得很重，虽然他很快就康复了。10 月初，他在温莎见到了国王，发现他很亲切。事实上，亨利非常冷静地把自己的一个医生拨给大使，因为大使也病了。亨利现在似乎活力充沛——与法国大使争论不休，痛斥苏格兰的使节，还有打猎——尽管有一次他突然身体不适，不得不委托佩吉特接待法国人德塞尔夫。[3]他在 11 月回到伦敦，"去泡了几次澡，他通常会在这个季节这样做"，然后就出发去了奥特兰兹（Oatlands），12 月 10 日左右他又病倒了。[4]范德德尔夫特不久后见到了亨利，对方声称自己已经完全康复了。但他的气色却显露事情并非如此。月底，对霍华德家族的攻击仍在继续，亨利则经由无双宫返回伦敦。凯瑟琳已经被送往格林尼治过圣诞节，除了枢密院和一些政府官员，宫廷对所有人关闭。范德德尔夫特认为，国王可能无法熬过高烧的再次发作，而高烧显然缠住了他。[5]尽管枢密院宣布"他腿上的病痛"导致的高烧已经完全退掉了，而且"在未来一段时间会逐渐好起来的"，[6]但大使说得没错。亨利病得很重，几天后，他立下了临终遗诏。

也许在过去，亨利曾用他的遗诏作为一种武器来约束臣仆，威胁要把

1　*Ibid.*, 447.

2　*L.P.*, xxi, ii, 129.

3　*Ibid.*, 139, 238, 315.

4　*Ibid.*, 382.

5　*L.P.*, xxi, ii, 605–6.

6　*Ibid.*, 619.

他们排除在议会之外，该议会将来会在其年幼的继承人的领导下统治王国。[1]这个观点本身是很有吸引力的，但很难找到证据，甚至很难相信国王需要对他身边的人有任何额外的掌控。不管怎么说，到目前为止，如果说他的遗诏一直是用于控制这个王朝，而不是决定下一个王朝命运的工具，那么到了 1546 年 12 月下旬，他的遗诏只意味着一件事，那就是提名那些将在亨利逝世后继承权力的人——权力交接的时刻很快就要到来了。

1546 年 12 月 26 日晚上，赫特福德伯爵、达德利、佩吉特、丹尼和另外两人被召集到国王身边。患病的国王在最近一次严重的病发之后，已经振作起来，他让丹尼去取他的遗诏。但是丹尼出示了一份错误的文件（大概是真的弄错了），当亨利听到这份文件被宣读出来，他说"不是这份，后来还立了另一份文件，是由秘书赖奥思利勋爵亲笔写的"，那份遗诏于 1544 年初拟定，就在国王动身前往法国之前不久。丹尼拿来这份文件，当场宣读。不知是由于他忘记了文件的内容，还是因为发烧意识不清，亨利对文件的内容感到惊讶，他说，有些人从遗诏执行人和委员会成员的名单中被删除了，"他想要把一些人列入其中，而名单中有些人则要删除"。于是，他命令佩吉特更正内容："把一些先前没有被点名的人列入名单中，并把温切斯特主教的名字去掉。"当他听到遗诏执行人的助手名单时，他再次添加了一些名字，如北安普敦侯爵和阿伦德尔伯爵，这些人没有被列入遗诏执行人名单，现在是佩吉特和其他人向他推荐的；他再次拒绝将斯蒂芬·加德纳留在名单上，说"加德纳是个任性的人，不适合伴侍他的儿子"，而且威斯敏斯特主教也应该被除名，因为"是温切斯特主教培养的"。根据佩吉特的说法，不仅是他，还有所有和他一起在场的人，"都恳求国王陛下"将加德纳添回名单上，但亨利不为所动，"他对我们的意图感到很吃惊，因为我们都知道加德纳是个任性的人"，加德纳"不应该再伴侍他的儿子，

---

1　史密斯教授的观点见"The Last Will and Testament of Henry VIII: a Question of Perspective", *Journal of British Studies*, ii (1962), 20 f.。

也不应该再烦扰加德纳列席议会"。[1] 这些人都为主教出面，这几乎不可信，而且当时也让国王大吃一惊，但我们听说他们就是这么做的。

此外，可能在这次面谈后不久，又有人努力将加德纳添回名单中。根据安东尼·丹尼爵士告诉克兰麦，并由这位大主教的秘书转述给福克斯的一个故事，丹尼跪在亨利的床边，假装以为遗诏终稿无意中漏掉了加德纳的名字，再次为主教求情。但亨利打断了他的话，大叫道："你别作声了。我对他记得很清楚，而且是出于好意才将他排除在外的；可以肯定，如果他名列我的遗旨中，是你们中的一员，他肯定会拖累你们所有人，你们永远也控制不了他，他的性格是如此令人讨厌。唉呀，我自己可以利用他，为达目的用各种方式控制他，对我来说似乎是好的，但你们永远不要这样做。"后来丹尼再次鼓起勇气提及这个话题时，国王痛斥他说，"如果你不停烦扰我，凭我对上帝的信仰保证，我也一定会把你从我的遗诏中勾出去"。[2] 如果我们无法接受这些故事的每一个细节，也不能把它们准确地拼凑起来，我们就很难不被说服，确实有两份独立遗诏，这表明正是亨利本人非常坚定地将加德纳从他的遗诏名单中剔除出去。最近几年，亨利多次公开质疑温切斯特主教对王权至尊的忠诚，说自己知道他"固执己见，更倾向于支持教皇党"，并且排斥他参加 1543 年《国王书》的起草委员会。[3] 加德纳认为，只要亨利活着，就"没有人可以伤害我"。[4] 这话是有一定道理的，因为他在处理王室事务方面无可比拟的经验是不会随便被抛弃的；此外，国王可能对这位能干、傲慢的大臣有些钦佩，天真地相信，只有自己能控制他。

---

1　*Foxe*, vi, 163. 是否可以这样说，如果亨利真的用他的遗诏来约束他的臣仆，威胁要把他们的名字从摄政议会中删除，那么他显然不知道他最新的遗诏，即1544年的遗诏的内容，这一点令人惊讶。

2　*Foxe*, v, 691 f.

3　因此，佩吉特、萨默塞特公爵、北安普敦侯爵、沃里克和其他人在1551年被免职。*Foxe*, vi, 162 ff.

4　他在1547年6月给萨默塞特公爵的信中这样写道。*Ibid.*, vi, 36.

但也可能是国王"不喜欢这位主教，时间越久，厌恶越甚"，而且如果国王的寿命更长一点，他可能"会对主教使用极端的手段"。好几次，他要求佩吉特"书写一些关于这位主教的内容，并吩咐佩吉特保管好，在他需要的时候就能拿到"。[1] 武器就在手边，可以用来摧毁主教；而且他有很多敌人，他们纷纷劝说国王使用它。1546 年 12 月下旬，新教派公开声称，温切斯特主教和其他古老信仰的信徒应该和诺福克一样，被送往伦敦塔。[2] 七周前，达德利在一次议会会议上打了加德纳的脸；[3] 此后不久，12 月初，该主教似乎即将面临一次严重的麻烦，即被指控顽固地拒绝同意与王室交换一些土地。

这个小插曲令人费解。对这种熟悉的土地交易形式，加德纳坚称自己"从未说过不"。这种交易通常是王室对主教不动产经过伪装的掠夺，他只是请求亲自向国王报告他的情况。但是，很快传来了严厉的答复，指责他在赖奥思利、佩吉特和土地没收法庭的大法官向他提出建议时，"完全拒绝服从"；还指责他比"着同样衣冠的神职人员"还要"古板"，虽然他们没有像他那样深受王室恩惠，"但即使没有征用令，他们也能更殷勤周到、更友好地与我们进行交易"。[4] 也许加德纳曾得罪了国王。也许这件事被西摩尔和他的朋友利用了，他们以为结局即将到来，便把国王引向了一个阴谋，最终将温切斯特主教拉下马，并完成对霍华德家族的攻击。加德纳当时由于处理王室事务而不在宫廷中，显然他很清楚，"现在来宫廷的人都是被特地召唤来的"。[5] 也许他马上就要中计了。针对萨里及其父亲的袭击成功了。而针对加德纳的却没有成功——直到下一任国王统治时期才实现。主教暂

---

1  *Foxe*, vi, 163.

2  *Sp. Cal.*, viii, 370. 在1547年1月底写的一封信中，查普伊斯回忆说，当他最后一次在英格兰时，如果不是诺福克公爵为他说情，达德利会把加德纳送进伦敦塔。*Ibid.*, 386.

3  *L.P.*, xxi, ii, 347.

4  *Foxe*, vi, 138 f. *St.P.*, i, 883 f. (*L.P.*, xxi, 487–8, 493).

5  *St.P.*, i, 884. 参考 Muller, *Stephen Gardiner and the Tudor Reaction* (1926), 46。

时摆脱了追踪者的控制，尽管国王仍然深信，自己儿子的摄政议会不应该有他列席。但国王做出这个决定，可能不是因为最近的土地交换事件，而是因为他早已决定将加德纳排除在外。加德纳既没有被摧毁，也没有被重新添加到遗诏名单上。

因此，12 月 26 日，当一群议员聚集在亨利周围，听取被宣读的遗旨时，都铎王朝未来的受托人确定了。四天后，赫特福德伯爵、佩吉特和威廉·赫伯特爵士（枢密院成员之一）再次来到国王面前。亨利手里拿着自己遗诏的一份修订稿，显然，遗诏的开头和结尾是在少数几个内廷官员见证下当场签字的，并盖上了玺印，以上过程完毕后，亨利把文件交给了赫特福德伯爵，撤销和废除所有以前的遗旨遗命。[1]

这（大概）就是 12 月 30 日发生的事情，在讲述这些事件时，我们已经处于不确定和争议之中了。赫特福德伯爵从国王手中接过的遗诏无疑是用于印章签署的，也就是说，国王亲笔签名的轮廓是用印章压印在纸上，然后由授权的书记员用墨汁加描，从技术上看，这是伪造王室签名的叛国行为，为了保护自己，书记员必须经常就这一行为请求国王的宽恕。这种方法通常用于赋予日常文件法律效力，当时之所以采用这种方法，大概是由于国王的身体太弱，已经无法亲手签名。

1 月 1 日，法国大使报告说，亨利又一次发烧了，在交接遗诏时，他可能已经非常虚弱了。[2] 但根据负责盖章的书记员威廉·克拉克的记录，该遗诏放在 1547 年 1 月盖章的文件中倒数第二份的位置，而这份遗诏的盖章记录本应出现在 12 月清单中最后一份的位置，因此有人认为，这份遗诏直到亨利去世前夜，即 1 月 27 日，才盖章交给赫特福德伯爵，以此，亨利故意让所有在他的临终之榻前盘旋的老鹰"惊恐不安"了四个星期。[3] 事情

---

1　*L.P.*, xxi, ii, 770 (85).

2　*Ibid.*, 651, 662.

3　Smith, *art. cit.*, 21, 24 f.

可能正是如此。这当然比亨利死后遗诏才被签署的说法更可信。但遗诏本身却告诉我们，它是在 1546 年 12 月 30 日签署的。[1] 这份声明肯定是有相当分量的。将签署遗诏的日期提前，可能出于什么动机呢？既然克拉克在他的记录中写到遗诏签字（即盖章），见证，密封，然后"在我们的视线中"交给赫特福德伯爵，那么遗诏不可能是在签字后过了几周才交给赫特福德伯爵的。书记员把它列入 1547 年 1 月盖章的文件中，这当然很奇怪，但这可能是一个无心之过。毕竟，12 月已接近尾声，而且，因为他大概是在国王的床边盖上了章，而不是在他的办公室里，他很可能忘记把这件事立即写进他的记录中。最后，他把文件放在 1 月清单的最底下，不能证明这份文件就是在 1 月末盖章的，因为很难确定他的清单是按时间顺序排列的。书记员的要务是完整地记录经过他手的文件，而不是为历史学家提供证据。

赫特福德伯爵在 1546 年 12 月 30 日收到的遗诏是否就是现在存放在公共档案局的王室遗诏中的文件，这是一个悬而未决的问题，因为随着时间的流逝，已无法确定遗诏上的签名是盖章还是亲笔签名。后来，在伊丽莎白统治时期，苏格兰女王玛丽的支持者认为，由于遗诏上盖的是印章而非亲笔签名，不符合遗诏应由"您最仁慈的手"签字的法定要求，[2] 因此，遗诏剥夺了苏格兰一脉的继承权而选择了玛丽·都铎的女儿们（与查尔斯·布兰登所生）的声明也是无效的。[3] 此外，由于似乎很难让人相信国王会留下一份没有充分法律效力的遗诏，或者被允许这样做，因此曾有人谈论过第二份有效签署的遗诏，这份遗诏是在第一份遗诏之后的某个时间点拟定的，现在已经消失了。[4]

1　*Rymer*, xv, 117.

2　28 Hen. VIII, *c.* 7这样写道。

3　例如，梅特兰在写给塞西尔的一封信中这样认为，收录于*Burnet*, i, 549。

4　Levine, "The Last Will and Testament of Henry VIII; a Reappraisal Reappraised", *Historian*, 1964, 481 f.中也如是说。莱文先生提出了几个观点，对 L. B. 史密斯教授的观点提出了挑战。

虽然可能有这样一份文件，但不能确定由于上述的原因就认为它必然存在，因为我们不能肯定一个盖章签名就不能与"您最仁慈的手"的签名具有同等效力。如果干印章并不能无可辩驳地使国王遗愿的法令具有法律上的效力，那么，正如伯内特所观察到的那样，一大批在国王临终之榻前起草并盖上印章的文书，如捐助伦敦城基督医院和成立剑桥三一学院，都会受到怀疑。[1] 在玛丽统治时期，褫夺诺福克公爵公权的法令被废除，废除法令的理由包括王室同意该法案的委托书上是盖章，而不是签字，"而且不是（在）文件的上端，而是在下半部分，这和国王的习惯相反"。[2] 因此，仅仅使用印章的事实，并不被视为反对这份委托书的决定性证据。废除法案认为有必要指出第二个缺陷，即委托书并没有如遗诏一样在开头和结尾都盖章。诚然，授权亨利以遗诏的方式传位的法令明确要求国王签字署名，将该文书归于特殊类别，但是可以认为，当时的人们很可能认为盖上干印章就足够了，因为无论是赫特福德伯爵还是亨利——假设亨利在 1546 年 12 月 30 日仍然神志清醒——都不会急于交接一份明显无效的文件。质疑遗诏的签署不够充分的论点，不过是后来主张苏格兰玛丽女王应该继承英格兰王位的派别发明出来的似是而非的理由。

因此，一种对假设增多的奥卡姆式厌恶，使人怀疑遗诏之事是否不像有些人所认为的那样复杂，并提出只有一份遗诏，可能因为亨利当时太虚弱了，而且他已经濒临死亡，因此遗诏于 12 月 30 日被盖上了干印章。[3] 书记员威廉·克拉克把这次盖章登记在 1 月清单的末尾，没有什么消极的原因，并且当时站在国王床前的相关各方可能认为亨利油尽灯枯，即使他们想起了法令的要求，也会认为这枚干印章已经足够了。后来，在玛丽统治

---

1　*Burnet*, i, 549 f.

2　*Ibid.*, 546.

3　在前面引用的给塞西尔的信中，梅特兰断言，亨利从未下令盖章："他经常希望签署它（也就是遗诏），但总是拖延。"但作者没有为这一论断提供任何说服力，也很难知道他是如何得知这一切的。

时期，佩吉特和民事法院首席大法官蒙塔古发誓说，遗诏被篡改了，目的是把苏格兰的玛丽排除在继承人选之外。[1]但我们不清楚他们这样做的意图，也不清楚这件事发生于何时。因为亨利死后，玛丽还是注定要嫁给爱德华王子，所以遗诏是没有完全禁止她享有继承权的。故而，我们很难看清在亨利生命的最后几天里，到底有着什么阴谋诡计。当然，似乎是国王决定了他儿子的议会的构成，是他排除了加德纳和瑟尔比，从而为西摩尔的胜利开辟了道路；当他把决定性的文件交给后者时，这一举动肯定是一个信号，表明接受者是未来的掌权人。

有人认为，亨利的遗诏没有为摄政议会提供任用接替者的机制，它坚持认为其决定应得到多数人的书面同意，而且丝毫不提及护国公或总督，这不仅表明该遗诏本来就没有打算为下一任统治提供保障，除此之外，这还让赫特福德伯爵处于被指控严重违反遗诏的危险之中——亨利驾崩后不久，他就被宣布为年幼国王的总督和王国的护国公。然而，首先，遗诏中没有补充摄政议会成员的规定，可能只能证明遗诏起草得很匆忙，或者是期望该议会在需要的时候，就像其他任何执行人机构一样，能够自行处理。其次，坚持要求多数人的书面同意是针对该遗诏所指定的任何事情，这与要求摄政议会的所有政治决定都必须得到这种同意不同。[2]最后，1536 年的法令规定，未成年的继承人应该由他的母亲和一个委员会监护，或者按照国王最终的遗诏成立一个委员会——没有提到护国公。[3]为什么？因为护国公不是通过遗诏，而是通过特许状来任命的。1544 年，在亨利前往法国之前，卡瑟琳·帕尔曾被特许状任命为国王不在国内期间的总督和护国者[4]，赫特福德伯爵也可能在国王去世前不久被以类似的方式提升为护国公。

1    Robert Persons, S.J., *Certamen Ecclesiae Anglicanae*, ed. Simons (Assen, 1965), 171.

2    但这只是一个建议，并没有假装完全解决这个问题。

3    28 Hen. VIII, *c.* 7, paragraph xiv.

4    *L.P.*, xix, i, 864, 1035 (78).

1547 年 2 月 12 日，范德德尔夫特写到，几天前，他亲眼看到赫特福德伯爵出示了已故国王任命他为护国公的特许状。[1]这份文件并不在特许状的登记册上，但范德德尔夫特不太可能弄错他所看到的东西，因此非常确信地做了记录下来。要么是亨利在最后一刻添加遗诏条款(他完全有权这样做)，并根据自己的意愿指定王舅为王国统治权的受托人，要么是赫特福德伯爵在老国王行将就木时将此奖赏据为己有(或者在亨利死后立即这样做，大概是在亨利逝世的消息并未对外公开的三天内——我们稍后会讨论)。

如前所述，亨利在 1 月初再次病重。尽管公告宣布他已经康复，但很少有人能进入他的房间，甚至连凯瑟琳和玛丽都不行，许多人开始说他已经死了。[2]但他巨大的身躯再次恢复了健康，在 1 月 6 日，他就能够接待帝国和法国使节们的觐见。德塞尔夫和他的同伴发现亨利很健康，和蔼可亲，显然掌控着周围的一切。亨利谈到与法国和路德宗教会建立防御联盟，听取了来自德意志和热那亚的消息，并答应释放被扣留的帆船船员。[3]疾病的最后一次复发可能在十天或十一天后。1 月 27 日，国王通过委任状批准褫夺诺福克公爵的公权，大臣解释说，国王病重，不能到场。[4]显然当天晚上，亨利已接近生命的终点了，虽然他的医生们不敢如此论断，因为他们害怕因预言国王的死讯而被认为犯有大逆不道之罪——六年前，亨格福德勋爵因此付出过生命的代价。[5]最后安东尼·丹尼爵士鼓起勇气，告诉垂死的君主，他必须为最后的痛苦做好准备。亨利现在反而更安静了，开始反思他过去的人生和缺憾，说道："但是基督的仁慈能宽恕我所有的罪过，虽然这

---

1 *Sp. Cal.*, ix, 31.

2 *L.P.*, xxi, ii, 675, 684.

3 *Ibid.*, 713.

4 *Lords Journals*, i, 283 ff.

5 沃尔特·亨格福德勋爵于1540年被定罪，罪名是反常的恶习和叛国，试图通过使用魔法来预言国王的死亡。

些罪过可能比实际的更大。"丹尼接下来问他是否需要任何宗教仪式，国王回答说，如果他需要什么人，那就是克兰麦，但是"我会先睡一会儿，之后我觉得我自己需要时，我会通知你们"。一两个小时后，他醒了过来，命令克兰麦觐见。大主教当时在克罗伊登（Croydon），当他赶到国王的床边时，亨利已经失语了。要不是他几近失去知觉，无疑克兰麦会听到他的忏悔，然后给他临终圣餐。取而代之的是，克兰麦让国王给他一些信任上帝的信号，于是亨利"用手握住他的手，确实尽可能用劲握住他的手"。不久之后，在 1547 年 1 月 28 日星期五的早上，国王驾崩了。[1]

"国王驾崩。国王万岁。"但亨利逝世的消息被保密了三天，似乎主要是因为国王的驾崩暂缓了诺福克公爵死刑的执行，他本该在当天早上被处死，这让他的敌人陷入了苦涩的两难境地。他们是要瞒天过海，让这个危险的人流血，还是让他享受近乎奇迹般的缓刑？我们可以推测，摄政议会辩论了三天——当时亨利的遗体还秘密地躺在咽气时所躺的床上，等待着葬礼，而诺福克则在伦敦塔里踱步，不知道发生了什么事——直到审慎和仁慈的劝告占了上风，公爵的生命才得以保住。[2] 在这三天里，还发生了什么黑暗的混战，我们永远不会知道；但至少有可能的是，授予赫特福德伯爵护国公职位的特许状是在那时起草的。1 月 31 日星期一，真相终于被揭开。议会在 28 日和 29 日召开了会议，并在星期一当天召集以处理当天的事务，当时大臣起身，哽咽着宣布了国王的死讯。接下来，佩吉特宣读了亨利的遗诏，公布了那些即将接过英格兰统治权的人的名字。然后议会解

---

1　*Foxe*, v, 689.

2　由于公爵是纹章院主管，在组织加冕仪式之前决定他的命运也很重要。在 *Lords Journals* (i, 284) 中，有一个有趣的书记员的失误，即国王御准公爵死刑的专员因为爱德华成为威尔士王子的**加冕仪式**迫在眉睫而加快了工作进度。书记员的意思是"册封"，而不是"加冕"，但他心不在焉，用错了词。需要一位纹章院主管是因为爱德华拟晋升为威尔士王子，而不是因为他登上王位，这大概是故意的掩饰。

散了,按照宪法规定,它的期限在三天前就已经和国王的生命一起终止了。[1]

八天后的 2 月 8 日晚上,全国每个教区教堂都唱起了庄严的挽歌,敲响了钟。翌日早晨,各地都在为驾崩的国王的灵魂做安魂弥撒。第十四天,做过防腐处理的遗体被马车运往温莎,队伍长达四英里。遗体当晚就躺在锡安,在一辆巨大的灵车中:第二天,遗体运抵温莎,被安放在城堡里。[2] 次日早上,斯蒂芬·加德纳在圣乔治教堂举行葬礼弥撒,献上颂词。弥撒结束后,小教堂的前座和祭坛之间号角声响起,安葬仪式庄严肃穆。国王的遗诏规定,他应该和简·西摩尔一起被安葬在亨利七世曾经打算作为自己安息地的圣母堂里,埋葬在沃尔西早为自己着手准备的一座昂贵墓室里。但那座墓室尚未竣工,而简·西摩尔的墓穴已经被打开,亨利的巨大棺材被安葬在那里——旁边是他深爱的妻子、继承人母亲的遗骸。

亨利的豪华墓室从未完工。事实上,1646 年,墓室的屏风被拆卸下来,其装饰品也被议会下令卖掉;一百五十多年后,空石棺及其基座被用于圣保罗大教堂地下墓穴中的纳尔逊墓室。[3] 也许,亨利破碎的身体也没能在借来的墓室中长久安息。几十年后,一直有流言说在亨利的大女儿统治期间,他的遗骸被人从墓中取出来烧毁了。[4] 此外,曾是玛丽女王的私人顾问,后来流亡西班牙的天主教徒弗朗西斯·恩格尔菲尔德爵士告诉耶稣会会士罗伯特·帕森斯,当枢机主教波尔在玛丽的命令下,在温莎城堡打开墓室,把这个不思悔改的分裂教会者和异端那经防腐处理的尸骸送入火焰时,他

1　*Lords Journals*, i, 289 ff. 法国大使德塞尔夫于1月31日听到这个消息。*L.P.*, xxi, ii, 760. 爱德华就职(1月31日)的公告,参见*Hughes and Larkin*, no. 275。

2　Wriothesley, *A Chronicle of England*. Camden Society, n.s. xi (1875–7), i 181.

3　St John Hope, *Windsor Castle* (1913), 484 ff.

4　Fuller, *Church History of Britain etc.* (1665), v, 255.

也在场。¹ 因此，如果我们要相信这个传闻的话，那么以糟糕的逻辑来看，玛丽和波尔的确最终击倒了那个曾肆意蹂躏过他们的生活，蹂躏过他们最爱的人和物的人。

---

1　Persons, *Certamen Ecclesiae Anglicanae*, ed Simons, 273. 很难认为恩格尔菲尔德说的是假话，也很难认为帕森斯有必要或有意歪曲他的说法。他的故事必须得到一定的重视。富勒关于"流言"的报告以及爱德华六世死后"所有关于陵墓的工作肯定都结束了"（St John Hope, *op. cit.*, 484）的事实都证实了这一点。我们还可以回顾一下威斯敏斯特的院长休·韦斯顿是如何发现挖掘和焚烧亨利遗体的计划的，但由于他是一个臭名昭著的放荡不羁的人，所以不被相信。有关此故事，参见*Certamen*, 273, n. 1。

# 第十五章
# 国王亨利

亨利去世时已有五十六岁，在位已达三十七年零八个月。他经受住了王位觊觎者、革除教籍、叛乱、入侵的威胁，寿终正寝，并将王位顺利传给了他的继承人。他赢得了英格兰君主至今仍然拥有的"信仰捍卫者"的头衔，写了至今仍会偶尔被阅读的一本书，创作了几首至今仍在传唱的乐曲。他曾向英格兰的宿敌开战，还两次亲率军队进攻法兰西。近四十年来，他在欧洲表现得威风凛凛，对欧洲的事务很有影响力，玩弄高超的外交手段，在他之前少有或者没有英格兰国王能做到这些。他反抗教皇和帝国皇帝，在英格兰和爱尔兰建立了一个受他管辖的全国性教会，把英格兰和在他势力范围内的爱尔兰一些地区的大约一千多座宗教建筑夷为平地，并赋予英格兰国王的统治一种新的影响深远的尊严。他摧毁了英格兰的世俗教会，打压了僧侣和修士阶层，最近又把手伸向了礼拜堂，又有些犹豫不决，或许还稀里糊涂地把英文版的《圣经》带给他的民众。但他仍然果断地允许他的国家被引向大陆的宗教改革，在他的儿子和第二个女儿统治期间，英格兰将完全融入这场宗教改革，给他的臣民带来一种新的统一感——"全体英格兰人的"统一，而不是"英格兰天主教徒"或属于"我们少数臣民"的人的统一。英格兰在亨利的领导下重新参与到欧洲事务中去，深受欧洲大陆新教巨大的创造性能量的影响，与此同时，英格兰已经放弃了对任何外部权威的效忠。自亨利一朝开始，英格兰无疑发展为一个新的政治"整体"。这要归功于独立教会的毁灭，威尔士的最终合并，许多自由权的削减，以及对北部和西部地方议会的整顿，这些都是在枢密院的监督下完成的——至少到了 16 世纪 40 年代，枢密院已经成为拥有全权的最高行政机构。这首先要归功于托马斯·克伦威尔，他的统治给英格兰带来了许多"良好治理"。行政班子比以往任何时候都更有效率，也更有能力——法律机构也是如此（这主要归功于沃尔西）。在一个暴力泛滥的社会里，统治者可能已经做了很多工作来加以约束，尤其是要控制偏远地区的居民和他们的危险领主，即北方和西方的边境贵族。亨利本人的统率地位，王廷的威望和显然的重要性，以及他的侍臣在中央和地方政府中日益增长的权威，都极大地加强了国王和臣民之间的"力线"，这种力量往往（可能）掩于表面之下，总是不被人知，但在必要时却抑制地方的忠诚。英格兰从未像 16 世纪三四十年代那样广泛而深刻地感受到"国家"的力量。《教会财产大清查》（一部类似于《末日审判书》[Domesday Book] 规模的著作）的编纂，继位和王权至上誓言的强加，解散宗教团体和分配他们的财产的大规模行动，世俗和神职人员地产的沉重税赋，海上和陆地上的大规模军队集结，所有这一切超越了教会和教义革命的成就，集中展示了前所未有的中央权威的强大力量和无处不在；如果说克伦威尔统治时期（和之后）的主要行政发展可以更准确地称为中世纪惯例——即在王室之外建立专业的、官僚化的政府——的回归，发生于数十年权力高度集中于王室之后，而不是"近代"事件，那么，议会的合并和四个新的财政法庭的建立，确实使中央政府对王国有了新的、稳固的控制权。最后，议会从没有像 1529 至 1545 年间那样被召集来执行如此庞大和重要的立法计划——该计划包括《上诉法》和《至尊法案》，《解散修道院和礼拜堂法案》《继承法》《叛国法》《六条信纲》和首个《济贫法》——立法的成果被纳入了法令全书。亨利的统治，在许多方面给英格兰人的思想、心灵和面貌留下了深刻的印记，这是英格兰历史上从诺曼人入侵到工厂出现之间的任何事件都无法比拟的。

也不是只有教会和国家的重大事件需要记录。如果不简单提一下这些年给海军带来的变化，对这段历史的研究就不算完整。亨利从他的父亲那里继承了七艘战舰，到1514年又增加了二十四艘，到了16世纪40年代初，通过购买意大利和汉萨同盟的船只，以及增加国内生产，亨利建立起一个强大海军的核心力量。但重要的不仅仅是国王的战舰数量的增加。在第一次法国战争期间，英格兰的船工开始试验意大利的技术，在船身中部安装火炮（通过炮眼发射），从而开启了一次几乎称得上是革命的造船和海军战术革新。中世纪的战船是缓慢移动的肥大"浴缸"，上面建有高高的船尾楼和艏楼，楼上装有轻型火炮——像蛇一样的杀人机器；这种战船被设计成一种武装运输工具，可用于混战，也就是投掷抓钩，登船，然后通过白刃战俘虏敌船。这种战船是一个可以让士兵登上敌船的浮动平台，海上陆军可以在这个平台上发动攻击，与许多陆上行动没有什么特别的差异。这就是自古以来的海战战术。然而，新战船基本上是一座浮动的炮台，船身细长，船尾和前甲板低矮，船舷明显内倾——上面有一排、两排、三排甚至更多的炮眼；炮台甲板上装有越来越重的大炮；战斗力主要集中在舷侧。因此，海战的特征发生了改变。远距离射击取代了近距离混战，舷侧攻击代替了白刃战，海上陆军从此消失。

到亨利统治末期，英格兰海军的这一转变还远未完成。16世纪40年代，英格兰还在建造旧式战船，而海军战术的深刻变化在当时影响甚微，以至于16世纪40年代的海战仍主要依赖于老技术。但造船学上的变化已经开始。新设计的战船正在被生产出来；老式的战船，如"大哈里号"，在船身中部重新加装了多层炮眼。从意大利船工和德意志铸炮工那里学来的海军革命正在进行。由亨利七世建造的朴次茅斯干船坞得以扩建，1514年建造了伍尔维奇（Woolwich）船坞，稍晚又建造了德特福德（Deptford）船坞。1546年，重新设置了海军的管理层，并成立了一个最终将演变成海军委员会的机构。[1]我们无法判断，这一切有多大程度上归功于亨利个人的意志，但很可能他对船舶的显著兴趣至少鼓励了这些发展。1514年，他授权成立了德特福德湾领港公会，该机构负责促进航海和商业的发展，并对英格兰人进行领航培训。在1513年的第一次法国战役中，他密切关注王家舰队的集结，[2]他经常巡视他的船舰，1518年6月去南安普敦时，他命令战舰上的火炮"一次又一次地开火，标明射程，因为他对这种事情非常好奇"。[3]他无愧于"英格兰海军之父"的传统称号。

亨利也是个建设者。他偏好宏伟的建筑，部分是受沃尔西的影响，部分是受弗朗索瓦一世的影响；他的建筑规模比都铎王朝的其他任何君主的都要宏大。

自执政之初，亨利就耗费巨资来修缮和扩建王宫，包括新马厩、格林尼治的一座谷仓和长廊（除了修建当地小教堂所做的大量工作外），还有在温莎城堡新建的一个储藏室和大量修缮工作，里士满的一个私人厨房、沃金的一个长廊和埃尔瑟姆的许多小型工程。他在埃塞克斯郡的纽霍尔（Newhall）耗费数千镑，建造了一条新的长廊并加以装饰。他给温莎大公园装上了围栏，花了五十镑延长星室法庭（1517年8月），并用铅条加固了它那附带城垛的屋顶。[4]然而，他的第一件大事，似乎是重建破败的布赖德韦尔王宫，为王室在伦敦提供一个新的住所。这座宫殿部分位于圣约翰医院骑士团的前花园，部分位于从法弗舍姆修道院购得的土地上，该修道院在现在的新桥街（拉德盖特广场旁）西侧的圣布赖德（St Bride）教区，

1　所有这件事的出色介绍，参见Marcus, *A Naval History of England*, i, *The Formative Years* (1961)。参考Oppenheim, *History of the administration of the royal navy* (1896)。
2　*L.P.*, i, 1661.
3　*L.P.*, ii, 4232. 正如温菲尔德在1520年4月告诉亨利的那样，弗朗索瓦一世在船舶知识方面远不如他。参见*L.P.*, iii, 748。
4　1509至1523年星室法庭的记录，参见*L.P.*, ii, 1442 ff.; iii, 1537 ff.。最后一句话的细节描述来自*L.P.*, ii, 1476和*L.P.*, iii, 1544。

宫殿名字就来源于此。我们对这座建筑所知甚少，只知道它始建于 1515 年
5 月，大概花费了两万多镑，并在 1522 年及时完工，接待了到访伦敦的查
理五世。[1] 后来，亨利偶尔也会在这里居住，但在他死后，这座宫殿被王室
遗弃，被用来安置伦敦的一些流浪汉。因此，通过一个奇怪的转变，这座
昔日王宫的名字将用来命名一个阴森的机构——感化院。布赖德韦尔宫有
如此遭遇，很可能主要是因为在其建成后的七年内，亨利在其正西约四分
之三英里的威斯敏斯特开始了一个能与之匹敌的项目，他在那里建造了迄
今为止英格兰君主为自己建造的最华丽的住宅。

　　这或许就是这个人的特征，他应该不仅仅是受到沃尔西的刺激才亲自
启动两个重大项目，而且还使用这位枢机主教的住宅当作自己宫殿的核心。
他大概早就羡慕沃尔西富丽堂皇的伦敦官邸约克宫（位于近代怀特霍尔宫
东侧）和乡下官邸汉普顿宫——始建于 1515 年。正如我们所看到的那样，
沃尔西刚一落马，亨利就没收了这两处产业。沃尔西曾愤怒地抗议说，约
克宫是约克大主教的财产，不属于他，但他的话无济于事。尽管约克宫直
到 1530 年初才正式归属王室，但在 1529 年 11 月 2 日，前任主教在国王
法庭被判刑仅四天后，亨利就从格林尼治乘船到来，进入枢机主教美轮美
奂的河畔官邸。[2]

　　沃尔西曾亲自修缮和扩建约克宫，还新修了一个大殿（以及其他建筑）。
亨利将完成他的大臣开始的工作，把约克宫变成规模宏大的王室宅邸，并
很快把宫殿名称改为怀特霍尔宫。他立即着手从事这项工作，并且再次让
沃尔西支付这笔开销。在沃尔西退居伊舍后不久，可能在 1530 年初，议
会中的政敌就向亨利提出，沃尔西最近在伊舍的宅邸中修建了一条设计新
颖而精美的画廊，"国王很有必要把它拆掉，在威斯敏斯特重建"。显然，

1 Stow, *Survey of London*, ed. Kingsford (Oxford, 1908), i, 70; ii, 44. 关于建筑支出，参见 *L.P.*, ii, 1471 ff.; *L.P.*, iii, 1547.
2 *Sp. Cal.*, iv, i, 323.

一个对偷窃宫殿心安理得的国王是不可能抵挡得住偷窃这些小东西的诱惑的。当沃尔西意志消沉地躺在伊舍的房子里，画廊在他的眼皮子底下被拆掉了，用车运走，去装饰国王的新住所。[1] 此后，怀特霍尔宫经过了精心的开发。一些现有的建筑被拆除；通过一系列复杂的交换和购买，亨利得到了旧约克宫的东、西两边街道的北面和南面的一些房产，这条街道大致与河道平行（将威斯敏斯特和斯特兰德区连接了起来），与现代的怀特霍尔宫同在一条直线上。在老建筑的基础上，还增加了几条长廊、私人住所、一个花园和一个封闭的果园。在街道的西边，亨利建了一个大型骑士比武场（大约在现在的王家骑兵卫队大楼的位置）、八角形的斗鸡场、保龄球房和一个大网球场——当然是封闭的——斯托形容这里是观看比赛的观众的"豪华长廊"。在街道两边的两处建筑群之间建起了两座门楼，南端的是国王门，北端的是霍尔拜因门（一个错误的归属），这两座门楼将两个区域连接在一起，成为两个区域之间的通道。亨利宫殿的确切范围很难界定。也许它向北进入"苏格兰"，也就是苏格兰王室到访伦敦时的常驻地（现在称之为苏格兰场），向南延伸至堤坝附近。[2] 当然，在主体建筑完工时，也就是 1536 年，怀特霍尔宫已经成为国王在伦敦的主要住所。亨利与简·西摩尔的婚礼是在王后的祈祷室举行的；1538 年 11 月，亨利主持了对约翰·兰伯特的异端审判，并公开与他辩论，这一事件发生在大礼堂里，参会者的座位安装在脚手架上；亨利也是在这里去世的。

此外，怀特霍尔宫的大工程只是一个大项目的一部分。1531 年，伊顿公学将圣詹姆斯麻风病医院的土地和建筑交给了亨利，该医院位于约克宫以西几百码处。在 1532 至 1540 年，亨利在医院的原址上建造了另一座

---

1　*Cavendish*, 127.

2　完整的描述，参见*Survey of London*, xiii, *St Margaret's Westminster* (1930), pt i, 7 ff., *passim*；pt. iii, 1 ff.。沃尔西的走廊成了枢密院走廊，延续了霍尔拜因门东侧的骑士比武场走廊，并沿着枢密院花园的北侧延伸到私人公寓。

宫殿，即圣詹姆斯宫。我们尚不清楚是什么促使亨利开展这一工程（其中的门楼、小教堂和其他部分尚存），也不明白为什么需要在怀特霍尔宫附近再建造一座住宅。据推测，这可能是一个附属宫殿（也许供王室子弟使用）。就这样，直到 1697 年，大火烧毁了怀特霍尔宫，此后，圣詹姆斯宫成为王室在伦敦的主要住所。包括医院在内，亨利获得了大约一百八十五英亩的土地，其中的五十五英亩被围作猎苑。此外，在 1531 至 1536 年，王室通过交换或购买的方式，从威斯敏斯特教堂、阿宾登修道院、伯顿圣拉撒路医院和一些个人手中获得了一大片开阔的土地，包括如今的圣马丁巷、牛津街、邦德街和帕尔玛尔街所在的区域——加上东边的科文特花园（即修道院花园，因为它曾属于威斯敏斯特教堂）。因此，到了 16 世纪 30 年代末，王室拥有一大片土地，即圣詹姆斯辖区，从威斯敏斯特延伸到查令十字街，然后穿过现代的梅费尔区。梅费尔区的南面伫立着两处新宅邸，即圣詹姆斯宫和构成怀特霍尔宫的建筑群，二者通过一个有围墙的猎苑连接起来（查理二世将在此修建一个装饰性湖泊、一个大型鸟舍——此后的鸟笼步道——和一条用于玩铁圈球游戏的跑道）。怀特霍尔宫的北面有王家鹰笼，也就是王室的猎鹰和驯鹰师的住所，1537 年布卢姆斯伯里（Bloomsbury）的王家马厩被烧毁后，国王的马匹就转移到此处，因此，此处也被不恰当地称为城中马厩。怀特霍尔宫的南面有威斯敏斯特的旧王宫，它早已不适合作为王室宅邸——如今已被怀特霍尔宫取代，只是威斯敏斯特王宫的一个"成员和组成部分"，因为根据 1536 年的一项法令，整个建筑群现在被正式命名为威斯敏斯特王宫。至此，英格兰君主在首都有了一处宏伟的宅邸，伦敦也第一次拥有大规模王室建筑群。[1]

　　1532 年，亨利修复了伦敦塔内的白塔，并继续扩建和维修埃尔瑟姆、温莎以及他父亲在格林尼治的宫殿。在 1539 年的大入侵恐慌中，他开始

1　*Survey of London*, xxix. *The Parish of St James, Westm inster* (1960), pt. 1, 21 ff. Kingsford, *The Early History of Piccadilly, Leicester Square, Soho, etc.* (Cambridge 1925), 7, 15, etc.; Lambert, *The History of London and its Environs* (1806), iii, 487 ff.

修建堡垒，遍布泰晤士河口、桑盖特（Sandgate）、迪尔、沃尔默（Walmer）、多佛尔和怀特岛等地。1537 至 1543 年，在建筑设计师日耳曼人斯蒂凡·范哈申佩尔格的指导下，彭德尼斯（Pendennis）和圣莫斯（St Mawes）建造了外国风格的重武装城堡；[1] 在 16 世纪 40 年代初，这位建筑设计师还在赫尔建造了城堡和碉堡。有可能是亨利本人帮助设计了加来的新防御工事，因为我们听说它有"国王的恩典所设计的斜孔（即射击口）"，以增加火力覆盖范围。[2]

但这些军事建筑只是他的主要意图的附带产物，毕竟它们只是 16 世纪 30 年代及以后，亨利主要从事的大规模宫殿建造工程中的一部分——在宫殿建筑的建造规模上，少有英格兰君主能够与亨利匹敌。在这些年里，建筑服务于政治，因为王权至尊思想改变了君主政体，现在，国王应当居住在为至高无上的君王而设计的前所未有的辉煌宫殿中。

该方案是从威斯敏斯特开始实施的。在距离伦敦数英里的萨里郡建造了一系列的王室住宅后，此项计划才完成。首先，沃尔西的乡间宅邸汉普顿宫于 1529 年 10 月移交到国王手中，国王对其进行了奢华的扩建和装饰。1531 到 1536 年之间，亨利建造了宏伟的大殿，大殿长一百零六英尺，高六十英尺，有一个巨大的悬臂托梁穿顶。国王非常渴望看到这个大殿竣工，所以夜以继日地施工。他建造了王室小教堂精美的扇形木质天花板，又在 1535 至 1536 年修建了大瞭望室（即守卫室）、大厨房、封闭网球场和一组贵宾客房，这些客房没有保留下来。亨利（抹掉了沃尔西的纹章）用自己的纹章来装饰这座建筑，在护城河上架设了一座新桥，并于 1540 年在主庭院里摆放了一个精美的天文钟。

此外，亨利于 1537 年购置韦布里奇（Weybridge）附近的奥特兰兹庄

---

1    O'Neil, "Stefan van Haschenperg, an Engineer to king Henry VIII, and his Work", *Archae-ologia*, 2nd ser., xci (1945), 137 ff.

2    *Chronicle of Calais*, Camden Society, xxxv (1845), 126.

园（不久后，又买下布鲁克兰庄园），第二年他在那里建造了一座新宫殿。与此同时，亨利开始了他最雄心勃勃的计划——为处于巅峰的王权建造纪念碑，即无双宫。在汉普顿宫东南方向约六英里、奥特兰兹宫正东八英里处，有片大约两千英亩的土地被选中，用来建造一座宏伟的宫殿，显然是为了胜过弗朗索瓦一世的尚博尔城堡。卡丁顿村和它的教堂（位于宫殿选址的最佳位置）被夷为平地，为国王的工程腾出了空间，数百名本土和外国的工人工匠被带到了这里。该宫殿由三座王宫组成，构成一个正方形的 P 字；其上部大部分是用木头建成的，但用石板覆盖，并装饰有雕像和浮雕；在其两百英尺长的南面两端矗立着七十五英尺高的八角塔楼。意大利、法兰西和荷兰的工匠可能完成了内部和外部的大量豪华装饰：六位法国制钟师架起了大钟；法国园丁布置了私家花园，花园里有一处喷泉、迷宫和两百棵从法国运来的梨树。在场地的南端，有一个宴会厅矗立在占地五英亩、独立封闭的长方形土地上。这是一座两层建筑，上层地面铺砖，大厅木构，下层由地窖组成。[1]

　　无双宫于 1538 年 4 月开工，到亨利去世时，还没有完工。截至 1545 年 11 月，它已经耗费了两万四千多镑。这座宫殿可以与汉普顿宫、奥特兰兹宫和里士满的旧宫殿相提并论，横亘在象征着王室荣耀的汉普顿宫之前，延伸至埃普瑟姆（Epsom）、寇斯顿（Coulsdon）、巴尔汉姆（Balham）、巴特西（Battersea）和莫特莱克（Mortlake），是亨利建筑的巅峰之作。[2] 虽然

---

1　关于这一切，请看这部令人钦佩的作品：Dent, *The Quest for Nonsuch* (1962)。关于包括无双宫在内的亨利建筑的简单介绍，可以在 Summerson, *Architecture in Britain* 1530–1830, Pelican History of Art (1958) 中找到。登特先生驳斥了后者的建议 [摘自 Kurz, "An Architectural Design for Henry VIII", *Burlington Magazine* (1943), 81 ff.]，即曾在卢浮宫展出并在约翰爵士的书中转载的笔墨漫画是在无双宫的接见厅中完成的。Dent, *op. cit.*, 106 ff. 关于亨利在青福德（Chingford）和沃尔瑟姆十字之间的围园和"站台"（即射击的看台），参见 *V.C.H. Essex*, v, 99, 108。
2　然而，正如登特所说，亨利似乎并没有经常去那里。他在 1545 年 5 月访问该地，抱怨工程进展缓慢；在接下来的 7 月，他进行全面访问。显然，他没有回来。Dent, *op. cit.*, 136 f.

基本上遵循传统的设计，但比起要塞式宫殿，无双宫有了很大的进步；比起汉普顿宫著名的圆形金属挂饰和怀特霍尔宫门楼的古典山墙和壁柱，无双宫更明显地体现出文艺复兴时期的特征。无双宫不仅仅是至上君主的华丽居所，它在英格兰建筑史上的重要性，不亚于亨利在怀特霍尔宫和圣詹姆斯宫所建造的建筑在伦敦发展史上的重要性。

亨利是一个影响深远的、威严的重要人物。至少在某些人看来，亨利满足了一个民族对他的所有期待——他是一个性格直率、自信且爱国的国王，他是他王国的主人，不惧怕任何人。在他漫长统治时期结束时，无论如何，他还是受到了人们的尊敬，确实，以某种奇怪的方式，受到了人们的爱戴。他把君主制提升到了近乎偶像崇拜的程度。他已经成为英格兰人的典范，成为膨胀的民族自豪感的焦点。在他离世后，一切都会变得不一样。

然而，尽管他有着令人惊奇的力量，有时的确会表现出个人魅力和温文尔雅，尽管他肯定会爱戴别人和受到别人的爱戴，但我们很难想象他会有什么真正慷慨或无私的行为，我们也很难不假设，即使是那些明显受到他尊敬的人，比如简·西摩尔或托马斯·克兰麦，若非出于自身算计，也不会连带着其他许多人一并见弃。那些人将自己的一生与他的人生紧密交织在一起，为他付出良多，却被他抛弃。不论过去他为人如何，又对那些与他亲近的人做了什么，有时他仍被描绘成一个基本能感受其臣民的情绪和思想的人，哪怕是在最糟糕的情况下，他也永远不会越界，他总是本能地与之保持一致。但要证实这种仁慈的形象并不容易。亨利会被他的臣民的感情所牵制，这是事实。在 1530 到 1532 年左右，这种情况真的发生过。[1]但是，他是否觉得自己受制于政治国家的思想，或者说，他是否曾预期这个政治国家会认真或长期地反对他的意志，这一点可能值得怀疑。他可能

---

1　参见上文第312页及其后面各页。

确实在 1543 年向议会宣称，"我们王室从来不曾像在议会时代这样，享有如此高的地位；在议会中我们作为首领，你们作为成员，是联合且团结在一起的一个政治体"[1]，但首领和成员的比喻模棱两可，在他的计划中，很可能是前者命令，后者仅仅需要服从。像许多有益的刺激那样，这个激励物掌握在首领手里。当然，他利用议会来使他的重要计划合法化，而且他从未想过不这样做，但无论情况有时会多么困难，他可能从来没有想过议会会拒绝他真正想要的东西，就像法官不会拒绝宣判一个重要的政治人物有罪一样。

亨利曾三次带领英格兰与法兰西开战，这些战争给他带来的只是"寒酸破败的住所"和短暂的国际声誉。他让英格兰与苏格兰的关系陷入了血腥的混乱，至少近来他处理这一关系时手段并不高明。在他执政的大部分时间里，他完全忽视了大洋彼岸的新世界，宁愿选择在英吉利海峡对岸追求实现古老的野心，以致英格兰的海上扩张在一代人的时间里处于停滞状态。的确，他曾于 1521 年试图鼓动他的子民跟随卡伯特父子的开拓航行，但未得到积极响应。英格兰人的对外贸易集中在向安特卫普出口半成品呢布，而且这种贸易在亨利统治期间迅速增长，使他的商人几乎没有动力去其他地方冒险，这不是亨利的错。但是英格兰人在 1517 年、1527 年和 1536 年的航线探险以及罗伯特·索恩的航行请求也表明，他们对卡伯特父子开拓航行的记忆没有消失。[2]如果亨利有这样的心思，他肯定能成功唤醒它。

上文章节中已经提到，亨利对离婚诉讼的处理存在严重失误。也可以说，虽然他需要儿子是显而易见的事实，但事实证明，亨利否认他的第一段婚姻，和假如他接受了自己的命运并听天由命地留下一个成熟的女继承人，这两种情况会使英格兰面临同样大的政治风险。如果他在 1527 至

---

1　Holinshed, *Chronicle* (1808), iii, 824.

2　参见上文第131页及后页。

1537 年的十年间驾崩，也就是在离婚案公之于世和爱德华出生的那十年间，很可能会引发一场凶险的危机，因为玛丽，也许还有里士满公爵和伊丽莎白（1533 年后），也许是其他人，都会有自己的支持者和反对者。如果他在安妮·博林被处死到爱德华出生之间的某个时间点驾崩，也就是在他没有合法后代的时候，会留下一个更加危险的局面。十年来，王位继承极度缺乏保障；当然，不管怎样，他还是留下了一个未成年的继承人。他的儿子在位时的严重混乱局面和小女儿在政治上的明显成功，都让他的婚姻争斗成为一个笑话。如果玛丽是唯一的孩子，如果她在经历了正常的少年和青年时期（也许幸福地嫁给了波尔）之后，于 1547 年登上了王位，那么亨利为英格兰留下的也许不算太差。很容易理解，在 1527 年之前，国王被王朝继承问题深深地困扰着。问题的关键是，十年来他试图解决这个问题的尝试危险地失败了，此后的结果显然也不圆满。

亨利的统治完成了王国境内明显的政治整合，同时，也见证了国家经历的宗教纷争。这种宗教纷争前所未有，而且很快变得痛苦而复杂。它将英格兰社会的裂痕带到了最底层，导致邻里不睦、父子不和——这个社会还没有完全从这种分歧中恢复过来。当然，这种情况无论如何都会以某种形式发生。没有什么能使英格兰永久地抵挡住大陆新教的影响。但事实是，这种分歧最早在亨利统治时期生根发芽——尽管他努力创造拥护至尊王权的、新的民族团结。他曾是基督教世界最富有的国王，似乎足以让王室永远摆脱前一个世纪困扰它的财政问题，最终却使英格兰负债累累。他时刻准备着向王国展示君父的关怀，但为了筹集快钱维持自己的战争，他却极胡闹地摆弄了一个社会最脆弱的部分——货币，开始了英格兰钱币的全盘贬值，这在英格兰历史上从未有过。的确，英格兰银币的污染刺激了它与安特卫普之间的贸易，而且 16 世纪著名的价格上涨——一种全欧洲都有的普遍现象——主要原因在于人口的增长和货币流通速度加快，而货币流通速度加快本身是重税、政府庞大的支出、本土市场日益活跃和贸易扩张等因素造成的。然而，货币贬值所引起的流通货币总量的突然增加，不可避免地加速了英格兰的恶性通货膨胀；从长远来看，改动货币是一种危险的权宜之计。

亨利曾宣称自己将带领英格兰教会摆脱束缚，但他的统治比历任教皇的都要严厉得多。《限制神职人员圣俸法》中曾提到教皇强加的税费是"无法忍受和难以承受的"负担，但1534年的《首岁金和什一税法》给亨利带来的税费收入可能是他解放英格兰教会人士之前，他们每年向罗马教廷支付数额的十倍，而且是他们迄今为止向国王和教皇支付（他们已经持续支付了很久）的总金额的三倍。[1]恰恰相反，事实上教皇的税费更便宜。

他曾打倒过声名显赫的男男女女，如阿拉贡的凯瑟琳、莫尔、阿斯克、克伦威尔；他曾将第一枢机主教费希尔送去殉道，并想对另一位枢机主教——波尔做同样的事。几年间，数百座辉煌建筑，正如阿斯克所言，"这个王国里极美好的事物"，几代人的虔诚和建筑成就的结晶，以及那些为数不多的幸存建筑，如光荣傲然依旧的喷泉修道院、里沃修道院、温伯恩大教堂或蒂克斯伯里修道院，在这片土地上消失了，它们曾长期屹立于这片土地，使之大为生色。这还不是亨利所造成的全部破坏，因为伴随着高耸的石墙、拱顶、塔楼和尖顶而消失的，是彩绘玻璃和雕像，唱诗台和圣坛隔屏，奉献盘和法衣——十几种小艺术中的精华。从1536年起的三四年时间里，几乎每一个英格兰城镇和每一处乡村角落都失去了多少美好而珍贵的东西，我们永远不会知道具体数目；看到和听到工人开始他们的破坏，各处清空，破坏的声响四起，把一座伟大的修道院变成一堆堆铅块和灰尘覆盖的石头，我们永远不会知道那是什么感觉。我们也不会知道曾经在坎特伯雷的圣托马斯祭坛、温切斯特的圣斯威森教堂、奇切斯特（Chichester）的圣理查德教堂，或是达勒姆的圣卡思伯特教堂，等待着朝圣者的奇迹是

1　Scarisbrick, "Clerical Taxation in England, 1485–1547", *Journal of Ecclesiastical History*, xi (1961), 41 ff.

什么，因为亨利下令摧毁了它们。亨利比其他都铎国王修造了更多的建筑（尽管他的作品几乎没有留存下来），却比清教徒对美轮美奂的建筑和其他艺术品造成的破坏更多。自斯堪的纳维亚人入侵——那时的破坏规模要小得多——之后，从没有那么多的圣殿被掠夺，那么多的财宝被打碎。

无疑，许多人乐于目睹这一切，也乐于看到一个国家从过去的诸多经历中走出来。伊拉斯谟主义者对此赞不绝口，那些急于获得前修道院土地的人也是如此。有些人感叹，英格兰走向真正的宗教的脚步迄今是如此地犹豫不决和反复无常，以至于许多旧的弊端几乎没有开始被根除。教士身兼数职和不在担任主教的地方居住的做法已经受到一定的制止，但远未被扼杀；哑巴狗，即忽视传教的无知教士，比比皆是。教会的用品、无用的杂物、修道院院长和大主教的人造上层建筑、代理主教和传票送达官、主教法庭和（引用后来的一句格言）"肮脏的教规"等还没有被砍掉，还有那些"天主教糟粕"，如什一税、开除教籍，以及一大堆乱七八糟的圣事，什么追思弥撒、安灵曲、教父母、圣油、感恩、蜡烛，诸如此类，仍未被清除。对于一些人而言，真正的宗教改革还未开始。葡萄园呼唤着劳动者，但诚实的劳动者却很少，且亨利这位最高首脑对必须进行的神圣工作没有什么紧迫感。世代累积的天主教畸变必须被摘除。一个无知、饥饿的民族终于要被喂饱了。[1]

但对某些人来说，还有一项针对国王的更严重的指控。无疑，当亨利对英格兰教会，特别是对英格兰的修道院进行报复时，人们希望他把锁在修道院中的财富用于严肃的目的，即用于教育和社会事业。以前从来没有任何一个英格兰人像这位国王那样，当英格兰修道院的大量土地财富落到

---

1 例如，参见P.R.O. S.P. 6/3, fols 106 ff.中一篇反对仍然妨碍英格兰基督教生活的"罗马糟粕"的杰出小册子，日期约为1534年5月。这篇抨击文章（其主旨已在本段中进行了总结）相当明显地预示了清教徒的许多后续抱怨。在亨利统治末期和爱德华统治初期，像贝肯、利弗、布林克洛和克劳利这样的人已经对掠夺行为、世俗牧师、在外神职人员、"贵族"主教、"肮脏的传统和巴比伦的赤贫仪式"发起了猛烈的攻击。

他的手里，让他按照自己的意愿来处置时，他就有能力给国家带来如此明显而长久的利益。兴建几十所学校、医院，慷慨地资助大学，铺设新公路，建造救济院，也许还有一次大型的济贫运动，这些或许都得益于修道院的解散。沃尔西本人、约翰·费希尔、理查德·福克斯，仅列举亨利同时代的几个人，都曾用修道院的捐赠来支持教育事业，如果亨利想效仿他们，那这些先例足以指导他。再则，文艺复兴时期的人文主义首先关注的是（各个层级的）教育和社会正义。亨利生活在这样一个世界里，其中的先行者，如伊拉斯谟和莫尔以及他们的后继者，都在呼吁教育改革，并愤慨地抗议穷人在贪婪的富人的掌控下受尽苦难。尽管都铎社会有所谓的物质主义，但它却常常表现出对"善事"的非凡热情，16世纪在英格兰学校教育史上的重要性只有19世纪末和20世纪可以与之相比。此外，似乎很明显，欧陆宗教改革保留的用于慈善事业（学校、医院，诸如此类）的修道院财富比例远高于亨利时代的。

　　1533年，托马斯·斯塔基曾敦促将教士的首岁圣俸和什一税用于救济穷人，建议将一些修道院的收入也用于济贫事业，并支持教育事业。三年后，他力促克伦威尔将彼时尚存的修道院改为小型大学。[1] 一位匿名作家提议，利用从世俗教会处和被镇压的修道院的土地上得到的收入，让"一些重要的慈善工程得以开展"。[2] 赖奥思利起草了一份文件，列举了国王可以用修道院的财富进行的工作，包括每年拨出一万马克，用于创办新医院和翻修旧医院，两万马克用于支持军队，五千马克用于修筑公路等，从而为穷人提供就业机会。[3] 事实上，亨利本人似乎也赞同这些崇高的目标。1536年一些小修道院被解散后，有些人显然认为这件事情到此为止了，剩下的修道院将毫发无损——尤其是第一部《解散修道院法》已经宣布，这

---

1　*L.P.*, xi, 73.

2　*L.P.*, vii, 1065.

3　*L.P.*, xiii, ii, 1.

个王国有"许多伟大而庄严的修道院，感谢上帝，宗教在其中得到了正确的维护和遵守"。[1] 很可能在这个时候，亨利由衷地打算不再采取进一步行动。1538 年 1 月，理查德·莱顿把他在剑桥听到的关于所有修道院都将被推倒的传言斥为"徒劳无益的胡言乱语"和对国王意图的诽谤和歪曲；[2] 几个月后，一份官方文件郑重地否定了这一传言。[3] 1537 年 7 月，亨利亲自在比舍姆（Bisham）重建了彻特西修道院，并在林肯郡的斯蒂克斯沃尔德（Stixwold）重建了一座女修道院，来为自己和王后祈祷；而迟至 1538 年 5 月，他又在柯克利斯（Kirkless）重新为西多会修女重建了一座"永久性"小修道院。[4] 莱顿的否认肯定是虚伪的，因为在他说这话的时候，他还在忙着威逼诺福克的修道院院长屈服，但亨利奇怪的重建行为很可能进一步证明他的行动是多么混乱，而且从长远来看，往往是没有计划的。无论如何，到了 1538 年初，废除剩余修道院大规模行动的最后阶段正在进行中，同时还镇压了修士院——这一类机构到那时为止一直没有受到重视；1539 年 5 月，议会通过了第二部《解散修道院法》，将 1536 年以来交出的或将来要交出的所有修道院财产赠予王室。

于是，亨利自己的行动和他的仆从最近所辩称的永远不会发生的事情，就这样得到了郑重的认可。然而，议会并没有轻易屈服。5 月 20 日，马里亚克向弗朗索瓦报告说，英格兰人正在讨论解散其余修道院，议员们想将"某些修道院"提供给主教辖区，以及用以建立学校和医院。[5] 因此，议会本身也表示担心，认为英格兰修道院的财富不应该被浪费掉。几乎可以肯

---

1 *Statutes of the Realm*, iii, 575.

2 *L.P.*, xiii, i, 102.

3 *L.P.*, xiv, i, 402. 这是一份非常有趣的、未注明日期的、未署名的亨利宗教改革的辩护书，充满了"帝国"理论，并且在赞扬国王通过镇压神龛和遗迹将英格兰从迷信和偶像崇拜中解救出来的过程中，断言贝克特不是殉道者，而是一个暴发户，他在死前几年与亨利二世和解，最终被约克大主教的仆从杀死，当时他正与约克大主教争吵不休。

4 Knowles, *The Religious Orders in England*, iii, 350.

5 *L.P.*, xiv, i, 998.

定的是，为了安抚（并扼杀）这些危险的想法，就在解散大修道院的法案顺利通过议会两院的那一天，另一项立法可能在一天内匆匆地通过，根据马里亚克所说，其序言夸夸其谈，似乎承诺了国王自己的臣民所希望的事情；而且有趣的是，该序言是由亨利本人亲笔书写的。

这样突然出现的法案所颁布的条款，授权国王在他认为必要的情况下建立尽可能多的新主教区——推进显然早就应该进行的改革，沃尔西在他倒台前不久就一直在准备实施这些改革——并且把前修道院的收入捐赠给这些主教区。在该法案的序言中，最高宗教领袖写下了他的愿望，通过转移修道院的财富，"更好地阐释上帝的话语，让孩子在学习中成长，让教士在大学里得到滋养，让年老衰弱的仆人有生计，让穷人在济贫院里得到救济，让希腊语、希伯来语和拉丁语的学习者获得充足的津贴，让每天的救济物资得以送出，让公路得到修补，让教会牧师的良行得到展示"。[1] 因此，让公众从解散修道院中获得一些持久的利益，这并不只是少数白日梦者的呼声，国王自己也公开宣布修道院的收入将被用于各种善事，并公开承诺自己将资助这些善事。

在该法案成为法律后不久，包括斯蒂芬·加德纳和奇切斯特的理查德·桑普森在内的一群主教开始精心设计，计划建立一大批新主教区。[2] 亨利亲自起草了一个方案，将大约二十个大修道院的收入赠予十三个新主教区，并重新绘制了英格兰的教区地图，确保每个大郡，或较小的郡中相邻的两郡，都是主教区的所在地。因此，沃尔瑟姆十字区将为埃塞克斯教区提供服务，圣奥尔本教区将为赫特福德教区提供服务，贝里圣埃德蒙兹（Bury St Edmunds）教区将为萨福克教区提供服务，方廷斯（Fountains）教区将为兰开斯特教区提供服务，彼得伯勒教区将为北安普敦和亨廷顿教

---

1 B.M. Cleo. E, iv, fol. 366 [*L.P.*, xiv, i, 868 (2)]；收录于Cole, *King Henry the Eighth's Scheme of Bishopricks* (1838)附有文本的摹本。
2 Cole, *op. cit. L.P.*, xiv, ii, 428–30.

区提供服务。康沃尔新主教区将会获得三个教会团体，诺丁汉和德比将获得三个，贝德福德和白金汉也将获得三个，等等。[1]但是，这一方案没有实施。最后，只建立了六个新主教区，即威斯敏斯特、格洛斯特、布里斯托尔、奥塞尼（Oseney）、彼得伯勒和切斯特，它们各自得到一个修道院。修士或教士在宗教改革前的八座大教堂中任职，这种情况几乎是英格兰特有的；虽然修道院制度被废除了，但置身于现已成为世俗大教堂中的新教士团体继承了他们修道院前辈的资助。最终，桑顿（Thornton）和伯顿（Burton）的两座修道院被改建成世俗大学。因此，总共有十六座先前的宗教机构，在经历不同形式的改造之后，或留在世俗教会，或被世俗教会兼并。这十六处宗教机构包括一些最富有的教会，其总净收入达到"所有宗教机构总收入的将近百分之十五"。[2]但亨利所赠予的却没有这一数字显示的那么慷慨。前修道院大教堂的新教士团体只收到了他们所取代的女修道院的收入的一小部分。由于仔细地精打细算，这六座新大教堂"比先前最小和最穷的世俗大教堂还要朴素得多"。[3]因此，国王只归还了这十六处宗教机构总财富的四分之一不到。亨利重新捐赠的金额少得可怜，以后的捐赠行为更越发吝啬。通过强迫主教们出售和交换土地——这种策略似乎通常使王室在交易中占据有利地位——亨利开启了一个剥削世俗教会的计划，他的继任者将详细制订这个计划；他一只手捐助一些小钱，另一只手又夺回其中的一些。此外，他重新创办的伯顿和桑顿两所学院，分别在1544年和1546年被判定为"多余"，和当时许多其他学院一样被解散了。

六个得到微薄捐赠的新主教区，八个世俗化的大教堂教士团体——他们只恢复了以前收入的一小部分——这就是亨利为教会所做的一切，在上帝的领导下，他是教会的最高领袖。在一些地方，一些完全或部分属于

1  B.M. Cleo. E, iv, fol. 365 (*L.P.*, xiv, i, 860).

2  Knowles, *op. cit.*, 389.

3  *Ibid.*, 390.

教区的教堂在解散修道院的运动中幸存下来，并继续为附近地区服务。在其他地方，如在博尔顿（Bolton）、马姆斯伯里（Malmesbur）和莫尔文（Malvern），当地宗教场所被捣毁，这可能严重阻碍了镇民买回教堂作为教区教堂使用；在蒂克斯伯里（Tewkesbury），修士教堂也是这样被保存下来的。但是，可能还有很多地方没有这些地方那么积极，当地信徒的宗教生活受到了严重的干扰，因为他们一直以来在其中做礼拜的修道院教堂被捣毁了。

宗教场所当然不是慷慨的避难所和圣徒传记中的救助所，但无可争辩的是，它们直接或间接地支持了大量被统称为"医院"的机构，即救济院、收容所、济贫院、现代意义上的医院、麻风病院和精神病院等。其中有相当数量的机构，特别是附属于旧教会团体的救济院，得以幸存。布里斯托尔可能为老人和病人保留了十一所中的九所，埃克塞特保留了七所中的四所，纽卡斯尔保留了十三所，诺里奇或许保留了十四所，温切斯特保留了五所中的三所，伍斯特保留了三所中的两所。[1] 但除了幸存下来的，无疑还普遍存在着局部的破坏。有时，被镇压的教会可能是最不景气的机构；有时，如在庞蒂弗拉克特的圣尼古拉斯，被收容者可以领取津贴。但在其他地方，被镇压必定是一种严重的折磨。那些属于伯蒙德西修道院、贝里圣埃德蒙兹、赫克瑟姆小修道院、彼得伯勒和惠特比（Whitby）的医院，以及沃尔辛厄姆的大型收容所，都被清除了；约克失去了英格兰所有医院中最伟大的圣伦纳德医院，也失去了圣尼古拉斯医院；伍斯特失去了圣伍尔斯坦医院。如果说约克受到了重创，那么伦敦也是如此。阿肯（Acon）的圣托马斯、圣巴塞洛缪、克里普尔盖特内的圣玛丽（埃尔辛医院，专为盲人服务）、主教门外的圣玛丽（大约有一百八十张病床）、菲尔兹（Fields）

---

1　我从Knowles and Hadcock, *Medieval Religious Houses* (1953)中摘取了这些数字——许多医院在解散修道院时的命运（和以前一样）往往很模糊，不可能提出关于镇压和幸存的确切统计。参考Clay, *Medieval Hospitals of England* (1909)，这是一部开创性作品，对这一时期的医院的讨论相对粗略。

的圣贾尔斯和萨瑟克区的圣托马斯等医院都被关闭了——尽管市长大人提出请愿，要求恢复被关闭的场所，饶恕幸存者。在生命的最后时刻，亨利答应了这一恳求，正如他的特许状中所说的那样，"神恩激励着我们"，恢复了圣巴塞洛缪教堂，每年向它捐助五百马克，市民们"认为这对他们来说太少了，不够用"，于是这一数额很快被翻了一番。[1] 两年后，市民们买回了圣玛丽医院，重新开放。英格兰医院的历史和它们在宗教改革时期的命运有待权威的研究。虽然国王——他在位期间（在 1540 年）见证了伦敦理发师联合行会与外科医生联合行会的成立，对医学知识和自己的健康亦保有浓厚的兴趣——被奉为 1518 年成立的内科医师学会的创始人，但经过权威研究之后，他在这段医院创办史中可能并非居功甚伟。

在教育史上，亨利的贡献也不是很大。在他统治初期，约翰·费希尔曾努力争取从已故的玛格丽特·博福特夫人的土地上获得足够的收入，以完成她在剑桥圣约翰学院的修建项目，并提供学院所需的设施，但他发现自己"深陷窘境，被拖延了很久，以至精疲力竭，疲惫不堪"，于是他放弃了斗争，允许国王作为玛格丽特夫人的法定继承人，将圣约翰学院登记为继承而来的遗产。于是，亨利表面上答应给费希尔两千八百镑来完成修设，但从他那里得到的建设资金只有不到一半，确切地说，大约是一千两百镑，结果是费希尔不得不着手解散三个基本上被废弃的小修道院，以弥补亏空；[2] 无论是对亨利在教育事业上的作为，还是对他与费希尔的关系而言，这都是一个不好的开端。此外，尽管伊拉斯谟等人对这位大受欢迎的王子赞不绝口，尽管阿拉贡的凯瑟琳、理查德·福克斯和莫尔等教育热心者都与他很亲近，尽管有沃尔西作为榜样，国王却对学术生活几乎不感兴趣。他对任何学者都只给予合乎惯例的赞助（事实上，他的宫廷在许多方面都不如

---

1 Stow, *Survey of London*, i, 318 f. 亨利还与伦敦灰衣修士会分道扬镳，后者成为基督医院。*Ibid.*, ii, 24.

2 *V.C.H. Cambridge*, ii, 438.

他父亲的那么开放、国际化和有趣）；他没有继承他祖母对高等教育的兴趣；在为离婚而寻求大学支持之前，他对大学几乎毫不关心，且他在位期间似乎只去过一个大学，即牛津大学，也只去了一次。在沃尔西倒台后的几天内，他一直威胁这位枢机主教创办的两所教育机构，即牛津的枢机主教学院和主教家乡伊普斯威奇的文法学校。1529 年 11 月 22 日，王室代理人奔赴那所文法学校，以寻找隐藏的宝藏为名，剥夺了学校的金银器皿、法器和圣器，开始着手关闭学校。创始人曾对这所文法学校倾注了大量富有想象力和开明的关怀，现在它就这样消亡了；这所学校如果没有被扼杀，很可能可与圣保罗学校相媲美，成为都铎王朝教育史上的一个里程碑。然而，该校的石料被运到伦敦，用以修建怀特霍尔宫的王家建筑，不过，担忧了数个月之后，牛津的枢机主教学院得到了拯救。沃尔西从流放地写信给亨利，恳求国王记得他那"艰难而长久的侍奉"，然后饶恕他创立的学院；他还写信给莫尔、诺福克公爵、阿伦德尔伯爵和其他人，乞求他们提供声援。1530 年 8 月，学院派出一个以院长为首的代表团，前去向国王求情。"当然，我们的目的是在那里建一所令人敬仰的学院，"亨利并非完全坦诚地对他的访客说，"但不必像我的枢机主教大人所设想的那样宏大辉煌。"诺福克曾报告说，国王将解散该学院，并禁止其成员持有的土地超过圣弗丽德丝维德教堂的份额———即其受捐赠的核心部分的规模。但最后，据说多亏了诺福克公爵的辩护，学院才得以幸存，尽管它的体量减小了，令亨利反感的名字也改了。[1]

　　修道院并不曾在整个王国范围内提供大规模的学校网络，但其中许多是有用的教育场所。例如，伊夫舍姆（Evesham）、雷丁（Reading）和格拉斯顿伯里（Glastonbury）等地捐助了一些有着相当规模的学校，温切斯特的圣玛丽修道院接收了二十六个当地乡绅的女儿，一些女修道院教授小

---

1　*L.P.*, iv, 6574−8, 6579, 6688. 在其明显的突然暂缓之前，莫尔认为亨利会夺取该学院。见*ibid.*, 6679。

男孩，许多其他修道院为平民、施赈所和唱诗班学校的寄宿生提供不同等级的学校教育。在修道院被解散时，有不少学校以不同形式幸存下来。因此，许多世俗化的大教堂，如坎特伯雷、伍斯特和伊利，得到了他们的"国王学校"，几乎所有的学校都是重新建立的，而不是王室恩惠的结果，它们的规模也比原计划的要小。在其他地方，学校得以幸存，或是成为当地的私人产业。舍伯恩（Sherborne）镇不仅从王室受让人手中买下了修道院的教堂，还租了校舍，保留了原来的教师在那里教书。同样，阿宾顿的镇民也保留了一所前修道院学校，而赛伦塞斯特（Cirencester）在失去了一所依附于温什科姆修道院的学校（使该镇"深感不便"）之后，几年后开发了一处受赠小教堂的新用途，复兴了这座学校；至少在一段时间内，雷丁和布鲁顿的学校仍然存在。在沃里克和奥特里圣玛丽（Ottery St Mary）的镇民买回了一些迄至当时由被关闭的学院持有的土地，以便捐赠和重新创办教区学校。[1] 因此，对学校教育最严重的破坏往往得以避免或弥补。尽管如此，解散修道院还是带来了损失和不安。同样，英格兰修道院的消亡和随之而来的一切也给大学带来了一段动荡不安的时期。剑桥王后学院加入了这场争夺战，并成功地向克伦威尔请愿，获得了邻近的加尔默罗修士院；1546 年，亨利成立了三一学院，将现有的三所学校，米迦勒学院、国王大厅和菲舍维克收容所合并在一起，并将不少于二十六所解散的宗教机构的收入捐赠给这座新学院。1542 年，白金汉学院重新成立，并改名为莫德林学院；很久以后，沃尔特·迈尔德梅爵士将多明我会修士院的场地交给了他的新学院——伊曼纽尔学院，而方济会女修道院（亨利的三一学院曾在此采石）的一部分则转入了悉尼·萨塞克斯的手中。同样，牛津大学也直接或间接地获得了一些收益，如西多会的宿舍圣伯纳德堂被交给国王学院，即以前的枢机主教学院（最终成为基督堂学院）。最后，在 1540 年，亨利

---

1　详见Simon, *Education and Society in Tudor England* (Cambridge, 1966), 179 ff.。

在剑桥大学捐赠了五个钦定教授席位——分布于希腊语、希伯来语、民法、神学和医学学科，而这笔捐赠的款项却出自威斯敏斯特大教堂的收入。[1] 然而，对于高等教育在他手中遭受的打击而言，所有的这一切可能都是微不足道的补偿。学院院长被清洗，剑桥大学的两位校长（费希尔和克伦威尔）被斩首，王室对教授学术神学和教规法的禁令扰乱了课程设置，理查德·莱顿和他的王室访客在访问牛津大学时对其进行了严重的破坏，"把邓斯·司各脱关进博卡尔多（当地监狱）……把他彻底而永久地清除出去"，让他"成为所有人的仆人，把他所有晦涩的注释牢牢地钉在所有公共建筑的柱子上"。不久之后，莱顿高兴地告诉他的主人，他看到新学院的方院里到处都是从司各脱的著作中撕下的书页，毫无疑问，还有其他的书页，并且他看着"风把它们吹到每个角落"。[2] 剑桥和牛津大学都失去了它们的修士院和修士宿舍，其中牛津大学曾有十二处，当宗教团体不再提供生源时，两所大学的人数都有所下降。尽管克伦威尔的《禁令》确实旨在改善大学生活和教学，利博士在访问剑桥大学时也提出了许多明智的建议，但总体上，16 世纪 30 年代带给大学的是不安和混乱，以至于在 1539 年，剑桥大学向克伦威尔报告说，学生人数减少了一半。[3] 此外，各学院还没有从解散宗教机构的混乱时期中完全走出来，就不得不面对 1545 年的《附属小教堂法》，该法案赋予国王解散任何一所大学的任何机构并没收其财产的权力。正如时任副校长的马修·帕克后来所言，真正的威胁可能来自国王身边的民间人士，他们"胡搅蛮缠，请求国王调查剑桥和牛津大学的土地和财产，他们的意图是，以后可以通过交换占用的圣俸和其他改良过的土地来获取这两所大学最好的土地和财产"。[4] 掠食的"狼"站在国王身边，心高气傲的

---

1　*Ibid.*, 202 ff.; Porter, *Reformation and Reaction in Tudor Cambridge* (Cambridge 1958), 10 ff.; *V.C.H. Cambridge*, iii, 177.

2　*L.P.*, ix, 117 f.

3　Simon, *op. cit.*, 203.

4　*Ibid.*, 211.

考克斯博士很快就会提醒佩吉特，[1]警惕他们私吞学院、修道院、大教堂、教堂和大学的捐赠——他们才是真正的掠夺者。

大学的土地受到了调查，但调查委员会由大学的人员领导。帕克和剑桥大学担心最近的法令可能会对他们不利，于是紧急写信给亨利和佩吉特寻求保护，还向凯瑟琳·帕尔寻求帮助，不久前，凯瑟琳·帕尔曾为王室子弟学校聘请学界泰斗而求助于这两所大学。事实证明，凯瑟琳是个可靠的朋友。她"尝试劝说国王陛下"，并且回复这两所大学，说她的丈夫要做的是"促进教育和拓展新的教育机会，而不是推翻你们那些古老且神圣的机构"。1546年春，当委员们在汉普顿宫向亨利提交报告时，国王被学院的良好管理和所受的微薄捐赠所打动，他补充说，"如果改变这些土地的用途，让它们变得更糟，那就太可惜了"。因此，"那些贪婪的狼"（lupos quosdam hiantes）失望了，国王使这两所大学免遭掠夺——可能在民法学第一任钦定教授托马斯·史密斯爵士的呼吁下，他才最终被劝阻，没有削减剑桥大学的学院数量。[2]

要说亨利曾试图重创大学，这令人难以置信。事实上，他慷慨地捐赠了三一学院，以及他设立了钦定教授席位，都标志着他是剑桥大学历史上最慷慨的王室赞助人之一；总之，他对教育的资助可以说比任何一位英格兰国王都多。然而，尽管这是事实，尽管许多中世纪的医院得以幸存，尽管他整修了其他一些医院，尽管一些修道院学校由他重新创办，而其他学校由私人和有进取心的城镇居民赎回，尽管很多前修道院的财富迟早重新投入到教育、民事和慈善事业中，但事实仍然是，亨利摧毁、破坏或迁移了几十所机构，这些机构实际上或很可能对当地社区具有巨大的价值。此外，一些人对他提出的最严重的指控无关他的所作所为，而是关于他那些

1　*L.P.*, xxi, ii, 260.

2　*V.C.H. Cambridge*, iii, 177. *L.P.*, xxi, i, 68, 204, 279. 亦见Dewar, *Sir Thomas Smith. A Tudor Intellectual in Office* (1964), 24 f.。

没有完成的事。六个新主教区、五个钦定教授席位、剑桥的一所学院和少量的其他捐赠，虽然这些都令人印象深刻，但并不能反映流入他手中的巨大财富，而他本可以用这些财富创造一座独特的开明王权丰碑。

当时，有许多声音向亨利呼吁，恳求他这样做。约翰·伦敦博士就是其中之一，他是宗教机构的王室访客之一，恳求将雷丁的方济会修道院的教堂交给该镇作为办事大厅使用，却没有成功；不久之后，他又恳求将北安普敦各宗教机构的收入用来救济该镇的穷人和失业者，因为该镇正处于经济困难时期。[1]拉蒂默主教曾要求克伦威尔将伍斯特两个修士院的收入用于维护城市的学校、桥梁和城墙，却没有成功；他也曾恳求允许保留大马尔文的修道院，"不是以修道院的名义，因为上帝禁止"，而是为"教育、布道、研究和款待"事业服务，这个恳求也没有得到积极回应。[2]考文垂的市长和市政官要求允许两座修士教堂作为"隔离"教堂，在瘟疫期间供病人使用。[3]改革家罗伯特·费拉尔为自己担任院长的圣奥斯瓦尔德修道院（位于庞蒂弗拉克特附近）求情，希望它能作为一所学院，"滋养青年的德行和学识"，也未能成功；[4]伊夫舍姆的修道院院长和社区也同样恳求能作为一所学院，为邻近的居民提供急需的教育和款待——但同样没有成功。[5]同样，剑桥大学也恳求亨利将迄今已被迷信束缚的修道院转为学府。同时，从摧毁修道院中获得一笔财富的奥德利勋爵也不甘示弱，曾呼吁克伦威尔挽救埃塞克斯郡的两座大修道院——圣奥西斯和圣约翰的科尔切斯特，不是作为修道院，而是充作学院，让穷人可以继续得到"日常救济"和接待。尽

---

1　*L.P.*, xiii, ii, 367; xiv, i, 3 (5), 42. 迄今为止，伦敦博士的声誉令人惋惜，但诺尔斯教授已对其进行了大量弥补（*op. cit.*, 354 ff.）。伦敦博士远不是传说中的那个贪婪的偶像破坏者。

2　*L.P.*, xiii, ii, 543, 1036. 拉蒂默向克伦威尔承诺，大莫尔文（Great Malvern）的修道院副院长将为这种暂缓执行支付给国王500马克，给克伦威尔200马克。

3　*Ibid.*, 394. (参考xiv, i, 34。)

4　*Ibid.*, 285.

5　*Ibid.*, 866.

管他提出只要克伦威尔肯央求，就提供两百镑的报酬，但诉求没有得到回应。[1] 科尔切斯特修道院倒下了（院长被送上了绞刑架），圣奥西斯修道院成为克伦威尔的众多前修道院战利品之一。

杰出的考克斯博士后来给佩吉特写信说，"我们的后人会对我们感到奇怪"，因为他周围所见的一切都不关心教育和善事，他看到"狼群"在吞食猎物。[2] 亨利本人给他们树立了一个很好的榜样。他曾在一个麻风病院的遗址上兴建圣詹姆斯宫；把伦敦加尔都西会的小教堂用作帐篷和园林设备的仓库，他曾血腥清洗过那里的居民；彻特西修道院和默顿小修道院为无双宫提供了石料，而无双宫本身就坐落在一个教区教堂的遗址上；朴次茅斯的上帝之家成了军械库；多佛尔的神殿（Maison Dieu）成了粮食补给场。难怪他的臣民会对这些战利品趋之若鹜。

"狼群"无疑是一群数目庞大、有影响力的人，也无疑，通过回应他们的叫嚣，以赠予、租借和出售的方式，在他们之中分配中世纪英格兰修道院的巨大财富，亨利不仅屈服于横流的贪欲，而且为新政权创造了宝贵的既得利益。然而，如果他选择了听从我们前段时间谈到的那种积极的、创造性的反教廷主义的呼声，[3] 如果他想遵循英格兰的先例，如果他确实履行了自己高调的承诺，那么，至少有很大一部分修道院的财富会按照费希尔和沃尔西的方式使用，像斯塔基、伦敦博士和拉蒂默主教等人曾央求他的那样使用。如果国王为正义事业出力，那么人文主义者和"共和国人"紧急呼吁建立的国家会为他鼓掌；这个国家尽管如此贪婪，却显示出以非凡的慷慨为善事献出自己力量的意愿。但亨利几乎忽略了这项事业。他不

---

1  *L.P.*, xxi, ii, 282.

2  参见上文第261— 262页。

3  在思考了 Jordan, *Philanthropy in England*, 1480–1660 (1959) 及其关于伦敦的慈善机构等的配套研究的内容之后，一定会得出这样的结论。乔丹教授认为这一时期用于学校、市政改善等方面的遗赠数量增加了，这一点可能无法接受，因为他忽略了当时货币购买力的下降，但正如他所证明的，各种阶层的遗嘱人对这些事业的大规模和广泛关注是无可争议的。

是一个开明的人，他对都铎王朝人文主义所代表的东西几乎没有什么把握，而且对毁灭伊拉斯谟或拉蒂默的火种很陌生。但他对修道院土地的处置，特别是出售土地，却很巧妙。受赠人付出了相当高的代价，他们所得到的土地要从教会总财产中每年缴纳十分之一的税，并由主要骑士役所持有，因此，受赠人的全部土地都要受监护法庭征收的封建附属权的影响。[1] 因此，16 世纪 40 年代有大量土地出售，大约三分之二的修道院土地在亨利生前被人掠夺，这保证了王室有一定的收入，尽管对快钱的需求迫使王室明显不计后果地转让其资本资产。但行动的战术是一回事，战略又是另一回事。亨利不仅没有把到手的财富慷慨地用于教育、社会公正或宗教事业上，更糟糕的是，他把财富挥霍在伊拉斯谟或莫尔最痛恨的事业上，即由虚荣自负的君主制发动的毫无结果的自尊和声望之战。就像其他很多对英格兰来说很珍贵的东西一样，几个世纪的虔诚的财富都（或者说大部分）倾注在法国北部的土地上。大概在 16 世纪 30 年代，一个精明大胆的臣民曾写道，将修道院的收入转化为城镇建设，支持比以往更好的正义事业，要比让国王掌握它们更好一些。[2]

不久之后，那些期望过高的人就发出了失望的痛苦呼声。在爱德华执政的头几年，更自由的讲坛和更自由的报刊终于释放了所谓的"共和国人"的愤怒的声音——例如，不知疲倦的休·拉蒂默、前教士亨利·布林克洛（别名罗德里克·莫尔斯）、社会评论家罗伯特·克劳利、托马斯·利弗和托马斯·贝肯等传教士和神学家，以及像约翰·黑尔斯这样普普通通的令状保管书记官。这些人不认同他们同胞的不虔诚和不人道行为，抨击每一种不义行为，从无情的以罚款、苛租、驱逐和圈地来压迫穷人的地主所有

---

1　Youings, "The terms of the disposal of the Devon monastic lands, 1536–58", *E.H.R.*, lxix (1954), 18 ff. Hurstfield, *The Queen's Wards* (1958), 18 ff.表明，封建土地保有权能很快被规避，这是通过虚构的方式，即前修道院土地由国王作为东格林尼治的庄园主持有，并且是以普通的农役租佃的形式，因此不受大多数附属特权的影响。

2　*L.P.*, xiii, ii, 1204——一份匿名、未标注日期的小册子。

制，到主教的暴政和奇异的、昂贵的法律奥秘（以及介于两者之间的许多
东西），他们也愤慨地哀叹宗教改革与他们设想的偏离太远。过去，朗格
兰以来的作家都谴责过世俗的高级教士、贪婪的牧师、"好吃懒做的修士"，
尤其是修士，他们中的许多人已经明显脱离了他们创始人的卑微守贫的理
想，但现在开始看来，"新的占有者"，即从神职人员手中接管产业的平信徒，
他们贪婪的举动比他们所取代的那些人的寄生行为更令人不齿。旧秩序的
批判者要以更大的暴力来铺就新秩序，甚至开始以罗伯特·阿斯克曾经表
达过的遗憾来谈论修道院。正如贝肯在他的《欢乐的宝石》（*The Jewel of
Joy*）中所感叹的那样，解散修道院使得富人可以比以往更大规模地压迫穷
人。新的"共和国的蟊贼"，即那些进入修道院土地的人，"憎恨僧侣、教
士、修女等人的名字，却贪婪地攫取他们的物品。然而，那些地方修道院
保持热情好客，以合理的价格出租农场，资助学校，以良好的学识培养青年，
他们却没有做这些事情"。他大声疾呼："英格兰的状况从来没有像现在这
样悲惨过。"[1] 托马斯·利弗义愤填膺地嘲讽那些获得修道院战利品的人，他
说，"从修道院、学院和礼拜堂攫取了大量的土地和物品，用于为国王提供
一切必需品和费用，特别是为穷人提供救济和维持教育，国王太失望，以
至于两件事情都搞砸了，所有维持的教育都衰败了，而只有你们富裕了"[2]。
另一则愤怒抨击的市井歌谣惊叹道，可怜的平民曾期望从苦难中解脱出来，
但"可惜他们的期望落空了，现在他们比以往任何时候都更加穷困潦倒……
曾经他们有医院和救济院可以住，现在他们却躺在街上挨饿"[3]。这些呼声当
然不能被认为是对当时状况或其原因的全面知情的、科学的分析。贝肯、
利弗等人（可能过分）夸大了教育的衰败和济贫的崩溃。他们所谴责的贪

---

1  由西蒙引自 *op. cit.*, 195。
2  White, *Social Criticism in Popular Religious Literature of the Sixteenth Century* (New York, 1944), 92. 这部作品关注点广泛，包含了有关"农夫皮尔斯"和乌托邦文学的发展，以及"坦诚的"宗教和社会批评。
3  引自 *ibid.*, 93。

婪和无情，更多时候可能是在通货膨胀中苦苦挣扎的地主通过加租、圈地等方式改善境遇的合理愿望。贝肯对昔日和善的僧侣的美好描绘，成就了很好的宣传小册子，但可惜的是，很有误导性；而且没有理由认为，如果修士幸存下来，他们就不会像他们的世俗继承者那样压迫人，尽管如此，他们对发现梦想已经变得像噩梦一样可恶，表示了正当的、痛苦的失望。

几年前，亨利·布林克洛曾发出那篇最有意思的檄文《罗德里克·莫尔斯的控诉》（*The Complaynt of Roderyck Mors*），当中除其他的内容，他呼吁议会完成对教会财富的破坏，而破坏是随着对宗教的攻击开始的。他宣称，"必须首先推倒你们所有虚缈的礼拜教堂，你们所有骄傲的教规学院，特别是要打倒你们的主教，这些拿着刀叉的饿狼"。但他很快就想起了修道院财产的情况。因此，他补充说，"对于这些修道院、学院和主教的财产"，"看在主的份上，不要以修道院的财产和土地的分配为例；但在这种情况下，你们要向虔诚的基督徒日耳曼人学习，他们没有把这些财产和土地分给不需要的王公、领主和富人，而是按照《圣经》的教义，用于公共福利和救助穷人"。[1] 如果布林克洛高估了大陆宗教改革的好处，那他有充足的理由怀疑，它比亨利的宗教更虔诚。那位伟大的路德宗信徒罗伯特·巴恩斯想要在史密斯菲尔德向前来观看他遭受火刑的人发表，却被郡长阻止的讲话是什么？他曾请求允许他向国王提出五项请求。第一项这样开头："而陛下已将修道院的所有财物和资产收到他的手中"——但随后郡长阻止了他，在混乱中，巴恩斯只能疾呼，"愿上帝喜悦他的恩典，能让国王陛下赐予上述财物，或其中的一些，以安慰他可怜的臣民，他们肯定非常需要。"[2] 他还能继续他剩下的请求——要求亨利打击通奸和私通，惩罚亵渎言语，并"阐明基督的真正宗教"。但他的第一项关于修道院土地的请求被一位紧张的郡长扼杀了。巴恩斯是否为他国王开明的恩惠准备了一些感人的召唤？

---

1　*The Complaynt of Roderyck Mors*, ed. Cowper, E.E.T.S. (1874), 47 f.
2　*Foxe*, v, 436.

　　也许克劳利可以最后总结陈词——克劳利,一个有着炽热同情心的人,他的笔下写出了一页页对贪婪和垂涎觊觎的强硬谴责,他完全可以与朗格兰、莫尔、掘土派和马克思并列,成为社会公正的一名伟大使徒。作为结尾,不应该用某部重要作品中的一些恢弘段落来阐述基督教受托事工这一熟悉的主题,呼吁富人"忏悔他们对穷苦大众的压迫,通过爱来表明自己是某位父亲的兄弟,和他们一道成为某个团体的成员"。[1] 而应该援引一首所谓的"机警短诗"——单调且耽于冥想,诗句拙劣——来结束:

　　　　当我独自走在路上

　　　　思索着一些事,

　　　　在我的时代中

　　　　伟大国王所做的功绩。

　　　　想起了某个时候,

　　　　我所看到的修道院,

　　　　现在因一部法律

　　　　都被镇压遍。

　　　　吾主,(我那时认为)

　　　　这里有什么地方

　　　　能提供学习的机会

　　　　能把贫困一扫而光?

　　　　以此获得的

　　　　土地和珠宝

　　　　本该找到虔诚的

　　　　传道人来引导

---

1　Crowley, *Select Works*, ed. Cowper, E.E.T.S. (1872), 159.

> 如今误入歧途的
>
> 人们走向正途，
>
> 并为每日饥苦的
>
> 穷民提供食物。[1]

　　讲得倒令人印象深刻。"他是个不错的人，身边也有些不错的人"，一位法国驻英大使曾这样形容亨利，"不过他是只老狐狸"。[2] "容克·海因茨将会是上帝，他会为所欲为"，路德说。[3] 也许亨利像许多国王那样不晓国事、不负责任；如果有，也很少有能像一个国王的不晓国事和不负责任，会让他的人民付出更大的物质代价。尽管如此，1547 年 1 月 31 日星期一，被万分悲痛压倒的大法官向贵族宣布，众人敬畏、饱受疾病困扰的君王已经驾崩。

---

1　Crowley, *Select Works*, 7.

2　*L.P.*, xiii, i, 56. 卡斯蒂永致信弗朗索瓦一世，日期为1538年1月。

3　*L.P.*, xvi, 106.

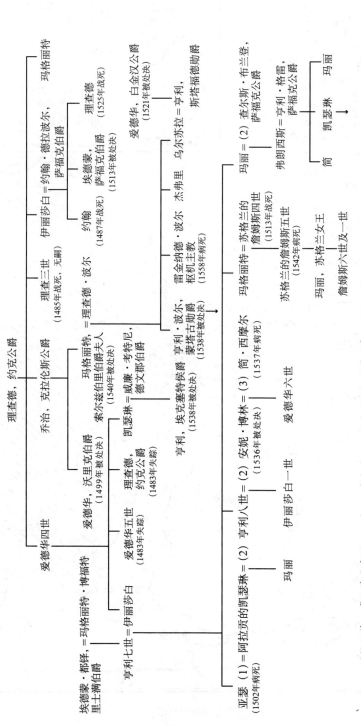

谱系图

注：1. 玛格丽特·博福特是亨利六世（1471年）去世后仅存的兰开斯特后裔；若女性血统不被承认，则兰开斯特一脉对王位的继承权。

2. 亨利八世的其他妻子是：（4）克莱沃的安妮；（5）凯瑟琳·霍华德（1542年被处死）；（6）凯瑟琳·帕尔。

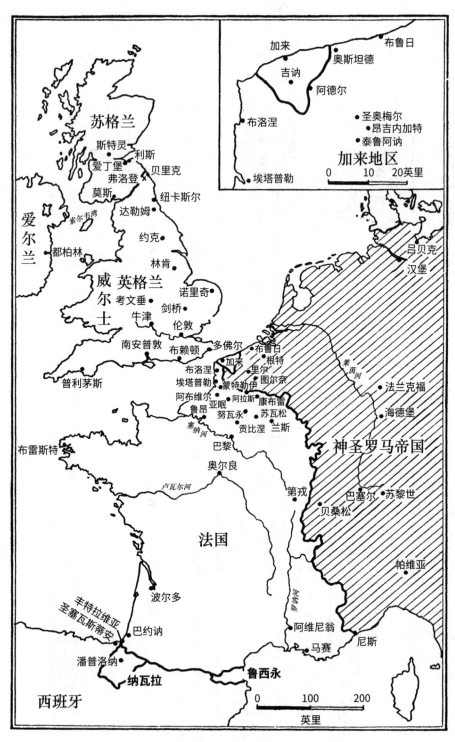

加来地区

苏格兰
斯特灵
爱丁堡 利斯
弗洛登 贝里克
莫斯
纽卡斯尔
达勒姆

爱尔兰
索尔韦湾
约克
都柏林
林肯
诺里奇
威尔士 英格兰
考文垂 剑桥
牛津 伦敦
南安普敦 布赖顿 多佛尔 布鲁日
加来 根特
里尔
普利茅斯 布洛涅 图尔奈
埃塔普勒 蒙特勒伊
阿布维尔 阿拉斯 康布雷
鲁昂 亚眠 苏瓦松
努瓦永 贡比涅 兰斯
塞纳河
巴黎
布雷斯特 奥尔良
卢瓦尔河

法国

波尔多
丰特拉维亚
圣塞瓦斯蒂安 巴约讷
潘普洛纳
纳瓦拉 鲁西永
西班牙

吕贝克
汉堡

莱茵河

法兰克福
海德堡

神圣罗马帝国

巴塞尔 苏黎世
贝桑松
第戎

帕维亚

罗讷河
阿维尼翁
马赛 尼斯

0    100    200
英里

加来地区（插图）
加来
吉讷 奥斯坦德 布鲁日
阿德尔
布洛涅 圣奥梅尔
昂吉内加特
泰鲁阿讷
加来地区
0    10    20英里

埃塔普勒

亨利八世统治时期的西欧

# 手稿来源

**伦敦大英博物馆**

1. 政府文件：

   a. Cotton MSS, Caligula D vi, vii, viii, ix

            Cleopatra C v; E iv, v, vi; F ii

            Galba B v; D v, vii

            Nero B vi

            Otho C x

            Titus B i

            Vespasian C vii

            Vitellius B ii, iii, iv, vi, xi, xii, xix, xx, xxi

   b. Additional MSS 15387, 19649, 25114, 48044 (not in L.P.)

2. 关于亨利八世离婚记录：

   Cotton MS, Otho C x; Harley MS 417; Additional MSS 4622, 28582

**伦敦公共档案馆**

1. 亨利八世政府文件(S.P. 1) 13, 16, 17, 19, 21, 22, 23, 54, 57, 59, 70, 74, 135, 178, 236, 238, 241。

2. 同，对开页(S.P. 2) C, L, N, P。

3. 神学册子(S.P. 6) 3, 5, 8, 9。

4. 财政署记录：

a. Treasury of Receipt, Miscellaneous Books (E. 36) 215, 217.

b. King's Remembrancer, Memoranda Rolls (E. 159) 309–14.

5. 王座法庭记录：

a. Ancient Indictments (K.B. 9) 518.

b. *Coram Rege* Rolls (K.B. 27) 1080–91.

c. Controlment Rolls (K.B. 29) 164–7。

6. 关于亨利八世离婚记录：S.P. 1/42, 59, 63, 64。

## 上议院档案室

Original Act, 32 Henry VIII, *c.* 60.

*Haus-, Hof- und Staatsarchiv, Vienna*

England Ber., Fasz. 5, Varia 2.

*Vatican Archives, Rome*

*Arm.* xxxix, 23, fo. 689.

*Lettere di Principe* ii.

# 参考文献

有关亨利八世统治的综合书目，读者可参阅：*Bibliography of British History.*

*Tudor Period, 1485–1603* (second edn, Oxford, 1959), ed. Conyers Read。以下是本

书所引作品一览，如无特别说明，出版地即在伦敦。

## 原始资料研究论著

（当代著作、编年史、印刷文件汇编、日历等）

*Acta Curiae Romana in causa matrimoniale Regis cum Catherina Regina* (1531).

Abel, Thomas, *Invicta Veritas* (Luneberg, 1532).

André, Bernard, *Annales Henrici* (printed in *Memorials of King Henry the Seventh*, ed. Gairdner).

Bekinson, John, *De Supremo et Absoluto Regis Imperio* (1547).

Brinkelow, Henry (*alias* Roderyck Mors), *The Complaynt of Roderyck Mors*, ed. Cowper, E.E.T.S. (1874).

Brown, Rawdon, *Four years at the court of Henry VIII* (2 vols, 1854).

Cajetan (Thomas de Vio, Cardinal), *De Coniugio regis Angliae cum relicta fratris sui* (Rome, 1530).

*Calais, The Chronicle of,* Camden Society, xxxv (1845).

*Calendar of Papal Registers* (1893– ).

*Calendar of Patent Rolls, Henry VII* (1914–16).

*Calendar of State Papers, Milan* (1385–1618), ed. Hinds (1912).

*Calendar of State Papers, Spanish,* ed. Bergenroth, Gayangos and Hume (1862– ). (*Supplement to the Calendar of State Papers, Spanish,* ed. Bergenroth. *Further Supplement to the Calendar of State Papers, Spanish,* ed. Mattingly.)

*Calendar of State Papers, Venetian,* ed. Rawdon Brown (1864– ).

Cavendish, George, *The Life and Death of Cardinal Wolsey,* ed. Sylvester, E.E.T.S. (1959).

Caporella, Petropandus, *Questio de Matrimonio Serenissimae Reginae Angliae, etc.* (Naples, 1531).

Cochlaeus, Johannes, *De Matrimonio Serenissimi Regis Angliae, etc.* (Leipzig, 1535).

Cranmer, Thomas, *Articuli Duodecim* (printed in *Pocock*, 1, 334 ff.).

—, *Miscellaneous Writings and Letters of*, ed. Cox, Parker Society (1846).

Crowley, Robert, *Select Works*, ed. Cowper, E.E.T.S. (1872).

*Determinacions of the moste famous and mooste excellent universities of Italy and France* (1531).

Ellis, Henry, *Original Letters illustrative of English History* (1824; 1827; 1846).

*Epistle of the moste myghty and redouted Prince Henry the VIII . . . to the Emperours maiestie, to all Christen Princes and to all those that trewly and syncerely profess Chrystes religion* (1538).

Erasmi, Desiderii Roterodami, *Opus Epistolarum*, ed. P. S. and H. M. Allen (12 vols, Oxford, 1906–58).

Fisher, John, *Defensio Assertionis Regis Angliae de Fide Catholica adversus Lutheri Captivitatem Babylonicam* (1524).

—, *De Causa Matrimonii Serenissimi Regis Angliae, etc.* (Alcala, 1530).

—, *The Earliest English Life of*, ed. Hughes (1935).

Fox, Richard, *The Letters of*, ed. P. S. and H. M. Allen (Oxford, 1929).

Foxe, John, *Acts and Monuments* (*The Book of Martyrs*), ed. Pratt (8 vols, 1874).

Fuensalida, Gutierre Gomez de, *Correspondencia de*, ed. Duque de Berwick y de Alba (Madrid, 1907).

Gardiner, Stephen, *De Vera Obedientia* [printed in Janelle, *Obedience in Church and State* (Cambridge, 1930)].

Gee, Henry and Hardy, W. J., *Documents Illustrative of English Church History* (1896).

*Glasse of the Truthe, A* (printed in *Pocock*, ii, 385 ff.).

Hall, Edward, *Chronicle* (edn 1806).

Harpsfield, Nicholas, *A Treatise on the Pretended Divorce between Henry VIII and Catherine of Aragon*, ed. Pocock, Camden Society, 2nd ser., xxi (1878).

—, *The life and death of Sir Thomas Moore, knight*, ed. Hitchcock and Chambers, E.E.T.S. (1932).

Henry VIII, *Assertio Septem Sacramentorum*, ed. O'Donovan (New York, 1908).

Holinshed, Raphael, *Chronicles* (edn 1808).

Hughes, Paul L. and Larkin, James F., *Tudor Royal Proclamations*. I: *The Early Tudors (1485–1553)* (1964).

*Journals of the House of Lords* (1846).

Keilway, Robert, *Reports d'ascuns cases, etc.* (1688).

*King's Book etc., The*, ed. Lacey (1932).

*Letters and Papers, Foreign and Domestic, of the reign of Henry VIII, 1509–47*, ed. Brewer, Gairdner and Brodie (21 vols, 1862–1910). *Addenda* vol. i (1929–32).

*Letters and Papers Illustrative of the reigns of Richard III and Henry VII*, ed. Gairdner, Rolls Series (2 vols, 1861–3).

*Lettres du Roy Louis XII* (4 vols, Brussels, 1712).

*Little Treatise against the mutterings of some Papists in corners* (printed in *Pocock*, ii, 539 ff.).

Lloyd, C., *Formularies of Faith put forth by authority during the reign of Henry VIII* (Oxford, 1856).

Loazes, Ferdinand, *Tractatus in causa Matrimonii Serenissimorum Dominorum Henrici et Catherinae, etc.* (Barcelona, 1531).

Martene, Edmond and Durand, Ursin, *Veterum Scriptorum et Monumentorum amplissima collectio* (9 vols, Paris, 1724–33).

*Materials for a History of the reign of Henry VII*, ed. Campbell, Rolls Series (2 vols, 1873).

*Memorials of King Henry the Seventh*, ed. Gairdner, Rolls Series (1858).

Migne, J.-P., *Patrologiae Cursus Completus, etc.* (Paris, 1844–   ).

*Monumenta Hapsburgica etc.* (Vienna, 1853–8).

More, Thomas, *The Correspondence of*, ed. Rogers (Princeton, 1947). *V.s.* Harpsfield and Roper.

Nozarola, Ludovico, *Super Divortio Caterinae . . . Disputatio* (?, 1530).

*Paston Letters, 1422–1509, The*, ed. Gairdner (6 vols, 1904).

Persons, Robert, *Certamen Ecclesiae Anglicanae*, ed. Simons (Assen, 1965).

Pocock, Nicholas, *Records of the Reformation, the divorce 1527–1533* (2 vols, Oxford, 1870).

Pole, Reginald, *Apologia ad Carolum Quintum*, in *Roccaberti, Bibliotheca Maximorum Pontificium, etc.* (Rome, 1698), vol. xviii.

—, *Pro Ecclesiasticae Unitatis Defensione*, printed *ibid.*

Previdelli, Hictonymus, *Concilium pro Invictissimo Rege Angliae, etc.* (Bologna, 1531).

*Protestation made for the moste mighty and moste redoubted Kynge of England, etc.* (1538).

Roper, William, *The Lyfe of Sir Thomas Moore, knight*, ed. Hitchcock, E.E.T.S. (1935).

Rymer, Thomas, *Foedera, Conventiones, Litterae, etc.* (edn 1704–35).

Sanuto, Marino, *Diarii* (Venice, 1879–   ).

Skelton, John, *Works*, ed. Dyce (1843).

*State Papers of Henry VIII* (11 vols, 1830–52).

*Statutes of the Realm* (11 vols, 1810–28).

Strype, John, *Ecclesiastical Memorials* (3 vols, Oxford, 1820–40).

*Treatise proving by the King's laws that bishops of Rome had never right to any supremitie within this realm* (1534).

Trefusis, Lady Mary, *Ballads and Instrumental Pieces composed by King Henry the Eighth etc.*, Roxburghe Club (1912).

Tyndale, William, *Works*, ed. Walter, Parker Society (3 vols, 1848–50).

Vergil, Polydore, *The Anglica Historia of*, ed. Hay, Camden Society, lxxiv (1950).

Vives, Luiz, *Apologia siva Confutatio etc.* (1531).

Wilkins, David, *Concilia Magnae Britanniae et Hiberniae* (4 vols, 1737).

Wriothesley, Charles, *A Chronicle of England*, ed. Hamilton, Camden Society, n.s. xi (2 vols, 1875–7).

## 二手资料研究论著

Andreae, Johannes, *Solemnis Tractatus de Arbore Consanguinitatis et Affinitatis* (edn Lyons, 1549).

Anglo, S., 'Le Camp du Drap d'Or et les Entrvues d'Henri VIII et de Charles Quint'. *Fêtes et Cérémonies au Temps de Charles Quint* (Paris, 1959).

—, 'The *British History* in Early Tudor Propaganda', *Bull. John Rylands Library*, xliv (1961).

Aquinas, Thomas, *Summa Theologiae.*

—, *Commentary on the Sentences of Peter Lombard.*

Baumer, F. le van, *The Early Tudor Theory of Kingship* (New Haven, 1940).

Behrens, Betty, 'A note on Henry VIII's divorce project of 1514', *B.I.H.R.*, xi (1934).

Bellarmine, Robert, *De Controversiis etc.*, in *Opera Omnia* (Naples, 1872).

Bonaventure, *Commentary on the Sentences of Peter Lombard.*

Brillaud, P. J., *Traité Pratique des Empêchements et des Dispenses de Mariage* (Paris, 1884).

Burnet, Gilbert, *History of the reformation of the Church of England*, ed. Pocock (7 vols, Oxford, 1865).

Busch, Wilhelm, *Drei Jahre englischer Vermittlungspolitik: 1518–1521* (Bonn, 1884).

Butrio, Anthony de, *Lectura super Quarto Libro Decretalium* (edn Rome, 1474).

Butterworth, C., *The English Primers, 1529–1545; their publication and connection with the English Bible and the reformation in England* (Philadelphia, 1953).

Cajetan (Thomas de Vio, Cardinal), *Commentaria super Summam Theologicam etc.*

Caspari, Fritz, *Humanism and the Social Order in Tudor England* (Chicago, 1954).

Chamberlain, S., *Hans Holbein the Younger* (1913).

Chamberlin, F., *The Private Character of Henry VIII* (1932).

Chambers, D. S., *Cardinal Bainbridge in the Court of Rome, 1509 to 1514*, Oxford Historical Series (Oxford, 1965).

—, 'Cardinal Wolsey and the Papal Tiara', *B.I.H.R.*, xxviii (1965).

Cheney, A. D., 'The Holy Maid of Kent', *T.R.H.S.*, 2nd ser., xviii (1904).

Clavasio, Angelus de, *Summa Angelica de Casibus Conscientiae* (edn Strasbourg, 1513).

Clay, R. M., *Medieval Hospitals of England* (1909).

Cokayne, (G. E. C.), *Complete Peerage* (1913).

Cole, H., *King Henry the Eighth's Scheme of Bishopricks* (1838).

Cooper, J. P., 'The Supplication against the Ordinaries Reconsidered', *E.H.R.*, lxxii (1957).

Costa, Stephen, *Tractatus de Affinitate*, in *Tractatum ex variis iuris Interpretibus Collectorium* (Lyons, 1549).

Creighton, M., *History of the Papacy* (edn 1901).

Dauvillier, J., *Le mariage dans le Droit Classique de l'Eglise* (Paris, 1933).

Dent, J., *The Quest for Nonsuch* (1962).

Devereux, E. J., 'Elizabeth Barton and Tudor Censorship', *Bull. John Rylands Library*, 49 (1966).

Dewar, M., *Sir Thomas Smith. A Tudor Intellectual in Office* (1964).

Dickens, A. G., *Lollards and Protestants in the Diocese of York, 1509–1558* (Oxford, 1958).

—, *Thomas Cromwell and the English Reformation* (E.U.P., 1959).

—, *Heresy and the Origins of English Protestantism* (1962).

—, *The English Reformation* (1964).

*Dictionnaire du Droit Canonique*, ed. Naz (Paris, 1924– ).

*Dictionnaire de la Bible*, ed. Vigoroux (Paris, 1895–1912).

Dietz, F., *English Public Finance, 1485-1558.* University of Illinois Studies in the Social Sciences (1920).

Dix, G., *The Theory of Confirmation in relation to Baptism* (1946).

Dodds, M. H. and Ruth, *The Pilgrimage of Grace, 1536-7, and the Exeter Conspiracy, 1539* (2 vols, Cambridge, 1915).

Doernberg, E., *Henry VIII and Luther* (1961).

Donaldson, G., *Scotland: James V to James VII.* Edinburgh History of Scotland (Edinburgh, 1965).

Ehses, Stefan, *Römische Dokumente zur Geschichte der Ehescheidung Heinrichs VIII von England, 1527-1534* (Paderborn, 1893).

Elton, G. R., *The Tudor Revolution in Government* (Cambridge, 1953).

—, 'The Evolution of a Reformation statute', *E.H.R.*, lxiv (1949).

—, 'The Commons' Supplication of 1532: Parliamentary manœuvres in the reign of Henry VIII', *E.H.R.*, lxvi (1951).

—, 'Thomas Cromwell's Decline and Fall', *Cambridge Hist. Journal*, x (1951).

—, 'King or Minister? The man behind the Henrician reformation', *History*, xxxix (1954).

—, 'The political creed of Thomas Cromwell', *T.R.H.S.*, 5th ser., vi (1956).

Esmein, A., *Le Mariage en Droit Canonique* (Paris, 1891).

Ferguson, A., *The Indian Summer of English Chivalry* (Durham, N. Carolina, 1960).

Ferrajoli, 'Un breve inedito di Giulio II per la Investitura del Regno di Francia ad Enrico VIII d'Inghilterra', *Arch. della R. Società Romana di Storia Patria*, xix (Rome, 1896).

Flügel, J. C., 'On the Character and Married Life of Henry VIII' in *Psychoanalysis and History* (Englewood Cliffs, N.J., 1963).

Fiddes, Richard, *The Life of Cardinal Wolsey* (1724).

Freisen, J., *Geschichte des canonischen Eherechts* (Tübingen, 1888).

Friedmann, Paul, *Anne Boleyn, a chapter of English history, 1527-1536* (2 vols, 1884).

Fuller, Thomas, *Church History of Britain etc.* (edn 1665).

Gairdner, James, 'New Lights on the Divorce of Henry VIII', *E.H.R.*, xi (1896).

Ganz, P., 'Holbein and Henry VIII', *Burlington Magazine*, lxxiii, 1943.

Greenlaw, E., *Studies in Spenser's Historical Allegory* (Baltimore, 1932).

Guasti, 'I manoscritti Torrigiani donati al R. Archivio Centrale del Stato di Firenze', *Arch. Storico Italiano*, 3rd ser., xxv (1887).

Hamy, A., *Entrevue de François 1er avec Henry VIII à Boulogne-sur-Mer en 1532* (Paris, 1898).

Harris, J. *John Bale*, Illinois Studies in Language and Literature, XXV (1939).

Harriss, G. I. and Williams, P., 'A Revolution in Tudor History?' *Past and Present*, 25 (1963).

Herbert, Lord Edward of Cherbury, *The life and raigne of King Henry the eighth* (1672).

Hughes, Philip, *The Reformation in England*. I: '*The King's Proceedings*' (1954).

Hughes, A. and Abraham, F., *Ars Nova and the Renaissance*, New Oxford History of Music, iii (Oxford, 1960).

Hurstfield, Joel, *The Queen's Wards* (1958).

Jacobs, H. E., *A Study in Comparative Symbolics: the Lutheran Movement in England during the reigns of Henry VIII and Edward VI, and its literary monuments* (Philadelphia, 1890).

Jacqueton, *La Politique extérieure de Louise de Savoie* (Paris, 1892).

Jordan, W. K., *Philanthropy in England, 1480–1660* (1959).

Joyce, G. H., *Christian Marriage, etc.* (1948).

Kaufman, 'Jacob Mantino', *Rev. des Etudes Juives*, xxvii (1893).

Kelly, M. J., 'The Submission of the Clergy', *T.R.H.S.*, 5th ser., xv (1965).

Kingsford, C. L., *The Early History of Piccadilly, Leicester Square, Soho, etc.* (Cambridge, 1925).

Knowles, M. D., ' "The Matter of Wilton" in 1528', *B.I.H.R.*, xxxi (1958).

—, *The Religious Orders in England*. III: *The Tudor Age* (Cambridge, 1959).

— and Hadcock, R. N., *Medieval Religious Houses* (1954).

Knox, D. B., *The Doctrine of Faith in the reign of Henry VIII* (1961).

Koebner, R., ' "The imperial crown of this realm". Henry VIII, Constantine and Polydore Vergil', *B.I.H.R.*, xxvi (1953).

Lambert, B., *The History of London and its Environs* (1806).

Lamont, W. M., *Marginal Prynne 1600–1669* (1963).

Law, E., *England's First Great War Minister* (1916).

Lebey, A., *Le Connétable de Bourbon, 1490–1527* (Paris, 1904).

Leeming, B., *Principles of Sacramental Theology* (1956).

Levine, M., 'The Last Will and Testament of Henry VIII: a Reappraisal Reappraised', *Historian* (1964).

Livius, Titus, *The First English Life of King Henry the Fifth*, trans. anon., ed. Kingsford (Oxford, 1911).

Lopez, Ludovicus, *Instructorium Conscientiae* (Salamanca, 1594).

McConica, J. K., *English Humanists and Reformation Politics under Henry VIII and Edward VI* (Oxford, 1965).

McNalty, A. S., *Henry VIII, a difficult patient* (1952).

Macquereau, R., *Histoire Generale de l'Europe* (Louvain, 1765).

Mainwaring Brown, J., 'Henry VIII's book . . . and the royal title of "Defender of the Faith" ', *T.R.H.S.*, 1st ser., viii (1880).

Maitland, F. W., 'Elizabethan Gleanings. I: "Defender of the Faith and so forth" ', *E.H.R.*, xv (1900).

Mansella, G., *De Impedimentis Matrimonium Dirimentibus* (Rome, 1881).

Marcus, G. J., *A Naval History of England*. I: *The Formative Years* (1961).

Mattingly, G., 'An early non-aggression pact'. *Journal of Modern History*, x (1938).

—, *Catherine of Aragon* (1950).

—, *Renaissance Diplomacy* (1955).

Merriman, R. B., *The Life and Letters of Thomas Cromwell* (Oxford, 1902).

Milis de Verona, Johannes, *Repertorium, etc.* (edn Cologne, 1475).

Millican, C. B., *Spenser and the Round Table* (Cambridge, Mass., 1932).

Muller, J. A., *Stephen Gardiner and the Tudor Reaction* (1926).

Nelson, W., *John Skelton Laureate* (New York, 1939).

Nitti, F., *Leone X e la sua Politica* (Florence, 1892).

O'Neil, B. H. St. J., 'Stepan van Haschenberg, an engineer to King Henry VIII and his work', *Archaeologia*, 2nd ser., xci (1945).

Oppenheim, M., *History of the administration of the royal navy* (1896).

Oxley, J. E., *The Reformation in Essex, to the death of Mary* (Manchester, 1965).

Paludanus (Petrus de la Palu), *In Quartum Sententiarum etc.*

Panormitanus, *Commentarius in libros Decretalium, etc.* (Venice, 1588).

Pastor, L. von, *History of the Popes*, trans. Antrobus and Kerr (1891–1933).

Paul, J. E., *Catherine of Aragon and her friends* (1966).

Pollard, A. F., *Henry VIII* (edn 1951).

—, *Wolsey* (1929).

—, 'Thomas Cromwell's Parliamentary Lists', *B.I.H.R.*, xi (1931–2).

Porter, H. C., *Reformation and Reaction in Tudor Cambridge* (Cambridge, 1958).

Prierias, Silvester, *Summa Summarum etc.* (edn Antwerp, 1581).

Prueser, F., *England und die Schmalkaldener, 1535-40* (Leipzig, 1929).
Reed, A. W., *Early Tudor Drama* (1926).
Reese, Gustave, *Music in the Renaissance* (1954).
Reynolds, E. E., *St John Fisher* (1955).
Richard of Middleton, *In Quartum Sententiarum* (edn Venice, 1512).
Ridley, Jasper, *Thomas Cranmer* (Oxford, 1962).
St. John Hope, *Windsor Castle* (1913).
Sanchez, Thomas, *Disputatio de sancti Matrimonii Sacramento* (edn Antwerp, 1620).
Sawada, P., 'The Abortive Council of Mantua and Henry VIII's Sententia de Concilio, 1537', *Academia*, xxvii (Nagoya (Japan), 1960).
—, 'Two anonymous Tudor Treatises on the General Council', *Journal of Ecclesiastical History*, xii (1961).
Scarisbrick, J., 'The Pardon of the Clergy, 1531', *Cambridge Hist. Journal*, xii (1956).
—, 'Clerical Taxation in England, 1485-1547', *Journal of Ecclesiastical History*, xii (1961).
—, 'The first Englishman round the Cape of Good Hope?' *B.I.H.R.*, xxxiv (1961).
—, 'Henry VIII and the Vatican Library', *Bibl. d'Humanisme et Renaissance*, xxiv (1962).
Scotus, Duns, *Questiones super quattuor libros Sententiarum etc.*
Simon, Joan, *Education and Society in Tudor England* (Cambridge, 1966).
Smith, Lacey Baldwin, *A Tudor Tragedy. The Life and Times of Catherine Howard* (1961).
—, 'The Last Will and Testament of Henry VIII: a question of perspective', *Journal of British Studies*, ii (1962).
—, 'Henry VIII and the Protestant Triumph', *American Hist. Review*, lxxi (1966).
Soto, Domingo de, *Commentarius in Quartum Sententiarum etc.* (edn Salamanca, 1561-79).
Steinbach, W., *Gabrielis Biel Supplementum* (—, 1521).
Stow, John, *Annals* (edn 1601).
—, *A Survey of London*, ed. Kingsford (2 vols, Oxford, 1908).
Sturge, C., *Cuthbert Tunstall* (1938).
Summerson, J., *Architecture in Britain, 1530-1830*, Pelican History of Art (1958).
*Survey of London* – vol. xiii, *The Parish of St Margaret's Westminster* (1930); vol. xix, *The Parish of St James's Westminster* (1960).

Thomson, J. A. F., *The Latter Lollards, 1414-1520*, Oxford Historical Series (1965).

Thomson, P., *Sir Thomas Wyatt and his Background* (1964).

Tierney, B., *Foundations of Conciliar Theory* (Cambridge, 1957).

Tjernagel, N. S., *Henry VIII and the Lutherans* (St Louis, 1965).

Torquemada, Johannes, *Commentaria super Decreto* (edn Lyons, 1519).

Ullmann, W., *Principles of Government and Politics in the MiddleAges* (1961).

*Victoria County History.* Bedfordshire; Essex; Cambridge.

Vittoria, F., *Relecciones Telógicas* (edn Madrid, 1933-6).

Wegg, Jervis, *Richard Pace* (1932).

Wernham, R. B., *Before the Armada: the growth of English foreign policy, 1485-1588* (1966).

Whatmore, L. E., 'The Sermon against the Holy Maid of Kent, delivered at Paul's Cross, 23 November, 1533, and at Canterbury, Dec. 7', *E.H.R.*, lviii (1943).

White, Helen, *Social Criticism in Popular Religious Literature of the Sixteenth Century* (New York, 1944).

Wilks, M. J., *The Problem of Sovereignty in the Later Middle Ages* (Cambridge, 1963).

Williamson, J. A., *The Voyages of the Cabots and the English Discovery of North America under Henry VII and Henry VIII* (1929).

Youings, Joyce, 'The terms of the disposal of the Devon monastic lands, 1536-58', *E.H.R.*, lxix (1954).

Zeeveld, W. G., *Foundations of Tudor policy* (1948).

注：本书第七章中引用的教父及其他著作，可在 *Migne* 里找到，本参考文献不再单独列出。

# 译名对照表

行邪术的西门 Simon Magus（《圣经》
　　人名）
休·拉蒂默 Hugh Latimer
休·韦斯顿 Hugh Weston

**Y**

雅各 Jacob（《圣经》人名）
雅克·马林 Jacques Maryn
亚伯拉罕 Abraham（《圣经》人名）
亚当 Adam（《圣经》人名）
亚里士多德 Aristotle
亚历山大·德内沃 Alexander de Nevo
亚历山大六世 Alexander VI
亚瑟 Arthur
亚瑟王 King Arthur
伊尔德贝 Hildebert
伊拉斯谟 Erasmus
伊丽莎白·巴顿 Elizabeth Barton
伊丽莎白·布朗特（贝茜·布朗特）
　　Elizabeth Blount (Bessie Blount)
依纳爵·罗耀拉 Ignatius Loyola
英诺森三世 Innocent III
尤金四世 Eugenius IV
尤利乌斯二世 Julius II
尤斯塔斯·查普伊斯 Eustace Chapuys
犹大 Judas（《圣经》人名）
约翰·埃克 John Eck
约翰·巴克勒 John Bucler

约翰·巴特勒 John Butler
约翰·贝尔 John Bale
约翰·达德利，莱尔子爵，后为沃里
　　克伯爵和诺森伯兰公爵 John Dudley,
　　Viscount Lisle, later earl of Warwick
　　and duke of Northumberland
约翰·费希尔 John Fisher
约翰·福克斯 John Foxe
约翰·海伍德 John Heywood
约翰·赫西 John Hussey
约翰·黑尔 John Haile
约翰·黑尔斯 John Hales
约翰·加尔文 John Calvin
约翰·科利特 John Colet
约翰·克拉克 John Clerk
约翰·拉斯特尔 John Rastell
约翰·兰伯特 John Lambert
约翰·朗兰 John Longland
约翰·伦敦 John London
约翰·罗素 John Russell
约翰·梅森 John Mason
约翰·内维尔 John Neville
约翰·诺克斯 John Knox
约翰·皮奇 John Peachy
约翰·奇克 John Cheke
约翰·若阿基姆 John Joachim
约翰·萨尔科特（卡彭）John Salcot
　　(Capon)

约翰·斯蒂莱 John Stile

约翰·斯凯尔顿 John Skelton

约翰·斯图亚特，奥尔巴尼公爵 John
　Stuart, Duke of Albany

约翰·斯托克斯利 John Stokesley

约翰·泰勒 John Taylor

约翰内斯·安德烈埃 Johannes Andreae

约克的伊丽莎白 Elizabeth of York

约瑟夫神父 Père Joseph

约沙法 Jehoshaphat（《圣经》人名）

约西亚 Josiah（《圣经》人名）

**Z**

詹巴蒂斯塔·卡萨莱 Gianbattista Casale

詹彼得罗·卡拉法 Gianpietro Caraffa

詹姆斯·巴特勒 James Butler

詹姆斯四世 James IV

詹姆斯五世 James V

智者腓特烈 Frederick the Wise

朱斯蒂尼安 Giustinian

# 译后记

　　斯卡里斯布里克所著《亨利八世》，由我和王美玲共同翻译。关于本书译事的分配，王美玲承担第一至三章和第六至九章的翻译，余下八章则由我完成并统稿。

　　由于亨利八世是英国历史发展进程中的一位重要国王，翻译他的人生传记，不啻在翻译一段英国历史、一段欧洲国际关系史。此项翻译工作对英国史和欧洲史专业知识提出了较高的要求，我们下笔时体会良多，遇到不甚理解之处常向多方求证。但因我们专业水平有限，恐有谬译或风格龃龉不平等欠周之处，祈请专家读者不吝指正。

左志军

2022 年 5 月 18 日